Karl-Wilhelm Berger

Tropen, Tanz und Troubadoure

Reise-Handbuch
Karibik Grosse Antillen

Aktuelle Informationen und Reisetips für Kuba, Dominikanische Republik, Jamaica und Puerto Rico

Für Edith

1. Auflage 1993/94

© Vertrieb und Service, Reisebuchverlag, Reisevermittlung
Im- und Export Iwanowski GmbH
Raiffeisenstraße 21 · D 4047 Dormagen 1
Telefon 02133/61919 · Fax 02133/63130
Telex 8517396 vsd d

Alle Informationen und Hinweise
ohne jede Gewähr und Haftung

Schwarzweiß- und Farbbilder: Edith und Karl-Wilhelm Berger
(Unterwasserfoto im Farbteil von Harry Regener)
Redaktionelles Copyright,
Konzeptlizenz und Überarbeitung:
Michael Iwanowski
Karten: Günter Kloppenburg, Michael Iwanowski
Gesamtherstellung: F. X. Stückle, D-7637 Ettenheim
Printed in Germany

ISBN 3-923975-33-3

INHALTSVERZEICHNIS

EINLEITUNG 16

1 ALLGEMEINER ÜBERBLICK 18
Die Großen Antillen 18

2 GESCHICHTLICHER ÜBERBLICK 19
2.1 Die Ureinwohner 19
2.1.1 Einwanderung aus Südamerika 19
Geringe Spuren 19
2.1.2 Die Ciboney 20
2.1.3 Die Arawaken 20
Verschiedene Stämme 20 - Weiterentwicklung 20
2.1.4 Die Taino-Kultur 21
Hinterlassenschaften der Taino 21 - Die Ernährungsgrundlagen 21 - Sitten und Gebräuche 21 - Bootsbau 22 - Gesellschaftliche Ereignisse 22 - Die Sprache 22 - Das Dreiklassensystem 22
2.1.5 Die Kariben 23
Gefürchtete Krieger 23 - Ihre Lebensweise 23 - Letzte Überreste einer Karibenbevölkerung 23
2.2 Wikinger – die ersten Europäer in Amerika 24
2.2.1 Erste Erkundungsfahrten 24
Was ist nun Sage und was Geschichte? 25
2.2.2 Wikingersiedlung auf Neufundland 26
2.3 Spanischer Vorstoß auf der Westroute nach Indien 27
2.3.1 Wettrennen um den Seeweg von Europa nach Indien 27
2.3.2 Der Irrtum des Christoph Kolumbus 27
Kolumbus 1. Fahrt in die Karibik 27 - 3 weitere Reisen des Christoph Kolumbus in die Karibik 30
2.3.3 Die überragende Bedeutung der Kolumbus-Reisen für die weitere Entwicklung Amerikas 32
2.4 Spanische Eroberungen und Stadtgründungen 33
2.4.1 Amerigo Vespucci – Amerikas Namensgeber 33
2.4.2 Juan Ponce de León – Kolonisator Puerto Ricos 34
2.4.3 Weitere bahnbrechende spanische Eroberer 34
Vasco Núnez de Balboa 34 - Hernán Cortés 35 - Juan Bermúdez 35
2.4.4 Anlegen spanischer Stützpunkte 35
2.5 Ausrottung der indianischen Urbevölkerung 36
2.5.1 Völkermord 36

Inhaltsverzeichnis

2.5.2	Pater Bartolomé de las Casas' Anklage	36
	Die Verdienste und die leider teils vergeblichen Bemühungen Pater Bartolomé de las Casas 38' - Der große "Kardinalfehler" des Paters 38	
2.6	Piraten, Seeräuber und Freibeuter in der Karibik	38
2.6.1	Plünderung spanischer Schiffe	38
2.6.2	Überfälle auf spanische Städte	39
2.6.3	Gegenmaßnahmen der Spanier	39
2.6.4	Schwächeanzeichen der Spanier	39
2.6.5	Piratengeschichten	40
	Francis Drake – Pirat und Seeheld zugleich 40 - Henry Morgan – schillernde Gestalt 40 - Piet Heyn – verwegener Pirat 40	
2.7	Die Zeit der Sklaverei	41
2.7.1	Unmenschliche Überfahrt und Sklavenmarkt	41
2.7.2	Katastrophale Arbeits- und Lebensbedingungen der Sklaven	41
2.8	Europäische Machtkämpfe im karibischen Raum	42
2.8.1	Ständig wechselnde Kolonialherren	42
2.8.2	Kriege zwischen Frankreich und England	43
2.9	Sklavenaufstände und Streben nach Unabhängigkeit	43
	Francois Dominique Toussaint l'Ouverture – der "Schwarze Napoleon" 44 - Aufhebung der Sklaverei 45	
2.10	Expansionspolitik der USA im karibischen Raum	45
2.10.1	Die Monroe-Doktrin	45
2.10.2	US-amerikanische Interventionen	45
2.11	Die Ära Fidel Castro in Kuba	46
2.11.1	Nährboden für den Kommunismus	46
2.11.2	Fidel Castro – Baumeister des sozialistischen Kubas	46
2.11.3	Die Kuba-Krise 1962	47
2.11.4	Die Isolation Kubas	48
2.12	Kleinstaaterei in der Karibik	48
2.12.1	Probleme der Zwergstaaten	49
2.12.2	Versuche eines wirtschaftlichen Zusammenschlusses	49
2.13	Zeittafel	50
3	**GEOGRAPHISCHER ÜBERBLICK**	**54**
3.1	Lage und Größe	54
3.2	Geologische Entwicklung	54
3.2.1	Wandernde Kontinente	54
	Kontinental-Verschiebungs-Theorie 54 - Die Unterströmungslehre 55 - Die Plattentektonik 56	
3.2.2	Geologische Unruhezone Karibik	56
3.2.3	Geologischer Aufbau der Inseln	58
3.3	Naturräumliche Gliederung	58
3.3.1	Die Kordilleren	58
3.3.2	Die Ebenen	59

Inhaltsverzeichnis

3.3.3	Das Karibische Meer	59
	Strömungsverhältnisse 59 - Schelfmeer und Tiefseegräben 60 - Strände 60	
3.4	Das Klima	61
3.4.1	Eigenschaften des Tropenklimas der Karibik	61
3.4.2	Wie entsteht ein Hurrikan?	62
3.4.3	Reisezeit	62
3.4.4	Klimatabelle	63
4	**KARIBISCHE PFLANZENWELT**	**64**
4.1	Vegetationszonen	64
4.1.1	Immergrüner tropischer Regenwald	64
	Die obere Etage 65 - Die mittlere Etage 65 - Die untere Etage 65 - Raubbau an den tropischen Regenwäldern 65	
4.1.2	Immergrüner Gebirgsregenwald	66
4.1.3	Montaner Nebelwald	66
4.1.4	Regengrüner Feucht- und Trockenwald	66
4.1.5	Dornbusch und Sukkulenten	67
4.1.6	Grasländer	67
4.1.7	Mangroven-Dickichte	67
4.2	Kleines Pflanzenlexikon	68
	Frangipani 68 - Goldbaum 68 - Kanonenkugelbaum 68 - Kohlpalme 69 - Königspalme 69 - Palisander 69 - Weihnachtsstern 69 - Zwerg-Poinciane 70	
5	**KARIBISCHE TIERWELT**	**71**
5.1	Leben auf den Tropeninseln	71
5.2	Kleines Tierlexikon	72
	Amerikanischer Graureiher 72 - Brauner Pelikan 72 - Großes Hasenmaul 72 - Kahnschnabel 73 - Kolibris 74 - Prachtfregattvogel 75 - Rosa Löffler 75 - Roter Flamingo 75 - Roter Sichler oder Scharlachibis 76 - Rotreiher 77 - Rotschnabel-Tropikvogel 77 - Spitzenkrokodil 77 - Truthahngeier 78	
5.3	Wunderwelt unter Wasser	79
5.3.1	Die Welt der Korallen	79
5.3.2	Lebensgemeinschaft Korallenriff	80
5.3.3	Zerstörerische Einwirkungen auf die Korallenriffe	81
5.4	Kleines Fischlexikon	81
	Amerikanischer Stechrochen 81 - Atlantischer Kinnbartel-Flugfisch 81 - Borstenzähner 82 - Doktorfische 82 - Igelfische 82 - Königsdrückerfisch 83 - Papageifische 83 - Tigerhai 83 - Vierhorn-Kofferfisch 84 - Walhai 84 - Weißer Marlin 84 - Weißhai 85	
6	**WIRTSCHAFT**	**87**
6.1	Landwirtschaft	87

Inhaltsverzeichnis

6.1.1	Die Geschichte des Zuckerrohrs der Großen Antillen	87
6.1.2	Anbau anderer Agrarprodukte	88
6.1.3	Soziale Probleme in der Landwirtschaft	88
6.2	Industrie	89
6.2.1	Standortprobleme für Industrieansiedlungen	89
6.2.2	Günstige Situation Puerto Ricos	89
6.3	Tourismus	90
	Kreuzfahrten in die Karibik 90 - "Inselhüpfen" per Flugzeug 92	

7	**KUBA ALS REISELAND**	**93**
7.1	Praktische Reisetips von A–Z	93
7.2	Kubanische Lebensfreude	122
7.3	Reiserouten in Kuba	123
	Entfernungstabelle 124	

8	**DOMINIKANISCHE REPUBLIK ALS REISELAND**	**125**
8.1	Praktische Reisetips von A–Z	125
8.2	Reiserouten in der Dominikanischen Republik	156
	Entfernungstabelle 157	

9	**HAITI ALS REISELAND**	**159**

10	**JAMAIKA ALS REISELAND**	**160**
10.1	Praktische Reisetips von A–Z	160
10.2	Reiserouten in Jamaika	185
	Vorschlag für eine 2–3-wöchige kombinierte Mietwagen-/Inlandflugreise 185 - Entfernungstabelle 186	

11	**PUERTO RICO ALS REISELAND**	**187**
11.1	Praktische Reisetips von A–Z	187
11.2	Reiserouten in Puerto Rico	211
	Vorschlag für eine 2–3-wöchige Reise im Mietwagen 211 - Entfernungstabelle 212	

12	**REISEN IN KUBA**	**213**
12.1	Allgemeiner Überblick	213
12.1.1	Kuba auf einen Blick	214
12.1.2	Geschichtlicher Überblick	215
12.1.3	Geographischer Überblick	218
	Die Lage und Größe 218 - Landschaftsgliederung 220	
12.1.4	Musik und Tanz	220

12.2	**Havanna – der Schlüssel zur Neuen Welt**	**222**
12.2.1	Überblick	222
12.2.2	Touristische Hinweise	224
12.2.3	Geschichte Havannas	236
12.2.4	Die bedeutendsten Sehenswürdigkeiten	238

Uferpromenade 240 - Castillo de San Salvador de la Punta 240 - Castillo de los Tres Reyes del Morro 240 - Fortaleza de San Carlos de la Cabaña 242 - Castillo de la Real Fuerza 242 - Die Giraldilla-Geschichte 243 - El Templete 244 - Plaza de Armas 245 - Monte de Piedad 245 - Casa de los Arabes 245 - Hostal Valencia 246 - Casa de los Condes de Jaruco 246 - Estación Central de Ferrocarril 247 - Casa Natal de José Martí 249 - Leben und Wirken des Nationalhelden José Martí 249 - Muralla de La Habana 252 - Iglesia de San Francisco de Paula 252 - Iglesia Parroquial del Espíritu Santo 253 - Alameda de Paula 253 - Iglesia y Convento de San Francisco de Asis 253 - Catedral de La Habana 254 - La Bodeguita del Medio 255 - Palacio de los Capitanes Generales 256 - El Floridita 257 - Capitolio Nacional 258 - Gran Teatro de La Habana 259 - Chinesenviertel 259 - Paseo de Prado 259 - Plaza de la Revolución 260 - Cementerio del Colón 260 - Villa Panamericas 261 - Jardín Botánico Nacional 261

12.2.5	Ernest Hemingways Zeit in Kuba	263

Im Hause des Kapitäns Gregorio Fuentes in Cojimar 263 - Das Hemingway-Haus in San Francisco de Paula 264

12.3	**Havanna – Holguín (Flug) – Guardalavaca**	**268**
12.3.1	Touristische Hinweise	268
12.3.2	Holguín	269

Touristische Hinweise 269 - Geschichte Holguíns 269 - Das heutige Holguín 270 - Strände der Provinz Holguín 270

12.3.3	Guardalavaca	271

Touristische Hinweise 271 - Bezaubernde Strände 272

12.4	**Guardalavaca – Baracoa**	**273**
12.4.1	Touristische Hinweise	273
12.4.2	Unterwegs nach Baracoa	273

Eine von vielen Landschulen 273 - Arzthäuser in den Dörfern 276 - Ein normales Landhaus 277 - Banes 277 - Zuckerrohrernte 277 - Yagrumas 278 - Moa 279

12.4.3	Baracoa	280

Touristische Hinweise 280 - Überblick 280 - Besuch des historischen Museums Matachín 281 - Weitere Sehenswürdigkeiten 283 - Antonio Maceo – der mutige General 285 - Ausflüge in die Umgebung von Baracoa 285

12.5	**Baracoa – Santiago de Cuba**	**287**
12.5.1	Touristische Hinweise	287
12.5.2	Überquerung der Sierra del Purial	287
12.5.3	Der Steinzoo	289
	Angel Inigo Blanco – Bildhauer aus Leidenschaft 289	
12.5.4	Guantánamo	290
12.6	**Santiago de Cuba – die heroische Stadt**	**291**
12.6.1	Überblick	291
12.6.2	Touristische Hinweise	291
12.6.3	Geschichtsüberblick	293
12.6.4	Sehenswürdigkeiten der Stadt	294
	Parque de Céspedes 294 - Catedral 294 - Casa Diego de Velázquez 296 - Calle Heredia 297 - Casa de la Trova 297 - Casa Natal de José María Heredia 297 - Museo Emilio Bacardí 298 - Naturkundliches Museum 298 - Plaza de Marte 298 - Tropicana 299 - Teatro Heredia 299 - Reiterstandbild von Antonio Maceo 300 - Cementerio Santa Ifigenia 301 - Die ehemalige Bacardí-Rum-Fabrik 303	
12.6.5	Ausflüge in die Umgebung von Santiago de Cuba	305
	Nach El Morro 305 - Vorbei am Parque Frank País 306	
12.7	**Parque Baconao**	**307**
12.7.1	Überblick	307
12.7.2	Touristische Hinweise	307
12.7.3	Besichtigungen	308
	Museo La Punta 308 - Parque Prehistórico 308 - Naturkundliches Museum 309 - Botanischer Garten 309	
12.8	**Santiago de Cuba – Santa Lucia**	**310**
12.8.1	Touristische Hinweise	310
12.8.2	Wallfahrtsort El Cobre	310
	Schicksal der Kupfermine – Schicksal der Sklaven 310 - Virgin de la Caridad del Cobre 311	
12.8.3	Sierra Maestra – Berge der Rebellen	313
	Partisanenkampf von Fidel Castro und Che Guevara 313	
12.8.4	Bayamo – die Heldenhafte	314
	Überblick 314 - Touristische Hinweise 314 - Stadtgeschichte 315 - Die "Schicksalskirche" von Bayamo 315 - Der Zentralplatz 317 - Casa Natal de Carlos Manuel Céspedes 318 - Turm von San Juan el Evangelista 318	
12.8.5	Las Tunas	318
	Die Caldosa-Suppe 318 - Boxer Teofilo Stevenson – Goldmedaillengewinner 319	

Inhaltsverzeichnis

12.8.6	Santa Lucia	319
	Überblick 319 - Touristische Hinweise 320 - Ausflug in das Fischerdorf La Boca 321	
12.9	Santa Lucia – Sancti Spíritus	322
12.9.1	Touristische Hinweise	322
12.9.2	Camagüey – die Stadt der Kirchen	322
	Überblick 322 - Touristische Hinweise 323 - Stadtgeschichte 324 - Plaza del San Juan de Dios 325 - Parque Ignacio Agramonte 325 - Gran Hotel – nostalgischer Charme 326 - Kinos 326 - Plaza de los Trabajadores 326 - Das Ballett von Camagüey 327	
12.9.3	Sancti Spíritus	328
	Überblick 328 - Parque Central 328 - Parroquial Mayor 329 - Casa de la Trova 329 - Besuch einer Apotheke 329 - Museo de Arte Colonial 330 - El Puente Yayabo 330 - Calle Antonio Rodriguez 331 - Im Haus von Tomás Alvarez de los Ríos 331	
12.10	Sancti Spíritus – Trinidad	334
12.10.1	Touristische Hinweise	334
12.10.2	Santa Clara und der Triumph Che Guevaras	335
	Überblick 335 - Touristische Hinweise 335 - Stadtgeschichte 336 - Der Revolutionsplatz 336 - Wer war Che Guevara? 336 - Rund um den Parque Central 338	
12.10.3	Hanabanilla	338
	Überblick 338 - Touristischer Hinweis 338 - Bootsfahrt auf dem Stausee von Hanabanilla 339	
12.10.4	Trinidad – ein lebendiges Museum	340
	Überblick 340 - Touristische Hinweise 341 - Blick in die Vergangenheit 341 - Rund um den Plaza Mayor 341 - Museo de Alejandro de Humboldt 343 - Casa de la Trova 343 - La Canchanchara 343 - Museo Municipal 344 - Museo de la Lucha Contra Banditos 345 - Keramikwerkstatt von Moisés Santander Durán 346	
12.10.5	Ausflüge in die Umgebung Trinidads	347
	Iznaga Torre 347 - Die Strände von Ancón und La Boca 348	
12.11	Trinidad – Varadero	349
12.11.1	Touristische Hinweise	349
12.11.2	Cienfuegos	349
	Fahrt von Trinidad nach Cienfuegos 349 - Überblick 351 - Touristische Hinweise 352 - Geschichtlicher Hintergrund 352 - Parque José Martí 352 - Castillo de Jagüa 353	

Inhaltsverzeichnis

12.11.3	Ausflug in die Umgebung Cienfuegos 353	
	Jardin Bótanica 353	
12.11.4	Durch die sumpfige Halbinsel Zapata 356	
	Playa Girón 356 - Playa Largo 357	
12.11.5	Guamá und Laguna del Tesoro (Schatzsee) 357	
	Touristische Hinweise 357 - Besuch einer Krokodilfarm 358 - Bootsfahrt auf dem Schatzsee 358 - Besuch eines nachgebauten Indianerdorfs 358	
12.11.6	Varadero – Metropole des Tourismus 359	
	Überblick 359 - Touristische Hinweise 359	
12.12	Varadero – Vinales – Havanna 361	
12.12.1	Touristische Hinweise 361	
12.12.2	Zwischen Varadero und Pinar del Río 361	
	Das Yumuri-Tal 361 - Soroa 363 - Der schönste Orchideengarten Kubas 364 - Besuch eines Bauernhauses 364	
12.12.3	Pinar del Río 365	
	Überblick 365 - Die Zigarrenfabrik Francisco Donatien 366 - Besuch einer Likörfabrik 368	
12.12.4	Das Tal von Vinales 369	
	Überblick 369 - Touristische Hinweise 369 - Cueva del Indio 370	

13   REISEN IN DER DOMINIKANISCHEN REPUBLIK 371

13.1	Allgemeiner Überblick 371	
13.1.1	Die Dominikanische Republik auf einen Blick 372	
13.1.2	Geschichtlicher Überblick 373	
13.1.3	Geographischer Überblick 376	
	Die Lage und Größe 376 - Landschaftsgliederung 376	
13.2	Santo Domingo – älteste Stadt der Neuen Welt 378	
13.2.1	Überblick 378	
13.2.2	Touristische Hinweise 379	
13.2.3	Geschichte Santo Domingos 380	
13.2.4	Bedeutendste Sehenswürdigkeiten 381	
	Parque de Colón 381 - La Catedral 381 - Convento de los Dominicanos 384 - Parque Duarte 385 - Casa Tostado 385 - Francesco Billini-Denkmal 386 - Palacio de Borgellá 386 - Iglesia Santa Clara 386 - Fortaleza Ozama 386 - Casa de Ovando 387 - Panteón Nacional 387 - Museo de las Casas Reales 388 - Alcázar de Colón 389 - Iglesia de Santa Barbara 390 - Monasterio San Francisco de Asis 390 - Casa del Cordón 391 - Iglesia de la Virgin de Altagracia 391 - Iglesia de las Mercedes 391 - Puerta del Conde 392 - Monumento Montesino 392 - Das Lichthaus 392 - Das Aquarium 393	

Inhaltsverzeichnis

13.3	Santo Domingo – Playa Palenque	394
13.3.1	Touristische Hinweise	394
13.3.2	Unterwegs nach Playa Palenque	394
	San Cristóbal 395 - Playa Najayo 395	
13.3.3	Playa Palenque	396
	Peter Wegmüller – Pionier des Fremdenverkehrs 396	
13.4	Playa Palenque – Barahona	398
13.4.1	Touristische Hinweise	398
13.4.2	Unterwegs nach Barahona	398
	Baní 398 - Barahona 400	
13.4.3	Ausflug zum Lago Enriquillo	400
	Touristische Hinweise 400 - Nationalpark Isla Cabritos 401 - La Descubierta 402	
13.4.4	Ausflug zum Nationalpark Jaragua	403
	Touristische Hinweise 403 - Nationalpark Jaragua 404	
13.5	Barahona – La Romana	406
13.5.1	Touristische Hinweise	406
13.5.2	Unterwegs nach La Romana	406
	Wasserbauprojekt "Higuey-Acuate" bei San José de Ocoa 406 - Höhle "Los Tres Ojos" 408 - Boca Chica 409 - Juan Dolio 409 - San Pedro de Macorís 410 - La Romana 410	
13.5.3	Ausflug nach Altos de Chavón	411
	Überblick 411 - Touristische Hinweise 411 - Archäologisches Museum über die Tainokultur 412	
13.6	La Romana – Bayahibe / Playa Dominicus	415
13.6.1	Touristische Hinweise	415
13.6.2	Bayahibe und Playa Dominicus	415
13.6.3	Ausflug zur Insel Saona	416
13.6.4	Bootsausflug zum Río Chavón	417
13.7	Bayahibe / Playa Dominicus – Bávaro / Punta Cana	418
13.7.1	Touristische Hinweise	418
13.7.2	Unterwegs nach Bávaro	418
13.7.3	Ausflug nach Punta Cana	420
13.8	Bávaro – San José de las Matas	422
13.8.1	Touristische Hinweise	422
13.8.2	Unterwegs nach San José de las Matas	422
	Wallfahrtsort Higüey 422 - Die Bergflanken der Zentral-Kordilleren 425 - Santiago – Stadt des Rums und Tabaks 426 - Hinauf in die Berge 427 - San José de las Matas 427	
13.9	San José de las Matas – Las Terrenas	428
13.9.1	Touristische Hinweise	428

13.9.2 Unterwegs nach Las Terrenas 428
Moca 429 - Salcedo 429 - San Francisco de Macorís 430
- Castillo 430 - Nagua 430 - Sánchez 430 - Las Terrenas
431

13.10 Las Terrenas – Puerto Plata – (Santo Domingo) 433
13.10.1 Touristische Hinweise 433
13.10.2 Unterwegs nach Puerto Plata 433
Cabrera 433 - Río San Juan 433 - Cabarete 435 - Sosúa
437 - Puerto Plata – die "Braut des Atlantiks" 438
13.10.3 Ausflug zu den Ruinen von La Isabela 441

14 REISEN IN JAMAIKA 443

14.1 Allgemeiner Überblick 443
14.1.1 Jamaika auf einen Blick 444
14.1.2 Geschichtlicher Überblick 444
14.1.3 Geographischer Überblick 446
Die Lage und Größe 446 - Landschaftsgliederung 446

14.2 Kingston – die Metropole 448
14.2.1 Allgemeiner Überblick 448
14.2.2 Touristische Hinweise 450
14.2.3 Geschichtlicher Überblick 451
14.2.4 Die wichtigsten Sehenswürdigkeiten 451
National Gallery of Jamaica 451 - Wer war Edna Manley? 452 - African-Caribbean Institute 454 - Wer war Marcus Mosiah Garvey 454 - National Library of Jamaica 457 - Naturhistorisches Museum 457 - St. William Grant Park 459 - Gordon House 459 - National Heroes Park 460 - Devon House 460 - Bob-Marley-Museum 461 - Bob Marley – Idol der schwarzen Jugendlichen 461
14.2.5 Ausflug nach Port Royal 462
Touristische Hinweise 462 - Überblick 462 - Die reichste Stadt der Welt 463 - Die gottlose Periode 463 - Das große Erdbeben 463 - Das heutige Port Royal 464
14.2.6 Ausflug nach Newcastle und Pine Grove 464
Touristische Hinweise 464 - Fahrt nach Pine Grove 465
- Pine Grove 466

14.3 Kingston – Montego Bay 467
14.3.1 Touristische Hinweise 467
14.3.2 Flugerlebnis 468
14.3.3 Montego Bay 468
Touristische Hinweise 468 - Sam Sharpe Square 470 - Crafts Market 470
14.3.4 Ausflug zum Estate Belvedere bei Chester Castle 471

Inhaltsverzeichnis

	Touristische Hinweise 471 - Unterwegs zum Estate Belvedere 471 - Die Musterfarm Belvedere 472
14.3.5	Besuch der Croydon Plantation in Catadupa 473
	Touristische Hinweise 473 - Unterwegs zur Croydon Plantation 474 - Die Croydon Plantation 474 - Samuel Sharpe – Schicksal des Nationalhelden 477
14.4	**Montego Bay – Ocho Ríos 479**
14.4.1	Touristische Hinweise 479
14.4.2	Unterwegs nach Ocho Ríos 479
	Salt Marsh 479 - Orange Valley Estate 479 - Good Hope Plantation 481 - Falmouth 481 - Der Kolumbuspark in der Discovery Bay 481 - Runaway Bay 482 - St. Ann's Bay 482 - Ocho Ríos 483
14.4.3	Ausflüge in die Umgebung von Ocho Ríos 485
	Dunn's Falls 485 - Fern Gully 485
14.5	**Ocho Ríos – Port Antonio 486**
14.5.1	Touristische Hinweise 486
14.5.1	Unterwegs nach Port Antonio 486
	Oracabessa 486 - Port Maria 486 - Abstecher nach Castleton 488 - Umweg über Paradise 489 - Sommerset Falls 490
14.5.3	Port Antonio 490
	Überblick 490 - Touristische Hinweise 491 - Ehepaar Fahmi – Pioniere des "Sanften Tourismus" 492 - Geschichtliches 493 - Sehenswürdigkeiten 493
14.5.4	Rafting auf dem Río Grande 493
	Touristische Hinweise 493
14.6	**Port Antonio – Kingston 495**
14.6.1	Touristische Hinweise 495
14.6.2	Unterwegs nach Kingston 495
	Nordostküste 495 - Errol Flynn–Estate 495 - Boston Bay 497 - Die Reach Falls 497 - Die Südostküste 498 - Morant Bay 498 - George William Gordon – Kämpfer für die Rechte der Armen 498 - Die Südküste bis Kingston 499
14.7	**Kingston – Mandeville 500**
14.7.1	Touristische Hinweise 500
14.7.2	Unterwegs bis Spanish Town 500
14.7.3	Spanish Town – die ehemalige Hauptstadt 500
	Geschichtlicher Überblick 500 - Town Square 503 - Jamaica People's Craft and Technology Museum 504 - St. James Parish Church 505 - Iron Bridge 506
14.7.4	Umweg über Milk River Bath 506
14.7.5	Mandeville 507

Inhaltsverzeichnis

14.8	**Mandeville – Negril**	**508**
14.8.1	Touristische Hinweise	508
14.8.2	Unterwegs nach Negril	508
	Information über Bauxit 508 - Bamboo Avenue 510 - Black River 510 - Savanna la Mar 511	
14.8.3	Der Badeort Negril	511
	Überblick 511 - Touristische Hinweise 511	
14.9	**Negril – Montego Bay**	**514**
14.9.1	Touristische Hinweise	514
14.9.2	Unterwegs nach Montego Bay	514
15	**REISEN IN PUERTO RICO**	**516**
15.1	**Allgemeiner Überblick**	**516**
15.1.1	Puerto Rico auf einen Blick	517
15.1.2	Geschichtlicher Überblick	517
15.1.3	Geographischer Überblick	518
	Lage und Größe 518 - Landesgliederung 520	
15.2	**San Juan – Faszination von alt und neu**	**521**
15.2.1	Allgemeiner Überblick	521
15.2.2	Touristische Hinweise	522
15.2.3	Geschichtlicher Überblick	525
15.2.4	Fahrt in die Altstadt von San Juan	527
	Avenue Dr. Ashford 527 - Puente dos Hermanos 528 - Standbild von San Gerónimo 528 - La Perla 529 - Capitolio 529 - Maurischer Palast 529 - Das Wachhäuschen 529	
15.2.5	Die bedeutendsten Sehenswürdigkeiten der Altstadt	530
	El Morro 530 - San Cristóbal 532 - La Fortaleza oder Palacio de Santa Catalina 533 - Catedral de San Juan 535 - Plaza de Colón 536 - Plaza de Armas 536 - Iglesia de San José 536 - Museo Pablo Casals 537 - Casa Blanca 537 - Capilla del Santo Cristo 538 - Treppenstraße 538 - Puertorican Arts and Crafts 538 - Butterfly People – Himmelsfalter der Indianer 539 - Museo del Indio 539	
15.3	**San Juan – Playa La Parguera**	**540**
15.3.1	Touristische Hinweise	540
15.3.2	Auf der Ruta Panoramica durch die Cordillera Central	540
	Reserva Forestal Toro Negro 542	
15.3.3	Ponce – die Perle des Südens	542
	Allgemeines 542 - Catedral Nuestra Senora de la Guadelupe 544 - Parque de Bombas 544 - Museo de Art 545 - Tibes Indian Ceremonial Center 545	

Inhaltsverzeichnis

15.3.4	Playa La Parguera	547
	Touristische Hinweise 547	
15.3.5	Bootsfahrt in die Mangrovensümpfe	548
15.4	**Playa La Parguera – Quebradillas**	**549**
15.4.1	Touristische Hinweise	549
15.4.2	Unterwegs nach Quebradillas	549
	Boquerón 549 - Cabo Rojo – der südwestlichste Landzipfel 551 - San Germán 551 - Mayagüez 552 - Rincón 552 - Aguada 553 - Aquadilla 553 - Quebradillas 553	
15.5	**Quebradillas – Lago Caonillas**	**554**
15.5.1	Touristische Hinweise	554
15.5.2	Unterwegs zum Lago Caonillas	554
	Parque Ceremonial Indigena 555 - Parque de las Cavernas del Río Camuy 555 - Das Observatorium von Arecibo 556 - Utuado 557 - Parador Casa Grande 557	
15.6	**Lago Caonillas – San Juan**	**558**
15.6.1	Touristische Hinweise	558
15.6.2	Unterwegs nach San Juan	558
	Parador Hacienda Gripinas 558 - Reserva Natural Laguna Tortuguero 560 - Dorado Beach 560	
15.7	**San Juan – Nationalpark El Yunque – Fajardo**	**562**
15.7.1	Touristische Hinweise	562
15.7.2	Nationalpark El Yunque	562
	Allgemeines 562 - Big Tree Trail 563	
15.7.3	Weiterfahrt nach Fajardo	566
15.7.4	Ausflug nach Humacao	567
	Touristische Hinweise 567 - Playa Naguabo 567 - Playa Humacao 568 - Humacao 568 - Buena Vista 568	
15.8	**Fajardo – Insel Vieques – San Juan**	**569**
15.8.1	Touristische Hinweise	569
15.8.2	Die Insel Vieques und ihre Bewohner	570
15.8.3	Die interessante Geschichte der Insel Vieques	571

LITERATURVERZEICHNIS **573**

STICHWORTVERZEICHNIS **575**

Einleitung

EINLEITUNG

Das Wort "Karibik" erzeugt bei den meisten Europäern Vorstellungen von blauem Meer, wärmender Sonne, wiegenden Palmen an weißem Strand, Badeurlaub und Entspannung. Dem gestreßten Urlauber der wohlhabenden Industrienationen Europas, Nordamerikas, aber zunehmend auch Japans, der sich eine Reise in die Karibik erlauben kann, ist ein solcher Erholungsurlaub durchaus zu gönnen.

Um jedoch die wohlverdienten Ferien nur am Strand zu verleben, dazu ist speziell der Bereich der Großen Antillen – dazu gehören Kuba, Hispaniola mit den beiden Staaten Dominikanische Republik und Haiti, Jamaika und Puerto Rico – eigentlich zu schade. Man kann ohnehin als Weißer mit seiner hellen Haut nicht den ganzen Tag am Strand oder in der prallen Sonne, im Wasser oder auf dem Wasser verbringen. Deshalb ist es aus Gründen der Gesundheit, der Abwechslung, der Erweiterung des geistigen Horizonts und zum besseren Verständnis des Gastlandes und seiner Bewohner ratsam, sich auch mit dem Mosaik der **verschiedenen Landschaften**, seinen Pflanzen und Tieren, der **Geschichte** und natürlich auch der heutigen Situation seiner Bewohner zu beschäftigen. Um Ihnen dabei behilflich zu sein, wurde dieses Buch geschrieben.

Insbesondere diese Region unseres Globus' ist hochinteressant. Hier prallten erstmalig vor genau 500 Jahren **2 Kulturen** und später mehrere Völker Europas mit den Indianern des vorkolumbianischen Amerikas hart aufeinander. Hier spielte sich leider die Tragödie des Untergangs und der Auslöschung der indianischen Urbevölkerung auf den karibischen Inseln ab.

Wie ist die **Brutalität** zu verstehen, mit der die Spanier als damals erste europäische Großmacht die Ausrottung und die gewaltsame Bekehrung zu ihrer Religon betrieben, deren Wesen vom Ursprung her Güte, Toleranz und Menschlichkeit ist?

Es ist vielleicht noch verständlich, daß die Eroberer und ihre seemännische Besatzung rauhe Kerle waren und nicht gerade zimperlich mit den Indianern umgingen. Die Konquistadoren standen unter dem Erfolgszwang, Gold, Silber und andere wertvolle Schätze mit nach Spanien zu bringen. Danach wurden ihre Erfolge gemessen, und um das zu errreichen, war jedes Mittel recht.

Empörend ist jedoch, wie **"im Namen Christi"** mit den Menschen Amerikas und ihrer Religion, ihren Kultstätten und ihrem Anderssein verfahren wurde. Wie sind diese Unduldsamkeit, die Verachtung der Menschenwürde, der Fanatismus zu begreifen? Wenn man sich jedoch vor Augen hält, mit welcher Härte beispielsweise in Spanien in der Zeit der **Inquisition** allen Andersgläubigen zugesetzt wurde, mit welcher Grausamkeit Nichtkatholiken verfolgt, zu Tode gequält und verbrannt wurden, dann sind die Greueltaten an den ungläubigen und "minderwertigen" Eingeborenen nicht mehr verwunderlich.

In dem Geist der Inquisition wurde auch in der Karibik und später im gesamten heute lateinamerikanischen Raum mit Feuer und Schwert den Indios das Christentum aufgezwungen. Aber auch wenn sie sich zum Christentum bekannt hatten, ging es ihnen letztlich noch schlecht genug.

Einleitung

Es erstaunt daher nicht weiter, daß die Feierlichkeiten zum 500-jährigen **Kolumbusjahr** besonders von den lateinamerikanischen Staaten mit sehr gemischten Gefühlen aufgenommen und teilweise boykottiert wurden.

Abmildernd muß gesagt werden, daß einigen Mönchen, die im "Kielwasser" der Konquistadoren nach Amerika segelten, doch das Gewissen schlug, als sie miterlebten, wie die stolzen Eroberer und ihre Helfershelfer mit den Einheimischen umgingen. Die Gottesmänner unternahmen erste verzweifelte Versuche, der spanischen Obrigkeit klarzumachen, daß auch die Indios wie Menschen behandelt werden müßten. Der **Dominikanermönch Bartolomé de las Casas** ist einer von denen, der sich mit Macht für die elementarsten **Menschenrechte der Unglücklichen** einsetzte – leider ohne Erfolg. Ihm und anderen Mönchen ist es auch hoch anzurechnen, daß sie die Sitten und Gebräuche der Ureinwohner schriftlich festgehalten haben. Aus der Feder der Mönche stammen die zuverlässigsten Quellen der heutigen **Geschichtsschreibung** des 16. und 17. Jahrhunderts dieser Region.

Es soll nicht nur der Stab über die Spanier gebrochen werden. Auch die nachfolgenden Kolonialmächte Europas gebärdeten sich nicht sanftmütiger in der sogenannten Neuen Welt.

Den eingeführten schwarzen **Sklaven aus Afrika** erging es unter der Knute der Weißen nicht viel besser als den Indios, nur mit dem Unterschied, daß es der Vitalität ihrer Rasse zuzuschreiben ist, daß sie jetzt insgesamt, allerdings auch stark vermischt mit den Spaniern, den stärksten Bevölkerungsanteil auf den Großen Antillen stellen.

Um auf die Gegenwart zu sprechen zu kommen, so ist politisch und wirtschaftlich der unterschiedliche Weg, den die 4 Inseln der **Großen Antillen** gegangen sind und noch gehen, sehr interessant, wobei sich bei der Evolution von Kuba und Puerto Rico die größten Gegensätze auftun.

Ich möchte es nicht versäumen, mich für die Unterstützung zum Gelingen dieses Buches sehr herzlich bei Frau Barbara M. Thieme, Gabriele Friedrich, Claudia Frey, Anne Townsend, Ute Spengler und Juan Jorge Serra Orero recht herzlich zu bedanken. Ihre organisatorischen Beiträge und wertvollen Hinweise waren für mich sehr nützlich.

Ein ganz besonderes Dankeschön gilt auch meiner Frau, die mich auf meinen Fahrten begleitet und sehr tatkräftig unterstützt hat.

Ihnen als Leser wünsche ich, daß Sie es nicht nur beim Lesen dieses Reisehandbuchs bewenden lassen, sondern daß auch Sie der Passatwind in die Inselwelt der Karibik treibt, wo Sie Erholung mit dem Erleben tropischer Naturschönheiten und dem Erkunden der Spuren der wechselvollen Geschichte der Karibik sinnvoll und glücklich verbinden können.

Gummersbach, im Januar 1993

Karl-Wilhelm Merger

1 ALLGEMEINER ÜBERBLICK

Die karibische Inselwelt kann man grob in 2 Teile teilen:
- in die **Großen Antillen**, zu denen die 4 größten Inseln Kuba, Hispaniola (Dominikanische Republik und Haiti), Jamaika und Puerto Rico zählen und die Ihnen in diesem Reisehandbuch näher gebracht werden sollen, und
- in die **Kleinen Antillen**.

Die Großen Antillen

Die Großen Antillen sind jedoch **kein homogenes Gebilde**. Politisch und wirtschaftlich sind die einzelnen Staaten sehr verschiedene Wege gegangen. Sozial und kulturell gibt es auf den 4 Inseln große Unterschiede.

Die Großen Antillen haben **viele Gesichter**. Auch innerhalb eines Staatsgebietes schillert es in vielen Farben, in fröhlich leuchtenden und düster trüben.
- Die tropische Natur, Palmen-gesäumte Sandstrände, warmes, klares Meerwasser, Korallenriffe vor der Küste mit der Wunderwelt farbenfroher Fische, üppige Inselvegetation, buntes Völkergemisch, farbenprächtige Märkte, heiße Rhythmen von Merengue, Mambo, Chachachá und Rumba und ausgelassene Karnevalsfeiern, das ist die eine Seite der Karibik, das sind die Assoziationen einer **tropischen Inselromatik**, die nicht nur Phantasiegebilde, sondern auch Wirklichkeit sind.
- Der zunehmende **Tourismus** hat natürlich auch seine Akzente gesetzt. Weiße Kreuzfahrtschiffe – schwimmende Luxushotels –, internationale Flughäfen und weiträumige Touristenresorts sind unübersehbar.
- Die **Spuren der indianischen Urbevölkerung** sind schon fast verweht. Nur sehr bescheiden machen sich die freigelegten "heidnischen" Kultstätten neben den sakralen christlichen Bauwerken aus.
- Unübersehbar sind die Zeugen **kolonialer Herrschaft**: Paläste, Herrenhäuser, Haciendas, riesige Plantagen der Monokultur (Zuckerrohr, Kaffee). Kathedralen und Kirchen zeugen von christlicher allein-seligmachender Überzeugung.
- Nach dem Abschütteln der kolonialen Fesseln ringen die Inselstaaten unter großen wirtschaftlichen Schwierigkeiten um ihre **eigene Identität**. Das Erringen der politischen Unabhängigkeit ist noch lange nicht die absolute Freiheit im wirtschaftlichen Bereich. Der Kampf ums eigenstaatliche Überleben beginnt erst richtig mit dem Einrollen der Flagge der jeweiligen Kolonialmacht. Puerto Rico stellt eine Ausnahme dar. Unter den schützenden Fittichen der Weltmacht USA und durch deren wirtschaftliche Förderung konnte es sich besser entwickeln, als die karibischen Nachbarstaaten.
- Die **finsteren Gesichtszüge** der Großen Antillen sind Revolution, politische Instabilität, wirtschaftlicher Niedergang, Arbeitslosigkeit, Armut, Prostitution und Flucht in die Welt der Drogen. Das krasseste Beispiel für diese Entwicklung ist Haiti auf Hispaniola. Sie als Urlauber werden von dieser anderen Seite der goldenen Medaille nicht allzu viel mitbekommen.

2 GESCHICHTLICHER ÜBERBLICK

2.1 DIE UREINWOHNER

2.1.1 EINWANDERUNG AUS SÜDAMERIKA

Die **Indizien** für die vorkolumbianische Besiedlung der karibischen Inseln durch Indianerstämme aus dem nördlichen Südamerika werden immer einleuchtender.

- Es war wesentlich **einfacher, mit Kanus von Süden** her über die Kleinen Antillen auch die Großen Antillen zu erreichen, als die starken Strömungen in den Meerengen zwischen Yucatán und Kuba sowie Florida und Kuba mit einem offenen Boot zu meistern.
- **Ethnische Gemeinsamkeiten südamerikanischer und karibischer Kulturen** tragen mit zu der Annahme bei, daß die Besiedlung von Süden erfolgte.
- Die Einführung der **Kulturpflanzen Ananas, Guayava, Maniok** und **Tabak** aus Südamerika deuten ebenfalls auf das Herkunftsgebiet der Ureinwohner hin.

Die ältesten Spuren der Einwanderung werden auf **ca. 5000 v. Chr.** taxiert.

Geringe Spuren

Über die Ureinwohner der Karibik der vorkolumbianischen Zeit wissen wir nur sehr wenig.

Das hat folgende Gründe:
- Nach der "Entdeckung" der Karibik und der ersten Kontaktaufnahme Christoph Kolumbus' mit den Ureinwohnern am 12. Oktober 1492 hat die nachfolgende spanische *Conquista* wie ein Sturm in einem wilden Holocaust die **Urbevölkerung der karibischen Inseln vernichtet**.
- Es existieren deshalb nur wenige Zeugnisse ihrer Lebensweise, Kultur und ethnischen Struktur. Von den Kariben-Indianern ist noch ein verschwindend kleiner Rest nicht mehr ganz reinrassiger Indios nachgeblieben. Die letzten ihres Stammes leben auf der Antillen-Insel Dominica. Bruchstücke ihrer alten **Sprache sind noch erhalten geblieben und ihre frühere Lebensweise** kann rekonstruiert werden.
- Sie haben eine **einfache Bilderschrift** erfunden, die sich jedoch nicht weiterentwickelt hat. Steininschriften (Petroglyphen) aus Höhlen in Utuado (Puerto Rico) bekunden diese ersten Versuche, etwas aufzuzeichnen.
- Als Jäger und Sammler haben diese Indios keine großartigen Bauten, Tempel und Pyramiden, wie auf dem Festland, errichtet. Es sind aber **Steinwerkzeuge und Kultgegenstände** gefunden worden.

Petroglyphen

Ureinwohner

2.1.2 DIE CIBONEY

Die Einwanderung aus Südamerika erfolgte in mehreren Wellen. Ciboney sind die Nachfolger der Erstbesiedler.

Die Ausgrabungsstücke in **Guanahacabibes (Kuba)** und **Mordan (Dominikanische Republik)** werden auf ca. **2000 v. Chr.** datiert. In Cubagua (Venezuela) wurden ähnliche Funde gemacht, die auf eine wesensgleiche Kultur hinweisen.

Das Kulturniveau der Ciboney stagnierte. Über die Stufe der **Jäger und Sammler** kamen auch sie nicht hinaus. Man hat in Höhlen Stein- und Knochenwerkzeuge sowie Muschelansammlungen ans Licht gefördert.

2.1.3 DIE ARAWAKEN

Die kulturell höher stehenden Arawaken verdrängten etwa um die Zeitenwende allmählich die Ciboney immer weiter in den Westen der Karibischen Inseln. In West-Kuba und Südwest-Hispaniola konnten die Ciboney ihre Eigenständigkeit noch am längsten bewahren, bis sie auch dort mit ihrer niedrigeren Kultur untergingen. Auf den übrigen Inseln wurden sie schon früher Sklaven der Arawaken.

Verschiedene Stämme

Aus einer gemeinsamen Wurzel der Arawaken bildeten sich im Laufe von ca. 1.500 Jahren verschiedene, **ethnisch und sprachlich untereinander verwandte Stämme** aus:

Stämme	Siedlungsgebiet um 1500 n. Chr.
Igneri	Trinidad, Tobago
Ciguayo	Nordwest-Hispaniola
Taino	Puerto Rico, Hispaniola, Ost-Kuba
Subtaino	Kuba, Jamaika
Lucayo	Bahamas

Weiterentwicklung

Die Entwicklung zur höheren sogenannten neoindianischen Kulturstufe zeigte sich in folgenden Bereichen:

- Die **Keramik-Kunst** kam zuerst, von südamerikanischen Vorbildern angeregt, bei den Igneri auf. Sie wurde in der Folge von allen Arawak-Gruppen weiterentwickelt und erreichte in ihrer Formengestaltung eine beachtliche Blüte. Man unterscheidet verschiedene Stilformen: z.B. den Meillacoid- und den Chicoid-Keramikstil.
- Erstmalig ist der **Feldanbau**, ebenfalls zuerst bei den Igneri, betrieben worden.
- Die **Sozialstruktur** wurde verfeinert. Diese Weiterentwicklung zeigte sich besonders deutlich im Sozialgefüge der Subtaino (Vorläufer der Taino) und der Taino.

2.1.4 DIE TAINO-KULTUR

Zweifellos war die Taino-Kultur die hochstehendste der Karibik. Auf sie stießen die Spanier als erste europäische Nation. Trotz ihres Vernichtungsfeldzuges gegen die "minderwertigen Wilden" sind von dieser Kultur noch die meisten Überlieferungen bekannt.

Hinterlassenschaften der Taino

Zahlreiche **Funde** der Archäologie bestätigen die wenigen Aussagen der Eroberer.
Sie reichen von
- **stilvollen Keramikarbeiten** (Schalen, Krüge, Töpfe, Figurengefäße) bis zu
- **Gegenständen aus Stein** (Hämmer, Keile, Äxte, Mörser, Mahlsteine),
- **hölzernen Geräten** (Boote, Musikinstrumente, kultische Schnitzereien),
- **Gebrauchsgegenständen aus Knochen** (Nadeln, Schabern, Figuren),
- **verarbeiteten Molluskenschalen** zu Kettengliedern,
- **Schmuck aus Gold** (Ohren- und Nasenringe sowie Einlegarbeiten).

Gold war das einzig bekannte Metall. Es erregte besonders die Habgier der Spanier und der ihnen folgenden europäischen Eroberer.

Die Ernährungsgrundlagen

Auf den Brandrodungsflächen im Urwald wurde die älteste Kulturpflanze Südamerikas angebaut, das Hauptnahrungsmittel: **Maniok.** Mit einer Maniokpresse wurde der blausäurehaltige Saft aus dem Maniokbrei mittels eines geflochtenen Rohrs, das sich durch Ziehen verengt, herausgepreßt. Diese Methode ist heutzutage noch in den tiefen Amazonas-Urwäldern gebräuchlich.

Außerdem pflanzten die Taino Mais, Bohnen, Süßkartoffeln, Kürbisse, Erdnüsse, Pfeffer und Ananas an. Zum Pflanzen wurden hölzerne Grabstöcke verwendet.

Größere Haustiere, die als Fleisch- und Milchlieferanten dienen konnten, waren den Indios unbekannt. Die Männer betrieben geschickt die **Jagd auf Niederwild** mit Speeren und den **Fischfang** mit Speerschleudern, während die Frauen und Kinder die Feldarbeit verrichteten.

Sitten und Gebräuche

- Aus den spanischen Chroniken wissen wir, daß die Taino nur **dürftige Kleidung** trugen und meistens nackt gingen, bis auf die verheirateten Frauen, die eine Art Schürze trugen, die *"Nagua"* genannt wurde.
- Mehrere **riedgedeckte, glockenförmige Hütten** bildeten ein Haufendorf. Geschlafen wurde in Hängematten, die die Taino *"Hamaca"* nannten. Der Kazike, der Häuptling, bewohnte mit seinen Frauen eine größere Hütte, die sog. *"Bohío"*.
- Bei **Festlichkeiten** wurde der nackte, bronzefarbige Körper der Indios mit dem rötlichen Farbstoff des Anatto-Strauches *(Bixa orellana)* bemalt; daher rührt der volkstümliche Name: **Rothaut.** Der Schmuck aus Ton, Knochen und Gold wurde angelegt und das schwarze, glatte, lange Haar sorgfältig gepflegt.
- Den Verstorbenen wurden **Grabbeigaben** mitgegeben – ein Zeichen dafür, daß die Taino an ein Leben nach dem Tode glaubten.

Ureinwohner

Bootsbau

Um ihr Inselreich zu beherrschen, das sich von Puerto Rico über Hispaniola bis nach Ost-Kuba erstreckte, bauten die Taino **seetüchtige Plankenkanus**, die einige Dutzend Menschen transportieren konnten.
Christoph Kolumbus berichtete von 30 m langen Kanus, die durch die Paddelschläge ihrer kräftigen Kanuten erstaunliche Geschwindigkeiten erreichen konnten.

Gesellschaftliche Ereignisse

- Die Taino betrieben **Sport**. Auffällig waren ihre **Ballspielplätze**. Hier wurden sportliche Wettkämpfe ausgetragen. 2 Mannschaften mußten einen Hartgummiball mittels ihres Körpers, ohne Zuhilfenahme von Händen und Füßen, weiterbewegen. Wenn der Ball zu Boden fiel, war das Spiel verloren. Als Hilfsmittel wurden **Hüftringe** getragen.
Ähnliche Sportfeste kennt man auch in Yucatán. Nach spanischen Chronisten gehörten zu den Ballspielen auch **Menschenopfer**, die der Preis der siegreichen Mannschaft waren. Vermutlich waren sie jedoch auch als Opfer für den Erntegott anzusehen.
- **Das Areyto-Fest**
Dieses Fest, das von der gesamten Dorfbevölkerung gemeinsam begangen wurde, wurde mit **Gesang** und **Tanz** ausgefüllt. Zu den alten Musikinstrumenten gehörten die *Maracas*, das sind heute noch in ähnlicher Form verwendete Rasseln. Außerdem wurden **alte Legenden und Sagen** von dem Kaziken, dem Häuptling, vorgetragen.
- **Der Cohoba-Kult**
Dieser Kult wurde von dem Kaziken und seinem Medizinmann vollzogen. Durch das **Rauchen** der Pflanze *Pipdenia peregrina* wurde ein Trance-Zustand erreicht, der **Halluzinationen** hervorrief.

Die Sprache

Von der Sprache der Taino ist sehr wenig bekannt. Einige Worte haben allerdings die Vernichtung des Volkes überdauert und werden heute noch international gebraucht, so beispielsweise: Hurrikan *(huracán)*, Tabak *(tabaco)*, Barbecue *(barbacoa)* und Kanu *(canoa)*.

Das Dreiklassensystem

Die Gesellschaft der Taino wies eine Gliederung in 3 Schichten auf:
- Die **oberste Klasse** bildeten die *"Nitaino"*. Es war die privilegierte Führungsschicht, der "lange Arm" des Kaziken. Sie besaß die politische Macht, und sie kontrollierte die Wirtschaft, deren Verflechtungen weit über ihren Ortsbereich hinausgingen.
- Die **Mittelklasse** bildeten freie Stammesmitglieder.
- Die **unterste Klasse** waren Sklaven, Angehörige fremder Stämme, die *"Naboria"* genannt wurden. Sie mußten den "Nitaino" dienen.

2.1.5 DIE KARIBEN

Sie drangen im 13. Jahrhundert n. Chr. vermutlich aus den Urwäldern und Sümpfen über die Flüsse und Küsten Guayanas bis zu den Kleinen Antillen vor.

Gefürchtete Krieger

- Mit ihren **schnellen, seetüchtigen Einbäumen** führten die Kariben ein seeräuberisches Leben.
- **Waffentechnisch überlegen**, entwickelten sie sich zur Geisel der übrigen Indiostämme. Gefürchtet waren ihre Pfeil- und Wurfgeschosse sowie ihre Holzkeulen, die *Butus*.
- Durch ihre **große Beweglichkeit** und taktisch klugen, **blitzartigen Überfälle** eroberten sie immer mehr Inseln. Von Grenada bis zu den Virgin Islands im Norden (Kleine Antillen) gerieten alle Inseln unter die Herrschaft der kriegerischen Kariben. Auf Trinidad und Tobago konnten sich die Igneri noch halten. Die Dorfbewohner anderer Stämme wurden gefangengenommen. Die männlichen Gefangenen mußten ihnen als Sklaven dienen, und die Frauen wurden zur Ehe gezwungen.
- Es sind Fälle von **Kannibalismus** durch spanische, französische und britische Berichterstatter bekannt geworden. Wahrscheinlich glaubten die Kariben, daß durch das Verzehren der Feinde deren Kampfeskraft und Mut auf sie übertragen werden könnte.

Ihre Lebensweise

Durch ihre **Kampfkraft** konnten sich die Kariben **noch 250 Jahre nach dem Erscheinen des Weißen Mannes** in der Karibik als Volk behaupten, während die anderen Indiostämme schon vorher von den europäischen Eroberern ausgelöscht wurden; deshalb ist über die Lebensweise der Kariben verhältnismäßig viel überliefert.
Die Dörfer lagen meistens versteckt an der dem Wind abgewandten Seite der Inseln. Zentrum einer Ansiedlung war das 20 – 30 m lange **Männerhaus**, um das sich die einzelnen Hütten der Frauen scharten.

Es wurden immer neue Lichtungen in den Urwald gebrannt. Auf diesen **Brandrodungsstellen** wurden Maniok, Mais, Bohnen, Paprika, Ananas und Tabak angebaut. Wenn der Ackerbau nicht mehr lohnte und der Boden durch die tropischen Regenstürme ausgewaschen war, drang man im Wanderfeldbau tiefer in den Urwald vor.
Die Kariben glaubten, daß durch Verbrennung der Toten deren Seelen sich mit denen der Ahnen vereinigten. **Schamanen** hielten diesen Glauben lebendig. Die **Körperbemalung** spielte bei den kultischen Handlungen eine große Rolle.

Letzte Überreste einer Karibenbevölkerung

Auf **Dominica** und **St. Vincent** sind noch letzte Überbleibsel der ursprünglichen Karibenbevölkerung zu erkennen. In dem **Dorf Salibia** wurde 1903 von den Briten ein Indianerreservat geschaffen. Durch **Vulkanausbrüche des Soufrière** 1902 und 1912 auf St. Vincent wurden die letzten reinblütigen Kariben vernichtet. Durch **Vermischung mit Schwarzen** auf Dominica sind heutzutage höchstens nur noch 100 Kariben als reinrassig anzusehen.

2.2 WIKINGER – DIE ERSTEN EUROPÄER IN AMERIKA

Christoph Kolumbus, der am 12. Oktober 1492 auf dem im Bereich der Bahamas gelegenen Eiland Guanahani landete, das er San Salvador nannte (später bekannt unter Wattling's Island), war nicht der erste Europäer, der den amerikanischen Kontinent betrat!

Fast 500 Jahre vor Kolumbus, der – wohlgemerkt – nur aus europäischer Sicht lange als "Entdecker Amerikas" galt, haben die Wikinger an den unwirtlichen Küsten Labradors amerikanischen Boden – genauer gesagt: ostkanadischen – Boden betreten. Sie waren an einer felsenzerklüfteten, ungastlichen und von Fjorden zerfressenen Küste gelandet, von der 1534 der Franzose Jacques Cartier entsetzt sagte: "... das Land, das Gott Kain gab!".

2.2.1 ERSTE ERKUNDUNGSFAHRTEN

In skandinavischen und isländischen Sagas wird folgendes berichtet:

Als unerschrockener Seefahrer fuhr **Bjarni Herjolfsson** *jeden Herbst mit seiner Mannschaft tollkühn im offenen Wikingerboot über den stürmischen Atlantik vom europäischen Festland nach Island, um dort mit den Isländern, auch mit seinem Vater Herjolfsson, Handel zu treiben. 986 n. Chr. mußte Herjolfsson feststellen,*

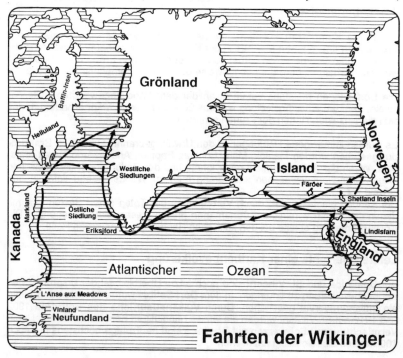

Fahrten der Wikinger

Wikinger

daß sich sein Vater einer Gruppe unter Erich dem Roten angeschlossen hatte, die sich auch auf den stürmischen Nordatlantik hinausgewagt hatten, um Grönland zu erforschen und zu besiedeln. Er wollte ihnen folgen, gelangte jedoch statt nach Grönland nach Labrador. Der Entdecker war sehr enttäuscht. Er soll gesagt haben: "Dieses Land, deucht mich, ist ohne Wert". Er drehte deshalb schnell wieder bei, um seinen Vater in Grönland zu suchen.

Wikingerboot

Nachdem Herjolfsson nur einen kurzen Blick auf die Küste von Labrador geworfen und ein so vernichtendes Urteil über das Land gefällt hatte, versuchten andere Wikinger, in der Neuen Welt Fuß zu fassen. So begab sich auch **Thorfinn Karlsefni**, ein grönländischer Kaufmann, mit seiner Frau Freydis, 150 Mann und dem nötigen Vieh auf die gefährliche Seereise und erreichte 1010 n. Chr. die furchterregende Küste Labradors, fuhr an ihr entlang und landete weiter südlich an einem Gestade (wahrscheinlich in Neufundland), wo man über die großen Wälder und zahlreichen wilden Tiere staunte.

Was ist nun Sage und was Geschichte?

Geschichtlich erwiesen ist jedoch, daß der Norweger **Erich der Rote** (950–1007) 981 Grönland entdeckte. Er nannte diese vereiste Insel "grünes Land", um Siedler anzulocken. Dort wurde von ihm eine Normannensiedlung gegründet, die jedoch wegen Nahrungsmangel, Krankheiten (Skorbut) und Kämpfen mit den Eskimos auf Dauer nicht gehalten werden konnte. Von Grönland aus startete der Sohn Erichs des Roten, **Leif Erikson** zu einer abenteuerlichen Fahrt nach Westen, überquerte die Davis-Straße und entdeckte die Nordostküste Nordamerikas. Er ist somit der eigentliche **Entdecker Amerikas**. Erstaunlicherweise fand der erste Kontakt zwischen Europa und Amerika nicht in der Karibik statt, wo die von Ost nach West wehenden Passatwinde leichter eine Überfahrt ermöglicht hätten, sondern in den eisigen Einöden Labradors.

Wikinger

Genauso erstaunlich ist die Tatsache, daß nicht die hochbordigen, gedeckten Karavellen der Portugiesen und Spanier, sondern die Wikinger mit ihren Knörrs (offenen Ruderbooten), die nur teilweise mit kleinen Segeln bespannt waren, die Atlantik-Überquerung als erste Europäer schafften. Leif Erikson folgte der Küste bis in das Mündungsgebiet des St.-Lorenz-Stroms. Weitere Fahrten der Wikinger an die Nordostküste Amerikas fanden zwar statt, wurden jedoch nicht exakt aufgeschrieben.

Dieses Wissen, daß die Wikinger als erste Amerika gesichtet haben, dort auch versucht haben, sich festzusetzen, durch Hunger und Kämpfe mit Eingeborenen jedoch wieder vertrieben wurden, ging in Europa verloren.

2.2.2 WIKINGERSIEDLUNG AUF NEUFUNDLAND

Lange haben die Gelehrten gestritten, ob nicht die teils sagenhaft erzählten Berichte über die ersten nordischen Seefahrer reine Phantasiegespinnste sind, bis schließlich der **Archäologe Helge Ingstad** Licht in das Dunkel brachte, ob die Fahrten Leif Eriksons in das sagenhafte "Vinland" (Weinland) nur Legende bleiben sollten.

1961 entdeckte der Norweger mit seinem Team an der Nordspitze Neufundlands bei **L'Anse-aux Meadows** (Bucht der Wiesen) Überreste einiger Wikingerhäuser der **sagenhaften Siedlung Leifbudir** aus dem 10. Jahrhundert n. Chr., die durch die Karbondatierung auf das Jahr 1000 mit geringen Abweichungen festgelegt wurden.

Ingstad veröffentlichte seine Forschungsergebnisse in seinem Buch "Die erste Entdeckung Amerikas". Dort schreibt er: *"Nach 4 archäologischen Expeditionen nach L'Anse aux Meadows ergab sich in großen Zügen folgendes Bild: Es wurden 8 größere und kleinere Häuser ausgegraben, eines davon war besonders groß, ein anderes war eine Schmiede, ferner waren 3 große Mulden ausgehoben worden, von denen 2 Kochmulden gewesen sein müssen. In der dritten war Holzkohle hergestellt worden, vermutlich für die Arbeit des Schmiedes. Außerdem wurden verschiedene Gegenstände gefunden, in erster Linie auf den Wohnplätzen, aber zum Teil auch in den vielen Suchgräben, die wir durch das Gelände gezogen hatten."*

Diese aufschlußreiche Ausgrabung setzte dem Rätselraten endlich ein Ende und erbrachte der Geschichtsforschung einen örtlichen und zeitlichen Fixpunkt.

2.3 SPANISCHER VORSTOSS AUF DER WESTROUTE NACH INDIEN

2.3.1 WETTRENNEN UM DEN SEEWEG VON EUROPA NACH INDIEN

Die Portugiesen und Spanier, Ende des 15. Jahrhunderts n. Chr. die führenden Seefahrernationen der Erde, waren fanatisch daran interessiert, Seewege nach Indien, dem reichen Gewürzland im Orient, zu finden.

Die **Portugiesen** schickten deshalb ihre fähigsten Kapitäne mit schnellen, seetüchtigen Karavellen **mit östlicher Zielrichtung** auf die Reise, um Afrika zu umsegeln und um anschließend das "Gelobte Land" anzusteuern.
1488 erreichte Bartholomeu Diaz das "Kap der Guten Hoffnung", und am 23.5.1498 landete Vasco da Gama in Kalikut (heute Kozhikoda) an der Malabarküste Indiens.

Spanien hatte sich nach anfänglichem Zögern für die Erkundung des Seewegs nach Indien in **westlicher Richtung** entschieden.

Karavelle

2.3.2 DER IRRTUM DES CHRISTOPH KOLUMBUS

Kolumbus 1. Fahrt in die Karibik
(italienisch: Cristofo Colombo, spanisch: Cristobal Colón)

Christoph Kolumbus

Cristofo Colombo, in **Genua 1451** als Sohn eines Webers geboren, war von der Idee besessen, nach Asien auf dem westlichen Kurs zu gelangen, weil ihm, wie auch anderen, damals bekannt war, daß die Erde eine Kugel ist.

Er ist zwar nicht der erste gewesen, der auf diesen Gedanken gekommen ist, nach Westen zu segeln. Er brachte jedoch den unbeugsamen Willen mit, diese Idee in die Tat umzusetzen. Außerdem war er von dem festen Glauben durchdrungen, daß er als einziger zu dieser Fahrt berufen sei. Als 25-jähriger kam er auf abenteuerliche Weise nach Lissabon. Die genuesische Kolonie nahm den jungen Colombo freundlich auf. Durch Reisen zu den Azoren, nach Madeira, Guinea und Island avancierte er zu einem

Spanischer Vorstoß auf der Westroute

tüchtigen Kapitän. Als Colombo 1479 die Portugiesin Filipa Moniz heiratete, mochte er geglaubt haben, bei den Portugiesen sein Glück zu machen. Eine **Weltkarte** von dem damals berühmten Kosmographen, Arzt und Astronomen **Toscanelli** (1397–1482), die er sich schicken ließ, war der Grundstock seines Reiseplans gen Westen über den Atlantik. Der **Kolumbus-Plan** wurde jedoch **1484 vom portugiesischen König Joao II.** und einer Gelehrtenkommission **abgelehnt**. Man war mehr an dem Seeweg nach Indien um Afrika herum interessiert.

Enttäuscht verließ der Genuese Portugal und wandte sich an die **spanischen Majestäten Ferdinand von Aragonien und Isabella von Kastilien**, die seit ihrer Heirat in Spanien gemeinsam regierten. Der von seinem Sendungsbewußtsein durchdrungene Genuese wurde vertröstet. Auch die Hispanisierung seines Namens in Cristobal Colón half ihm nichts. Als sich bereits der König Karl VIII. von Frankreich für seinen Plan interessierte und der ehrgeizige Kapitän schon auf dem Weg zu ihm war, nachdem auch König Heinrich VII. von England abgewinkt hatte, kam es im April 1492 doch noch zu einem Vertrag zwischen den Spaniern und Colombo zu dessen Bedingungen.

3. August 1492

Als Admiral und zukünftiger Vizekönig aller neuentdeckten Gebiete verließ Kolumbus mit 3 Schiffen mit den Namen "Santa Maria", "Pinto" und "Nina" und 97 Mann Besatzung den inzwischen versandeten Hafen **Palos de la Frontera** am Golf von Cadiz.

8. September

Auf **Lanzarote** wurde Zwischenhalt gemacht. Seit der Abfahrt von dieser Kanarischen Insel sahen die Seeleute lange Zeit kein Land mehr. Die Mannschaft wurde immer besorgter wegen der langen Fahrt. Sie hatte Angst zu verdursten.

10. Oktober

Es kam fast zur Meuterei. In Kolumbus' Logbuch, dem faszinierenden Dokument seiner Entdeckungsreise, ist auszugsweise zu lesen: *"Das Land war eine Wolke. Auf der "Pinta" merkten sie zuerst, daß die herzförmige Insel in nichts zerronnen war....Gleich darauf war die Hölle los. Die Mannschaft drang geschlossen auf mich ein...."Rückkehr oder Euer Leben, Colón!"... Sie griffen nicht an....Aber sie gaben mir 3 Tage Zeit, genau 3 Tage. In 3 Tagen wird Cristóbal Quintero Generalkapitän sein, wenn wir kein Land erreicht haben. Ich habe gerechnet und gerechnet. Es ist nicht möglich, daß wir in 3 Tagen vor der Küste Cipangos (Japan) Anker werfen."*

12. Oktober 1492

Endlich war es so weit. Zitat aus Kolumbus' Logbuch: *"Um 2 Uhr ertönte auf der "Pinta" ein Kanonenschuß. Ein Matrose Rodrigo de Triana sah das Land als erster. Es liegt ganz nah vor uns, höchstens 2 Seemeilen entfernt....Was werden wir zu sehen bekommen? Marmorbrücken? Tempel und goldene Dächer? Gewürzhaine? Menschen, die uns gleichen, oder irgend ein fremdartiges Geschlecht von Riesen?...Ich stieg, von Martin Alonso Pinzón, Vicente Ibanez Pinzón, den beiden königlichen Beamten und 10 bewaffneten Matrosen begleitet, in ein Boot. Während wir uns dem Land näherten, strömten immer mehr Bewohner aus den Wäldern herbei, und ich konnte, als wir uns noch einen Steinwurf weit von der Küste befanden, von ihren Mienen nur Erstaunen und keine feindseligen Gefühle ablesen."*

Kolumbus nannte die von den Eingeborenen **"Guanahani"** genannte Insel **"San Salvador"**. Feierlich wurde das Land im Auftrage der spanischen Krone in Besitz genommen. Die Eingeborenen wurden gar nicht erst gefragt.

Spanischer Vorstoß auf der Westroute

Kolumbus war zu diesem Zeitpunkt und auch später noch nach weiteren Erkundigungen in der karibischen Inselwelt felsenfest der Meinung, daß er zuerst auf japanischen Inseln und später auf chinesischem Festland gelandet wäre.

Kolumbus' **erster Eindruck der Eingeborenen** wird in seinem Logbuch wie folgt beschrieben: *"Ihr Anblick ist überraschend, denn sie unterscheiden sich von allen Menschenrassen, die wir bisher gesehen haben....Sie gehen umher, wie Gott sie geschaffen hat, Männer sowohl als Frauen, und bemalen ihre schöngeformten Körper mit grellen Farben, vor allem das Gesicht, die Nase und die Augengegend. Ihre Haut ist von rötlichgelber Farbe, ihr Haar tiefschwarz und glatt....und es fällt wie ein Roßschweif auf den Rücken herab."*

Kolumbus war beeindruckt von der **Schnelligkeit ihrer Kanus**. Er hielt diese Eindrücke in seinem Logbuch fest: *"Einige von ihnen schwammen zur "Santa Maria" heran, andere kamen in leichten Barken, die sie Kanus nennen. Eigenartige Fahrzeuge sind das: Aus ausgehöhlten Baumstämmen gefertigt, können sie 40, ja sogar 50 Menschen aufnehmen. Gelenkt und bewegt werden diese Boote mit Rudern, die die Form einer Ofenschaufel haben. Dennoch gleiten sie erstaunlich rasch über das Wasser. Kippt ein Boot um, kehren es die Indianer wieder nach oben und entleeren es mit hohlen Kürbissen."*

Christoph Kolumbus in San Salvador

Kolumbus und seine Mannschaft bemerkten, daß die Indianer manchmal ihre Nase durchlöchert hatten und darin **Goldschmuck** trugen. Sie tauschten es bereitwillig gegen wertlose Glasperlen ein. Die Spanier fragten die Eingeborenen immer wieder, woher das Gold stamme. Es wurde von einem Reich im Süden gesprochen, wo ein reicher König regiere. Und wieder können wir aus den Logbucheintragungen einmal **die Gier nach Gold** und den **Irrtum des Kolumbus**, er sei in Ostasien gelandet, herauslesen: *"Dennoch gab es keinen Zweifel mehr. Der König ist derselbe, dessen prächtige Stadt **Marco Polo** beschrieben hat, und die Krieger, die die Bewohner Guanahanis dann und wann überfallen, sind Untertanen des Groß-Khans der Tartarei, des kühnsten und größten Räubers aller Zeiten, dem der Venezianer von Angesicht zu Angesicht gegenübergestanden hat. Zu ihm mag es wohl noch weit sein, aber nicht zu dem König, der seinen Wein aus goldenen Pokalen trinkt. Zu ihm wollen wir bald weiterfahren."*

21. Oktober
Kolumbus schrieb weiter: *"Ich hörte von einer anderen großen Insel, die von den Indianern "**Cubagua**" genannt wird. Dort soll es nicht nur Überfluß an **Gold**, **Perlen** und **Spezereien** (Gewürze) geben, sondern auch große Schiffe, die mit Waren beladen sind....Wenn wir Cubagua gefunden haben, will ich nicht länger*

Spanischer Vorstoß auf der Westroute

hier bleiben, sondern zum Festland vordringen, um die Stadt Quisai zu erreichen, wo der Groß-Khan zu Hause ist. Ihm will ich den Brief der katholischen Majestäten übergeben und mit der Antwort nach Europa zurückkehren."

4. November
Ebenfalls aus Kolumbus' Aufzeichnungen ist zu entnehmen: *"Am Abend lehrten uns die Eingeborenen die Zubereitung eines unscheinbaren Knollengewächses, an dem wir bislang achtlos vorübergingen. Ich werde einige dieser seltsamen Äpfel, die wie Kastanien schmecken, und von den Indianern "Batate" (Kartoffeln) genannt werden, nach Europa mitnehmen".*

6. November
Eine weitere interessante Logbucheintragung des großen Entdeckers lautet: *"Sie wickeln getrocknete Kräuter in ein Blatt, rollen das Blatt und den Inhalt zusammen, entzünden diese Rolle, stecken sie in den Mund und stoßen dann ständig dicke Rauchwolken aus. Diese Rolle nennen sie "Tobaco" (Tabak)."*
Die **Gier nach Gold** sprengte die Mannschaft.

6. Dezember
Das Flaggschiff "Santa Maria" strandete auf einer Sandbank an der Nordküste Hispaniolas und mußte aufgegeben werden. 40 Freiwillige der Besatzung blieben auf der Insel zurück. Aus dem Holz der Schiffe bauten sie sich Unterkünfte. Hier entstand die älteste Siedlung der Europäer in der Karibik, Navidad. Sie wurde jedoch schon bald wieder von den Eingeborenen zerstört, und die Seeleute wurden getötet.

15. März 1493
Nach einer stürmischen Heimfahrt landeten die "Pinto" und "Nina" **wieder in Palos de la Frontera.** Kolumbus wurde ein triumphaler Empfang bereitet. Es wurde jedoch bemängelt, daß er **zu wenig Gold** mitgebracht hatte.

3 weitere Reisen des Christoph Kolumbus in die Karibik

- **2. Reise (25.9.1493–11.6.1496)**

Diesmal startete der Genuese mit 14 Schiffen und ca. 1.500 Mann Besatzung, die aus Kolonisten, Missionaren und Soldaten bestand. Kolumbus entdeckte als erster Europäer die Inseln über dem Wind (Virgin Island, St. Kitis, Montserrat, Nevis, Sinnt Maarten, Antigua, Guadeloupe, Dominica), Puerto Rico, die Südküste Hispaniolas, die Südküste Kubas und Jamaika.

- **3. Reise (30.5.1498–25.11.1500)**

Die folgende Expedition wurde mit nur noch 6 Schiffen und ca. 300 Mann Besatzung, meistens Strafgefangene, gestartet. Trinidad, der Golf von Paria, Isla de Margarita, das Orinoco-Delta und die Nordküste Südamerikas wurden diesmal ausfindig gemacht. Doch man war enttäuscht, daß auch am Ende dieser Reise nicht der erhoffte Seeweg bis zum reichen Indien gefunden wurde, sondern ein rauhes, wertloses Land, von nackten Wilden bewohnt. So war die damalige Ansicht der Spanier. Seine eigene unzufriedene Mannschaft denunzierte ihren Anführer und schädigte seinen Ruf. So geschah es, daß Kolumbus beim spanischen König in Ungnade fiel. Man verhaftete ihn am 23.8.1500 auf Hispaniola und inhaftierte ihn zunächst in der Festung am Rio Ozama, um ihn dann in Ketten nach Spanien zu transportieren. Vor das Königspaar gezerrt, wurde er zwar rehabilitiert, verlor jedoch seine Ämter als Admiral und Vizekönig.

Spanischer Vorstoß auf der Westroute

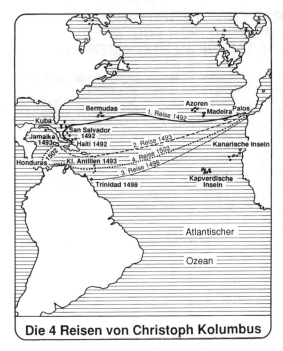

Die 4 Reisen von Christoph Kolumbus

● **4. Reise (11.5.1502–7.11.1504)**

Jetzt nur noch mit 4 Schiffen und ca. 150 Mann Besatzung, brach Kolumbus ein 4. Mal in Richtung Amerikanisches Mittelmeer auf. In Santo Domingo verweigerte man ihm die Landung.

Das Erreichen von St. Lucia, Martinique, der mittelamerikanischen Küste zwischen Panama und Honduras und Cayman Islands zählte auch diesmal nicht viel in spanischen Augen. Es wurde wieder kein Gold gefunden. Seine Schiffe strandeten an der Küste von Jamaika in der Cristobal-Bucht. Er geriet in Gefangenschaft der Indianer, verschaffte sich Achtung bei den Eingeborenen, weil er eine Sonnenfinsternis vorausgesagt hatte und wurde nach einem Jahr Gefangenschaft wieder freigelassen. Über Santo Domingo kehrte er, völlig unbeachtet, nach Spanien zurück. Seine Gönnerin und Förderin, Königin Isabella, war inzwischen verstorben.

20. Mai 1506
Gedemütigt und tief enttäuscht starb Christoph Kolumbus im Alter von 55 Jahren, immer noch in dem festen Glauben, als 1. Europäer Asien erreicht zu haben.

Den hochkultivierten Mayas nach Mexiko zu folgen und **Hinweise auf den Pazifischen Ozean ernstzunehmen, war Kolumbus nicht nachgegangen.**

Er blieb stur und halsstarrig bei seiner Meinung, er sei in Asien gelandet. Seine Energie, sein starker Wille und die Fähigkeit als Navigator und Seemann müssen hoch anerkannt werden. Als Administrator und Menschenkenner (er nannte die Einbornen fälschlicherweise Indianer) war er jedoch nicht so befähigt.

2.3.3 DIE ÜBERRAGENDE BEDEUTUNG DER KOLUMBUS-REISEN FÜR DIE WEITERE ENTWICKLUNG AMERIKAS

- Auch wenn Kolumbus nicht der erste Entdecker Amerikas war, so hat die **Weltkarte** durch seine Reisen ein völlig **neues Gesicht bekommen**.
- Auch wenn Kolumbus bezüglich seiner entdeckten "westindischen Inseln" einem Irrtum aufgesessen war, so hatte er **für Spanien die Neue Welt** entdeckt. – **Christoph Kolumbus' Reisen veränderten den Ablauf der Weltgeschichte!**
- Außerdem bewirkten Kolumbus' Reisen in Europa folgende Entscheidung: der **Globus wurde in 2 Teile geteilt. Papst Alexander VI.**, Rodrigo de Borja, ein gebürtiger Spanier, auch ganz eindeutig die Interessen Spaniens zu Lasten Portugals vertretend, ließ **1493** in der **Bulle** mit dem Titel *"Inter caetera divinae"* den Globus zwischen Spanien und Portugal aufteilen. Auf einem Längengrad ca. 100 Leguas (ca. 550 km) westlich der Azoren wurde anmaßend von ihm eine Trennlinie gezogen, die die Interessengebiete der Seegroßmächte Spanien und

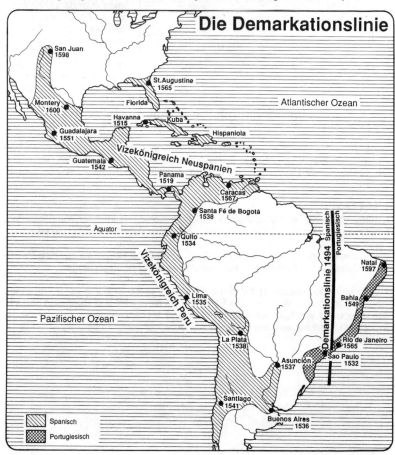

Portugal abgrenzen sollten. Alle neuentdeckten und noch nicht entdeckten Länder, die ab 1479 westlich dieses Längengrads am westlichen Gestade des Atlantiks lagen, sollten fortan zu Spanien und alle Länder östlich dieser gedachten Linie (im wesentlichen Afrika) zu Portugal gehören.

1494 wurde allerdings die päpstliche Bulle in dem **Vertrag von Tordesillas** dahingehend geändert, daß die **Demarkationslinie** 270 Leguas (ca. 1.500 km) **weiter nach Westen** verlegt wurde, so daß auch Portugal in der Neuen Welt Kolonien errichten konnte, was es dann auch in Brasilien tat.

2.4 SPANISCHE EROBERUNGEN UND STADTGRÜNDUNGEN

Den ersten Spuren Christoph Kolumbus' im karibischen Raum folgten im 16. Jahrhundert weitere spanische Vorstöße.
Kolumbus' nachfolgende Seefahrer kamen zu anderen Erkenntnissen als er selbst, der nicht davon abzubringen war, daß das neu entdeckte Land keine Ostasien vorgelagerte Inselwelt sei. Auch das Festland Venezuela und die mittelamerikanische Küste waren für Kolumbus nur Inseln.

2.4.1 AMERIGO VESPUCCI – AMERIKAS NAMENSGEBER

Amerigo Vespucci (1451–1512)

Der in Florenz geborene Amerigo Vespucci, ein gebildeter Kaufmannssohn, wurde von seinem Oheim Antonio, einem namhaften Gelehrten, unterrichtet. 1490 ging Amerigo Vespucci nach **Sevilla**, arbeitete dort in einer italienischen Fernhandelsfirma, wo er Kolumbus kennenlernte, der sich von dieser Firma für seine 2. und 3. Reise ausrüsten ließ.

Insgesamt unternahm der wißbegierige Amerigo Vespucci **4 Forschungsreisen in die Karibik und Südamerika.** 1499 fuhr er mit **Admiral Alonzo de Hojeda** selbst ins nördliche Südamerika nach Surinam. 1499–1500, vermutlich unter Yanes Pinzon, benutzte er ein portugiesisches Schiff für eine Reise nach Brasilien und in die Karibik. 1501–1502 und 1502–1503, je unter Alvarez Cabral und Gonzalo Coelho, startete er zu **2 portugiesischen Expeditionen,** deren Ziel es war, eine **südliche Durchfahrt** zu finden. Der König Emanuel von Portugal hatte die Schiffe ausgerüstet. Auf Vespucci ruhten große Hoffnungen. Die letzte Expedition war bis zum 52. Grad südlicher Breite vorgestoßen. Das ist hart nördlich der Osteinfahrt in die "Magellan-Straße", der tatsächlich nördlichsten natürlichen Durchfahrt Südamerikas.

Amerigo Vespucci

Vespucci lieferte aufsehenerregende Berichte über Guayana, den Amazonas und den Küstenverlauf Südamerikas bis nach Patagonien. Eindeutig räumte er mit der irrigen Ansicht Kolumbus' auf, daß der karibische Raum ein ostasiatischer Archipel sei. In seinen aufrüttelnden Schriften brachte er zum Ausdruck, daß die

Spanische Eroberungen und Stadtgründungen

Weltkarte von Martin Waldseemüller

Neue Welt ein ganzer, in seinem Ausmaß noch nicht zu erfassender Kontinent sei. In der damaligen europäischen wissenschaftlichen Fachwelt galt er als der eigentliche Entdecker des neuen Kontinents; deshalb führte der deutsche **Kosmograph Matthias Ringmann** ihm zu Ehren, nach seinem Vornamen benannt, den Namen **"Amerika"** für die Neue Welt ein.

Der **süddeutsche Kartograph Martin Waldseemüller** (um 1470 – etwa 1518) schuf um **1507** eine 12-blättrige Weltkarte und einen Globus, auf denen erstmalig der Name "America" für Südamerika verwendet wurde. Dieser Name setzte sich anschließend in der ganzen Welt durch.

2.4.2 JUAN PONCE DE LEÓN – KOLONISATOR PUERTO RICOS

Juan Ponce de León (1460–1521)

Juan Ponce de León stammte aus Santevós de Campo in Spanien. Er ist wahrscheinlich mit Kolumbus 1493 in die Karibik gekommen, war Kolonist und Unternehmer auf Hispaniola, entdeckte Gold auf Puerto Rico und wurde dort 1509 – 1511 Statthalter. Die Stadt Ponce an der Südküste der Insel ist nach ihm benannt. Auf der **Suche nach einem sagenhaften Jungbrunnen** gelangte er über zahlreiche Bahamainseln schließlich nach Florida, zu dessen Gouverneur er 1520 schließlich ernannt wurde.

Juan Ponce de Léon

2.4.3 WEITERE BAHNBRECHENDE SPANISCHE EROBERER

Vasco Núñez de Balbao (1475–1517)

Vasco Núñez de Balbao, geboren in Jeres de los Caballeros (Estremadura), ein verwegener Bursche, verlebte eine wildbewegte Jugend.
1510 kam er nach **Santo Domingo**. Um sich seinen Gläubigern zu entziehen, schloß er sich einer Expedition nach Darien (Land zwischen Panama und Kolumbien) an.
1511 erhielt er durch einen Aufstand die oberste Gewalt über die Kolonie und entledigte sich brutal all seiner Widersacher. Die Kunde von einem **reichen Goldland** bewog ihn zu einer Expedition Richtung Westen.
1513 durchquerte der wilde Spanier als erster Europäer **Panama** und erreichte nach mühsamen Märschen durch dichten Urwald und uriges Bergland den Pazi-

Spanische Eroberungen und Stadtgründungen

fik. Staunend blickte er auf den vor ihm liegenden Ozean. Er nannte ihn "**Südmeer**". Kolumbus' "westindische Annahme" war engültig widerlegt.
1514 war **Davila** in seiner Abwesenheit zum Statthalter von Darien ernannt worden. Den Ruhm des "Entdeckers" Vasco Nunez de Balboa konnte der neue Statthalter nicht verwinden. So führten sein Haß und seine Eifersucht gegen Vasco Nunez de Balboa schließlich zu dessen Anklage wegen Rebellion und zur Hinrichtung.

Hernán Cortés (1485–1547)

Hernán Cortés, in Medellin (Estremadura) geboren, stammte aus adeliger Familie, hatte 2 Jahre in Salamanca Rechtswissenschaften studiert.
1504 schiffte er sich nach **Haiti** ein.
1511 gelangte er nach **Kuba**. Dort wurde er bald der engste Berater des Statthalters Diego de Velázquez. Cortés brachte es zu einem beachtlichen Vermögen. Er hatte von den Reisen des Fernandez de Cordoba (1517) und Grijalvas (1518) an die Küsten Yucatans gehört, die von dem Reichtum des Aztekenreiches erzählten. Er beschloß, dieses sagenhafte Reich aufzusuchen.
1519 brach Cortés heimlich, weil Velázquez eifersüchtig auf ihn war, mit 11 Schiffen, 600 Mann, 14 Geschützen und 16 Pferden auf.
Im **April 1521** gingen in den Ruinen **Tenochtitlans** 3.000 Jahre mesoamerikanische Kultur durch Cortés' Zerstörung zu Ende. Die "heidnischen" Tempel der aztekischen Hauptstadt wurden dem Erdboden gleich gemacht, um sie durch christliche Kirchen zu ersetzen. Die Azteken wurden ihrer Reichtümer beraubt.

Die erbeuteten **Goldschätze** veranlaßten die Spanier mehr und mehr, ihr Interesse auf das mittel- und südamerikanische Festland zu konzentrieren. Die **Inseln der Karibik**, auf denen nur geringe Mengen an Gold zu erbeuten waren, wurden nur noch als **Stützpunkte** angesehen, um die erbeuteten Reichtümer des Festlandes nach Spanien zu schaffen.

Juan Bermúdez

1522 erreichte der Spanier Juan Bermúdez mit seinem Schiff "La Garza" die Bermuda-Inseln, die nach ihm benannt wurden.

2.4.4 ANLEGEN SPANISCHER STÜTZPUNKTE

1496 wurde **Santo Domingo** auf Hispaniola, als erste von Europäern angelegte Stadt auf amerikanischem Boden, von **Bartholomäus Kolumbus**, einem Bruder des Entdeckers, gegründet.
1508 wurden die Grundfesten für die Stadt **San Juan** auf Puerto Rico gelegt.
1509 erklärte **Diego Kolumbus**, der Sohn des Christoph Kolumbus und neuer Gouverneur, Santo Domingo zur Hauptstadt Spanisch-Amerikas. Bis 1535 änderte sich an diesem Zustand nichts.
1514 wurde **Santiago de Cuba** von **Diego Velázquez** gegründet.
1515 folgte die Stadtgründung von **Havanna**.
1525 wurde die Stadt Santiago de la Vega auf Jamaika angelegt, die heute **Spanish Town** heißt.

2.5 AUSROTTUNG DER INDIANISCHEN URBEVÖLKERUNG

2.5.1 VÖLKERMORD

Zum Zeitpunkt der Ankunft Christoph Kolumbus' in der Karibik schätzt man die Bevölkerungszahl auf **2 bis 3 Millionen Indios**. Das Hauptziel der Spanier in Amerika war das **Erbeuten von Gold und Silber**. Das Opfer dieser Habgier war die indianische Bevölkerung.

Der **rapide Rückgang der Eingeborenen** hatte folgende Ursachen:
- Um den Siedlern aus Spanien Anreize zu geben, wurden ihnen Ländereien übertragen, einschließlich der darauf lebenden Eingeborenen. Diese wurden ihnen als entrechtete **Leibeigene** zugewiesen. Dies war der Anfang vom Untergang der Indianer auf den karibischen Inseln.
- In den **kriegerischen Auseinandersetzungen** hatten die Indianer wegen der **Waffenüberlegenheit der Spanier** keine Chance.
- Die zur Zwangsarbeit verdammten Indianer starben an **Erschöpfung und Unterernährung** durch die Schwerstarbeit im Bergbau und in der Landwirtschaft, die sie nicht gewohnt waren.
- **Eingeschleppte Infektionskrankheiten** aus Europa (z.B. Pocken) dezimierten weiter ihren Bevölkerungsanteil.
- **Massaker bei Strafexpeditionen** rissen große Lücken in ihre Reihen.
- Die **Hoffnungslosigkeit** ihres Sklavendaseins erhöhte natürlich auch ihre Sterberaten.

Innerhalb kürzester Zeit schmolz die Zahl der Indianer unter den Schlägen und Drangsalen der spanischen Konquistadoren dahin. In Hispaniola gab es beispielsweise im Jahre **1530** nur noch wenige Dutzend Indianer, die sich in die unzugängliche Bergwelt ihrer Insel zurückgezogen hatten. Sie waren zum "Freiwild" in ihrer eigenen angestammten Heimat geworden.

2.5.2 PATER BARTOLOMÉ DE LAS CASAS' (1474–1566) ANKLAGE

Don Bartolomé de las Casas – Erschütternde Berichte

Bartolomé de las Casas wurde in Sevilla geboren und studierte Theologie und Jura in Salamanca. Er und sein Vater Don Francisco begleiteten Christoph Kolumbus auf seiner 3. Reise auf der "Santa Maria" in die Karibik, und Bartolomé trat nach seiner Rückkehr in den Dominikanerorden ein.
1502 segelte Bartolomé erneut in die **Karibik**, die ihn nicht mehr losließ.
1511 wurde er zum **Bischof von Kuba** ernannt. Die Brutalität, mit der seine Landsleute die Indianer behandelten, empörten ihn zutiefst.
1514 war der Beginn seiner **ausgedehnten Reisetätigkeit** im karibischen Archipel. Insgesamt unternahm er **14 Seereisen**, machte seine Beobachtungen, protestierte gegen Grausamkeiten der Spanier, setzte sich energisch für die **Menschenrechte der Indianer** ein, wurde angefeindet und verwünscht. Seine Audienzen bei den spanischen Königen Ferdinand V. und Karl V., in dessen Reich bekanntlich die Sonne nicht unterging, fruchteten nicht. Das traurige Los der Indianer konnte nicht verbessert werden.

Ausrottung der indianischen Urbevölkerung

Pater Bartolomé de las Casas

1523 zog sich der "**Apostel der Indianer**" 10 Jahre lang in ein Dominikanerkloster zurück und schrieb seine **berühmten Werke**: "Apologetica Historia de las Indias", zu deutsch: "**Apologetische Geschichte der Westindischen Länder**" und "Historia General de las Indias", zu deutsch: "**Allgemeine Geschichte der Westindischen Länder**".

1539 hatte der Dominikanerpater in Nicaragua einem spanischen Soldaten zur Fahnenflucht verholfen. Don Bartolomé mußte sich in Spanien verantworten und wurde dort 4 Jahre festgehalten. In dieser Zeit verfaßte er sein berühmtestes Werk: "Brevisima relación de la destrucción de las Indias occidentales", zu deutsch: "**Kurzgefaßte Berichte von der Verwüstung der Westindischen Länder**". Schonungslos deckte er die Greueltaten der Unterdrücker auf. Hieraus auszugsweise einige Zitate:

"... Hier (auf der Insel Hispaniola) ging das Metzeln und Würgen unter jenen unglücklichen Menschen an. Sie (Hispaniola) war die erste, welche verheert und entvölkert wurde. Die Christen fingen damit an, daß sie den Indianern ihre Weiber und Kinder entrissen, sich ihrer bedienten, und sie mißhandelten. Sodann fraßen sie alle ihre Lebensmittel auf, die sie mit viel Arbeit und Mühe sich angeschafft hatten....Da sie nun außerdem noch mancherlei Grausamkeiten, Bedrückungen und Gewalttätigkeiten gegen die Indianer verübten, so sahen diese nach und nach ein, dergleichen Menschen könnten unmöglich vom Himmel kommen....Die Christen gaben ihnen Ohrfeigen, schlugen sie mit Fäusten und Stöcken und vergriffen sich endlich sogar an den Oberherren der Ortschaften. Unter mehreren Beweisen ihrer grenzenlosen Schamlosigkeit und Verwegenheit führe ich nur dies an, daß ein spanischer Befehlshaber die Gemahlin des größten Königs notzüchtigte, der über die ganze Insel zu gebieten hatte...."

"...Sie wetteten, wer unter ihnen einen Menschen auf einen Schwertstreich mitten von einander hauen, ihm mit einer Pike den Kopf spalten, oder das Eingeweide aus dem Leibe reißen könne. Neugeborene Geschöpfe rissen sie bei den Füßen von den Brüsten ihrer Mütter und schleuderten sie mit den Köpfen gegen die Felsen....Sie machten auch breite Galgen, so daß die Füße beinahe die Erde berührten, hingen zu Ehren und zur Verherrlichung des Erlösers und der 12 Apostel je 13 und 13 Indianer an jedem derselben (Galgen), legten dann Holz und Feuer darunter und verbrannten sie alle lebendig...."

1542 wurden zwar auf Initiative von Bartolomé von Kaiser Karl V. **Gesetze zum Schutz der Indianer** erlassen, die jedoch 3 Jahre später wieder aufgehoben wurden.
1544 weihte man Bartolomé de las Casas zum **Bischof von Chiapas** (Mexiko).
1547 mußte er **Mexiko** wegen ernster Konflikte mit spanischen Kolonisatoren

Ausrottung der indianischen Urbevölkerung

wieder verlassen. Seitdem hat er die Karibik, Mittelamerika und die Indianer, für deren Rechte er so erbittert gekämpft hatte, nie wiedergesehen.
1566 starb der große **"Kämpfer für die Menschenrechte"** in Madrid.
Er versuchte vergeblich, gegenüber der Kirche und dem spanischen Hof das hoffnungslose Los der Indianer zu verbessern.

Die Verdienste und die leider teils vergeblichen Bemühungen Pater Bartolomé de las Casas'

- Einmal ist sein **selbstloser Einsatz für die Menschenrechte** der unterdrückten Indianer in der damaligen Zeit nicht hoch genug einzuschätzen.
- Zum anderen leistete er **wertvolle, unersetzliche Quellenforschung** über das Leben der Indianer. Er erkannte als einer der wenigen besonders in Mittelamerika das **hohe Niveau dieser versinkenden Indianerkulturen**.
- Durch ihn sind der Nachwelt Abschriften der **Schiffstagebücher Christoph Kolumbus'** überliefert worden.

Buchtip
Bartolomé de las Casas, "Kurzgefaßter Bericht von der Verwüstung der westindischen Länder", Frankfurt 1981

Der große "Kardinalfehler" des Paters

Der Dominikanerpater machte während einer Audienz beim spanischen König einen Vorschlag, den er später selbst bitter bereut hat. Er empfahl, für die Plantagen- und Bergbauarbeiten in der Karibik **die nicht so robusten Indianer durch widerstandsfähigere Schwarze aus Afrika zu ersetzen.** Als er erfuhr und sah, wie die Portugiesen und die Spanier mit den Afrikanern verfuhren, erkannte er seinen großen Fehler – leider zu spät.

2.6 PIRATEN, SEERÄUBER UND FREIBEUTER IN DER KARIBIK

Die Spanier richteten ihr Augenmerk mehr und mehr auf das mittel- und südamerikanische Festland, weil dort die reichen Schätze der indianischen Hochkulturen (Azteken, Maya, Inka) ihre Beutelust anregten. Auf den **Karibischen Inseln** wurden lediglich **befestigte Stützpunkte** geschaffen, um die Segelrouten aus den reichen Goldländern bis zur Überquerung des Atlantischen Ozeans zu sichern.
Durch die fast völlige Vernichtung der Indianer auf den Karibik-Inseln war ein **Bevölkerungsvakuum** entstanden. Außerdem wurde die **Präsenz der Spanier** wegen Verlagerung ihres steigenden Interesses aufs Festland **auf den karibischen Inseln immer schwächer.** Die Nachricht von den entdeckten "Goldadern" der Spanier konnte in Europa naturgemäß nicht geheim gehalten werden. Die Beutegier anderer Nationalitäten, aber auch privater Seeräuber, wurde angeregt.

2.6.1 PLÜNDERUNG SPANISCHER SCHIFFE

So kam es, daß in den Buchten der Karibikinseln Piraten, Seeräuber und Freibeuter lauerten, um die schwerbeladenen Transportschiffe der Spanier zu kapern und sie der Schätze zu berauben.

Es waren französische Korsaren (*"Corsaires"*), britische Privatiers (*"Privateers"*), holländische Filibuster (*"Flibustier"*) und westindische Bukaniere (*"Buccaneers"*), die die spanischen Schiffe überfielen. Inzwischen waren die Schiffe der Holländer, Franzosen und Engländer schneller und wendiger geworden als die ohnehin bis an die Grenze ihrer Manöverierfähigkeit überladenen, schwerfälligen spanischen Handelsschiffe.

2.6.2 ÜBERFÄLLE AUF SPANISCHE STÄDTE

Es wurden nicht nur die spanischen Schiffe überfallen, auch die Lagerstätten in den jungen Karibik-Städten der Spanier wurden ausgeplündert.
1554 wurde **Santiago de Cuba** (Kuba) ausgeraubt.
1555 erlitt **Havanna** (Kuba) das gleiche Schicksal.
1586 war **Santo Domingo** (Hispaniola) an der Reihe.
1598 mußte **San Juan** (Puerto Rico) seine zusammengeraubten Schätze an die Piraten herausgeben.

2.6.3 GEGENMAßNAHMEN DER SPANIER

Die Spanier konnten sich der zunehmenden Piraterie kaum noch erwehren. Notgedrungen ergriffen sie folgende Gegenmaßnahmen:
- Sie vereinigten ihre Handelsflotte zu **Geleitzügen von 40–80 Schiffen**, die feste Routen befuhren. Ausgangshäfen dieser Geleitzüge waren: Puerto Bello (Panama), Nombre de Dios (Panama) und Cartagena (Kolumbien). Zwischenstationen der in der Karibik besonders gefährdeten Seereise waren in erster Linie: Havanna (Kuba), Santo Domingo (Hispaniola), San Juan (Puerto Rico) und Santiago de la Vega (Jamaika, heute Spanish Town).
- Die **Verstärkung der Forts** in den Städten war ein weiterer Versuch, dem Druck der Piraten und Seeräuber zu begegnen.

2.6.4 SCHWÄCHEANZEICHEN DER SPANIER

Trotz aller krampfhaften Versuche der Spanier, ihre Raubzüge und ihre Kolonien zu sichern, wurden sie immer mehr geschwächt.
- Ihre **Handelsflotte** von anfänglich stolzen 110 Schiffen Ende des 16. Jahrhunderts schmolz auf einen kläglichen Bestand von **nur noch 21 Handelsschiffen** Anfang des 17. Jahrhunderts zusammen. Die **Überfälle der Piraten** häuften sich.
- Aber auch **tropische Wirbelstürme** zogen so manches meist überladene Schiff in die Tiefe. Unzählige Wracks mit wertvoller Ladung ruhen noch heute an unbekannten Stellen auf dem Meeresgrund. Die hohe Zahl der verlustig gegangenen Schiffe konnten die Spanier nicht wieder ausgleichen.
- **Tückische Korallenriffe** bohrten sich außerdem in so manche spanische Schiffsplanke.
- **Spaniens Kräfte** wurden immer mehr aufgesplittert. Die weit verzweigten Raubzüge nach Gold, Silber und anderen Schätzen der Neuen Welt forderten ihren Tribut an Menschen und Material. Das verhältnismäßig kleine Land übernahm sich.
- Das **politische Machtgefüge in Europa** verschob sich zu Ungunsten Spaniens. Die Holländer, Franzosen und Engländer übernahmen auch zur See allmählich die Herrschaft über die Weltmeere.

2.6.5 PIRATENGESCHICHTEN

Francis Drake (1540 –1596) – Pirat und Seeheld zugleich

Francis Drake wurde in Crowndale bei Plymouth geboren. Als Freibeuter machte er in jungen Jahren von sich reden.
1567 erreichte der Pirat die **Karibik**, angelockt von den reichen Fängen der spanischen Handelsschiffe. Er hat so manches spanische Schiff auf eigene Rechnung überfallen. Die Spanier fürchteten seine schnellen Überfälle aus dem Hinterhalt.
1577–1580 unternahm Francis Drake als erster Engländer erfolgreich eine **Weltumseglung**. Er umrundete als erster Europäer, vermutlich rein zufällig, Kap Horn, weil er die Magellan-Straße verfehlte.
1581 wurde er von der englischen Königin Elizabeth I. geadelt. Es war keine Seltenheit, daß ehemalige Piraten später zu Pionieren der Kolonisation ihrer Heimatländer auserkoren wurden und zu großem Ansehen gelangten.
1587 brachte der draufgängerische "Seebär" der spanischen Flotte bei Cádiz erhebliche Verluste bei.
1588 war er als Vizeadmiral an dem **Sieg über die als unbesiegbar geltende spanische "Armada"** im Kanal maßgeblich beteiligt. Seit der Niederlage dieser stolzen Flotte, die von dem spanischen Admiral Alonso Medina-Sidonia angeführt worden war, nahm der Niedergang der spanischen Seeherrschaft einen schnellen Verlauf.
1595 wurden die Spanier von **Francis Drake und John Hawkins** vor San Juan (Puerto Rico) von einer britischen Flotte in einem **Seegefecht** geschlagen.

Henry Morgan (ca. 1635–1688) – schillernde Gestalt

Henry Morgan wurde in Wales geboren. Er war für die spanischen Handelsschiffe und Stützpunkte schlechthin der **Schrecken der Karibischen See**.
Sein Draufgängertum, seine Blitzangriffe und auch sein ausschweifender Lebensstil hatten einen großen Bekanntheitsgrad erreicht.
1671 ging die **Plünderung und Zerstörung** der neuspanischen Stadt **Panama** auf sein Konto.
1674 wurde er **von der englischen Krone geadelt**. Er durfte den Titel "Sir" führen. Die Engländer hatten erkannt, daß diese Art von "Haudegen" für das Königreich sehr nützlich sein konnten, wenn man sie richtig steuerte, auch wenn sie vorher nur zu ihrem eigenen Vorteil geraubt hatten. Erfolgreiche Piraten, die mit zur Zerstörung des spanischen und später auch des französischen Kolonialreichs beitrugen, konnten mit Anerkennung des englischen Königshauses rechnen.
1674–1688 wurde der ehemalige Piratenheld mit dem Amt des **Vizegouverneurs von Jamaika** betraut.

Piet Heyn (1577–1629) – verwegener Pirat

Piet Heyn, auch Pieter Pieterszoon genannt, wurde in Delfshaven bei Rotterdam geboren. Er hat den Spaniern in der Karibik viele wertvolle Schätze abgejagt, die sie ins Heimatland schaffen wollten. Es ranken sich viele Geschichten um sein buntbewegtes Seeräuberleben.
1600–1602 geriet er in **spanische Gefangenschaft**, kam dann jedoch wieder frei.
1623 erhielt er das Amt eines **Vizeadmirals der Westindischen Kompanie**.

1628 landete er seinen größten Coup, wobei er die spanische Silberflotte im Golf von Matanzas besiegte und dabei Schätze im Wert von **12 Millionen Gulden** erbeutete.

2.7 DIE ZEIT DER SKLAVEREI

Durch die Ausrottung der indianischen Bevölkerung fehlten die Arbeitskräfte auf den entstandenen Plantagen, wo hauptsächlich Zuckerrohr angebaut wurde. Deshalb wurden in immer steigenden Mengen schwarze Negersklaven aus Westafrika herangebracht.

Der Sklavenhandel war in der damaligen Zeit nichts Neues. Aber er wurde in der "Geschäftsverbindung" Westafrika-Karibik in so erschreckend großem Umfang betrieben, daß es seinesgleichen auf unserer Erde nicht noch einmal gab. Obgleich die Schätzungen weit auseinanderklaffen, nimmt man an, daß **in 3 Jahrhunderten ca. 30 bis 100 Millionen (!) Negersklaven** in die Karibik transportiert wurden.

Im 17. Jahrhundert entwickelte sich ein **lukrativer Dreieckshandel:**
- Von Europa nach Westafrika: Konsumgüter, Stoffe, Gewehre, Alkohol
- von Westafrika in die Karibik: schwarze Sklaven
- von der Karibik nach Europa: Gold, Silber, Rohzucker, Rum, Tabak, Gewürze, Baumwolle

Allein der Sklavenhandel warf ca. 7 Millionen Dollar pro Jahr ab.

2.7.1 UNMENSCHLICHE ÜBERFAHRT UND SKLAVENMARKT

In ihrer westafrikanischen Heimat, wie wilde Tiere gejagt und brutal zusammengetrieben, wurden die Schwarzafrikaner in Schiffen bis zu 600 Personen zusammengepfercht, egal, ob Männer, Frauen, werdende Mütter oder Kinder. Durch die **qualvolle Enge,** die unhygienischen Verhältnisse und die Freiheitsberaubung verursacht, betrug die **Sterberate 10–15%,** wenn der günstige **Passatwind** die Menschenfracht zügig nach Westen trieb. Wenn die armseligen Gefangenen jedoch in die **windstille Kalmenzone** gerieten, verzögerte sich die Fahrt. Durst, Hunger und ausbrechende Krankheiten erhöhten die Leiden der Schwarzen, und die **Sterberate** erhöhte sich auf über **50%!**

Auf den **Sklavenmärkten** der karibischen Inseln wurden die Afrikaner auf ihren Gesundheitszustand untersucht und wie Vieh meistens an die Plantagenbesitzer meistbietend verkauft.

2.7.2 KATASTROPHALE ARBEITS- UND LEBENSBEDINGUNGEN DER SKLAVEN

Während die weißen Besitzer der Plantagen in vornehmen Landhäusern wohnten, hausten die Schwarzen in erbärmlichen Baracken. Ein 16-stündiger Arbeitstag war nichts Ungewöhnliches. In der Erntezeit wurden darüber hinaus noch Nachtschichten angeordnet. Die **Schinderei auf den Zuckerrohr-Plantagen** hatte zur

Zeit der Sklaverei

Folge, daß die Lebenserwartung der Schwarzen sehr gering war. Der Verschleiß an schwarzen Arbeitskräften war sehr groß. Die Verluste wurden durch immer wieder neue Menschenfracht aus Westafrika ausgeglichen. Nach durchschnittlich 5 – 8 Jahren waren die Sklaven am Ende ihrer Kräfte und wurden durch neue ersetzt. Es war billiger, für Nachschub zu sorgen, als die "Alten" bei Kräften zu halten.

Bei den geringsten Verfehlungen der Schwarzen wurden meist schon **drakonische Strafen** willkürlich verhängt. Bei Fluchtversuchen wurden folgende Strafen ausgeteilt:
1. Fluchtversuch: Abschneiden eines Ohrs,
2. Fluchtversuch: Durchtrennung der Sehnen der Kniekehlen,
3. Fluchtversuch: Tötung des Sklaven.

2.8 EUROPÄISCHE MACHTKÄMPFE IM KARIBISCHEN RAUM

2.8.1 STÄNDIG WECHSELNDE KOLONIALHERREN

In der Karibik brachen unruhige Zeiten an. Das gesamte Amerikanische Mittelmeer wurde zum **Zankapfel der europäischen Kolonialmächte**. Nachdem die Portugiesen und Spanier weitgehend geschwächt waren, stritten sich Holländer, Franzosen, Engländer, Dänen und Schweden um die einzelnen Inseln, wo Siedlungen gegründet wurden. **Sehr häufig mußten die Eilande ihre Besitzer wechseln.** Beispielsweise wehte auf der Kleinen-Antillen-Insel **St. Lucia** von 1660 bis 1803 **14 mal (!)** eine andere Flagge.

Eine **Übersicht** soll die wechselvolle Geschichte der Großen Antillen wiedergeben.

Insel/Staat	Fremdherrschaft	Zeitangabe
Kuba	Spanien	1492–1762
	England	1762–1763
	Spanien	1763–1898
	USA	1898–1902
Dominik. Republik	Spanien	1492–1795
	Frankreich	1795–1802
	Spanien	1802–1821
	Haiti	1821–1844
Haiti	Spanien	1492–1697
	Frankreich	1697–1793
	England/Spanien	1793–1795
	England	1795–1798
	Frankreich	1798–1804
Jamaika	Spanien	1494–1670
	England	1670–1962
Puerto Rico	Spanien	1493–1898
	USA	1898–heute

Europäische Machtkämpfe

2.8.2 KRIEGE ZWISCHEN FRANKREICH UND ENGLAND

Die kriegerischen Auseinandersetzungen zwischen Frankreich und England in Europa, die in dem **Seekrieg** (1744–1747), im **Siebenjährigen Krieg** (1756–1763) und in den **Napoleonischen Kriegen** (1799–1802, 1805) ausgefochten wurden, übertrugen sich natürlich auch auf die Kolonien der Karibik.

1782 kam es in der "**Battle of the Saints**" zu einer großen Seeschlacht zwischen englischen und französischen Marineeinheiten. 36 britische und 34 französische Schiffe standen sich kampfbereit gegenüber. Der britische Admiral Rodney fügte den Franzosen vor der Südküste von Guadeloupe eine vernichtende Niederlage bei. Alle französischen Schiffe wurden versenkt, und 15.000 Franzosen fanden dabei den Seemannstod. Die Briten verloren nur wenige Schiffe und 100 Mann.

Die **Friedensschlüsse** von Aachen (1748), Paris (1763), Versailles (1783) und Armien (1802), wo es auch immer wieder um den Verlust und Besitz von überseeischen Kolonien ging, trugen nicht zur politischen Beruhigung im karibischen Raum bei. Erst der **Pariser Frieden (1814)** sicherte eine dauerhaftere Abgrenzung des europäischen Kolonialbesitzes zu. Es wurde folgende Regelung getroffen:

Kolonialmacht	zugesprochene und bestätigte Kolonien
Spanien	Kuba, Ostteil Hispaniolas (Dominikan. Republik), Puerto Rico
Frankreich	Martinique, Guadeloupe, die Nordhälfte von St. Maarten, St Barthélemy, La Desirade, Marie Galante, Iles des Saintes
England	Jamaika, Virgin Island, St. Kitts, Nevis, Antigua, Montserrat, Anguilla, Barbuda, Dominica, St. Lucia, St. Vincent, Granada, Trinidad, Tobago
Holland	Aruba, Curaçao, Bonaire, Südhälfte von St. Maarten, St. Eustatius
Dänemark	Virgin Islands St. Thomas, St. Croix, St. John

Haiti war schon 1804 unabhängig geworden. Aber auch nach dem Pariser Frieden (1814) kam es immer noch zu Machtverschiebungen (s. vorige Tabelle über die Geschichte der Großen Antillen). Auf den Kleinen Antillen spielten sich noch wesentlich kompliziertere politische Vorgänge ab.

2.9 SKLAVENAUFSTÄNDE UND STREBEN NACH UNABHÄNGIGKEIT

Es war vorauszusehen, daß sich die Negersklaven nicht immer die Drangsal und Unterdrückung durch Zwangsarbeit bieten lassen würden. Zumal ihr zahlenmäßiges Übergewicht sich immer mehr zu ihren Gunsten verschob.

• Im **16. Jahrhundert** flammten in **Kuba** bereits kleine, aber ohnmächtige Revolten gegen die weißen Unterdrücker auf.

Sklavenaufstände und Streben nach Unabhängigkeit

- In **Jamaika**, wo der Anteil der schwarzen Bevölkerung bereits 90% betrug, sammelten sich entflohene Sklaven, die sog. *"Cimarrones"*, in den unzugänglichen Bergwäldern und warben um Sympathisanten unter ihresgleichen.
- **1795** erhoben sich **Kariben** auf **St. Vincent**, die ebenfalls versklavt waren. Der Aufstand wurde niedergeschlagen und der gesamte Bevölkerungsteil der Indianer aufs Festland **zwangsumgesiedelt**. Sie wurden durch arbeitswillige indische Landarbeiter ersetzt.
- **1789** revoltieren Schwarze und Mulatten in der damals französischen **Kolonie Saint Domingue** (West-Hispaniola) unter der Führung von Toussaint l'Ouverture und Dessalines gegen die französische Besatzungsmacht. Die Ideen der **Französischen Revolution** (1789), zusammengefaßt in den Prinzipien: **Freiheit** (*liberté*), **Gleichheit** (*egalité*) und **Brüderlichkeit** (*fraternité*)" traten ihren Siegeszug über den Erdball an und verfehlten auch nicht ihre revolutionäre Wirkung in den französischen Kolonien.
- **1801** eroberte **Francois Dominique Toussaint l'Ouverture** auch den spanisch besetzten, östlichen Teil Hispaniolas und rief am 9. Mai die **Unabhängigkeit** der gesamten Insel **Saint-Domingue** (Hispaniola) aus, wurde aber bald darauf von den Franzosen gefangengenommen. Der neue Staat wurde das 2. Land Amerikas, nach den USA, das die kolonialen Ketten abschüttelte. Allerdings dauerte dieser Zustand des vereinigten Hispaniolas nur ein Jahr.

Toussaint l'Ouverture

Francois Dominique Toussaint l'Ouverture – der "Schwarze Napoleon"

Toussaint l'Ouverture wurde 1743 in der Nähe von Cap Francois geboren. Er war der Nachkomme schwarzer Sklaven. Schon als junger Mann wurde er Anführer schwarzer Aufständischer und Kommandant einer Truppe, die zunächst mit den Spaniern gegen die Franzosen kämpfte. Nachdem die Franzosen sich zur Sklavenbefreiung bereiterklärt hatten, wechselte er die Fronten und führte als Oberbefehlshaber des Heers von Saint Domingue den Kampf gegen die Spanier im Osten der Insel Hispaniola.

1801, nachdem er die **Unabhängigkeit Haitis proklamiert** hatte, geriet er wieder ins "Schußfeld" der Franzosen. Der General Leclerc fügte ihm mit seinem übermächtigen französischen Expeditionsheer eine vernichtende Niederlage bei.
1803 verstarb der heute noch als haitischer Freiheitsheld gefeierte Toussaint l'Ouverture als **Gefangener** im Fort Joux bei Besancon.

- **1802** wurde der Ostteil Hispaniolas wieder spanisch.
- **1804** ließ sich **Jean Jacque Dessalines**, ein ehemaliger Sklave, zum **Kaiser Jakob I. von Haiti** (Westteil Hispaniolas) krönen, nachdem er vorher zu neuen Aufständen aufgerufen hatte. Die Franzosen wurden zum Rückzug gezwungen.

Sklavenaufstände und Streben nach Unabhängigkeit

- 1806–1818 bzw. 1820 war das ehemals französische **Haiti in einen Negerstaat und eine Mulattenrepublik** geteilt. Beide Staaten vereinigten sich jedoch 1820 wieder.
- 1821 erklärte sich der Ostteil Hispaniolas von Spanien unabhängig.
- 1822 besetzte der haitische Präsident Jeane Pierre Boyer auch den östlichen Teil der Insel.
- 1825 erkannte Frankreich die **Unabhängigkeit Haitis** gegen eine **sehr hohe Entschädigungssumme** an, die die haitische Wirtschaft für Jahrzehnte ruinierte.
- 1844 wurde in einer neuen Revolution die Vorherrschaft Haitis im östlichen Hispaniola wieder abgeschüttelt und die **unabhängige Dominikanische Republik** gegründet.
- 1895 kam es in **Kuba** nach mehreren gescheiterten Aufständen – u.a. unter **Carlos Manuel Céspedes** und **Máximo Gómez** – zum massiveren **Aufstand** gegen die spanische Gewaltherrschaft unter dem **Revolutionsführer José Martí**, der jedoch sein Aufbegehren gegen die spanische Besatzungsmacht mit seinem Leben bezahlen mußte.
- 1898 gelang, allerdings nur mit **Unterstützung der USA**, die endgültige **Befreiung Kubas** von der spanischen Kolonialherrschaft, die sich mit erbitterter Härte gegen den Freiheitskampf wehrte.

Aufhebung der Sklaverei

Kolonialmacht	Jahr	Kolonialmacht	Jahr
Dänemark	1792	Holland	1863
England	1833	Spanien	1880
Frankreich	1847		

2.10 EXPANSIONSPOLITIK DER USA IM KARIBISCHEN RAUM

2.10.1 DIE MONROE-DOKTRIN

Am 2.12.1823 verkündigte der **US-Präsident James Monroe**, der dieses Amt von 1817 bis 1825 innehatte, in der berühmten Monroe-Doktrin folgendes:
"Jede europäische Einmischung in die Angelegenheiten unabhängiger amerikanischer Regierungen und umgekehrt ist zurückzuweisen, und die Vereinigten Staaten von Amerika sind als Schutzmacht der mittel- und südamerikanischen Staaten anzusehen."
Zusammengefaßt wird der auszugsweise Text in dem Slogan: "Amerika den Amerikanern!"

2.10.2 US-AMERIKANISCHE INTERVENTIONEN

Dieser Erlaß der Monroe-Doktrin von 1823 gab den USA nach ihrer Meinung das Recht, die Gründung alter europäischer Kolonien in der Neuen Welt rückgängig zu machen und die neuer zu verhindern. Allerdings leiteten sie auch die Befugnis davon ab, **Interventionen** im übrigen Amerika vorzunehmen, mit oft fadenscheinigen Begründungen.

Expansionspolitik der USA

Hier sind einige **militärische Übergriffe** im karibischen Raum aufgezählt:
- **1898** griffen die USA im spanisch-amerikanischen Krieg in den **Freiheitskampf der Kubaner** gegen Spanien ein. Sie unterstellten nach ihrem Sieg über die Spanier die Insel einem Militärgouverneur. Erst 1902 verließen sie Kuba wieder. Der US-amerikanische **Militärstützpunkt Guantánamo** blieb auf Kuba bis heute erhalten.
- **1915–1934** wurde das unabhängige **Haiti** von US-Truppen besetzt. In dem innenpolitischen **Konflikt zwischen Schwarzen und Mulatten** meinten die USA, eingreifen zu müssen. Sie stellten sich auf die Seite der Mulatten.
- **1915–1924** erlebte die unabhängige **Dominikanische Republik** das gleiche Schicksal wie Haiti. Sie wurde ebenfalls besetzt, weil die USA angeblich ihre wirtschaftlichen Interessen wahren mußten. Die USA bildeten in dieser Zeit eine **moderne Wehrmacht** aus, an deren Spitze **Rafael Leonida Trujillo y Molina** stand.
- **1965** erfolgte nochmals eine Intervention der USA in der **Dominikanischen Republik**, die die rechtsgerichtete Militärjunta gegen die kommunistisch orientierten Anhänger des Präsidenten Juan Bosch Gavino unterstützte.
- **1983** intervenierte der US-Präsident Ronald Reagan in **Grenada**. Der prokubanische Kurs des Premier Maurice Bishop veranlaßte die USA zum militärischen Eingreifen. Bishop kam ums Leben.

2.11 DIE ÄRA FIDEL CASTRO IN KUBA

2.11.1 NÄHRBODEN FÜR DEN KOMMUNISMUS

Für **revolutionäre, sozialistische Aktivitäten** bildete sich Mitte der fünfziger Jahre unseres Jahrhunderts in Kuba ein besonders **günstiger Nährboden** heraus. Wie konnte sich vor den Türen der USA ein sozialistischer Staat etablieren?

Hierzu gibt es folgende Gründe:
- Die laufenden **Interventionen der USA** in der Karibik (s. voriges Kapitel) schürten die Abneigung gegen diese Supermacht.
- Die **von den USA geförderten Diktaturen** auf den Großen Antillen erwiesen sich als sehr korrupt.
- Die **politisch instabile Situation** der Inselstaaten konnte keine Gesundung der Wirtschaft hervorbringen.
- Bei der **rein kapitalistischen Wirtschaftsführung der USA** blieben die sozialen Probleme der Insulaner auf der Strecke. Das Mißverhältnis von Arm und Reich entwickelte sich erschreckend kraß.
- Die zunehmende **wirtschaftliche Abhängigkeit** des karibischen Raums **von den USA** bereitete Unbehagen und begünstigte revolutionäre Umsturzversuche.
Fidel Castro übernahm die Führungsrolle des Umstürzlers.

2.11.2 FIDEL CASTRO – BAUMEISTER DES SOZIALISTISCHEN KUBAS

Fidel Castro – der Revolutionsführer

Fidel Castro Ruz wurde 1927 in Mayari (Kuba) geboren. Schon als Jurastudent hat er sich politisch engagiert. Nach dem Studium wirkte er zunächst als Rechtsanwalt. Dann traf er Vorbereitungen zum **Sturz des Diktators Batista y Zaldivar**.

Die Ära Fidel Castro in Kuba

1953 schlug der **Sturmangriff auf die Moncada-Kaserne in Santiago de Cuba** fehl. Der Revolutionär wurde verhaftet.
1955, wieder aus der Haft entlassen, fuhr Fidel Castro nach Mexiko und bildete dort eine kleine Guerilla-Gruppe aus.
11.12.1956 landete er mit 82 seiner Getreuen mit der Motoryacht "Granma" in Kuba und verwickelte sich dort in **verlustreiche Gefechte** mit Regierungstruppen. Er mußte sich mit seinen Getreuen zurückziehen und seine **Partisanentätigkeit** aus dem Schutz der unzugänglichen Hochgebirgswälder der **Sierra Maestra** heraus führen.
1959 war die in der Sierra Maestra ausgebildete Guerilla-Armee so stark, daß Castro zusammen mit dem **Argentinier Che Guevara** der **Sturz des verhaßten Diktators** gelang. Batista floh in die USA. Castro wurde kubanischer Ministerpräsident.
1962 wurde er, von der Lehre Marxs' und Lenins durchdrungen, **Vorsitzender der Einheitspartei der Sozialistischen Revolution**, die sich ab 1965 Kommunistische Partei Kubas nannte. Er reformierte das Bildungswesen in Kuba. Dem Analphabetentum wurde der Kampf angesagt. Zentralgelenkte **Planwirtschaft** und eine umfassende Agrarreform schichteten das Wirtschaftsgefüge der Insel um. Vor der Verstaatlichungswelle machte der neue Diktator auch nicht vor US-amerikanischen Mineralöl-Unternehmen halt. Ihre **entschädigungslose Enteignung** verschaffte Castro und seinem Regime den blanken Haß der Vereinigten Staaten von Amerika. Mit einer **totalen Wirtschaftsblockade der USA** reagierten die Nordamerikaner wütend unter Leitung ihres damaligen **Präsidenten Eisenhower** auf die Enteignung ihrer Unternehmen. Der verwundbarste Nerv der kubanischen Wirtschaft, der **Zuckerrohr-Export**, wurde damit empfindlich getroffen.
Die **Warschauer-Pakt-Staaten** unterstützten den in Schwierigkeiten geratenen kubanischen Diktator wirtschaftlich und militärisch u.a. mit dem Aufbau sowjetischer Interkontinental-Raketen. Daraufhin rüsteten die US-Amerikaner zur erneuten Intervention auf Kuba. In der gefährlich sich zuspitzenden **Kuba-Krise** stand die Welt am Rande eines 3. Weltkrieges, weil die beiden Supermächte USA und UdSSR in dem Konflikt verwickelt waren.
In den folgenden Jahren **unterstützte Kuba** militärisch mit Soldaten und Kriegsmaterial **revolutionäre Bewegungen im Ausland**, z.B. in Angola, Moçambique, Äthiopien und Nicaragua, um die sozialistische Gesellschaftsordnung auch auf diese Staaten zu übertragen.
1988 setzten in der Sowjetunion und in anderen Ländern Osteuropas stürmische Demokratisierungs-Bewegungen ein, die von Castro abgelehnt und für sein Land als nicht anwendbar erklärt wurden.

2.11.3 DIE KUBA-KRISE 1962

Eine Invasion kubanischer Gegenrevolutionäre in der Schweinebucht (Südküste Kubas) mit Unterstützung des CIA war vereitelt worden.
Am **14. Oktober** hatte US-amerikanische Luftüberwachung in San Cristóbal (Kuba) Bautätigkeiten für Mittelstreckenraketen-Abschußrampen entdeckt. – Die US-Krisenstäbe erwogen eine Intervention sowie das Bombardement der Raketenbasis. Der damalige **Präsident J.F. Kennedy** zögerte jedoch und verhängte nur eine **Teilblockade**, um die Nachlieferung der gefährlichen Waffensysteme zu verhindern. 18 sowjetische Frachter, von U-Booten begleitet, hatten Kurs auf Kuba genommen und trafen auf einen Kriegsflottenverband der US-Marine. Die Lage spitzte sich dramatisch zu.
Am **25. u. 26. Oktober** drehten die Sowjetfrachter jedoch bei. Das "Muskelspiel" der beiden Weltmächte USA und UdSSR schien sich zu entspannen. Doch die

———————— *Die Ära Fidel Castro in Kuba* ————————

Arbeiten zur Vollendung der Raketenbasis liefen weiter. Erklärungen beider Supermächte hielten die Welt in Atem. Depeschen wurden übermittelt. Die UdSSR signalsierte den Abzug der Waffen unter UN-Aufsicht, wenn die Seeblockade Kubas aufgehoben und die vorbereitete Landung US-amerikanischer Truppen auf Kuba aufgegeben werden würde. Chruschtschow reichte noch die Forderung nach, daß die USA dem Abzug der Raketen aus der Türkei, die auf die UdSSR gerichtet seien, zustimmen müßte.
Am 27. Oktober stimmte J.K. Kennedy jedoch nur den 1. Bedingungen der Sowjets (Aufgabe der Seeblockade und keine Landung in Kuba) zu und ignorierte geschickt die 2. nachgereichte Bedingung (Abzug der US-Raketen aus der Türkei).

So wurde die Konfrontation der beiden Giganten, die in einem Atomkrieg hätte enden können, glücklicherweise noch abgewendet.

2.11.4 DIE ISOLATION KUBAS

Mit Ausnahme von Mexiko brachen auf Druck der USA alle lateinamerikanischen Staaten die Verbindungen zu Kuba ab. Im Gegenzug unterstützte Fidel Castro revolutionäre Einsätze in Lateinamerika und Afrika.

Durch wirtschaftliche Engpässe gezwungen, driftete Kuba immer mehr in das Lager des kommunistischen Ostblocks. Diese Bindung, aber auch die zunehmende Abhängigkeit von der UdSSR und ihrer damaligen Verbündeten, gipfelte **1972** in der Aufnahme Kubas in den Rat für gegenseitige Wirtschaftshilfe **RGW/COMECON**.

Kuba blieb bisher den Versuchen der übrigen Karibischen Inseln, sich durch wirtschaftliche Pakte zu stärken, fern.

Nicht-Beitritt zu folgenden Vereinigungen in der Karibik:
- 1968: Karibische Freihandelszone CARIFTA (Caribbean Free Trade Area),
- 1969: Karibische Entwicklungsbank CDB (Caribbean Development Bank),
- 1973: Karibischer Gemeinsamer Markt CCM (Caribbean Common Market),
- 1975: Assoziierte Staaten der Europäischen Wirtschaftsgemeinschaft (EG) AKP-Staaten (Entwicklungsländer der afrikanischen, karibischen und pazifischen Region).

Der einzige Bereich, in dem Kuba der übrigen Welt aufgeschlossen war und ist, ist der **Tourismus**, der sehr gepflegt wird und der zum **Devisenbringer Nummer 1** im Lande geworden ist.

Durch die **politischen Umwälzungen in der ehemaligen UdSSR und in Osteuropa** sind deren Wirtschaftshilfen für Kuba fortgefallen. Vielleicht findet jetzt ein Umdenkungsprozeß auf der "Zuckerinsel" statt; zumindest ist in dem sozialistischen Land eine zunehmende Verunsicherung spürbar.

2.12 KLEINSTAATEREI IN DER KARIBIK

In der zweiten Hälfte des 20. Jahrhunderts ist der karibische Raum durch zunehmende **Entlassung** seiner zahlreichen Inseln in die **Selbständigkeit** gekennzeichnet.

Kleinstaaterei

Dies soll die folgende Tabelle veranschaulichen:

Insel	Jahr der Selbständigkeit	Insel	Jahr der Selbständigkeit
Jamaika	1962	Dominica	1978
Trinidad	1962	St. Lucia	1979
Grenada	1974	Antigua	1981
Barbados	1966	St. Kitts & Nevis	1983

2.12.1 PROBLEME DER ZWERGSTAATEN

Einerseits ist das Überführen von ehemals europäischen Kolonien in selbständige Staaten zu begrüßen. Andererseits stellt sich die Frage, ob sie wirklich frei, unabhängig und selbständig sein können. Fest steht, daß diese Zwergstaaten an dem Erbe kolonialer Rivalitäten schwer zu tragen haben. Sie tun sich nach ihrer endlich erlangten Freiheit schwer, sich zu lebensfähigen Wirtschaftsräumen zusammenzuschließen.

Durch die **Konvention von Lomé (Togo) von 1975** ist afrikanischen, karibischen und pazifischen Entwicklungsländern die Möglichkeit gegeben, **assoziierte Mitglieder der Europäischen Gemeinschaft (EG)** zu werden, d.h. die EG-Staaten nehmen bewußt beim Abschluß ihrer Handelsverträge im Bereich der Industrie vollständig und in der Landwirtschaft teilweise ein Handelsdefizit in Kauf. Diese sog. **AKP-Staaten** konnten, bezogen auf die Karibik-Staaten, ihre wirtschaftliche Situation, trotz der Assoziierung mit der EG, kaum verbessern. Zunehmende Verschuldung an die Industrienationen und steigende Zinslasten erschwerten eine Gesundung ihrer Wirtschaft. Der zunehmende Tourismus ist der beste Devisenbringer der kaum lebensfähigen Zwergstaaten geworden.

2.12.2 VERSUCHE EINES WIRTSCHAFTLICHEN ZUSAMMENSCHLUSSES

1968 wurde die **Karibische Freihandelszone CARIFTA** (Caribbean Free Trade Area) gegründet. Ihr vordringlichstes Ziel war der **stufenweise Abbau der Zollschranken** untereinander, die die gemeinsame Wirtschaft behinderten. Den Gründungsmitgliedern: Antigua, Barbados, Guayana, Trinidad und Tabago haben sich später Anguilla, Belize (ehemals Britisch Honduras), Dominica, Grenada, Jamaika, St. Kitts & Nevis, Montserrat, St. Lucia und St. Vincent angeschlossen.

1969 war das Gründungsjahr der **Karibischen Entwicklungsbank CDB** (Caribbean Development Bank), die ihren Sitz in Barbados hat. Zu den wichtigsten Mitgliedern zählen: Barbados, Guayana, Kanada, Jamaika, Trinidad und Tabago, USA und Venezuela.

1973 wandelte man die Karibische Freihandelszone CARIFTA in den **Karibischen Gemeinsamen Markt CCM** (Caribbean Common Market) um.

2.13 ZEITTAFEL

v. Chr.

Ca. 5000 — Erste Besiedlung der Karibischen Inseln erfolgte durch **Indianer aus Südamerika**.

Ca. 2000 — Die **Ciboney** folgten den Erstbesiedlern in mehreren Wellen.

n. Chr.

Ca. 1000 — Der **Wikinger Leif Erikson war der erste Europäer in Amerika**. Vorübergehende Siedlungsversuche sind durch das ausgegrabene Leifbudir auf **Neufundland** bewiesen.

15. Jahrh. — Die Ciboney wurden durch die **höherentwickelten Arawaken** in den äußersten Südwesten Hispaniolas und den Westen Kubas gedrängt. Die **Tainos**, ein Volkstamm der Arawaken, entwickelte ein gut funktionierendes Gemeinwesen (Taino-Kultur).

13. Jahrh. — Die **kriegerischen Kariben** stießen auf die Kleinen Antillen vor.

1492–1493 — **Christoph Kolumbus' 1. Reise** führte ihn nach San Salvador, Kuba und Hispaniola. Er war der **erste Europäer in der Karibik!**

1493–1496 — **Christoph Kolumbus' 2. Reise** brachte ihn nach Dominica, Guadeloupe, Puerto Rico und Jamaika.

1496 — **Bartolomé Colón**, der Bruder Christoph Kolumbus', gründete **Santo Domingo** (Hispaniola), die 1. europäische Stadt auf amerikanischem Boden.

1498–1500 — **Christoph Kolumbus' 3. Reise** führte ihn nach Trinidad und an die Nordküste Südamerikas.

1499–1500 — Der Florentiner **Amerigo Vespucci** erreichte die Küsten Guayanas und den Amazonas.

1502–1504 — **Christoph Kolumbus' 4. Reise** brachte ihn an die Küsten Honduras, Nicaraguas und Panamas.

1524 — Die **ersten schwarzen Sklaven** wurden in die Karibik verschleppt.

1507 — Der deutsche Kartograph **Waldseemüller** nannte die Neue Welt **"America"** nach Amerigo Vespucci.

1508 — Der Spanier **Juan Ponce de León** kolonisierte **Puerto Rico**.

1509 — **Diego**, der Sohn von Christoph Kolumbus, übernahm die Herrschaft in **Santo Domingo**.

1511 — **Diego Velázquez** errichtete auf **Kuba** spanische Stützpunkte.

1514–1566 — **Bartolomé de las Casas**, ein spanischer **Dominikanerpater**, kämpfte Zeit seines Lebens mit aller Kraft für die Rechte der unterdrückten und aussterbenden Indianer der Karibik. Sein bekanntestes Werk trägt den Titel: *"Kurzgefaßte Berichte von der Verwüstung der Westindischen Länder"*.

1536 — Die **Portugiesen** entdeckten **Barbados** und gaben ihnen den Namen "Los Barbudos" nach dem bärtig herabhängenden Hängewurzeln von Feigenbäumen.

1595 — **Francis Drake** und **John Hawkins**, vorher Piraten und später britische Flottenkommandanten, **schlugen die Spanier vor Puerto Rico**.

Zeittafel

1628	Der holländische **Pirat Piet Heyn** kaperte die spanische **Silberflotte bei Matanzas** (Kuba) und erbeutete Schätze im Wert von **12 Millionen Gulden**.
1634	Der **Holländer Peter Stuyvesant** besetzte **Curaçao**.
1635	Die **Franzosen** nahmen **Guadeloupe** und **Martinique** in Besitz.
1648	Den **Holländern** wurde nach Beendigung des Dreißigjährigen Krieges im **Westfälischen Frieden** die Souveränität ihrer überseeischen Besitzungen zugesprochen.
17. Jahrh. (2. Hälfte)	Verschiedene **westeuropäische Nationen** setzten sich auf den Karibik-Inseln fest. Viele Inseln, besonders die Kleinen Antillen, wechselten oft ihre Herrscher.
1655	Die **Dänen** besetzten die Jungferninsel **St. Thomas** Die **Briten** entrissen den Spaniern **Jamaika**.
1659	Die **Franzosen** besetzten **Grenada**.
1665	Die **Franzosen** setzten sich im **westlichen Hispaniola** fest, das später Saint Domingue hieß.
1719	Die **Franzosen** eroberten St. Vincent.
1744–1747	Der **Seekrieg** war nur die Eskalation der jahrhundertelangen **Rivalität zwischen Frankreich und England**, die sich auch in der Karibik auswirkte.
1756–1763	Frankreich verlor den **Siebenjährigen Krieg** gegen England. Die **britische Überlegenheit** wuchs. Die Engländer errichteten einen **Flottenstützpunkt auf Antigua**.
1759	Die **Engländer** eroberten **Dominica**.
1776	Die **USA** traten erstmalig auf dem westindischen Kriegsschauplatz auf und versuchten, die Briten von den **Bahamas** zu verdrängen.
1782	In der großen Seeschlacht "**Battle of the Saint**" verloren die Franzosen ihre gesamte Flotte von 34 Schiffen. 15.000 französische Seeleute ertranken.
1789	Die Parolen der **Französischen Revolution** hatten auch ihre Wirkung in den französischen Kolonien nicht verfehlt. Farbige in Saint Domingue unter den Anführern **Dessalines** und **Toussaint l'Ouverture** rüsteten zum Aufstand.
1795	Die **Kariben** rebellierten auf **St. Vincent**. Nach der Niederschlagung des Aufstands wurde die gesamte karibische Bevölkerung aufs mittelamerikanische Festland **zwangsdeportiert**.
1801	Der **Aufstand der Schwarzen und Mulatten in Saint Domingue** wurde von **Toussaint l'Ouverture** gegen die Franzosen geführt. Die gesamte Insel Hispaniola wurde freigekämpft und die **Unabhängigkeit** von **Saint Domingue** proklamiert.
1802	Ost-Hispaniola wurde wieder spanisch.
1804	**Haiti**, der Westteil von Hispaniola, machte sich von Frankreich **unabhängig**. Der ehemalige Sklave **Dessalines** ernannte sich selbst zum **Kaiser von Haiti**.
1806–1818 (1820)	**Haiti** war in einen Negerstaat und in eine Mulattenrepublik **geteilt**.
1814 und 1815	In den beiden **Pariser Friedensschlüssen** nach den Napoleonischen Kriegen wurde festgelegt, daß **Spanien** Kuba, Puerto Rico und den Ostteil Hispaniolas behalten durfte. **Frankreich** verlor Haiti und behielt nur Martinique und Guadeloupe und einige Nebenin-

Zeittafel

	seln. **Holland** stand Curacao zu. **Dänemark** blieb auf St. Thomas, und **England** besaß Jamaika und den Rest der Karibischen Inseln.
1820	Die **beiden haitischen Teilstaaten vereinigten sich.**
1821	Der **Ostteil** Hispaniolas erklärte sich von Spanien **unabhängig.**
1822	Die **Spanier besetzten wieder den Ostteil** der Insel.
1834	In dem vom **britischen Parlament** erlassenen *"Emancipation Act"* wurde das **Verbot Sklaven-Haltung** ausgesprochen.
1844	In einer neuen Revolution befreite sich der Ostteil Hispaniolas wieder von der Vorherrschaft Haitis und erklärte sich als **Dominikanische Republik** unabhängig.
1848	Die **Franzosen** befahlen ebenfalls die **Aufhebung der Sklaverei.**
1863	Auch die **Holländer** entschlossen sich zur **Aufhebung der Sklaverei.**
1886	Die **Spanier** waren die letzte europäische Kolonialmacht, die sich zur **Aufhebung der Sklaverei** entschloß.
1898	**Kuba** wurde nach dem Verdrängen der Spanier von der "Zuckerinsel" **von den USA**, die den Freiheitskampf der Kubaner unterstützt hatten, **besetzt. Puerto Rico** fiel nach Beendigung des Krieges zwischen Spanien und den Vereinigten Staaten nach dem Frieden von Paris **an die USA.**
1901	**Kuba** wurde **unabhängige Republik.**
1902	Die **US-Truppen verließen Kuba** bis auf den Militärstützpunkt Guantánamo.
1914	Durch die **Eröffnung des Panama-Kanals** gewann die Karibik immer mehr an strategischer Bedeutung.
1915–1934	**US-Truppen besetzten Haiti** wegen des Bürgerkrieges zwischen Schwarzen und Mulatten. Die USA unterstützten die Mulatten.
1915–1924	**US-Truppen besetzten die Dominikanische Republik**, um ihre wirtschaftlichen Interessen dort zu wahren.
1917	Die USA gewährten **Puerto Rico bedingte Selbstverwaltung.**
1930	**Rafael Leónida Trujillo y Molina** errang in einer von den USA geförderten Revolution die Macht und herrschte bis 1952 als **Diktator in der Dominikanischen Republik.**
1940–1944	**Fulgencio E. Batista y Zaldivar** regierte ebenfalls als **Diktator in Kuba.**
1952	**Hector Bienvenido Trujillo** führte das diktatorisch regierte Regime seines Bruders in der Dominikanischen Republik fort.
Ab 1953	**Fidel Castro Ruz** kämpfte zunächst vergeblich gegen das Regime des Diktators Batista in Kuba.
1957–1971	**Präsident François Duvalier** regierte in Haiti mit Unterstützung seiner Geheimpolizei mit brutaler Härte und **Terrormethoden.**
1959	**Fidel Castro** vertrieb den Diktator Batista aus Kuba und **übernahm die Macht** im Lande. Er führte eine Bodenreform ein und zog sich durch ersatzlose Enteignung von US-amerikanischen Mineralöl-Unternehmen den Zorn der USA zu.
1960	Die **USA** verhängten ein **Wirtschaftsembargo** (Zucker) gegen Kuba.
1961	Ein **Umsturzversuch** von Exilkubanern mit Hilfe der USA und eine Landung in der Schweinebucht scheiterten.

Zeittafel

1962	Fidel Castro bemühte sich um Unterstützung durch den Ostblock. Der Versuch der Sowjets, Mittelstrecken-Raketen auf Kuba zu installieren, löste die **Kuba-Krise** aus. Ein zu befürchtender Waffengang der beiden Supermächte USA und UdSSR wurde in letzter Minute verhindert. **Jamaika, Trinidad und Tobago** erhielten ihre **Unabhängigkeit**.
1963	Der **Präsident der Dominikanischen Republik Juan Bosch Gavino** wurde vom Militär gestürzt.
1965	Die **militärische US-Intervention** in der Dominikanischen Republik unterstützte die rechtsgerichtete Militärjunta gegen die kommunistischen Bosch-Anhänger.
1966	**Barbados** erlangte seine **Unabhängigkeit**.
1967	Eine **Volksabstimmung in Puerto Rico** ergab, daß die Mehrheit seiner Bewohner assoziiertes Mitglied der USA bleiben wollten.
1968	Die **Karibische Freihandelszone CARIFTA** hatte das Ziel, die Schutzzölle der einzelnen Zwergstaaten sukzessive abzubauen.
1969	Die **Karibische Entwicklungsbank CDB** wurde gegründet.
1972	**Kuba** trat dem Rat für gegenseitige Wirtschaftshilfe **RGW/COMECON**, dem Wirtschaftspakt der Ostblockstaaten, bei.
1973	Der **Karibische Gemeinsame Markt CCM** löste die CARIFTA ab.
1974	**Grenada** erhielt seine politische **Selbständigkeit**.
1975	Die **Karibischen Inseln** haben seit der Konvention von Lomé (Togo) die Möglichkeit, **assoziiertes Mitglied der Europäischen Gemeinschaft** (EG) zu werden.
1976	**Trinidad** wurde **selbständig**.
1978	**Dominica** wurde in die **Unabhängigkeit** entlassen.
1979	**St. Lucia** und **St. Vincent** erhielten ebenfalls ihre **Unabhängigkeit**.
1981	**Antigua & Babuda** erreichten ihre **Unabhängigkeit**.
1982	Durch eine erneute Volksabstimmung wurde die **völlige Unabhängigkeit von den Puertoricanern abgelehnt**. Sie wollten weiter ein autonomes Gebiet der USA bleiben.
1983	**St. Kitts & Nevis** wurden ebenfalls in die Unabhängigkeit entlassen. Das **militärische Eingreifen der USA in Grenada** verhinderte, daß die kommunistischen Bestrebungen des Premiers Maurice Bishop zum Tragen kamen. Bishop kam schon im Vorfeld der Auseinandersetzungen ums Leben.
1986	Der **haitische Präsident Jean Claude Duvalier, jun.** ("Baby Doc") ging nach Frankreich ins Exil.
1987/1988	**Leslie Manigat** wurde zum neuen **Präsidenten von Haiti** gewählt.
1988	**Generalleutnant Namphy** setzte den Präsidenten nach wenigen Monaten Amtszeit ab und machte sich selbst zum **Staatschef von Haiti**.
1989	Eine **Revolte gegen** die Regierung des **General Avril in Haiti** mißlang.
1989	Der **Hurrikan "Hugo"** richtete besonders auf den Kleinen Antillen verheerende Schäden an.
1990	**Blutige Unruhen in Haiti** und die Ankündigung eines Generalstreiks der Opposition zwangen General Avril zum Rücktritt.

3 GEOGRAPHISCHER ÜBERBLICK

3.1 LAGE UND GRÖSSE

Unter **Karibik** versteht man die Inselwelt im Karibischen Meer (auch Amerikanisches Mittelmeer genannt). Die Karibischen Inseln liegen zwischen der nordamerikanischen Halbinsel Florida und der Nordostküste des südamerikanischen Staates Venezuela. Genauer gesagt, befindet sich dieses Inselreich zwischen 60° und 85° westlicher Länge und zwischen 10° und 12° 27' nördlicher Breite (Nördlicher Wendekreis). Als geschwungener Bogen zieht sich die 3.500 km lange **Inselkette** von Kuba bis Aruba, vor der Küste Venezuelas, hin.

Dieser sog. **Antillenbogen**, der das Karibische Meer vom Atlantischen Ozean trennt, wird wie folgt unterteilt:

● Die **Großen Antillen** umfassen Kuba, Jamaika, Hispaniola (Haiti und Dominikanische Republik) und Puerto Rico. Sie machen zusammen 90% der Fläche der Karibischen Inseln aus.

● Die **Kleinen Antillen** sind eine Inselgruppe mit vielen kleinen Eilanden, die sich wiederum in die "Inseln über dem Wind" und die "Inseln unter dem Wind" unterteilen.
  1. Zu den **Inseln über dem Wind** gehören die Inseln von Virgin Islands bis Trinidad. Sie werden nochmals im englischen Sprachgebrauch in "Leeward Islands" und "Windward Islands" untergliedert.
    a) Zu den **Leeward Islands** rechnet man: Virgin Islands, Anguilla, St. Martin, St. Barthélemey, Saba, St. Eustatius, St. Christopher, Nevis, Montserrat, Barbuda, Antigua, Guadeloupe.
    b) Zu den **Windward Islands** zählen: Dominica, Martinique, St. Lucia, St. Vincent, Grenada & die Grenadinen, Barbados, Tobago, Trinidad.
  2. Zu den **Inseln unter dem Wind** gehören Isla de Margarita, Bonaire, Curacao und Aruba.

Die Eilande sind von sehr unterschiedlicher Größe. Insgesamt weisen diese tropischen **Inseln eine Größe von 234.000 km²** auf. Im Vergleich dazu hat die Bundesrepublik Deutschland eine Fläche von 355.872 km².

3.2 GEOLOGISCHE ENTWICKLUNG

3.2.1 WANDERNDE KONTINENTE

Kontinental-Verschiebungs-Theorie

Der deutsche **Geophysiker Alfred Wegener** (1880–1930) ist der "Vater" der Kontinental-Verschiebungs-Theorie.
1912, am 6. Januar, hielt der 31-jährige Privatdozent für Astronomie und Meteorologie einen **aufsehenerregenden Vortrag** unter der Überschrift:" Neue Ideen über die Herausbildung der Großformen der Erdoberfläche auf geophysikalischer Grundlage".

Geologische Entwicklung

1929 erschien sein **Buch** mit dem Titel: **"Entstehung der Kontinente und Ozeane"**. Darin legte er seine zunächst sehr umstrittene Theorie dar.

Er ist auf die **revolutionäre Idee** gekommen, daß sich die jetzigen Kontinente im Laufe der Jahrmillionen verschoben haben müssen. So zufällig könnte beispielsweise die Ähnlichkeit der Küstenlinien des westlichen Afrikas und des östlichen Südamerikas nicht sein.

Aus diesem erkannten Phänomen entwickelte der Forscher seine sogenannte Kontinental-Verschiebungs-Theorie. Er zeichnete Weltkarten und setzte **wie in einem Puzzlespiel** die heutigen Festländer zusammen.

Wegener gelangte zu der Überzeugung, daß vor ca. 300 Millionen Jahren alle heutigen Einzelkontinente in einem riesigen Superkontinent vereinigt gewesen waren. Er nannte diesen **Urkontinent** "Ganzerde" oder *Pangäa*, der im Jungkarbon bestanden haben soll.

Aus dem Urkontinent bildeten sich ein **Nordkontinent:** *Laurasia* (Eurasien, Nordamerika) und ein **Südkontinent:** *Gondwana* (Afrika, Arabien, Indien, Australien, Antarktis). In 3 Rekonstruktionen von Erdkarten hat der Forscher versucht, seine Theorie zu veranschaulichen. In je einer Karte vom Oberkarbon (vor ca. 320 Millionen Jahren), vom Alttertiär (vor ca. 60 Millionen Jahren) und vom Altquartär (vor ca. 1,5 Millionen Jahren) hat Wegener diese Entwicklung skizziert.

Diese beiden Großkontinente seien weiter zerbrochen und in einzelne **Schollen** zerfallen, die dann auseinanderdrifteten, so lautete die Hypothese Wegeners. Die entscheidende Kraft, die zur Kontinentalverschiebung führte, sei die Zentrifugalkraft der Erdrotation. Gebirge entstünden nach seiner Meinung dadurch, daß beim Driften der Kontinente auf deren Unterseite Reibungen mit der Simamasse entstehen. An der Stirnseite der driftenden Schollen bilden sich Stauwülste – Gebirge.

Die wesentlichen Teile seiner Theorie wurden später durch folgende als **Beweis** geltende Erkenntnisse erhärtet:
- Untersuchungen haben ergeben, daß **erdgeschichtliche Übereinstimmungen** in den Strukturlinien präkambrischer Grundgebirge und ihrer gleichen Gesteinszusammensetzung, beispielsweise für Afrika und Südamerika über die Breite des Atlantischen Ozeans, bestehen.
- Auch **Ähnlichkeiten** in der Entwicklung **der Tier- und Pflanzenwelt** über die trennenden Meere sind Beweismaterial dieser Theorie.

Spätere Forschungen bauten auf Wegeners Kontinental-Verschiebungs-Theorie auf.

Die Unterströmungslehre

Die Kontinental-Verschiebungs-Theorie und die Unterströmungslehre ergänzen sich. Letztere wurde von dem österreichischen Geologen **Ampfer** begründet. Er führte die Veränderung des Antlitzes der Erde in erster Linie auf **Fließbewegungen unter der obersten Erdkruste** zurück.

Diese Strömungen entstehen durch Gesteine, die bei großer Hitze plastisch werden. Die Erdrinde wird mitgeschleppt, gedehnt oder eingeengt. Es gibt Risse, und Schollen entstehen. Diese treiben auseinander, stoßen aufeinander oder schieben sich übereinander. Als Ursachen dieser Unterströmungen werden chemische Prozesse durch Wärmeausgleich angenommen.

Geologische Entwicklung

Die Plattentektonik

Man sucht bei der Plattentektonik nach Erklärungen über die Bewegungsvorgänge auf der Erdkruste, dem Driften der Platten (Erdschollen).
Es gibt einerseits **alte stabile Festlandskerne**. Diese mit Granit durchsetzten Gesteinskomplexe aus präkambrischer Zeit haben ein Alter von 1.000 Millionen bis 3.750 Millionen Jahren. In Amerika gehören zu diesen alten Schilden der Kanadische oder Laurentische Schild und die Brasilianische Masse.

Plattentektonik der Erde
- Vor 225 Millionen Jahre (Perm) -

Im Gegensatz zu diesen festen Platten stehen **große Faltengebirge**, die in verschiedenen Erdepochen durch gebirgsbildende Bewegungen, die man auch wissenschaftlich Tektonogenesen nennt, entstanden sind. Die heute auffälligsten und bizarresten Faltungen auf unserer Erde sind die **jungen tertiären Faltungen**. Der hohe Gebirgsstrang der Rocky Mountains, Kordilleren und Anden, der sich im Süden in der Antarktis und im Norden in Alaska und Ostasien fortsetzt, gehört dazu.

Plattentektonik der Erde
- Vor 180 Millionen Jahren (Trias) -

Die **Bruchschollen- und Bruchfaltengebirge** entstehen dort, wo Dehnungs- und Ausweitungsformen, Aufschiebungen und Abschiebungen eng benachbart sind. Die Schollen sind durch Brüche zerstückelt. Es hat sich ein **Schollenmosaik** gebildet.

3.2.2 GEOLOGISCHE UNRUHEZONE KARIBIK

Plattentektonik der Erde
- Vor 65 Millionen Jahren (Kreide/Tertiär) -

Der obige kurze Ausflug auch in grundsätzlich erdgeschichtliche Erkenntnisse soll Ihnen das Verständnis für die sehr komplizierten geologischen Vorgänge im karibischen Raum, die sich im Laufe der Jahrmillionen hier ereignet haben, erleichtern.

Der Karibische Raum ist seit Millionen von Jahren gewaltigen tektonischen Kräften unterschiedlichster Art ausgesetzt gewesen:

Plattentektonik der Erde
Vermutlich in 50 Millionen Jahren

● Dieses Gebiet hat die **"Zerreißprobe"** des Nordkontinents **"Laurasia"** und des Südkontinents **"Gondwana"** vor ca. 200 Millionen Jahren zwischen dem heutigen Nord- und Südamerika "erlebt". In der Zeitspanne von vor ca. 180 Millionen Jahren (Trias) bis vor ca. 70 Millionen Jahren (Kreide) waren die Landmassen des heutigen Nord- und Südamerika voneinander getrennt.

Geologische Entwicklung

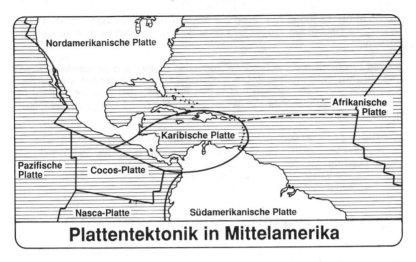

Plattentektonik in Mittelamerika

- Ein ähnlicher **Dehnungsprozeß** vollzog sich vor ca. 150 Millionen Jahren, als sich **Afrika von Südamerika** trennte.

- So entstand, analog dem Mittelmeer zwischen Europa und Nordafrika, das **Amerikanische Mittelmeer.**

- Von den heute 12 auf der Erde existierenden Großplatten umgeben allein 5 (siehe Abbildung) die verhältnismäßig **kleine Karibische Platte**. Das alleine bedingt schon eine tektonisch sehr unruhige Zone in der Karibik.

Die **Karibische Platte** umfaßt im **Norden** die Großen Antillen außer Kuba, das schon zur Nordamerikanischen Platte gehört. Im **Osten** sind alle übrigen Eilande des Antillenbogens eingeschlossen. Im **Süden** greift diese Scholle bis auf das südamerikanische Festland über, einschließlich des Orinoco-Laufes. Im **Westen** ist Nord-Kolumbien, Panama, Costa Rica, Nicaragua, Honduras und El Salvador eingeschlossen. Der **Puerto-Rico-** und der **Cayman-Graben** markieren die **Bruchfaltenlinie** der Karibischen Platte im Meer.

- Die **Plattenbewegungen untereinander** sind oft **sehr kompliziert**. Teilweise ist es ein Gegeneinanderstoßen oder ein Auseinanderdriften, oder es kommt zu Hebungen oder Senkungen durch Überschiebungen oder Abtauchen. Die wesentlichste Bewegung in der Karibik sind das Nordwärtsdriften der Karibischen Platte und die Kollision mit der Nordamerikanischen Platte, wobei sich die Nordamerikanische Platte unter die Karibische Platte schiebt (Subduktion).

- Vor ca. 60 Millionen Jahren begann die **Auffaltung** der gesamten **Westküste** des Doppelkontinents Amerika. Anschließend kam es auch im Osten zur Auffaltung. Es bildete sich vor ca. 60 – 40 Millionen Jahren im Tertiär (Eozän) eine Landverbindung (siehe Abb.), die allerdings vor ca. 40 – 10 Millionen Jahren wieder verlorenging (siehe Abb.).

- Durch das aufgeworfene Gebirge der Großen Antillen mit seiner höchsten Erhebung in Hispaniola, dem Pico Duarte **3.175 m ü.M.**, und dem Tiefseegraben vor Puerto Rico mit **9.000 m Meerestiefe** ergibt sich eine **Höhendifferenz von**

Geologische Entwicklung

10.000 m bis 12.000 m (!) entlang der Atlantikküste der Großen Antillen. Dieser beachtliche Gebirgszug, größtenteils unter Wasser, wird als **Bruchfaltengebirge** bezeichnet.

- Die Bruchstellen der aufeinanderstoßenden Platten sind immer durch **regen Vulkanismus** gekennzeichnet. Die tektonische Unausgewogenheit, die unmittelbare Nähe von Tiefseegräben und hohen Faltengebirgen sind die Stellen der Erdkruste, wo die glühende Magma an die Erdoberfläche drängt und Erdbeben nicht selten sind.

Wie drohende Mahnmale erheben sich die teilweise noch aktiven Vulkane in den Himmel: der Mt. Soufrière auf Guadeloupe, der gleichnamige Mt. Soufrière auf St. Vincent und der Mt. Pelée auf Martinique. Der Ausbruch des Vulkans Mt. Pelée 1909 und die Vernichtung von St. Pierre sind ein eindringliches Beispiel für die Gefährlichkeit dieser Vulkane.

3.2.3 GEOLOGISCHER AUFBAU DER INSELN

Inseln, Inselteile, Inselgruppen	Geologischer Aufbau
West-Kuba	Meistens Kalkplateaus, Kegelkarst
Ost-Kuba, Hispaniola,	Tertiäres Bruchfaltengebirge aus Jamaika, kristallinem Schiefer und Gneis,
Puerto Rico	Sedimentgesteine aus Kreide

3.3 NATURRÄUMLICHE GLIEDERUNG

3.3.1 DIE KORDILLEREN

Im mittelamerikanisch-karibischen Raum fächern sich die Kordilleren auf. In Kolumbien ist die **Gabelung** bereits durch die Gliederung der Westlichen, Mittleren und Östlichen Kordilleren erkennbar.

Uns interessiert, bezüglich der Antillen, in erster Linie der Gebirgsstrang der Östlichen Kordilleren. Vom venezuelanischen Festland aus spannt sich dieses Gebirge, dessen Gipfel nur als Inseln aus dem Meer schauen, in einem kühnen Bogen über die Kleinen Antillen über Puerto Rico bis Hispaniola. Hier werden in Ost-Hispaniola, wie aus einem Knoten, 2 getrennte Stränge gen Westen Richtung mittelamerikanisches Festland gesandt. Dieser **Gebirgsknoten** weist mit dem **Pico Duarte (3.175 m)** die **höchste Erhebung** der gesamten Antillen auf.

Der **südliche Gebirgsast** verläuft über das südwestliche Hispaniola und Jamaika mit der höchsten Erhebung, dem Blue Mountain Peak (2.256 m), nach Honduras und der **nördliche Gebirgsast** über das nordwestliche Hispaniola, die Sierra Maestra Süd-Kubas mit dem Turguino (2.005 m) in Richtung Halbinsel Yucatán.

Naturräumliche Gliederung

3.3.2 DIE EBENEN

Verschiedene Erscheinungsformen

• **Größere Ebenen** finden wir auf den Antillen nur **im mittleren und westlichen Kuba**. Größtenteils handelt es sich um niedrige Kalktafeln, die stark verwittert sind. Im Laufe der Zeit sind die Berggipfel durch Erosion abgetragen worden. Einebnungsflächen sind durch klimatische Abtragungsvorgänge aus Karstgebirgen, Rumpfschollen und Schichtstufen entstanden.

• **Kleinere Ebenen** sind in Küstennähe am **Unterlauf der zahlreichen Flüsse** anzutreffen.

• Besonders eindrucksvoll sind in **West-Kuba** die zerklüfteten **Trockentäler**, die **Dolinen** – trichterförmige Vertiefungen, durch Oberflächeneinstürze von Höhlen und Spalten entstanden – und **Kegelkarste** – bizarre bis zu 300 m hohe Türme – die scharfkantig aus der Ebene herausragen. Auch sie sind stark zerfurcht und von Spalten, Gängen und Höhlen durchsetzt. Nicht nur auf Kuba, auch auf Hispaniola, Jamaika, Puerto Rico und Guadeloupe finden sich diese Gebilde, die sich durch die Auswaschungen der heftigen tropischen Regenfälle gebildet haben.

• **Schwemmland** bildet sich meistens an Flußläufen. Es besteht oft aus **rötlichem Lateritboden** (Rotlehm), einem typischen Verwitterungsprodukt tropischer Gebiete mit starken Regenfällen.

INFO

Was sind Karsterscheinungen?

*Als Karst bezeichnet man Erscheinungen im Landschaftsbild, die durch Wasserunlöslichkeit und Wasserdurchlässigkeit des reinen Kalkes im Kalkgebirge entstehen. Die verschiedenen Erscheinungsformen an der Oberfläche werden als Dolinen, Karren, Poljen und Ponore bezeichnet. Die starke Wasserdurchlässigkeit der Kalkgebirge läßt nur eine dürftige oder gar keine Pflanzenwelt zu. Es bildet sich oft eine regelrechte Steinwüste. Man spricht dann von einer **Verkarstung** des betreffenden Gebietes. Das Wasser der Flüsse, der Seen und des Niederschlags versickert in der Tiefe des zerklüfteten Kalkgesteins und bildet weitverzweigte unterirdische Wassernetze, die in Gängen und Höhlen das Gestein durchziehen. Das Wort Karst wurde übernommen vom Karstgebirge, dem nördlichen Abschnitt der Dinarischen Alpen (Grenzgebirge zwischen Kroatien und Bosnien).*

3.3.3 DAS KARIBISCHE MEER

Strömungsverhältnisse

Der **Karibenstrom** bewirkt, daß sich zwischen den Karibischen Inseln, besonders in der Yucatán-Straße und Florida-Straße **sehr starke Meeresströmungen** entwickeln.

Der **Süd-Äquatorialstrom**, verursacht durch den Südost-Passat, und der **Nord-Äquartorialstrom**, der durch den Nordost-Passat in Bewegung gesetzt wird, verfrachten warmes Atlantikwasser in das Karibische Meer.

Naturräumliche Gliederung

Beide Meeresströme zusammen nennt man auch Karibenstrom. Während der winterlichen Trockenzeit wehen die Passatwinde besonders kräftig und beständig. Dann erreicht die **Oberflächenströmung** des Karibenstroms **2–3 km/h**. In der **Yucatán-Straße** zwängt sich der warme Meeresstrom zwischen Kuba und Yucatán hindurch, und die Strömungsgeschwindigkeit verstärkt sich auf **4 km/h**. In der **Florida-Straße** sind es dann sogar **7 km/h!**

Aus dem warmen Karibenstrom und dem Antillenstrom entwickelt sich im Nordosten der Westindischen Inseln durch die Ablenkung des, seinen Kern im jahreszeitlichen Wechsel nur unwesentlich verändernden, fast ortsfesten Azorenhochs der **Golfstrom**. Er ist die "Warmwasserheizung Europas". Seine Heizkraft wirkt sich sogar bis nach Nord-Skandinavien aus, dessen Häfen er im hohen Norden noch nördlich des Polarkreises eisfrei hält.

In der **Segelschiff-Periode** haben die Seefahrer diese Wind- und Strömungsverhältnisse geschickt ausgenutzt. Für den geschilderten **Dreieckshandel**: Westeuropa-Westafrika-Karibik-Westeuropa (siehe Kapitel 2.9) boten der Nordost Passat (Europa-Westafrika), der Südost-Passat (Westafrika-Karibik) und der Westwinddrift (Karibik-Westeuropa) die besten Vorraussetzungen.

Schelfmeer und Tiefseegräben

Der größte Teil des Karibischen Meeres ist ein Schelfmeer, d.h. es ist eine **Flachsee**, die einen Festlandsockel überspült hat. Weite Areale sind erst durch die Abschmelzung des Eises der letzten Eiszeit vor ca. 10.000 Jahren überschwemmt worden.

Dieser überflutete Kontinentalsockel besteht im karibischen Raum aus 2 Erdschollen oder Platten, der Karibischen und Nordamerikanischen Platte. Durch den **4.000–5.000 tiefen Caymann-Graben** sind beide Platten voneinander getrennt. Noch größere Meerestiefen weist der **Puerto-Rico-Graben** an der dem Atlantik zugewandten Seite auf. Hier werden **bis zu 9.540 m** vom Meeresspiegel bis zum Meeresgrund ausgelotet. An diesen Stellen ist die erkaltete Erdkruste besonders dünnschalig. See- und Erdbeben können hier leicht auftreten.

Strände

Auf den Karibischen Inseln gibt es **größere und kleinere Abschnitte mit wunderschönen Stränden**. Sie bestehen meistens aus einem Gemisch aus Sand und schneeweißem Muschelkalk. Auf den flachen Stränden konzentrieren sich normalerweise die Touristenansammlungen. Es gibt jedoch noch genügend Strände in versteckten Buchten und weiten Lagunen, wo kaum Menschen anzutreffen sind.

Klima

3.4 DAS KLIMA

3.4.1 EIGENSCHAFTEN DES TROPENKLIMAS DER KARIBIK

- Es gibt **keine thermisch unterschiedlichen Jahreszeiten**. Die Temperaturdifferenz zwischen wärmstem und kältestem Monat im Mittel beträgt höchstens 3 bis 5° C.
- Die **Tagesamplitude**, das ist der Unterschied der mittleren Tag- und Nachttemperatur, ist **größer als die Jahresamplitude**. Man spricht von einem **Tageszeitklima**.
- Der **Wechsel zwischen Trockenzeit und Regenzeit** würde eher eine Einteilung in Jahreszeiten rechtfertigen.

Im Sommer
Die **Regenzeit ist an den Zenitstand der Sonne gekoppelt**. Der Zenitstand, wenn die Sonne senkrecht auf die Erde scheint, wird in der Karibik im Hochsommer erreicht. Von Süden bis zum nördlichen Wendekreis und wieder zurückwandernd, hat die Sonne ihren Höchststand. Dann erwärmt sich die Erde am stärksten. Die mit Feuchtigkeit angereicherte Luft steigt auf und hinterläßt eine **Tiefdruckrinne**. Wenn die feuchte Luft aufsteigt, wird sie abgekühlt. Kältere Luft kann nicht soviel Wasser speichern wie warme Luft. Die Folge: es gehen immer wieder heftige Regenschauer nieder, die im Wechsel mit Aufheiterungen und starker Sonnenbestrahlung stehen. Dies ist die Periode der **Regenzeit**, die normalerweise von **Mai/Juni bis Oktober/November** dauert.

Im Winter
Im Winter hat sich, entsprechend dem Zenitstand der Sonne, die Tiefdruckrinne auf die südliche Hemisphäre der Erde verlagert. Ende Dezember steht die Sonne senkrecht (im Zenit) über dem südlichen Wendekreis. Dann gibt es dort die Regenzeit. In der Karibik herrscht zu dieser Zeit **trocknes Hochdruckwetter**, und der Nordost-Monsun bläst stark und gleichmäßig.
- Die **Tag-und-Nacht-Gleiche**, d.h. die Tage und die Nächte sind je nach Jahreszeit gleich oder fast gleich, ist ein weiteres Charakteristikum der Tropen. In der Karibik geht die Sonne das ganze Jahr um ca. 6.00 Uhr auf und um ca. 18.00 Uhr unter. Die Dämmerung ist im Vergleich zu unseren Breiten nur sehr kurz.
- Die Karibischen Inseln liegen im Bereich der **Passatwinde**. Diese Luftbewegungen sind das ganze Jahr vor allem über dem Meer wehende Winde, die aus subtropischen Zellen hohen Luftdrucks heraus wehen und die von äquatorialen Tiefdruckgebieten angesogen werden. Auf der nördlichen Halbkugel müßte demnach die Windrichtung Nord-Süd sein. Die Luftströmung wird jedoch durch die Erdumdrehung auf Südost abgelenkt. Somit weht der Wind von Nordost nach Südwest, daher der Name **Nordost-Passat**. Analog entwickelt sich auf der Südhalbkugel der **Südost-Passat**.
- Die **unterschiedlichen Höhenlagen**, die sich aus dem Relief der Inseln ergeben, sind mit wetterbestimmend. Die Durchschnittstemperatur verringert sich bei je 1.000 Höhenmetern um ca. 6° C.
- Ausschlaggebend für die Niederschlagsmenge ist außerdem, ob ein Gebiet im "**Regenschatten**" **der Berge** liegt oder nicht.

Klima

3.4.2 WIE ENTSTEHT EIN HURRIKAN?

Die Karibik, im Grenzgebiet der Tropen liegend, ist eine Zone tropischer Wirbelstürme. Ein Hurrikan ist ein im karibischen Raum gefürchteter **orkanartiger Wirbelsturm**, der um eine Zyklone, ein Tiefdruckgebiet, kreist.

Der Name "Hurrikan" stammt aus der Arawakensprache und bedeutet so viel wie "**böser Geist**".

Durch **starke, großflächige Erwärmung des Meeres** auf ca. + 27° C in den heißesten Monaten August bis Oktober steigt sehr warme, feuchtigkeitsgeladene Luft rasch in große Höhen empor. Sie wird in der Höhe abgekühlt. Je höher die Luft aufsteigt, je stärker ist die Kondensation. Die wiederum führt zu einer **gigantischen Quellwolkenbildung**. **Heftige Gewitter** und stark niedergehender Regen erzeugen einen **gefährlichen Kreislauf**. Der Druck im Zentrum dieses zunächst noch senkrechten Kreislaufs sinkt extrem unter 950 Millibar. Der tiefste bisher gemessene Druck betrug **nur 885 Millibar!** Wenn dann durch die stark ablenkende Erdrotation in Äquatornähe dieser senkrechte Kreislauf in die Waagerechte umkippt und sich in eine horizontale Luftspirale verwandelt, dann erzeugt dieser **gewaltige Dreheffekt**, der die geballten Luftmassen um die eigene Achse wie einen Kreisel dreht, eine verheerende Kraft. Die **Drehgeschwindigkeit** kann **bis zu 320 km/h** betragen, während im "Auge des Sturmfelds" Windstille herrscht. Der dazugehörige **Wolkenwirbel** kann **bis zu 800 km** im Durchmesser erreichen. Die **Wandergeschwindigkeit** eines Hurrikans beträt zwischen **20–50 km/h**. Auf seiner Zugstraße hinterläßt er eine **Spur der Verwüstung**.

Die USA haben ein gut ausgebautes **Frühwarnsystem** aufgebaut.

3.4.3 REISEZEIT

Grundsätzlich hat der Tourismus auf den Karibischen Inseln das **ganze Jahr über Saison**. Auch Sie, als Reisender aus gemäßigten Breiten, werden ein **angenehmes, bekömmliches Klima** vorfinden.

Sicherlich wird Ihnen die **winterliche Trockenzeit** von Oktober/November bis Mai/Juni mehr zusagen als die Regenzeit in der übrigen Zeit.

Aber **auch die Regenzeit ist reizvoll**. Sie ist durch teilweise sehr heftige Regenschauer gekennzeichnet. Es klart jedoch zwischendurch immer wieder auf. Phantastische Wolkenformationen, das frische Grün und die tropische Blütenpracht entschädigen für den vorherigen Wolkenbruch. Die tägliche **Sonnenscheindauer der Regenzeit** unterscheidet sich nur unwesentlich von der der Trockenzeit. Außerdem wird die **Schwüle durch die Seewinde gemildert**. Besonders günstig sind luvseitige (dem Seewind zugewandte) Standorte.

3.4.4 KLIMATABELLE

Monate		Jan	Feb	Mär	Apr	Mai	Jun	Jul	Aug	Sep	Okt	Nov	Dez
Kuba (Havanna)	Niederschläge mm:	71	46	46	58	119	165	125	135	150	173	79	58
	Regentage:	6	4	4	4	7	10	9	10	11	11	7	6
	Temperatur °C max:	26,0	26,0	27,0	29,0	30,0	31,0	31,5	31,5	31,0	29,5	27,0	26,0
	min:	18,5	18,5	19,5	20,5	22,0	23,5	24,0	24,0	24,0	23,0	20,5	19,5
Dom. Republik (S. Domingo)	Niederschläge mm:	61	36	48	99	173	158	163	160	185	152	122	61
	Regentage:	7	6	5	7	11	12	11	11	11	11	10	8
	Temperatur °C max:	29,0	29,5	29,0	29,5	30,0	30,5	31,0	31,0	31,0	30,5	30,0	29,5
	min:	19,0	19,0	19,5	20,5	21,5	22,0	22,0	23,0	22,0	22,0	21,0	19,5
Jamaika (Kingston)	Niederschläge mm:	23	15	23	31	102	89	38	91	99	180	74	36
	Regentage:	3	3	2	3	4	5	4	7	6	9	5	4
	Temperatur °C max:	30,0	30,0	30,0	30,5	30,5	31,5	32,0	32,0	31,5	31,0	30,5	30,5
	min:	19,5	19,5	20,0	21,0	22,0	23,5	23,0	23,0	23,0	23,0	21,5	20,5
Puerto Rico (San Juan)	Niederschläge:	119	74	56	94	181	144	159	181	172	148	165	138
	Regentage:	20	15	15	14	16	17	19	20	18	18	19	21
	Temperatur °C max:	26,5	26,5	27,0	28,0	29,0	29,5	29,5	29,5	30,0	29,5	29,0	27,0
	min:	21,0	21,0	21,0	22,0	23,5	24,0	24,0	24,5	24,0	24,0	23,0	22,0

4 KARIBISCHE PFLANZENWELT

Den tropisch üppigen Pflanzenwuchs verdankt die Karibik den **ganzjährig hohen Temperaturen** und der **günstigen, sich übers ganze Jahr verteilenden Niederschlagsmenge.**

Der **enorme Pflanzenreichtum** – es gibt allein 8.000 höhere Pflanzen nur auf Kuba – macht es unmöglich, eine umfassende Beschreibung der vielen Arten zu geben. Zunächst soll versucht werden, die verschiedenen **Vegetationszonen** zu umreißen.

Es gibt 2 Hauptunterscheidungs-Methoden:

- Einmal können Pflanzengesellschaften nach der **Höhenlage** des Geländes zusammengefaßt werden. Schon die Spanier staffelten die Insellandschaften der Karibik in 3 Klimastufen.
Diese spanischen Begriffe wurden von den Botanikern für ihre Gliederung der Urwälder bergaufwärts übernommen.
  - Die *"Tierra caliente"* (= heißes Land) mit Temperaturen von +24° C bis +30° C reicht bis 1.000 m Höhe.
  - Die *"Tierra templada"* (= gemäßigtes Land) mit Temperaturen von +24° C bis +20° C wird bis 2.000 m Höhe gerechnet.
  - Die *"Tierra fría"* (= kaltes Land) mit +20° C bis +16° C übersteigt die Höhe von 2.000 m.

- Man kann jedoch auch die verschiedenen Pflanzengesellschaften nach der **jährlichen Verteilung der Niederschlagsmenge** unterscheiden:
  - **Immergrüner Regenwald** kann sich bei 9–12-monatigen Regenfällen und einer Regenmenge von über 2.000 mm/Jahr entwickeln.
  - **Regengrüner Feucht- und Trockenwald** benötigt 5–9 Monate Regen und 800–2.000 mm pro Jahr um zu gedeihen. Die Bäume werfen in der Trockenzeit ihr Laub ab.
  - **Dornbusch und Sukkulenten** brauchen nur 4 Monate und weniger und 800 mm und weniger Niederschlag zum Überleben.

4.1 VEGETATIONSZONEN

4.1.1 IMMERGRÜNER TROPISCHER REGENWALD

Dort wo es in der *Tierra caliente* bis ca. 1.000 m Höhe auf den Karibischen Inseln noch den immergrünen tropischen Regenwald gibt, entfaltet er seine phantastische Schönheit mit einem **ungeheuren Artenreichtum.**

Die Vegetations-, Blüte- und Reifezeit der Bäume, Sträucher und Kräuter **verteilt sich über das ganze Jahr.** Der Wald ist immergrün. Ein Baum kann gleichzeitig blühen, Früchte tragen, Laub abwerfen und neue Blätter treiben.

Charakteristisch für den tropischen Regenwald ist außerdem der **stufige Wuchs** seiner Urwaldbäume:

Karibische Pflanzenwelt

Die obere Etage

- **Urwaldriesen** recken sich **bis zu 50 m** in den Tropenhimmel. Zu ihnen gehören Mahagoni-Bäume (*Swietenia mahagoni*) Drachenflügel-Bäume (*Pterocarpus officinalis*) und Kapok-Bäume (*Ceiba pentandra*), Oft sind sie mit **Brettwurzeln** ausgerüstet, die die mächtigen Stämme wie seitliche Stabilisatoren abstützen. Wegen des **gleichmäßig stetigen Wachstums** haben die Bäume des tropischen Regenwaldes keine Jahresringe. Dieser Umstand und ihre Härte sowie Elastizität machen die tropischen Hölzer so begehrt.

- Das Astwerk und die Baumkronen sind dicht mit **Epiphyten** besetzt. Das sind baumbewohnende Pflanzen, aber keine Schmarotzer. Sie fangen das Regenwasser in Blatttrichtern oder Stengelknollen auf. Philodendron, Orchideen, Bromelien, Farne, Moose und Flechten haben sich wegen der ungünstigen Lichtverhältnisse in Bodennähe höher in den Bäumen angesiedelt, denn nur 3% des Tageslichts erreicht den Urwaldboden.

Die mittlere Etage

In diesem Stockwerk zwischen 5–20 m streben außer **jungen Bäumen** gefiederte **Baumfarne** (*Cyathea*-Arten), **Ameisenbäume** mit ihren gefiederten Blättern (*Cecropia*-Arten), **Palmen** (*Euterpe*-Arten) und viele **Lianen** und auch **Epiphyten** sowie Philodendron zum Licht und bilden ein dichtes Geflecht.

Die untere Etage

Auf dem Urwaldboden herrscht ein diffuses Dämmerlicht. **Gräser, Bambus**, das auch zu den Gräsern gehört, **Kräuter, Farne, Ingwergewächse, Zwergpalmen** und **Baumfarne** versuchen hier, ihren schwierigen Lebenskampf zu bestehen.

Raubbau an den tropischen Regenwäldern

Es gibt auf unserer Erde keine Pflanzengesellschaft, die mannigfaltiger, verschiedenartiger und ein bunteres, reicheres Spektrum an Pflanzenspezies hervorgebracht hat als der tropische Regenwald. Deshalb ist es um so bedauerlicher, daß diese Vielfalt von den Menschen so rücksichtslos vernichtet wird. **Ein einmal niedergebrannter oder gerodeter tropischer Regenurwald ist in seinem Artenreichtum unwiederbringlich für unsere Erde verloren.** Aufforstungen, vielleicht nur mit einer Baumart (Eukalyptus oder Koniferen), sind nur ein sehr trauriger Ersatz dafür.

Es ist nicht nur so, daß das Naturmonument eines tropischen Regenwaldgebietes zerstört wird, auch die von den Menschen angebauten Nutzpflanzen gedeihen nicht besonders gut ohne künstliche Düngung. Die gewaltigen Urwaldriesen, die Dichte der Vegetation und die mannigfaltige Pflanzenwelt täuschen der armen Landbevölkerung eine unerschöpfliche Fruchtbarkeit vor. Das ist jedoch ein Irrtum. In Wirklichkeit ist der tropische Regenwald in seiner Ökologie äußerst sensibel. Nur der gleichmäßige Kreislauf des über das ganze Jahr verteilten Blätterfallens, des Sterbens und Umbrechens der Bäume, des Vermoderns und Wiedererstehens neuen Lebens ist die vermeintliche Fruchtbarkeit des Regenwaldes. Wenn dieser **empfindliche Kreislauf** gestört wird und die Bildung der dünnen Humusschicht nicht mehr gewährleistet ist, wird der nackte, nährstoffarme Boden sehr schnell nach wenigen Jahren durch die heftigen tropischen Regengüsse ausgewaschen und ausgelaugt. Unfruchtbarkeit ist die unausbleibliche Folge. Durch künstliche Düngung könnten noch eine Zeitlang günstige Erträge erwirtschaftet werden. Aber für den Kauf der chemischen Düngemittel fehlt meistens das Geld, und so werden weitere Regenurwälder sinnlos zerstört, nur zum Nutzen weniger Jahre für die Menschen.

Die **letzten Reste tropischer Regenwälder** in der Karibik finden wir noch im südlichen Kuba, im Zentral- und Ostteil Jamaikas, im West-, Zentral- und Ostteil Hispaniolas, auf Puerto Rico, Guadeloupe, Saint Vincent, Tobago und Trinidad.

4.1.2 IMMERGRÜNER GEBIRGSREGENWALD

Er gedeiht zwischen ungefähr 1.000–2.000 m Höhe in der Klimastufe der *Tierra templada*. Die ganzjährige Wachstumsperiode ist auch hier nicht unterbrochen. Die Artenvielfalt der Urwaldpflanzen ist aber schon geringer als im tropischen Regenwald der tieferen Region. Die Bäume wachsen langsamer, und sie werden nicht mehr so hoch. Epiphyten gibt es immer noch reichlich.
Der immergrüne Gebirgsregenwald ist noch nicht so gefährdet wie der tropische Regenwald am Fuß der Berge.

4.1.3 MONTANER NEBELWALD

Meist in Nebel und Wolken gehüllt, von langen Flechtenbärten geheimnisvoll verschleiert, zeigt sich der Montane Nebelwald in Höhen über 2.000 m in der *Tierra fría*. In den Baumbestand mischen sich auch Koniferenarten. Der Artenreichtum der Nebelwälder ist zwar nicht sehr groß, dafür steigen jedoch ihre **endemischen Arten**, das sind einmalige Pflanzenvorkommnisse, wegen ihrer inselartigen Isolation oft auf sehr beachtliche 50% an.

Dicke **Moospolster** und **Flechten** bedecken die modernden Baumleichen. **Baumfarne, Heidekraut, Myrthengewächse, Lobelien** und **Bergbambus** bilden eine **verfilzte Strauchzone.** In den höchsten Lagen sind in den gelichteten Wäldern **Hochmoore** eingestreut.

Der Montane Nebelwald ist in den oft schwer zugänglichen Bergregionen bisher vor dem menschlichen Zugriff verschont geblieben.

4.1.4 REGENGRÜNER FEUCHT- UND TROCKENWALD

Die Bäume dieser Region sind wegen der 3–7-monatigen Trockenzeit gezwungen, ähnlich der Winterruhe der Bäume in gemäßigten und subpolaren Gebieten der Erde, ebenfalls eine **Vegetationsruhe** einzulegen. Zu den typischen Bäumen dieser Vegetationszone gehören der Kapokbaum (*Ceiba pentandra*), der Sanddosenbaum (*Hura crepitans*), die mächtige Königspalme (*Roystonea regina*), die Flaschenpalme (*Colpothrinax wrighti*) und verschiedene Akazienarten.

Man findet diesen lichten Waldtyp im zentralen Kuba, im Süden und Westen Hispaniolas, an der Südküste Puerto Ricos und auf den nördlichen Inseln der Kleinen Antillen.

Karibische Pflanzenwelt

4.1.5 DORNBUSCH UND SUKKULENTEN

Diese Vegetationsform kommt vor allem auf den "Inseln unter dem Wind", im Regenschatten der Gebirge Kubas und Hispaniolas vor, die ein extrem trockenes Klima aufweisen. Zwischen den Dornbüschen wachsen dort **Agaven** und **viele Kakteenarten** als Kugel-, Säulen- und Kandelaberkakteen.

4.1.6 GRASLÄNDER

Die Indianer nannten die ausgedehnten Grasländer, die besonders in Mittel-Kuba anzutreffen waren, *"Sabana"*. Daraus wurde nach Ankunft der Spanier das Wort "Savanne". Heute wächst in diesem Gebiet Kubas zum größten Teil Zuckerrohr.

4.1.7 MANGROVEN-DICKICHTE

Die Mangroven-Dickichte sind wohl die **eigenartigste Vegetationsform der Tropen**. Sie liegen im Einflußbereich der Gezeiten, und sie werden vom Salzwasser der Meere regelmäßig überspült. Bei Flut ragen nur die Kronen aus dem Wasser heraus. Mangroven können nur dort gedeihen, wo Korallenriffe, geschützte Lagunen oder die Trichter der Flußmündungen die Brandungswellen des Meeres abschwächen. Diese Lebenskünstler schaffen ein neues Biotop, eine Wildnis, die vielen Tieren eine Heimat bietet.

Wie ist es nun möglich, daß die **Pioniere** unter den Bäumen diese lebensfeindlichen Standorte einnehmen können? Ihre **wasserspeichernden Blätter** (Sukkulenten) wirken bei Überkonzentration an Salz als Regulator. Die dann an die Zellen abgegebene Blattflüssigkeit hält die Überdosis an schädlichem Salz in erträglichen Grenzen.

Am auffälligsten sind die **Stelzenwurzeln**. In weitem Bogen vom Hauptstamm gekrümmt, sichern sie die Pflanzen vor dem bedrohlichen Wellengang und sorgen somit für genügend Stabilität. Neben dieser **Verankerung** sind die Wurzeln außerdem noch **Atmungsorgane**, die für genügend Sauerstoff in dem außerordentlich sauerstoffarmen Boden sorgen, damit die Pflanzen nicht ersticken.

Besonders interessant und einmalig in dieser für Pflanzen schwer zu besiedelnden Übergangszone zwischen Festland und Meer ist die Art der **Fortpflanzung** der Mangroven. Man spricht von einer "Lebendgeburt" (*Viviparie*). Der Samen hat bereits an der Mutterpflanze gekeimt. Die lebensfähigen "Stecklinge" fallen in den Schlamm und bilden eine neue selbständige Pflanze. Würden die Samen ungekeimt ins Wasser oder in den Schlamm fallen, würden sie fortgespült, und die Vermehrung wäre gefährdet. Das "Wurzelschlagen" geht so erstaunlich schnell vor sich, daß die Stecklinge schon nach wenigen Stunden festen Halt in dem schlammigen Boden gefunden haben, bevor die nächste Flut kommt. Fällt der Sämling allerdings während des Hochwassers, dann kann er sich nicht im Schlamm zu Füßen der Mutterpflanze festsetzen. Auch dann ist sein junges Leben noch nicht verloren. Mit der Strömung wird er an andere Ufer getrieben, wo er sich entwickeln und seine Art vermehren kann.

Die **Mangrovensümpfe sind voller Leben.** Verschiedene Krabbenarten, wie die Schwimm-, Renn-, Mangroven- und Winkerkrabben, Schlammspringer und Schützenfische, Wasser- und Watvögel bevölkern z.B. diese Wildnis.

Die meisten Mangrovengehölze gibt es an den Flachküsten Kubas, aber auch in den seichten Buchten Hispaniolas, Jamaikas und Trinidads.

4.2 KLEINES PFLANZENLEXIKON

In der Karibik, wie auch in anderen Tropenländern, sind viele fremdländische Pflanzen eingeführt worden, die die einheimische Flora verfälschen. Hier sollen Ihnen nur hiesige Bäume und Sträucher vorgestellt werden. Es kann im Rahmen dieses Reisehandbuches jedoch nur ein verschwindend kleiner Teil des immensen Pflanzenreichtums der Karibik sein. Nur die auffälligsten einheimischen tropischen Bäume und Sträucher sollen Ihnen einen kleinen Einblick in die tropische Wunderwelt der Karibik-Botanik geben. Als mehr kann die nun folgende Übersicht nicht angesehen werden.

Frangipani oder Pagodenbaum *(Plumeria rubra)* / Frangipani

Frangipani

Familie: Hundsgiftgewächse • Aussehen: etwa 10 m hoher, oft knorriger Baum, kurze, dicke Äste • Blätter: 30 cm lang, oben glänzend dunkelgrün, unten filzig behaart • Blüten: ca. 2,5 cm breit, 5-zählig, schwer duftend in gelb, weiß, rot, rosa oder purpur.
Die **ursprüngliche Heimat** dieses wohl schönsten blühenden Tropenbaums des amerikanischen Kontinents sind die **Westindischen Inseln**. Der betörende Duft seiner Blüten war der Grund, weshalb der **Italiener Frangipani** im 12. Jahrhundert ein beliebtes **Parfüm** daraus herstellen ließ.

Goldbaum *(Tabebuia chrysantha)* / Golden Trumpet Tree

Familie: Bignoniengewächse • Aussehen: 15 m hoch • Blätter: ungeteilt, kreuzgegenständig angeordnet
Die Gattung *Tabebuia* ist von Mexiko bis Nordargentinien und **auf den Westindischen Inseln** verbreitet. Der Goldbaum wirft am Anfang der Trockenzeit seine Blätter ab und ist dann über und über mit glockenförmigen, goldgelben Blüten übersät. Das harte Holz wird zur Herstellung von Eisenbahnschwellen, Wagenrädern und Holzkugeln verwendet. Der gelbe Farbstoff des Holzes, Lapachol genannt, bewirkt Widerstandskraft gegen Pilzerkrankungen.

Kanonenkugelbaum *(Couroupita guianensis)* / Canonball Tree

Familie: Topffruchtgewächse • Aussehen: mittelgroßer Baum, der mehrmals im Jahr Laub abwirft • Blätter: 25 cm lang, spiralförmig an den Zweigenden angeordnet • Blüten: 10 cm groß, rosa, fleischig, in lockeren Ähren an den Zweigenden und am Stamm, Bestäubung durch Fledermäuse, nachts schweren, süßlichen Duft verströmend • Früchte: kugelig, bis 8 kg schwer, bis zur Fruchtreife vergeht manchmal mehr als 1 Jahr, ganzjährig Blüten und Früchte gleichzeitig am Baum.
Die ursprüngliche **Heimat** dieses Baums sind die **Westindischen Inseln**, Mittel- und Südamerika. Die **wunderschönen Blüten** sind am Kanonenkugelbaum das Bemerkenswerteste. Nicht weniger auffällig sind die bis zu kindskopfgroßen Früchte, die meist direkt am Stamm hängen.

Karibische Pflanzenwelt

Kohlpalme *(Roystonea oleracea)* / Cabbage Palm

Familie: Palmen • Aussehen: 40–50 m hoher Baum, schlanker Wuchs, Stammverdickung am Fuß • Blätter: lang gefiedert
Die **Heimat** der Kohlpalme sind die **Westindischen Inseln**. Die Vegetationsspitze der gewaltigen Palme liefert einen geschmackvollen Palmkohl, daher der Name "Kohlpalme".

Kohlpalme

Königspalme *(Roystonea regina)* / Royal Palm

Familie: Palmen • Aussehen: 25 m hoher Baum, leichte Verdickung im oberen, glatten, hellen Stamm • Blätter: bis zu 8 m lang (!) • Blüten: aus einem 1,0–1,5 m langen Kolben bricht ein Blütenstand von weißgelblichen Blüten hervor
Das **Herkunftsland** der majestätischen Königspalme sind die **Westindischen Inseln**. In Kubas verwitterten, nährstoffreichen Böden gedeiht sie am besten. Typisch für diesen mächtigen, schönen Baum ist, neben dem im oberen Teil verdickten Stamm, daß die Fruchtstände zu Anfang in ein Blatt eingerollt sind. Die Königspalme hat besonders als Alleebaum eine unvergleichliche Wirkung.

Königspalme

Palisander oder Jacaranda *(Jacaranda mimosifilia)* / Fern Tree

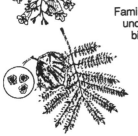

Familie: Bignoniengewächse • Aussehen: 10 m hoher Zier- und Nutzbaum • Blätter: feingefiedert • Blüten: zartlila bis leuchtend blau, glockenförmig, Blüte vor der Belaubung • Früchte: 8 cm große Kapselfrüchte
Von der Gattung sind 40 Arten aus dem tropischen Amerika und von den **Antillen** bekannt. Palisanderholz ist dunkelpurpur und riecht angenehm. Es wird gern für Schnitzarbeiten verwendet. Das Schönste an dem Baum sind seine **blaß lilafarbigen oder leuchtend blauen Blütenstände**, die den Baum während seiner Blütezeit in ein märchenhaft schönes Gewand kleiden. Wegen seiner spektakulären Blütenpracht ist der Jacarandabaum ein geschätzter Zier- und Straßenbaum.

Palisander

Weihnachtsstern *(Euphorbia pulcherrima)* / Poinsettia

Familie: Wolfsmilchgewächse • Aussehen: 3–4 m hoher Strauch • Blätter: am Sproßende der Zweige sitzen auffallend blutrot gefärbte Blätter • Blüten: unscheinbar
Die **Heimat** des Weihnachtssterns sind **Mittelamerika und Mexiko**. Da

Weihnachtsstern

Karibische Pflanzenwelt

er in den Wintermonaten blüht und sternförmig angeordnete Hochblätter am Zweigende besitzt, hat er den Namen "Weihnachtsstern" erhalten. Die Spanier nennen ihn *"Flor de pascuas"* (Blume des Passahfestes, Osterblume). Der Strauch gehört zu den **Kurztagspflanzen**, d.h. die Blütezeit ist an die Tage mit der kürzesten Helligkeit gebunden.

Zwerg-Poinciane

Zwerg-Poinciane (*Caesalpinia pulcherrima*) / Pride of Barbados

Familie: Johannisbrotbaumgewächse • Aussehen: bis 6 m hoher Strauch • Blätter: gefiedert • Blüten: flammend rot

Der mit den Feuerbäumen verwandte Busch ist **auf den Westindischen Inseln beheimatet**, und er gilt weltweit als der **schönste Strauch der Tropen**. Er hat viele Namen. Seine wissenschaftliche Bezeichnung rührt von dem italienischen Botaniker Caesalpinius her. Die Engländer nennen ihn zu Recht "Pride of Barbados" (Stolz von Barbados). Die traubigen, flammend roten Blütenstände, mit denen der Baum während der Blüte über und über bedeckt ist, sind ein Farbenrausch.

5 KARIBISCHE TIERWELT

Der Subkontinent Südamerika mit Zentralamerika, der südliche Teil Mexikos und die Westindischen Inseln werden fauna- und florageographisch als **Neotropis** bezeichnet.

Die **Karibischen Inseln**, der Teil der Westindischen Inseln ohne die Bahamas, besitzen naturgemäß wegen ihrer Insellage eine nicht so mannigfaltige Tierwelt wie die Festländer der Neotropis, aber ihre Fauna ist nicht minder interessant als die der übrigen Region. Es hat sich ein gewisser Grad an **Eigenständigkeit** herausgebildet.

5.1 LEBEN AUF DEN TROPENINSELN

Die **Säugetierfauna** ist wegen der Insellage der Großen und Kleinen Antillen sehr artenarm. Die **starken Meeresströmungen** in der Florida- und Yucatán-Straße sowie zwischen Trinidad und Grenada haben eine Besiedlung durch größere Säugetiere verhindert. Eine Ausnahme bilden Trinidad und Tobago; diese Inseln müssen von ihrer Tierwelt her dem südamerikanischen Festland zugerechnet werden. Dort gab es früher auch Affen, Jaguare, Ozelote, Fischotter, Moschusschweine und Gürteltiere, die jedoch heutzutage von den Menschen fast völlig ausgerottet wurden.

Reptilien sind schon zahl- und artenreicher anzutreffen. Zu ihnen zählen verschiedene Krokodil-, Kaiman-, Leguan-, Schildkröten-, Schlangen-, Eidechsen- und Geckoarten. Die meisten Schlangenarten sind harmlos und ungiftig. Vor der Lanzenotter (*Bothrops caribaeus* und *Bothrops lanceolatus*) auf Martinique und St. Lucia muß man sich allerdings in acht nehmen.

Lurche sind ebenfalls vertreten. Besonders erwähnenswert ist die unüberhörbare Familie der **Pfeiffrösche**, die mit ihren andauernden Konzerten zur Tropennacht der Karibik gehören. Sie sind nur 2,5 cm lang und nur schwer mit den Augen auszumachen.

Vögel gibt es auf den Karibischen Inseln in großer Vielfalt. Sie hatten keine Schwierigkeiten, diese Inselwelt zu besiedeln. Zu der großen Zahl der **endemischen und einheimischen Vogelwelt** gesellt sich im Winter eine ebenso große Zahl an **Zugvögeln aus Nordamerika**, die hier ideale Überwinterungsmöglichkeiten finden. Ein **massives Auftreten von Wasservögeln** können Sie auf den "Inseln unter dem Wind", die der südamerikanischen Nordküste vorgelagert sind, antreffen.

Insekten sind ebenso zahlreich. Besonders die **bunten Schmetterlinge** sind in den von Menschen noch nicht beanspruchten Biotopen eine Augenweide für jeden Naturfreund.

Karibische Tierwelt

5.2 KLEINES TIERLEXIKON

Amerikanischer Graureiher
(Ardea herodias) / Great Blue Heron

Klasse: Vögel • Ordnung: Stelzvögel • Familie: Reiher • Länge: 117 cm • Flügelspannweite: 18: cm • Nahrung: Fische, Lurche • Merkmale: groß blaugrauer Vogel, schwarze Streifen besonders den Augen, gelblicher Schnabel, Federhaube, sch Bauch und rotbraune "Hosen"

Amerikanischer Graureiher

Der Amerikanische Graureiher ist ein naher Verv Graureihers der Alten Welt. In der Balzzeit sind regelrechte "**Turnierplätze**" bekannt geworden. Dort wird mit dem langen, spitzen Schnabel wie ein Fechter nach allen Regeln der Fechtkunst um die Gunst der Weibchen, die interessiert das Kampfgeschehen verfolgen, gefochten. Trotz der gefährlichen Waffen gibt es keine Todesfälle.

Brauner Pelikan

Brauner Pelikan *(Pelicanus occidentalis)* / Brown Pelican

Klasse: Vögel • Ordnung: Ruderfüßer • Familie: Pelikane • Länge: 122 cm • Spannweite: 213 cm • Nahrung: Fische • Gelege: 2–3 Eier • Brutdauer: 30–42 Tage • Gewicht: 7–14 kg, Höchstgewicht vor dem Flüggewerden • Merkmale: braunes Federkleid, während der Brutzeit gelbe Kopfplatte und gelber Brustfleck, schwerfällig wirkende Vögel, infolge des hohen Luftgehalts im Skelett verhältnismäßig leicht, mächtiger Körper, breite Flügel, langer Hals, riesiger Schnabel mit Kehlsack, kurze Beine, Zehen durch Schwimmhäute verbunden

Der Braune Pelikan hat eine völlig andere Fischfangmethode als alle anderen Pelikanarten der Erde. Er ist ein **Stoßtaucher**, der im Sturzflug nach seiner Beute stößt. Aus einer Höhe von manchmal 20 m stürzt der große Vogel sich wie eine Lanze steil oder spiralförmig mit weit ausgestrecktem Hals und leicht angewinkelten Flügeln kopfüber ins Wasser, verschwindet völlig in den Fluten, um dann wieder wie ein Korken aufzutauchen.

Stoßtauchender Brauner Pelikan

Großes Hasenmaul *(Noctilio leporinus)* / Mexican Bulldog Bat

Klasse: Säugetiere • Ordnung: Fledertiere • Familie: Hasenmäuler • Kopfrumpflänge: 98–135 mm • Unterarmlänge: 70–92 mm • Gewicht: 30–70 g • Nahrung: Fische, Lurche, Insekten • Merkmale: graubraune oder rötlichbraune Färbung,

Karibische Tierwelt

spitze Schnauze, Zähne an fleischliche Nahrung angepaßt, große hintere Gliedmaßen mit Krallen versehen, die dem Fischfang dienen, großflächige Flügel. Das Große Hasenmaul ist eine Fledermaus.

In **die Welt dieser geheimnisumwitterten Fledertiere** einzudringen **ist faszinierend.**
- Zum einen sind es die einzigen flugfähigen Säugetiere der Erde.

Großes Hasenmaul

- Zum anderen verfügen sie über ein **Echolotsystem,** das das von den Menschen entwickelte Radarsystem in einigen Bereichen "in den Schatten stellt."

Das Echolotsystem der Fledertiere besitzt folgende **Vorteile gegenüber dem Radarsystem** der Menschen:
- Es gibt zuverlässig **Auskunft über kleine sich bewegende Dinge ganz in der Nähe großer, feststehender Gegenstände.**
- Demzufolge können die Fledertiere ihre **Beute auch unmittelbar über dem Boden feststellen,** während ein Radargerät große Schwierigkeiten hat, beispielsweise ein Flugzeug anzuzeigen, das unmittelbar über dem Boden fliegt, weil sein Echo sich unentwirrbar mit dem Boden vermischt. Das beste Beispiel dafür ist der unerkannte Flug des Sportfliegers Rust von Deutschland nach Moskau.
- Fledertiere können die **Wellenlänge ihrer Signale den Umständen entsprechend ändern.**

Über die ohnehin schon verblüffenden Eigenschaften der Fledertiere im allgemeinen besitzt das **Große Hasenmaul** im besonderen eine **noch faszinierendere Eigentümlichkeit.** Es hat ein besonders präzise arbeitendes Echolotsystem entwickelt. **Bei seinem Jagdflug** fliegt es ganz dicht über der Wasseroberfläche. Hierbei **ortet es Fische,** packt sie mit seinen Fängen **und zieht sie aus dem Wasser.**

Wenn Sie in einem Regenwaldgebiet Südkubas, Jamaikas oder Puerto Ricos die Gelegenheit haben, die Zeit der Dämmerungsstunden des Abends oder Morgens an einem Gewässer zuzubringen, könnten Sie das Glück haben, die **lautlose, ungewöhnliche Jagd** des Großen Hasenmauls zu beobachten.

Kahnschnabel

Kahnschnabel *(Cochlearius cochlearius)* /
Boat-billed Heron

Klasse: Vögel • Ordnung: Stelzvögel • Familie: Reiher • Länge: 64 cm • Flügelspannweite: 112 cm • Nahrung: Fische, Lurche • Merkmale: graue Flügel, graue Federhaube, weiß und gelber Bauch, rostrote "Hosen", grauer Schnabel und große Augen

Der Kahnschnabel besitzt einen eigenartigen **breiten, flachen Schnabel,** der früher Zweifel aufkommen ließ, ob dieser nachts und in der Dämmerung fischende Vogel überhaupt zu den Reihern gehört.
In Wirklichkeit hat der **nachtaktive Vogel** jedoch sehr viel Ähnlichkeit im Körperbau und in seinen Gewohnheiten mit dem Nachtreiher. Bei der Balz richten Männchen und Weibchen ihren Federschopf in die Höhe und klappern heftig mit dem Schnabel.

Karibische Tierwelt

Kolibris *(Trochilidae)* / Hummingbirds

Klasse: Vögel • Ordnung: Schwirrflügler • Familie: Kolibris • Nahrung: Nektar und Insekten

Kolibris zu beobachten, bereitet jedem Naturfreund große Freude. **Fliegenden Edelsteinen gleich**, haben diese farbenprächtigen, in allen Regenbogenfarben leuchtenden Vögel ihr Verbreitungsgebiet nur in Amerika. Ihre metallisch glänzenden Farben schimmern je nach Lichteinfall gelblich, rötlich, grünlich, violett oder schwarz. Die metallische Färbung kommt dadurch zustande, weil das einfallende Licht von der Hornmasse des Kleingefieders zurückgeworfen (reflektiert) und dabei durch die besondere Gestalt der Hornschichten mehr oder weniger in "Regenbogenfarben" zerlegt wird. Die Schillerfarben sind oft auf begrenzte Gefiederteile konzentriert, so daß bestimmte Farben je nach Lichteinfall wie das Feuer von geschliffenen Edelsteinen aufblitzen.

Jamaika-Kolibri

Manchmal sind die Kolibris nur hummelgroß, wie beispielsweise der **Zwergkolibri** (*Mellisuga minimum*) / Vervian Hummingbird, eine auf Kuba verbreitete Art, die von der Schnabelspitze bis zum Schwanzende **nur 5 cm lang** ist. Wieder andere sind langschwänzig wie der **Jamaikakolibri** (*Trochilus polytmus*). Der Formen- und Farbenreichtum ist enorm; insgesamt gibt es 450 verschiedene Arten im Amerika und auch dutzendweise unterschiedliche Spezies in der Karibik. Zwar tragen auch die Weibchen gelegentlich Schmuckfedern, aber im allgemeinen können sie mit der außergewöhnlichen Farbenpracht der Männchen nicht konkurrieren.

Einzigartig ist ihr Körper der Nahrungsaufnahme von Nektar aus den Blüten angepaßt. Ein sehr gut entwickeltes Brustbein mit einer leistungsfähigen Brustmuskulatur ermöglicht die **sehr hohe Schlagzahl ihres Schwirrflugs** (bis zu 78 Flügelschläge in 1 Sekunde). Beim Fliegen wird ein schwirrendes Geräusch, wie von einer großen Hummel, erzeugt. Kolibris können im Streckenflug **sehr hohe Geschwindigkeiten** (100 km/h) erreichen und auch auf der Stelle fliegen. **Blitzschnelle Richtungsänderungen** seitlich und **sogar rückwärts** sind für Kolibris kein Problem.

Obgleich von völlig anderem Körperbau, haben die **Kolibris eine erstaunlich ähnliche Anpassung wie die Nachtschmetterlinge** wegen der gleichen Nahrungsabhängigkeit vom Nektar der Blüten durchgemacht.
Der Schwirrflug der Kolibris ist für die kleinen Vögel "Schwerstarbeit", und sie verbrauchen hierbei sehr viel Energie. Desgleichen ist es schwierig für den kleinen Vogelkörper, die Körperwärme zu halten, deshalb muß die **Stoffwechseltätigkeit enorm gesteigert** werden. Die **hochwertige Nektarnahrung** schafft den Ausgleich.
Die **Kolibrizunge** ist ein **hochspezialisiertes Organ**. Sie ist einem Saugrohr vergleichbar, mit dem Nektar aus dem Blütenkelch gesaugt wird. Manchmal stechen die flinken Vögel auch die Kelche der Blüten seitlich an, um an die begehrte Nahrung zu gelangen.

Gleichsinnige Anpassung

Karibische Tierwelt

Prachtfregattvogel *(Fregata magnificens)* / Magnificent Man-o'-War Bird

Klasse: Vögel • Ordnung: Ruderfüßer • Familie: Fregattvögel • Länge: 103–112 cm • Flügelspannweite: 230 cm • Gewicht: 1,4–1,5 kg • Nahrung: Fische und Meerestiere • Gelege: 1 Ei • Brutdauer: 40–50 Tage • Merkmale: einheitlich dunkles Gefieder, leuchtend roter Kehlsack der Männchen während der Balz, Weibchen hat weißen Bauch, langer, am Ende hakenförmig gebogener Schnabel, schmale, spitze, weitausladende Flügel

Schmarotzender Prachtfregattvogel

Für den blauen Himmel über dem Karibischen Meer gibt es wohl **keinen schöneren Schmuck als die segelnde Silhouette eines Prachtfregattvogels**. Das unverkennbare Flugbild des großen Segelfliegers, die schlanken Flügel, der Gabelschwanz, der rote aufgeblähte Kehlsack des verliebten Männchens, die eleganten Flugmanöver im lauen Passatwind lassen nicht nur den Puls eines Vogelfreundes höher schlagen.

In der Nahrungsbeschaffung kann man die schönen Vögel als **Schmarotzer** bezeichnen. Sie verfolgen andere Seevögel, beispielsweise Tölpel, so hartnäckig und aufdringlich, bis diese ihre Beute fallen lassen, die von den Prachtfregattvögeln aufgefangen wird. Außerdem töten sie kleine Seevögelkücken und erbeuten Schildkrötenjunge. Ihre Brutstätten liegen meistens in der Nähe von Tölpelkolonien.

Rosa Löffler

Rosa Löffler *(Ajaia ajaia)* / Roseate Sponbill

Klasse: Vögel • Ordnung: Stelzvögel • Familie: Ibisvögel • Länge: 81 cm • Flügelspannweite: 127 cm • Gewicht: bis 1.790 g • Nahrung: kleine Fische, Wirbellose • Gelege: 2–4 Eier • Merkmale: blaß pinkfarbige Befiederung, langer, löffelartiger Schnabel, unbefiederter, grünlicher Kopf

Der Rosa Löffler steht dem Roten Sichler an Schönheit nicht nach. Sein Bestand ist leider stark gefährdet. Insektizide und Zerstörung seines Lebensraums verdrängen ihn immer mehr aus dem karibischen und südamerikanischen Raum. Der amerikanische Vogelforscher **P. Allen** schrieb über die Rosa Löffler: *"Wo sie vorkommen, verdienen sie, behütet zu werden, als ob sie Kronjuwelen wären."*
Der Rosa Löffler sucht seine Nahrung im Flachwasser, wo er mit mähenden Kopfbewegungen seinen löffelartig verbreiterten Schnabel durchs seichte Wasser zieht und hierbei seine Beute, die kleinen Schlickbewohner, ertastet und fängt. Sein Flug ist ruhig und gradlinig, Hals und Kopf sind hierbei vorgestreckt.

Roter Flamingo *(Phoenicopterus ruber ruber)* / American Flamingo

Klasse: Vögel • Ordnung: Verkehrtschnäbel • Familie: Flamingos • Länge: 110 cm • Gewicht: 2.500–3.500g • Nahrung: mikroskopische Algen und kleine Gliederfüßer • Gelege: 1 Ei, selten 2 • Merkmale: sehr schlanker, großer, scharlach-

Karibische Tierwelt

Roter Flamingo

roter Vogel mit schwarzem Flügelsaum, rötlichen Stelzbeinen und in der zweiten Hälfte nach unten geknicktem Schnabel mit schwarzer Spitze

Der Rote Flamingo kommt besonders häufig auf der Kleinen-Antillen-Insel Bonaire vor, die auch den Beinamem "Flamingo Island" trägt.
Der **Schnabel** wird rückwärts mit dem Oberschnabel am Boden wie ein Pflug durch das schlammige Wasser gezogen und dient als Sieb und Filter. Der Schnabel besitzt Ränder mit Hornlamellen. Die Zunge wirkt wie eine Saug- und Druckpumpe, die das Wasser in den Schnabelraum saugt und durch die Hornkämme wieder auspreßt. Die Kleintiere werden so aus dem salzhaltigen Wasser herausgefiltert. Der Oberschnabel hat ein Gelenk und ist beweglich. Der Unterschnabel sitzt fest.

Die Roten Flamingos sind **Kollektivvögel**, deren Verhaltensweisen aufeinander abgestimmt sind. Alles wird gleichzeitig vollführt. Es wird gemeinsam und zur gleichen Zeit auf einem Bein stehend mit angezogenem Hals, den Kopf im Federkleid verborgen, geruht. Es wird gemeinsam gefischt. Bei Beunruhigung heben alle Vögel gleichzeitig den Kopf, wenden ihn nervös hin und her und fliegen bei Gefahr gleichzeitig auf, was ihre Schönheit voll zur Geltung bringt.
Dieses stark ausgeprägte **Gruppengebaren** zeigt sich auch beim Paarungszeremoniell. Auf einem Schlammkegel wird nach der Befruchtung ein Nest gebaut, wo hinein gewöhnlich 1 Ei gelegt wird. In den Kolonien erblicken die Küken das Licht der Welt. Fast gleichzeitig schlüpfen sie aus. Nach einer Woche verlassen sie ihr Nest. Es bilden sich große, graue, durcheinanderwogende Gruppen von Jungen. Diese **Gleichzeitigkeit** im Brutgeschäft ist für das Überleben der Art besonders wichtig, weil die Schar ihrer Feinde sehr groß ist. Diese können aber nur einen geringen Prozentsatz erbeuten, wenn die gleichzeitige Aufzucht der Jungen auf eine minimale Zeit zusammengedrängt wird.
Schwankende Wasserstände bei der Brut, Hochwasser wie auch Austrocknung und damit Erhöhung der Salzkrustenbildung können enorme Verluste bei den Jungvögeln bewirken.

Roter Sichler oder Scharlachibis
(Eudocimus ruber) / Scarlet Ibis

Roter Sichler

Klasse: Vögel • Ordnung: Stelzvögel • Familie: Ibisvögel • Länge: 64 cm • Flügelspannweite: 97 cm • Gelege: 2 Eier • Brutdauer: 21–23 Tage • Nahrung: Insekten, Krustentiere, Würmer, Weichtiere, Fische, Frösche, kleine Reptilien • Merkmale: scharlachrotes Gefieder, schwarze Flügelspitzen, gebogener Schnabel

Seine **prächtige Färbung reicht von rosa bis scharlachrot.** Die schwarzen Flügelspitzen werden nur im Flug sichtbar. Er hält sich in küstennahen Salzmarschen, Sümpfen und Mangrovendickichten auf. Früher wurde er rücksichtslos verfolgt. Heute genießt er auf Trinidad im "Caroni Sanctury" und teilweise auch in Venezuela Schutz. Auf Trinidad nisten ca. 3.000 Brutpaare.
Der amerikanische Ornithologe **P. Allen** schrieb 1961 begeistert von einem **"Baldachin" flatternder Altvögel**, die sich über zahlreichen braunen, weißlichen

Karibische Tierwelt

oder blaurosa Jungibissen im Mangrovendickicht zusammendrängen und wörtlich weiter: *"Die lebendige Schönheit des Roten Sichlers ist eine Bereicherung für jedes Land, das er bewohnt. Sein fortdauernder Schutz ist eine Bereicherung für die, die ihn schützen."*
Kreuzungen mit dem **Weißen Sichler** (*Eudocimus albus*) /White Ibis ergeben Bastarde.

Rotreiher *(Egretta rufescens)* / Reddish Egret

Rotreiher

Klasse: Vögel • Ordnung: Stelzvögel • Familie: Reiher • Länge: 76 cm • Flügelspannweite: 117 cm • Nahrung: Fische, Lurche • Merkmale: 2 Farbvariationen, eine weiße und eine blaugraue mit rostrotem Kopf-, Hals- und Brustgefieder, beide Varianten haben rosa Schnabel mit schwarzer Schnabelspitze, kobaltblaue Beine

Wenn der Rotreiher einen Fischschwarm entdeckt, rennt er wie wild mit großen, weitausholenden Schritten durchs seichte Wasser, macht ruckartige Kehrtwendungen, wie sicherlich auch der Fischschwarm, sticht plötzlich ins Wasser und hält meistens erfolgreich einen silbrigen, zappelnden Fisch im Schnabel.

Rotschnabel-Tropikvogel *(Phaeton aetereus)* / Red-billed Tropic Bird

Rotschnabel-Tropikvogel

Klasse: Vögel • Ordnung: Ruderfüßer • Familie: Tropikvögel • Länge: 80–100 cm (einschließlich der Schwanzfeder) • Nahrung: Fische und Meerestiere • Gelege: 1 Ei • Brutdauer: 41–45 Tage • Merkmale: weißes Gefieder mit schwarzen Streifen oder Flecken, spitzer, roter Schnabel, lange, schmale Flügel, Schwanz mit außerordentlich langen weißen oder roten Federn, die weit über den eigentlichen Schwanz hinausragen

Die Fangmethode des Tropikvogels ist die gleiche wie bei Flußseeschwalben. Er rüttelt über dem Wasser, läßt sich plötzlich fallen und erbeutet bei seinem **Stoßtauchen** Fische, Tintenfische und andere Meerestiere. Sein kräftiger Schnabel leistet ihm dabei gute Dienste.
Zeitweise wurde der wunderschöne Seevogel **wegen seiner langen Schwanzfedern arg verfolgt**, mit denen Handel getrieben wurde. Die unzugänglichen Brutplätze in versteckten Felsenspalten haben jedoch seinen Bestand letztlich nicht gefährdet.

Spitzenkrokodil *(Crocodylus actus)* / American Crocodile

Klasse: Reptilien • Ordnung: Krokodile • Familie: Echte Krokodile • Länge: bis 7,20 m • Gewicht: bis 1.000 kg • Nahrung je nach Alter: Kerb- und Wirbeltiere, Fische • Gelege: bis zu 50 Eier • Merkmale: Schuppenpanzer, bräunliche Farbe

Karibische Tierwelt

Diese urweltlich aussehende Panzerechse wird von den Menschen seit Anwendung der Feuerwaffen erbarmungslos verfolgt. Ein Brutgebiet befindet sich auf der Isla Cabrito im Lago Enriquillo (Dominikanische Republik). Auf Krokodilfarmen der Zapata-Halbinsel (Kuba) kann man die urigen Tiere in Ruhe betrachten. Das Spitzenkrokodil ist **in erster Linie Süßwasserbewohner**. Gelegentlich schwimmt es jedoch auch aufs Meer hinaus.

Wenn man auf den Sandbänken und den Seeufern Krokodile sich sonnen sieht, flößt ihr Anblick Bewunderung und gleichzeitig Furcht ein. Die weitgeöffneten Mäuler dienen dem Wärmeausgleich der Reptilien. Mit den sichtbar werdenden mächtigen, spitzen Zähnen wird die Beute nur festgehalten, nicht zerkaut. Große Tiere werden ertränkt und dann durch Schleuderbewegungen zerrissen.

Die **Sinnesorgane**: Augen, Ohren und die Nase sind am oberen Teil des Kopfes angebracht. Diese ragen gerade aus dem Wasser heraus, während der übrige Teil des Körpers abgetaucht ist. Große Lungen und ein niedriger Sauerstoffverbrauch erlauben der Riesenechse, bis zu 1 Stunde unter Wasser zu bleiben. Der kräftige Schwanz ist ihre Antriebskraft im Wasser. Die Beine werden beim Schwimmen an den Körper angelegt. Beim Sonnen sieht man meist nur annähernd gleich große Tiere zusammen. Der Grund hierfür ist der unter Krokodilen verbreitete Kannibalismus.

Die Paarung erfolgt im Wasser während der Trockenzeit, damit das rechtzeitige Schlüpfen zu Beginn der Regenzeit erfolgt. Zur Eiablage wird eine Bruthöhle ausgegraben. In der Brutkammer herrscht eine konstante Innentemperatur von 33,5 Grad C. Das Weibchen bewacht seine Brut. Nach etwa 3 Monaten schlüpfen die Jungen. Sie geben ein feines Quäken von sich. Das Weibchen gräbt daraufhin die Jungen aus. Sie müssen dann schnell das Wasser erreichen, denn ihre Feinde sind in diesem zarten Alter sehr zahlreich. Auch im Wasser werden die jungen Krokodile von der Mutter bewacht.

Truthahngeier *(Cathartes aura)* / Turkey Vulture

Klasse: Vögel • Ordnung: Greifvögel • Familie: Neuweltgeier • Länge: 69 cm • Flügelspannweite: 175 cm • Gewicht: 1 bis 2 kg • Gelege: 2 Eier • Brutdauer: 38 bis 40 Tage • Nahrung: Aas, Unrat, faule Früchte, Nüsse der Ölpalme, lebende kleine Säugetiere und Reptilien, Jungvögel, Eier • Merkmale: schwarzes Gefieder, die schwarzen Armschwingen und die silbergrauen Stoßfedern sind im Flugbild von unten kontrastreich abgesetzt, V-förmige Haltung der Schwingen, roter Kopf, weißer Schnabel

Truthahngeier

Der Truthahngeier kommt hauptsächlich auf Kuba, Jamaika und Puerto Rico vor. Seine Erscheinung erinnert tatsächlich an die Haltung eines Truthahns. Er bewohnt trockene, offene Ländereien, Wälder und Farmland.
Der Truthahngeier ist der häufigste und **anpassungsfähigste Geier der Neuen Welt**. Er besitzt einen **ausgeprägten Geruchssinn**. Das ist eine **einmalige Erscheinung unter den Vögeln**, deshalb **überfliegt er in geringer Höhe das Gelände** und riecht sofort auch die kleinsten Nahrungsbrocken. Diese Fähigkeit

Karibische Tierwelt

erleichtert die Futtersuche sehr. Auf diese Weise können selbst kleinere Nahrungsreste noch geortet werden, die anderen Geiern entgehen.
In den Morgenstunden verlassen die Truthahngeier mit schweren, langsamen Flügelschlägen ihre Schlafbäume. Es ist ein schöner Anblick, wenn sie dann langsam an Höhe gewinnen und sich in größer werdenden Kreisen emporschrauben. Die Geier sind wahre Hungerkünstler. Sie können lange darben, um sich bei reicher Beute fast bis zur Flugunfähigkeit "vollzustopfen". Zäh, an Entbehrungen angepaßt, legen sie oft riesige Entfernungen zurück. Die Vögel horsten am Boden zwischen Dorngestrüpp, in Felsspalten und in Sümpfen.

5.3 WUNDERWELT UNTER WASSER

Das Karibische Meer ist in erster Linie eine **Flachsee**. Hier bedeckt das Meer das Schelf, den Kontinentalsockel, der durchnittlich nur 200 m unter der Meeresoberfläche liegt. Diese Flachsee, von der Tropensonne aufgeheizt und von warmen Meeresströmungen durchflutet, birgt eine Wunderwelt unter Wasser, die mit Worten kaum zu beschreiben ist. Man kann sie als Schnorchler nur oberflächlich – das soll keine Abwertung sein – oder noch besser als Taucher tiefgründiger, im wahrsten Sinne des Wortes, erleben. Die **Schönheit der Korallenriffe** mit ihrer Farbenpracht und ihrem Reichtum an Fischen und anderen Meerestieren, die alle das warme Wasser lieben, ist berauschend. Phantastische Tauchgründe gibt es beispielsweise an den Cayman Islands, an deren Südküste der **Tiefseegraben Cayman Trench** liegt, und nördlich von Puerto Rico am **Puerto Rico Trench**.

Das **Leben im Meer wird von Licht, Temperatur, Salzgehalt und Druck bestimmt**. Der **Sauerstoff** im Wasser ist für das Entstehen pflanzlichen und tierischen Lebens Voraussetzung. Da Pflanzen aus dem Licht die Energie für die Bildung organischer Stoffe beziehen, hängen alle Lebewesen von dieser Pflanzenschicht als Basis ab. In der Karibischen See wurden mit sehr empfindlichen Meßinstrumenten noch Spuren von **Sonnenlicht bis 950 m Tiefe** festgestellt. Bis zu dieser Marke können sich noch Pflanzen durch Photosynthese entwickeln. Dieser Bereich wird auch **"photische Zone"** genannt.

Die **Meeresströmungen** haben einen sehr großen Einfluß auf die Tierbestände im Meer. Die Karibische See hat den Vorteil, daß durch die Passatwinde ausgelöst, der **warme Süd- und der Nord-Äquatorialstrom** auf die Karibik zutreiben.

5.3.1 DIE WELT DER KORALLEN

INFO

Informationen über Korallen

*Diese den Seeanemonen ähnlichen Lebewesen haben einen sehr einfachen schlauchartigen Körperbau mit polypenartigen Verästelungen (Tentakeln), in denen sich Nesselzellen befinden, die bei Berührung Kleinstlebewesen durch Gifte lähmen. Die Hauptbestandteil dieser **Hohltiere** sind ihre Außen- und Innenhaut, ein Schlund und ein Darmraum. Sie sitzen am Meeresboden fest. Die Einzeltiere sind durch Ernährungskanäle miteinander verbunden. Die **Korallenstöcke** entstehen durch ungeschlechtliche Vermehrung (Knospung)*

79

Karibische Tierwelt

und die Ausscheidung von Kalk an der Unterseite der Korallen.
Lebensvoraussetzungen für Korallen sind:
- Wassertemperatur von mindestens +20° C
- vorbeiziehende Meeresströmung
- sauerstoff- und nährstoffreiches Wasser
- klares Wasser mit ausreichendem Salzgehalt von mindestens 25 pro 1.000
- Wasser mit genügender Lichtmenge, weil die Korallen mit lichtabhängigen Algen in Symbiose leben
- Meerestiefe von höchstens 50 m

Der Artenreichtum der Korallen ist sehr groß.

Körperbau einer Koralle

5.3.2 LEBENSGEMEINSCHAFT KORALLENRIFF

Die hauptsächlichsten Baumeister dieser Riffe sind die Korallen selbst. Weitere Kalkablagerungen geschehen noch durch absterbende Muscheln, Schnecken und Tintenfische sowie durch Kalkalgen.

Die unterseeischen Korallenriffe sind nach übereinstimmender Ansicht von Forschern und Tauchern die wohl **faszinierendsten Bereiche der Meereslandschaft**. Korallenmeere sind durchsichtig und warm. Als Schnorchler oder Taucher hat man das Gefühl, schwerelos über den unterseeischen Gärten zu schweben. Ihre **Farbenpracht ist unvergleichbar**. Über den verästelten Korallen schwimmen Schwärme von Fischen in wunderschönen unterschiedlichsten Farben und mit den phantasievollsten Mustern auf ihren metallisch glänzenden Schuppenkleidern.

Jeder dieser Tropenfische in dem lichtdurchfluteten Korallenmeer sendet durch seine spezielle Farbe Signale aus. Diese **unterschiedlichen Signalfarben** haben folgenden Sinn:
- Jede Art besetzt eine **ökologische Nische**. Das muß auffällig wegen der enormen Bestandsdichte der Korallenfische angezeigt werden. Die Unnachgiebigkeit der Korallenfische im Verteidigen ihres Territoriums gegen Nahrungskonkurrenten ist sehr ausgeprägt.
- Für die **Fortpflanzung** ist das **gegenseitige Erkennen** von Männchen und Weibchen der gleichen Fischart Voraussetzung.
- **Gleichgeschlechtlichen** Rivalen der gleichen Art wird das eigene **eng begrenzte Revier**, durch auffälliges Patrouillieren demonstriert, verwehrt.
- Es gibt auch Signalfarben und -formen, die auf die **Giftigkeit** einer Art hinweisen und Feinde auf die tödliche Gefahr, beispielsweise von Giftstacheln, aufmerksam machen sollen.

Die gesamte Schar der bunten Korallenfische hält sich **stets in der Nähe ihrer zahlreichen Versteckmöglichkeiten** auf und wagt sich nicht aufs offene Meer hinaus, wo gerade ihre leuchtenden Farben für Raubfische einen erhöhten Fangreiz ausüben würden.

Fische mit nicht so ausgeprägtem Territorialverhalten, die nur an den Korallenriffen vorbeiziehen, haben eher **Tarnfarben** als grelle Farben herausgebildet. Diese Tarnfarben und -zeichnungen gehen ins blasse Grau, Grün oder Beige mit verschwommenen oder gestreiften Mustern (Zebramuster).

Karibische Tierwelt

5.3.3 ZERSTÖRERISCHE EINWIRKUNGEN AUF DIE KORALLENRIFFE

- **Der Mensch** ist in der Lage, in kürzester Zeit das paradiesische Leben eines Korallenriffs durch folgende Vorgehensweisen zu zerstören:
  - **Wasserverschmutzung**, besonders durch chemische Abwässer, ist der unausbleibliche Tod der Lebensgemeinschaft Korallenriff!
  - **Müllablagerungen** haben die gleiche negative Wirkung!
  - **Abbruch der Korallenriffe** zur Gewinnung von Gips und Baumaterial zum Hausbau wirken sich verheerend auf ein Korallenriff aus. Außerdem wird die wellenbrechende Wirkung der den Inseln vorgelagerten Riffs stark beeinträchtigt und erfordert im Endeffekt hohe Kosten für Küstenschutzmaßnahmen.
  - **Plünderung der Korallengärten** durch Entnahme besonders schöner Kalkformationen als Andenken ist in der Masse verwerflich.
- **Tierische Zerstörung** erfolgt durch Seesterne, Bohrmuscheln, Opalwürmer, Schwammtiere und Fische (Papageifische), die sich vorwiegend von Korallen ernähren.
- **Starker Wellenschlag** kann ebenfalls ein Korallenriff zerbrechen. Meistens sind jedoch die o.g. Zerstörungsfaktoren vorausgegangen.

5.4 KLEINES FISCHLEXIKON

Amerikanischer Stechrochen *(Dasyatis americana)* / Sting Ray

Amerikanischer Stechrochen

Klasse: Knorpelfische • Ordnung: Rochen • Familie: Stachelrochen

Der Amerikanische Stechrochen besitzt einen fast rechteckigen Körper und einen langen, dünnen Schwanz. Seinen Namen verdankt er seiner charakteristischen Waffe, einem **scharfen Stachel** am Schwanzansatz. Außerdem befindet sich auf der Unterseite des gezähnten Stachels ein **giftabsonderndes Gewebe**. Der Stechrochen kann damit Verletzungen verursachen, die selbst für Menschen tödlich sein können. Der Stachel selbst ist zwar unbeweglich, doch den Schwanz kann der Rochen mit großer Kraft und Schnelligkeit schwingen und so den Stachel in das Fleisch seines Opfers treiben.

Atlantischer Kinnbartel-Flugfisch *(Cypselurus heterurus)* / Flying Fish

Atlantischer Kinnbartel-Flugfisch

Klasse: Knochenfische • Ordnung: Dorschfische • Familie: Fliegende Fische

Der Atlantische Kinnbartel-Flugfisch gehört zu dem **4-flügeligen Typ der Flugfische.** Dieser Fliegende Fisch besitzt vergrößerte Flossen, die sich zu

81

Karibische Tierwelt

"Tragflächen" ausgebildet haben. Trotz der Länge der zurückgelegten Strecken kann man nicht von einem "Fliegen" des Fisches sprechen, weil er nicht wie ein Vogel mit seinen Schwingen schlägt. Es ist vielmehr ein **Gleitflug**, der bei günstigen Windverhältnissen **bis 90 m** betragen und **10 Sekunden** dauern kann. Der Fisch jagt mit großer Geschwindigkeit durchs Wasser, zuerst noch durch schnelle Wriggschläge der unteren verlängerten Schwanzflossen unterstützt, durchbricht die Wasseroberfläche und schwebt über dem Wasser dahin.

Borstenzähner oder Gaukler *(Familie: Chaetodontidae)* / Butterfly Fishes

Klasse: Knochenfische • Ordnung: Barschartige • Familie: Borstenzähner

Borstenzähner

Aufgrund ihrer Färbung und ihrer bizarren Muster gelten die Borstenfische als die **schönsten Meeresfische**. Die Namen der Unterfamilien "Engelfische" und "Gaukler", sowie der englische Name "Butterfly Fishes" deuten auf ihre Schönheit hin. Ihre Gestalt und das elegante, leichte Dahingleiten sind ein wunderbarer Anblick. Der Körper ist stark zusammengedrückt.

Doktorfische oder Chirurgenfische *(Familie: Acanthuridea)* / Surgeon Fishes

Klasse: Knochenfische • Ordnung: Barschartige Fische • Familie: Doktorfische

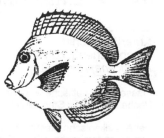

Die "Doktormesser" oder **Skalpelle**, die diesen Fischen ihren Namen gegeben haben, sind scharfe, unbewegliche giftige Klingen am Schwanzstiel der Tiere, mit denen sie ihren Angreifern Schnitte zufügen können. Schon so mancher unerfahrene Fischer hat Schnittwunden davongetragen, wenn er diese Fische aus seinem Netz holen wollte. Die Verletzungen schmerzen furchtbar und schwellen an.

Doktorfisch

Doktorfische haben einen seitlich abgeflachten, hohen Körper mit langer Rücken- und Afterflosse und eine **sehr bunte Farbgebung**.

Igelfische *(Familie: Diodontidae)* / Burr Fishes

Klasse: Knochenfische • Ordnung: Kugelfischverwandte • Familie: Igelfische

Die Haut der Igelfische ist mit **Stacheln** bewehrt, daher haben sie ihren Namen. Aufgepumpt präpariert werden sie oft leider als Andenken verkauft. Bei Gefahr können sie wie Kugelfische ihren **Körper aufblasen**, indem sie Wasser in ihren Magen pumpen und die sonst anliegenden Stacheln aufstellen.

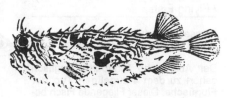

Igelfisch

Karibische Tierwelt

Königsdrückerfisch *(Balistides vetula)* / Queen Trigger Fish

Klasse: Knochenfische • Ordnung: Kugelfischverwandte • Familie: Drückerfische

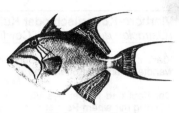

Königsdrückerfisch

Der **schön gezeichnete Fisch** kann sich mit Hilfe eines stachelartigen Flossenstrahls in einer Felsspalte festklemmen. Diese Fähigkeit nutzt er bei seiner Ruhephase oder, um sich vor Feinden in Sicherheit zu bringen. Diese **Sperre** kann nur durch einen Beugemuskel eines der 3 Flossenstrahlen wie beim Abzug (Drücker) eines Gewehrs wieder gelöst werden, daher der Name "Drückerfisch". Diese Sperrvorrichtung macht es für einen Feind des Drückerfisches unmöglich, den Ruhenden oder Flüchtigen aus der Felsspalte herauszuziehen.

Papageifische *(Familie: Scaridae)* / Parrot Fishes

Klasse: Knochenfische • Ordnung: Barschartige Fische • Familie: Papageifische

Das sehr **bunte Schuppenkleid** gab *Papageifisch*
den Papageifischen ihren Namen. Diese sehr auffälligen Farben können als Bestimmungsmerkmal nicht herangezogen werden. Einige Arten durchlaufen in ihrer Entwicklung bis zu 3 Farbstufen. Darüber hinaus sehen manchmal Männchen und Weibchen noch unterschiedlich aus.

Papageifische ernähren sich von Algen und Korallen, die sie mit ihrem schnabelförmigen Maul "ernten". Einerseits erfüllen sie damit eine **wichtige ökologische Aufgabe**, weil sie den Algenbewuchs in Grenzen halten. Andererseits ist die Vernichtung der Korallen nicht zu begrüßen.

Tigerhai *(Galeocerdo cuvieri)* / Tiger Shark

Tigerhai

Klasse: Knorpelfische • Ordnung: Haie • Familie: Blauhaie • Länge: 5,5 m, möglicherweise 7,4 m • Nahrung: breites Beutespektrum (Meeressäuger, Knochenfische, kleinere Haie, Rochen, Kopffüßer, Krokodile, Schildkröten, Krebse, Schnecken, Aas, Abfall, Meeresvögel) • Merkmale: leicht getigerte seitliche Streifenzeichnung, ähnliche Form wie der Weißhai, jedoch kürzere, rundere Schnauze

Der Tigerhai kommt hauptsächlich in tropischen und subtropischen Gewässern vor. Er kann auch dem Menschen gefährlich werden. Er hält sich in der Tiefsee und in flachen Küstengewässern auf, und er dringt sogar in Flußmündungen ein. Als **Allesfresser** ist nichts vor ihm sicher, auch Menschen nicht. In seinem Magen hat man schon Farbkanister, Dachpappenrollen, Schuhe und Nummernschilder von Autos gefunden.

Karibische Tierwelt

Vierhorn-Kofferfisch oder Kuhfisch
(Ostracion quadricornis) / Cowfish

Klasse: Knochenfische • Ordnung: Kugelfischverwandte • Familie: Kofferfische

Vierhorn-Kofferfisch

Der Kopf und Körper des Vierhorn-Kofferfisches ist völlig mit einem **Panzer** aus 6-eckigen Knochenplatten eingekleidet. Nur Maul, Augen, Kiemen- und Bauchöffnung sowie die Flossen werden nicht von der starren Schale umschlossen. An seinem Kopf befindet sich ein Paar nach vorne gerichteter Stacheln, und ein weiteres nach hinten gerichtetes Paar sitzt am Ende des Panzers – daher der Name "Vierhorn". Dieser Fisch hält sich in Korallenriffen auf, und er benötigt zum Leben sauerstoffreiches und sauberes Wasser. Seine Augen sind unabhängig voneinander beweglich.

Walhai *(Rincodon typus)* / Whale Shark

Klasse: Knorpelfische • Ordnung: Haie • Familie: Walhaie • Länge: exakt gemessen bisher bis 12 m lang, möglicherweise bis 18 m • Nahrung: Plankton und alles von kleinen Krebsen bis zu Makrelen und kleinen Thunfischen • Merkmale: wegen seiner Größe sehr auffällig, breiter, flacher Kopf, winzige Zähne, riesige Kiemenspalten, riesige geschwungene Schwanzflosse, helle Farbflecken auf dunklem Grund.

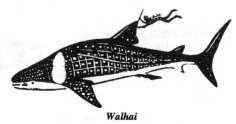
Walhai

Der Walhai ist der **größte Fisch der Weltmeere**. Er kommt in allen Warmwassergebieten der Erde vor. Unter den Haien nimmt er als eine **planktonfressende Art** eine Sonderstellung ein. Aufgrund seiner Ernährungsweise wird er ungewöhnlich groß. Er saugt beim Schwimmen seine Nahrung ein. Seine Kiemenbögen sind durch knorpelige Querstangen verbunden und bilden eine Art Sieb. Das Atemwasser wird durch diesen Filter gepreßt. Mit seinem "Netz" filtert der riesige Hai seine Planktonnahrung aus dem Meereswasser heraus.

Er ist für den Menschen **völlig ungefährlich**. Taucher können sich ihm gefahrlos nähern, ohne daß der Koloß eine Angriffshaltung einnimmt oder selbst Furcht zeigt. Die Taucher halten sich gern an seinen Flossen fest und lassen sich von ihm mitschleppen oder benutzen ihn als "Unterwasser-Reittier".

Weißer Marlin *(Makaira albida)* / White Marlin

Klasse: Knochenfische • Ordnung: Barschartige Fische • Familie: Fächerfische • Länge: 2,75 m • Gewicht: bis 50 kg • Nahrung: Fische • Merkmale: speerförmiger Schnabel, segelartige Rückenflosse, ständig weit vom Körper abstehende Brustflossen

Weißer Marlin

Karibische Tierwelt

Der Weiße Marlin ist als "Sportfisch" weltbekannt geworden. **Ernest Hemingways Buch "Der alte Mann und das Meer"** hat dazu beigetragen. **Dem kampfstarken Fisch** ist hierin ein bleibendes literarisches Denkmal gesetzt worden.

Der Weiße Marlin ist, wie auch seine übrigen Verwandten, ein **sehr schneller Raubfisch**, der sich blitzartig auf von ihm ausgemachte Fischschwärme, beispielsweise Makrelen, stürzen kann. Hierbei werden, durch 40 m weite Sprünge unterstützt, erstaunliche Geschwindigkeiten von 60–80 km/h erreicht. Mit seinem "Speer" schlägt der Marlin wild um sich, anschließend beginnt er, die zerstückelten, verletzten und zappelnden Fische zu verspeisen.

Weißhai

Weißhai *(Carcharodon carchainas)* / Great White Shark

Klasse: Knorpelfische • Ordnung: Haie • Familie: Makrelenhaie • Länge: 5–6 m, selten 9 oder gar 12 m • Gewicht: bis 3 t • Nahrung: Fische, Seeschildkröten, bis zu 2 m lange Haie, Delphine, Robben, Seevögel, Aas, Abfall, der ins Meer geschüttet wird • Vorkommen: bis 1.200 m Tiefe, aber auch in flachen Küstengewässern • Merkmale: auffallend massiger, spindelförmiger Körper, konische Schnauze, sichelförmige Brustflossen, bis zu 7,2 cm lange, dreieckige, rasiermesserscharfe Zähne mit gesägten Rändern, graublauer Rücken, weißliche Unterseite

Haie allgemein sind wahrscheinlich die am wenigsten verstandenen Geschöpfe des Tierreichs. Meist mit einer Mischung von Furcht und Faszination betrachtet, ist das Bild, das sich der Mensch von ihnen macht, mehr von **Vorurteilen und Mißverständnissen** bestimmt als von echter Kenntnis. Es gibt zwar auch für die Menschen gefährliche, jedoch auch völlig harmlose Arten. Man muß sie nur kennen. Sehr viele Haiarten können wegen ihrer geringen Größe dem Menschen nichts anhaben. **Nur 4 %** der Haiarten **erreichen Ausmaße von 4–12 m,** und davon sind noch einige Spezies völlig harmlos. Wie gesagt, es ist wichtig, die einzelnen Arten zu unterscheiden und ihre Eigenschaften zu kennen.

Der **Weißhai** ist nahezu **perfekt hydrodynamisch gebaut.** Sein straffer Körper und die Kraft, die er besitzt, ermöglichen es ihm, lange Zeit mit relativ langsamer Geschwindigkeit zu kreuzen und sein Tempo erst dann zu erhöhen, wenn er auf Tiere stößt, die auf seinem Speiseplan stehen. Er ist das **perfekte Raubtier** und sicherlich für Menschen der **gefährlichste Hai**, weil ihm auch Badende zum Opfer fallen. Wenn er eine Länge von dreieinhalb Meter erreicht hat, kann er einen Schwimmer oder Taucher in 2 Stücke zerbeißen, und ein 6 m langes Tier verschluckt ihn sogar ganz. Seine Freßgier ist bekannt. Es sind schon kleine Boote von ihm angegriffen worden. Normalerweise jagt er gern Fischschwärme und folgt Schiffen wegen der Abfälle, die über Bord geworfen werden.

Das Wort "gefährlich" muß allerdings mit Bedacht angewandt werden. Es bedeutet eigentlich nur, daß dieses Tier, wie alle Raubtiere, eine Gefahr für uns darstellt, die gering ist gegen die Gefahren des Menschen, einen Herzinfarkt oder Autounfall zu erleiden, in ein kriegerisches Ereignis verwickelt und dabei umzukommen oder von einer ansteckenden Krankheit hingerafft zu werden.

Es gibt statistische Unterlagen über **Haiangriffe** auf Menschen an den bekanntesten, auch von Haien sehr stark besuchten Meeresküsten. Die **Horrorgeschich-**

Karibische Tierwelt

ten über den "Killer Weißer Hai" haben mit der Realität jedoch keine Gemeinsamkeit. Es ist beispielsweise verbrieft, daß in Australien, seit den Aufzeichnungen ab 1901, lediglich 250 Haiangriffe stattgefunden haben, bei denen allerdings 100 Menschen getötet worden sind. Das bedeutet, daß an australischen Küsten, wo es sehr viele Haie gibt, nur durchschnittlich 1 Mensch pro Jahr getötet wurde. In den USA, einschließlich Karibik und Hawaii, werden jährlich etwa 12 Haiangriffe registriert, wovon 1–2 tödlich ausgehen. Natürlich ist der Weißhai ein Raubtier, vor dem man sich in acht nehmen sollte und der am meisten an diesen Todesfällen beteiligt ist, aber deshalb ist er noch lange kein blutgieriger Menschenfresser, wie er gern in Filmen dargestellt und mit dieser Klischeevorstellung auch gut vermarktet wird. Weltweit sind Experten der Meinung, daß nur jährlich 100 Haiangriffe auf unserer Erde stattfinden, wovon 25 bis 30 für Menschen tödlich ausgehen. Das ist sehr gering gegenüber den Gefahren, die das Meer für den Menschen sonst noch parat hält.

Sein Vorkommen beschränkt sich ausschließlich auf mäßig warme **Küstengewässer**, die bis an die tropischen Meere reichen. So tritt er auch an den nördlichen Küsten der Großen Antillen auf. Man vermutet, daß die Angriffe auf Menschen (Schwimmer oder Taucher) Verwechslungen mit Meeressäugern (Seehunden) sind, die ähnliche Umrisse im Wasser abgeben.

6 WIRTSCHAFT

6.1 LANDWIRTSCHAFT

Noch heute produzieren die Karibischen Inseln $1/_4$ des Rohzuckers der Welt. Es ist nach wie vor die Basis der Exportwirtschaft, und trotzdem hat sich seit der Kolonialzeit sehr viel im Wirtschaftsgefüge geändert. Es hat sich nämlich als sehr verhängnisvoll erwiesen, nur auf dem "einen Bein" der Plantagenwirtschaft zu stehen. Wenn die Weltmarktpreise eines landwirtschaftlichen Produktes, in diesem Fall Rohzucker, absinken, erleidet die Wirtschaft des Landes sehr leicht einen Kollaps.

Aus der bitteren Erfahrung und Erkenntnis dieser **problematischen Monokultur** heraus wurden andere Erwerbszweige aufgebaut, um die Wirtschaft vielschichtiger zu gestalten. Hierzu gehört der Aufbau der Industrie und des Tourismus.

6.1.1 DIE GESCHICHTE DES ZUCKERROHRS DER GROßEN ANTILLEN

Die Geschichte der Karibik ist zum großen Teil auch die Geschichte des Zuckerrohrs.

Seit dem 16. Jahrhundert wurde das aus Asien stammende Zuckerrohr auf den Karibischen Inseln, besonders auf Kuba, Hispaniola und Jamaika **während der Kolonialzeit** verstärkt angebaut. Der große Bedarf an Zucker, Rum und Melasse in Europa warf große Gewinne ab. Händler und Reedereibesitzer verdienten unter Ausnutzung von **Negersklaven** als Arbeitskräfte auf den Plantagen ein Vermögen. Auch die jetzt deutsche Stadt Flensburg, die jahrhundertelang dänisch war, ist durch den Rumhandel reich geworden. Ohne Rücksichtnahme auf die verletzliche Natur und die schwarzen Sklaven wurden **hohe Profite** in immer steigendem Maße erzielt.
Im 19.Jahrhundert war die **Abschaffung des Sklavenhandels** und der Sklavenhaltung durch die europäischen Nationen das erste Anzeichen einer Wende im Zucker-Boom der Karibik.
Die **Gewinnung von Zucker aus Zuckerrüben**, von dem Deutschen Andreas Sigismund Marggraf entdeckt, brachte die **Monopolstellung des Rohrzuckers ins Wanken**.
1851 hatte **England** durch die **Aufhebung der Schutzzölle** den Untergang der bis dato mächtigen "Zuckerbarone" besiegelt. Viele Plantagenbesitzer gingen durch diese einschneidende Maßnahme in Konkurs.
Erst 1880 hoben die Spanier auf Kuba als letzte europäische Kolonialmacht **die Sklaverei auf**. Dadurch waren sie gegenüber den anderen Europäern im Vorteil, und deshalb konnte sich Kuba mehr und mehr zum **größten Zuckerlieferanten der westlichen Welt** entwickeln.
1898 wurde durch den Sieg der US-Amerikaner über Spanien die politische **Unabhängigkeit Kubas** erkämpft. Die "Zuckerinsel" geriet jedoch wirtschaftlich zunehmend in Abhängigkeit von den Vereinigten Staaten von Amerika.
1959 war Kuba wirtschaftlich fest in der Hand der USA. Dies sollen einige Zahlen verdeutlichen.

Wirtschaft

Wirtschaftszweig	USA-Anteil
Gewinnträchtige Plantagen	30%
Bergbau	90%
Dienstleistungen	90%
Export	77%
Import	70%

In dem gleichen Jahr stürzte **Fidel Castro** die der USA hörige Batista-Regierung und enteignete die US-amerikanischen Firmen, worauf die Nordamerikaner mit einem **Handelsembargo** reagierten, das besonders den freien Handel mit **Kuba-Zucker** traf. Die vorher in Privatbesitz befindlichen Plantagen wurden verstaatlicht und nach kommunistischem Vorbild wie Kolchosen geführt. Sie wurden in *"Granjas Estatales"* umgewandelt.

Während in Kuba der Zuckerrohranbau auf Plantagen ausgeweitet wurde, nahm er in **Puerto Rico und Jamaika** ab. Dort wird der traditionelle Plantagenanbau nach wie vor von kapitalistischen Großbetrieben durchgeführt.

Kubas wirschaftliche und politische Isolation, die bis in die achtziger Jahre unseres 20.Jahrhunderts durch die enge Bindung zur damaligen UdSSR und dem Ostblock ausgeglichen werden sollte, wirkt sich jetzt durch den Zerfall der ehemaligen UdSSR und die ausbleibende Unterstützung negativ aus.

6.1.2 ANBAU ANDERER AGRARPRODUKTE

In **Großbetrieben** werden außerdem noch Tabak (hauptsächlich in Kuba und Jamaika), Kaffee (hauptsächlich in Haiti und Jamaika), Ananas (hauptsächlich in Puerto Rico), Zitrusfrüchte (hauptsächlich in Kuba), Bananen, Gewürze und Kokosnüsse angebaut.

In **kleinbäuerlichen Betrieben** wird nicht so sehr für den Export, sondern stärker für den Eigenbedarf produziert. Außer Südfrüchten sind es hauptsächlich Reis, Mais, Bohnen, Zwiebeln, Süßkartoffeln, Tapioca-Wurzeln und andere tropische Knollengewächse.

6.1.3 SOZIALE PROBLEME IN DER LANDWIRTSCHAFT

Zwischen den beiden Polen "Kleinbauern" und "Großbetriebe" klafft immer noch ein gewaltiger sozialer Unterschied. Trotz der Bodenreformen, die im Ansatz in Puerto Rico und Jamaika eine geringe Entspannung geschaffen haben und die in Kuba radikal durch Enteignung der Großgrundbesitzer erfolgte, ist der krasse Gegensatz zwischen kleinbäuerlichen Betrieben und Großbetrieben, die in Kuba in nur staatlichen Besitz übergingen, nicht beseitigt worden.

Die Armut der Landbevölkerung ist in der ganzen Inselregion ein ernstes Problem. Die Folge davon ist eine **Landflucht** wegen der Zahlung sehr geringer Löhne – ein Abwandern in die ohnehin schon überbevölkerten Städte.

Wirtschaft

6.2 INDUSTRIE

Die Industrialisierung der Karibikinseln wurde zunächst als "Wunderwaffe" gegen die Armut angesehen. Diese Hoffnung hat sich jedoch nicht vollständig erfüllt. Trotz der großen Erwartungen konnte das **Problem der zunehmenden Überbevölkerung** der Inseln und das damit einhergehende **Problem der Arbeitslosigkeit** durch die Schaffung neuer Arbeitsplätze in den angesiedelten Industriebetrieben nicht völlig aufgefangen werden. Wenn auch ein reiner Agrarstaat, der sich der Ansiedlung von Industriebetrieben völlig verschließen würde, noch hilfloser der wachsenden, hungernden Bevölkerung gegenüber stünde.

6.2.1 STANDORTPROBLEME FÜR INDUSTRIEANSIEDLUNGEN

Grundsätzlich besitzen die Karibikinseln aus folgenden Gründen keine guten Voraussetzungen für die Ansiedlung von Industriebetrieben:
- **Geringe Bodenschätze** machen eine Industrieansiedlung schwierig. Lediglich Kuba besitzt ein geringes Erzvorkommen, und auf Jamaika wird Bauxit abgebaut. Die Verarbeitung zu Aluminium erfolgt jedoch in den USA.
- Das **Fehlen einheimischen Kapitals** ist außerdem ein Hemmnis für den Aufbau der Industrie.
- Der **Facharbeitermangel** ist ein weiteres Problem.
- Die **geringe Aufnahmefähigkeit des einheimischen Marktes** ist kein Anreiz für Industrieansiedlungen.

6.2.2 GÜNSTIGE SITUATION PUERTO RICOS

Die Insel Puerto Rico ist bekanntlich **mit den USA assoziiert**. Dieser Umstand hat für dieses Eiland folgende Vorteile gehabt:
- Es ist von **US-Bundessteuern befreit**. Hierdurch sahen sich Unternehmer der USA und aus Europa veranlaßt, Puerto Rico als Standort ihrer Firmen- oder Zweigniederlassung zu wählen, obgleich dieses Eiland genau so rohstoffarm ist wie die übrigen Antilleninseln.
- Ein **niedriges Lohnniveau** wirkt sich günstig auf die Produktionskosten aus.
- Die **Befreiung von der Einkommensteuer für einen Zeitraum von 30 Jahren** war ein weiteres Lockmittel.
- Die **Unterstützung bei Marktuntersuchungen, Grundstückskauf, Ausbildung von Fachkräften** erfolgt durch die *"Economic Development Admistration"*.

Der **Industrialisierungsprozeß** hat sich in 3 Teilstufen vollzogen:
- Einheimische **Rohstoffe**, wie Sand, Ton und Kalkstein, wurden für den eigenen Markt abgebaut (1. Phase).
- Aus USA eingeführte Rohmaterialien wurden zu **Halb- und Fertigprodukten** verarbeitet (hauptsächlich Textilien) (2. Phase).
- Der **Aufbau der Investitionsgüterindustrie** (Düngemittel, Pharmazie, Maschinenbau) war die 3. Phase.

So wurde Puerto Rico allmählich von einem Entwicklungsland zu einem Exportland für Fertigwaren.
Die **Landflucht konnte jedoch nicht gestoppt werden**, weil eine Ansiedlung der Industriebetriebe nur im Bereich der Städte infrage kam; im Gegenteil, die Abwanderung der Landbevölkerung in die Städte hat sich durch die Industrieansiedlungen, besonders in der Hauptstadt, noch verstärkt.

Wirtschaft

Der **Fall Puerto Rico** könnte **als Musterbeispiel** für andere Karibikinseln gelten, erst schrittweise eine wirtschaftliche Selbständigkeit zu erreichen, bevor auch eine politische Freiheit angestrebt wird, obgleich die letztere von der Mehrheit der Puertoricaner nicht gewünscht wird. Bei den übrigen Karibikinseln, besonders ausgeprägt bei den Kleinen Antillen, lief die Entwicklung umgekehrt: erst politische Freiheit und meistens immer noch völlige wirtschaftliche Abhängigkeit von einem Industrieland.

6.3 TOURISMUS

Die wirtschaftlichen Schwierigkeiten haben die Karibischen Inseln immer mehr zum Ausbau der Touristenbranche veranlaßt. Es sind große Anstrengungen unternommen worden, die Infrastruktur des Tourismus in der Karibik auszubauen. Der "ewige Sommer", feinsandige Strände, klares Wasser, reiche Flora und die Wunderwelt unter Wasser locken die Feriengäste auf die Karibischen Inseln. Das Hauptmotiv der Anstrengungen der Insulaner ist natürlich, die begehrten Devisen harter Währungen zu verdienen.

Kreuzfahrten in die Karibik

Neben den Flugreisenden sind es ca. **5.000.000 Kreuzfahrtteilnehmer**, die die Großen und Kleinen Antillen jährlich gerne besuchen. In den Großen Antillen ist **San Juan** in Puerto Rico der am häufigsten angesteuerte Hafen. Die Zahl der Reisenden, die die Großen Antillen besuchen, ist von Jahr zu Jahr gestiegen. Das luxoriöse Leben an Bord und die Traumziele der Karibik sind für viele Urlauber die optimale Kombination.

Schwimmendes Hotel – Kreuzfahrtschiff

Wirtschaft

Großer Beliebtheit erfreuen sich auch **kombinierte Flug-/Schiffsreisen**. Viele Reisende fliegen bis Miami (Florida), Caracas (Venezuela) oder San Juan (Puerto Rico) und nehmen dort eines der zahlreichen Kreuzfahrtschiffe.

- Wo sind die **beliebtesten Häfen** im karibischen, mittelamerikanischen Raum?

Häfen	Attraktionen
Bridgetown (Barbados)	Beliebter Hafen der Kl. Antillen
Charlotte Amalie (St. Tomas)	Dänische Assoziationen
English Harbour (Antigua)	Natur- und Yachthafen
Fort-de-France (Martinique)	Französiches Ambiente
Georgetown (Grand Cayman)	Unterwasserwelt, Tauchsport
Insel Cozumel (Mexiko)	Taucherparadies im Palacarriff
Labadee (Haiti)	Zitadelle La Ferrière
Miami (USA)	Drehscheibe der Kreuzfahrttouristik
Montego Bay (Jamaika)	Reizvolles Hinterland
Nassau (Bahamas)	Stadtgeschichte, Nachtleben
Ocho Ríos (Jamaika)	Dunn's Wasserfall
Philipsburg (Sint Maarten)	Holländischer Flair, Strandleben
Pointe-á-Pitre (Guadeloupe)	Besteigung Vulkan Soufriére
Port Antonio	Altstadt, landschaftl. Schönheit
Port-au-Prince (Haiti)	koloniale Baudenkmäler der Altstadt
Santo Domingo (Dom. Rep.)	koloniale Baudenkmäler der Altstadt
St John's (Antigua)	Landschaftliche Schönheit
St. George's (Grenada)	Kratersee Grand Etang
Willemstad (Curacao)	Holländische Giebelhäuser u. Grachten

- Welche **Reedereien** erteilen **nähere Informationen**?

Reederei	Schiffsname	Telefon-Nummer
Carnival Cruises	"Mardi Gras"	1-800-327-9501
Costa Cruises	"Daphne"	212-682-3505
Hapag Lloyd Cruises	"Europa"	312-332-0090
Holland America	"Veendam"	
	"Volendam"	1-800-223-6655
Home Lines	"Atlantic"	1-800-221-4041
K-Lines/Hellenic	"Constellation"	1-800-2237880
Norwegian Caribbean	"Southward"	1-800-3277030
Royal Caribbean Line	"Nordic Prince"	1-800-327-6700
Royal Cruise Lines	"Royal Odyssey"	415-7880610
Royal Viking Line	"Royal Viking Sea"	
	"Royal Viking Sky"	1-800-227-4246
Sun Line	"Stella Solaris"	1-800-223-5760

Näheres finden Sie im A–Z jeweils unter dem Stichwort "Anreise" der einzenen Länder:
- Kapitel 7.1 (A–Z Kuba)
- Kapitel 8.1 (A–Z Dominikanische Republik)
- Kapitel 10.1 (A–Z Jamaika)
- Kapitel 11.1 (A–Z Puerto Rico).

Wirtschaft

"Inselhüpfen" per Flugzeug

Angaben über Flüge von Mitteleuropa **nach Kuba** finden Sie im Kapitel 7.1 (A–Z Kuba, Stichwort "Anreise").

Um die 4 Großen Antillen-Inseln während eines Urlaubs zu bereisen, bestehen folgende **Verknüpfungspunkte** (Flugpreise für Februar 1993):

- Von **Havanna** (Kuba) bestehen täglich Flugverbindungen mit der "Iberia" nach **Santo Domingo** (Dominikanische Republik). Der Flugpreis beträgt 308,-DM.

- Ein Direktflug von **Santo Domingo** (Dom. Rep.) nach **Kingston** (Jamaika) ist nicht möglich. Sehr gute Verbindungen bestehen täglich **über Miami** (USA). Der Flug von Santo Domingo nach Miami kostet: 215 US$ und der Anschlußflug von Miami nach Kingston: 208 US$.

- Von **Kingston** (Jamaika) nach **San Juan** (Puerto Rico) kann man montags, mittwochs, freitags und sonntags fliegen. Der Flugpreis beläuft sich auf 346 US$. Der Rückflug **nach Deutschland**, genauer von San Juan nach Frankfurt/M., mit der Lufthansa kostet 1.945,- DM.

Jamaika: Torch Ginger

Kuba: Fröhliche Schüler

Kuba: Zuckerrohrern

Cuba: Kalkberge im Viñales-Tal

Dominikan. Rep.: Unberührte Küste im Südwesten

Dominikan. Rep.: Kecke Dorfjugend

Dominikan. Rep.: Fruchtmarkt in Bar

Dominikan. Rep.: Holzsammlerin

Dominikan. Rep.: Häuserschmuck in Santo Domingo

Jamaika: Leuchtender Atlantik

Jamaika: Bucht von Port Antonio

Jamaika: Strahlendes Lächeln

Jamaika: Auf dem Rio Grande

Jamaika: Boston Bay

Jamaika: Rastalocken

Jamaika: Tropische Vegetation im Osten

Jamaika: Ein Traum in Schwarz-Weiß

Jamaika: Verkaufsstand in Gordon Town

Jamaika: Pub in Spanish Town

Puerto Rico: Casa Blanca in San Juan

Puerto Rico: Mangroven in Playa La Parguera

Puerto Rico: Steilküste von Cabo Rojo

Puerto Rico: Lago Caonillas

Puerto Rico: Wunderwelt unter Wasser

Korallenstrauch

Tropentrompete

Heliconie

Epiphyten

Hibiskus

Flamboyant

Jamaika: Silberglanz nach dem Regen

7 KUBA ALS REISELAND

7.1 PRAKTISCHE REISETIPS VON A–Z

A Anreise

● **Mit dem Flugzeug**
Die meisten Reisenden aus Übersee kommen per Charterflug nach Kuba. Internationale Flughäfen in Kuba sind in Havanna und Holguín. Von Deutschland nach Kuba beträgt die Flugdauer ca. 10 Stunden.
- Direktcharterflüge der **LTU** (Stand: Sommer 1992) sind möglich:
  von München und Düsseldorf nach Havanna:
  samstags, für 1.599,- DM bis 1.799,- DM
  von München und Düsseldorf nach Holguín:
  freitags, für 1.499,- DM bis 1.699,- DM
- Direktcharterflüge der **Condor** (Stand: Sommer 1992) sind möglich:
  von Düsseldorf nach Varadero: montags, für 1.620,- DM
- Direktcharterflüge der **Cubana** (Stand: Sommer 1992) sind möglich:
  von Berlin-Schönefeld und Köln/Bonn nach Havanna:
  samstags für 1.298,- DM bzw. 1.428,- DM

Es führen viele Flugwege nach Kuba. Weitere **wichtige europäische Abflughäfen** sind:
Basel, Brüssel, Luxemburg, Madrid, Paris, Prag und Wien.

● **Mit dem Schiff**
Naturgemäß ist der Zeitaufwand für eine Schiffsreise erheblich größer als bei einer Flugreise.
Schiffsreisen mit **Kreuzfahrtschiffen** von Europa in die Karibik erfreuen sich zunehmender Beliebtheit. Nach den Fahrten ins Mittelmeer steht die Karibik an zweiter Stelle. Auch Kuba wird verstärkt angelaufen. Mit einem solchen "schwimmenden Hotel" zu fahren, ist sicher die erholsamste Art zu reisen. Als Individualtourist entfällt die lästige Gepäckbeförderung und die sich immer wiederholende Suche nach einer Unterkunft.
Wenn man mit einem **Frachtschiff** eine solche Reise antreten möchte, sollte man sich in einem Reisebüro oder einer Reederei (Hamburg-Süd, Geest Line, Laura Line) erkundigen. Die Fahrtdauer ist sehr variabel.

▶▶ **Apotheken**

Apotheken findet man in kubanischen Telefonbüchern unter *"famacía"*. Kuba verfügt über ein dichtes Netz an Apotheken. Nach den letzten statistischen Angaben üben 610 Apotheker ihren Beruf aus. **80% der Medikamente sind in Kuba selbst hergestellt** worden. Sie wurden **auf nur**

500 Arten reduziert. Ihr Kauf ist kostenpflichtig. Verglichen mit den Preisen daheim, sind sie sehr preisgünstig zu haben.

▶▶ Ärzte

Die **ärztliche Versorgung** in Kuba ist **vorbildlich** für Dritteweltländer. Nach der Revolution wurde das Gesundheitswesen Kubas zu dem besten Lateinamerikas ausgebaut. Nach den letzten Angaben praktizieren im Lande 22.910 Ärzte und 5.335 Zahnärzte. Auf 443 Einwohner kommt 1 Arzt und auf 1.903 Einwohner 1 Zahnarzt!

● In den **Städten und Touristenzentren** kann die ärztliche Versorgung als sehr gut bezeichnet werden. Ärzte sind in den Hotels Tag und Nacht schnell erreichbar.

● Die **ländlichen Gemeinden** sind mit einem **dichten Netz von Arztpraxen** überzogen. Für 443 Einwohner ist wie gesagt 1 Arzt zuständig, überall, ob in den schwer zugänglichen Bergen oder in den weiten Ebenen. In jedem größeren Dorf gibt es ein Ärztehaus, das von der Gemeinde gebaut wurde. Es hebt sich durch seine 2 bis 3 Stockwerke von den übrigen Landhäusern ab, die meistens nur ebenerdig erbaut sind. Diese Krankenstationen sind alle nach dem gleichen Schema errichtet. Im Untergeschoß befindet sich die Arztpraxis mit Behandlungs- und Sprechzimmer für den Arzt. Im 1. Stock wohnt der Mediziner mit seiner Familie. Falls das Haus einen 2. Stock besitzt, dann hat dort die Arzthelferin ihre Wohnung. Alle Ärzte besitzen einen Hochschulabschluß.

▶▶ Auskunft

● **In Deutschland**
Allgemeine und spezielle Reiseinformationen erhalten Sie beim:
Kubanischen Fremdenverkehrsbüro (Cubatur), Steinweg 2, 6000 Frankfurt am Main 1, Tel.: 069/288322-23

● **In Kuba**
Vor Ort bekommen Sie Reiseauskünfte bei:
Cubatur – Oficina Central, an der "Rampa", Calle 23, Nr. 156e, Vedado, Havanna 4, Tel.: 324521-27, Telex: TURCU 511243
Cubatur – Turismo Individual
Hotel Habana Libre, Calle L Ecke 23, Vedado, Havanna, Tel.: 326245, 326634
Cubatur, Casa Grande, Parque Céspedes, Tel.: 7278
Cubana de Aviacion (international)
Calle 23 (Ramja) No. 74 Ecke Infanta Vedado, Havanna, Tel.:7491-6, 704250
Cubana de Aviacion (national)
Calzada de Infanta Ecke Humbold, Vedado, Havanna
Cubanacan S.A.
Corporación de turismo y comercion international
Avenida 146, Calle 11 – No. 1107, Playa, Apartado 16036, Havanna, Tel.: 00537/ 22 5511-19, Telex: 511316 nacan cu

▶▶ Autofahren

In Kuba herrscht wie in Mitteleuropa **Rechtsverkehr**. Durch den Mangel an Treibstoff ist der Autoverkehr, außer in den Großstädten (hauptsächlich Havanna und Santiago de Cuba), über Land als mäßig bis sehr schwach zu bezeichnen. Somit stellt er keine großen Anforderungen an den Fahrer, auch wenn man im Land fremd ist.
Die 11.746 km befestigten Straßen befinden sich durchweg in gutem Zustand. Hierzu gehört auch die **Autobahn** *"Carretera Central"*, die von Pinar del Rio im Westen der Insel bis Santa Clara in Zentral-Kuba reicht.

▶▶ Autoverleih

Siehe Stichwort **Mietwagen**

B Baden

Kuba verfügt über wunderschöne, kilometerlange Strände, touristisch erschlossene und paradiesisch einsame mit schneeweißem Sand, von Palmen umsäumt und von klaren, türkisfarbenen Wellen umspült. An der 5.746 km langen Küste laden rund 200 Buchten und 289 Strände zum genußvollen Baden ein.
Folgende **Badeverbotsvorschriften**, die mit verschiedenfarbigen Flaggen angezeigt werden, sollten Sie unbedingt beachten:
"Rote Flagge" = "Baden untersagt"
"Gelbe Flagge" = "Vorsicht beim Baden"
"Grüne Flagge" = "Keine Gefahr beim Baden"
An den bekanntesten Stränden sind **Rettungsschwimmer** zu Ihrer Sicherheit postiert.

Einige Tips:
• Beaufsichtigen Sie Ihre am Strand zurückgelassenen Kleidungsstücke, wenn Sie baden gehen, oder lassen Sie diese bewachen. Zu große Sorglosigkeit ist nicht ratsam.
• Beim Schnorcheln, wie auch beim Sonnenbaden sollte man die Intensität der Sonnenstrahlen der Karibik nicht unterschätzen. Die Kraft der Sonne ist hier nicht mit der Europas zu vergleichen. Benutzen Sie **Sonnenschutzmittel** mit hohem Lichtschutzfaktor, sonst können sich Ihre Urlaubsfreuden schnell ins Gegenteil verwandeln. Mit steigender Unvernunft sind Sonnenbrand, Fieber und Hitzschlag zu erwarten.
• **Badeschuhe** können am Strand sehr von Vorteil sein (Seeigel).
• **Haie** verirren sich nur äußerst selten in das flache Gewässer der Sandstrände. Achten Sie trotzdem auf die aus dem Wasser ragende typische Schwanzflosse der Haie. Normalerweise ist mit einer Begegnung mit Haien nur in tieferem Gewässer zu rechnen (Näheres in Kapitel 5.4 unter "Tigerhai", "Weißhai").

▶▶ Banken

Die "Banco Nacional de Cuba" und deren Zweigstellen, die über die ganze Insel verteilt sind, wechseln alle Währungen in Pesos um. Allerdings können Sie mit den umgetauschten Pesos als Gast des Landes nicht allzuviel anfangen, da Sie fast überall mit harter Währung (meistens US-Dollar) bezahlen müssen. Hotels, Restaurants, Flüge, Leihwagen, Inlandtouren müssen in US-Dollar beglichen werden. Lediglich Bus- und Bahntickets sowie Taxen (außer Touristen-Taxen), Beköstigung in Pizzerias und Cafeterias, wo Einheimische verkehren, sind in Pesos erhältlich. Kreditkarten und Travellerschecks werden akzeptiert, ausgenommen sie sind auf eine US-amerikanische Bank ausgestellt.

Öffnungszeiten der Banken und Wechselstellen sind in der Regel Mo–Fr 8.30–12.00 Uhr und 13.30–15.00 Uhr sowie Sa 8.00–10.00 Uhr.

▶▶ Bevölkerung

Die **ethnische Zusammensetzung** der rund 11 Millionen Kubaner ergibt folgendes Bild:
Weiße: 70%
Schwarze: 12%
Mulatten und Mestizen: 17%
Asiaten (meistens Chinesen): 1%

Auf die Gesamtfläche des Landes bezogen, ergibt sich eine **Bevölkerungsdichte** von **92 Einwohnern pro km^2**. Die durchschnittliche **Wachstumsrate** der Bevölkerung beträgt **1,2%**. 26% der Bevölkerung sind unter 15 Jahre und nur 8% über 65 Jahre. 71% leben in Städten und 29% in Landgemeinden. Die durchschnittliche **Lebenserwartung ist 73 Jahre**. Die Säuglingssterblichkeit beträgt nur 1,4%! Die Mehrheit der europäischen Einwanderer ist spanischen Ursprungs (70%), deshalb ist auch die **spanische Sprache Staats- und allgemeine Landessprache**.
In Kuba gibt es **keine Rassendiskriminierung**. Alle Kubaner sind vor dem Gesetz gleich!

Kirche und Staat sind aufgrund der geltenden Verfassung getrennt. Bezüglich der **Religionszugehörigkeit** sind 85% bis 90% der Kubaner römisch-katholisch. Die Protestanten werden auf ca. 300.000 geschätzt, die in erster Linie durch die Methodisten und die amerikanische Episkopal-Kirche vertreten sind. Ungefähr 10.000 Juden leben überwiegend in Havanna.
In dem sozialistischen Staat Kuba ist der Lebensstandard der Bevölkerung wesentlich ausgeglichener als auf den Nachbarinseln der Karibik. Jeder hat ein Dach über dem Kopf und erhält kostenlos ärztliche Versorgung und Schulbildung. Das Analphabetentum ist verschwunden, und die Bevölkerung weist einen hohen Bildungsstand auf.

▸▸ Bildungswesen

Das gesamte Bildungswesen in Kuba ist kostenlos. 9 Schuljahre sind für jeden Kubaner Pflicht. Es gibt 46 Hochschulen (!) und eine große Anzahl an Schulen zum Erlernen von Fremdsprachen. Seit 1961 gibt es **keine Analphabeten** mehr im Land.

▸▸ Busse

- **Stadtbusse**

Öffentliche Busverbindungen bestehen für den innerstädtischen Verkehr. Die preiswerteste Möglichkeit, die Stadt kennenzulernen, ist, die Stadtbusse zu benutzen. Es ist jedoch nicht ganz leicht, den richtigen Bus in den gewünschten Stadtteil zu erwischen. Es gibt keine Busfahrpläne. Man ist aufs "Durchfragen" angewiesen. Die Bevölkerung ist sehr freundlich und hilfsbereit. Allerdings erhält man nicht selten voneinander abweichende Auskünfte. Da die einheimischen Busfahrgäste selbst nur "ihre Linien" und "ihre Haltestellen (*paradas*)" kennen, wird man meistens erst mit nicht zu vermeidenden Irrfahrten schließlich ans Ziel gelangen. Wenn man die vermeintliche Haltestelle gefunden hat, dann ist geduldiges Warten angesagt, bis irgendwann ein Bus kommt. Ein Trost, es ist "spottbillig". Man wirft 10 Centavos (30 Pfennige) in eine Zahlsäule, und los geht die meistens dichtgedrängte Fahrt.

- **Überlandbusse**

Man unterscheidet einmal:
- Busse der 1. Klasse, die sog. *"especiales"*. Sie sind schnell, bequem und klimatisiert.
- Busse der 2. Klasse, die sog. *"regulares"*, haben die Vorzüge der *"especiales"* nicht.

Außerdem differenziert man nach:
- den *"interprovinciales"*, die mehrere Provinzen miteinander verbinden,
- den *"provinciales"*, die die Städte innerhalb einer Provinz verknüpfen, und
- den *"locales"*, die innerhalb eines Landkreises verkehren.

Durch akuten **Treibstoffmangel** ist der Busverkehr z. Zt. jedoch auf das Allernötigste reduziert worden. Viele Menschen sind auf Mitfahrgelegenheiten von Lkw angewiesen. Die wenigen Pkw, die in der Provinz verkehren, werden von der Polizei angehalten, wenn sie nur mit 1 Person oder zu zweit besetzt sind, um weitere Personen mitzunehmen. Weil es jedoch ständig zu **Kapazitätsengpässen** im Überlandbusverkehr kommt, ist der Andrang sehr groß.

Reservierung schon 1 bis 2 Tage im voraus ist dringend anzuraten. Die Vorbestellung muß in den Busbahnhöfen (*terminales*) oder den Büros der *"reservaciones de omnibus nacionales"* erfolgen.

Wegen des hohen Andrangs wird man manchmal auf eine **Warteliste** (*lista de espera*) gesetzt, und man bekommt eine Wartenummer (*numéro de espera*) zugeteilt. Sie werden aufgerufen, wenn Sie an der Reihe sind. Man verliert seine Sitzplatzberechtigung, wenn man nicht $^1/_2$ Stunde vor Abfahrt des Überlandbusses zur Stelle ist und, falls man Gepäck hat, dieses nicht 1 Stunde vorher zur Abfertigung angedient wird.

Einige **Preisbeispiele:**
Havanna – Camaguey: 14 Pesos
Havanna – Pinar del Rio: 3,50 Pesos
Havanna – Santiago de Cuba: 25 Pesos
Havanna – Varadero: 3 Pesos

Busverbindungen ab Havanna

Zielort	km	Fahrzeit (Std.)	täglich
Banes	850	14	1 x
Baracoa	1.216	*)	*)
Bayamo	920	12 $^1/_2$	4 x
Boquerón	1.090	*)	*)
Caibarién	310	5	3 x
Caimanera	1.079	*)	*)
Cajobabo	1.156	*)	*)
Camagüey	540	8 $^1/_2$	4 x
Ciego de Avila	440	6 $^1/_2$	4 x
Cienfuegos	300	4	5 x
Ciudad Sandino	256	*)	*)
Guana	240	*)	*)
Guantánamo	900	16 $^1/_2$	3 x
Holguín	750	12 $^1/_2$	3 x
Isabel Rubio	241	*)	*)
La Fe	266	*)	*)
La Máquina	1.198	*)	*)
Las Tunas	660	10 $^1/_2$	2 x
Manuel Tames	1.064	*)	*)
Manzanillo	830	13	3 x
Minas de Matambre	230	*)	*)
Morón	470	7	2 x
Nuevitas	600	10 $^1/_2$	2 x
Palma Soriano	860	14	1 x
Placentas	320	4 $^1/_4$	1 x
Sagua la Grande	351	5	10 x
Sancti Spiritus	381	5 $^1/_4$	5 x
San Juan y Martinez	205	*)	*)
Santa Clara	280	3 $^1/_2$	5 x
Santiago de Cuba	860	14 $^1/_4$	2 x
Trinidad	390	5 $^1/_4$	3 x
Varadero	144	*)	*)
Vinales	210	*)	*)

Anmerkung: Die tägliche Fahrthäufigkeit in den **Gegenrichtungen** (nach Havanna) ist identisch mit den Hinfahrten (ab Havanna).
Zeichenerklärung: *) = Angaben lagen bei Drucklegung nicht vor.

Kuba / Praktische Reisetips von A–Z

- **Touristenbusse**
Diese Busse sind meistens luxuriöse Busse mit Klimaanlage, die ausschließlich den Touristen vorbehalten sind. Sie verkehren in Havanna und Varadero. Es muß in US-Dollar bezahlt werden.
Für ein- und mehrtägige Ausflüge können diese Busse in den Touristenbüros und größeren Hotels ebenfalls angemietet werden.

C Camping

Auskünfte über Campingplätze erteilt das "Instituto Nacional de Turismo", Ecke Avenida Malecón / Calle G, Havanna 4.
Camping steckt in Kuba noch in den Anfängen. Es wird fast nur von Einheimischen in Anspruch genommen. Die noch nicht ausreichend installierten sanitären Anlagen, im tropischen Klima sehr wichtig, lassen einen Urlaub als Camper zu einem zweifelhaften Unternehmen werden.

D Devisen

Ausländische Devisen können unbegrenzt ein- und ausgeführt werden. Man muß sie allerdings deklarieren. Ausfuhr ist nur in Höhe des deklarierten Betrages erlaubt. Der Umtausch von Devisen ist nur bei der "Banco Nacional de Cuba" und an den dazu legitimierten Schaltern der Hotels gestattet. Ankauf, Verkauf, Tausch und Weitergabe von Fremdwährungen an Kubaner ist verboten. In allen touristischen Einrichtungen muß mit US-Dollars bezahlt werden, deshalb empfiehlt sich die Mitnahme von Traveller-Schecks in US-Dollar sowie von kleinen US-Dollar-Banknoten. Die gebräuchlichen EuroCard/MasterCard, Diners, Access und Visa werden in den meisten Hotels und größeren Geschäften akzeptiert. **American Express-Karten werden jedoch nicht angenommen.**

▶▶ **Diplomatische Vertretungen**

in der BRD Kennedy Allee 22–24 D–5300 Bonn 2 (Bad Godesberg) Tel.: 0228/3091 **in Österreich** Eitelberggasse 24 A–1130 Wien Tel.: 222/828198, 822159 **in der Schweiz** Seminarstraße 29 CH–3000 Bern Tel.: 031/444834	**in Kuba:** **Botschaft der BRD** Calle 28, No. 313, zwischen 3. und 5. Avenida, Apartado 6610, Miramar, Havanna Tel.: 33-2539, 33-2569, 33-2460 **Österreichische Botschaft** Calle 4, No. 101, zwischen 1 und 3 Miramar, Havanna Tel.: 33-2394, 33-2825 **Schweizer Vertretung** 5. Avenida No. 2005, zwischen 20 und 22, Miramar-Playa, Apartado Postal 3328, Ciudad de la Habana Tel.: 23-2611, 33-2729, 33-2899

E Einkaufen

Siehe auch Stichwort **Souvenirs, Souvenirs...**

Die Versorgungslage in Kuba ist angespannt. Ausländische Gäste können jedoch in sog *"tiendas"* so ziemlich alles bekommen, was ihr Herz begehrt. Das Sortiment besteht meistens aus Importgütern. Neben Gebrauchsgegenständen, wie beispielsweise Kühlschränken, Fernsehern, Videoanlagen, Fahrrädern werden auch typische Artikel angeboten, die die Ausländer zum Kaufen anregen sollen, wie Gemälde, Gegenstände des Kunsthandwerks und Briefmarken. Alles, was in Kuba sehr teuer, sehr selten oder überhaupt nicht erhältlich ist, kann in den *"tiendas"* gegen harte Dollars, versteht sich, erstanden werden.
Diese Devisen-Kaufhäuser findet man z. B. in:
Havanna, Botschaftsviertel Miramar, 5. Avenida / Ecke 42 und
Santiago de Cuba, Avenida General Cebreco / Ecke 13, Vista Alegre.
Außerdem bieten auch die Souvenir-Läden der Hotels Andenken gegen harte Währung an (Näheres unter Stichwort Souvenirs, Souvenirs...).
Öffnungszeiten der Geschäfte:
Mo–Sa 9.30–12.30 Uhr und 14.00–17.00 Uhr.
Jeder zweite Samstag ist arbeitsfrei.

▶▶ Einreise

● Reisepaß
Staatsbürger der Bundesrepublik Deutschland, Österreichs und der Schweiz benötigen zur Einreise nach Kuba einen gültigen Reisepaß, der für eine vierwöchige Reise noch mindestens 6 Monate über das Rückreisedatum hinaus gültig sein muß, oder ein von der kubanischen Regierung ausgestelltes Reisedokument. Der Kinderausweis muß auch bei Kindern unter 10 Jahren mit einem Lichtbild versehen sein. Bei längerem Aufenthalt ist ein Visum erforderlich.
Außerdem muß die Rückpassage in das Heimatland oder in ein Drittland mit den nötigen Dokumenten (z. B. Visa) vorliegen.

● Touristenkarte
Eine Touristenkarte wird von Bürgern der Bundesrepublik Deutschland und Österreichs verlangt. Für Bürger der Schweiz ist sie nicht erforderlich. Mit den Reiseunterlagen der Reiseveranstalter erhalten Sie die Touristenkarte automatisch zugeschickt, die 35,- DM kostet. Sie sollten die Touristenkarte möglichst mit Schreibmaschine ausfüllen. Das weiße Blatt ist an den Reiseveranstalter zurückzuschicken, der es an die kubanischen Behörden weitersendet. Die restlichen Kopien benötigen Sie als Dokument bei der Ein- und Ausreise nach und aus Kuba. Die Touristenkarte darf für keinen anderen Zweck als für den begrenzten Aufenthalt als Tourist benutzt werden. Sie deckt nicht die Berechtigung für jede Art von Arbeit in Kuba ab.

Die Touristenkarte **gilt 4 Wochen**. Einer **Verlängerung** der Geltungsdauer kann, falls gewünscht, in Kuba durch Cubatur, turismo individual, c/o Hotel Habana Libre, um 4 Wochen stattgegeben werden.

● **Individualtouristen**
Wer auf eigene Faust nach Kuba reisen will, kann die Touristenkarte von dem Vertragsreisebüro Cubatur bei gleichzeitiger Flug- und Hotelbuchung beziehen. Individualtouristen müssen bei der Einreise 3 bestätigte Übernachtungsbuchungen vorweisen.

● **Geschäftsleute und Journalisten**
Europäische Geschäftsleute und Journalisten benötigen ein **Visum**, das bei der kubanischen Botschaft des jeweiligen Landes, in dem sich ihr Wohnsitz befindet, zu beantragen ist.

● **Impfungen**
Pflichtimpfungen sind z. Zt. nach Angaben der Weltgesundheitsorganisation WHO nicht erforderlich.

● **Zollvorschriften bei der Einreise**
(Siehe Stichwort **Zoll**)

● **Devisenvorschriften**
(Siehe Stichwort **Devisen**)

▶▶ **Eisenbahn**

Eisenbahnverbindungen bestehen zwischen allen größeren Städten und zwischen den Produktionszentren und den Häfen. Die wichtigste Eisenbahnverbindung ist die 1.100 km lange Eisenbahnstrecke zwischen Havanna und Santiago de Cuba. Für den öffentlichen Verkehr steht eine Streckenlänge von 4.889 km zur Verfügung. Außerdem liegen noch ca. 12.000 km Gleise in den Zuckerrohrplantagen für den Werkbahnbetrieb mit Verbindungen zu den Zuckerrohrfabriken. Wegen Treibstoffmangels werden die Werkbahnen nur noch vereinzelt betrieben. Auch die Zahl der Personenzüge ist z. Zt. wegen der Energieprobleme des Landes stark eingeschränkt worden. Informationen, wann und wohin Züge verkehren, sollten vor Ort bei den einzelnen Bahnhöfen eingeholt werden. Die Verkehrssituation wechselt ständig. Reservierung ist empfehlenswert.
Von **Estatcion Central de Ferrocarriles Habana** (Hauptbahnhof Havanna) aus verkehren die meisten Züge. Genaue Abfahrtzeiten müssen auch hier erfragt werden.
Einige **Preisbeispiele:**
Havanna – Holguín: 13 Pesos
Havanna – Matanzas: 2 Pesos
Havanna – Santiago de Cuba: 15 Pesos

Kinder unter 5 Jahren reisen frei, Kinder zwischen 5 und 12 Jahren bezahlen den halben Fahrpreis.

Zugverbindungen ab Havanna

Abgangsbahnhof	Zielbahnhof	km	Fahrzeit (Std.)	täglich
Cardenas	Jaguey	89	3	2 x
Cienfuegos	Santa Clara	63	2	3 x
Habana Central	Cienfuegos	304	$9 \frac{1}{2}$	1 x
Habana Tulipan	Cienfuegos	300	$5 \frac{1}{2}$	1 x
Habana Central	Guane	238	9	1 x
Habana Tulipan	Guane	234	$5 \frac{1}{2}$	1 x
Habana Central	Guantánamo	898	16	1 x
Habana Tulipan	Pinar del Rio	178	4	2 x
Habana Casa Blanca	Matanzas	85	$2 \frac{1}{2}$	6 x
Habana Central	Santiago d.C.	860	14	1 x
Santiago de Cuba	Manzanillo	186	5	2 x
San Luis	Guantánamo	70	$3 \frac{1}{2}$	4 x

Die tägliche Fahrhäufigkeit der Züge in den **Gegenrichtungen** ist mit denen der Hinfahrten identisch.

▶▶ Essen und Trinken

● **Kubanische Küche**
Die kubanischen Gerichte orientieren sich hauptsächlich an den jahreszeitlich anfallenden Früchten und Gemüsearten. Es werden keine scharfen Gewürze verwendet. Traditionelle Speisen basieren auf Reis, Bohnen, Schweinefleisch, gebackenem oder gekochtem Gemüse, gewürzt mit Zwiebeln und Knoblauch. Die Zubereitung von Meeresfrüchten ist ausgezeichnet und von vorzüglichem Geschmack.
   - **Kochbananen** *(platano verde)* sind nur gekocht oder in Scheiben geschnitten und gebraten genießbar. Sie gehören mit zu den Hauptnahrungsmitteln der Insel. Eine weitere Zubereitungsart ist gegarter Kochbananenpüree, der zerstoßen mit allerlei Gewürzen und manchmal Fleisch angerichtet wird.
   - **Natilla** ist ein Vanillepudding, den es oft als Dessert gibt.
   - **Picadillo** ist ein kräftig gewürzter Rindergulasch mit Kochbananen oder Steak mit Zwiebeln und Wurzelgemüse zubereitet.
   - **Pueco asado** besteht aus luftdicht gegartem Schweinefleisch.
   - **Schwarze Bohnen** *(frijoles negros)*, mit gekochtem Reis und manchmal mit Fleisch zubereitet, sind ein typisches Gericht Kubas, das auch den sinnigen Namen *"Moros y Christanos"* (Mohren und Christen) trägt.
   - **Speiseeis** ist von hervorragender Qualität. Die Kubaner lieben es sehr süß. In jedem größeren Ort gibt es die sog. *"coppelias"* (Eisdielen). Oft bilden sich große Schlangen, um bei dem heißen Wetter an die begehrte Erfrischung zu gelangen.

Einige kubanische Bezeichnungen, die den Kauf erleichtern, seien hier aufgeführt:
"helado" = 1 große Kugel Eis
"jimaguas" = 2 große Kugeln Eis
"ensalada" = mehrere kleine Kugeln Eis
"lolita" = Eis mit Pudding
"sundae" = Eis mit Früchten
- **Tamales** sind Pasteten, Maismehltaschen mit Fleisch und Gewürzen gefüllt.

● **Einheimische Getränke**
- **Bier** wird in Kuba selbst hergestellt. Die gängigsten Marken sind "Cerveza Clara", ein leichtes Bier, und "Hatuey", ein Starkbier (18% Alkohol) mit dem heroischen Indianerhäuptling auf dem Etikett der Bierflaschen.
- **Café cubana** muß schwarz, heiß und süß sein, wie eine schöne Mulattin", sagen die Kubaner.
- **Cuba Libre** (freies Kuba), ein Mixgetränk aus Rum, Eiswürfeln, Tropicola und etwas Limonensaft, ist in Kuba nicht nur wegen des freiheitlichen Namens sehr beliebt.
- **Daiquirí**, ein Rum-Cocktail, gemixt aus weißem Rum, Saft einer halben Zitrone oder Pampelmuse, $1/2$ Teelöffel Zucker, etwas Maraschino, Sekt und Eissplittern, erfreut sich großer Beliebtheit in Kuba.
- **Mojito** ist zusammengesetzt aus Rum, $1/2$ Teelöffel Zucker, dem Saft einer halben Limone, etwas Sodawasser, einem Minzezweig, dessen Stengel leicht zerdrückt werden, und natürlich Eiswürfeln.
- **Presidente** ist ebenfalls ein Mixgetränk aus Rum, rotem Vermouth, Eiswürfeln, einigen Tropfen Grenadine und Orangenschalen.
- **Rum** ist <u>das</u> Getränk Kubas. Es wird pur, jedoch auch oft als Mixgetränk getrunken. Besonders der weiße Rum eignet sich sehr gut für Cocktails, traditionell für "Cuba Libre", "Daiquirí" und "Mojito".
- **Tamarindensaft** ist wegen seines säuerlichen Geschmacks, kühl serviert, sehr erfrischend.
- **Trinkwasser** pur aus der Leitung gilt als nicht gesundheitsschädlich.
- **Zuckerrohrsaft** *(guarapo)*, mit Eiswürfeln gekühlt, ist ein köstliches Getränk.

● **Europäische Küche**
Alle Hotels bemühen sich, trotz der oft schlechten Versorgungslage des Landes, das internationale Niveau der Gastronomie zu erreichen.

* *Restaurant* 2da. cat.

```
"LAS DELICIAS DE DON TOMAS"
Rice with han, pork, chicken, lobsters and Spanish sausage  $10.00
```

- Jugo de frutas naturales   - Fresh fruit juice   0.75
- Ensalada de frutas naturales   - Fresh fruit salad   1.30
- Frijoles negros   - Black been soup   1.00
- Filete de pescado grillé   - Grilled filet of fish   6.25
- Bacalao "Delicias del Caribe"   - Codfish "Delicias del Caribe"   5.00
- Enchilado de Langosta   - Lobster enchilado   13.20
- Langosta grillé   - Grilled Lobster   14.85
- Tasajo a lo campesino   - Jerked beef a lo campesino   7.00
- Arroz blanco   - White rice   0.80
- Viandas cocidas   - Boiled vegerales   0.80
- Viandas fritas   - Fried vegerales   0.80
- Ensalada de estación   - Season salad   0.80
- Cake helado   - Cake icecreams   1.20
- Dulce en almibar con queso amarillo
        - Desert in syrup with cheese   0.80
- Dulce en almibar con queso crema
        Dessert in syrup with creme cheese   0.70
- Galletas de Viñales   - Crackers   0.20
- Café   - Coffee   0.20
- Te frio   - Col tea   0.40
- Te caliente   - Hot tea   0.30

* Bar   2da. cat.

```
"COCTEL EL TRAPICHE"
"COCKTAIL EL TRAPICHE"  $3.00
```

- Ostiones   - Oyster   2.00

- Coctel de pescado   - Fish Cocktail   1.80

- Coctel de Langosta   - Lobster cocktail   6.65

- Malanga frita   - Fried malanga   0.80

- Maní   - Peanut   0.80

- Aceitunas   - Olives   0.70

- Aceitunas rellenas   - Stuffed olives   1.00

- Mojito   1.50

- Agua embotellada   - Botlld water   1.00

- Refresco embotellado   - Soft drink   0.50

- Sangría   - Sangaree   1.50

- Cerveza clara   - Light beer   1.20

- Rones y vinos cubanos   - Cubans rums and wines

- Rones y vinos de importación   - Imported rums and wines

- Cuba libre

F Feier- und Gedenktage

Gesetzliche Feiertage
01. Januar   Día de la Liberación (Jahrestag des Sieges der Revolution 1959)
01. Mai   Día de los Trabajadores (Tag der Arbeit)
25.,26.u.
27. Juli   Tage des nationalen Aufstandes
10. Oktober   Día de la Cultura Cubana (Jahrestag des Beginns des 1. Unabhängigkeitskrieges 1868–1878)
An diesen Tagen sind Büros, Geschäfte und ein Großteil der Museen geschlossen.

Nationale Gedenktage
01. Januar   Tag der Befreiung (Sieg der Revolution)
28. Januar   Geburtstag von José Martí
24. Februar   Grito de Baire (Beginn des Befreiungskrieges von 1895)
08. März   Día de la Mujer (Internationaler Tag der Frau)
13. März   Jahrestag des Sturms der Studenten auf den Präsidentenpalast von Havanna
19. April   Jahrestag des Sieges über die vom CIA finanzierten kubanischen Söldner in der Schweinebucht 1961 (Playa Girón)
01. Mai   Tag der Werktätigen
26. Juli   Día de la Rebeldía Nacional (Jahrestag des Sturms auf die Moncada-Kaserne in Santiago de Cuba)
30. Juli   Tag der Märtyrer der Revolution
08. Oktober   Jahrestag des Todes von "Che" Guevara in Bolivien
10. Oktober   Jahrestag des Beginns des Unabhängigkeitskrieges
28. Oktober   Gedenktag für Camilo Cienfuegos
02. Dezember Gedenktag an die Landung der "Granma" mit Fidel Castro und seinen Rebellen
07. Dezember Jahrestag des Todes von Antonio Maceo

▶▶ Feste

Das größte Fest in Kuba ist der **Karneval**, der 2 Wochen lang im Juli farbenfroh mit tobenden Kostümierten, Musikern und Tänzern begeistert gefeiert wird.

▶▶ Fotografieren und Filmen

An Motiven landschaftlicher, architektonischer und kultureller Art mangelt es in Kuba nicht.
● **Fotografier- und Filmverbot**
Fotografier- und Filmverbot besteht in Kuba für Militär- und Industrieanlagen, Flughäfen, Bahnhöfe, Brücken und Rundfunkanlagen. Sonst dürfen Sie alles auf der Insel filmen und fotografieren.

- **Fotoausrüstung**
Ideal ist eine robuste Spiegelreflexkamera mit auswechselbaren Objektiven. Sehr nützlich sind **Zoom-Objektive**. Mit der Ausrüstung von 2 Objektiven von **35–80 mm und 80–200 mm** eröffnet sich Ihnen vom Weitwinkel- bis zum Telebereich eine große Palette an Möglichkeiten, mit denen ein Normalfotograf sehr gut ausgerüstet ist. **UV-Filter** sind wegen der starken, fotoschädlichen UV-Strahlung am Strand und im Bergland erforderlich. Ein leistungsfähiges **Blitzlichtgerät** sollte in Ihrem Fotopäck ebenfalls nicht fehlen.

- **Filmausrüstung**
Falls Sie auch neuerdings eine **Videokamera** mit auf Ihre Reise nehmen wollen und Sie noch nicht im Besitz einer solchen sind, so sei Ihnen aus eigener guter Erfahrung die Mitsubishi HS - C 35 E empfohlen. Sie hat den großen Vorteil, daß sie auswechselbare Objektive besitzt (Weitwinkel, Normal und Tele). Sie können sie deshalb sehr vielseitig einsetzen, und sie zeichnet sehr scharf.

- **Sonstige Tips**
- Die Kubaner sind grundsätzlich nicht foto- oder filmscheu. Sie sind selbstbewußt und lassen sich gerne ablichten. Es erfordert jedoch die Achtung der **Menschenwürde** und das Taktgefühl, vorher höflich um Fotoerlaubnis zu fragen. Bilder der Armut sollten nicht aufgenommen werden.
- Die **Funktionsfähigkeit** Ihrer Kameras sollten Sie daheim ausprobieren.
- Die Foto- und Videokamera muß vor zu großer **Hitze, Feuchtigkeit, Stoß und Staub** geschützt werden.
- Vergessen Sie nicht, genügend **Ersatzbatterien, Würfelblitze und Filmmaterial** von daheim mitzunehmen. Die Chancen des Nachkaufs dieser Artikel sind nicht immer ideal. Sie bekommen nur schwerlich die gewünschten Sorten, und außerdem ist der Preis mindestens doppelt so teuer wie in Mitteleuropa.
- Wichtig ist auch die **Mitnahme eines Amerikanischen Flachstecker-Adapters**, der dort nicht erhältlich ist (Stromspannung in Kuba 110 Volt), zum Auflagen von Videokameras und Blitzlichtgeräten.
- Auf Flughäfen sollten Sie unbelichtete und belichtete **Filme von Hand kontrollieren lassen** oder **Filmsafe-Beutel** (aus Blei) verwenden, die in hiesigen Fotogeschäften erhältlich sind.

G Geld

Siehe Stichwort **Banken, Devisen, Safe, Währung**

➥ Geschäftszeiten

Die Geschäfte sind Mo–Sa 9.30–12.30 Uhr und 14.00–17.00 Uhr geöffnet. Jeder zweite Samstag ist arbeitsfrei.

▸▸ Gesundheit

Die Möglichkeit, in Kuba, am nördlichen Rand des Tropengürtels gelegen, ernstlich krank zu werden, ist sehr gering im Verhältnis zu anderen tropischen Ländern. Die gefürchteten Epidemien, wie Typhus, Cholera, Pest und Pocken, unter denen andere Länder der dritten Welt, besonders die unter dem Äquator, immer noch zu leiden haben, sind in Kuba zurückgedrängt. Selbst die sich neuerdings wieder ausbreitende Malaria tritt in Kuba nicht auf. An Denguefieber kann man allerdings erkranken.

Einige Tips:
- Lassen Sie dem Körper Zeit, die **Klimaumstellung** und die **Zeitverschiebung** zu verkraften. Gehen Sie Ihren Urlaub ruhig und zu Anfang ohne allzu volles Programm an.
- **Dengue-Vorbeugung**
Das Denguefieber kann durch den Stich der Gelbfiebermücke *(Stegomyia fasciata)* übertragen werden. Da es gegen diese Krankheit noch keinen Impfstoff und keine wirksame Prophylaxe gibt, sollte man folgende Vorbeugung treffen: Schutz durch Kleidung, Moskitonetz und Einreiben mit Anti-Insektenmitteln, besonders in der Dämmerung und nachts.
- **Sonnenbrand**
Ihm kann man durch vorsichtige Gewöhnung an die heiße Tropensonne und Einreiben der empfindlichen Haut der "Bleichgesichter" mit Sonnenschutzmitteln mit hohem Lichtschutzfaktor entgehen. Auch bei bedecktem Himmel können Sie sich einen Sonnenbrand zuziehen.
- **Erkältungen** holt man sich sehr leicht, wenn man sich überhitzt und verschwitzt dem **"polaren Luftstrom"** der **Klimaanlagen** aussetzt, die man selbst zu kalt eingeschaltet hat oder die im Restaurant oder klimatisierten Bus auf "Eiswind" eingestellt sind.
Genauso ungünstig kann es sich für Ihren überhitzten Körper auswirken, wenn Sie die **eisgekühlten Getränke** zu hastig trinken.
- **Kein ungekochtes Wasser zu sich nehmen!**
- **Verletzungen** sollten sofort verarztet werden. Es ist dringend anzuraten, offene Wunden mit Jod, Salben und Pflaster zu behandeln. Schon geringe Verletzungen können Infektionen hervorrufen. Je tropischer das Klima, je größer die Gefahr! Besonders gefährlich ist der **Wundstarrkrampf**, gegen den Sie sich unbedingt impfen lassen sollten (siehe Stichwort **Impfung**).
- Empfehlenswert ist es, eine kleine **Reiseapotheke** mitzunehmen.
- Vergessen Sie nicht, eine **kombinierte Reiseversicherung** daheim abzuschließen (Krankheit, Unfall, Gepäck).

▸▸ Gesundheitswesen in Kuba

Vor der Revolution 1959 war die Kindersterblichkeit sehr hoch. Auf dem Lande waren Durchfallerkrankungen und Parasitenbefall die häufigste Todesursache. Fast alle Ärzte und Zahnärzte praktizierten in Havanna. Die durchschnittliche Lebenserwartung der Insulaner betrug nur 55 Jahre. **Nach der Revolution 1959** gab es nur noch weniger als die Hälfte der Ärzte im Lande, die meisten hatten sich während des Umsturzes in die USA und ins übrige Ausland abgesetzt.

Ein **neues Gesundheitswesen** wurde aufgebaut, das als **vorbildliche Leistung** des neuen Machthabers Fidel Castro Anerkennung gefunden hat.

Worin bestand die Neuordnung?
- Ganz Kuba wurde in *"areas"* (Sektoren) eingeteilt.
- Polikliniken entstanden in den Städten.
- **Landarztstellen**, mit einem Arzt und einer Arzthelferin besetzt, wurden auf dem Lande, auch in den entlegensten Winkeln, errichtet.
- Alle Mediziner mußten den geforderten **Hochschulabschluß** besitzen.
- **Jeder Arzt mußte einmal auf dem Lande praktiziert haben.**
- **Gesundheitsposten** wachten in jeder Schule und in jedem Betrieb über den Gesundheitszustand ihrer Mitmenschen.
- Die **Provinzkrankenhäuser** wurden mit Röntgengeräten und modernen Labors ausgerüstet.
- Es wurde sehr viel Mühe in die **Gesundheits-Aufklärung** der Bevölkerung verwandt.
- Heute steht **für 443 Einwohner 1 Arzt** zur Verfügung! Ein großer Erfolg, wenn man bedenkt, daß vor 1959 die gesamte Landbevölkerung ohne ärztliche Versorgung auskommen mußte.
- Die **Säuglingssterblichkeit ist mit 1,4% sehr gering.** Stolz wird berichtet, daß sie in den USA höher sei als in Kuba.
- Die **Müttersterblichkeit im Kindbett** ist verschwindend niedrig geworden. Von 100.000 Müttern sterben nur noch 47 bei der Geburt ihres Kindes.
- Kuba ist eines der Länder der Erde mit den **günstigsten Gesundheitskennziffern.**
- Die durchschnittliche **Lebenserwartung der Kubaner ist auf 73 Jahre** gestiegen.
- **Ärztliche Behandlung und Krankenhausaufenthalte** sind für die kubanische Bevölkerung kostenlos.
- **Spezial-Kliniken für ausländische Besucher** sind die Klinik "Cira García" in Havanna und die Internationale Poliklinik am Strand von Varadero.
Spezialbehandlungen müssen von Ihrem Hotel oder dem Reisebüro Ihres Heimatlandes vereinbart werden.
In Notfällen kann die Behandlung kostenlos durchgeführt werden. Eine medizinische Betreuung für Touristen ist grundsätzlich in allen Einrichtungen garantiert.
- In Kuba wird der **Gesundheitstourismus** wegen der günstigen Bedingungen sehr beliebt.

H Häfen

Kubas wichtigste Häfen sind Havanna, Santiago de Cuba, Cienfuegos und Matanzas, die gleichzeitig Basen für Supertanker sind. Der "Marina Hemingway" in Havanna und die Häfen in Varadero, Cayo Largo del Sur sind internationale Häfen für kleinere Schiffe.

➤➤ Hotels und andere Unterkünfte

Die **Preiskategorien** der Unterkünfte (für 1 Doppelzimmer pro Tag) werden in diesem Buch durch die Zahl der *-Zeichen unterschieden:

******	= über 120 US$
*****	= 90 bis 120 US$
****	= 60 bis 90 US$
***	= 40 bis 60 US$
**	= 20 bis 40 US$
*	= bis 20 US$

● **Touristenhotels**
Gezahlt wird mit US-Dollars.
Einige **Preisbeispiele** sollen einen Anhaltspunkt geben:
**** "Habana Libre", Havanna Stadt: Doppelzimmer: 85 US-Dollar
** "Hotel Guardalavaca", Guardalavaca: Doppelzimmer: 29 US-Dollar
* "Caribbean", Havanna Stadt: Doppelzimmer: 18 US-Dollar
In den Touristenhotels erhält man eine **Gästekarte**. Es ist eine Art Hotelpaß, worin Ihr Name und das Check-out-Datum vermerkt sind. Man sollte die Gästekarte immer parat haben. Öfter muß man sie vorzeigen, z.B. wenn man das Restaurant betritt.

● **Jugendcamps**
In reizvollen Landschaften Kubas wurden verschiedene Camps angelegt, um den Interessen des Jugendtourismus zu entsprechen. Zwei dieser einfachen, preiswerten Anlagen stehen auch dem internationalen Tourismus zur Verfügung.
Es sind:
Al Abra, 60 km östlich von Havanna in einer hügeligen Landschaft direkt am Meer gelegen. Die Anlage verfügt über Restaurant, Cafeteria, Bar, Swimmingpool, Arztstation, Apotheke, Shop und Sportanlage. Fahrräder und Mofas können ausgeliehen werden.
Aguas Claras liegt 8 km von Pinar del Río entfernt an einem Stausee, und es bietet ideale Ausflugsmöglichkeiten in das reizvolle Vinales-Tal. Diese Anlage verfügt über Restaurant, Cafeteria und Swimmingpool.

● **Jugendherbergen**
Jugendherbergen gibt es in Kuba nicht.

● **Villas**
Villas sind Feriendörfer. Sie bestehen aus mehreren *"cabanas"* (Bungalows). Ein zentrales Restaurant und eine Bar sorgen für die Beköstigung. Die Buchung erfolgt über Cubatur.

Impfungen

Für Kuba sind offiziell keine Impfungen vorgeschrieben.
Empfohlen werden jedoch trotzdem folgende Impfungen, die im Internationalen Impfpaß vermerkt werden sollten:
● Gelbsucht (Hepatitis A)
● Wundstarrkrampf (Tetanus)
● Typhus

▶▶ Inlandflüge

Die Drehscheibe der Inlandflüge ist Havanna.
Die nationale kubanische Fluggesellschaft heißt:
"Cubana de Aviación"
Calle 23 (Rampa), Vedado, Havanna
Diese Fluggesellschaft fliegt von Havanna nach:
Baracoa, Guantánamo, Santiago de Cuba, Bayamo, Manzanillo, Las Tunas, Holguín, Moa, Camagüey, Cienfuegos und Isla de la Juventud.
Die Bezahlung muß in US-Dollar erfolgen. Die Maschinen sind vielfach ausgebucht, deshalb ist eine rechtzeitige Reservierung notwendig. Die Reservierung kann unter Telefon-Nummer: 7-4911 beim Cubana de Aviación-Zentralbüro oder von den diversen Touristenbüros im Lande vorgenommen werden. Alle Flüge müssen 1 Tag vorher bestätigt sein (*reconfirmacion*).

Einige **Preisbeispiele** von Havanna:

Zielort	Preis für Hinflug	Flughäufigkeit
Baracoa	58 US-Dollar	4x wöchentlich
Bayamo	44 US-Dollar	3x wöchentlich
Camagüey	38 US-Dollar	täglich
Holguín	44 US-Dollar	täglich
Las Tunas	42 US-Dollar	4x täglich
Manzanillo	44 US Dollar	3x wöchentlich
Santiago de Cuba	50 US-Dollar	täglich

Die Charter-Fluggesellschaft **Aerocaribbean** (La Compania Charter de Cuba), Calle 23 No. 113, Vedado, Havanna, Tel.: 79-7524, 79-7525, 70-4965, Telex 512191 AEROCA fliegt folgende Ziele an:
Pinar del Río, **Havanna**, **Varadero**, Gerona, Cayo Largo, **Cienfuegos**, Trinidad, **Camagüey**, Las Tunas, Holguín, Puente Guiién, Bayamo, C. Avila, Manzanillo, Baracoa, Guantánamo, Santiago de Cuba.

K Kleidung

Da auf Kuba **ewiger Sommer** herrscht, sollten Sie auch nur sommerliche Kleidung mitnehmen. Die Temperaturschwankungen sind nur gering. Die mittlere Jahrestemperatur beträgt +25,5° C. Angebracht sind Kleidungsstücke aus leichtem, atmungsaktivem Stoff, vorzugsweise aus Naturfasern, wie Baumwolle oder Leinen, sowohl tagsüber als auch über Nacht. Wegen der stark wehenden **Passatwinde**, Kaltlufteinbrüchen mit Temperaturrückgang auf höchstens +15° C und der manchmal zu kalt eingestellten Klimaanlagen ist die Mitnahme einer leichten Jacke oder eines Pullis angebracht. In den Touristenhotels wäscht der "Waschdienst" Ihre Kleidung über Nacht.

Sie können sich zu jeder Zeit völlig ungezwungen kleiden. Allerdings sieht man es nicht gern, wenn Männer und Frauen in Shorts sich in Kirchen, Museen, Kabaretts, Restaurants und Bars zeigen. Wenn Sie ins Theater, in ein besseres Restaurant oder ins Nachttanzlokal Tropicana gehen wollen, empfiehlt sich für die Damen ein Cocktailkleid und für die Herren ein langärmliges Hemd und natürlich eine lange Hose (keine Jeans). An Swimmingpools und Stränden sind FKK und "Oben ohne" verboten.

➤➤ Klima und Reisezeit

Kubas Klima wird als **randtropisches Klima** bezeichnet. Unter dem Einfluß des Nordostpassats herrscht im südöstlichen Drittel der Insel ein immerfeuchtes tropisches Regenklima mit Niederschlägen um 1.500 mm pro Jahr. Im mittleren und westlichen Teil Kubas wird die Regenzeit durch 3 bis 5 aride Monate im Winter unterbrochen. Vor allem im Spätsommer und Frühherbst (besonders im Westen) können Ausläufer tropischer Wirbelstürme (Hurrikane) die Insel überqueren (Näheres im Kapitel 3.4.2 – "Wie entsteht ein Hurrikan?").

Für Reisende aus gemäßigten Breiten ist das Klima in Kuba ideal. Es herrscht für unsere Begriffe **immer Sommer**. Der ständig wehende Passatwind macht auch Temperaturen von +30° C und schwüleres Wetter in der regenreicheren Sommerzeit erträglich. Die mittlere Jahrestemperatur beträgt +25,5° C. Im Winter während der Trockenzeit beläuft sich die relative Luftfeuchtigkeit auf 70%. Sie steigt auf 82% im Sommer, wenn häufig kurze Gewitter mit heftigen Regenfällen niedergehen.

● Vermutlich würde Ihnen die **winterliche Trockenzeit** von Oktober / November bis Mai / Juni mehr zusagen als die Regenperiode in der übrigen Jahreszeit. Dann bläst allerdings auch der NO-Passat am kräftigsten, und die Preise sind höher (Hauptsaison).

● Aber **auch die Regenzeit ist reizvoll**. Nach den heftigen Regenfällen klart es immer wieder schnell auf. Phantastische Wolkenformationen erzeugen spektakuläre Stimmungen. Das frische Grün, die silbrig glänzenden Blätter und die tropische Blütenpracht entschädigen für den vorherigen Wolkenbruch. Die **tägliche Sonnenscheindauer** unterscheidet sich

nur unwesentlich von der der Trockenzeit. Vorteilhaft sind auch die niedrigeren Preise (Nebensaison).
Zusammenfassend ist zu sagen, Kuba ist wegen des angenehmen, bekömmlichen Klimas ein **ganzjährig zu empfehlendes Reiseland**.
Eine aufschlußreiche **Klimatabelle** finden Sie im Kapitel 3.4.4.

➽ Kreditkarten

Folgende Kreditkarten werden in Kuba akzeptiert:
Access, Diners International, EuroCard, MasterCard, Thomas Cook, Visa International, wenn sie nicht von US-amerikanischen Banken ausgestellt sind.

➽ Kunst

Die kubanische Kultur hat ihre Wurzeln in der ethnischen Mixtur ihrer Bevölkerung.
● Ein besonderes Beispiel hierfür ist die **Musik**, die spanische und afrikanische Elemente in sich vereinigt hat. Die bedeutendsten Musiker und Musikerinnen sind: Esteban Salas, Amadeo Roldán, Alejandro Gracía Caturla, Ernesto Lecuona, Rita Montaner, Ignacio Villa (Bola de Nieva), Beny Moré, Gonzalo Roig, Leo Brouwer.
● In der **Literatur** sind die nachfolgenden Autoren besonders erwähnenswert: José Ma. Heredia, Cirilo Villaverde, Jualián del Casal, José Martí, Alejo Carpentier, José Lezarna Lima, Miguel Barnet.
● In der **bildenden Kunst** hat Kuba folgende berühmte Künstler und Künstlerinnen hervorgebracht: Victor Manuel, Carlos Enríquez, Servando Cabrera Moreno, Amelia Peláez, René Portocarrero, Wilfredo Lam, Rita Longa, Raúl Martinez, Manuel Mendive.
● Kubanische **Filme** haben internationalen Ruhm geerntet. Das kubanische Filminstitut (ICAIC) produziert Spiel- und Dokumentarfilme.
● Der kubanische **Karneval** und der **Folklore-Tanz** haben in Kuba Tradition. Das "National-Folklore-Ensemble" ist weltberühmt.
● Die 3 wichtigsten **Ballettschulen** sind: das "Kubanische National-Ballett", das "Camagüey-Ballett" und der "Kubanische National Tanz".
● Es gibt sehr viele **Museen** in Havanna und in den Provinzhauptstädten.

L Landkarten

● Für Bestellungen von Gesamtansichtskarten von Kuba und Detailkarten ist folgende Firma zu empfehlen:
Internationales Landkartenhaus / Geo Center
Postfach 800830, D 7000 Stuttgart 80
Tel.: 0711/78893-40, Telex: 7255508 ilh d

- Außerdem kann man Landkarten über das Büro des kubanischen Fremdenverkehrsbüros (Cubatur), Frankfurt, beziehen.
Cubatur
Steinweg 2, 6000 Frankfurt am Main 1
Tel.: 069/288322-23, Telex: 4185577 CUTU-D
- In den **kubanischen** *tiendas* sind vorort Straßenkarten des Landes erhältlich.

▸▸ **Leihwagen**

Siehe Stichwort **Mietwagen**

M Maße und Gewichte

In Kuba ist das **Dezimalsystem** eingeführt. Trotzdem bestehen immer noch folgende gebräuchliche Maßeinheiten:

1 Libra espaniola (spanisches Pfund)	= 0,46 kg
1 Onza (Unze)	= 0,031 kg
1 Arroba (25 spanische Pfund)	= 11,50 kg
1 Quintal (100 spanische Pfund)	= 46,00 kg
1 Caballería	= 13,43 kg
1 Galón norteamericano	= 3,78 l

▸▸ **Mietwagen**

Wer unabhängig reisen möchte, der findet Leihwagen bei folgenden Firmen:
- **Cubanacan**, Avenida 146, Calle 11, No. 1107, Playa, Apartado 16036, Havanna, Tel.: 22-5551 al 19, Telex: 51 13 16 nacan cu
- **Havannaautos**, Oficina Central, Calle 35, No. 505, Avenida Miramar, Havanna, Tel.: 225891
- **Cubatur**, Calle 23, No. 156e, Ciudad de Habana 4, Tel.: 324521-27, Telex: 511243 TURCU

Verschiedene Autoklassen und Fabrikate von Fiat bis VW und Lada bis zum Jeep stehen zur Verfügung. Das Preisniveau bewegt sich von 35 US-Dollar pro Tag inklusive 100 Frei-Kilometer an aufwärts. Ein VW Amazon ist ab 40 US-Dollar pro Tag inklusive 100 Frei-Kilometer und pro Woche für 250 US-Dollar inklusive 700 Frei-Kilometer erhältlich. Für einen Mercedes Benz 190 müssen Sie etwa den dreifachen Preis rechnen. **Versicherungskosten** werden extra berechnet (meistens ca. 5 US-Dollar täglich). Bei der Übernahme müssen Sie **Benzingutscheine** von 5 bis 20 Liter erworben werden (Preis pro Liter 0,60 US-Dollar). Gutscheine, die nicht genutzt wurden, können wieder zurückgegeben werden.

Mietwagen-Stationen gibt es z.B. in Havanna am internationalen Flughafen José Martí, im Hotel Marazul (Ost-Havanna), in Varadero, Centrale

Avenida 1, Cienfuegos, Playa Girón, Guardalavaca und Mareo del Portillo oder in anderen großen Hotels.
Wer mit dem Mietwagen unterwegs ist, darf sich frei im Land bewegen. Nur militärische Sperrgebiete dürfen nicht berührt werden. Der internationale Führerschein ist nicht erforderlich. Eine **Kaution** in Höhe von 100 US-Dollar muß hinterlegt werden bzw. der Freibetrag einer in Kuba akzeptierten Kreditkarte.
Preisbeispiele: (in US-Dollar)

Wagentyp	Miete/ Tag	Miete/ Woche	zusätzl. km	einschl. km	Vers.
BRM Buggy	30,00	190,00	0,15	100	5,00
Nissan S.S/A	35,00	220,00	0,20	100	5,00
VW Amazon C/A	40,00	250,00	0,20	100	5,00
Nissan S.C/A	40,00	250,00	0,20	100	5,00
VW Santana C/A	50,00	315,00	0,30	100	7,00
VW Combi	60,00	380,00	0,30	100	7,00
M. Benz 190 C/A	125,00	790,00	—	—	—

➤➤ Mobilität

Ausländische Gäste können sich im ganzen Land völlig frei zu jeder Tag- und Nachtstunde bewegen. Ausgenommen sind militärische Sperrgebiete, wo auch das Fotografieren streng verboten ist.

N Nachtleben

In Havanna, aber auch in anderen größeren Städten und Ferienzentren gibt es ein lebhaftes Nachtleben. Kabaretts, Diskotheken und Nachtclubs haben bis tief in die Nacht geöffnet. Besonders empfehlenswert ist der Besuch der Kabaretts "Tropicana" von Havanna und Santiago de Cuba.

➤➤ Nationalhymne

Das von **Perucho Figueredo** erdichtete und komponierte Lied wurde am 10. Oktober 1868 im Freiheitskampf gegen die Spanier zuerst in Bayamo gesungen, deshalb heißt es auch **"La Bayamese"**. Es wurde später zur Nationalhymne erklärt und hat folgenden gekürzten Text:

"Al combate corred, Bayamese,
que la Patria os contempla orgullosa.
No temáis una muerte gloriosa
que morir por la Patria es vivir.
En cadenas vivir es vivir
en afrenta y aprobio sumido!
Del clarín escuchad el sonido!
A las armas, valients, corred!"

Die Übersetzung ins Deutsche lautet etwa so:

> "Auf zum Kampf, Bayameses!
> Das Vaterland wird stolz auf Euch sein.
> Fürchtet nicht ruhmreichen Tod,
> für das Vaterland sterben, heißt leben.
> In Ketten zu leben, ist ein Leben
> in Schande und Unterwerfung.
> Hört den hellen Ruf der Trompete!
> Ihr Tapferen, eilt zu den Waffen!"

P Pflanzenwelt

Kubas Flora ist **sehr artenreich**. Es gibt mehr als 8.000 verschiedene Pflanzenarten, darunter viele endemische Species. Die **Wiederaufforstung** der zerstörten Wälder ist für das Land von sehr großer ökologischer und ökonomischer Wichtigkeit. 3 Waldregionen Kubas wurden von den Vereinten Nationen zu **"World Heritage Sites"** erklärt, was frei übersetzt "Bereich des Welterbes" bedeutet. Die **Königspalme** ist typisch für die kubanische Landschaft. Sie ist im Nationalwappen der Republik dargestellt. Der Nationalbaum heißt **Yagruma**, und **Mariposa** (Schmetterlingsblume) ist die Nationalblume.
Siehe ausführliche Kapitel 4.1 und 4.2.

▶▶ Politisch-administrative Aufteilung

Kuba ist in 14 Provinzen und 1 *"Municipio Especial"* (spezielle Gemeinde) eingeteilt. Von West nach Ost aufgezählt, heißen sie: Pinar del Río, Havanna, Matanzas, Cienfuegos, Villa Clara, Sancti-Spírtitus, Ciego de Avila, Camagüey, Las Tunas, Granma, Holguín, Santiago de Cuba, Guantánamo und Isla de la Juventud (*"Municipio Especial"*).

▶▶ Post und Telefon

● **Briefe, Postkarten, Briefmarken**
Die Beförderungsdauer von Briefen und Postkarten per Luftpost beträgt in der Regel 4–6 Wochen. Für das Frankieren der Briefe und Postkarten werden z. Zt. 30 Centavos erhoben.
Vergessen Sie nicht den Vermerk **"Air Mail"**.
Die **Postkästen** sind blau angestrichen, und sie tragen die Aufschrift: *"Correos"*.
● **Telefon**
Ferngespräche sind nach Anmeldung bei den meisten Postämtern und bei der Rezeption Ihrer Hotels möglich. Die Grundgebühr für die Mindestsprechdauer von 3 Minuten nach Europa betrug zur Zeit der Drucklegung 18 US-Dollar.

R Reisevorbereitungen

Soll Ihre Reise erfolgreich, erholsam, nicht stressig sein, so muß eine gute Planung und Vorbereitung vorausgehen.
Dazu einige Tips:
- **Informieren** Sie sich schon daheim gut und rechtzeitig über Land und Leute, dann werden Sie sich sicherer fühlen, falsche Vorstellungen kommen nicht erst auf, Sie werden 2 Reisen erleben: eine in der Vorfreude und eine zweite in der Wirklichkeit.
- Wählen Sie die für Sie günstigste **Reisezeit** aus.
- Das **rechtzeitige Buchen Ihrer Flüge** ist wichtig! Nicht nur Sie haben dieses Reiseland zum Ziel.
- Treffen Sie rechtzeitig Ihre **Gesundheitsvorsorgen**; dazu gehören Terminabsprachen bei Gesundheitsämtern oder Ärzten wegen Impfungen und Medikamenten-Verschreibungen.
- **Fithalten** durch sportliche Aktivitäten und Abhärtungsmaßnahmen sind angezeigt.
- Sie sollten eine **Checkliste** anlegen, diese "abarbeiten" mit folgenden wichtigen Punkten:
- Überprüfung der Gültigkeit des Reisepasses,
- Abschließen von Kranken-, Unfall- und Reiseversicherungen,
- Reiseschecks beschaffen,
- sonstige Reiseutensilien besorgen.

▸ Reisezeit

Siehe Stichwort **Klima und Reisezeit**

▸ Religion

Kuba hat keine offizielle Staatsreligion. Die Konstitution der Republik garantiert **absolute Glaubensfreiheit**. Die Kirchen sind geöffnet und können von jedermann zur Andacht benutzt werden. Es gibt sowohl katholische als auch evangelische Kirchen, die regelmäßig Messen und Gottesdienste abhalten.

▸ Restaurants

Als ausländischer Gast werden Sie normalerweise in Ihrem Hotel sehr gut speisen. Sicherlich werden Sie auch zuvorkommend bedient, und alle Wünsche bezüglich sehr guter Beköstigung werden erfüllt.
Nach mehreren Wochen Urlaub an einer Stelle, packt Sie jedoch vielleicht trotzdem die Neugierde, wie es anderswo schmeckt. Als Herumreisender auf der Zuckerinsel Kuba werden Sie wesentlich öfter nach einem Speiselokal Ausschau halten müssen. Wie sieht es nun mit Restaurants in Kuba aus?

In den **besten Restaurants** in Havanna, wie in Bodeguita del Médio, El Floridita, Las Ruinas und El Torre, wird meistens eine Vorbestellung verlangt. Sie müssen in Dollar bezahlen. In Las Ruinas (im Leninpark), dem teuersten Lokal, müssen Sie für 1 Essen mit einem Betrag von 25 US-Dollar rechnen.

Bei **sehr einfachen Eßlokalen** der untersten Preisklasse können Sie sich schon für 3 Pesos satt essen. Sie werden durch Warteschlangen besonders an Feiertagen auf sie aufmerksam. Man muß auf eine Tischzuweisung warten.

Zwischen diesen beiden Extremen gibt es Restaurants mit unterschiedlichster Qualität und entsprechend differierenden Preisen.

Als **Individualtourist** werden Sie bei Inselrundreisen Schwierigkeiten haben, außerhalb der Großstädte Havanna und Santiago de Cuba Restaurants oder Snackbars zu finden. Dem ist jedoch abzuhelfen, wenn man sich von den Hotels Lunch-Pakete und Getränke mitgeben läßt.

▶▶ Routenvorschläge

Siehe Kapitel 7.2

S Safe

Wenn vorhanden, benutzen Sie den Hotelsafe zur Aufbewahrung Ihrer Wertsachen, wie Reisepaß, Geld, Schecks, Schmuck und Flugschein.

▶▶ Sicherheit

Als Feriengast können Sie sich in Kuba völlig sicher fühlen. Kuba ist ein sehr gastfreundliches Land. Es ist leicht überall Hilfe zu bekommen, wenn sie benötigt wird. Die straffe Führung des Staates ahndet Verbrechen sehr streng. Auch wenn die Kriminalität nicht gänzlich beseitigt werden konnte, so sind schwere Delikte (Raubmord und Totschlag) nicht bekannt. Die Straßen sind sicher. Attacken sind sehr selten. Diebstähle werden naturgemäß durch den wachsenden Urlauberstrom aus Übersee zunehmen. Das Fehlverhalten der Gäste durch protzig angelegten Schmuck und auffälliges Vorzeigen hoher Bargeldbeträge provoziert jedoch oft solche Delikte.

Sicherheitskräfte wachen mit scharfen Augen und bewaffnet über das Wohlergehen der ferienmachenden Ausländer, die die besten Devisenbringer des Landes sind.

▶▶ Souvenirs, Souvenirs...

Für Souvenirjäger ist Kuba kein allzu gutes Revier.

- Dennoch gehört **Havanna-Club-Rum** zu einem beliebten Souvenir-Artikel. Rum ist ein Teil der kubanischen Identität. Er ist das Nationalgetränk des Landes.
- Genauso landen die berühmten **Zigarren** gerne im Heimatfluggepäck der Reisenden. Das Anbaugebiet des vorzüglichen Tabaks liegt in der Provinz Pinar del Río im Westen der Insel. Ca. 700.000 Hektar Land sind mit dieser uramerikanischen Pflanze kultiviert.
- Für Reisende, die der spanischen Sprache mächtig sind, sind sicher auch **Bücher** in der Landessprache interessant.
- Schallplatten und Musikkassetten der kubanischen **Folkloremusik** haben für jedermann ihren Reiz.

▸▸ Sport

Sportförderung wird in Kuba groß geschrieben. Das zeigt auch das sehr gute Abschneiden kubanischer Sportler auf der **Olympiade 1992 in Barcelona**, wo das kleine Kuba nach dem Medaillenspiegel den **5. Platz** (!) mit 14 x Gold, 6 x Silber und 11 x Bronze errungen, vielmehr in erster Linie erboxt hat, denn im **Boxen** waren die erfolgreichen Kubaner die führende Nation. Sport ist an allen Schulen ein wichtiges Unterrichtsfach. Eine Leidenschaft der Kubaner ist **Baseball**.

Dem Urlauber werden folgende Sportaktivitäten angeboten: vor allem Wassersportarten wie Segeln, Surfen, Wasserski, Tauchen, Schnorcheln und Hochseeangeln. Weiter besteht bei fast allen Hotels die Möglichkeit, Tennis zu spielen. In Varadero und Havanna gibt es auch Golfplätze.

▸▸ Sprache

Die Landessprache Kubas ist **Spanisch**. Englisch, Französisch und Russisch werden als 2. Sprache im Schulsystem angeboten. In Touristenzentren und größeren Hotels wird teilweise neben Spanisch auch Englisch, Französisch und Deutsch gesprochen. Die Deutsch-Kenntnisse des Hotelpersonals und der Fremdenführer rühren zum größten Teil von Aufenthalten in der ehemaligen DDR her.

▸▸ Strände

Siehe auch Stichwort **"Baden"**

Kuba ist reichlich mit Stränden gesegnet. 289 soll es rund um die Insel geben. Die meisten sind allerdings schwer erreichbar.
Die bekanntesten Strände Kubas sind: Varadero, Playa Larga, Playa Girón, Playa Santa Lucia, Playa Siboney, Dino Lino, Playa Guardalavaca und neuerdings Cayo Largo.

▸▸ Stromspannung

Auf Kuba beträgt die Stromspannung 110 Volt Wechselstrom. Man braucht einen Flachstecker-Adapter, der von zuhause mitzubringen ist. Er ist nämlich auf der Insel nicht käuflich zu erwerben. Außerdem muß Ihr elektrisches Gerät auf 110 Volt umschaltbar sein.

T Taxi

- **Touristen-Taxis** erkennt man an dem blauen "T" an der Vordertür. Am besten man bestellt sie im Hotel. Die Fahrt müssen Sie in US-Dollar bezahlen. Sie können beispielsweise in Havanna über folgende Telefon-Nummern geordert werden: 79-5665, 79-8828, 79-6613.
- **Allgemeine Taxis** sind schwerer zu bekommen. Man muß sich am *piquera* (Taxistand) anstellen. Dann wartet man und wartet man, ganz geduldig bei meistens sehr hohem Andrang, bis man endlich an der Reihe ist. Die Grundgebühr beträgt 50 Centavos für den ersten Kilometer und 25 Centavos für jeden weiteren.

Ein fahrendes Taxi anzuhalten, ist ein großes Problem. Einheimische bringen es schon manchmal fertig, indem sie mit Peso-Scheinen winken. Es gehört aber ansonsten sehr viel Glück dazu, eins zum Stoppen zu bringen, deshalb werden diese Taxis auch von den Hiesigen *"incapturables"* (die Unfangbaren) genannt.

▸▸ Telefonieren

Siehe Stichwort **Post und Telefon**

▸▸ Tierwelt

Siehe ausführliche Kapitel 5.1, 5.2, 5.3 und 5.4

▸▸ Tourismus

Seit Kuba Anfang der achtziger Jahre dem internationalen Tourismus wieder Tür und Tor geöffnet hat, wurden erhebliche Anstrengungen unternommen, die touristische Infrastruktur weiter auszubauen. Die Kapazitätserweiterung betrug von 1985 bis 1992 ca. 25%. Die neuen Pläne sehen bis 1995 den Bau von 30.000 neuen Hotelzimmern vor, davon allein 20.000 in dem **Badeparadies Varadero**, 1.300 in **Havanna** und 8.700 in dem nahe der Hauptstadt gelegenen Strand **Playas del Este** und auf der **Insel Cayo Largo**. Das Gästekontingent der **Bundesrepublik Deutschland** liegt nach dem der Kanadier an **2. Stelle**, noch vor den Spaniern und Mexikanern. Man rechnet in den kommenden Jahren mit 100.000 Urlaubern aus dem vereinigten Deutschland.

▶▶ **Trinkgeld**

In den Urlaubszentren werden überall Trinkgelder akzeptiert. Es geschieht jedoch auf freiwilliger Basis.

W Währung

Die Landeswährung ist der kubanische Peso (CUP). 1 Peso hat 100 Centavos. Im Umlauf befinden sich Geldscheine im Wert von 1, 3, 5, 10 und 20 Peso sowie eine Münze im Wert von 1 Peso. Außerdem existieren Münzen im Wert von 1, 2, 5, 20 und 40 Centavos. Der amtliche Umtauschkurs beträgt z. Zt. : 100,- Peso = 125,- DM (Stand November 1992).

▶▶ **Wirtschaft**

Kuba ist ein Land auf dem Weg der landwirtschaftlichen und industriellen Entwicklung. Die Zuckerindustrie stellt die Grundlage der Wirtschaft dar. Eine große Bedeutung haben die Nickel- und Elektroindustrie sowie die Herstellung von Baumaterialien. Ebenso wichtig ist der Anbau von Zitrusfrüchten, Kaffee und Tabak, die Fischereiwirtschaft und der Tourismus.

Z Zeitunterschied

Der Zeitunterschied zwischen der Bundesrepublik Deutschland (MEZ) und Kuba beträgt **6 Stunden**, d.h., wenn es in Berlin 12.00 Uhr mittags ist, dann ist es in Havanna erst 6.00 Uhr morgens.

▶▶ **Zoll**

Einfuhr
Grundsätzlich sind alle Gegenstände, die Sie zum persönlichen Gebrauch benötigen, u.a. Medikamente, 2 Flaschen alkoholische Getränke, 1 Stange Zigaretten, Filme, Fotoapparat und Videokamera, Radio und Sportgeräte (z.B. Surf-Brett, Fahrrad), Angelgeräte, Schreibmaschine und persönlicher Schmuck, bei der Einfuhr nach Kuba zollfrei.

Einfuhrverbot besteht jedoch für Feuerwaffen (Ausnahme Sportwaffen), Narkotika (mit Ausnahme von Mitteln, die für eine gerechtfertigte medizinische Behandlung notwendig sind), Pornographie, Obst und andere Lebensmittel sowie kubanische Währung. Die Einfuhr von Drogen ist strengstens verboten.
Im allgemeinen wird bei der Zollkontrolle großzügig verfahren.

7.2 KUBANISCHE LEBENSFREUDE

Auf den Straßen und Plätzen der kubanischen Städte pulsiert echtes karibisches Leben. Die Tische an den Cafés sind prall mit Menschen gefüllt, die gestenreich diskutieren. Aus den Kneipen und Häusern der Troubadoure weht Musik auf die Straße, und es wird spontan gesungen, musiziert, getanzt und gelacht. Die Kubaner aller Hautschattierungen von weiß bis tiefschwarz können sehr fröhlich sein, besonders zu Zeiten des Karnevals.

Dieses alles trotz der grauen Tristesse des Alltags, der sicherlich durch die jüngsten weltpolitischen Veränderungen nicht einfacher geworden ist. Aber wer einmal die Slums Mittel- und Südamerikas gesehen hat, kann sich vorstellen, warum Fidel Castro so beliebt bei seinem Volk ist. In seiner Regierungszeit wurde ein hervorragendes Gesundheitssystem geschaffen, die Kriminalitätsrate ist die geringste in ganz Amerika, das Unwesen der Prostitution ist in Kuba nur sehr gering ausgebildet. Trotz der Armut sucht man Bettler selbst in Havanna vergeblich.

Bewundernswert ist die Gelassenheit und Zuversicht, mit der die Kubaner die "Durchhalte-Appelle" des Regierungschefs befolgen, mit der sie versuchen, diese schwierige Übergangszeit zu überstehen. Beispielsweise sieht man dicht gedrängte, fröhlich winkende Menschen auf fahrenden Lkw stehen, weil die Busse wegen Treibstoffmangels nicht mehr verkehren. Sie folgen freiwillig dem Aufruf, Land urbar zu machen, um Engpässe in der Lebensmittelversorgung auszugleichen. Sie singen fröhlich ihre Lieder, auch wenn ihnen sicherlich der Magen vor Hunger knurrt. Das ist die karibische Lebensfreude, auch trotz widriger Umstände!

7.3 REISEROUTEN IN KUBA (Vorschlag für eine 2–3-wöchige kombinierte Mietwagen-/Inlandflugreise)

Gebiet	Kapitel	Unternehmungen/Ausflugsziele	Tage	ca. km	Touristische Interessen
Havanna und Umgebung	12.2	Historische Gebäude/Festungen/ Kirchen/Plätze/E. Hemingway-Haus	2/3	-	Geschichte/Architektur/ Stadtleben
Havanna – Holguín (Flug) – Guardalavaca	12.3	Schwimmen/Tauchen/Wassersport	1/2	744	Strandleben
Guardalavaca – Baracoa	12.4	Landschulen/Arzthäuser/Zuckerrohrernte/ Historisches Museum in Baracoa	1/2	307	Landschaft/Schulwesen/ Medizinische Betreuung/Museen
Baracoa – Santiago de Cuba	12.5	Steinzoo	1	259	Bergwelt/Bildhauerkunst
Santiago de Cuba und Umgebung	12.6	Historische Gebäude/Festungen/Kirchen Plätze/Museen/Tropicana/Friedhof Santa Ifigenia/Bacardi-Rum-Fabrik	1/2	-	Geschichte/Architektur/ Stadtleben
Parque Bocanao	12.7	Museum La Punta/Prähistorischer Park/ Naturkundl. Museum	1	22	Frühgeschichte
Santiago de Cuba – Santa Lucia	12.8	Wallfahrtsort El Cobre/Bergwelt der Sierra Maestra/Stadtbesichtigung Bayamo/ Strand von Santa Lucia/ Fischerort La Boca	1/2	290	Katholizismus/Bergwandern/ Geschichte/Strandleben
Santa Lucia – Sancti Spiritus	12.9	Camagüey: Kirchen/Ballettschule/ Sancti Spiritus: Zentralplatz/Museen/ Besuch bei Tomás Alvarez de los Rios	1/2	291	Geschichte/Troubadoure/Ballett/ Kunst/Dichtung
Sancti Spiritus – Trinidad	12.10	Santa Clara: Che Guevara-Denkmal/ Hanabanilla: Bootsfahrt auf dem Stausee/Trinidad: Plätze/Museen	1/2	175	Revolutionsgeschichte/ Bootsfahrt/Kolonialgeschichte
Trinidad – Varadero	12.11	Cienfuegos: Stadtbesichtigung/Botanischer Garten/Halbinsel Zapata/Bootsfahrt auf dem Schatzsee/Strandleben in Varadero	2	334	Geschichte/Vogelwelt/Fischen/ Baden/Wassersport
Varadero – Vinales – Havanna	12.12	Zigarrenfabrik in Pinar del Rio/Tal von Vinales	2	662	Zigarrenherstellung/Landschaft/ Indianerhöhle

Entfernungstabelle in Kilometern

	Pinar del Río	Havanna	Matanzas	Santa Clara	Cienfuegos	Sancti Spíritus	Ciego de Ávila	Camagüey	Las Tunas	Holguín	Bayamo	Santiago de Cuba	Guantánamo	Playas del Este	Varadero	Guamá	Trinidad
Pinar del Río	-	176	267	441	419	527	603	711	835	913	984	1109	1191	194	309	354	497
Havanna	176	-	102	276	243	362	438	546	670	748	819	944	1026	18	144	178	321
Matanzas	267	102	-	197	193	283	359	467	591	669	740	865	947	60	42	109	271
Santa Clara	441	276	197	-	74	86	162	270	394	472	543	668	750	257	196	130	89
Cienfuegos	419	243	193	74	-	153	229	337	461	539	610	735	817	253	177	105	78
Sancti Spíritus	527	362	283	86	153	-	76	184	308	386	457	582	664	343	282	216	67
Ciego de Ávila	603	438	359	162	229	76	-	108	232	310	381	506	588	419	358	292	143
Camagüey	711	546	467	270	337	184	108	-	124	202	273	398	480	527	466	400	251
Las Tunas	835	670	591	394	461	308	232	124	-	78	149	274	356	651	500	524	375
Holguín	913	748	669	472	539	386	310	202	78	-	71	196	278	729	668	602	453
Bayamo	984	819	740	543	610	457	381	273	149	71	-	125	207	800	739	673	524
Santiago de Cuba	1.109	944	865	668	735	582	506	398	274	196	125	-	86	925	864	798	649
Guantánamo	1.191	1.026	947	750	817	664	588	480	356	278	207	86	-	1007	946	880	731
Playas del Este	194	18	60	257	253	343	419	527	651	729	800	925	1007	-	102	169	331
Varadero	309	144	42	196	177	282	358	466	500	668	739	864	946	102	-	108	269
Guamá	354	178	109	130	105	216	292	400	524	602	673	798	880	169	108	-	183
Trinidad	497	321	271	89	78	67	143	251	375	453	524	649	731	331	269	183	-

8 DOMINIKANISCHE REPUBLIK ALS REISELAND

8.1 PRAKTISCHE REISETIPS VON A–Z

A Anreise

- **Mit dem Flugzeug**

Der Luftverkehr hat in den letzten Jahren durch den zunehmenden Tourismus ständig an Bedeutung gewonnen. 86% aller Besucher aus Übersee kommen auf dem Luftwege in die Dominikanische Republik.
Das Land verfügt über folgende **internationale Flughäfen**:
- "Las Américas" in Santo Domingo, Tel.: 549-0450/80
- "Herrera" in Santo Domingo, Tel.: 567-3900
- "La Unión" in Puerto Plata, Tel.: 586-0219
- "Cibao" in Santiago, Tel.: 582-4894
- "Punta Aguila" in La Romana, Tel.: 556-5565
- "Punta Cana" in Higüey, Tel.: 686-8790

Der weitaus größte Flughafen ist der "Aeropuerto de las Américas" in Santo Domingo, der sich 25 km östlich der Haupstadt des Landes befindet.
Von Düsseldorf nach Puerto Plata beträgt die Flugdauer ca. 9 Stunden. Nach Santo Domingo und Punta Cana etwa $1/2$ Stunde länger.

- **Direktcharterflüge**

Zunehmender Beliebtheit erfreuen sich Direktcharterflüge. Die Charterflüge haben gegenüber den Linienflügen den Vorteil, daß sie preisgünstiger sind und daß sie im Komfort den Linienflügen nicht mehr nachstehen.
Es gibt folgende Direktcharterflüge der **LTU** (Stand Sommer 1992):
von München und Düsseldorf nach Puerto Plata:
    mittwochs für 1.699,- DM bis 1.899,- DM
von München und Düsseldorf nach Punta Cana:
    sonntags für 1.699,- DM bis 1.899,- DM
von München und Düsseldorf nach Santo Domingo:
    sonntags für 1.699,- DM bis 1.899,- DM

- **Linienflüge**

Von Zentraleuropa gibt es zahlreiche Linien, die die Dominikanische Republik berühren. Der Vorteil bei Linienflügen ist der, daß der Rückreisetermin bei Reiseantritt noch offenbleiben kann.
Es folgen einige Preisbeispiele von Frankfurt nach Santo Domingo (Stand Sommer 1992):

Dominikanische Republik / Praktische Reisetips von A–Z

mit **Lufthansa** von Frankfurt/M. (mit Umsteigen in San Juan) nach Santo Domingo: dienstags, freitags und samstags für 2.005,- DM

- **Last-Minute-Flüge**
Günstige Flüge bekommt man bei "Last-Minute-Angeboten" bei:
Last Minute Tours: Flughafen Düsseldorf, Tel.: 0211/4216431
Last Minute Tours: Flughafen Hamburg, Tel.: 040/5081140
Last Minute Tours: Flughafen Köln, Tel.: 0221/505075
Last Minute Tours: Flughafen München, Tel.: 089/596107

● **Mit dem Schiff**

Wer lieber auf dem Wasserweg in die Dominikanische Republik reisen möchte, der muß naturgemäß mehr Zeit für die Fahrt aufwenden als bei einer Flugreise.

- **Per Kreuzfahrtschiff**
Mehrere dominikanische Häfen werden von Kreuzfahrtschiffen angelaufen. Die Preise belaufen sich für eine Fahrt von Europa auf 8.000 bis 10.000 DM. Bei den Landgängen von höchstens 2 Tagen kann man jedoch unmöglich das Land kennenlernen.

- **Per Frachtschiff**
Eine geringe Anzahl von Personen können von Frachtschiffen an Bord genommen werden. Eine feste Urlaubsplanung scheidet bei dieser Reisemöglichkeit wegen unvorhergesehener Wartezeiten und meistens einem Umweg über die USA aus. Die Fahrtdauer ist auf 2 bis 3 Wochen einzuschätzen. Die Preise liegen zwischen 2.800,- und 3.500,- DM.

● **Kombination Flugzeug / Schiff**

Es besteht auch die Möglichkeit, die Hin- bzw. Rückreise mit dem Flugzeug oder dem Schiff anzutreten.

➤➤ **Apotheken**

Trotz des ausreichenden Vorhandenseins dominikanischer Apotheken sollten Sie sich eine kleine **Reiseapotheke** von daheim mitbringen. Diese sollte mindestens folgende Mittel enthalten:
● Malariaprophylaxe
● Mittel gegen Darminfektionen
● Mittel zur Bekämpfung von Erkältungen
● Insektenschutzmittel
● Verbandszeug
● Fieberthermometer
● Sonnenschutzmittel

Dominikanische Republik / Praktische Reisetips von A–Z

▶▶ Ärzte

Siehe Stichwort **Gesundheitswesen**

▶▶ Auskunft

> ● **In Deutschland**
> Allgemeine und spezielle Reiseinformationen erhalten Sie beim
> - **Dominikanischen Fremdenverkehrsamt**, Völkerstraße 24, 6000 Frankfurt/Main 1, Tel.: 069/5970330, Öffnungszeiten: Mo–Fr 9.00–13.00 und 14.00–15.00 Uhr. Besuche müssen vereinbart werden.
>
> ● **In der Dominikanischen Republik**
> Vor Ort erhalten Sie Auskünfte bei
> - **Secretaria de Estado y Tourismo**
> Avenida George Washington / Presidente Vicini, Santo Domingo, Tel.: 682-8181
> Calle Arzobispo Merino 1256, Santo Domingo, Tel.: 687-8038
> Malecón 20, Puerto Plata, Tel.: 586-3676
> - **Dirección Nacional de Parques**
> Avenida Independencia 359, Santo Domingo, Tel.: 682-7628, 686-9076, 686-9175
> Es werden Auskünfte beispielsweise über Anfahrwege zu den Nationalparks und Genehmigungen erteilt.

▶▶ Autofahren

● In der Dominikanischen Republik herrscht **Rechtsverkehr**.
● Für Ausländer ist der **internationale Führerschein** vorgeschrieben.
● Das **Straßennetz** umfaßt nach letzten Angaben ca. 4.900 km Landstraßen und ca. 13.000 km Versorgungsstraßen. Von den Landstraßen sind 1.068 km Fernstraßen, 2.218 km Regionalstraßen und 1.600 km Ortsstraßen. Ungefähr 75% aller Straßen sind befestigt, aber nur $1/3$ sind in gutem Zustand. Es mangelt nicht an Anstrengungen, die Straßenschäden zu beheben. Die schlechte Ausführung macht die Arbeit jedoch in kürzester Zeit immer wieder zunichte.
● Die **Beschilderung** der Straßen und Wege ist insgesamt sehr **schlecht** oder fehlt ganz. Eine Ausnahme bilden die Fernstraßen.
● Die erlaubte **Höchstgeschwindigkeit** beträgt **80 km/h**.
● Bewußt geschaffene **Vertiefungen** über die ganze Straßenbreite sollen bewirken, daß man die Fahrgeschwindigkeit herabsetzt.
● Das **Tankstellennetz** ist als **gut** zu bezeichnen. Auf dem Lande kann man sogar in gewöhnlichen Läden Benzin in Plastikbehältern kaufen.
● Die **wichtigsten Straßen** sind:
- die *Autopista Duarte*, die von Santo Domingo nach Monte Christi (Nordküste) führt,
- die *Autopista Mella*, die sich von Santo Domingo entlang der Südküste bis nach La Romana zieht und
- die *Autopista Sanchez*, die Santo Domingo mit Barahona (Südwesten) verbindet.

- **Gefahren im Straßenverkehr:**
  - Achten Sie stets auf die Beschaffenheit der Fahrbahn. Auch auf guten Straßen können plötzlich große **Schlaglöcher** auftauchen.
  - Eine weitere Gefahr für Sie als ausländischer Autofahrer sind die **geldgierigen Polizisten**, die sehr gerne behaupten, Ihre Fahrgeschwindigkeit sei zu hoch gewesen, auch wenn sie es nicht war, die ferner behaupten, Sie seien bei Rot über die Ampel gefahren, auch wenn diese "Tiefgrün" während Ihres Passierens anzeigte.
  Am hinterhältigsten benehmen sich die "Ordnungshüter" in der Hauptstadt Santo Domingo. Ihre geringe staatliche Bezahlung macht sie leider zu Wegelagerern, die es besonders auf zahlungsfähige und eingeschüchterte Fremde abgesehen haben.
  - **Autos in fast nicht mehr betriebsfähigem Zustand**, ohne Beleuchtung, mit völlig verrosteten Karosserien und Fahrwerk, ohne Blinker, völlig überladen, wo Achsbrüche vorprogrammiert sind, mit nicht genügend gesicherter Ladung, sollten Sie stets scharf beobachten.
  - **Fahren auf der falschen Seite**, weil die Fahrbahndecke tiefe Schlaglöcher aufweist, bewirkt oft Unfälle mit entgegenkommenden oder überholenden Fahrzeugen.
  - Die Straße überquerende **Fußgänger und Tiere** bedeuten für Sie besonders in der Dunkelheit eine große Gefahr.
  - **Radfahrer ohne Beleuchtung** während der Dunkelheit können Ihnen zum Verhängnis werden.

▶▶ Autoverleih

Siehe Stichwort **Mietwagen**

B Baden

Baden, Schwimmen und Tauchen im klaren Seewasser an den Stränden des Landes, von der lauen Luft der Karibik umfächelt, ist ein Hochgenuß. Am Strand vernehmen Sie das klirrende Geräusch der wispernden Palmen. Jedoch das Paradies hat auch seine Tücken, wenn die Wellen des Atlantiks hochgehen.

- **Gefahren**

Baden an den dominikanischen Stränden, besonders an der Nordküste, kann manchmal gefährlich sein.
  - Der NO-Passat kann die **Brandungswellen** auch für einen geübten Schwimmer zu einer ernsten Gefahr werden lassen.
  - Tückische **Unterströmungen** können Ihnen zum Verhängnis werden.
  - Die akrobatischen Wellenreiter sollten für Sie kein Maßstab sein, sich auch in die "kochende See" zu stürzen.

"Oben-ohne" und FKK sind verboten.

— *Dominikanische Republik / Praktische Reisetips von A–Z* —

▶▶ Banken

Folgende Banken und ihre Zweigstellen im Land wechseln alle Währungen in Pesos um:
Zentralbank, Santo Domingo, Calle Pedro Henríquez Urena
Banco del Progreso, Santo Domingo, Avenida John F. Kennedy
Banco de Reservas, Santo Domingo, Calle Isabel la Católica 201
Banco Popular, Santo Domingo, Calle Isabel la Católica 252
Öffnungszeiten: Mo–Fr 8.30–15.00 Uhr

▶▶ Bevölkerung

Die Dominikanische Republik zählt zu den bevölkerungsreichsten Ländern der karibischen Inselstaaten.
● Die **Gesamtbevölkerung** der Republik beträgt nach der letzten Hochrechnung **ca. 7 Millionen** Dominikaner, davon leben allein 1 Million in der Hauptstadt Santo Domingo.
● Die **ethnische Zusammensetzung** der Bevölkerung ergibt folgendes Bild:
16% Weiße
11% Schwarze
73% Mulatten
● Die **Bevölkerungsdichte**, auf die Gesamtfläche des Landes bezogen, ergibt **148 Einwohner pro km²**.
● Die durchschnittliche **Wachstumsrate** der Bevölkerung liegt bei 2,7%.
● Die **Lebenserwartung** beträgt durchschnittlich **63 Jahre bei Männern** und **66 Jahre bei Frauen**.
● Der **Altersaufbau** (Bevölkerungs-Pyramide) weist wie bei allen Entwicklungsländern einen **breiten Unterbau** auf, der sich nach oben stark verjüngt.
● Seitdem das **Trujillo-Regime 1961** abgelöst wurde, kam es zu einer Lockerung der Ausreisegesetze. Durch mangelnde inländische Arbeitsmöglichkeiten setzte eine **Auswanderungswelle** ein, die zu einem bevölkerungsmäßigen Aderlaß von schätzungsweise jährlich 10.000 bis 20.000 Personen, von meistens Männern, führte.
In geringerem Maße steht der Auswanderung eine **Einwanderung von Haitianern** gegenüber, die hauptsächlich bei der Zuckerrohrernte Beschäftigung finden. Um die illegale Einwanderung zu verhindern, sind zwischen den Regierungen der Dominikanischen Republik und Haiti Abkommen getroffen worden, die nur zeitlich begrenzte Arbeitsaufenthalte von haitianischen Arbeitskräften zulassen.
● Deutlich ist eine **zunehmende Tendenz der Verstädterung** im Lande festzustellen. Dem wird durch Ansiedlung von Industrie in der Provinz gegengesteuert.
● Die **Erwerbstätigkeit** der Bevölkerung ist zahlenmäßig schwer feststellbar. Wegen der in den meisten Ländern der Dritten Welt verbreiteten

erheblichen Unterbeschäftigung sind die Grenzen zwischen Arbeit, Gelegenheitsarbeit, unbezahlter Mithilfe bei Familienangehörigen oder Freunden und Arbeitslosigkeit fließend. Man schätzt die **Arbeitslosenquote** auf **40%** mit steigender Tendenz wegen des starken Bevölkerungswachstums.

▶▶ Bildungswesen

Das Bildungswesen unterliegt der Aufsicht des Staates. **Schulpflicht** besteht für Kinder von 7 bis 14 Jahren. Trotzdem ist der Anteil der **Analphabeten mit 23%** noch sehr hoch! Er ist einerseits in dem hohen Prozentsatz der älteren Generation zu suchen, die nicht des Lesens und Schreibens mächtig sind. Andererseits besucht trotz der Schulpflicht in ländlichen Gebieten ein Großteil der Kinder die Schule nicht. Von den Kindern, die eingeschult wurden, absolvieren weniger als die Hälfte die ersten 3 Schuljahre und weniger als 10% die ersten 6 Schuljahre, daher ist auch unter der jüngeren Generation der Anteil der Lese- und Schreibunkundigen sehr hoch. Berufsaussichten für diese Jugendlichen sind naturgemäß sehr stark eingeschränkt.

Durch **Streiks der Lehrer** wegen zu geringer Bezahlung und längerem Ausfall des Unterrichts haben sich diese Mißstände noch verstärkt.
Der Besuch der öffentlichen Schulen ist gebührenfrei. Daneben ist der Anteil der **Privatschulen**, die in erster Linie von der Katholischen Kirche betrieben werden, mit **15–20%** der Schulpflichtigen recht hoch.

▶▶ Busse

Die Zahl der verkehrenden Kraftomnibusse, *"guaguas"* genannt, wird auf etwa 16.400 geschätzt.

● **Öffentliche Busse**
Sie verbinden fast alle Orte miteinander, sind oft sehr überfüllt und nicht immer in bestem Zustand. Auch die allzu temperamentvolle Fahrweise der Chauffeure ist nicht jedermanns Sache. Vorteilhaft bei solchen Busfahrten ist, daß Sie unmittelbar den "Pulsschlag des Volkes" spüren und interessante Begegnungen erleben können.
Die wichtigsten Busstationen Santo Domingos sind:
- Richtung Norden: stadtauswärts an der *Carretera Duarte*
- Richtung Osten und Süden: am *Parque Enriquillo*

Busverbindungen ab Santo Domingo

Zielort	km	Fahrzeit (Std.)	Fahrhäufigkeit (tägl.)
Azua	121	2	2 x
Bani	66	*)	*)
Barahona	201	3 ½	2 x

Dominikanische Republik / Praktische Reisetips von A–Z

Zielort	km	Fahrzeit (Std.)	Fahrhäufigkeit (tägl.)
Cotui	105	*)	*)
Dajabón	305	*)	*)
El Macao	*)	*)	*)
El Seibo	126	*)	*)
Higüey	166	*)	*)
Jarabacoa	100	*)	*)
Jimani	240	*)	*)
La Romana	131	2 1/4	5 x
La Vega	130	2	12 x
Mao	210	*)	*)
Montecristi	292	*)	*)
Nagua	185	3 1/4	3 x
Neiba	220	*)	*)
Puerto Plata	230	4	8 x
Sabaneta	240	*)	*)
Samaná	245	*)	*)
San Cristóbal	29	*)	*)
San Francisco de Macoris	130	2	9 x
San Juan de la Maguana	200	3 1/4	2 x
San Pedro de Macoris	75	1 1/2	5 x
Santiago	174	2 1/2	18 x

Anmerkung: die tägliche Anzahl der Busse der Gegenrichtung (nach Santo Domingo) ist mit denen der Hinfahrt (von Santo Domingo) identisch.
Zeichenerklärung: *) = Angaben lagen bei Drucklegung nicht vor.

● **Private Busgesellschaften**
Diese Busse sind komfortabler. Sie haben Aircondition (oft sehr kalt), und für Sie ist ein Sitzplatz reserviert, wenn Sie rechtzeitig einen bestellt haben, beispielsweise bei:
- **Caribe Tours**, Santo Domingo, Avenida 27. de Febrero, Ecke Calle Leopoldo Navarro, Tel.: 687-3171
Die Busse sind außerdem mit WC und Video ausgestattet, und es gibt gratis Kaffee, Limonade und Gebäck.
- **Terrabus**, Santo Domingo, Calle Cotubanama 60, Plaza Criolla, Tel.: 565-2333
- **Metro Servicios Turísticos**, Santo Domingo, Avenida Winston Churchill, Ecke Avenida Hatuey, Tel.: 566-7126 bis 29
- **Compania Nacional de Autobuses**, Santo Domingo, Charles Summer, Tel.: 565-6681

C Camping

Den Campingtourismus gibt es in der Dominikanischen Republik nicht. Es sind auch keine Campingplätze dafür vorgesehen. Von "wildem Campen" ist aus Sicherheitsgründen dringend abzuraten.

— *Dominikanische Republik / Praktische Reisetips von A–Z* —

D Devisen

- Die **Einfuhr** von Devisen ist unbegrenzt. Empfehlenswert ist die Mitnahme von Reiseschecks in US-Dollar.
- Bei der **Ausfuhr** dürfen nur Devisen in Höhe von 5.000 US-Dollar ausgeführt werden.
- Der **Umtausch in Dominikanische Pesos** ist in allen Banken und an deren Schaltern in den Hotels möglich. Die gängigsten **Kreditkarten**, außer Euroschecks, werden akzeptiert. Achten Sie darauf, daß Sie eine **Quittung** beim Umtausch bekommen, weil nur gegen eine solche Vorlage am Flughafen 30% der insgesamt eingewechselten Pesos zu einem allerdings sehr ungünstigen Kurs zurückgetauscht werden können, denn **Pesos** dürfen Sie **nicht ausführen**.

Tip
Geben Sie Ihre Dominikanischen Pesos bis auf die letzte Münze vorher im Land aus!

Bekanntmachung der Zentralbank der Dominikanischen Republik für ausländische Gäste
- Gemäß Artikel Nr. 1 des Währungsgesetzes ist die gesetzliche Währung der "Dominikanische Peso". Deshalb muß jede geldliche Verpflichtung, die im Hoheitsgebiet gezahlt, eingezogen oder vollstreckt wird, ausschließlich in Pesos ausgedrückt und beglichen werden. Folglich ist die Bezahlung jedweder Transaktion in bar in jeder anderen Währung verboten, die nicht der Dominikanische Peso ist.
- Der Umtausch von Devisen in einheimische Währung ist nur in den zu diesem Zweck von der *Junta Monetaria* (Währungsdirektorium) eingerichteten Handelsbanken sowie deren Zweigstellen und Vertretungen im gesamten Land erlaubt.
- Es ist jeder einheimischen und ausländischen Person verboten, bei einer Reise ins Ausland eine größere Summe als 5.000 US-Dollar oder deren Gegenwert in einer anderen Währung in bar oder Reiseschecks mit sich zu führen, in Übereinstimmung mit der im Erlaß Nr. 1573 vom 17. November 1983 vorgesehenen Verfügung.
Jeder ausländische Besucher wird um die strikte Einhaltung der vorstehenden Anordnungen ersucht, da er sich sonst der Strafverfolgung (Geldstrafe, Gefängnis oder beider Strafen gleichzeitig) aussetzt.

➨ **Diplomatische Vertretungen**

- **In Deutschland**
- **Botschaft der Dominikanischen Republik**, Burgstraße 87, D–5300 Bonn 2, Tel.: 0228-364956, Öffnungszeiten: Mo–Fr 11.00–14.00 Uhr
- **Generalkonsulat der Dominikanischen Republik**, Heilwigstraße 125, D–2000 Hamburg 20, Tel.: 040-474084, Öffnungszeiten: Mo–Fr 9.00–13.00 Uhr
- **Konsulat der Dominikanischen Republik**, Fuchshohl 59, D–6000 Frankfurt/Main 50, Tel.: 069-521035, Öffnungszeiten: Mo–Fr 10.00–12.00 Uhr und nach Vereinbarung auch nachmittags

Dominikanische Republik / Praktische Reisetips von A–Z

● **In Österreich**
Konsulat der Dominikanischen Republik, Leopoldsteiner Gasse 12, A–1190 Wien, Tel.: 1-322146

● **In der Schweiz**
Konsulat der Dominikanischen Republik, Postfach 229, CH–8025 Zürich, Tel.: 1-2519566, Öffnungszeiten: Mo–Fr 10.00–12.00 Uhr

● **In der Dominikanischen Republik**
- Botschaft der Bundesrepublik Deutschland, Apartado 1235, Calle Lic. Juan Tomás Mejia y Cotes No. 37, Santo Domingo, Tel.: 001809-565-8811, Telex: 001809-3264125
- **Generalkonsulat Österreichs**, José Desderio Valverde 103, Zone 7, P.O. Box 1333, Santo Domingo, Tel.: 001809-862-5861, 001809-682-4569, 001809-533-1812, Telex: 3460093 oder 3264132
- Botschaft der Schweiz, Calle José Gabriel Garcia 26, P.O. Box 941, Santo Domingo, Tel.: 001-809-689-4131

➨ **Drogen**

● Im gesamten Hoheitsgebiet der Dominikanischen Republik wird der Handel, der Besitz und der Genuß von **Drogen und Rauschgift** gesetzlich bestraft.
Das **Gesetz Nr. 168** über Rauschgifte, das in der Dom. Rep. in Kraft ist, sagt im Artikel 5 folgendes:
"**Art. 5**: Zum Gesetzeszweck werden als Rauschgift angesehen:
a) **Opium** in jeder Form;
b) **alle Derivate** (Alkaloide, Salze, Verbindungen, zubereitete Substanzen oder synthetische Ersatzstoffe);
c) **Coca** (ERTHOXILON COCA):
d) **Kokain**, dessen Derivate oder synthetischen Ersatzstoffe oder jede Verbindung, in der es als Grundstoff benutzt wird;
e) **alle Pflanzen der CANNABIS-Familie** und ihre Derivatprodukte, die berauschende oder aufputschende Eigenschaften haben, wie CANNABIS INDICA, CANNABIS SATIVA, MARIHUANA und andere Kräuter, die ähnliche Eigenschaften besitzen ..."
● **Strafen**
Die Strafen, die auf diejenigen angewendet werden, die die oben angeführten gesetzlichen Bestimmungen überschreiten, sind folgende:
1) Für einfachen Besitz: Geldstrafe von 300 bis 1.000 Pesos oder Gefängnis von 6 bis 12 Monaten oder beide Strafen zusammen. KEINE KAUTION!
2) Wenn das beschlagnahmte oder in den Vorgang verwickelte Rauschgift unter die Kategorie eines AUSLIEFERERS ODER VERKÄUFERS fällt, beträgt die Strafe 500 bis 5.000 Pesos und Zuchthaus von 2 bis 5 Jahren. KEINE KAUTION!

3) Wenn das beschlagnahmte oder in den Vorgang verwickelte Rauschgift unter die Kategorie eines HÄNDLERS fällt, beträgt die Strafe 10.000 bis 50.000 Pesos und Haft von 3 bis 10 Jahren Zwangsarbeit. KEINE KAUTION!

E Einkaufen

Siehe auch Stichwort **Souvenirs, Souvenirs** ...

Man kann in **Supermärkten, großen Kaufhäusern**, in den vielen *colmados* (Krämerläden), auf **Märkten** und bei **Straßenhändlern** einkaufen. Feste Preise gibt es nur in den Supermärkten. Bei den übrigen Verkaufsständen werden die Preise ausgehandelt.

Feste **Öffnungszeiten** gibt es nicht. Meistens haben die Geschäfte von 9.00–20.00 Uhr geöffnet. Die *colmados* schließen oft erst um Mitternacht.

Einige Tips
- Ratsam ist es, bevor man kauft, nach dem **Preis zu fragen** und nicht automatisch den Preis, den der Verkäufer nennt, zu zahlen.
- Wichtig ist es, daß man selbst eine **Preisvorstellung** hat, die vorher bei Einheimischen zu erfragen wäre.
- Bei Fremden werden meistens überhöhte Preise genannt, die auf mindestens die Hälfte heruntergehandelt werden sollten. Ohne **Handeln** erschöpfen sich viel schneller Ihre Geldreserven, und Sie gelten in den Augen des Verkäufers als dumm. Handeln wird Ihnen vielleicht lästig erscheinen. Es kann jedoch auch für beide Parteien ein lustiger Wettstreit werden, wobei die "treffendsten Argumente" den Sieg bedeuten. Der Verkäufer erwartet dieses Ringen und bemitleidet Sie, wenn Sie müde und kampflos bezahlen.

➤➤ Einreise

- **Reisepaß**

Staatsbürger der Bundesrepublik Deutschland, Österreichs und der Schweiz benötigen einen noch mindestens 6 Monate gültigen Reisepaß. Für Kinder ist ein Kinderausweis mit Lichtbild erforderlich.

- **Besuchervisum**

Deutsche müssen außerdem ein Einreiseformular ausfüllen. Mit dieser Unterlage erhalten Sie bei der Einreise das Besuchervisum. Bei Ausreise ist es wieder abzugeben.

- **Zollvorschriften**

(Siehe Stichwort **Zoll**)

- **Impfungen**

Impfungen sind nicht vorgeschrieben. Trotzdem sollte man vorbeugende Maßnahmen treffen.
(Siehe Stichworte **Impfungen** und **Gesundheit**)

- **Devisenvorschriften**

(Siehe Stichwort **Devisen**)

▶▶ Essen und Trinken

● Dominikanische Küche

- **Casabe** (Maniokbrot) ist ein Taino-Nahrungsmittel, das auch heutzutage noch als typisch dominikanisches Nahrungsmittel existiert.

- **Catibía** (frittierte Maniok-"Maultaschen"), deren Ursprung ebenfalls auf die Tainos zurückgeht.

- **La bandera** (die Fahne) ist ein typisch einheimisches Essen. Es setzt sich aus weißem Reis *(aroz)*, roten Bohnen *(habichuelas)* und geschmortem Fleisch zusammen und wird ergänzt durch Salat und "fritos verdes". Das sind grüne Kochbananen, die auf besondere Art gebraten werden.

- **Mangú** ist ein Püree aus grünen Kochbananen. Es ist sehr empfehlenswert, wenn Sie an der Touristenkrankheit (Durchfall) leiden sollten, die auch *"Caonobos* Rache" genannt wird.

- **Pescado con Coco** ist zu Brei verarbeitete Kokosnuß mit gewürztem Fisch.

- **Sancocho prieto** (schwarzer Sancocho) ist ein wohlschmeckendes Eintopfessen aus Gemüse und Fleisch. 7 Fleischsorten (Schweine-, Rind-, Lamm-, Dörrfleisch, Speck und Longaniza (Schweinewurst) werden beigegeben.

● Einheimische Getränke

- **Rum** wird pur, als **Cuba libre** (Rum mit Cola) oder als **Pina colada**, einem Mixgetränk aus Rum, Ananassaft und Kokosmilch, getrunken.
Die 3 Rumsorten, für die auf den Straßen kräftig Reklame gemacht wird, sind:
Bermúdes, Barcelo und Burgal.

- **Bier** wird auch in der Dominikanischen Republik selbst gebraut. Die bekanntesten Biersorten sind: Presidente, Quisqueya und Bohemina.

- **Fruchtsäfte** gibt es in den unterschiedlichsten Sorten.

- **Weine** werden in der Dominikanischen Republik nicht hergestellt.

— *Dominikanische Republik / Praktische Reisetips von A–Z* —

Lunch-Dinner

Appetizers

ESCALIBADA WITH HAM – 80.00
Exquisite combination of baked Prosciutto, Eggplant, Red Peppers
and Onion. Seasoned with Olive Oil.

NIZARDA SALAD – 50.00
Modern combination of Tuna,
Boiled Eggs and Anchovies.

TROPICAL SALAD – 30.00
Enriched Salad with six differents Vegetables
and your Favorite Sauce.

FRUIT SALAD – 35.00
Selection of Tropical Fruit
with Lemon Sherbet.

CHEF'S SALAD – 60.00
Julienne of Roast Beef, Chicken, Ham and Danish Cheese, Served on Lettuce,
with Slices of Egg, Sour Pickles and your Favorite Sauce.

CHICKEN SALAD – 40.00
Served on Half Pineapple.

SHRIMP WITH GARLIC SAUCE – S/M
Sauté with Garlic and Olive Oil.

CARIBBEAN SHRIMP COCKTAIL – S/M
Served with Catchup Sauce and Spicy Touch.

CHICKEN LIVERS WITH OPORTO – 40.00
Sauté Livers with a Delicious Sauce of Garlic, Onion and Oporto.

Soups

POULTRY CONSOMME – 25.00
Clarified Poultry Stock Extract.

LOBSTER BISQUE – 35.00
Topped with Fresh Milk Cream.

SOUP OF THE DAY – 30.00
A Special Chef's Creation.

ANDALUSIAN SALMOREJO – 30.00
Combination of Refreshing Tomato, Garlic, Olive Oil, Bread, Vinegar and Egg Yolks,
Decorated with Prosciutto and Slices of Egg.

CREAM OF BLACK BEANS – 30.00
Traditional Cuban Recipe Served with White Rice and Cocktail Onion.

Pasta, Rice and Eggs

SPAGHETTI BOLOGNESA – 50.00
Served with the Sauce that Italy made Famous.

RICE WITH SEAFOOD – 80.00
Exquisite combination of Rice and Fresh Seafood.

PASTA OF THE DAY – 50.00
Chef's Creativity has no Limits.

FETTUCCINI WITH PESTO – 50.00
Instantly, Cooked in a Sauce
with Garlic, Olive Oil, Basil
and Parmesan Cheese.

EGGS FLAMENCO STYLE – 45.00
Exotic combination of Eggs, Natural Tomato
Sauce, Sausages, Petit Pois, Asparagus
and Red Peppers.

PISTO LA MANCHA – 70.00
Delicious Dish of Fried Red and Green Peppers,
Onion and Eggplant. Served in Earthenware
Bowl Topped with Tomato Sauce and Boiled Eggs.

YOUR CHOISE OF OMELET – 40.00

Fish and Seafood

LOBSTER NAVARIN – S/M
8 once Clean Lobster's pieces, Sauté
with Onion, Garlic, Butter, White Wine,
Brandy, Bisque Sauce, Milk Cream,
Turnip, Zucchini.

PERNOD SHRIMP – S/M
Caribbean Shrimp
with a Rich Pernod Sauce.

SEABASS FILET MAJORCA STYLE – 120.00
Coated and Fried, Served on Slices Eggplant,
Decorated with Almonds, Toasts
and Orange Segments.

RED SNAPPER FLAMENCO STYLE - 120.00
With an Exquisite Sauce of Fresh Tomato,
Pepper and White Wine.

GRILLED LOBSTER – S/M
Served with Butter
and Garlic Sauce.

SQUID WITH RED PIMIENTO – 80.00
Cooked with Red Peppers, Onion,
Garlic and White Wine.

NOTE: All prices subject to 10% Service Charge and 6% Sales Tax (ITBI). Room Service Charge: $10.00

Dominikanische Republik / Praktische Reisetips von A–Z

Meats

TOURNEDOS "EMBAJADOR" – 140.00
With Fresh Mushrooms, Artichocke au Gratin with Choron Sauce.

SEA AND LAND BARBECUED – 155.00
Served with Butter and Garlic Sauce.

SCALOPS ISABEL FARNESIO – 110.00
Stuffed Veal with Poultry, Mushroom and Prosciutto, Topped with Mustard Sauce.

GRILLED FILET – 110.00
Served with Bearnese Sauce.

SCALLOPS MADRILEAN STYLE – 90.00
Slices and Seasoned Veal, Coated with Egg and Served with Tomato Sauce.

PORK CHOPS WITH MUSHROOM AND SPINACH – 80.00

Poultry

CHICKEN BREAST MERILAND – 70.00
Seasoned with Mustard and Lemon. Breaded and Sauté.

DUCK A L'ORANGE – 100.00
Boneless Duck with a Light Orange Sauce.

LEMON CHICKEN – 70.00
Boneless Half Chicken with a Exquisite Lemon Sauce.

STUFFED CHICKEN THIGHS – 70.00
Stuffed with Nut, Veal and Mushroom. Topped with Milk Cream.

Sandwiches

VEGETABLES SANDWICH – 25.00
And Excellent Combination of Fresh Vegetables.

CUBAN – 55.00
Pork Thigh, Ham and Cheese.

ITALIAN – 55.00
Ham, Salami, Bologna, Mozzarella, Cheese and Anchovies.

TUNA SANDWICH – 55.00

HOT DOG – 35.00
Served with Fresh Vegetables.

CHICKEN SANDWICH – 55.00
Toasted, Seasoned with Onion, Celery, Sour Pickles, Lettuce and Mayonnaise.

HAMBURGER – 50.00
1/4 Grilled Beef Filet.

CHEESEBURGER – 55.00
1/4 Beef Filet au Gratin with Dutch Cheese.

Dominican Specialties

LARDED VEAL "EL CRIOLLO" – 60.00
Larded Veal Balls Seasoned with Tropical Herbs.

FRIED CHICKEN – 60.00
Golden Deep Fried with Green Plantains.

STEAK DOMINICAN STYLE – 75.00
Delicious.

GOAT RAGOUT WITH DOMINICAN RUM – 60.00
Touched with Rum.
Second Prize Winner National Gourmet Festival.

Desserts and Fruits

YOUR CHOICE OF FRESH FRUIT – 30.00
Season's Fruit: Melon, Pineapple, Papaya, Banana and Grapefruit.

HOMEMADE PASTRIES – 25.00
Your Choice of Cakes and Pastries.

ASSORTED ICE CREAM – 25.00
Wonderfull Selection of Tasty Creams and Fresh Fruit Sherbets.

MAJARETE DOMINICAN STYLE – 20.00

Beverages

Beer - 20.00   House Wine - 25.00   Fresh Fruit Milk Shakes - 25.00   Fresh Fruit Juices - 20.00   Assorted Cocktails - 30.00
Soft Drinks -   Coffee, Tea, Milk - 9.00

NOTE: All prices subject to 10% Service Charge and 6% Sales Tax (ITBI). Room Service Charge: $10.00

Dominikanische Republik / Praktische Reisetips von A–Z

▸▸ Expreßdienst

DHL (weltweiter Expreßversand)
Für den eiligen und sicheren Versand von wichtigen Dokumenten, Medikamenten, Geld und anderen Wertsachen ist diese Firma zu empfehlen.
DHL-Büros gibt es in:
- **Santo Domingo**, Gustavo Mejia Ricart 80, Tel.: 541-7988
- **Puerto Plata**, Separación 12, am Plaza Central, Tel.: 556-2177

F Feiertage

Feste Feiertage

01. Januar	**Día Ano Nuevo** (Neujahr)
06. Januar	**Los Reyes** (Heilige Drei Könige)
21. Januar	**Día de la Altagracia** (Tag der Schutzheiligen der Dom. Rep., der Heiligen Jungfrau von Altagracia)
26. Januar	Geburtstag des Staatsgründers **Juan Pablo Duarte**
27. Februar	**Día de la Independencia** (Unabhängigkeitstag)
01. Mai	**Día del Obero** (Tag des Arbeiters)
16. August	**Día de Restauración** (Tag der Staatsgründung)
24. September	**Nuestra Senora de las Mercedes** (Jungfrau der Gnade)
25. Dezember	**Weihnachten**

Bewegliche Feiertage

- - -	**Pascua** (Ostern)
- - —	**Corpus Christi**

▸▸ Fotografieren und Filmen

Siehe **A–Z Reiseland Kuba** (Kapitel 7.1)

G Geld

Siehe Stichwort **Banken, Devisen, Safe, Währung**

▸▸ Gesundheit

Siehe Stichwort **Impfungen** und **A–Z Reiseland Kuba** (Kapitel 7.1)

Außer den Ausführungen im A–Z Reiseland Kuba (Kapitel 7.1) unter Stichwort "Gesundheit", sollte für die Dominikanische Republik noch folgendes hinzugefügt werden:
- **Malaria**

Diese Tropenkrankheit tritt noch vereinzelt in der Dominikanischen Republik auf. 1987 (letztverfügbare Angaben) wurden noch 1.206 Fälle von Malariaerkrankungen verzeichnet.

Dominikanische Republik / Praktische Reisetips von A–Z

Sie ist nach wie vor die **Geißel der Tropen**. Es gibt ca. 600 Millionen Malariakranke auf der Erde. Diese Krankheit ist wieder auf dem Vormarsch. Die *"malaria tropica"* verläuft bei 10–20% aller Fälle tödlich.
Krankheitsursache und -verlauf
Etwa 40 verschiedene Mückenarten der Gattung *"Anopheles"* übertragen die blutschmarotzenden Erreger durch Stich von Mensch zu Mensch. Nach dem Reifestadium im Blutkörperchen platzt dieses und zerfällt durch Unterteilung des Kerns in zahlreiche selbständige Stücke. Dieser Vorgang verursacht bei den Kranken alle 48 oder 72 Stunden den immer wiederkehrenden Fieberschub (Wechselfieber).
Vorbeugemaßnahmen
- Vorbeugend wird dringend empfohlen, eine **Malariaprophylaxe** (Lariam, Paludrine, Fansidar) zu nehmen. Am besten lassen Sie sich bei Ihrem Gesundheitsamt über das wirksamste Mittel oder eine Kombination verschiedener Medikamente beraten. In bestimmten Gebieten sind spezielle Anophelesarten resistent gegen die Medikamente geworden. Impfungen gegen Malaria gibt es bislang noch nicht.
- Es ist ratsam, nachts unter einem **Moskitonetz** zu schlafen und tagsüber in gefährdeten Gebieten nackte Körperteile mit vorzugsweise heller Kleidung zu bedecken.
- **Nachts** oder in der Dämmerung sollten Sie einen Aufenthalt in diesen Gebieten möglichst vermeiden. Suchen Sie **geschlossene Räume** auf.
- Mückenspray oder Geruchsspiralen können Malariamücken von Ihnen fernhalten.

▶▶ **Gesundheitswesen**

● **Institutionen**
- Der öffentliche Gesundheitssektor wird in erster Linie von 2 Institutionen wahrgenommen: dem **SESPAS**, "Secretariat of Public Health and Social Assistance", und **IDSS**, "Social Security Institute". SESPAS ist für die gesundheitliche Betreuung von rund 80% der Bevölkerung zuständig, erreicht mit seinen Leistungen jedoch nur 40% der Bevölkerung. Es ist ein starkes Stadt-Land-Gefälle in der Betreuung feststellbar.
- Ein Großteil der Bevölkerung, vorwiegend in den Städten, wird von **privaten Gesundheitseinrichtungen** versorgt.
- Die private **"Caritas-Dominicana"** ist auf dem Gebiet der Säuglingsfürsorge, besonders in ländlichen Gebieten, tätig.
- Um die **medizinische Unterversorgung**, vor allen Dingen **auf dem Lande**, zu beseitigen, wurde ein Basisgesundheitsdienst eingerichtet, der in den Gemeinden mit weniger als 2.000 Einwohnern eine ausreichende Versorgung sichern soll.
● **Die häufigsten Krankheiten**
Die hauptsächlichsten Erkrankungen sind Infektionen des Verdauungssystems, Ruhr, Lungentuberkulose, Syphilis und Malaria.
Aktionen der Aufklärung über Gesundheitswesen, Ausbildung und Ein-

satz von Gesundheitsarbeitern, die das Gesundheitsbewußtsein der Bevölkerung wecken sollen, wie PLANSI, "National Plan of Infant Protection", zielen auf die Bereiche: Körper- und Wasserhygiene, Familienplanung, Säuglingspflege, Ernährung und Umwelterhaltung, um die o.g. Krankheiten zu bekämpfen.

● **Schutzimpfungen**
Schutzimpfungen wurden erfolgreich gegen Masern, Diphtherie, Keuchhusten, Tetanus und TBC durchgeführt.

● **Benachteiligung der ländlichen Bevölkerung**
Trotz aller Bemühungen, auch die ländliche Bevölkerung medizinisch besser zu betreuen, ist die ärztliche Versorgung in der Provinz noch nicht zufriedenstellend.

● **Krankenhäuser**
Von insgesamt 339 Krankenhäusern liegen nur 43 in ländlichen Gebieten. Folgende Krankenhäuser sind im Bedarfsfall zu empfehlen, weil bei ihnen die medizinische Versorgung und die hygienischen Verhältnisse mit unseren vergleichbar sind:
- **Santo Domingo**, *Hospital Aybar*, Tel.: 686-5212
- **Puerto Plata**, *Centro Medico Boumigal*, Tel.: 586-2342
- **Sosua**, *Centro Medico Sosua*, Tel.: 571-2305

● **Ärzte**
Die Zahl der praktizierenden Ärzte und Zahnärzte ist nicht genau feststellbar. Nach letztverfügbaren Angaben von 1987 gab es 1.559 Ärzte in Allgemeinen Krankenhäusern und Krankenhäusern in ländlichen Gebieten sowie 213 Zahnärzte.

H Hotels und andere Unterkünfte

In den größeren Ferienorten gibt es Hotels mit recht unterschiedlichem Komfort.
Die **Preiskategorien** der Unterkünfte (für ein Doppelzimmer pro Tag) werden in diesem Buch durch die Zahl der *-Zeichen unterschieden.

```
******   = über 120 US$
*****    = 90 bis 120 US$
****     = 60 bis 90 US$
***      = 40 bis 60 US$
**       = 20 bis 40 US$
*        = bis 20 US$
```

● **Touristenhotels**
Es sind Unterkünfte, in denen hauptsächlich Pauschalreisende untergebracht sind. Diese modernen Anlagen entsprechen in Ausstattung und Gepflogenheiten dem internationalen Niveau. Die Zimmer sind mit Bad, WC und Klimaanlage versehen. Bar, Restaurant, Swimmingpool und Animation, Tresor für Wertsachen, Notstromversorgung, bewaffnete Hotelbewachung sind die Mindestausstattung. Sie können Doppelzimmer und Suiten oder Studios mit mehreren Zimmern mieten.

— *Dominikanische Republik / Praktische Reisetips von A–Z* —

Die Spannweite der Preise soll Ihnen einen Anhaltspunkt geben:
"Casa de Campo", La Romana: 100 US-Dollar bis 495 US-Dollar
"Riu Taino", Playa Arena Gorda: 48 US-Dollar
"Casa Laguna", Cabarete: 34 US-Dollar

● **Einfache Hotels**
Es sind traditionelle dominikanische Hotels oder von westlichen Unternehmern erbaute kleinere Anlagen. Zur Zimmerausstattung gehören Dusche, WC, Kühlschrank und meistens Klimaanlage. Diese Unterkünfte können auch sehr gemütlich sein. Entscheidend für den Service ist jedoch, von wem sie geführt werden. Die Preise für ein Doppelzimmer liegen umgerechnet zwischen 20,- und 40,- DM.

● **Cabanas**
Es sind Stein- oder Holzhäuschen im Bungalowstil, und sie bestehen aus mehreren Räumen mit Küche, die sich gut für einen längeren Aufenthalt mit mehreren Personen eignen. Sie liegen gewöhnlich in ruhiger Lage, weitab vom lebhaften Hotelbetrieb, und sie vermitteln Individualität. Als Gast sind Sie keine "Nummer" wie in einem großen Hotelkomplex.
Die Preise liegen zwischen 400,- bis 550,- US-Dollar pro Woche.

Impfungen

Obgleich in der Dominikanischen Republik keine Impfungen vorgeschrieben sind, sind trotzdem folgende zu empfehlen:
● Gelbsucht (Hepatitis A)
● Wundstarrkrampf (Tetanus)
● Typhus

➽ Inlandflüge

An der Küste und im Landesinneren gibt es zahlreiche kleinere Flughäfen, auf denen der Inlandflugdienst abgewickelt wird. Die größeren Städte sind durch einen regelmäßigen Liniendienst miteinander verbunden.
Der Inlandflugplatz Santo Domingos heißt **Herrera-Flughafen**, Avenida Luperón, Tel.: 567-3900.
● Mehrere **Chartergesellschaften** wickeln den Verkehr hier ab, z.B.:
- **Aeronaves Dominicanas**, Santo Domingo, Avenida Luperón, Tel.: 567-1195,
- **Columbus Air** (deutsche Firma), Puerto Plata, Tel.:586-6991,
- **Coturisca**, Santo Domingo, Avenida Nunez de Cáceres / Guarocuya, Tel.: 567-2480,
- **Servicios Aereos Turisticos**, Santo Domingo, Avenida John F. Kennedy / Calle D, Tel.: 562-2351,
- **Unicharter**, Santo Domingo, Avenida Luperón, Tel.: 567-0818,
- **Victoria Air**, Santo Domingo, Santomé 352, Tel.: 567-6879.

— *Dominikanische Republik / Praktische Reisetips von A–Z* —

- Die wichtigsten Zielpunkte sind: La Romana, Montecristi, Puerto Plata, Punta Cana und Santiago.
- Die **Preise** sind starken Schwankungen unterworfen. Sie sollten ausgehandelt werden.

K Kleidung

Entsprechend **A–Z Reiseland Kuba** (Kapitel 7.1)

▶▶ Klima und Reisezeit

Siehe **A–Z Reiseland Kuba** (Kapitel 7.1)

▶▶ Kreditkarten

Die bekanntesten Kreditkarten, wie Acces, Banamex, Carnet, Diners Club, EuroCard (gehört zu MasterCard), JCB, MasterCard und Visa International, meistens auch American Express, werden akzeptiert.

Vorsicht bei Blankovordruck!
Von Einzelreisenden, die mit Kreditkarte ihre Hotelrechnung bezahlen möchten, wird schon beim Einchecken oft ein unterzeichneter Blankovordruck verlangt. Nach beendetem Hotelaufenthalt soll dann der zu zahlende Betrag eingesetzt werden. Wenn dieses Verfahren ordnungsgemäß durchgeführt wird, ist nichts dagegen einzuwenden. Bei Unregelmäßigkeiten lassen Sie sich bitte den ungültigen Blankovordruck wieder aushändigen, und zerreißen Sie ihn in kleinste Stücke, denn auch mit zerknüllten Papieren können Unbefugte noch etwas anfangen.

Wichtiger Tip:
Notieren Sie sich von dem gültigen Exemplar die Belegnummer.

L Landkarten

Siehe Stichwort **A–Z Reiseland Kuba** (Kapitel 7.1)

▶▶ Leihwagen

Siehe Stichwort **Mietwagen**

M Maße und Gewichte

In der Dominikanischen Republik ist offiziell das metrische System eingeführt, trotzdem sind aber noch spanische und anglo-amerikanische Einheiten üblich. Die gebräuchlichsten sind hier aufgeführt:

Dominikanische Republik / Praktische Reisetips von A–Z

1 vara	= 0,91 cm	1 barrel (bl.)	= 158,983 l
1 inch (in)	= 2,540 cm	1 ounce (oz)	= 28,350 g
1 foot (ft)	= 0,305 m	1 troy ounce (troy oz)	= 31,103 g
1 yard (yd)	= 0,914 m	1 pound (lb)	= 453,592 g
1 mile (mi)	= 1,609 km	1 libra	= 0,453 kg
1 tarea (Tagwerk)	= 629 m²	1 arroba	= 11,34 kg
1 acre (ac)	= 4047 m²	1 cargas	= 113,4 kg
1 cubic foot (ft³)	= 28,317 dm³	1 short ton (sh t)	= 0,907 t
1 gallon (gal.)	= 3,785 l	1 long ton (l t)	= 1,016 t
1 imperial gallon (imp. gal.)	= 4,546 l		

➤➤ Mietwagen

Sich ein Auto zu mieten und auf eigene Faust ein Land zu erforschen, ist sicherlich die interessanteste, ungebundenste und unabhängigste Möglichkeit.

● Die bekanntesten **Autoverleihfirmen** in Santo Domingo sind:

Firma	Straße	Tel.-Nr.
Avis	Flughafen Las Americas	533-9295
Budget	J.F. Kennedy / Lope de Vega	567-0177
Hertz	Independencia	688-2277
Honda	J.F. Kennedy / Pepillo Salcedo	567-1015
Micromovil	Independencia 501	689-6141
National	Abraham Lincoln / J.F. Kennedy	562-1444
Nelly	José Contreras 139	535-8800
Pueblo	Independencia / Hnos. Deligne	689-2000
Rentauto	27 de Febrero 247	566-7221
Thrifty	Bolivar / Socorro Sanchez	686-0131
Toyota	27 de Febrero 247	567-5545

● **Bedingungen**
- Ihr Mindestalter als Fahrer muß 25 Jahre betragen.
- Sie müssen im Besitz eines Führerscheins ihres Herkunftslandes oder eines internationalen Führerscheins sein.
- Der Mietvertrag muß durch eine Kreditkarte abgesichert sein.

● **Preisbeispiele**
- Für einen **Mittelklassewagen** werden ohne Kilometerbegrenzung und mit Versicherung ca. 600 Pesos pro Tag und 3.600 Pesos pro Woche verlangt. Die Kaution ist allerdings sehr hoch. Sie beträgt ca. 6.000 Pesos, wenn Sie keine Kreditkarte vorlegen können.
- Die Leihgebühr für einen **Motorroller** beträgt ca. 250 Pesos pro Tag und 1.500 Pesos pro Woche inklusive Versicherung.

● **Prüfung bei der Übernahme**
- Die **Mängelbescheinigung** sollten Sie erst nach gründlicher Prüfung des Fahrzeugs (Blech-, Lack-, Motorschäden) unterschreiben, damit Ihnen

bei der Rückgabe des Wagens keine Schäden zur Last gelegt werden, die Sie nicht verursacht haben.
- Auf gute **Bereifung, Reserverad,** intakte **Beleuchtung** und funktionierende **Bremsen** sollten Sie Ihr besonderes Augenmerk richten. Eine kurze **Probefahrt** ist angebracht.

● Weitere **Tips:**
- Bei der Wahl der Automarke wählen Sie möglichst ein solches aus, das genügend **Bodenfreiheit** besitzt, um auch schlechte Straßen und Nebenwege befahren zu können.
- Achten Sie stets beim Verlassen des Autos auf vollständigen **Verschluß** des Fahrzeugs.
- Lassen Sie nie **Wertgegenstände** (Kameras usw.) und **wichtige Dokumente** im Auto zurück.
- Stellen Sie, wenn möglich, den Wagen **nachts** in einen verschließbaren Hof oder an einen anderen **vor Diebstahl sicheren Ort.** Fragen Sie bei Ihrer Hotelrezeption.

N Nationalparks und Reservate

Auch in der Dominikanischen Republik wächst die Einsicht:
● **ökologisch wertvolle Gebiete** mit einem schützenswerten Bestand an wildlebenden Tieren und Pflanzen vor der Bodenzerstörung und Wasserverschmutzung zu bewahren,
● den Menschen die **Wunder der Natur näher zu bringen** und
● gleichzeitig mit geschäftstüchtigem Hintergedanken **Attraktionen für den Tourismus** zu schaffen.

Es folgt eine Aufstellung von **Schutzgebieten.** Die Definition Nationalpark und die Einhaltung von Schutzbestimmungen, die der Naturschutz fordert, ist noch sehr unklar. So werden Sie in den Schutzgebieten beispielsweise massenhaft leere Patronenhülsen finden, die auf hohe Abschußquoten besonders an Wasservögeln schließen lassen.

Die **Numerierungen** der Kurzbeschreibung der Schutzgebiete sind mit den Ziffern der Karte identisch.
Die **Tiernamen** werden zuerst in Englisch angeführt, weil es nur lückenhaft deutsche Namen für die Tierarten der Karibik gibt.

1. Parque Nacional del Este
Provinz: Altagracia ● Gründungsjahr: 1975 ● Größe: 430 km² einschließlich der Isla Saona ● Durchschnittliche Jahrestemperatur: +26,5° C ● Durchschnittliche Niederschlagsmenge: 1.300 mm ● Vegetationszonen: regengrüner Feuchtwald, regengrüner Trockenwald mit Übergangszone ● Pflanzen: u.a. Palmfarn, Balsambaum, Mezquite, Meertraube, Mahagoni ● Vögel: 112 Vogelarten, 8 Arten endemisch und 11 endemisch in der Karibik, u.a. Hispaniolan Parrot (Papageienart), Brown Pelican (Brauner Pelikan),

Dominikanische Republik / Praktische Reisetips von A–Z

Nationalparks und Schutzgebiete der Dominikanischen Republik

1. Santuario del Banco de la Plata
2. Parque Nacional Monte Cristi
3. Reserva Científica Isabel de Torres
4. Parque Nacional Armando Bermúdez
5. Parque Nacional Los Haitises
6. Reserva Científica Lagunas Redonda y Limón
7. Parque Nacional José del Carmen Ramírez
8. Reserva Científica Valle Nuevo
9. Parque Nacional Isla Cabritos
10. Reserva Científica Laguna Rincón o de Cabral
11. Parque Nacional Submarino La Caleta
12. Parque Nacional del Este
13. Parque Nacional Sierra de Bahoruco
14. Parque Nacional Jaragua

American Frigate Bird (Prachtfregattvogel), Red-footed Booby (Rotfußtölpel), Barn Owl (Schleiereule), Stygian Owl (große Eule) ● Säugetiere: Schlitzrüßler, Jaguti, Karibische Seekuh ● Anfahrt: per Boot ab Bayahibe

2. Parque Nacional Armando Bermúdez
Provinz: Santiago ● Gründungsjahr: 1956 ● Größe: 766 km² ● Durchschnittliche Jahrestemperatur: +12° C bis +21° C ● Durchschnittliche Niederschlagsmenge: 1.000 mm bis 4.000 mm ● Vegetationszonen: immergrüner Gebirgsregenwald, montaner Nebelwald der nördlichen Kordilleren (bis über 3.000 m) ● Pflanzen: u.a. Karibische Kiefer ● Vögel: u.a. Hispaniolan Parrot (Papageienart), Hispaniolan Woodpecker (Streifenspecht), Palm Chat (Palmschmätzer) ist der dominikanische Nationalvogel, Red-tailed Hawk (Rotschwanzbussard) ● Säugetiere: Wild Boar (Wildschwein) ● Anfahrt: per Pkw von Jarabacoa Richtung Südwesten nach Cienega

3. Parque Nacional Monte Cristi
Provinz: Monte Cristi ● Gründungsjahr: 1983 ● Größe: 530 km² ● Durchschnittliche Jahrestemperatur: +28,5° C ● Durchschnittliche Niederschlagsmenge: 600 mm ● Vegetationszonen: Meeresflora, Mangrovensumpf, Lagunenvegetation, regengrüner Trockenwald ● Pflanzen: u.a. Mequite, Duf-

takazie, Monte Cristi Salbei, Meertraube, Rote Mangrove • Reptilien und Amphibien: 11 Reptilienarten, u.a. American Crocodile (Spitzenkrokodil), 3 Lurcharten • Vögel: 163 Vogelarten, u.a. Brown Pelican (Brauner Pelikan), American Frigate Bird (Prachtfregattvogel), Great Heron (Silberreiher), Glossy Ibis (Brauner Sichler), Yellow-crowned Nightheron (Cayennereiher) • Anfahrt: bis zum Hügel "Morre de Monte Cristi" und bis zur "Saladillo Lagune" per Pkw, übrige Teile per Boot

4. Sanctuario del Banco de la Plata
Provinz: Küste vor Puerto Plata • Gründungsjahr: 1986 • Größe: 3.748 km² • Biotop: Meerespark, große Sandbank • Säugetiere: 2.000 bis 3.000 Humpback Whales (Buckelwale) von November bis April (80% der Population dieser Wale)

5. Parque Nacional Los Haitises
Provinz: Samaná • Gründungsjahr: 1976 • Größe: 208 km² • Durchschnittliche Jahrestemperatur: +24° C bis +26° C • Durchschnittliche Niederschlagsmenge: 1.900 bis 2.000 mm • Vegetationszonen: tropischer Regenwald, Mangrovensumpf • Pflanzen: u.a. Laubzedern, Wollbaum, Mahagoni • Vögel: u.a. Brown Pelican (Brauner Pelican), American Frigate Bird (Prachtfregattvogel), Northern Jacana (Jassana), Little Blue Heron (Blaureiher), Barn Owl (Schleiereule) • Anfahrt: Bootsfahrten ab Sanchez oder Sabana de la Mar

6. Reserva Científica Lagunas Redonda y Limón
Provinz: Hatomayor • Größe: 101 km² • Vegetationszonen: Mangrovensumpf, Lagunenvegetation, regengrüner Feuchtwald • Vögel: u.a. Great Heron (Silberreiher), Black-crowned Nightheron (Nachtreiher), Roseate Spoonbill (Rosa Löffler) • Anfahrt: per Geländewagen ab Miches

7. Parque Nacional Submarino La Caleta
Provinz: Distrito Nacional • Gründungsjahr: 1986 • Größe: 10,1 km² • Vegetation: Meerespark 22 km östlich von Santo Domingo mit vorgelagertem Riff und dem absichtlich versenkten Schiff "Hickory" • Meerestiere: u.a. große Mengen vielfarbiger Fische sowie Muränen und Stachelrochen • Anfahrt: von Santo Domingo per Pkw oder Boot

8. Parque Nacional José del Carmen Ramírez
Provinz: San Juan • Gründungsjahr: 1958 • Größe: 764 km² • Durchschnittliche Jahrestemperatur: +12° C bis +18° C • Durchschnittliche Niederschlagsmenge: 1.800 mm in den Kammlagen der Berge • Vegetationszonen: Karstlandschaft, montaner Nebelwald, Quellgebiet mehrerer für die Landwirtschaft wichtiger Flüsse • Pflanzen: u.a. Kreolische Pinie • Vögel: u.a. Hispaniolan Parrot (Papageienart), Hispaniolan Woodpecker (Streifenspecht) • Säugetiere: u.a. Wild Boar (Widschwein) • Anfahrt: per Pkw nach El Palmar am Río Yaque del Sur, dann zu Fuß weiter

9. Reserva Científica Laguna Rincón o de Cabral
Provinz: Independencia • Gründungsjahr: 1983 • Größe: 47 km² • Vegeta-

tion: Lagunenvegetation, größtes Süßwasserreservoir des Landes ● Pflanzen: u.a. Wasserlilien ● Vögel: u.a. Flamingo (Flamingo), Glossy Ibis (Brauner Sichler), Northern Jacana (Jassana), Ruddy Duck (Schwarzkopfruderente), Masked Duck (Westindische Maskenente) ● Anfahrt: per Pkw ab Cabral

10. Parque Nacional Isla Cabritos
Provinz: Independencia ● Gründungsjahr: 1974 ● Größe: 24 km², Insel im Lago Enriquillo ● Vegetationszone: regengrüner Trockenwald ● Durchschnittliche Jahrestemperatur: +28° C ● Durchschnittliche Regenmenge: 642 mm ● Reptilien: die größte Population an wildlebenden American Crocodiles (Spitzenkrokodile) der Welt, Ricord Iguana (Wirtelschwanz), Rhinoceros Iguana (Nashornleguan) ● Vögel: 62 Vogelarten, charakteristisch: Flamingo (Flamingo), Great Blue Heron (Amerikanischer Graureiher), Louisiana Heron (Dreifarbenreiher), Black-crowned Heron (Nachtreiher), Glossy Ibis (Brauner Sichler), Purple Gallinula (Amerikanisches Zwergsultanshühnchen), Roseate Spoonbill (Rosa Löffler) ● Anfahrt: per Boot von Anlegestelle Azufrada (zwischen Postner Río und Descubierta)

11. Reserva Científica Valle Nuevo
Provinz: La Vega ● Größe: 409 km² ● Vegetationszonen: immergrüner Gebirgsregenwald, montaner Nebelwald ● Pflanzen: 249 Arten, davon 97 endemisch, u.a die Blaßblütige Magnolie ● Vögel: 64 Vogelarten: u.a. verschiedene Singvögel ● Anfahrt: per Pkw nach Valle Nuevo, rund 10 km südlich von Constanza

12. Parque Nacional Jaragua
Provinz: Pedernales ● Gründungsjahr: 1983 ● Größe: 1.400 km² ● Durchschnittliche Jahrestemperatur: +27° C ● Durchschnittliche Niederschlagsmenge: 500–700 mm ● Vegetationszonen: Dornbusch und Sukkulenten ● Pflanzen: u.a. Kakteen, Balsambaum, Meertraube, Mahagoni, Rote Mangrove, Pockbaum ● Reptilien: Rinoceros Iguana (Nashornleguan), Ricord Iguana (Wirtelschwanz) und 4 Meeresschildkrötenarten ● Vögel: 130 Vogelarten, das sind 60% aller in der Dom. Rep. lebenden Gefiederten, u.a. Flamingo (Flamingo), Great Egret (Silberreiher), Little Blue Heron (Blaureiher), American Frigate Bird (Prachtfregattvogel), Roseate Spoonbill (Rosa Löffler) ● Anfahrt: per Pkw von Oviedo

13. Parque Nacional Sierra de Bahoruco
Provinz: Independencia ● Gründungsjahr: 1986 ● Größe: 800 km² ● Durchschnittliche Jahrestemperatur: +15° C bis +20° C ● Durchschnittliche Niederschlagsmenge: 1.000 bis 2.500 mm ● Vegetationszonen: alle Vegetationsstufen vom regengrünen Trockenwald bis zum montanen Nebelwald und Übergangszonen ● Pflanzen: 166 Orchideenarten, davon 32 endemisch, außerdem u.a Karibische Kiefer, Bergkirsche, Wacholder, Mahagoni, Ameisenbaum, Manacla ● Vögel: u.a 49 Vogelarten, davon 28 Species Standvögel, 2 Zugvögel und 19 endemisch ● Anfahrt: per Pkw von Pedernales über Menca, Los Arroyos nach Aguacate

14. Reserva Científica Isabel de Torres
Provinz: Puerto Plata • Gründungsjahr: 1983 • Größe: 22 km² • Durchschnittliche Jahrestemperatur: +17° C bis +25° C • Durchschnittliche Niederschlagsmenge: 1.800 mm • Vegetationszonen: tropischer Regenwald und immergrüner Gebirgsregenwald, Karstlandschaft • Pflanzen: 594 Pflanzenarten • Vögel: 32 Vogelarten, davon 5 endemisch • Anfahrt: per Pkw von Puerto Plata

In den Schutzgebieten gibt es keine Übernachtungsmöglichkeiten.

P Pflanzenwelt

Siehe ausführliche Kapitel 4.1 und 4.2

▶▶ Post, Telefon, Telefax

● **Briefe, Postkarten und Briefmarken**
Die Beförderungsdauer von Briefen und Postkarten dauert meistens 4 bis 6 Wochen. Luftpostsendungen sind mit dem Vermerk "**Correo Aero**" zu versehen. Das Porto beträgt 3 Pesos (Stand Sommer 1992).
Die **Postkästen** sind **blau** angestrichen, und sie tragen die Aufschrift "Correos".
Das **Hauptpostamt** in Santo Domingo befindet sich in der Altstadt, im Palacio de Telecomunicaciones, Emiliano Tejera / Las Damas.
Es könnte u.a. wichtig für postlagernd geschickte Briefe sein.
Öffnungszeiten der Postämter allgemein: 8.00–17.00 oder 18.00 Uhr
Briefmarken kann man auch in den meisten Hotels erstehen. Man braucht sich deshalb nicht extra zur Post zu begeben.

● **Telefon**
Die **Telefongesellschaft CODETEL**, eine kanadische Firma, hat in Zusammenarbeit mit der Dominikanischen Republik ein sehr gut funktionierendes Telefon-, Telefax- und Telexnetz aufgebaut. Sie ist das wichtigste Unternehmen dieser Branche geworden und betreibt mehr als 95% des Fernmeldewesens des Landes. 45 Städte und Dörfer besitzen ca. 350.000 **Telefonanschlüsse**, wovon 60% auf die Hauptstadt Santo Domingo entfallen. Die CODETEL-Büros gibt es in jedem größeren Ort, in Santo Domingo und Puerto Plata sogar mehrere. Bei Beschreibung der Touren werden diese Büros unter "Touristische Informationen" genannt.
Öffnungszeiten von CODETEL: 8.00–22.00 Uhr täglich
Für **Ferngespräche** ins Ausland besteht teilweise Selbstwähldienst (z.B. nach Deutschland). Für ein 3-Minutengespräch nach Mitteleuropa muß man bei CODETEL ca. 40,- DM bezahlen. In den Hotels kann es ca. 70,- DM betragen.
Die **Telefonvorwahl** von der Dominikanischen Republik lautet nach Deutschland: 01-49, nach Österreich: 01-43, in die Schweiz: 01-41.

Dominikanische Republik / Praktische Reisetips von A–Z

Nach dem Wählen der o.g. Landes-Vorwahlnummer ist die Null der Ortskennzahl im Zielland nicht zu wählen.
Beispiel: 01-49-69-5970330 (Telefon-Nummer des Dominikanischen Fremdenverkehrsamts in Frankfurt/Main)
Die **Inlandsgespräche**, nach Entfernungen berechnet, sind sehr preisgünstig.

● **Telefax**
Ein Telefax zu schicken oder zu empfangen ist billiger, als zu telefonieren. Auch hier können Ihnen die **CODETEL-Büros** sehr gute Dienste leisten.

Tip
● Notieren Sie sich die **Telefax-Nummern** Ihrer Verwandten, Freunde oder anderer Kontaktpersonen vor Ihrer Abreise daheim.
● Hinterlassen Sie die **Telefax-Nummern** der **CODETEL-Büros** oder der fest gebuchten Hotels bei Ihren Kontaktpersonen, damit die Möglichkeit gegeben ist, Ihnen wichtige Informationen aus der Heimat zukommen zu lassen.

Es folgt eine **Liste** der wichtigsten **Telefax-Nummern** der **CODETEL-Büros**, wo Sie wie bei Poste Restante Ihr Telefax abholen können:

Stadt	Adresse	Telefax-Nummer
Barahona	Nuestra S. del Rosario 37	(809) 524-3929
Boca Chica	Plaza del Sol	(809) 523-4444
Cabarete	Durchgangsstraße 5	(809) 571-3346
Enriquillo	Castula M. Vidal	(809) 544-3742
Higüey	Bertilio Alfau Duran 160	(809) 686-1606
Juan Dolio	Plaza Comercial	(809) 529-1119
La Romana	Duarte 28	(809) 687-7588
La Vega	Juan Rodriguez Esq. Duverge	(808) 573-1000
Luperón	Salomone Erena 3	(809) 580 1320
Puerto Plata	Plaza Turiso	(809) 586-4867
Sabana de la Mar	Diego de Lira 47	(809) 686-7552
Samaná	Santa Barbara 6	(809) 538-2545
Sanchez	Duatre 4	(809) 552-7399
Santiago	Estrella Sadhala	(809) 583-8464
Santo Domingo	27. Febrero 247	(809) 562-6893
Sosúa	Dr. Rosen	(809) 571-2929

R Reisevorbereitungen

Siehe Stichwort **A–Z Reiseland Kuba** (Kapitel 7.1)

▶▶ **Reisezeit**

Siehe Stichwort **Klima und Reisezeit A–Z Reiseland Kuba** (Kapitel 7.1)

Dominikanische Republik / Praktische Reisetips von A–Z

▶▶ Religion

In der Dominikanischen Republik besteht **Religionsfreiheit**. Die Zusammensetzung der **verschiedenen Konfessionen** ergibt folgendes Bild:
  Katholiken: 95%
  Protestanten, Adventisten, Zeugen Jehovas: 4%
  Sonstige Sekten: 1%
Außerdem gibt es noch den Voodoo-Kult. "Wodú" heißt in der westafrikanischen Sprache "Geist".
Die katholische Kirche hat in **Santo Domingo** eine **Erzdiözese** und 4 Diözesen, die auf Santiago de los Caballeros, La Vega, Higüey und San Juan de la Maguana verteilt sind.

▶▶ Restaurants

Die gleiche Unterscheidung, die im Hotelwesen getroffen wurde, gilt auch für das Gaststättenwesen. Es gibt internationale Restaurants mit weitgefächerter Speisekarte und sehr einfache Gasthäuser, in denen das Essensangebot über Huhn mit Reis und rote Bohnen meistens nicht hinauskommt. Wenn Sie Lust verspüren sollten, auch einmal außerhalb Ihres Hotels – wo Sie sicher gut speisen und trinken können – zu dinieren, dann gibt es in Santo Domingo mehrere Möglichkeiten. In der folgenden Tourenbeschreibung des Landes wird auf die Besonderheit der einzelnen Lokale noch gesondert eingegangen.

● **Empfehlenswerte Restaurants in Santo Domingo**
"Calvo", Beller 92, Tel.: 586-2020
"China", Hnas. Mirabal, Tel.:586-3776
"D'Amico", L. Ginebra 150, Tel.: 586-3830
"El Canario", 12 de Julio 94, Tel.: 586-2402
"El Sombrero", Carr. Puerto Plata km 4, Tel.: 586-2898
"Hotel Caracool", Circunv. Norte, Tel.: 586-2588
"Hotel Montemar", Gral. Luperón, Tel.: 586-2800
"Los Pinos", Hnas. Mirabal, Tel.: 586-3222
Alle haben internationale Gerichte auf der Speisekarte und jedes seine Spezialitäten, so daß Sie argentinische, deutsche, französische, italienische, mexikanische und orientalische Speisen probieren können, vor allem aber auch die wohlschmeckende kreolische Küche.
Es ist zu empfehlen, einen Tisch reservieren zu lassen. Grundsätzlich akzeptieren die Restaurants fast alle international anerkannten Kreditkarten.
Die Preise in den internationalen Restaurants sind mit denen in Deutschland, Österreich und der Schweiz zu vergleichen.

● **Selbstverpflegung**
Selbstversorger kommen mit umgerechnet durchschnittlich 20,- bis 25,- DM täglich bei mäßigen Ansprüchen aus.

Routenvorschläge

Siehe Kapitel 8.2

S Safe

Es ist dringend zu empfehlen, wenn vorhanden, den Hotel- oder Zimmersafe zu benutzen. Wertsachen wie Reisepaß, Geld, Reiseschecks, Schmuck und Flugschein sind nur dort sicher.

Sicherheit

Auf Meldungen über Überfälle auf Urlauber in der Dominikanischen Republik und auch in anderen Ländern reagieren der Tourismus und besonders unsere Landsleute oft sehr hysterisch.
Ist nicht gerade das **herausfordernde Verhalten mancher Touristen** der Auslöser krimineller Handlungen?
- **Zur Schau gestellter Reichtum** (Schmuck) ist in diesem armen Land eine Provokation.
- **Arrogantes Benehmen**, Hochnäsigkeit, Besserwisserei und Angeberei erzeugen Abneigung und Haß bei den Einheimischen.
- **Aufreizende Kleidung** und provozierendes Benehmen sind unter Nichtbeachtung des südländischen Temperaments für Frauen nicht ganz ohne Gefahr.
- **Verführung zum Diebstahl** ist oft auf nachlässige Überwachung der eigenen Habe und Ahnungslosigkeit zurückzuführen. Hierzu **einige Tips:**
- Reisepaß, Geld, Reiseschecks, Flugscheine u.a. Wertsachen möglichst im Hotel- oder Zimmersafe deponieren!
- Wenn nicht anders möglich, Geld unauffällig am Körper tragen, z.B. im Brustbeutel, Hüftgürtel oder noch besser in der Innenseite von Kleidungsstücken!
- Geld nicht in der Öffentlichkeit zählen!
- Wertvollen Schmuck zu Hause lassen!
- Gepäck nie unbeaufsichtigt stehenlassen!
- Keine Gegenstände sichtbar im Auto zurücklassen!
- Foto- und Filmausrüstung nicht außer Griffweite lassen!
Ernsthafte **polizeiliche Nachforschungen** bei Diebstahl oder anderen kriminellen Handlungen sind nicht zu erwarten. Sie sollten sich jedoch trotzdem bei der Polizei durchsetzen, zumindest um eine Bescheinigung für Ihre Verluste zu erhalten (für die Gepäckversicherung).

Souvenirs, Souvenirs...

Souvenirgeschäfte mit großer Auswahl findet man in der Fußgängerzone Santo Domingos, in der "Calle Duarte" und der "Calle El Conde".

- **Bernsteinschmuck** wird fast in allen Andenkenläden reichlich angeboten. An der Nordküste Hispaniolas verbergen sich einige der ergiebigsten Bernsteinminen der Welt. Daher wird diese Küste auch *Costa del Amber* (Bernsteinküste) genannt.
Im "Museo de Amber" in Santo Domingo können Sie wunderschöne Bernsteinstücke bewundern und auch erstehen.
- **Larimar** ist eine Art Türkis, oft durchsichtig und türkisfarben wie die Hispaniola umspülenden Meere, mit braunen oder weißen Farbschattierungen. Dieser Edelstein wurde erst 1974 entdeckt. Aus Larimar gefertigte Halsketten, Armbänder, Ohrringe und Schmuckdöschen sind in allen Souvenirläden erhältlich.
- **Naive Malerei** ist eine Kunstrichtung, die aus dem Nachbarland Haiti auch auf die Dominikanische Republik "abgefärbt" hat. Es wird nach haitischen Vorbildern gemalt, oder es werden original haitische Bilder am Straßenrand oder in Läden ausgestellt.
- **Puppen**, in verschiedenen Ausführungen, sind ebenfalls beliebte Souvenirs.
- **Rum** und **Zigarren** zum Mitnehmen werden zuhause sicher keine allzu lange Lebensdauer haben.
- Außerdem gibt es Schnitzereien aus Holz, Kunstgewerbeartikel aus Horn, Leder und Muschelschalen, Keramik- und Flechtwaren sowie T-Shirts bis zum Überdruß.

▸▸ Sport

Das milde Klima gestattet es, das ganze Jahr hindurch sportlichen Aktivitäten nachzugehen. Es gibt wohl keine Sommersportart, die in der Dominikanischen Republik nicht ausgeführt wird. Besonders beliebt sind:
- **Baseball** ist der "König des Sports" in der Dominikanischen Republik. Professionelle und Amateure geben sich dieser Sportart mit Begeisterung hin.
- **Billard** wird hauptsächlich in privaten Clubs, jedoch auch in einigen Hotels gespielt.
- **Golf:** Die größten Golfanlagen gibt es in "Casa de Campo" in La Romana. Hervorragende Plätze findet der Golfer auch in Puerto Plata und Santo Domingo.
- **Hahnenkampf:** Den Hahnenkämpfen zuzusehen, ist eine Leidenschaft der Dominikaner. Hierbei wird sehr viel Geld gewonnen, verloren und verwettet.
- **Jogging:** An allen Stränden, überall in der Provinz und den Grünanlagen der Städte gibt es ausreichend Gelegenheit zum Laufen.
- **Polo:** Gute Möglichkeiten und ebenfalls gute Trainer gibt es in Sierra Prieta und La Romana, Casa de Campo, Tel.: 523-3333.
- **Reiten:** Der Reitsport kann vielerorts betrieben werden. Ausreiten entlang des Strandes und ins Hinterland sind beispielsweise möglich in Bayahibe, Cabarete, La Romana, Las Terrenas und Sosúa.

- **Sportfischen:** Jährlich werden internationale Turniere durchgeführt, wo Blaue Marline, Doradas und Bonitos gefangen werden. Auskunft erteilt "Club Nautico", Santo Domingo, Inc. Lope de Vega, Tel.: 566-1682.
- **Tennis:** Jedes Jahr im November findet die wichtigste Veranstaltung auf internationaler Ebene statt: der Marlboro-Cup.
- **Tiefsee-Sporttauchen:** Das Tiefseetauchen wird unter Leitung von Fachleuten betrieben. Auskünfte erteilt u.a. "Actividades Acuáticas", Tel.: 688-5838.
- **Windsurfen: Cabarete ist einer der besten Windsurfstrände der Welt.** Umsonst finden hier nicht Windsurf-Weltmeisterschaften statt.

➤➤ **Sprache**

Spanisch ist die offizielle **Amts- und Landessprache.** Englisch wird teilweise verstanden und in den Touristenzentren auch gesprochen.
Wer als Reisender Spanisch spricht, kann bessere Kontakte zur Bevölkerung herstellen.
Zur Vorbereitung auf einen Urlaub in der Dominikanischen Republik sollte auch ein Spanischkursus in der Volkshochschule gehören.

➤➤ **Strände**

Es gibt wunderschöne Strände entlang der Küstenlinie des Inselstaates. Wenn Sie nicht gerade in der Nähe der großen Häfen baden, ist das Wasser sehr sauber. Bei Sonnenschein leuchtet es in den verschiedenen Türkis- und Blautönungen. An lebhaften Stränden, aber auch verträumten Sandbuchten fehlt es nicht.

➤➤ **Stromspannung**

In der Dominikanischen Republik beträgt die Stromspannung 110/120 Volt. Mit einem Amerikanischen Flachstecker-Adapter und Geräten, die auf 110 Volt umzuschalten sind, können Sie aus den Steckdosen Strom entnehmen. Die besagten Flachstecker bekommt man daheim in Elektroabteilungen großer Kaufhäuser.

T Taxi

- **Erkennungszeichen**
Taxis sind mit einem "T" auf dem Wagendach oder an der Windschutzscheibe gekennzeichnet.

- **Preise**
Es ist sehr unklug, nur den Zielpunkt anzugeben und auf die Ehrlichkeit des Taxifahrers um einen angemessenen Preis zu vertrauen.

Dominikanische Republik / Praktische Reisetips von A–Z

 Wichtiger Tip
Der Fahrpreis sollte vor der Fahrt ausgehandelt werden. Als Richtpreis sind ca. 5 US-Dollar anzusetzen, um in Santo Domingo von einem Stadtteil in den anderen zu gelangen.

- **Verschiedene Arten von Taxis**
- **Touristentaxis**

Es sind meistens schwere amerikanische Limousinen, die am Flughafen oder vor großen Hotels zu finden sind.
- *Colectivo*s (Kollektivtaxis)

Das sind oft sehr alte und pannenanfällige amerikanische Straßenkreuzer, die in den Städten auf festen Routen zwischen 6.00 und 18.00 Uhr fahren und Kunden auf **Handzeichen** mitnehmen.
- **Individualtaxis**

Es sind kleinere Autos, meistens auch in schlechtem Zustand.

▶▶ Telefonieren

Siehe Stichwort **Post und Telefon**

▶▶ Tierwelt

Siehe ausführliche Kapitel 5.1, 5.2, 5.3 und 5.4

▶▶ Trinkgeld

Trinkgelder sind ein wichtiger Teil des Einkommens der dienstbaren Geister, denn die Gehälter sind ziemlich niedrig.
10 Pesos pro transportiertem Gepäckstück und 5 Pesos pro Tag des Aufenthalts für den Raumservice in Hotels sind angebracht. In Restaurants gibt man normalerweise 10% Trinkgeld vom Rechnungsbetrag. Bei sehr guter Bedienung könnte es auch etwas mehr sein.

W Währung

Die Landeswährung ist der Dominikanische Peso, abgekürzt RD$. RD ist die Abkürzung für "República Dominicana". Verwirrend ist, daß manchmal auch Preise nur mit dem Zeichen $ ausgezeichnet werden. Gemeint sind dann jedoch keine US-Dollar, sondern Dominikanische Pesos (RD$).
1 RD$ ist in 100 Centavos unterteilt.
Es sind **Noten** im Werte von 1, 5, 10, 20, 50, 100 und 1000 Pesos im Umlauf.
Ferner gibt es **Münzen** im Wert von 1, 5, 10, 25 und 50 Centavos.
Der amtliche **Umtauschkurs** beträgt z. Zt.: 100,- RD$ = 15,- DM (Stand November 1992).

— *Dominikanische Republik / Praktische Reisetips von A–Z* —

Tip
Der günstigste Umtauschkurs besteht immer für US-Dollar in Pesos. DM und Schweizer Franken umzutauschen, ist ungünstiger; deshalb ist es ratsam, US-Dollar in bar oder Reiseschecks aus Europa mitzunehmen.

Z Zeitverschiebung

Der Zeitunterschied zwischen der Dominikanischen Republik und Deutschland, Österreich und der Schweiz beträgt während unserer Winterzeit 5 Stunden und während unserer Sommerzeit 6 Stunden.
Wenn es beispielsweise in Berlin 12.00 Uhr mittags ist, zeigt die Uhr in Santo Domingo erst 7.00 Uhr (während unserer Winterzeit) bzw. 6.00 Uhr morgens (während unserer Sommerzeit) an.

➽ Zoll

● **Einfuhr in die Dominikanische Republik**

Die als persönliches Gepäck klassifizierten Artikel werden bei der Zollkontrolle keine Probleme bereiten. Normalerweise werden ausländische Gäste bei der Zollkontrolle nur "durchgewunken". 1 Liter Alkohol im Wert von höchstens 5 US-Dollar, 200 Zigaretten oder eine Kiste Zigarren (nur für den persönlichen Gebrauch im Urlaub), 2 angebrochene Parfümflaschen dürfen zollfrei eingeführt werden.

Einfuhrverbote
Die Mitnahme von Fleisch, Wurst, Käse und frischem Obst ist verboten. Es ist strengstens verboten, Waffen, Sprengstoff oder Rauschgift einzuschmuggeln!!!

● **Einfuhr in die Bundesrepublik Deutschland**

Bei der Einreise nach Deutschland dürfen von Personen ab dem 17. Lebensjahr folgende Artikel zollfrei eingeführt werden:
200 Zigaretten oder 200 Zigarillos oder 50 Zigarren oder 250 g Tabak, 1 l Spirituosen mit einem Alkoholgehalt von mehr als 22% oder 2 l Wein.

8.2 REISEROUTEN IN DER DOMINIKANISCHEN REPUBLIK
Vorschlag für eine 2–3-wöchige Reise im Mietwagen

Gebiet	Kapitel	Unternehmungen/Ausflugsziele	Tage	ca. km	Touristische Interessen
Santo Domingo	13.2	Historische Gebäude/Kirchen/Museen/Plätze/Aquarium	2	-	Geschichte/Architektur/Altstadtleben
Santo Domingo – Playa Palenque	13.3	Baden	1	56	Strandleben
Playa Palenque – Barahona	13.4	Lago Enriquillo/Nationalpark Jaragua	2/3	160	Fauna/Flora/Naturschutz
Barahona – La Romana	13.5	Wasserbauprojekt "Higuey Acuate"/ Höhle "Los Tres Ojos"/Baden/Wassersport	1/2	338	Wasserbauwirtschaft/Strandleben
La Romana – Bayahibe/ Playa Dominicus	13.6	Altos de Chavón/Bootsausflüge zur Insel Saona und auf dem Río Chavón	2/3	20	Fauna/Flora/Strandleben
Bayahibe/Playa Dominicus – Bávaro/Punta Cana	13.7	Baden/Wassersport	1/2	116	Strandleben
Bávaro – San José de las Matas	13.8	Wallfahrtsort Higüey/Zentral-Kordilleren/ Stadtbesichtigung Santiago	1/2	506	Katholizismus/Bergwandern/ Geschichte/Architektur
San José de las Matas – Las Terrenas	13.9	Stadtbesichtigungen von Moca/Salcedo/ S. Francisco de Macorís/Baden/Wassersport	2/3	234	Geschichte/Strandleben
Las Terrenas – Puerto Plata	13.10	Surfen in Cabarete/Sosúa/Baden/Wassersport/ Ruinen von La Isabela	2/3	194	Strandleben/jüdische Emigration/ früheste Kolonialgeschichte

Dominikanische Republik / Reiserouten

Entfernungstabelle

Meilen	1	2	3	4	5	6	7	8	9	10	11	12	13	14	15
1	Azua													207	160
2	34	Bani												173	126
3	55	84	Barahona											257	210
4	80	135	163	Cemendator										156	192
5	137	192	309	101	Cotui									96	61
6	229	174	389	242	359	Constanza								92	51
7	130	185	195	164	248	304	Dajabon							47	104
8	277	372	303	140	230	261	518	El Seibo						207	166
9	241	186	321	378	273	304	561	43	Higüey					234	193
10	285	229	364	421	110	40	201	276	320	Jarabacoa				67	32
11	170	220	245	340	414	278	254	426	469	454	Jimani			227	263
12	185	240	105	114	199	230	487	105	148	245	395	La Romana		188	147
13	210	155	290	347	77	60	181	211	289	30	436	215	La Vega	55	14
14	245	190	325	322	155	148	76	334	277	108	365	303	88	Mao	47
15	333	278	413	251	99	82	168	268	311	52	423	237	22	75	Moca
16	258	203	338	309	214	34	393	493	436	267	289	362	147	81	134
17	312	337	380	175	76	171	282	301	344	141	485	270	111	189	114
18	300	245	70	423	379	265	260	391	434	305	60	360	395	371	442
19	150	205	170	120	479	382	358	—	534	422	104	460	480	469	527
20	250	305	415	218	157	150	152	336	379	110	424	305	90	76	77
21	335	280	465	310	149	185	261	386	429	145	516	355	115	168	93
22	385	330	386	402	217	210	44	396	439	180	333	365	150	32	137
23	395	340	170	219	139	220	336	151	194	185	275	120	155	143	177
24	90	35	445	227	143	238	349	366	409	208	550	335	178	256	181
25	365	310	335	502	42	95	206	256	299	65	440	225	35	113	38
26	255	200	363	347	64	98	184	284	327	68	439	253	38	91	16
27	283	228	148	325	302	110	194	324	367	150	168	293	328	305	363
28	83	138	253	54	162	193	450	68	111	208	358	37	178	266	200
29	173	118	355	310	97	90	151	276	319	50	406	245	30	58	17
30	275	220	200	292	109	140	297	121	164	155	305	90	125	213	147
Kilometer															

Dominikanische Republik / Reiserouten

Entfernungstabelle (Fortsetzung)

Meilen

	16	17	18	19	20	21	22	23	24	25	26	27	28	29	30
1	194	186	93	155	208	239	245	56	227	158	176	52	107	171	75
2	209	152	127	189	174	205	211	22	193	124	142	86	73	137	40
3	210	236	43	106	258	289	240	106	276	208	225	92	157	220	124
4	109	236	75	135	193	250	136	141	312	216	202	34	193	181	160
5	133	47	235	298	98	93	135	86	89	26	40	188	101	60	67
6	129	106	165	237	93	115	130	137	148	59	61	68	120	56	87
7	21	175	161	222	94	162	27	209	217	128	114	120	280	94	247
8	244	187	243	305	209	240	246	94	227	159	176	201	42	171	75
9	271	214	270	332	235	266	273	120	254	186	203	228	69	198	102
10	166	88	189	262	68	90	112	115	129	40	42	93	129	31	96
11	180	301	37	65	263	320	207	171	342	273	273	104	222	252	189
12	225	168	223	286	189	220	227	75	208	140	157	182	23	152	56
13	91	69	245	298	56	71	93	96	111	22	24	204	111	19	78
14	50	117	230	291	47	104	20	151	159	70	57	189	165	36	132
15	83	71	275	327	48	58	85	110	112	24	10	225	124	11	91
16 Monte Cristi		154	183	244	84	141	43	188	296	107	93	142	202	73	169
17 Nagua	248		280	342	97	45	156	130	42	47	61	238	145	81	112
18 Neiba	295	450		76	267	332	211	149	320	252	269	91	201	264	168
19 Pedernales	393	550	123		328	385	271	211	382	314	331	169	263	317	230
20 Puerto Plata	135	156	430	528		52	67	152	139	71	58	226	166	37	134
21 Rio San Juan	227	73	535	620	83		183	87	87	71	58	283	198	68	165
22 Sabaneta	70	251	329	437	108	230		189	198	109	95	170	204	75	171
23 San Cristóbal	302	210	240	340	245	295	305		171	102	120	107	52	115	19
24 Samaná	315	67	515	615	223	140	318	275		89	102	278	206	123	152
25 S.F.d.Macoris	172	76	405	505	115	115	175	165	143		14	210	117	34	84
26 San Juan	150	98	433	533	93	93	153	193	198	22		229	134	20	101
27 S.P.d.Macoris	229	383	147	272	364	456	273	173	448	338	369		159	215	126
28 Salcedo	325	233	323	423	268	318	328	83	331	188	216	256		129	33
29 Santiago	117	131	425	510	60	110	120	185	198	55	33	346	208		96
30 Santo Domingo	272	180	270	370	215	265	275	30	245	135	163	203	53	155	

Kilometer

9 HAITI ALS REISELAND

Haiti ist zur Zeit kein geeignetes Reiseland!

Wegen anhaltender **Unruhen, Revolution, Bürgerkrieg und äußerst schlechter wirtschaftlicher Lage** wäre es sehr gewagt, als Urlauber dieses Land, das sich schon seit längerer Zeit in einem chaotischen Zustand befindet, zu bereisen.

Genauso verantwortungslos wäre es, Reisende zu animieren, es zur Zeit zu besuchen.

Auch wenn der Westteil der Großen Antillen-Insel Hispaniola von dem Staat Haiti eingenommen wird, so soll aus den o.g. Gründen in diesem Buch in dieser Auflage **auf das Kapitel "Praktische Reisetips von A–Z" für Haiti verzichtet werden.**

Erst wenn sich die politisch verworrene Lage beruhigt hat und wieder geordnete Verhältnisse in Haiti eingekehrt sind, ist beabsichtigt, dieses Buch um diesen Teil zu erweitern.

Im geschichtlichen Überblick (Kapitel 2), geographischen Überblick (Kapitel 3) und in den allgemeinen Ausführungen über die karibische Pflanzenwelt (Kapitel 4), die karibische Tierwelt (Kapitel 5) und die Wirtschaft (Kapitel 6) ist auch Haiti behandelt worden.

10 JAMAIKA ALS REISELAND

10.1 PRAKTISCHE REISETIPS VON A–Z

A Anreise

- **Mit dem Flugzeug**

Am günstigsten ist Jamaika von Mitteleuropa über den **internationalen Flughafen Donald Sangster in Montego Bay**, Tel.: 952-2091, zu erreichen.
Empfehlenswert ist der z.Zt. schnellste und preiswerteste **Direktcharterflug der LTU** von München und Düsseldorf nach Montego Bay. Die LTU fliegt montags für 1699,- bis 1899,- DM (Stand Sommer 1992) nonstop.
Über den **internationalen Flughafen Norman Manley in Kingston**, Tel.: 924-8024, ist Jamaika allerdings nur mit mehrmaligem Umsteigen über Miami oder San Juan anzufliegen.
Der einzige Linienflug von Westeuropa auf die Karibikinsel wird von **British Airlines** von London nach Kingston dienstags, samstags und sonntags für ca. 1.500,- DM mit Zwischenlandung in Nassau/Bahamas geflogen. Für den Super-Apex-Tarif muß 3 Wochen vor Abflug gebucht und der Rückflug festgelegt werden. Beim Abwägen der Kosten sollte man die Fahrtkosten nach London mitbedenken.

Innerhalb Jamaikas verkehrt **Airlines Trans Jamaica** (Näheres unter Stichwort Inlandflüge).

- **Mit dem Schiff**

- Per Kreuzfahrtschiff

Jamaika wird nicht so häufig von Kreuzfahrtschiffen angelaufen, wie beispielsweise Puerto Rico. Trotzdem erscheinen die "weißen Riesen" an den Küsten Jamaikas (Montego Bay, Ocho Rios, Port Antonio und Kingston) regelmäßig, so beispielsweise:

Reederei	Schiffsname	Telefon-Nummer
Carnival Cruises	"Mardi Gras"	1-800-327-9501
Costa Cruises	"Daphne"	212-682-3505
Hapag Lloyd Cruises	"Europa"	312-332-0090
Holland America	"Veendam"	
	"Volendam"	1-800-223-6655
Home Lines	"Atlantic"	1-800-221-4041
K-Lines/Hellenic	"Constellation"	1-800-2237880
Norwegian Caribbean	"Southward"	1-800-3277030

Jamaika / Praktische Reisetips von A–Z

Royal Caribbean Line	"Nordic Prince"	1-800-327-6700
Royal Cruise Lines	"Royal Odyssey"	415-7880610
Royal Viking Line	"Royal Viking Sea"	
	"Royal Viking Sky"	1-800-227-4246
Sun Line	"Stella Solaris"	1-800-223-5760

Der Landgang der Kreuzfahrer beschränkt sich dann meistens nur auf 1 Tag oder wenige Stunden. Zu Hunderten werden dann bestimmte Ausflugsziele angesteuert, z.B. die "Dunn's River Falls" in Ocho Ríos. Man muß jedoch bedenken, daß Kreuzfahrer in erster Linie das Leben an Bord lieben und nicht so sehr die Zielpunkte der Reise.

- **Per Frachtschiff**

Für eine Überfahrt per Frachtschiff muß man sehr viel Zeit mitbringen. Die Art der Ladung, Unterwegsaufenthalte, meistens an der Ostküste der USA, ziehen die Schiffsreise in die Länge.

▶▶ Apotheken

Entsprechend Stichwort **A–Z Reiseland Dominikanische Republik** (Kapitel 8.1)

▶▶ Ärzte

Siehe Stichwort **Gesundheitswesen**

▶▶ Auskunft

In Deutschland
Allgemeine und spezielle Reiseauskünfte erhalten Sie beim **Jamaica Tourist Board** (JTB), Schmidtstraße 12, 6000 **Frankfurt/Main** 1, Tel.: 069-75800317-19.

In Jamaika
Informationen über Verkehrsmittel, Unterkünfte, Feste, Sportmöglichkeiten usw. werden bereitwillig gegeben.
- **Jamaica Tourist Board**
Dieses einheimische Reisebüro unterhält 6 Büros in Jamaika:
Kingston
- The Tourism Centre, 21 Dominica Drive, P.O. Box 360, Tel.: (809) 929-9200-19
- Airport, Tel.: (809) 924-8024/8281

Montego Bay
- Cornwall Beach, Gloucester Ave., P.O. Box 67, Tel.: (809) 952-4425/8
- Airport, Tel.: (809) 952-2462, Fax: (809) 952-3587

Ocho Rios
- Ocean Village Shopping Centre, P.O. Box 240, Tel.: (809) 974-2582/3 oder 974-2570, Fax: (809) 974-2559

Port Antonio
- City Centre Plaza, P.O. Box 151, Tel.: 993-3051 oder 993-2587, Fax: (809) 993-2587

Negril
- Adrija Plaza, Shop 9, Tel.: (809) 957-4243, Fax: (809) 957-4489

Mandeville
- 21 Ward Ave., Tel.: (809) 962-1072, Fax: (809) 962-2762
- Jamaica Association of Villas & Apartments LTD. (JAVA)

Ocho Rios
- Pineapple Place, P.O. Box 298, Ocho Rios, St. Ann, Tel.: (809) 974-2508
- Caribic Vacations Ltd.

Bei dieser Firma werden Sie auch deutschsprachig bedient. Die Auskünfte sind präzise, und die Organsation funktioniert erstklassig.

Montego Bay
Anne Townsend – Agenturchefin
White Sands Beach, Gloucester Ave. 69, Tel.: (001) - (809) 9524469/9525013

Auskünfte aus der Bevölkerung

Die Jamaikaner sind sehr hilfsbereit und auskunftsfreudig. Wenn Sie beispielsweise mit Ihrem Wagen anhalten und Ihre Landkarte studieren, so wird sicherlich ein hilfsbereiter Einheimischer Sie fragen: "You lost your way?", und er wird sich erkundigen, ob Sie sonst irgendwelche Probleme haben. Sie bedanken sich, nein, Sie hätten keine Wegfindungsprobleme.

Wenn Sie aber doch am "Ende Ihres Lateins" sind, weil beispielsweise auf Ihrer Landkarte die parallel zum Fluß laufende Straße auf der linken statt auf der rechten Seite eingezeichnet ist (wie passiert), sind Sie in Ihrer Ratlosigkeit auf die freundlichen Auskunftgeber angewiesen. Dann müssen Sie jedoch sehr vorsichtig mit dem Wahrheitsgehalt der Auskünfte umgehen. Ein Jamaikaner würde nie zugeben, daß er nicht wüßte, wo der von Ihnen gesuchte Ort liegt. Auch wenn er keinen blassen Schimmer hat, bekommen Sie mit dem Brustton der Überzeugung eine sehr "sichere" Auskunft serviert, an der es keinen Zweifel geben dürfte. Sie befinden sich in Wirklichkeit jedoch am **Anfang eines Irrgartens**, wenn Sie alle folgenden, sich ständig widersprechenden Auskünfte glauben und ausführen würden. Also Vorsicht!

▶▶ Autoverkehr

- In Jamaika herrscht **Linksverkehr**.
- Das **Straßennetz** ist relativ **gut ausgebaut**. Alle städtischen Siedlungen sind durch Straßen, die größtenteils asphaltiert sind, miteinander verbunden.
- Natürlich ist der **Zustand des Straßennetzes** mit mitteleuropäischen Verhältnissen nicht zu vergleichen. **Tropische Regengüsse** tun das ihrige, um ständig die Festigkeit der Fahrbahnen durch Überfluten, Unterspülen und Verschütten durch herabbrechendes Erdreich zu zerstören.
- **Geschwindigkeitsbegrenzungen** bestehen in Ortschaften. Dort dürfen Sie offiziell nur 30 Meilen/h fahren. Das sind 48 km/h. Auf der Landstraße dürfen Sie höchstens 50 Meilen/h fahren. Das entspricht 80 km/h.
- Der **mäßige Verkehr** ist keine Garantie für weniger Unfälle.
- Die **Freundlichkeit und Rücksichtnahme** der einheimischen Ver-

Jamaika / Praktische Reisetips von A–Z

kehrsteilnehmer, besonders gegenüber ortsunkundigen ausländischen Mietwagenfahrern, wird als sehr angenehm empfunden. Wenn Sie beispielsweise versehentlich in eine Einbahnstraße von der falschen Richtung hineingefahren sind oder sich sonst einige unabsichtlichen "Verkehrsschnitzer" erlaubt haben, was in Deutschland zu heftigen Unmutsäußerungen führen würde (Hupen, Kopfschütteln), in Jamaika: "no problem".
● Gewöhnen müssen Sie sich auch an die *"sleeping policemen"* (schlafende Polizisten). Das sind künstlich angelegte Straßenschwellen, um Sie zum Langsamfahren zu zwingen. Nicht rechtzeitiges Erkennen in rasender Fahrt kann Ihrem Wagen schweren Schaden zufügen.

➤➤ **Autoverleih**

Siehe Stichwort **Mietwagen**

B Baden

Siehe analog **A–Z Reiseland Dominikanische Republik (Kapitel 8.1)**

➤➤ **Banken**

9 Banken mit ihren Zweigstellen sind über die ganze Insel verteilt.
Öffnungszeiten: die meisten Banken haben Mo–Do 9.00–14.00 Uhr, Fr 9.00–12.00 und 14.00–17.00 Uhr geöffnet.

● In **Kingston** sind die meisten Banken angesiedelt:
Jamaica Citizen Bank, 63–67 Knutsford Bd.
National Commercial Bank, 77 Kingstreet
Royal Bank Jamaica Ltd., 37 Duke Street
Scotiabank Jamaica Duke & Port, Royal Street
● In **Montego Bay**, dem wichtigsten Touristenort, sind folgende Banken ansässig:
Bank of Commerce, 34 St. James Street
National Commercial Bank, 41 St. James Street
Scotiabank Jamaica, Sam Sharpe Square

➤➤ **Bevölkerung**

● Die **Gesamtbevölkerung** Jamaikas beträgt **2,6 Millionen**.
● Die **Bevölkerungsdichte**, auf die Gesamtfläche des Landes bezogen, ergibt 221 Einwohner pro km².
● Die durchschnittliche **Wachstumsrate** beläuft sich auf **2,3%**.
● Der **Anteil der jungen Menschen** an der Gesamtbevölkerung Jamaikas ist sehr hoch, wie das in den meisten Entwicklungsländern der Erde der Fall ist. **36,7%** der Jamaikaner sind jünger als 15 Jahre.

- Die durchschnittliche **Lebenserwartung** beträgt bei Frauen 76 Jahre und bei Männern 71 Jahre.
- Die **Auswanderungsquoten** sind steigend. Bevorzugte Länder sind die USA, Kanada, Großbritannien und Nordirland. Insgesamt sind es rund 26.000 Jamaikaner, die jährlich ihrer Heimat den Rücken kehren.
- Die zunehmende **Verstädterung** ist zum Problem in Jamaika geworden. Nach letzten Angaben haben die Städter mit 49,6% eine ungesunde Höhe gegenüber dem Anteil der Landbewohner erreicht.
- Die **ethnische Zusammensetzung** der Bevölkerung sieht wie folgt aus:
  - Schwarze und Mulatten: 87,5%
  - Inder: 1,3%
  - Chinesen: 0,2%
  - Weiße: 0,2%
  - andere Rassen: 10,8%

Afrikanisches Erbe – junger Schwarzer

Die indianischen Ureinwohner wurden schon in früher Kolonialzeit fast völlig ausgerottet. Nur geringe Reste der Arawaken, so hieß dieser Volksstamm, haben sich mit den Schwarzen vermischt. Die Schwarzen sind Nachkommen von Negersklaven aus Afrika, die von den Spaniern und Engländern zur Plantagenarbeit ins Land geholt wurden. Nach Abschaffung der Sklaverei wurden Inder und Chinesen als Kontraktarbeiter ins Land gerufen. Diese blieben nach dem Ablauf der Arbeitsverträge meistens im Lande. Neueren Datums sind weitere Chinesen und Orientalen eingewandert, die meistens im Handel beschäftigt sind.

➤➤ Busse

Busse sind in Jamaika das am meisten frequentierte Verkehrsmittel. Es gibt verschiedene Arten von Bussen:
- **Country-Busse** sind große, meistens uralte, noch aus englischer Kolonialzeit stammende Busse, die immer noch geduldig über die Landstraßen hoppeln. Sie sind im Lokalverkehr eingesetzt und nicht auf längeren Strecken über Land. Feste Fahrpläne sind nicht feststellbar. Sie fahren los, wenn sie voll sind, und sie sind fast immer sehr gut besetzt.
- **Minivan oder Minibusse** sind schneller, wendiger und teurer als die Country-Busse und auch im Fernverkehr eingesetzt. Neben dem Fahrer gibt es auf jedem Fahrzeug noch einen Schaffner. Aus dem Bordlautsprecher ertönt meistens überlaut Reggae-Musik.

Die Preise sind festgelegt und werden für jedermann gleich angewandt.
Preisbeispiel: Kingston–Montego Bay: 23,- J$

Busverbindungen ab Kingston

Zielort	km	Fahrzeit (Std.)	täglich
Balaclava	113	4	1 x
Black River	176	*)	*)
Discovery Bay	125	*)	*)
Ewarton	50	*)	2 x
Falmouth	135	*)	*)
Kingston Airport	6	häufig von 8.00 bis 23.00 Uhr	
Lacovia	134	5	1 x
Lucea	242	*)	*)
Maggotty	128	5	2 x
Mandeville	104	*)	*)
May Pen	52	2	2 x
Montego Bay	180	10	7 x
Montpellier	164	8	1 x
Negril	245	*)	*)
Ocho Ríos	94	*)	*)
Old Harbour	42	*)	*)
Port Antonio	120	*)	*)
Port Maria	75	*)	*)
Port Morant	63	*)	*)
Port Royal	10	*)	*)
Runaway Bay	117	*)	*)
Santa Cruz	127	5	1 x
St. Ann's Bay	80	*)	*)
Savanna la Mar	221	*)	*)
Spanish Town	19	$3/4$	4 x

Anmerkung: Die tägliche Fahrthäufigkeit (nach Kingston) in den **Gegenrichtungen** ist mit den Hinfahrten (von Kingston) identisch.
Zeichenerklärung: *) = Angaben lagen bei Drucklegung nicht vor.

C Camping

Camping ist in Jamaika nur sehr eingeschränkt möglich. Es gibt nur sehr wenige Campingplätze mit ordentlicher Ausstattung. Nur in der Gegend von Annotto Bay, Negril und in den Blue Mountains gibt es bewachte Areale, die als sicher gelten. Vom wilden Campen ist in erster Linie wegen der Gefahr, überfallen zu werden, abzuraten.
Nur folgende Campingplätze werden vom "Jamaican Tourist Board" (JTB) empfohlen:
- Strawberry Field: 10 km nordwestlich von Annotto Bay
- Lighthouse Park: nahe dem Leuchtturm von Negril
- Newcastle: Ausgangspunkt zu Bergwanderungen in die Blue Mountains

Eine preiswerte Alternative zum Camping für Reisende mit geringen Geldmitteln ist die Unterkunft in Privatquartieren.

D Devisen

Die Währung ist der Jamaica Dollar (J$). Ein- und Ausfuhr dieser Währung ist verboten. Devisenumtausch ist nur bei Banken und offiziellen Wechselstuben (Hotelrezeption) gestattet. Es ist empfehlenswert, US$ mitzunehmen. Euroschecks werden nicht akzeptiert.

▶▶ Diplomatische Vertretungen

● **In der Bundesrepublik** - **Botschaft von Jamaika** Am Kreuter 1 5300 **Bonn** 2 Tel.: 0228-354045 und 363325 - **Honorarkonsulat von Jamaika** Ballindamm 1 2000 **Hamburg** Tel.: 040-30299/0 - **Honorarkonsulat von Jamaika** Ismaninger Straße 98 8000 **München** Tel.: 089-981855 ● **In Österreich** - **Honorarkonsulat von Jamaika** Auhofstraße 170 1130 **Wien** Tel.: 222-5629554	● **In der Schweiz** - **Permanent Mission of Jamaica** 42, Rue de Lausanne 1201 **Genf** Tel.: 22-315780 ● **In Jamaika** - **Deutsche Botschaft** 10 Waterloo Road **Kingston** 10 Tel.: 001/809/926-6728 - **Honorarkonsulat von Österreich** 2 Ardenne Road **Kingston** Tel.: 926-3636 - **Honorarkonsulat der Schweiz** 111 Harbour Street c/o P.O. Box 401 **Kingston** Tel.: 922-3347

E Einreise

● **Reisepaß**: Bürger der Bundesrepublik Deutschand, Österreichs und der Schweiz benötigen zur Einreise einen gültigen Reisepaß und ein Rückflugticket.
● **Visum**: Visumspflicht besteht nur, wenn der Aufenthalt in Jamaika 6 Monate übersteigt.
● **Zollvorschriften**
(Siehe Stichwort **Zoll**)
● **Impfungen** sind nicht vorgeschrieben, trotzdem sollte man vorbeugende Maßnahmen treffen.
(Siehe Stichwort **Impfung** und **Gesundheit**)
● **Devisenvorschriften**
(Siehe Stichwort **Devisen**)

▸▸ Eisenbahn

1845 wurde Jamaikas Eisenbahn eröffnet. Es war die erste Eisenbahn innerhalb des Commonwealth außerhalb Großbritanniens, die ihren Betrieb aufnahm.

Heute wird für die Personenbeförderung nur noch die 180 km lange Strecke **von Kingston nach Montego Bay** betrieben. Die damalige Dampflok-Traktion ist durch Dieselloks ersetzt worden. Sonst hat sich nicht viel geändert. Die Geschwindigkeit ist noch genauso "bummelig" wie damals. Für die Einheimischen ist sie ein **billiges Verkehrsmittel**. Eisenbahnfreunde freuen sich neben den einmalig **schönen Landschaftsbildern unterwegs** mehr an ihr als **Nostalgiebahn**. Der letzte Teil der Fahrt nach Montego Bay führt am Rande des wunderschönen Cockpit Country vorbei, einer mit Urwald bedeckten Kalkhügellandschaft.

Die Fahrt dauert $^1/_2$ Tag. Man sollte sich nicht auf Stunden festlegen. Das ist von Tag zu Tag sehr verschieden. Die Hauptsache ist, daß man am gleichen Tag die Endstation noch erreicht. Mehr kann und sollte man nicht verlangen. Die Mitreisenden sind alle sehr freundlich, wißbegierig und gesprächig. Das macht diese liebenswürdige, alte Bahn noch sympathischer.

Normalerweise setzen sich 2 Züge morgens und mittags in Kingston, sowie ebenfalls in Montego Bay langsam in Bewegung. Nach den etwaigen **Abfahrtzeiten** sollte man sich lieber vor Ort erkundigen.
Kinder unter 3 Jahren fahren frei, und Kinder zwischen 3 und 12 Jahren zahlen die Hälfte des Fahrpreises.

▸▸ Essen und Trinken

● **Jamaikanische Küche**

Charakteristische Merkmale
- Die Gerichte Jamaikas sind eine **gelungene Mischung** aus altindianischen, spanischen, englischen und afrikanischen Geschmacksrichtungen.
- Die **Grundelemente** jamaikanischer Küche sind Fisch, Hühnchen, Gemüse, exotische Früchte und eine große Palette verschiedenartigster Gewürze.
- **Das Pikante** der jamaikanischen Küche ist historisch erklärbar. Es ist aus seiner zeitweisen Isolation geboren. In der Zeit der Nahrungsverknappung mußten oft getrocknete oder eingepökelte Lebensmittel per Schiff auf die Insel gebracht werden. Der meistens nüchterne oder widerliche Geschmack wurde dann von den Landesbewohnern durch Gewürze wieder genießbarer gemacht. Diese gekonnte **Beigabe von Gewürzen** ist eines der schmackhaften Attribute der jamaikanischen Küche geworden.

Einige landestypische Speisen sollen vorgestellt werden:
- **Ackee und Salzfisch** ist das **Nationalgericht** Jamaikas. Ackee, eine Frucht aus Westafrika, ist erst eßbar, wenn sie sich im natürlichen Reifeprozeß geöffnet hat, sonst ist sie tödlich giftig. Dann wird das gelbe Fruchtfleisch gekocht. Es schmeckt und sieht aus wie Rührei. Mit gesalzenem Fisch, Zwiebelscheiben, Tomaten und Muscheln ist es ein köstliches Gericht!
- **Asham** ist eine Süßware, die aus geröstetem Mais und braunem Zukker hergestellt wird.
- **Bammie** wird aus zerriebener Maniokknolle, gebackenem Fisch und einer schmackhaften Soße, die mit Essig und Pfeffer gewürzt wird, angerichtet.
- **Brotfrucht** stammt ursprünglich aus Westafrika. Sie ist sehr stärkehaltig und wird gekocht und gebacken zubereitet.
- **Bulla**, ein Gebäck aus Mehl und dunklem Zucker, ist reichlich süß, was der Geschmacksrichtung der Einheimischen sehr entspricht.
- **Bustamante Backbone**, wegen seiner Festigkeit nach dem charakterstarken 1. Premierminister Jamaikas genannt, ist eine feste Süßspeise aus Kokosnuß, Zucker und Melasse.
- **Callalo** ist ein spinatähnliches Gemüse, das gerne mit Pfeffer zu einer schmackhaften Suppe verkocht wird.
- **Curry Coat**, Ziegenfleisch mit Curry, genießt große Beliebtheit als Eintopfbeilage.
- **Cho-Cho**, eine Kürbisart, wird mit heißer Butter und geriebenem Käse zusammen serviert.
- **Duckunoo**, eine Süßspeise, besteht aus Kokosnuß, Maismehl, Zucker und Gewürzen.
- **Escoveitched Fish**, ein Fischgericht, mit Paprika, Zwiebeln und Essig gewürzt, ist mit Beigabe von Brot oder Bammie (siehe oben) ein beliebtes, volkstümliches Gericht.
- **Fischtee** ist kein Getränk, sondern eine Fischsuppe aus gekochtem Fisch, grünen Bananen und Gemüse, als heiße Tasse Brühe serviert.
- **Jonny Kuchen** wird als Brotersatz verzehrt. Er ist aus Mehl, Wasser, Salz und Backpulver angerichtet. Die gekneteten Kugeln werden in heißem Öl gebacken.
- **Janga** ist ein Flußkrebs, aus dem eine delikate Suppe gekocht wird.
- **Jerk Pork** ist eine kulinarische Spezialität Jamaikas. Schon seit Jahrhunderten bereiten die Insulaner ein stark gewürztes Schweinefleisch auf eine spezielle Art und Weise zu. Es wird auf schwelender Holzkohle gegrillt und gleichzeitig geräuchert. Es ist sehr saftig. Zum Würzen werden beispielsweise Piment, Ingwer, schwarzer Pfeffer, Thymian, Peperoni, Muskatnuß und natürlich Salz verwendet. Das Fleisch wird mit einem Zinkblech abgedeckt und dadurch zum "Schwitzen" gebracht, damit die Flüssigkeit mit dem Aroma der Gewürze nicht verlorengeht und wieder auf das Fleisch tropft.
- **Kale** ist ein dunkelgrünes Gemüse, das gerne mit Butter und Gewürzen wie Spinat gegessen wird.

- **Mannish Water** wird gern bei Hochzeiten und anderen Festlichkeiten zu sich genommen. Es ist eine dicke, stark gewürzte Suppe, der Kochbananen, Knollenfrüchte, Gemüse und Ziegenfleisch beigegeben sind.
- **Rice and Peas**, das sind Reis und Erbsen, ein Gericht, das meistens täglich in jamaikanischen Haushalten gegessen wird.
- **Pone** ist eine puddingartige Süßspeise aus Kokosnußmilch, braunem Zucker, Maismehl und Gewürzen.
- **Patty** ist eine halbmondförmige Teigtasche, die mit gewürztem Hackfleisch gefüllt ist.
- **Run Down**, gesalzener Fisch mit Zwiebeln, Kokosmilch und Paprika, zu Brei verkocht, ist ein traditionelles Gericht.
- **Yampie** ist eine köstlich mundende, weiße Knollenfrucht aus Afrika. Sie wird in den meisten Fällen gekocht serviert.

● **Einheimische Getränke**

- **Cerassee-Tee**, aus den Blättern einer Kürbispflanze gewonnen, soll nach dem Glauben der Jamaikaner viele Krankheiten heilen.
- **Ingwer-Tee** ist ein häufiges Hausmittel gegen Magen- und Darmbeschwerden. Die Ingwerwurzel wird zu diesem Zweck in Scheibchen geschnitten und in Wasser gekocht.
- **Rum Punch** wird aus hochprozentigem Rum, Fruchtsirup, Limonensaft und Wasser gemixt.
- **Tamarind-Saft** ist ein säuerliches, erfrischendes Getränk, aus der Frucht des Tamrindbaums gepreßt und mit Wasser verdünnt.

F Feiertage

01. 01.	**New Year's Day** (Neujahr)
23. 05.	**Labour Day** (Tag der Arbeit)
1. Mo im Aug.	**Independence Day** (Unabhängigkeitstag)
1. Mo im Okt.	**National Heroes** (Tag der Nationalhelden)
25. 12.	**Christmas Day** (Weihnachten)
26. 12	**Boxing Day** (2. Weihnachtsfeiertag)

Aschermittwoch, Karfreitag und Ostern sind bewegliche Feiertage.

▶▶ **Fotografieren und Filmen**

Siehe **A–Z Reiseland Kuba** (Kapitel 7.1)

G Geld

Siehe Stichwort **Banken, Devisen, Safe, Währung**

▶▶ Gesundheit

Jamaika ist grundsätzlich ein gesundheitsförderndes Land. Viele Reisende, die im kühlen, feuchten Mitteleuropa unter rheumatischen Beschwerden leiden, sind in dem gesunden Klima Jamaikas schmerzfrei.
Die Gäste des Landes leiden hier meistens unter
- den Folgen der **Überdosis an Sonnenbestrahlung**,
- Darm- und Magenbeschwerden wegen unvernünftiger Einnahme von Eisspeisen und **eisgekühlter Getränke** bei überhitztem Körper,
- Erkältungen bis zur Lungenentzündung durch den schnellen Wechsel zwischen schweißtreibender Außentemperatur und dem "Eishauch" von **Klimaanlagen** in Autos oder geschlossenen Räumen.

Siehe auch Stichwort **Impfung** und Stichwort **Gesundheit A–Z Reiseland Kuba** (Kapitel 7.1) sowie **Reiseland Dominikanische Republik** (Kapitel 8.1).

▶▶ Gesundheitswesen

- Die Einrichtungen des Gesundheitswesens sind fast ausnahmslos **staatlich**. Jamaika ist in medizinische Bezirke eingeteilt, in denen zugelassene Ärzte tätig sind. Den Medizinern stehen ambulante Einrichtungen mit einem zentralen Ambulantorium sowie verschiedene Gesundheitszentren zur Verfügung. Krankenhäuser, Gesundheitszentren und Ambulantorien werden von der Bezirksverwaltung kontrolliert.
- **Zahnärztliche Praxen** sind meistens den Gesundheitszentren angegliedert.
- Grundsätzlich wird die **ärztliche Versorgung** der einheimischen Bevölkerung bei Krankheit und Schwangerschaft **kostenlos** durchgeführt. Für Krankenhausaufenthalte und Medikamente muß jedoch ein geringer Eigenanteil erbracht werden.
- Die meisten größeren Hotels beschäftigen eine eigene **Krankenschwester**.
- Die **Seuchenbekämpfung** hat in den letzten Jahren durch regelmäßig durchgeführte Schutzimpfungen **große Erfolge** erzielt.
- Malaria ist praktisch ausgerottet.
- Rückläufige Entwicklung zeigen folgende Krankheiten: Dengue-Fieber, Diphtherie, Keuchhusten, Masern, Tetanus.
- Steigende Tendenz zeigen Leptospiose und Aids.
- Die Zahl der **Krankenhäuser** betrug nach den letzten statistischen Angaben 30, davon wurden 7 privat und der Rest staatlich betrieben.

- In der Hoffnung, daß Sie keines der Krankenhäuser zu besuchen brauchen, sollen aber zur Sicherheit einige aufgeführt werden:
- **Andrews Memorial Hospital**, 27 Hope Road, Kingston, Tel.: 926-7401

Jamaika / Praktische Reisetips von A–Z

- Cornwall Regional Hospital, Mount Salem, Montego Bay, Tel.: 952-5100
- Doctor's Hospital, Faifield, Montego Bay, Tel.: 952-1616
- Medical Associates Hospital, 18 Tangerine Place, Kingston, Tel.: 926-1400
- Nuttall Memorial Hospital, 6 Caledonia Ave., Kingston, Tel.: 926-2139
- St. Joseph's Hospital, Deanery Road, Kingston, Tel.: 928-4955
- University Hospital of the West Indiens, Mona, Kingston, Tel.: 927-6621/4014

H Hotels und andere Unterkünfte

Vorweg ein **Tip:** Besorgen Sie sich in den **Büros von "Jamaica Tourist Board"** (JTB) ein **Verzeichnis über Hotels, Resorts und Gasthäuser,** das Ihnen sehr hilfreich bei der Auswahl Ihrer Unterkünfte sein kann. Sie können davon ausgehen, wenn eine Unterkunft auf der JTB-Liste aufgeführt ist, daß der Standard bezüglich Sauberkeit und Sicherheit in Ordnung ist. Das heißt jedoch nicht, daß Unterkünfte, die nicht auf der o.g. Liste stehen, nicht genauso gut sind.

Traum in schwarz-weiß – Jamaica Palace Hotel

Die **Preiskategorien** der Unterkünfte (für 1 Doppelzimmer pro Tag) werden in diesem Buch durch die Zahl der *-Zeichen unterschieden:
****** = über 120 US$
***** = 90 bis 120 US$
**** = 60 bis 90 US$
*** = 40 bis 60 US$
** = 20 bis 40 US$
* = bis 20 US$

● **Hotels**
Die Skala der Hotels, gestaffelt nach Güteklasse und Preis, reicht von einfachen Übernachtungen bis zu 6-sternigen Luxushotels. Gemessen mit europäischen Maßstäbe,n sind die **Hotelpreise in Jamaika recht hoch.** Damit Sie einige Anhaltspunkte für die Preise eines Doppelzimmers haben:

Jamaika / Praktische Reisetips von A–Z

- **Luxushotels** kosten je nach Saison 120–300 US$
- **Mittelklasse-Hotels** kosten je nach Saison 60–120 US$
- **Einfache Hotels** kosten je nach Saison unter 60 US$
- **Guest Houses**

Empfehlenswert sind ebenfalls die auf der JTB-Liste stehenden Gasthäuser (Guest Houses).
Die Preise bewegen sich zwischen 35 und 130 US$ pro Doppelzimmer.

- **Villas und Cottages**

Es gibt gut 300 **Ferienhäuser**, am Strand und in den Bergen verstreut, meist abgelegen, dem Trubel des Tourismus entzogen. Sie sind **voll eingerichtet**, und zu ihnen gehört meistens auch ein Swimmingpool. Hauspersonal sorgt für das leibliche Wohl. Der Vorteil dieser Ferienhäuser ist einmal die ruhige Lage, aber auch die Möglichkeit, daß Sie so Urlaub machen können, wie es Ihrem **persönlichen Tagesrhythmus** entspricht. Genauere Informationen über Lage und Preise der einzelnen Ferienhäuser sind bei den unter Stichwort "Auskunft" genannten Stellen in Erfahrung zu bringen.
Preisspanne: zwischen 350 bis 450 US$ pro Woche

I Impfungen

Obgleich in Jamaika keine Impfungen vorgeschrieben sind, sollten Sie sich gegen Gelbsucht (Hepatitis A) impfen lassen.

▶▶ Inlandflüge

Jamaika besitzt ein gut ausgebautes Inlandflugnetz. Es ist die weitaus schnellste Art, größere Orte des Inselstaates zu erreichen, zumal gerade die öffentlichen Landverkehrsmittel (Busse und die Eisenbahn von Kingston nach Montego Bay) sich nur sehr zögerlich ihren Zielen nähern.
Der Flughafen **"Tinson Pen" in Kingston** ist die entscheidende Drehscheibe im Inlandflugverkehr Jamaikas. Von hier aus werden die wichtigsten Flughäfen des Landes u.a. mit **"Trans Jamaican Airlines"** angeflogen.
Reservierungen sind möglich Mo–Fr 7.00–18.00 Uhr,
Wochenende und Ferienzeiten 9.00–17.00 Uhr.
Tel.: 92-26614/38557/34290

Abflug	Ziele	Flugdauer	Preis (* / **)
Kingston	Ocho Ríos	11 min	32 US$ * / 50 US$ **
Kingston	Port Antonio	11 min	32 US$ * / 50 US$ **
Kingston	Montego Bay	30 min	42 US$ * / 62 US$ **
Kingston	Negril	40 min	42 US$ * / 62 US$ **
Montego Bay	Port Antonio	40 min	42 US$ * / 62 US$ **

* = Hinflug / ** = Hin- und Rückflug

K Kleidung

Das ganze Jahr über kann leichte Sommer-Ferienkleidung getragen werden. In einigen Hotels ist für Herren beim Abendessen ein Jackett erforderlich.

▸▸ Klima und Reisezeit

Siehe **A–Z Reiseland Kuba** (Kapitel 7.1)

▸▸ Kreditkarten

Die gängigsten Kreditkarten werden akzeptiert; dazu gehören in erster Linie AMEX, VISA und EuroCard.

L Landkarten

Siehe Stichwort **A–Z Reiseland Kuba** (Kapitel 7.1)

M Maße und Gewichte

In Jamaika ist offiziell das **metrische System** eingeführt. Trotzdem sind auch noch andere Maßeinheiten gebräuchlich:

Länge		Inhalt	
1 inch (in)	2,5 cm	1 teaspoon	5,0 ml (Milliliter)
1 foot (ft)	30,5 cm	1 tablespoon	15,0 ml
1 yard (yd)	0,9 m	1 fluid ounce	28,4 ml
1 mile (mi)	1,6 km	1 cup (UK)	0,24 l
		1 pint (pt) (UK)	0,57 l
Fläche		1 quart (qt) (USA)	1,14 l
1 square inch (sq in)	6,5 cm²	1 quart (qt) (UK)	0,95 l
1 square foot (sq ft)	0,09 m²	1 gallon (gal) (UK)	4,5 l
1 square yard (sq yd)	0,8 m²	1 cubic foot (cu ft)	0,03 m³
1 square mile (sq mi)	2,6 km²	1 cubic yard (cu yd)t	0,76 m³
1 acre (ac)	0,4 ha		
		Temperatur	
Gewicht		Fahrenheit	$^5/_9$ nach Abzug von 32 Celcius
1 ounce (oz)	28,0 g		
1 pound (lp)	0,45 kg		
1 short ton (sh t)	0,9 t	Zeichenerklärung: UK = United Kingdom = Großbritannien	
1 long ton (l t)	1,02 t		

▸▸ Mietwagen

Wenn Sie das Abenteuer lieben, ist ein Mietwagen die beste Möglichkeit, um dieses schöne Land zu erkunden.

Angeboten werden japanische Wagen verschiedener Größe. Es handelt sich um neuere Modelle. Erfahrungsgemäß sind die Mietwagen in gutem Zustand.

- **Mietwagenfirmen**

Anna Car Rental, Tel. 953-2349
AVIS, Tel. 0130-7733
Central Rent-a-Car, Tel. 952-3347
Hertz, Tel. 0130-2121
Jamaica Car Rentals, Tel. 0130-2121
National Car Rentals, Tel. 926-1620
Northern Car Rentals, Tel. 953-2803
United Car Rentals, Tel. 952-3077

- **Bedingungen**
- Das **Mindestalter** des Fahrers muß **25 Jahre** betragen.
- Bei Anmietung muß eine **Kaution** in Höhe von 1.500 US $ hinterlegt werden oder eine Zahlungsgarantie per **Kreditkarte** gegeben sein.
- Der **Führerschein** Ihres Heimatlandes muß vorgelegt werden. Ein internationaler Führerschein ist nicht erforderlich.

N Nationalhymne

Die Nationalhymne Jamaikas hat folgenden englischen Text:

"Eternal Father, bless our land,
Guard us with Thy Mighty Hand,
Keep us free from evil powers,
Be our light through countless hours,
To our leaders, Great Defender,
Grant true wisdom from above.
Justice, truth be ours forever,
Jamaica, land we love.
Jamaica, Jamaica, Jamaica, land we love.

Teach us true respect for all,
Stir response to duty's call,
Strengthen us the weak to cherish,
Give us vision lest we perish,
Knowledge send us, Heavenly Father,
Grant true wisdom from above,
Justice, truth be ours forever,
Jamaica, land we love.
Jamaica, Jamaica, Jamaica, land we love."

Die Übersetzung ins Deutsche lautet etwa so:

"Ewiger Vater, segne unser Land,
bewache uns mit Deiner starken Hand,
bewahre uns vor den bösen Mächten,
sei unser Licht durch unzählige Stunden.

Gewähre unseren Führern, Großer Verteidiger,
wahre Weisheit von oben.
Gerechtigkeit und Wahrheit sei uns eigen,
Jamaika, das Land, das wir lieben.
Jamaika, Jamaika, Jamaika, geliebtes Land.

Lehre uns, alle zu respektieren,
wecke Verantwortung zum Pflichtgefühl,
stärke uns, die Schwachen zu umsorgen,
gib uns ein Zeichen vor unserem Ableben.
Erleuchte uns, Himmlischer Vater,
gewähre wahre Weisheit von oben.
Gerechtigkeit und Wahrheit sei uns eigen,
Jamaika, Jamaika, Jamaika, geliebtes Land."

P Pflanzenwelt

Siehe ausführliche Kapitel 4.1 und 4.2

▸▸ Post, Telefon, Telefax

● Briefe, Postkarten, Briefmarken

Jeder größere Ort des Landes hat ein Postamt oder eine kleine Agentur. Postämter mit dem Gesamtservice befördern Postkarten, Briefe und Pakete, bearbeiten Telegramme, verkaufen Briefmarken und unterhalten Schließfächer.
Luftpostsendungen sind die schnellste Beförderungsart. Ihre Laufzeit beträgt 2 bis 3 Wochen.
Postkarten und Briefe bis 15 g nach Europa kosten z. Zt. 90 Cent.
Für Philatelisten hält die Post Jamaikas qualitativ gute Sondermarken bereit. Die Briefmarken sind oft sehr farbenfroh. Sie sind zu begehrten Souvenirartikeln geworden.
Öffnungszeiten: Mo–Fr 8.00–17.00 Uhr

● Telefon
Bei den Postämtern kann man nicht telefonieren. Es gibt in den Orten nur wenige öffentliche Telefonzellen. Die beste Möglichkeit, Ferngespräche zu führen, besteht in den Hotels.
Es gibt Selbstwähldienst nach Europa und Nordamerika.

● Telefax
In allen größeren Firmen und Hotels ist inzwischen diese schnelle, kostensparende Einrichtung des Telefax installiert.

R Reisevorbereitungen

Siehe Stichwort **A–Z Reiseland Kuba** (Kapitel 7.1)

▶▶ Reisezeit

Siehe Stichwort **Klima und Reisezeit A–Z Reiseland Kuba** (Kapitel 7.1)

▶▶ Religion

Die Religion spielt in Jamaika eine sehr wesentliche Rolle. Es wird sogar behauptet, daß es auf der ganzen Welt nirgends mehr Kirchen gibt, bezogen auf die Fläche des Landes, als in Jamaika.
Die meisten christlichen Konfessionen sind in Jamaika vertreten, einschließlich der größten, der anglikanischen, aber auch der römisch-katholischen. Zahlreiche protestantische Glaubensgemeinschaften, wie die Adventisten, Baptisten, Methodisten, Moravinas, Pentecostal Church, The United Church of Jamaica und The Church of God, "hüten in diesem Land ihre Schäfchen". Daneben gibt es jüdische, mohammedanische und hinduistische Minderheiten.
Außerdem spielen afrikanische Kulte, wie Kumina, Myal, Obeah und Pocomania, eine nicht unbedeutende Rolle in den religiösen Vorstellungen vieler Schwarzer. Eine Besinnung auf das afrikanische Erbe hat auch in den philosophisch-religiösen Vorstellungen der Rastafari Einlaß gefunden.

▶▶ Restaurants

Natürlich reicht auch in Jamaika die Skala der Restaurants von Garküchen, wo man sich nur satt essen kann, bis zu exquisiten Spezialitäten-Restaurants mit entsprechend "gepfefferten Preisen".

Hotelrestaurants
Die Köche Ihres Hotels werden sich sicherlich überbieten, Sie täglich neu mit andersartigen Gerichten in ihren Bann zu ziehen. Trotzdem gelüstet es Sie vielleicht, ihrer Verführung einmal oder öfter zu entfliehen und andere Speisen in anderen Restaurants zu probieren.

Restaurants der Nordküste
Weil das Gebiet des Nordens Jamaikas die meisten Urlauber aufnimmt, soll Ihnen eine Aufstellung Anregung und einen gewissen Überblick verschaffen:
Zeichenerklärung:
F = Feinschmeckerlokal, K = Kreditkarten werden als Zahlungsmittel akzeptiert, R = Reservierung im voraus empfehlenswert, T = mit Tanz, Ü = Überfahrt vom und zum Hotel kostenlos

● **Montego Bay**
- **Brigadoon Restaurant**, Queen's Drive, Tel.: 952-1723
Mittag- und Abendessen mit europäischer Küche und Fischgerichten (K, R, Ü)
- **Calabash Restaurant**, Queen's Drive, Tel.: 952-3891
Jamaikanische und internationale Küche (F, K, R, Ü)

Jamaika / Praktische Reisetips von A–Z

- Club House Grill, Half Moon Club, Rosehall, Tel.: 953-2228
Europäische Küche und Fischgerichte, Mittag- und Abendessen (F, K, R, Ü)
- Gold Unicorn, 7, Queen's Drive, Tel.: 952-0884
Internationale Küche, jamaikanisch beeinflußt, Mittag- und Abendessen (F, K, Ü)
- The Diplomat, Queen's Drive, Tel.: 952-3353 oder 952-3354
Europäische Küche, Abendessen (F, K, R, Ü)
- Wexfort Grill, Wexford Court Hotel, Tel.: 952-2854
Hervorragende jamaikanische Küche, Frühstück, Mittag- und Abendessen, 24 Stunden täglich geöffnet (F)
- Dolphin Grill, Rosehall, Tel.: 953-2676
Spezialisiert auf Fisch, Frühstück, Mittag- und Abendessen (K)
- King Arthur's Restaurant, Cariblue Hotel, Ironshore, Tel.: 953-2250 (R, Ü)
Ausgezeichnete europäische Küche und Fischgerichte, Frühstück, Mittag- und Abendessen
- Beside the Sea, Gloucester Avenue, Tel.: 952-4777
Ausgezeichnete europäische Küche und Fischgerichte, gute Weinliste, Mittag- und Abendessen (K, R, Ü)
- The Pelican Grill, Gloucester Avenue, Tel.: 3171
Tellergerichte mit Hamburger, Salatplatten, Frühstück, Mittag- und Abendessen
- Richmond Hill Inn, Union Street, Tel.: 952-3859
Europäische Küche und Fischgerichte, herrlicher Blick auf die Stadt, Mittag- und Abendessen (F, T)
- Shakeys, Gloucester Avenue
Pizza-Restaurant
- Town House Restaurant
16 Church Street, Tel.: 952-2660
Europäische Küche, gute Weine, Mittag- und Abendessen, sonntags geschlossen (K, R, Ü)

- Ocho Rios und Umgebung
- Trade Winds, Mark Street, Tel.: 974-4258
Jamaikanische Fischspezialitäten
- Almond Three Restaurant, Hibiscus Lodge Hotel, Tel.: 974-2813
Jamaikanische und internationale Küche, Mittag- und Abendessen (F, R)
- Beach Bowl, Inn on the Beach Hotel, Tel.: 974-2782
Frühstück, Mittag- und Abendessen
- Blue Cantina, Ocho Rios Centre East
Jamaikanische Spezialitäten, Pizzas, Hamburger und Tacos
- Casanova, Sans Souci Hotel, Tel.: 974-2353
Feine europäische Küche, elegante Ausstattung, Mittag- und Abendessen (F, R, K)
- Palm Beach Restaurant, Ocean Village Shopping Centre, Tel.: 9746-5009 (K, R)
Internationale Küche, Abendessen
- Carib Inn Restaurant, Carib Ocho Rios Hotel, Tel.: 974-2445
Europäische Küche, Mittag- und Abendessen (K, R)
- Dick Turpin's Pub, Coconut Grove Shopping Centre, Tel.: 974-2717
Englische Schenke und Restaurant, jamaikanische Küche, Frühstück, Mittag- und Abendessen (K)
- Harmony Hall Pub and Restaurant, nahe Couples Hotel, Tel.: 974-4233
Jamaikanische Küche, Mittag- und Abendessen
- Moxon's, nach Boscobel, Tel.: 974-3234
Feine internationale Küche, Mittag- und Abendessen (F, R, K)
- Ruin's Restaurant
Internationale und chinesische Küche, herrlicher Blick auf einen Wasserfall im Hintergrund, Mittag- und Abendessen (K, R)

- **Port Antonio**
  - **Trident Hotel**, Tel.: 993-2602
  Ausgezeichnete internationale Küche, Mittag- und Abendessen, Kellner bedienen mit weißen Handschuhen (F, R, K, T)
  - **Mulview Restaurant**, kein Telefon
  Jamaikanische Küche und Fischgerichte
  - **De Montevin Lodge**, in der Altstadt
  Ausgezeichnete Küche, Mittag- und Abendessen (R)
  - **Blue Lagoon**
  Exotische Umgebung, guter Lobster

➠ Routenvorschläge

Siehe Kapitel 10.2

S Safe

Es ist dringend zu empfehlen, wenn vorhanden, den Hotel- oder Zimmersafe zu benutzen, um dort Wertsachen, wie Reisepaß, Geld, Reiseschecks, Schmuck und Flugschein sicher zu verschließen.

➠ Sicherheit

Jamaika ist ein verhältnismäßig sicheres Land. Es passieren auf der Tropeninsel nicht mehr kriminelle Handlungen als in anderen Ländern auch.

Doch bedenken Sie, zwischen Ihnen als Reisender aus Übersee und dem Großteil der einheimischen Bevölkerung besteht ein enorm **großes soziales Gefälle**.

Einige Tips
- Provozieren Sie deshalb nicht durch **protziges Auftreten** (Tragen von wertvollem Schmuck) die ärmeren Landesbewohner.
- Laufen Sie möglichst tagsüber nicht unbegleitet und im Dunkeln schon überhaupt nicht durch **Elendsviertel**.
- Benutzen Sie – falls vorhanden – **Hotelsafes**. Im Zimmer herumliegende Kameraausrüstungen, Schmuck und ähnliche Wertsachen verführen zum Diebstahl.
- Achten Sie auf Ihr **Gepäck**, lassen Sie es besonders auf Flughäfen, Bahnhöfen, in Zügen und Bussen nicht aus dem Auge. Es übt auf Diebe eine magische Anziehungskraft aus.
- Nehmen Sie bei Stadtbesichtigungen oder auf Landausflügen nie mehr **Bargeld** mit, als unbedingt nötig.

➠ Souvenirs, Souvenirs ...

Neben den allgegenwärtigen Souvenirs, wie Holzschnitzereien, Strohwaren und T-Shirts, soll auf landestypische Andenken aufmerksam gemacht werden.

- **Schallplatten und Musikkassetten**
Der Schallplatten- und Kassettenverkauf boomt. Besonders gefragt sind Musikstücke von **Jimmy Cliff** mit "Power of the Glora", Follow my Mind", "Another Cycle" und von **Bob Marley & The Walkers** mit "Exodus", "Live!", Rastaman Vibrations", "Survival", "Confrontation", "African Herbsman", "Rasta Revolution", "Soul Rebels" und ebenfalls von **Peter Tosh** mit "Mama Africa", "Bush Doctor", "Legalize it", um nur einige Titel zu nennen.
- **Jamaika-Rum** ist ein beliebtes Mitbringsel für daheim.
- *Tia Maria*, der Nationallikör, ist ebenfalls eine Besonderheit des Landes.
- **Bilder und Skulpturen** westindischer Kunst vermitteln etwas vom Seelenleben der einheimischen Künstler, in der Stilrichtung manchmal mehr impressionistischer und manchmal mehr expressionistischer, wenn es überhaupt möglich und nötig ist, sie in eine bestimmte Stilrichtung einzuordnen.

Dringende Bitte!
Fördern Sie mit Ihrem Kauf nicht die Vernichtung amphibischen Lebens. Jedes Andenken, das aus Muscheln, Schnecken und Korallen – noch schlimmer aus **Schildkrötenpanzern, Schwarzen Korallen und Schildpatt** – gefertigt ist, hat Leben im Riff gekostet. Die 3 zuletzt genannten Tierprodukte fallen unter das **Washingtoner Artenschutzgesetz**. Die Einfuhr in Ihr Heimatland ist verboten!
Somit übernehmen Sie als Souvenirkäufer eine große Verantwortung.
Beachten Sie bitte: **Wo kein Käufer ist, erstirbt auch das naturzerstörende Geschäft!**

▶▶ Sport

Beim Sport in Jamaika muß man folgende grundsätzliche **Unterscheidung** treffen:
- Welche Sportarten werden von den **Einheimischen** gerne betrieben?
- Welchen Sportarten gehen die **Feriengäste** mit Vorliebe nach?

Aufgrund seines warmen, ausgeglichenen Klimas, seiner guten Sportanlagen und seiner Möglichkeiten, sich in freier Natur in den unterschiedlichsten Landschaften sportlich zu betätigen (Wassersport, Wandern, Bergsteigen) ist Jamaika ideal.

- **Cricket**
Diese Sportart genießt **große Popularität** in Jamaika. Cricket ist eindeutig ein Produkt der britischen Kolonialzeit. Die Jamaikaner sind seit dieser Zeit sehr gute Cricketspieler. Das hat einen bestimmten geschichtlichen Hintergrund. In der englischen Kolonialgesellschaft gab es seinerzeit für einen jungen Mann schwarzer Hautfarbe kaum Ausbildungsmöglichkeiten und keine Chance, eine sozial bessere Stellung zu erreichen. Nur

über den Sport, auf den sich viele schwarze Jugendliche verlegten, und besonders über das beliebte Cricketspiel hofften die jungen Schwarzen, Anerkennung in der Gesellschaft zu finden, und wurden so zu guten Cricketspielern. Diese Tradition hat sich bis heute fortgesetzt.

- **Golf**

Die Golfer finden in Jamaika ideale Bedingungen vor. Größeren Hotels sind teilweise große Golfanlagen angegliedert; beispielsweise gehören der "Half Moon Golf Club" und der "Tryall Golf Course" zum gleichnamigen Hotelkomplex.
Renommierte Golfclubs sind:

Golfclub	Ort	Löcher	Tel.
Caymanas Golf Club	Kingston	18	924-1610
Constant Spring Golf Club	Kingston	18	925-1610
Half Moon Golf Club	Montego Bay	18	953-2560
Ironshore Golf & Country Club	Montego Bay	18	953-2800
Runaway Bay Golf Club	Ocho Rios	18	973-3443/3
Tryall Golf Course	Montego Bay	18	952-5110/3
Upton Golf Course Club & Plantation	Ocho Rios	18	974-2528

- **Radfahren**

Auch mit dem Fahrrad können Sie Jamaika sehr gut erkunden. Die abseitigen Wege, die mit dem Auto oft nicht mehr befahrbar sind, ermöglichen einem Radfahrer immer noch, weiter ins oft unberührte Innere der Insel vorzustoßen.
In den meisten Feriengebieten, besonders der West- und Nordküste, können Sie bei Ihren Hotels Fahrräder, auch Mountain-Bikes, mieten.
Auf **Fahrradvermietung** spezialisierte Firmen sind:
Montego Bike Rentals, 21 Gloucester Ave., **Montego Bay**, Tel.: 952-4984
Leonard's Bike & Bicycle Rental, Westend Road, **Negril**
Island Bicycle Rental, Westend Road, **Negril**
Sunnyride Rent-A-Bike, Content Garden, **Ocho Rios**, Tel.: 974-2130

- **Reiten**

Die Pferde brauchen in Jamaika nicht zu befürchten, daß sie im Zuge der Motorisierung aussterben. Es gibt noch genügend Farmen, die sich der Pferdezucht verschrieben haben, und es existieren genügend Reitställe, über die ganze Insel verteilt, die den Feriengästen das "horseback riding" ermöglichen.
Bekannte **Reitställe** sind z. B.:
Chukka Cove, Ocho Rios, The Equestrian Centre, Tel.: 972-2506
Double A Ranch, Montego Bay
Dunn's River Stables, Ocho Rios
Errol Flynn's Plantation, Port Antonio

Jamaika / Praktische Reisetips von A–Z

- **Schnorcheln und Tauchen**

Jamaika ist ein exzellentes Tauchgebiet der Karibik, weil sich in der Nähe des tiefen Cayman-Grabens, einer Bruchfaltenlinie im Karibischen Meer, vor der **Nordküste** Jamaikas besonders eindrucksvolle Korallenbänke mit ihrer farbenfrohen, vielfältigen Wunderwelt unter Wasser gebildet haben. Besondere Bedeutung kommt den Korallenbänken östlich von Runaway Bay zu. Aber auch an der **Südküste** liegen schöne Tauch- und Schnorchelgebiete, vornehmlich vor Port Royal.

Hotels in Strandnähe unterhalten **Tauchstationen**, verleihen Tauch- und Schnorchelausrüstungen und veranstalten Tauchkurse für Anfänger und Fortgeschrittene. Die ersten Lektionen werden meistens in den Swimmingpools abgehalten. Die der J.A.D.O. (Jamaica Association of Dive Operators) angeschlossenen Tauchschulen beschäftigen nur Lehrer, die eine Prüfung nach anerkannt internationalen Regeln abgelegt haben, wo selbstverständlich Kenntnisse in Erster Hilfe dazugehören.

Preise:
Tauchen: ca. 25,- US$ pro Stunde mit Ausrüstung
Schnorcheln: ca. 2,- US$ pro Stunde mit Ausrüstung

Tauchvereine bzw. Geschäfte:
Montego Bay und Umgebung:
- Seaworld, Tel.: 953-2180
- Poseidon Nemrod Club, Tel.: 952-3624
- Montego Bay Dives, Seawind Hotel, Tel.: 952-4874

Negril und Umgebung:
- Hedonism II Dive Shop: Tel.: 957-4200, für Hotelgäste kostenlos

- **Segeln und Surfen**

Ideale Reviere gibt es besonders an der Nordküste. Das Leihen von Segelbooten und Surfbrettern ist in den Ferienzentren kein Problem.
Preise:
Segeln: ca. 20,- US$ pro Stunde
Surfen: ca. 20,- US$ pro Stunde

- **Tennis**

Für diejenigen Urlauber, die lieber festen Boden unter den Füßen haben und ihn dem unruhigen Wasser vorziehen, ist Tennis der Sport Nummer 1 unter den "Landsportarten". Fast alle größeren Hotels haben Tennisanlagen für ihre Gäste hergerichtet. In abendlicher Kühle, auch unter Flutlicht, reizt es zahlreiche Urlauber, dem "weißen Sport" zu frönen. In Kingston gibt es auch eine Reihe öffentlicher Tennisplätze.

- **Tiefseefischen**

Zum Tiefseefischen ist wiederum die **Nordküste** der Insel wie geschaffen. Barrakudas, Blaue Marline und Thunfische tummeln sich in den tieferen Gewässern.

Alljährlich werden zum Vergnügen der Sportfischer **Marlin-Fang-Turniere** abgehalten. Wer diesem Hobby des Tiefseefischens frönt und dem "Angelfieber" verfallen ist, muß zur Befriedigung seiner Leidenschaft, wenn er über kein eigenes Boot mit Ausrüstung verfügt, tief in die Tasche greifen, um die geforderten stattlichen Preise zu begleichen.
Preise: ca. 330 US$ für 4 Stunden (1–4 Personen), einschließlich Mannschaft, Angelausrüstung und Köder

▶▶ Sprache

Englisch ist die offizielle Umgangs- und Amtssprache. Der örtliche **Dialekt Patois** ist jedoch sehr verbreitet.

▶▶ Strände

Die Strände der **Nordküste** sind erschlossen und auch kommerziell vom Tourismus genutzt.
Bekannte Namen sind:
In **Montego Bay**: "Doctor's Cave Beach", "Cornwall Beach", "Walter Fletcher Beach", "Seawind Beach"
In **Negril**: der 10 km lange Sandstrand
In **Ocho Ríos**: "Turtle Beach", "Mallard's Beach", "Shaw Beach"
In **Port Antonio**: "San San Beach", "Frenchman's Cove Beach", "Boston Beach"

Die Strände der **Südküste** sind einsamer und unerschlossener, "Bleichgesichter" sind dort eher eine Seltenheit.

▶▶ Stromspannung

In Jamaika herrschen 110 oder 220 Volt. Die Steckdosen sind für amerikanische Flachstecker vorgesehen. Sie sollten von zuhause einen entsprechenden Adapter mitbringen.
Energieknappheit und Sparmaßnahmen führen dazu, daß hin und wieder unangekündigt die Stromversorgung für einige Stunden ausfällt. Dies kann auch die Wasserversorgung betreffen.

T Taxi

Sie gibt es in ausreichender Zahl, und ihre Fahrer sind oft sehr raffiniert.

Tip
Es ist dringend zu empfehlen, die Beförderungsentgelte vorher auszuhandeln, damit Sie am Zielpunkt nicht böse Überraschungen erleben. Dann erst den Preis aushandeln zu wollen, ist unklug und fast immer erfolglos.

Sammeltaxis und Kleinbusse

Diese Fahrzeuge verkehren auf mehr oder weniger festen Linien zwischen den wichtigsten Punkten der Städte oder von Touristen gern besuchten Orten (Strände). Die Fahrer sind bestrebt, ihre Autos besonders gut auszulasten, deshalb herrscht während der Fahrt eine oft unbeschreibliche Enge. Außerdem versuchen sie so schnell wie möglich, ihr Ziel zu erreichen, so daß die unruhige Fahrweise das Übrige dazu beiträgt, daß es vielen Fahrgästen nicht allzu gut geht.

Tip
Beobachten Sie genau, wieviel Fahrgeld die einheimischen Fahrgäste entrichten, damit Sie nicht einen völlig überzogenen "Touristenpreis" bezahlen müssen.

▶▶ Telefonieren

Siehe Stichwort **Post, Telefon und Telefax**

▶▶ Tierwelt

Siehe ausführliche Kapitel 5.1, 5,2, 5.3 und 5.4

▶▶ Trinkgeld

Auch wenn die üblichen Bedienungsgelder für Kellner oder Taxifahrer bereits in der Rechnung enthalten sind, wird darüber hinaus ein Trinkgeld erwartet. Es sollte je nach Kundenfreundlichkeit von Aufrundung auf volle Dollar bis zu 5% oder 10% der Rechnung betragen.
Gepäckträger sollten Sie mit 0,50 US Dollar pro Gepäckstück und **Zimmermädchen** mit 0,50 US Dollar pro Tag bedenken.

W Währung

Die offizielle Währung ist der Jamaica-Dollar (J$) mit schwankendem Devisenkurs. Ein- und Ausfuhr dieser Währung ist verboten. Devisenumtausch ist nur bei Banken und offiziellen Wechselstuben (Hotelrezeptionen) erlaubt. Hüten Sie sich vor "Schwarztausch"!

Banknoten gibt es als:
1, 2, 5, 10, 20 , 50, 100 J$

Münzen existieren in folgender Prägung:
1, 5, 10, 20, 25, 50 Cent

Der amtliche **Wechselkurs** beträgt z. Zt.: 100,- J$ = 12,- DM (Stand: November 1992).

Z Zeitverschiebung

Die Zeitverschiebung zwischen Jamaika und Deutschland, Österreich und der Schweiz beträgt während unserer Winterzeit 6 Stunden und während unserer Sommerzeit 7 Stunden.
Wenn es z. B. in Berlin 12.00 Uhr mittags ist, zeigt die Uhr in Kingston erst 6.00 Uhr morgens während unserer Winterzeit bzw. 5.00 Uhr während unserer Sommerzeit an.

➽ Zoll

- **Einfuhr nach Jamaika**

Zollfrei dürfen folgende Artikel eingeführt werden:
- Gegenstände des persönlichen Gebrauchs,
- 50 Zigarren oder 200 Zigaretten oder 227 g Tabak,
- 1 l Spirituosen und 2 l Wein.

Einfuhrverbote
Nicht eingeführt werden dürfen:
- Pflanzen und Lebensmittel wie Honig, Früchte, Gemüse, Fleisch,
- Schußwaffen und Munition.

- **Wiedereinreise in Deutschland**

Zollfrei eingeführt werden dürfen:
- 200 Zigarren,
- 1 l Spirituosen (über 22%) oder 2 l Wein,
- 50 g Parfüm,
- sonstige Waren im Gegenwert von 115,- DM.

10.2 REISEROUTEN IN JAMAIKA

Vorschlag für eine 2–3-wöchige kombinierte Mietwagen-/Inlandflugreise

Gebiet	Kapitel	Unternehmungen/Ausflugsziele	Tage	ca. km	Touristische Interessen
Kingston und Umgebung	14.2	Historische Gebäude/Museen/Ausflüge nach Port Royal und Pine Grove	2/3	-	Geschichte/Freiheitskampf/Architektur/Bergwelt
Flug Kingston – Montego Bay	14.3	Flug über die Insel/Montego Bay: Sehenswürdigkeiten/Ausflüge: Belvedere Estate und Croydon Plantation	2/3	79	Landschaft/Geschichte/Freiheitskampf/Plantagen
Montego Bay – Ocho Rios	14.4	Orange Valley Estate/Good Hope Plantation/Discovery Bay: Kolumbuspark/Ocho Rios: Dunn's Falls und Fern Gull	2/3	102	Plantagen/Kolonialgeschichte/Wasserfall
Ocho Rios – Port Antonio	14.5	Port Maria/Abstecher Castleton/Umweg über Paradise/Sommerset Falls/Rafting auf dem Rio Grande	2/4	102	Botanischer Garten/Bergregenwald/Rafting
Port Antonio – Kingston	14.6	Reach Falls/Morant Bay	1	78	Wasserfall/Geschichte/Freiheitskampf von George William Gordon
Kingston – Mandeville	14.7	Spanish Town/Thermalbad Milk River Bath	2/3	90	Geschichte/Gesundheit
Mandeville – Negril	14.8	Bambus Avenue/Black River/Savanna la Mar/Badeort Negril	2/3	92	Landschaft/Strandleben
Negril – Montego Bay	14.9	Bloody Bay	1	52	Landschaft

Jamaika / Reiserouten

Entfernungstabelle in Meilen

	Annotto Bay	Black River	Browns Town	Buff Bay	Falmouth	Golden Grove	Kingston	Linstead	Lionel Town	Lucea	Mandeville	May Pen	Montego Bay	Morant Bay	Negril	Ocho Rios	Old Harbour	Port Antonio	Port Maria	Portmore	St. Ann's Bay	Savanna la Mar	Spanish Town
Annotto Bay	-	124	61	9	80	59	31	32	66	124	86	61	101	62	149	37	50	28	17	35	44	133	39
Black River	124	-	64	133	52	143	99	99	75	50	39	64	41	130	47	88	74	155	108	93	81	29	86
Browns Town	61	64	-	70	25	114	70	42	57	69	40	44	46	101	-	24	55	89	44	51	17	78	56
Buff Bay	9	133	70	-	89	50	40	41	-	133	98	73	110	63	158	46	62	19	26	64	17	142	51
Falmouth	80	52	25	89	-	138	95	67	78	44	51	68	21	126	69	43	79	108	63	44	53	53	81
Golden Grove	59	143	114	50	138	-	44	72	41	193	105	85	159	13	190	100	69	31	76	89	106	173	58
Kingston	31	99	70	40	95	44	-	28	16	85	51	36	116	31	146	56	25	59	44	7	62	128	14
Linstead	32	99	42	41	67	72	28	-	41	111	61	13	88	59	146	28	25	60	31	22	34	128	14
Lionel Town	66	75	57	-	78	85	16	41	-	125	37	13	100	72	122	63	16	97	66	-	37	104	28
Lucea	124	50	69	133	44	193	85	111	125	-	89	114	26	180	25	87	124	152	107	133	80	21	125
Mandeville	86	39	40	98	51	105	51	61	37	89	-	26	88	25	86	64	36	117	86	57	46	48	48
May Pen	61	64	44	73	68	79	36	13	13	114	26	-	89	67	111	50	11	92	61	31	57	93	23
Montego Bay	101	41	46	110	21	159	116	88	100	23	88	89	-	147	48	89	99	129	84	110	89	32	102
Morant Bay	62	130	101	63	126	13	31	59	72	180	25	67	147	-	177	64	56	44	77	50	57	159	45
Negril	149	47	-	158	69	190	146	146	122	25	86	111	48	177	-	112	121	177	132	141	105	18	133
Ocho Rios	37	88	24	46	43	100	56	28	63	87	64	50	64	87	112	-	53	81	45	50	7	96	42
Old Harbour	50	74	55	62	79	69	25	25	16	124	36	11	99	56	121	53	-	81	50	20	59	103	12
Port Antonio	28	155	89	19	108	31	59	60	97	152	117	92	129	44	177	65	81	-	45	63	72	161	70
Port Maria	17	108	44	26	63	76	44	31	66	107	86	61	84	77	132	20	50	45	-	47	27	116	39
Portmore	35	93	51	64	44	89	7	22	36	133	56	31	110	50	141	50	20	63	47	-	56	123	8
St. Ann's Bay	44	81	17	17	53	106	62	34	37	80	57	46	57	93	105	7	56	72	27	56	-	89	48
Savanna la Mar	133	29	78	142	53	173	128	128	104	21	68	93	32	159	18	96	103	161	116	123	89	-	115
Spanish Town	39	86	56	51	81	58	14	14	28	125	48	23	102	45	133	42	12	70	39	8	48	115	-

11 PUERTO RICO ALS REISELAND

11.1 PRAKTISCHE REISETIPS VON A–Z

A Anreise

● **Mit dem Flugzeug**

Der **internationale Flughafen Luis Munoz Marín**, westlich von San Juan in Isla Verde gelegen, ist der größte und geschäftigste der karibischen Inselwelt. Mehr als 20 Fluggesellschaften operieren auf ihm. Er ist nicht nur für die ankommenden Flugreisenden das Eingangstor nach Puerto Rico. Er ist außerdem die **wichtigste Luftverkehrsdrehscheibe der karibischen Inselwelt**. Es bestehen täglich Verbindungen mit nordamerikanischen und europäischen Metropolen. Außerdem ist er wichtiger Umsteigeplatz für weiterführende Flüge auf andere Karibikinseln. **8 Millionen Fluggäste** zählt dieser bedeutende Flughafen jährlich.
Folgende internationale Fluggesellschaften fliegen ihn an:
Air Canada, Air France, Air Jamaica, American Airlines, Arrow Air, Avianca, Bahamas Air, British Caledonian, BWIT, Delta Airlines, Eastern Airlines, Iberia, LIAT, Lufthansa, Mexicana, Pan America, RRINAIR, Sabena, TWA, United, Varig Brazilian Airlines.
Es bestehen Direktverbindungen **von Frankfurt/Main** nach San Juan, die mit der **Lufthansa und Condor** geflogen werden:
Di, Fr und Sa für z. Zt. 1.945,- DM (mit Anschluß nach Santo Domingo in der Dominikanischen Republik).

● **Mit dem Schiff**

Kreuzfahrten
Geruhsame Schiffsreisen mit Kreuzfahrtschiffen von Europa in die Karibik erfreuen sich zunehmender Beliebtheit. Nach Fahrten ins Mittelmeer nimmt die Karibik die zweite Stelle ein.
San Juan ist für viele Kreuzfahrer der Endpunkt der Seefahrt oder Basis für weitere Fahrten in die Karibik. Die geschichtsträchtige Stadt San Juan besitzt heutzutage den **modernsten Kreuzfahrthafen der Karibik**, in dem 23 Kreuzfahrtschiffe beheimatet sind. 1991 erreichte die stattliche Zahl von **769.555 (!) Kreuzfahrt-Passagieren** San Juan. In San Juan reizt die Besucher nicht nur das Altstadtviertel; es können von hier auch lohnende und attraktive Ziele im Landesinneren angefahren werden.
Spezialisiert auf deutschsprachige Führungen (aber auch in Französisch, Englisch, Spanisch und Italienisch) und auf Ausflüge rund um die Insel ist das Unternehmen **Exclusiv Tours**, Ute Spengler, San Juan, Tel.: (809) 728-0079, Fax: (809) 268-7522

▶▶ Apotheken

Apotheken mit mehr oder weniger großem Angebot an Medikamenten sind über das ganze Land verteilt.
Hier einige Adressen größerer Apotheken:
- **Farmacías El Amal**, San Juan, Calle Europa 617, Santurce, Tel.: 728-1760
- **Seedman's**, Ponce, Centro del Sur Shopping Center, Tel.: 840-7878
- **Walgreens**, Mayagüez, Mayagüez Mall, Tel.: 832-2072

▶▶ Ärzte

Siehe Stichwort **Gesundheitswesen**

▶▶ Auskunft

- **In Deutschland**
Allgemeine und spezielle Reiseauskünfte erhalten Sie beim
- **Fremdenverkehrsamt Puerto Rico**, Mendelssohnstraße 53, 6000 Frankfurt 1, Tel.: 069-742550/59
- **Fremdenverkehrsamt Puerto Rico**, Commonwealth of Puerto Rico Tourism Company, Kreuzberger Ring 56, 6200 Wiesbaden 32, Tel.: 0611/744280, Fax: 0611/724089

- **In Puerto Rico**
Informationen vor Ort erhalten Sie an folgenden Stellen:
- **Puerto Rico Tourism Company**
San Juan, Calle San Justo 301, Alt San Juan, Tel.: 721-2400
- **Tourism Company Information Centers**
Unter folgenden Telefonnummern an verschiedenen Orten erhalten Sie Reiseauskünfte:
  Luis Munoz International Airport, Tel.: 791-1014 und 2551
  La Casite (nahe Pier 1), Old San Juan, Tel.: 722-1709
  Rafael Hernández Airport, Aquadilla, Tel.: 890-3315
  Casa Armstrong-Poventud, Plaza Las Delicias, Ponce,. Tel.: 840-5695
- **Old Juan Station**
- San Juan, Box 4435, Puerto Rico 00905, Tel.: (809) 721-2400

Die Broschüre **"Qué Pasa"** ist eine monatlich erscheinende Broschüre, die wichtige Informationen z.B. über Hotels, Restaurants, Veranstaltungen und Ausflugsziele bietet. Sie können dieses Heftchen kostenlos bekommen.

▶▶ Autofahren

In Puerto Rico herrscht **Rechtsverkehr**. Das Straßennetz der Hauptstraßen ist gut ausgebaut, und auch der Zustand der übrigen oft schmalen Asphaltbänder im Gebirge ist im Verhältnis zu den Straßen der anderen Großen Antillen-Inseln sehr gut. Auf der *autopista* San Juan - Ponce dürfen Sie 115 Stundenkilometer fahren. In den Ortschaften werden Sie durch sog. *"lomos"* (Straßenschwellen) zum Langsamfahren gezwungen. Bei den Straßenschildern werden **meistens internationale Symbole** verwendet.

Nützlich ist es, die wichtigsten **spanischen Aufschriften** zu verstehen, deshalb folgende Übersetzungen:
Calle sin salide = Sackgasse
Carretera cerrada = Straße für den Verkehr gesperrt
Cruce de peatones = Fußgängerkreuz
Desvío = Umleitung
Estación de peaje = Zollstation
No entre = Einfahrt verboten
No estacione = Parken verboten
Peligro = Gefahr
Tránsito =Einbahnstraße
Zona escolar = Schulgebiet

➼ **Autoverleih**

Siehe Stichwort **Mietwagen**

B Baden

Siehe analog **A–Z Reiseland Dominikanische Republik** (Kapitel 8.1)

➼ **Banken**

Man bezeichnet Puerto Rico auch als Bankzentrum der Karibik. Einheimische, nordamerikanische und europäische Banken geben sich hier ein Stelldichein, z. B. die:
• **Banco Popular de Puerto Rico**, Munoz Rivera and Bolivia Street, Hato Rey, Puerto Rico 00919, Tel.: 765-9800
• **Banco de Ahorro del Oeste**, McKinley Street, Mayagüez, Puerto Rico 00709, Tel.: 843-2929
• **Banca y Agensia de Financeiamiento de la Vivienda**, 606 Barbosa Avenue, César Cordero Building, Hato Rey, Puerto Rico 00918, Tel.: 765-2337
• **Banco de Caguas**, 32 Acosta Street, Caguas, Puerto Rico 00625, Tel.: 746-6400
• **Banco Comercial de Mayaguez**, Ponce de León and Parque Street, Stop 23, Santurce, Puerto Rico 00910, Tel.: 724-3717
• **Banco Gubernamental de Fomento**, Centro Gubernamental Minillas, De Diego Avenue, Santurce, Puerto Rico 00940, Tel.: 722-2525
• **Banco Nacional**, 176 Roosevelt Avenue, Hato Rey, Puerto Rico 00936, Tel.: 766-2585

Puerto Rico / Praktische Reisetips von A–Z

- **Banco Santander de Puerto Rico**, 207 Ponce de León, Santander Plaza Building, Hato Rey, Puerto Rico 00918, Tel.: 759-7070
- **Banco Central Corp.**, 221 Ponce de León Avenue, Hat Rey, Puerto Rico 00917, Tel.: 753-2500
- **Banco Financiero de Puerto Rico**, 268 Ponce de León Avenue, Metor Plaza Building, Hato Rey, Puerto Rico 00918, Tel.: 7534-7941
- **Bank of Boston**, 255 Ponce de León Avenue, Royal Bank Building, 15th floor, Hato Rey, Puerto Rico 00919, Tel.: 756-8080

Öffnungszeiten: Die meisten Banken haben Mo–Fr 9.00–14.30 Uhr geöffnet. Andere öffnen schon um 8.30 Uhr.

▶▶ Bevölkerung

- Die **Gesamtbevölkerung** Puerto Ricos beträgt **3,5 Millionen Einwohner**, davon leben allein 1,1 Millionen Puertoricaner im Ballungsraum der Hauptstadt San Juan.
- Die **Bevölkerungsdichte**, auf die Gesamtfläche des Landes bezogen, ergibt **370 Einwohner pro km²**, das ist die höchste auf den Großen Antillen. Puerto Rico ist eine der am dichtesten bevölkerten Inseln der Welt.
- Die **ethnische Zusammensetzung** der Bevölkerung sieht wie folgt aus:
    80% Weiße, 20% Schwarze und Mischlinge

Die Spanier haben während ihrer Kolonialzeit keine Plantagenwirtschaft auf Puerto Rico im Gegensatz zu Jamaika und Haiti betrieben, deshalb ist der Anteil der Schwarzen hier sehr gering.

- Die durchschnittliche **Wachstumsrate** der Bevölkerung betrug 1947 4,4%, ging 1977 wegen hoher Auswanderungsquoten in die USA auf 2,8% zurück und liegt heute bei etwa **2,2%**. Ab 1930, jedoch verstärkt in den 50er Jahren, war das Ventil der Überbevölkerung und der wirtschaftlichen Not die **Auswanderung in die USA**. Heute leben 2 Millionen Puertoricaner in den Vereinigten Staaten von Amerika. Tatsächlich leben in New York jetzt mehr Puertoricaner als in San Juan. In diesen Tagen übersteigt die Zahl der **Rückwanderer** (besonders aus New York) allerdings diejenigen der Auswanderer.
- Der **Lebensstandard** der Puertoricaner ist dank der Förderung durch die USA im Vergleich zu der Armut der Nachbarstaaten der Karibik **sehr hoch**. Das durchschnittliche Pro-Kopf-Einkommen (Nettoeinkünfte) liegt bei 4.500 US-Dollar. Es ist zusammen mit dem Venezuelas das höchste Lateinamerikas.
- Die durchschnittliche **Lebenserwartung** der Menschen in Puerto Rico beträgt **72 Jahre**.
- Die **Arbeitslosenquote** konnte wegen der starken Abwanderung aus der Landwirtschaft und der hohen Geburtenraten bisher nicht unter **12%** gedrückt werden.

▶▶ Busse

Puerto Rico verfügt über ein **dichtes Busnetz**. Es gibt verschiedene Arten von Bussen.

- **Guaguas sind Linienbusse**, die die größeren Orte miteinander verbinden. Sie verkehren nach festen Fahrplänen. Die Abfahrtzeiten kann man unter der Telefon-Nummer 725-2460 erfragen. Der zentrale Busbahnhof in San Juan befindet sich am Plaza Colón. Haltestellen tragen die Aufschrift *"Parada"*.
Preisbeispiel: San Juan – Mayagüez: 6 US-Dollar.

Busverbindungen ab San Juan

Zielort	km	Fahrzeit (Std.)	Fahrthäufigkeit (tägl.)
Aguadilla	142	3	7 x
Arecibo	75	$1 \, 1/2$	7 x
Bayamón	8	$1/4$	sehr oft
Caguas	20	$1/2$	bei Bedarf
Carolina	19	$1/2$	sehr häufig
Cayey	40	1	bei Bedarf
Fajardo	39	1	*)
Guayama	55	$1 \, 1/2$	bei Bedarf
Guaynabo	18	$1/2$	häufig
Humacao	50	$1 \, 1/2$	bei Bedarf
Lupillo	45	$1 \, 1/2$	*)
Mayagüez	150	4	7 x
Ponce	92	$2 \, 1/2$	bei Bedarf
Rincón	150	4	*)
San Germán	139	$3 \, 1/2$	*)

Anmerkung: Die Zahl der täglichen Fahrthäufigkeit der Busse ist für die **Gegenrichtungen** (nach San Juan) mit der Zahl der Hinfahrten (von San Juan) identisch.
Zeichenerklärung: *) = Angaben lagen bei Drucklegung nicht vor.

- **Lokalbusse** verkehren in einem kleineren Radius. Sie dienen dem Verkehr innerhalb der Städte San Juan, Ponce und Mayagüez.
Preisbeispiel: in San Juan für alle Entfernungen: 25 Cent.

- *Públicos* sind Kollektivtaxis oder Kleinbusse, die von der Hauptstadt in alle größeren Orte und zum Flughafen auf festen Linien fahren. Sie sind schnell, wendig, preiswert und fahren nur tagsüber.
Preise müssen Sie **aushandeln**.

C Camping

Camping ist in Puerto Rico nicht üblich. Von "wildem Campen" ist aus Sicherheitsgründen dringend abzuraten.

D Devisen

Die Ein- und Ausfuhr von US-Dollar und ausländischen Währungen ist unbeschränkt.

▶▶ Diplomatische Vertretungen

- **in der Bundesrepublik Deutschland**
- **Botschaft der USA**, Deichmanns Aue 29, 5300 Bonn 2, Tel.: 0228/893294, Öffnungszeiten: Mo–Fr 10.00–12.00 und 14.00–16.00 Uhr
- **US Mission Berlin**, Konsularabteilung, Cayallee 170, 1000 Berlin 33, Tel.: 030/8197442, Öffnungszeiten: Mo–Fr 9.00–12.30 und 14.00–16.00 Uhr
- **US Generalkonsulat Bremen**, Präsident Kennedy-Platz 1, 2800 Bremen 1, Tel.: 0421/320001, Öffnungszeiten: Mai–August: Mo–Fr 8.00–12.30 und 13.30–17.00 Uhr, September–April: Mo–Fr 8.30–12.30 und 14.30–17.30 Uhr
- **US Generalkonsulat Frankfurt/Main**, Siesmayerstr. 21, 6000 Frankfurt/Main, Tel.: 069/740071, Öffnungszeiten: Mo–Fr 8.00–16.00 Uhr
- **US Generalkonsulat Hamburg**, Alsterufer 27–28, 2000 Hamburg 36, Tel.: 040/441061, Öffnungszeiten 8.00–12.00 Uhr
- **US Generalkonsulat Stuttgart**, Urbanstr. 7, 7000 Stuttgart, Tel.: 0711/210221, Öffnungszeiten: Mo–Fr 10.30–12.30 und 14.00–16.00 Uhr

- **in Österreich**
- **Amerikanische Botschaft Wien**, Boltzmanngasse 16, A 1091 Wien IX, Tel.: 0222/51451-99
- **Amerikanisches Generalkonsulat Salzburg**, Franz-Josef-Kai 1, A 5020 Salzburg, Tel.: 0662/46461

- **in der Schweiz**
- **Amerikanische Botschaft Bern**, Jubiläumsstr. 93, CH 3001 Bern, Tel.: 031/437011
- **Amerikanisches Generalkonsulat Zürich**, Zollikerstr. 41, CH 8008 Zürich, Tel.: 01/552566

- **in Puerto Rico**
- **Deutsches Honorarkonsulat**, Santa Bibiana St. No. 1618, Sagrado Corazón, Rio Piedras, Puerto Rico 00929, G.P.O. Box 3746, San Juan, Puerto Rico 00936, Tel.: 755-8228
- **Österreichisches Honorarkonsulat**, Manuel Rodríguez Serra Street 1, Olympic Tower Building, Apt. 5-A, Condado, Puerto Rico 00907, P.O. Box 1451, San Juan, Puerto Rico 00902, Tel.: 791-2521
- **Schweizer Honrarkonsulat**, P.O. Box 6337, Santurce, Puerto Rico 00914, Tel.: 727-2978

E Einreise

- **Reisepaß:** Ihr Reisepaß muß nach dem Reiseende noch eine Gültigkeit von 6 Monaten haben.
- **Visapflicht:** Deutsche und Schweizer benötigen kein USA-Visum mehr für die Einreise nach Puerto Rico. Ob Sie jedoch tatsächlich einreisen

dürfen, darüber wird erst bei der Ankunft entschieden. Zu diesem Zweck ist ein langer Fragebogen auszufüllen. Bei Ablehnung muß der Rückflug auf eigene Kosten angetreten werden. Es gibt einen Katalog von 33 Ablehnungsgründen. So können beispielsweise politisch und sozial unerwünschte Personen zurückgeschickt werden.
- **Zollvorschriften:** (Siehe Stichwort **Zoll**)
- **Impfungen:** Impfungen sind nicht vorgeschrieben, trotzdem sollte man vorbeugende Maßnahmen treffen. (Siehe Stichwort **Impfungen** und **Gesundheit**)
- **Devisenvorschriften:** (Siehe Stichwort **Devisen**)

▸▸ Essen und Trinken

- **Puertoricanische Küche**

Der Reiz der puertoricanischen Küche liegt in seiner **exotischen Vielfalt**, in der Verschmelzung spanischer, kreolischer und afrikanischer Eßgewohnheiten, in denen auch noch Spuren der Kochkunst der Tainos feststellbar sind. Die Puertoricaner haben eine Eßkultur entwickelt, die jeden Gourmet in Verzückung geraten läßt, wenn er sich von der Vorspeise über die leckere Hauptspeise zum krönenden Abschluß "durchgeschmeckt" hat. Die puertoricanische Küche beruht hauptsächlich auf der Basis von Reis, Bohnen, gedünstetem Fleisch und Meeresfrüchten, und alles ist gut aufeinander abgeschmeckt und nicht zu stark gewürzt. Als Nachspeise wird meistens Obst gegessen.

Es folgt eine lockere Aufzählung einiger landesüblicher Speisen:
Asopao ist ein Gericht aus Reis mit Huhn oder Schellfisch.
Carnecita ist mariniertes Schweinefleisch, in Olivenöl gebraten und mit Mofongo (siehe unten) serviert.
Bacalo ist getrockneter und gesalzener Kabeljau, der mit gerösteten Wurzeln und Knollen gewürzt ist.
Empanadillas sind Teigtaschen, mit Krabben-, Hummer- oder Rindfleisch gefüllt.
Mofongo abreu besteht aus zerkleinerten Kochbananen, die in Olivenöl angebraten, dann zu Bällchen geformt und in Hüherbrühe serviert werden.
Nisperos de Batata sind süße Kartoffelbällchen mit Kokosnuß, Gewürznelken und Zimt.
Pinon ist eine Kombination reifer Kochbananen mit gewürztem Rinderhackfleisch, mit Reis serviert.
Pollo en vino dulce, ein in Weinsoße zubereitetes zartes Huhn, schmeckt phantastisch.

- **Internationale Küche**

Neben den Köstlichkeiten der puertoricanischen Küche gibt es natürlich auch internationale Spezialitäten der amerikanischen, brasilianischen, chinesischen, französischen, italienischen, japanischen, mexikanischen, der

APPETIZERS

PLAINTAIN NUGGETS	$2.50
CORN STICK	$2.50
CHICKEN NUGGETS	$4.95
SHRIMP COCKTAIL	$8.95
PLAINTAIN SOUP	$2.50
ONION SOUP	$2.75
GARLIC SOUP	$2.75

APERITIVOS

ARAÑITAS	$2.50
SORULLITOS	$2.50
MASITA DE POLLO	$4.95
CAMARONES EN SALSA PICANTE	$8.95
SOPAS DE PLATANOS	$2.50
SOPAS DE CEBOLLA	$2.75
SOPAS DE AJO	$2.75

CHEF SUGGESTIONS

LOBSTER SALAD	$29.95
SHRIMP SALAD	$26.95
RICE WITH LOBSTER	$17.95
RICE WITH SHRIMPS	$15.95
HALF CHICKEN WITH GARLIC	$11.95
SHRIMP STEWED	$15.95
LOBSTER STEWED	$17.95
RED SNAPPER FILET CREOLE STYLE	$16.95
BREADED RED SNAPPER FILET	$16.95

WHOLE RED SNAPPER ANY STYLE YOU WISH

SUGERENCIAS DEL CHEF

ENS. DE LANGOSTA	$29.95
ENS. DE CAMARONES	$26.95
ARROZ CON LANGOSTA	$17.95
ARROZ CON CAMARONES	$15.95
1/2 POLLO CON AJO	$11.95
ASOPAO DE CAMARONES	$15.95
ASOPAO DE LANGOSTA	$17.95
FILETE DE CHILLO A LA CRIOLLA	$16.95
FILETE DE CHILLO EMPANADO	$16.95

CHILLO ENTERO COMO USTED LO DESEE

LA ITALIANISIMA VEAL

VEAL BABY T-BONE (2)
$19.95

VEAL CUTLET A LA ZAMBRA
Creole sauce, ham & mozzarella
$19.95

VEAL SCALLOPINI
Medallions of veal dipped in egg batter and sauteed in butter, lemon and wine
$19.95

BREADED VEAL
$19.95

VEAL BOCCONCINI AVANTI
Layer of sliced veal, ham, egg plant, mozzarella cheese and tomato sauce
$19.95

VEAL FLORENTINE
Medallions of veal dipped in egg and butter topped with mushrooms
$19.95

SERVED WITH SPAGHETTIS IN BUTTER OR MEAT SAUCE

LA ITALIANISIMA VEAL

CHULETA DE TERNERA AL CARBON (2)
$19.95

TERNERA A LA ZAMBRA
Salsa criolla, jamón y queso mozarrela
$19.95

TERNERA ESCALOPINI
Medallones de Ternera envueltas en huevo salteadas en mantequilla, salsa de limón y vino
$19.95

TERNERA EMPANADA
$19.95

TERNERA BOCCONCINI AVANTI
Rebanada de ternera, jamón, berenjena queso mozzarella y salsa de tomate
$19.95

TERNERA A LA FLORENTINA
Medallones de ternera en huevo y mantequilla cubiertos con hongos
$19.95

SE SIRVE CON ESPAGHETIS EN SALSA DE CARNE O MANTEQUILLA

Includes LA ZAMBRA Special Salad, Garlic Bread, Rice, Home Fries Potatoes or Fried Plantain

FROM THE BROILER

N.Y. STRIP	12oz.	$15.95
TOP SIRLOIN	12 oz.	$15.95
RIB EYE STEAK	12 oz.	$15.95
PORTER HOUSE	16 oz.	$19.95
T-BONE STEAK	16 oz.	$19.95
TENDERLOIN FILLET	12 oz.	$22.95
STEAK AND LOBSTER		$35.95
STEAK AND SHRIMP		$32.95

16 oz. or 24 oz. Steaks for the BRAVES ones

CARNE AL CARBON

N.Y. STRIP	12 oz.	$15.95
TOP SIRLOIN	12 oz.	$15.95
RIB EYE STEAK	12 oz.	$15.95
PORTER HOUSE	16 oz.	$19.95
SUPER T-BONE	16 oz.	$19.95
FILETE MIGNON	12 oz.	$22.95
MAR Y TIERRA		$35.95
CAMARONES Y CARNE		$32.95

Cortes de 16 oz. y 24 oz Para los VALIENTES

JUMBO SHRIMPS

BROILED SHRIMP	$15.95
SHRIMP SPANISH STYLE	$15.95
SHRIMP IN GARLIC SAUCE	$15.95
SHRIMP IN BUTTER SAUCE	$15.95
BREADED SHRIMP	$15.95

CAMARONES GRANDES

CAMARONES AL CARBON	$15.95
CAMARONES A LA CRIOLLA	$15.95
CAMARONES AL AJILLO	$15.95
CAMARONES A LA MANTEQUILLA	$15.95
CAMARONES EMPANADOS	$15.95

DELICIOUS LOBSTER

BROILED LOBSTER TAIL	PRICE BY THE SIZE
LOBSTER SPANISH STYLE	
LOBSTER IN GARLIC SAUCE	
LOBSTER IN BUTTER SAUCE	

SABROSAS LANGOSTAS

LANGOSTA A LA PARRILLA	PRECIO DE ACUERDO A TAMAÑO
LANGOSTA A LA CRIOLLA	
LANGOSTA AL AJILLO	
LANGOSTA A LA MANTEQUILLA	

"LA ZAMBRA" SPECIALTIES "OUR STYLE"

LOBSTER LA ZAMBRA	$29.95
SHRIMP LA ZAMBRA	$26.95
PLANTAIN STUFFED WITH SHRIMP	$18.95
PLANTAIN STUFFED WITH LOBSTER	$19.95
TURKEY BREAST LA ZAMBRA	$16.95
CHURRASCO LA ZAMBRA	$17.95
LONDON BROILED LA ZAMBRA	$19.95

LA ESPECIALIDAD DE "LA ZAMBRA" "NUESTRO ESTILO"

LANGOSTA A LA ZAMBRA	$29.95
CAMARONES A LA ZAMBRA	$26.95
MOFONGO Relleno con camarones	$18.95
MOFONGO Relleno con langosta	$19.95
PECHUGA DE PAVO A LA ZAMBRA	$16.95
CHURRASCO A LA ZAMBRA	$17.95
LONDON B ROILED A LA ZAMBRA	$19.95

"La Zambra" in its Specialty has Virginia Ham, Creole Sauce and topped with Mozzarella Cheese.

"La Zambra" en su Especialidad contiene Jamón de Virginia, Salsa Criolla y cubierto con Queso Mozzarella.

Incluye: Ensalada Especial LA ZAMBRA, Pan con Ajo, Arroz, Papas Home Fries o Tostones.

Schweizer und sogar der deutschen Küche, so z. B. das "**Heidelberg Haus**", Avenida De Diego, Parada 22, Santurce, Tel.: 723-0803/5895. Hier werden deutsche Gerichte und deutsche Volksmusik dargeboten. Größere Gruppen sollten sich anmelden.

● **Einheimische Getränke**
Rum ist, nachdem Anfang unseres Jahrhunderts die Barcardi-Familie Kuba verlassen und ihren Hauptsitz in San Juan errichtet hat, eines der wichtigsten Exportgüter geworden. Auch im Binnenland wird er viel getrunken. Bekannt sind Rum-Mixgetränke, wie "Daiquirí", "Frozen Daiquirí", "Hot Rum Toddy" und "Hot Buttered Rum".
Fruchtgetränke, frischgepreßt, gibt es in allerlei Variationen. Sie werden meistens aus Zitrusfrüchten, Ananas oder Mango hergestellt.

F Feiertage

01. 01.	**New Year's Day** (Neujahr)
06. 01.	**Three King's Day** (Heilige Drei Könige)
11. 01.	**Eugenio de Hostos' Birthday** (E. de Hostos Geburtstag)
Febr. *	**George Washington's Birthday** (G. Washingtons Geburtstag)
22. 03.	**Emancipation Day** (Unabhängigkeitstag)
April *	**Good Friday** (Karfreitag)
16. 04.	**José de Diego's Birthday** (José de Diegos Geburtstag)
30. 05.	**Memorial Day** (Heldengedenktag)
04. 07.	**US Independence Day** (US-Unabhängigkeitstag)
17. 07	**Luis Munos Rivera's Birthday** (L. M. Riveras Geburtstag)
25. 07.	**Puerto Rico Constitution Day** (P.R.-Konstitutions-Tag)
27. 07.	**José Barbosa's Birthday** (José Barbosas Geburtstag)
Sept. *	**Labor Day** (Tag der Arbeit)
12. 10.	**Columbus Day** (Kolumbustag)
11. 11.	**Veterans' Day** (Soldatengedenktag)
19. 11.	**Discovery Day** (Tag der Entdeckung Puerto Ricos)
Nov. *	**Thanksgiving** (Erntedankfest)
25. 12.	**Christmas** (Weihnachten)

* = bewegliches Datum

➤➤ **Fotografieren und Filmen**

Siehe **A–Z Reiseland Kuba** (Kapitel 7.1)

G Geld

Siehe Stichwort **Banken, Devisen, Safe, Währung**

➤➤ **Gesundheit**

Siehe Stichwörter **Impfung** und **Gesundheit** bei **A–Z Reiseland Kuba** (Kapitel 7.1) und **Reiseland Dominikanische Republik** (Kapitel 8.1)

▶▶ Gesundheitswesen

● Die **Wasserqualität** und der **Hygienestandard** in Puerto Rico sind mit dem der USA vergleichbar. Magen- und Darmprobleme werden Sie sicherlich in diesem Land nicht bekommen. Trotzdem ist es angebracht, einige Medikamente gegen Magen- und Darmverstimmungen von daheim mitzubringen.

● Auch die **medizinische Versorgung** liegt auf dem Niveau Nordamerikas und Europas. Die Hauptstadt San Juan verfügt über ein Dutzend Krankenhäuser. In dem hiesigen Telefonbuch füllen 5 gelbe Seiten die Liste von Ärzten *(médicos)* und Spezialisten *(medicós especialistas)*!

● Die **Rufbereitschaft der Ärzte** wird von vielen Hotels als Service angeboten. Auch wenn Ihr Hotel diesen Dienst nicht aufgebaut hat, wird man mit Bestimmtheit schnell Hilfe herbeischaffen, wenn dringend ein Arzt erforderlich werden sollte.

● Ein **Notdienst der Krankenhäuser** rund um die Uhr ist bei den größten Klinken eingerichtet. Dies ist ebenfalls in den gelben Seiten des Telefonbuchs unter *"Servicio Emergencia de Hospitales"* vermerkt.

● Einen **gesetzlich staatlichen Gesundheitsdienst gibt es in Puerto Rico nicht**, genauso wenig wie auch in den USA. Die Patienten sind gezwungen, das zu zahlen, was die Ärzte verlangen. Um den Medizinern nicht ganz auf Gedeih und Verderb ausgeliefert zu sein, haben die meisten Puertoricaner **Privatversicherungen** abgeschlossen.

Ihnen, als ausländischer Reisender, sei dringend empfohlen, daheim eine **Unfall- und Krankenversicherung** abzuschließen, die die Zeitspanne Ihres Ferienaufenthalts abdeckt und die gewünschte Leistung garantiert.

● Es folgt eine **Liste größerer Krankenhäuser** in San Juan:
- **Ashford Memorial Community Hospital**
Ave. Ashford 1451, Condado, Tel.: 721-2160
- **De Diego Hospital**
Ave. De Diego 310, Stop 22, Santurce, Tel.: 721-8181
- **Hospital Nuestra Senora de Guadelupe**
Ponce de León 435, Hato Rey, Tel.: 754-0909
- **Metropolitan Hospital**
1785 Carr. 21, Las Lomas, P.V., Río Piedras, Tel.: 783-6200
- **Ophthalmic Institute of Puerto Rico, Inc.**
Ponce de León 160, Alt-San-Juan, Tel.: 724-3164
- **San Martín Hospital**, Calle De Diego 371, Río Piedras, Tel.: 767-5100

H Hotels und andere Unterkünfte

Puerto Rico verfügt über rund 100 Hotelresorts, Hotels, Gästehäuser und Paradores, die zusammen etwa 10.000 Zimmer zur Verfügung stellen können und die während der Hauptsaison von Mitte Dezember bis Mitte

April fast völlig ausgebucht sind. Deshalb ist es ratsam, in dieser Zeit die von Ihnen gewünschten Unterkünfte reservieren zu lassen.

● **Unterkunftsverzeichnis**
Die kostenlos erhältliche, monatlich erscheinende Broschüre *"Qué Pasa"* enthält eine Liste sämtlicher empfehlenswerter Unterkünfte. Diese Zeitschrift kann auch verschickt werden. Man wende sich an folgende Adresse:
Qué Pasa
Box 4435, Old San Juan Station, San Juan, Puerto Rico 00905
Außerdem gibt es noch Dutzende von privaten Unterkünften.

Die **Preiskategorien** der Unterkünfte (für 1 Doppelzimmer pro Tag) werden in diesem Buch durch die Zahl der *-Zeichen unterschieden:
```
******  = über 120 US$
*****   = 90 bis 120 US$
****    = 60 bis 90 US$
***     = 40-60 US$
**      = 20-40 US$
*       = bis 20 US$
```

● **Hotels**
Aus der Unterkunftsliste der oben erwähnten Broschüre "Qué Pasa" ist folgendes herauszulesen:
Region, Name, Klassifikation, Preise für Einzel-, Doppel-, Dreibettzimmer, Suite und Appartement, Anzahl der Zimmer, Vorhandensein von Restaurant, Kaffeeshop, Nachtlokal, Strandbar, Entfernung zum Strand, Swimming Pool, Sonnendeck, Tennisplätze, Aktivitäten für Wassersport, andere Sportgelegenheiten, rollstuhlgerechte Anlage, Kasino, akzeptierte Kreditkarten, Adresse und Telefonnummer

Einige **Preisbeispiele** für Doppelzimmer:
"Hyatt Dorada Beach", Dorada: 315–555 US$
"Sands", Isla Verde: 235–315 US$
"Excelsior", Miramar: 122–148 US$
"Ocean View", Vieques: 40 US$

● *Paradores*
Paradores sind **landestypische Gasthöfe**, meistens alte Kaffee- und Zukkerhaciendas, die die originellsten Unterkünfte in Puerto Rico darstellen. Sie bieten die beste Gelegenheit, das ländliche Leben der Bewohner des Landes kennenzulernen. Schöne, **alte Einrichtungen, vergangene Familiengeschichten** der Pflanzerfamilien, sehr freundliche, individuelle Betreuung und gute Ausflugsmöglichkeiten in die Umgebung machen den Charme dieser Rast- und Ruheplätze aus.
Wenn Sie Ihre Rundreise durch Puerto Rico auf der Übernachtungsgrundlage der *paradores* aufbauen, dann haben Sie die Gewißheit, daß Sie

Puerto Rico / Praktische Reisetips von A–Z

- den **großartigen natürlichen Schönheiten** des Landes und
- vielen **historischen Monumenten** in der Provinz sehr nahe sind.

Weil das ungebundene Reisen mit einem Mietwagen von *parador* zu *parador* unseres Erachtens die angenehmste, erholsamste und erlebnisreichste Art zu reisen ist und es die beste Möglichkeit bietet, Land und Leute kennenzulernen, sollen alle 14 *paradores* mit Adresse, Telefon-Nummer und Kurzbeschreibung genannt werden:

● **Parador Banos de Coamo**, Ende der Straße 546, Coamo, Puerto Rico 00640, Tel.: (809) 825-2239/2186
Er ist das **älteste Thermalbad Amerikas**, schon von den Indianern angepriesen. Auch der ehemalige US-Präsident Franklin Roosevelt, der 1920 Ferien in Puerto Rico machte, genoß die medizinische Heilkraft dieses Wassers.
Das Landhaus hat 48 Zimmer, 1 Swimmingpool, Thermalbäder und 1 Tennisplatz.
● **Parador Boquemar**, Straße 100, Abzweigung Straße 101, Boquerón, Cabo Rojo, Puerto Rico 00622, Tel.: (809) 851-2158 und 7600
Der kinderfreundliche *parador* liegt an der sandigen Südwestküste der Insel. Der Strand scheint kein Ende zu nehmen. 41 Zimmer, Bar, Fernseher und Swimmingpool stehen den Gästen zur Verfügung.
● **Parador Casa Grande**, Straße 612, km 0,3 nach Abzweigung Straße 140 Barroio Caonillas, Utuado, Puerto Rico 00761
Der *parador* ist eine ehemalige Kaffeefarm, die versteckt im dichtbewaldeten Gebirgszug der "Cordillera Central" liegt. Man hat einen grandiosen Ausblick auf die mit Bergregenwald überzogenen Hänge, ohne erkennbaren menschlichen Eingriff, mit reichem Vogelleben. Das liebevoll restaurierte Anwesen besteht aus 5 Gebäuden mit insgesamt 20 Zimmern, Restaurant und Swimmingpool. Dies ist ein Ort zum völligen Ausspannen, ein Refugium in unberührter Natur!
● **Parador El Sol**, 9 Este Santiago, Riera Palmer St., Mayagüez, Puerto Rico 00708, Tel.: (809) 834-0303
Er liegt an der Westküste der Insel. 40 Gästezimmer sind vorhanden. Außerden gibt es Kabelfernsehen, 1 Restaurant und zur Erfrischung 1 Swimmingpool.
● **Parador Guajataca**, Straße 2, km 108.8, Quebradillas, Puerto Rico 00742, Tel.: (809) 895-3070, 895-2204
Er befindet sich an der windigen Nordwestküste Puerto Ricos. Seine Vorzüge liegen in einem umfangreichen Sportangebot (Tennis, Basketball, Volleyball, Tischtennis).
38 Zimmer, 2 Swimmingpools und 1 Restaurant mit kreolischen Spezialitäten stehen den Gästen zur Verfügung.
● **Parador Hacienda Gripinas**, Straße 527, km 2.5. Barrio Veguita, Jayuya, Puerto Rico 00664, Tel.: (809) 828-1717, 828-1718, Fax: 828-1718
Er liegt im Zentralen Bergland nahe Jayuya. 1853 legte Eusebio Pérez del Castillo den Grundstock für eine Kaffeeplantage. Sein Kaffee *Gripinas* war so gut, und er gefiel Papst Leo XII so, daß dieser Eusebio Pérez del Castillo zum Marquis ernannte. Der 19 Zimmer große, typische *parador* besitzt eine Veranda, wo man halb überdacht den schönen Ausblick genießen kann. Das Personal ist äußerst freundlich.
● **Parador La Familia**, Straße 987, km 4.1, HC 00867 Box 21399, Las Croabas Fajardo, Puerto Rico 00648-9731, Tel.: (809) 863-1193
Nahe des Fischerorts Las Croabas, an der Nordostspitze Puerto Ricos gelegen, bietet der Landgasthof 22 Zimmer mit Aircondition und Fernseher den Gästen an, außerdem 1 Swimmingpool, Souvenir-Shop und ein Restaurant (nebenan), das für seine lecker zubereiteten Meeresfrüchte bekannt ist.

Puerto Rico / Praktische Reisetips von A–Z

● **Parador Martorell**, 6-A Ocean Drive, Luquillo, Puerto Rico 00673, Tel.: (809) 889-2710
Parador Martorell war der 1. Gasthof dieser Art auf der Insel. Er liegt an dem spektakulärsten Strand Puerto Ricos, Luquillo, und in der Nähe des Regenwaldes El Yunque.
● **Parador Oasis**, 72 Luna St., San Germán, Puerto Rico 00753, Tel.: (809) 892-1175
Parador Oasis ist ein 200 Jahre altes Haus in der zweitältesten Stadt Puerto Ricos, San Germán, gelegen.
Das Gasthaus besitzt 34 Zimmer und 1 Swimmingpool.
● **Parador Perichi's**, Straße 102, km 14.3, Playa Joyuda, Cabo Rojo, Puerto Rico 00623, Tel.: (809) 851-3131
Diese Gaststätte liegt an einer sandigen Nehrung, die einen Strandsee im Binnenland vom Meer trennt.
Sie besitzt 15 Gästezimmer, 1 Baseball- sowie 1 Basketballspielfeld.
● **Parador Posada Porlamar**, Straße 304, La Parguera, Lajas, Puerto Rico 00667, Tel.: (809) 899-4015
La Parguera, an der Südwestküste gelegen, bietet einen guten Ausgangspunkt für eine Vielfalt an Wassersport-Aktivitäten. In der weiten Lagunenlandschaft können Sie, wenn Sie Glück haben, in mondlosen Nächten ein spektakuläres Naturschauspiel miterleben, das sog. Meeresleuchten, hervorgerufen durch phosphoreszierende Mikroorganismen im Wasser. Bootsfahrten durch Mangroventunnel und zu Korallenbänken werden angeboten.
Den Gästen können 21 Zimmer mit Aircondition zur Übernachtung offeriert werden.
● **Parador Villa Antonio**, Straße 115, km 12.3, Rincón, Puerto Rico 007643, Tel.: (809) 823-2645, 823-2285
Er liegt südlich von Rincón an der Nordwestküste Puerto Ricos und hat erstklassige Bedingungen für Wassersport, besonders für Surfen.
Zur Unterbringung stehen 1- und 2-Bettzimmer und Hütten mit Küche bereit. Auf 2 Tennisplätzen, 1 Swimmingpool und auf einem Kinderspielplatz ist Bewegungsraum für Jung und Alt.
● **Parador Villa Parguera**, Straße 304, La Parguera, Lajas, Puerto Rico 00667, Tel.: (809) 899-3975
Die gleichen Aktivitäten, wie im Parador Posada Polarmar beschrieben, treffen auch für Parador Villa Parguera zu.
50 Zimmer mit Klimaanlage, 1 Swimmingpool, 1 Restaurant, das auf die Zubereitung von Meeresfrüchten spezialisiert ist, stehen für die Gäste bereit. Musik und Tanz am Wochenende sorgen für gute Stimmung.
● **Parador Vistamar**, Straße 113, km 7.9, Quebradillas, Puerto Rico 00742, Tel.: (809) 895-2065, 895-2294
Hoch auf den Klippen mit weitem Blick über den weißen Sandstrand und den tiefblauen Atlantik liegt Parador Vistamar.
Die Gäste können in 35 Zimmern mit Aircondition untergebracht werden. Auf 2 Tennisfeldern und im Swimmingpool dürfen Sie sich sportlich betätigen, und anschließend stehen im Restaurant erquickende Speisen und Getränke bereit. Zu Fuß ist ein ehemaliger Eisenbahntunnel zu erreichen, der im 19. Jahrhundert zur Beförderung von Zuckerrohr nach San Juan in den Fels gehauen wurde. Heute wird er von einem luxuriösen Nachtclub genutzt.

Die **Preise** für 1 Doppelzimmer der *paradores* liegen zwischen 60,- und 80,- US$ pro Tag. Die Entgelte sind ohne Frühstück und Abendessen zu verstehen.
Kinder über 12 Jahre bezahlen den vollen Preis. Für Kinder unter 12 Jahren, die das Zimmer mit den Eltern teilen, fallen außer bei den *paradores* Martorell, Posada Porlamar und La Familia keine zusätzlichen Zimmerkosten an (Maximum: 2 Kinder pro Zimmer).

Puerto Rico / Praktische Reisetips von A–Z

I Impfungen

Obgleich in Puerto Rico keine Impfungen vorgeschrieben sind, sollten Sie sich gegen **Gelbfieber** (Hepatitis A) und **Wundstarrkrampf** (Tetanus) impfen lassen.

➸ Inlandflüge

Vom Internationalen Flughafen San Juan "Luis Munoz Marín" gibt es Anschlußflüge, beispielsweise nach Ponce und Mayagüez.
Der zweite Flughafen San Juans ist "Isla Grande". Er wird in erster Linie von Privatflugzeugen genutzt.

K Kleidung

Entsprechend **A–Z Reiseland Kuba** (Kapitel 7.1)

➸ Klima und Reisezeit

Siehe **A–Z Reiseland Kuba** (Kapitel 7.1)

➸ Kreditkarten

Folgende Kreditkarten werden fast überall akzeptiert:
American Express, EuroCard, Diners, Ideal, MasterCard, VISA.
Die am meisten akzeptierte Kreditkarte ist **EuroCard**, die mit **Master-Card** kooperiert.

Tip
Sie sollten sich eine Liste Ihrer mit Kreditkarten bestrittenen Ausgaben anlegen, damit Sie den Überblick nicht verlieren.

L Landkarten

Siehe **A–Z Reiseland Kuba** (Kapitel 7.1)

M Maße und Gewichte

In Puerto Rico ist offiziell das **metrische System** eingeführt. Trotzdem sind noch andere Einheiten gebräuchlich:

1 pint (pt)	=	0,473 l	1 ounce (oz)	=	28,35 g
1 quart (qt)	=	0,946 l	1 pound (lb)	=	453,59 g
1 gallon (gal)	=	3,785 l	1 stone	=	6,35 g

Puerto Rico / Praktische Reisetips von A–Z

▶▶ Mietwagen

Wenn Sie Puerto Rico gründlich kennenlernen möchten, sollten Sie sich einen Pkw mieten.

● **Autoverleihfirmen**
Die bekanntesten Agenturen von San Juan finden Sie auf den gelben Seiten des hiesigen Telefonbuchs unter der Bezeichnung *"Automóviles/Alquiler"*:

Firma	Telefon-Nummer	Firma	Telefon-Nummer
AAA	791-1465, 791-2609	Hertz	791-0840, 791-0844
Afro	724-3720, 723-8287	L & M	725-8307, 725-8416
Avis	721-4499, 791-0426	Leaseway	791-5900, 791-1443
Budget	791-3685	Luchetti	725-8298
Charlie	728-2418, 728-2420	National	791-1805, 791-1851
Discount	726-1460, 726-5930		

● **Preisspanne**
Die Leihgebühr für einen Mittelklassewagen pro Tag beläuft sich auf 25 bis 55 US-Dollar.
● **Bedingungen**
- Ihr **Mindestalter** als Fahrer muß 25 Jahre betragen.
- Von ausländischen Fahrern wird meistens ein **internationaler Führerschein** verlangt.
- Der Mietvertrag muß durch eine **Kreditkarte** abgesichert sein.
● **Tips**
- Genaues Studieren der **Mietbedingungen**!
- **Vollkaskoversicherung** abschließen!
- Gründliche Prüfung der **Mängelbescheinigung**, ehe Sie diese unterschreiben!
- Sorgfältige Überprüfung bei der **Übernahme** (Bereifung, Beleuchtung, Reserverad, Bremsen etc.)!
- Bei unbekannteren Unternehmern **Probefahrt** unternehmen!
- Auto wieder mit **voller Tankfüllung** zurückgeben!
- Wagen **rechtzeitig zurückgeben**, da sonst oft drastische Nachzahlungen zu erwarten sind!

N Nationalparks und Schutzgebiete

Nähere Auskünfte erteilt:
Departemento de Recursos naturales
Pda. 3 1/2, Pta. de Tierra, San Juan, Puerto Rico 00906

Bosque Estatal de Aguirre
Anfahrt: von San Juan über folgende Straßen: Straße Nr. 52, Abzweigung links nach Salinas, Abzweigung links in Straße Nr. 3 bis Jobos, Abzweigung rechts in Straße Nr. 707 bzw. Straße Nr. 7710 bzw. Straße Nr. 710

Besonderheit: Beobachtung des Ökosystems des Mangrovensumpfes und des vielfältigen Lebens dieser Wildnis

Bosque Estatal de Boqueron
Anfahrt: von San Juan über folgende Straßen: Straße Nr. 2 bis Mayagüez, nach Passieren der Stadt Abzweigung rechts in Straße 100 bis Cabo Rojo, in Cabo Rojo Straße Nr. 103 nach Süden bis Abzweigung rechts in Straße Nr. 101
Besonderheit: Das große Vorkommen an Kakteen ist ein wichtiges Element dieses Schutzgebietes in einer weiten Lagunenlandschaft. Genauso reichhaltig sind Wasservogelarten vertreten (Brauner Pelikan, Seeschwalben, Prachtfregattvogel)

Bosque Estatal de Cambalache
Anfahrt: von San Juan über folgende Straßen: Straße Nr. 2 bis zur Abzweigung rechts in Straße Nr. 140, diese entlang bis Barceloneta, Abzweigung links in die Straße Nr. 682, dieser Straße 6,6 km folgen
Besonderheit: Anpflanzungen von Teak und Mahagoni

Bosque Estatal Carite
Anfahrt: von San Juan über folgende Straßen: Straße 52 bis Abzweigung links in Straße Nr. 184
Besonderheit: Bergregenwald

Bosque Estatal de Ceiba
Anfahrt: von San Juan über folgende Straßen: Straße Nr. 3 bis Fajardo, Abzweigung links in Straße 195
Besonderheit: Biotop Mangrovensumpf

Bosque Estatal de Guajataca
Anfahrt: von San Juan über folgende Straßen: Straße Nr. 2, zwischen Quebradillas und Isabela Abzweigung links in die Straße Nr. 446 in Richtung Süden
Besonderheit: beeindruckendes System von Wegen durch naturbelassene Wälder und ausgedehnte Mahagoniplantagen

Bosque Estatal de Guanica
Anfahrt: von San Juan über folgende Straßen: Straße Nr. 52 bis Ponce, anschließend Straße Nr. 2 Richtung Westen, Abzweigung links in Straße Nr. 116 bis Guanica, Abzweigung links in Straße Nr. 334
Besonderheit: tropischer Trockenwald, 100-jährige Guajabäume, größter Artenreichtum an Vögeln auf der Insel, Kalkhöhlen und Ruinen der Festung Capron

Bosque Estatal de Maricao
Anfahrt: von San Juan über folgende Straßen: Straße Nr. 52 bis Ponce, geradeaus weiter auf der Straße Nr. 2, Abzweigung rechts in Straße Nr. 121 (Abfahrt Sabana Grande), Abzweigung rechts in Straße Nr. 120

Puerto Rico / Praktische Reisetips von A–Z

Besonderheit: Reizvolle Bergformationen, Trocken- und montaner Regenwald, viele endemische Pflanzen und seltene Vögel, phantastische Ausblicke zur Küste

Bosque Estatal de Monte Guilarte
Anfahrt: von San Juan über folgende Straßen: Straße Nr. 52 bis Ponce, geradeaus weiter auf Straße 2 bis Guayanilla, Abzweigung rechts in Straße 378
Besonderheit: Umgebung des Monte Guilarte, üppige tropische Vegetation, weglose Wildnis ohne künstlich angelegte Pfade

Bosque Estatal de Pinones
Anfahrt: von der Altstadt San Juans über folgende Straßen: Straße Nr. 26, vor dem Internationalen Flughafen Luis Munaz Marin Abzweigung in Straße Nr. 187
Besonderheit: Laguna Torrecilla, verzweigtes System von Kanälen durch die Mangrovensümpfe

Bosque Estatal de Río Abajo
Anfahrt: von San Juan über folgende Straßen: Straße Nr. 22 bzw. 2 bis kurz vor Arecibo, Abzweigung links in die Straße 10
Besonderheit: gigantische Mahagonibäume, Höhlensysteme in den Kalkbergen, zerklüftete Gebirgsformationen und die unterschiedlichsten Formen pflanzlichen und tierischen Lebens des Bergregenwaldes

Bosque Estatal de Susua
Anfahrt: von San Juan über folgende Straßen: Straße Nr. 52 bis Ponce, weiter geradeaus auf der Straße Nr. 2 bis Abzweigung Abfahrt Yauco, in Yauco Straße Nr. 131 Richtung Nordwesten
Besonderheit: bizarre Kalksteinformationen, reiches Vogelleben

Bosque Estatal de Toro Negro
Anfahrt: von San Juan über folgende Straßen: Straße 52 bis Cayey, Abzweigung rechts nach Aibonito (mehrere Möglichkeiten), geradeaus weiter auf der Straße 143, der *"Ruta Panorámica"*, der schönsten Straße Puerto Ricos auf dem Gebirgszug der **Cordillera Central** mit atemberaubenden Ausblicken, wenn nicht in Wolken verhüllt
Besonderheit: Attraktionen wie der *"Cerro de Punta"* (1338 m), der höchste Berg Puerto Ricos, die topographische Formation mit Wasserfällen und unterirdischen Wasserläufen

Bosque Estatal de Vega
Anfahrt: von San Juan über folgende Straßen: Straße Nr. 2 bis kurz hinter Vega Alta, Abzweigung links in Straße Nr. 675
Besonderheit: Höhlenbildung, tiefe Schluchten

Bosque Nacional del Caribe (El Yungue)
Anfahrt: von San Juan über folgende Straßen: Straße Nr. 3 bis Palmer, Abzweigung rechts in Straße 191

Besonderheit: einziger tropischer Regenwald im "U.S. National Forest System", 240 verschiedene Baumarten, Quellgebiet der wichtigsten Flüsse der Insel: Rio Grande de Loiza, Rio Blanco, Espiritu Santo, Fajardo und Sabana, Lehrpfade, unermeßliche Fülle an tropischen Pflanzen (u.a Baumfarne, Orchideen), vielfältige Insekten- und Vogelwelt

P Pflanzenwelt

Siehe ausführliche Kapitel 4.1 und 4.2

▶▶ Post und Telefon

● **Briefe, Postkarten, Briefmarken**
Puerto Rico untersteht der postalischen Verwaltung der USA, deshalb sind auch die Gebühren für Postkarten, Briefe, Luftpostbriefe, Telegramme die gleichen wie in den Vereinigten Staaten von Amerika.
Öffnungszeiten der Postämter sind im allgemeinen Mo–Fr 8.00–17.00 Uhr und Sa 8.00–12.00 Uhr.
Briefmarken sind außer bei den Postämtern auch in Hotels, Geschäften, an Flughäfen und Automaten zu bekommen.
Postlagernde Sendungen (General delivery/Poste restante) können an folgende 2 Postämter adressiert werden:
c/o General Delivery US Post Office
- Old San Juan Station, Puerto Rico 00902
- Loiza Station Santurce, Puerto Rico 00914

● **Telefon**
Im **Inland** zu telefonieren (über die Vermittlung), gestaltet sich ziemlich umständlich. Sie werden öfter über längere Wartezeiten und schlechte Verständigung frustriert sein.
Bei **Ferngespächen** auf der Insel und nach Virgin Island (USA) müssen Sie folgende Handlungen vollführen:
- Wählen Sie zuerst die "1"
- Wählen Sie anschließend die Ortskennzahl und dann die Teilnehmernummer.
- Es meldet sich darauf die Vermittlung, die Ihnen sagt, wieviel Ihr Gespräch in einer bestimmten Zeit kosten wird.
- Erst dann werfen Sie Ihre Münzen in der vorgegebenen Höhe ein.
- Dann hoffen Sie, daß das gewünschte Gespräch zustandekommt.
Der **internationale Telefondienst** *(servicio ultramarino)* funktioniert jedoch ausgezeichnet.

R Reisevorbereitung

Siehe Stichwort **A–Z Reiseland Kuba** (Kapitel 7.1)

▶▶ Reisezeit

Siehe Stichwort **Klima und Reisezeit A–Z Reiseland Kuba** (Kapitel 7.1)

▶▶ Religion

Die Bevölkerung Puerto Ricos gehört vorwiegend der römisch-katholischen Konfession an. Es gibt jedoch auch protestantische Kirchen und Synagogen.

▶▶ Restaurants

Es muß noch einmal auf die für Sie sehr informative, kostenlos erhältliche Broschüre "Qué Pasa" zurückgegriffen werden. Sie enthält nämlich unter anderem auch eine **sehr übersichtliche Liste** von rund 160 verschiedenen Restaurants, überschrieben mit "Dining in Puerto Rico". Diese Übersicht klärt Sie über folgendes auf:
- Der **Name des Restaurants** ist natürlich aufgeführt.
- Die **Region** der Provinz oder der **Stadtteil San Juans** ist vermerkt, in dem das Lokal liegt.
- Die **Telefonnummer** für Vorausbestellungen und Informationen ist angegeben.
- Die genaue **Adresse** fehlt nicht, um das Restaurant auch zu finden.
- Sinnigerweise sind auch **Kartzeichen** vermerkt, um das Restaurant entweder auf dem Stadtplan von San Juan (z.B.: p/30) oder der Gesamtansichtskarte Puerto Ricos (z.B.: +h/24) genau im Schnittpunkt der Linien auszumachen.
- Außerdem sind die **Kreditkarten** vermerkt, mit denen Sie Ihre Rechnung bezahlen können.
- Sie bekommen mitgeteilt, welche **Spezialitäten** serviert werden, beispielsweise: amerikanische, argentinische, chinesische, deutsche, französische, griechische, internationale, italienische, japanische, kontinentale, mexikanische, puertoricanische, spanische, oder ob es ein Restaurant ist, wo Meeresfrüchte angeboten werden.

Sie sehen schon an der Fülle der verschiedenen Geschmacksrichtungen, welche enorme Auswahl vorhanden ist. Für Sie besteht nun die Qual der Wahl.
- Die **Preise** in diesen Restaurants haben US-amerikanisches Format. Sie liegen zwischen 25 und 40 US$. Wenn Sie jedoch bei "MacDonald", "Burger King" oder "Pizza Hut" speisen, kommen Sie mit rund 10 US$ pro Gericht aus.

▶▶ Routenvorschläge

Siehe Kapitel 11.2

S Safe

Es ist dringend zu empfehlen, wenn vorhanden, den Zimmer- oder Hotelsafe zu benutzen, um dort Wertsachen, wie Reisepaß, Geld, Reiseschecks, Schmuck und Flugschein, sicher zu verschließen.

▶▶ Sicherheit

Die Kriminalität hält sich in Puerto Rico in Grenzen, trotzdem gelten auch hier die Sprichwörter:
- Vorsicht ist besser als Nachsicht!.
- Gelegenheit macht Diebe!

Tips
- Vermeiden Sie jedes protzige Auftreten mit Worten, Gesten und durch Zurschaustellung Ihres Reichtums!
- Stolzieren sich nicht mit teurem Schmuck herum!
- Verwahren Sie Ihre Wertsachen im Hotel- oder Zimmersafe!
- Achten Sie stets auf Ihr Gepäck sowie Ihre Foto- und Filmausrüstung!

▶▶ Souvenirs, Souvenirs ...

Souvenirjäger haben in Puerto Rico **reiche Auswahl**. Nur kurze Schlaglichter auf einige Andenken geworfen, sollen Ihnen einen Überblick verschaffen:
- **Antiquitäten:** Attraktive Antiquitäten-Geschäfte florieren in San Juan. Besonders antike spanische und puertoricanische Möbel und alte Uhren sind ein Renner.
- **Bambuswaren:** Es werden Flöten und Pfeifen aus diesem hierfür besonders gut geeigneten Material angeboten.
- **Keramik:** Tonwaren, in alter spanischer Tradition bemalt, gibt es in den vielfältigsten Formen.
- **Zigarren** aus gutem Tabak, handgedreht, sind ein begehrter Souvenirartikel.
- **Puppen:** Beliebt sind auch Puppen, besonders die "Backwoodsy Raggedy Ann"-Modelle.
- **T-Shirts:** Die Anfertigung von T-Shirts hat sich zu einem lukrativen Geschäft entwickelt.
- **Schmuck:** Von billigem Modeschmuck bis zu kostbaren Juwelierarbeiten wird alles zum Kauf angeboten.
- **Lederwaren:** Handtaschen, Lederjacken und -mäntel, nach meistens spanischem Geschmack, locken die Käufer an.
- **Gemälde:** Bilder, von einheimischen und ausländischen Künstlern in Aquarell und Öl gemalt, erregen Aufmerksamkeit.
- **Flechtwaren:** Arbeiten aus Palmenblättern, Bast und Stroh, von Einheimischen geflochten, sind in Massen erhältlich.

▸▸ Sport

● **Golf**: Puerto Rico kann sich rühmen, **14 ausgezeichnete Golfplätze** zu besitzen, wo auch internationale Golf-Turniere ausgetragen werden. Sie sind hervorragend ausgestattet. Die nötige Ausrüstung kann überall ausgeliehen werden. Golf-Saison ist das ganze Jahr über.
Es folgt eine Aufzählung der wichtigsten Golfplätze:
- Berwind Country Club, 18-Loch-Anlage, Tel.: 876-3056
- Club Riomar, Río Grande, 18-Loch-Anlage, Tel.: 887-3964 und 3064
- Dorado del Mar Country Club, Dorado, 9-Loch-Anlage, Tel.: 796-2030
- Hyatt Dorado Beach Hotel, Dorado, 18-Loch-Anlage, Tel.: 796-1234
- Hyatt Regency Cerromar Beach Hotel, Dorado, 18-Loch-Anlage, Tel.: 796-1234
- Palmas del Mar Resort, Humacao, 18-Loch-Anlage, Tel.: 852-6000
- Punta Borinquen, Aguadilla, 18-Loch-Anlage, Tel.: 890-2987

● **Reiten**: Das geflügelte Wort "Das Glück dieser Erde liegt auf dem Rücken der Pferde" können Sie auch in Puerto Rico bewahrheitet finden. Verschiedene Reitclubs vermieten Pferde für Exkursionen entlang einsamer Strände und ins Innere der Insel.

● **Schnorcheln und Tauchen**: Die klaren Gewässer um Fajardo, Culebra, Vieques, La Parguera und Borinquén sind ideale Plätze, um die Wunderwelt unter Wasser zu bestaunen und zu erforschen.

● **Segeln**: Es besteht für Sie die Möglichkeit, an vielerorts angebotenen Segeltörns teilzunehmen oder selbst ein kleines Segelboot zu mieten, um eigenhändig an den wunderschönen Küsten Puerto Ricos zu kreuzen.

● **Sportfischen**: Die Fischgründe rund um Puerto Rico sind bekannt für ihren reichhaltigen Bestand an Blauen und Weißen Marlinen sowie Thunfischen. Hochseeboote können für einen halben oder ganzen Tag gechartert werden. Als Sportfischer haben Sie außerdem die Möglichkeit, sich Gruppen anzuschließen.

● **Surfen**: In Puerto Rico sind die Bedingungen für Surfen und Windsurfen ideal: starke, gleichmäßige Brandung, warmes Wasser und warme Luft. In Punta Higüero wurden schon die **Weltmeisterschaften** im Surfen ausgetragen. Die besten Bedingungen sind an der Nord- und Westküste gegeben. Auch für Anfänger bieten sich gute Unterrichtsmöglichkeiten. Die größeren Hotels betreiben meistens nebenbei eine Surf- und Tauchstation.

● **Tennis**: Fast alle großen Hotels verfügen über **private Tennisplätze**. Häufig sind sie mit Flutlicht ausgestattet. Anfängern stehen in den größeren Hotels Trainer zur Verfügung. Der "Parque Central" in San Juan kann **17 öffentliche Tennisplätze** mit Flutlicht anbieten, die stundenweise gemietet werden können.

▸▸ Sprache

Die Amtssprache ist **Englisch**, aber **Spanisch** ist weit verbreitet.

Puerto Rico / Praktische Reisetips von A–Z

▶▶ Strände

Auf Puerto Rico gibt es wunderbare Strände von verschiedenem Charakter:
- Strände, einerseits weiträumige mit feinem Sand und andererseits von schroffen Felsformationen umschlossene Sandbuchten,
- Strände, die ständiger Brandung ausgesetzt sind, und solche, die im Windschatten der Passatwinde liegen,
- Strände, lebhafte, voller Menschen und gegensätzlich ganz verschwiegene.

Einige Strände sind als *"balnearios"* ausgewiesen. Es sind öffentliche Badestrände mit Parkplätzen, Rettungsschwimmern, Umkleideräumen und Kiosken. Berühmte Badestrände gibt es in **Luquillo** und **Vega Baja**.

▶▶ Stromspannung

In Puerto Rico beträgt die Stromspannung entweder 110 Volt oder 220 Volt.

T Taxi

Alle von der "Commonwealth Public Service Commission" zugelassenen Taxis haben Zähler. Sie verkehren hauptsächlich im Stadtbereich. Außerhalb des Stadtgebiets gibt es "öffentliche" Autos, die Sie zu einem auszuhandelnden Preis an Ihr Ziel bringen. Es gibt Taxen von Kompanien und solche, die Privatbesitzern gehören. Bei telefonischer Bestellung wird Ihnen gleich die Taxennummer aus Sicherheitsgründen mitgeteilt.

▶▶ Telefonieren

Siehe Stichwort **Post und Telefon**

▶▶ Tierwelt

Siehe ausführliche Kapitel 5.1, 5.2, 5.3 und 5.4

▶▶ Trinkgeld

Die Höhe des Trinkgelds sollten Sie je nach zuvorkommendem Service zwischen 10% und 15 % der Rechnung bemessen.

W Währung

Die Währung ist der **US-Dollar** ($).

Es sind folgende **Banknoten** im Umlauf:
1, 2, 5, 10, 20, 50, 100, 500 und 1.000 US$.
Münzen gibt es in folgender Prägung:
1, 5, 10, 25, 50 Cent und 1 Dollar
Der amtliche Umtauschkurs beträgt z. Zt.: 100,- US$ = 154,50 DM (Stand: November 1992).

Z Zeitverschiebung

Die Zeitverschiebung zwischen Puerto Rico und Deutschland, Österreich und der Schweiz beträgt während unserer Winterzeit 5 Stunden und während unserer Sommerzeit 6 Stunden.
Wenn es beispielsweise in Berlin 12.00 Uhr mittags ist, zeigt die Uhr in San Juan erst 7.00 Uhr (während unserer Winterzeit) bzw. 6.00 Uhr morgens (während unserer Sommerzeit) an.

▶▶ Zoll

- **Einfuhr nach Puerto Rico**

Zollfrei sind folgende Artikel:
- alle Gegenstände des persönlichen Bedarfs (Kleidung, Kamera, Radio etc.),
- 200 Zigaretten oder 50 Zigarren,
- 1 l alkoholische Getränke,
- Geschenke im Gegenwert von 100 US$

Zahlungsmittel im Werte von über 10.000 US$ müssen deklariert werden.

Einfuhrverbot
Nicht eingeführt werden dürfen:
- Lebensmittel und Pflanzen,
- Schußwaffen und Munition,
- Drogen und Betäubungsmittel,
- kommunistisches Propagandamaterial und pornographische Schriften,
- gefährliche und giftige Waren.

- **Wiedereinreise nach Deutschland**

Zollfrei eingeführt werden dürfen:
- 200 Zigaretten,
- 1 l Spirituosen (über 22%) oder 2 l Wein,
- 50 g Parfüm,
- sonstige Waren im Gegenwert von 115,- DM.

11.2 REISEROUTEN IN PUERTO RICO
Vorschlag für eine 2–3-wöchige Reise im Mietwagen

Gebiet	Kapitel	Unternehmungen/Ausflugsziele	Tage	ca. km	Touristische Interessen
San Juan	15.2	Historische Gebäude/Forts/Kirchen/Plätze/Museen	2/3	-	Geschichte/Architektur/Stadtleben
San Juan – Playa La Parguera	15.3	Ruta Panoramica/Zentral-Kordilleren/Ponce: Baudenkmäler, Kunstmuseum, Tibes Indian Ceremonial Gardens/Bootsfahrten in Playa La Parguera/Meeresleuchten	2/3	229	Bergwandern/Bergregenwald/Geschichte/Kunst/Vogelwelt/Fischen
Playa La Parguera – Quebradillas	15.4	Boquerón/Leuchtturm Cabo Rojo/Mayagüez/Rincón/Aguada/Aquadilla	1/2	152	Naturschutzgebiete/Küstenlandschaften/Geschichte
Quebradillas – Lago Caonillas	15.5	Indianer-Kultstätte Caguana/ Höhlen des Río Camuy/Observatorium von Arecibo	2/3	156	Geschichte der Indios/Höhlenforschung/größtes Radar-Radioteleskop der Welt/Kaffeeplantagen/Bergregenwald
Lago Caonillas – San Juan	15.6	Parador Gripinas/Naturschutzgebiet Laguna Tortuguero/Dorado Beach	2/3	137	Kaffeeplantage/Feuchtgebiet/Golfspielen/Strandleben
San Juan - El Yunque - Fajardo	15.7	Nationalpark El Yunque/Ausflug nach Humacao	2/3	87	Fauna und Flora des Regenwaldes/Naturschutz/Strandleben
Fajardo - Insel Vieques - San Juan	15.8	Vieques	3/4	115	Inselleben/Geschichte/Strandleben/Wassersport

Puerto Rico / Reiserouten

Entfernungstabelle

Kilometer

	Aguadilla	Arecibo	Bayamon	Caguas	Cayey	Coamo	Comerio	Fajardo	Guayama	Humacao	Manati	Mayagüez	Ponce	R.Piedras	S.Germán	San Juan	S.Sebastián	Utuado	Yabucoa	Yauco
Aguadilla		53	119	146	166	135	145	182	163	172	80	24	101	131	50	130	26	68	189	69
Arecibo	33		66	95	116	117	91	130	143	119	27	79	84	79	100	77	45	32	136	122
Bayamon	74	41		26	47	69	27	61	77	53	39	145	111	14	169	13	111	98	66	143
Caguas	91	59	16		21	56	29	60	48	29	66	161	85	25	140	27	137	124	42	114
Cayey	103	72	29	13		37	29	80	27	50	87	140	64	45	119	48	140	101	62	93
Coamo	84	73	43	35	23		41	116	43	82	69	109	34	91	88	95	109	72	86	64
Comerio	90	57	17	18	18	25		87	55	57	64	149	74	40	129	40	131	88	70	104
Fajardo	113	81	38	37	50	72	54		93	35	103	209	145	50	209	55	172	159	50	174
Guayama	101	89	48	30	17	27	34	58		58	116	135	61	67	117	71	134	111	44	90
Humacao	107	74	33	18	31	51	22	36	36		92	188	114	51	174	55	164	151	16	145
Manati	50	17	24	41	54	43	40	64	72	57		105	82	53	127	50	72	55	104	109
Mayagüez	15	49	90	100	87	68	93	130	84	117	65		74	161	23	158	34	76	177	47
Ponce	63	52	69	53	40	21	46	90	38	71	51	46		109	55	113	76	51	102	29
R.Piedras	82	49	9	15	28	57	25	31	42	32	33	100	68		166	7	123	111	66	139
S.Germán	31	62	105	87	74	55	80	130	73	108	79	14	34	103		169	50	106	161	27
San Juan	81	48	8	17	30	59	25	34	34	31	98	70	4	105			122	104	69	143
S.Sebastián	16	28	69	85	87	68	63	77	26	71								43	68	27
Utuado	42	20	61	77	74	66	63	90	64	41									110	46
Yabucoa	118	85	41	26	39	53	44	31	10											96
Yauco	43	76	89	71	58	40	58	65	90										51	

Meilen

12 REISEN IN KUBA

"Ich gestehe, beim Anblick dieser blühenden Gärten und grünen Wälder und am Gesang der Hügel eine so innige Freude empfunden zu haben, daß ich es nicht fertigbrachte mich loszureißen und meinen Weg fortzusetzen. Diese Insel ist wohl die schönste, die Menschenaugen je gesehen..." (Christoph Kolumbus)

12.1 ALLGEMEINER ÜBERBLICK

Gleich zu Anfang sei bemerkt, daß es in Kuba nicht leicht ist, ein wirklichkeitsnahes Bild dieses interessanten Landes zu zeichnen. Viele **Klischeevorstellungen** und Vorurteile versperren einer realistischen Betrachtungsweise den Weg. Man muß erst mit diesen Zerrbildern, die man durch tendenziöse Medieninformationen vorgesetzt bekommen hat, aufräumen. Man muß mit eigenen Sinnen sehen, erleben und dann erst vorsichtig beginnen, sich selbst ein Urteil zu bilden.

Genau so schwierig ist es heute noch für die Kubaner, ihre eigene Identität zu finden, losgelöst aus den Zwängen ehemaliger Kolonialzeit durch die spanische Besetzung und durch den *"American way of life"*. Nicht einfach war und ist es, sich dem Bannkreis der Großmächte zu entziehen. Im Spannungsfeld zwischen Ost und West, auf der einen Seite gefördert und andererseits blockiert, hat Fidel Castro versucht zu lavieren. Letztlich konnte sich jedoch das sympathische Volk der Kubaner nicht frei entfalten. Es soll versucht werden, sich auch in kubanische Gedankengänge hineinzudenken, um das Land Kuba und seine Bewohner zu verstehen, unter Außerachtlassung mitteleuropäischer Maßstäbe und Wertmesser.

Kuba / Allgemeiner Überblick

Im reisepraktischen Teil werden Ihnen **ausgewählte Reiseziele** ausführlich vorgestellt. Im Kapitel 7.2 wurden Ihnen hierfür **Routenvorschläge** ausgearbeitet. Selbstverständlich sollten Sie bei Ihrer Verweildauer individuelle Schwerpunkte für Ihre besonderen Interessengebiete setzen. Empfehlenswert ist es, wenn Sie sich anhand der Informationen einen eigenen Zeitplan aufstellen.

Noch ein Hinweis:
Die vorgeschlagenen Unterkünfte wurden in **Preiskategorien** (für 1 Doppelzimmer pro Tag) unterteilt und durch die Zahl der *-Zeichen unterschieden. Sie sollen folgende grobe Preiseinteilung anzeigen.

****** = über 120 US$
***** = 90 bis 120 US$
**** = 60 bis 90 US$
*** = 40 bis 60 US$
** = 20 bis 40 US$
* = bis 20 US$

12.1.1 KUBA AUF EINEN BLICK

Größe:	110.860 km², das entspricht der Größe Bulgariens (110.912 km²)
Einwohner:	Ca. 11 Millionen, davon 70% Weiße, 12% Schwarze, 17% Mulatten und Mestizen, 1% Asiaten
Religion:	Absolute Glaubensfreiheit, 85% bis 90% sind römisch-katholisch
Bevölkerungszuwachs:	Jährlich 1,2%
Lebenserwartung:	73 Jahre, vorbildliches Gesundheitswesen
Sprachen:	Spanisch ist Landessprache, Englisch, Französisch und Russisch werden als 2. Sprache in den Schulen gelehrt
Staatsform:	Sozialistische Republik, Staatsratsvorsitzender und Regierungschef: Dr. Fidel Castro Ruz
Hauptstadt:	Havanna (ca. 2 Millionen Einwohner)
Flagge:	weißer 5-zackiger Stern in rotem Dreieck, anschließend in blau-weißen, waagerechten Streifen auslaufend
Verwaltung:	Gliederung: 14 Provinzen, 169 Stadtgebiete (*Municipios*), Marinestützpunkt Guantánamo (rd. 112 km²) der USA
Exportgüter:	Rohzucker, Apfelsinen, Pampelmusen, Tabakwaren, Rum, Erze und Konzentrate
Importgüter:	Lebensmittel, mineralische Brennstoffe, chemische Erzeugnisse, Maschinen und Fahrzeuge
Zeitverschiebung:	Minus 6 Stunden zwischen Mitteleuropäischer Zeit (MEZ) und Landeszeit Kubas

12.1.2 GESCHICHTLICHER ÜBERBLICK

1510 bis 1511	Die Kolonisation Kubas wurde von **Don Diego Velázquez** eingeleitet, der die 1. Siedlung – Nuestra Senora de la Asunción de **Baracoa** – an der Stelle im Osten des Landes gründete, die als **Porto Santo** bekannt ist.
2. Dekade des 16. Jahrh.	Es folgte die **Gründung 6 weiterer Städte**: Santiago de Cuba, Bayamo, Trinidad, Sancti Spíritus, Puerto Príncipe (Camagüey) und San Cristobal de la Habana. Das einträgliche Handelsmonopol der Spanier erweckte die Habgier und den Neid anderer Europäer. Finstere Gestalten, Schmuggler, Abenteurer und Piraten trachteten danach, den Reichtum der Kolonisatoren zu schmälern und leichte Beute zu machen. Die zunehmenden Attacken der Piraten und Korsaren führten zur **Errichtung starker Befestigungsanlagen** in den Städten.
	Die **Kultivierung des Tabakanbaus** wurde ein wichtiger Teil der Wirtschaft, dessen Konsum sich in Europa zu der Zeit immer mehr ausbreitete. Zunehmende Seeräuberei machte es erforderlich, daß die Schiffstransporte zu Flottenkonvois zusammengestellt werden mußten, um die Reichtümer aus der Karibik auf dem Weg nach Spanien zu schützen.
Ende des 18. Jahrh.	Die **Produktion von Zucker** erreichte ihren höchsten Stand, und in kürzester Zeit wurde Kuba der Hauptproduzent dieses begehrten Naturprodukts. Das Entstehen der Wirtschaftsmacht einer kubageborenen Zucker-Holdinggesellschaft führte zu ersten antikolonialistischen Ideen.
Anfang des 19. Jahrh.	Der **kubanische Nationalismus** begann, Gestalt anzunehmen.
1868 bis 1878	Der **10-jährige Krieg** brach aus. Es ging um die völlige Loslösung von Spanien. Dieser **Freiheitskampf** wurde von **Carlos Manuel de Céspedes**, einem reichen Landbesitzer in Ostkuba, eröffnet, der die Negersklaven seiner Plantage Demajagua bei Manzanillo befreite. Der Aufstand griff wie ein Lauffeuer um sich. Schon bald stand Ostkuba in Flammen. Eine provisorische Regierung wurde ausgerufen. Doch die anfänglichen Erfolge trogen. Die Freiheitskämpfer mußten sich immer mehr auf die Taktik des Guerillakampfes verlegen. Am Ende des 10-jährigen Krieges mußte dieser insgesamt als verloren angesehen werden, wenn er auch einige Reformen gebracht hatte.
1878	Der Intellektuelle **José Martí**, der "Apostel der Freiheit", ging wegen der zunehmenden spanischen Verhaftungswelle nach New York ins Exil.
1895	**José Martí** und **General Máximo Gómez** landeten mit Truppen an der Nordküste Kubas. In der bewaffneten Auseinandersetzung mit den Spaniern fiel José Martí, der geistige Kopf des Freiheitskampfes. Er wurde somit zum Märtyrer dieser Bewegung. Der Krieg tobte jedoch auch ohne ihn weiter.
1898	Die USA schalteten sich in den Konflikt ein, in der Hoffnung, den Spaniern Kuba, die Perle der Antillen, zu entreißen. Den Anlaß hierzu lieferte die Explosion der "Maine" im Hafen von Havanna, für die die Spanier von den USA verdächtigt wurden. Die Vereinigten Staaten von Amerika blockierten durch ihre vorübergehende Besetzung die Möglichkeiten Kubas, seine völlige Unabhängigkeit zu erringen. Nach 4 Jahren Besetzung garantierten sie allerdings formell die Unabhängig-

Kuba / Allgemeiner Überblick

	keit Kubas, aber wirtschaftlich konnte Kuba die Fesseln des starken nördlichen Nachbarn nicht abstreifen.
1902 bis 1959	Es war die republikanische Periode. Die Kubaner nennen sie treffender die **Periode der Halbunabhängigkeit**. Sie war charakterisiert durch administrative Korruption, Erpressungen und immer stärker werdende Wirtschaftsinteressen der USA an der "Zuckerinsel".
1952	Ein Staatsstreich brachte den korrupten **Fulgencio Batista** an die Macht.
1953	Die **Moncada-Kaserne** in Santiago de Cuba wurde von einer Gruppe junger Rebellen unter Leitung von **Fidel Castro Ruz** gestürmt. Der Sturmangriff schlug fehl. Castro wurde verhaftet.
1955	Wieder aus der Haft entlassen, setzte sich **Fidel Castro nach Mexiko** ab, um dort eine Guerilla-Gruppe auszubilden.
1956	Die **Landung Fidel Castros mit der Motoryacht "Granma" in Kuba** am 11. Dezember mit 82 seiner Getreuen ist für die Kubaner heute ein denkwürdiger Tag. Das Ziel war, den Diktator Batista zu stürzen. Verlustreiche Kämpfe zwangen Castro jedoch, sich in die Unzugänglichkeit der **Sierra Maestra** zurückzuziehen. Aus dem Schutz dieses Berglands übte er seine zermürbende **Partisanentätigkeit** aus und erhielt allmählich immer mehr Zulauf.
1959	Die Rebellenarmee war inzwischen durch das Überlaufen unzufriedener Kubaner so erstarkt, daß **Fidel Castro zusammen mit dem Argentinier Che Guevara der Sturz des verhaßten Diktators** gelang. Batista floh in die USA. **Erste Reformen**: • Eine **1. Agrarreform** wurde eingeleitet. • Die **Enteignung von über 400 Großgrundbesitzern** bescherte ca. 100.000 Kleinbauern Neuland. • **Dienstleistungen** (Strom, Mieten, Telefon, Medikamente) wurden **verbilligt**.
1960	Der folgende **Schlagabtausch zwischen den USA und Kuba** zog jeweils eine Zwangsmaßnahme der Gegenseite nach sich: • Es begann mit der **Weigerung von 3 Ölraffinerien** der USA auf Kuba, Öl der UdSSR zu verarbeiten. • Die **Verstaatlichung** dieser US-amerikanischen Großunternehmungen war die kubanische Konsequenz. • Mit der **Kündigung** der vorher vereinbarten **Zuckerabnahmequoten** verschärfte die USA den Konflikt. • Kuba reagierte mit **weiteren Verstaatlichungen** von Ölraffinerien, Telefon- und Elektrizitätsgesellschaften. • US-Präsident Eisenhower verhängte daraufhin ein **Wirtschafts-Embargo** über Kuba. • Mit der großangelegten **Verstaatlichung weiterer 400 Industriebetriebe**, aller noch verbliebener US-Firmen, sämtlicher Zuckerfabriken und des gesamten Bankwesens, mit Ausnahme von kanadischen Banken, zog Kuba endgültig den Haß der USA auf sich. Mit Kanada unterhielt und unterhält Kuba auch heute noch ein freundschaftliches Verhältnis. **Die Stadtreform** Die Enteignungswelle rollte weiter. Die Abschaffung des Eigentumsrechts von Mietshäusern erregte weiter die Gemüter der reichen Hausbesitzer. Der Enteignungswelle folgte eine Fluchtwelle der Enteigneten,

Kuba / Allgemeiner Überblick

die zornig das Land verließen. Die Zahl der auf Rache sinnenden Exilkubaner stieg an.

1961 Fidel Castro trat energisch für die **Beseitigung des Analphabetentums** in seinem Lande ein. Es wurden Lehrkräfte in die Provinz geschickt, die den rund 1 Million Analphabeten Lesen und Schreiben beibringen sollten.

Im April erfolgte die vom CIA unterstützte **Landung von Exilkubanern in der Schweinebucht** am Playa Girón, die den Umsturz des sozialistischen Regimes bewirken sollte. Man hatte gehofft, daß die Kubaner diesen Putschversuch unterstützen und zu den Exilkubanern überlaufen würden. Der Übergriff wurde jedoch von Regierungstruppen vereitelt, und nach 3 Tagen wurden 1.200 Exilkubaner Gefangene Castros.

1962 **Die Kuba-Krise**
(Siehe ausführlichen Bericht unter Kapitel 2.11.3)
Die UdSSR war im Begriff, Kuba mit **Raketen** mit Zielrichtung **auf die USA** zu bestücken. Als die USA unter Präsident John F. Kennedy die Insel mit Kriegsschiffen blockierten und die Welt vor einem Waffengang zwischen den USA und der UdSSR zitterte, gab die Sowjetunion unter Nikita Chruschtschow nach und zog die Raketen ab.

1963 **Die 2. Agrarreform** verbot privaten Landbesitz über 67 Hektar. Nur 30% der Ländereien blieben im Besitz ländlicher Kleinbetriebe. Der Rest wurde enteignet und verstaatlicht.

1964 Die USA übten auf alle Staaten der Erde Druck aus, um Kuba keine wirtschaftliche und militärische Hilfe mehr zukommen zu lassen.

1965 **Che Guevara** verließ Kuba, um sich in Bolivien dem Guerillakampf zu widmen. Er fand dort 1967 den Tod.
Die Kommunistische Partei Kubas wurde gegründet. Fidel Castro leitete das Politbüro und Zentralkomitee. Es wurden Handelsverträge mit der UdSSR und der Volksdemokratie China abgeschlossen.

1966 Auf der Trikontinentalen Konferenz in Havanna war man sich einig darüber, in Lateinamerika den bewaffneten Kampf gegen das alles beherrschende Kapital auszurufen.

1968 Der **private Einzelhandel** und Dienstleistungsbetriebe wurden entweder **geschlossen oder verstaatlicht**. Glücksspiel und Hahnenkampf wurden verboten.

1971 Den Arbeitsscheuen im Lande wurde der Kampf angesagt. Man belegte sie mit Strafen, wenn sie sich nicht der allgemeinen **Arbeitspflicht** unterzogen, die für jeden Kubaner bindend wurde.

1972 Kuba wurde **Vollmitglied des COMECON**.

1974 Die **Bindung Kubas an die UdSSR** wurde immer enger geschnürt. Breschnjew besuchte Kuba.

1975 Kuba versuchte sich auf mehr **Kontaktaufnahme zur freien Welt**. Ein Signal wurde auch durch die diplomatischen Beziehungen zur Bundesrepublik Deutschland gesetzt.

1976 **Kontaktaufnahmen mit den USA** brachten keine Resultate. Kuba drängte auf Aufhebung der Blockade. Die USA verlangten dagegen Entschädigung für die nicht vergessenen Enteignungen.

1980 Die Besetzung der peruanischen Botschaft durch rund 100.000 Kubaner, um Ausreisevisa zu bekommen, veranlaßte das Castro-Regime, teilweise bei der gewünschten Ausreise behilflich zu sein.

Kuba / Allgemeiner Überblick

1981	Der US-Präsident Reagan war auf Kuba nicht gut zu sprechen. Der **Konflikt in Nicaragua** mit den gegensätzlichen Positionen von Kuba und den USA ließ des Verhältnis Kuba/USA wieder völlig "einfrieren".
1983	Auch das **Eingreifen der USA** unter Präsident Reagan **in Grenada**, wo die von Fidel Castro unterstützte sozialistische Regierung gestürzt wurde, verschlechterte nur die Beziehungen der beiden Kontrahenten.
1985	In Florida nahm ein neuer Propaganda-Sender seine Arbeit auf. Fidel Castro forderte von den großen Industrienationen einen **Schuldenerlaß** für alle lateinamerikanischen Staaten.
1988	Kubanische Truppen wurden aus Angola zurückgezogen. Sie sollten dort, wie auch in Moçambique, Äthiopien und Nicaragua, die revolutionären Bewegungen unterstützen und zur Einführung des sozialistischen Gesellschaftssystems beitragen.
	Die stürmischen Demokratisierungsbewegungen in der Sowjetunion und Osteuropa wurden von Fidel Castro abgelehnt und für sein Land als nicht anwendbar erklärt. Allerdings gibt es in Kuba auch das Gegenstück zur "Perestroika", die in Kuba *"Rectificación"* = Fehlerkorrektur, volkstümlich auch *Castroika* genannt wird.
Ab 1989	Die **jetzige Situation in Kuba** ist nicht gerade einfach zu meistern, nachdem die Nachfolgestaaten der UdSSR und die ehemaligen Staaten des Warschauer Pakts die vorher vereinbarten Lieferungen an Mineralölprodukten und Lebensmitteln fast völlig wegen eigener Schwierigkeiten einstellen mußten und die ehemalige DDR als tatkräftiger Unterstützer des Castro-Regimes nicht mehr existiert.

12.1.3 GEOGRAPHISCHER ÜBERBLICK

Die Lage und Größe

Kuba liegt zwischen 20° und 23 $1/2$° nördlicher Breite, bis knapp an den nördlichen Wendekreis, und zwischen 85° und 74° westlicher Länge (von Greenwich) am Eingang des Golfs von Mexiko. Von Key West (USA) trennen es über die Floridastraße hinweg nur 140 km. Von der Westspitze Kubas bis nach Haiti, zur Nachbarinsel Hispaniola, sind es sogar nur 67 km.
Bis Jamaika im Süden beträgt die Entfernung von Kuba 149 km. Bis nach Yucatán (Mexiko) sind es 210 km.

Das **Karibische Meer** badet an Kubas Südküste und der **Atlantische Ozean** schäumt schon wesentlich temperamentvoller an seiner Nordküste. Kuba ist die **größte Insel der Antillen**. Sie bewacht in der **Form eines Alligators** den Golf von Mexiko.

Das Staatsgebiet Kubas umfaßt die Insel Kuba mit 104.945 km² und noch weitere kleine, auch teilweise unbewohnte rund 1.600 Inseln und Korallenriffe, darunter die größte **Isla de la Juventud** (Insel der Jugend, 2.200 km²), auch Pinos (Pineninsel) genannt.

Kuba / Allgemeiner Überblick

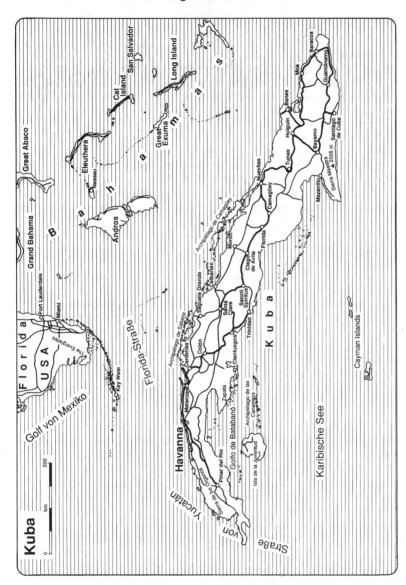

Insgesamt beläuft sich die **Fläche** auf **110.860 km²**. Das entspricht der Größe Bulgariens mit 110.912 km². In der Ost-West-Ausdehnung mißt Kuba 1.200 km. Die durchnittliche Breite beträgt 110 km.
An der östlichen Südküste Kubas besitzen die Vereinigten Staaten von Amerika an der Bahía de Guantánamo einen 114 km² großen Stützpunkt ("Pachtgebiet").

Kuba / Allgemeiner Überblick

Landschaftsgliederung

● **Ebenen**
Der größte Teil der Insel ist ebenes oder leicht hügeliges Gelände, eine zum größten Teil aus Kalkstein bestehende zerbröselte Platte, die stark verwittert und mit ihren grauen Böden ideal für den Anbau von Zuckerrohr ist.

● **Berge**
3 Bergmassive überragen die Ebenen:
- *Sierra Guaniguanico* (692 m) heißen im Westen des Landes die Berge, die steil und zerklüftet in den Himmel ragen, zu Füßen des roten Lateritbodens, der den besten Tabak unseres Erdballs hervorbringt. Der größte Teil des Gebirges ist verkarstet, besonders die *Sierra de los Organos* (Orgelberge) im Nordwesten.
- *Macizu de Guamuhaya* wird das Bergland an der mittleren Südküste genannt. Von Bergwäldern umgeben, blinkt mittendrin der Hanabanilla-Stausee.
- *Sierra Maestra* (Pico Turquino, 1.947 m), *Grupa Sagua* und *Sierra Cristal* sind die einsamsten Waldgebirge Kubas. Die schwer zugängliche Sierra Maestra steigt aus dem 7.600 m tiefen Caymangraben auf. Diese wilde Bergwelt bot Fidel Castro und Che Guevara Unterschlupf während ihres Guerillakrieges gegen den Diktator Batista.

● **Savannen**
Die Südküste ist im Windschatten der Berge von einer trockenen, savannenartigen Strauchsteppe geprägt. Viele Dornenbüsche und Kakteen bedecken die nicht künstlich bewässerten Areale.

● **Küsten**
Die Küste der Hauptinsel ist durch zahlreiche Buchten, Lagunen und Sümpfe aufgegliedert und dadurch von sehr unterschiedlichem Charakter. Vom Meer unterhöhlte Steilküsten wechseln mit lieblichen Sandbuchten ab. Die **Nordküste** ist meistens felsig. Die **Südküste** ist zum größten Teil flach und versumpft (Peninsula de Zapata). Mangroven und Sumpfwälder säumen die Gestade.
Die **schneeweißen Strände**, zum größten Teil noch sehr einsam, bestehen in ihrer Zusammensetzung aus zerriebenem Korallenkalk.

12.1.4 MUSIK UND TANZ

Die Kubaner sind sehr lebensfroh. Musik und Tanz stecken ihnen im Blut. Ihre Lebensfreude kommt bei fröhlichen Gesellschaften, auf Straßenfesten, in Kulturwochen und besonders im Karneval zum Ausdruck. In den *"Casas de las Trovas"* wird die kubanische Folklore gepflegt. Das Publikum läßt sich sehr leicht von den Klängen und Rythmen begeistern und

Kuba / Allgemeiner Überblick

Lebensfreude – Troubadoure

mitreißen. Der Höhepunkt musikalischen Lebens auf Kuba ist das Festival lateinamerikanischer Folklore in Varadero, dem kubanischen Urlaubsort Nummer 1.

● **Europäische Einflüsse**
Die Spanier brachten alte Tänze, wie *Bolero, Contradanza, Menuett und Zapateado*, aus ihrer iberischen Heimat in die Neue Welt mit.

● **Afrikanische Einflüsse**
In der Kolonialzeit wurden von den Negersklaven heimlich Tänze aus ihrer afrikanischen Heimat zelebriert. Diese den Rhythmus betonenden Tänze hatten die lautmalerischen Namen: *Cachumba, Chuchumbé, Parachumbé* und *Yayumba*. Die Musikerinnerungen der Schwarzen haben die Sklaverei überlebt. Verschiedene **Trommeln** waren die Hauptinstrumente. Die *itólete, íyá* und *okóngolo* wurden mit allen 10 Fingern beidhändig, echt afrikanisch, von der Seite geschlagen.
Als die Trommeln von den Spaniern verboten wurden, benutzten die unterdrückten Schwarzen Kisten verschiedener Größe als Klangkörper. Der *Rumba cájon* (*cajon* = Kiste) stammt aus dieser Zeit. Später wurden die Kisten wieder durch Trommeln ersetzt. Man unterschied die *tumbadora* (große Trommel) und die *quinto* (kleine Trommel).

● **Südamerikanische Einflüsse**
Der **argentinische Tango** wurde von Südamerika mit nach Kuba gebracht, als viele Einwanderer ins noch königlich-spanische Kuba flohen, um den befreiten spanischen Kolonien Südamerikas zu entkommen.

Kuba / Allgemeiner Überblick

● **Einflüsse aus Haiti und New Orleans**
Einwanderer aus dem benachbarten Haiti und New Orleans importierten die *Contradanza* nach Kuba, die dort zur *Danza Criolla* weiterentwickelt wurde. Es ist ein Paartanz. Die Ausführenden schmücken sich mit Blumen und Girlanden und drehen sich zu der etwas schrillen Musik von Holzblasinstrumenten oder sehr hell klingenden Trompeten.

● **Verschmelzung zur afrokubanischen Musik**
In den **20er Jahren** unseres Jahrhunderts entstand der **Son Cubano**, ein Wechselgesang zwischen Solisten und Chor mit dem charakteristischen sich häufig wiederholenden Refrain. Hier sind neben der musikalischen Verschmelzung auch die Hauptinstrumente aus den beiden Kontinenten Europa und Afrika vereint, die spanische **Guitarre** und Rhythmusinstrumente, wie *bongos* und *marímbulas*.
In den **30er Jahren** entwickelten sich in Kuba fast gleichzeitig der **Mambo** und **Chachachá**, durch den südamerikanischen Tango und den nordamerikanischen Jazz beeinflußt, und beide Tänze eroberten in den 50iger Jahren unseren Globus.

● *Carneval cubano*
Besonders im **heutigen Karneval** können Sie den Schmelztiegel spanisch-französischer und afrikanischer Stilelemente studieren. Die *"Comparsasa"*, Musik- und Tanzgruppen des Karnevals, sorgen für Stimmung und ziehen das Volk in ihren Bann. Es werden von den Karnevalszügen verschiedene Rumba- und Tumbaformen verwendet.
Die kilometerlangen Festzüge bahnen sich in den Großstädten Kubas zur Karnevalszeit mit lautem Getrommel, Getöse, schrillen Trillerpfeifen und gellenden Trompetenstößen den Weg durch die tanzwütige Menge. Mit den phantastischsten Kostümen bekleidet, wird bis in die Nächte in akrobatischen Rumbaschritten getanzt und sich des Lebens erfreut. Alle Berufsstände, arm und reich sowie Menschen aller Hautfarben sind dem Rausch dieses Festes erlegen.

12.2 HAVANNA – DER SCHLÜSSEL ZUR NEUEN WELT

12.2.1 ÜBERBLICK

Havanna ist die **geschichtsträchtige Hauptstadt** Kubas an der Nordküste, im westlichen Teil der Insel gelegen. Sie ist auch die größte Stadt der "Zuckerinsel" mit **über 2 Millionen Einwohnern** auf einer Fläche von 724,11 km². In ihren Mauern wohnen 20% der Kubaner!
Die **Lage** Havannas am Meer, mit ihrem der offenen See zugewandten Naturhafen, bot eine günstige Ausgangsposition, zur jetzigen Hauptstadt des Landes aufzurücken. Das Gründungsjahr wird mit 1519 n. Chr. angegeben.

Kuba / Havanna

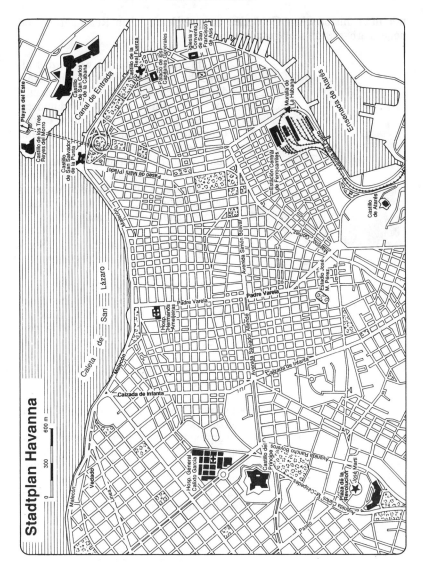

Als **politisches und administratives Zentrum** ist Havanna der Sitz des Zentralkomitees der Kommunistischen Partei Kubas, zahlreicher Ministerien und ausländischer Botschaften.

Als wichtiges **kulturelles Zentrum** beherbergt Havanna zahlreiche Museen, Kunstgalerien, zoologische und botanische Gärten, Aquarien und Sportstätten. Große touristische Anziehungskraft übt die **Altstadt Havannas** mit ihren historischen Gebäuden aus, obgleich Ihnen Restauration und neuer Farbanstrich sehr gut tun würde.

Am 14. Dezember 1982 wurde das historische Stadtzentrum von Althavanna, das den alten Stadtkern, die städtebauliche Erweiterung des 19. Jahrhunderts und den Hafenkanal mit seinen beiden Ufern und Befestigungsanlagen umfaßt, durch das zwischenstaatliche Komitee zum Schutz des Weltkulturerbes und des nationalen Kulturgutes der UNESCO in die **Liste der Kulturgüter der Menschheit** aufgenommen. Die ersten Restaurationen laufen zögernd an.

Richtungweisend ist auch die 1728 gegründete **Universität** von Havanna.

Nicht zuletzt ist Havanna das Zentrum des **vorbildlichen Gesundheitswesens** des Landes, das sich in den mehr als 600 Gesundheitszentren der Stadt widerspiegelt, die für das Wohlbefinden der

Altstadtsanierung – Gepflegter Balkon

Bürger verantwortlich sind. Die durchschnittliche Lebenserwartung der Bevölkerung von 73 Jahren ist eine der höchsten der Welt, auf die Kuba, ein Land der dritten Welt, besonders stolz sein kann.

Die **offenherzige Freundlichkeit seiner Bewohner** trägt mit zum Charme von Havanna bei. Diszipliniert und zuvorkommend begegnen sie den Fremden. Es wird als sehr wohltuend empfunden, nicht ständig angesprochen oder belästigt zu werden. Drogenprobleme gibt es im Gegensatz zu anderen Ländern, besonders in Lateinamerika, auch in der Hauptstadt Kubas nicht. Prostitution ist zwar nie ganz auszurotten, ist aber in diesem Land und in dieser großen Hafenstadt auf ein Minimum reduziert worden, was nicht immer so war. Vor der Revolution war Havanna das Sündenbabel der US-Amerikaner. Hier waren Prostitution, Drogenkonsum und Glücksspiel an der Tagesordnung.

12.2.2 TOURISTISCHE HINWEISE

Informationen
- Cubatur, Oficia Central, an der "Rampa", Calle 23, Nr. 156e Vedado, Havanna 4, Tel.: 324521-27, Telex: TURCU 511243
- Cubatur – Turismo Individual

Hotel Habana Libre, Calle L esq. 23, Vedado, Havanna, Tel.: 326245, 326634

Kuba / Havanna

- Cubana Aviacion (international)
Calle 23 (ramja) No. 74, zwischen P und Infanta, Vedado, Havanna, Tel.: 70-9391-6, 7-4961-5
- Cubana de Aviacion (national)
Calzada de Infanta esq., Humboldt, Vedado, Havanna
- Cubanacan S.A.
Corporación de turismo y comercion international
Avenida 146, Calle 11 – No. 1107, Playa, Apartado 16036, Havanna, Tel.: 00537/22 5511-19, Telex: 511316 nacan cu

Wichtige Telefonnummern und Adressen
- Internationaler Flughafen:
Aeropuerto Internacional "José Martí" de la Habana, Information über Ankünfte und Abflüge: Tel.: 79-6091
- Krankenhäuser:
- Clínica "Cira Gracía", Avenida Gral. Lázaro Cardenas No. 4101, Playa: Tel.: 23-6811
- Hospital Nacional "Hermanos Ameijeiras", San Lázaro y Belascoaín, Centro Habana, Tel.: 70-7721
- Hospital Clinico Quirurgico "J. Albarran", Avenida 26 y Avenida Independencia, Cerro, Tel.: 40-1264
- Centro de Histoterapia Placentaria, Calle 18 No. 4302 e/ Avenida 43 y 47, Playa, Tel.: 22-4524
- Hospital "Comandante Manuel Fajardo", Calle D y Zapata, Vedado, Tel.: 32-6511
- Hospital General Docente "Calixto García", (Universitätskrankenhaus) Calle 17 No.702, zwischen Paseo und A, Vedado, : Tel.: 32-0322, 24-Stunden-Service
- Hospital Ginecobstetrico "R. Gonzalez Coro", Calle 21 No. 854, Vedado, Tel.: 30-5551
- Instituto de Oncologia y Radiobiologia, Calle F y 29, Vedado, Tel.: 32-7531
- Hospital Ortopedico "Frank Pais", Avenida 51 No. 19603, Marianao, Tel.: 21-9055
- Instituto de Cardiologia y Cirugia Cardiovascular, Calle 17 No. 702, Vedado, Tel.: 30-5501
- Instituto de Neurologia y Neurocirugia, Calle 29 y D, Vedado, Tel.: 32-7501
- Ambulanz: für den Transport kranker, nicht transportfähiger Patienten können folgende Tel.-Nummern gewählt werden:
- Cardiologá (Cardiologie), Tel.: 40-7173
- Cruz Roja (Rotes Kreuz), Tel.: 40-5093, 40-5095
- Banco Nacional de Cuba (BNC) (Nationalbank)
- Amargura y Cuba, Tel.: 62-5361,
- Habana No. 305, Tel.: 60-8938, 62-2210
- O'Reilly No. 402, Tel.: 61-9030, 61-2379, 62-1383, Öffnungszeiten: 8.30–21.00 Uhr
- Polizei
- Policía Nacional Revolucionaria (PNR), Picota zwischen Leonor Pérez und San Isidro, Tel.: 6-4141 al 45
- Notruf, Tel.: 116
- Feuerwehr
Bomberos, Agramonte (Zulueta), No. 166, Tel.: 61-8130
- Telegramme und Radiogramme
Cablegramas y radiogramas, Estación pública No. 9, Oficios No. 152 (Circulo Internacional de Marinos), Öffnungszeiten: 8.00–23.00 Uhr
- Schnellreparatur von Autos
Automóviles: Tel.: 41-8752
- Diplomatische Vertretungen
- Botschaft der Bundesrepublik Deutschland: Calle 28, No. 313, zwischen 3. und 5. Avenida, Apartomento 6616, Miramar, Havanna, Tel.: 222560/9

Kuba / Havanna

- Österreichische Botschaft, Calle 4, No. 101, zwischen 1. und 3., Miramar Tel.: 33-2394, 33-2825
- Schweizer Vertretung: 5. Avenida No. 2005 zwischen 20 und 22, Miramar-Playa, Apartado Postal 3328, Ciudad de la Habana, Tel.: 33-2611, 33-2729, 33-2899

Inlandflüge von Havanna

Zielort	Preis für Hinflug	Flughäufigkeit
Baracoa	58 US-Dollar	4x wöchentlich
Bayamo	44 US-Dollar	3x wöchentlich
Camagüey	38 US-Dollar	täglich
Holguín	44 US-Dollar	täglich
Las Tunas	42 US-Dollar	4x täglich
Manzanillo	44 US Dollar	3x wöchentlich
Santiago de Cuba	50 US-Dollar	täglich

Zugverbindungen ab Havanna

Abgangsbahnhof	Zielbahnhof	km	Fahrzeit (Std.)	täglich
Cardenas	Jaguey	89	3	2 x
Cienfuegos	Santa Clara	63	2	3 x
Habana Central	Cienfuegos	304	$9\,^1/_2$	1 x
Habana Tulipan	Cienfuegos	300	$5\,^1/_2$	1 x
Habana Central	Guane	238	9	1 x
Habana Tulipan	Guane	234	$5\,^1/_2$	1 x
Habana Central	Guantánamo	898	16	1 x
Habana Tulipan	Pinar del Rio	178	4	2 x
Habana Casa Blanca	Matanzas	85	$2\,^1/_2$	6 x
Habana Central	Santiago d.C.	860	14	1 x
Santiago de Cuba	Manzanillo	186	5	2 x
San Luis	Guantánamo	70	$3\,^1/_2$	4 x

Die tägliche Fahrthäufigkeit der Züge in den **Gegenrichtungen** ist mit denen der Hinfahrten identisch.

Busverbindungen ab Havanna

Zielort	km	Fahrzeit (Std.)	täglich
Banes	850	14	1 x
Baracoa	1.216	*)	*)
Bayamo	920	$12\,^1/_2$	4 x
Boquerón	1.090	*)	*)
Caibarién	310	5	3 x
Caimanera	1.079	*)	*)
Cajobabo	1.156	*)	*)
Camagüey	540	$8\,^1/_2$	4 x
Ciego de Avila	440	$6\,^1/_2$	4 x
Cienfuegos	300	4	5 x
Ciudad Sandino	256	*)	*)
Guana	240	*)	*)
Guantánamo	900	$16\,^1/_2$	3 x
Holguín	750	$12\,^1/_2$	3 x
Isabel Rubio	241	*)	*)
La Fe	266	*)	*)
La Máquina	1.198	*)	*)
Las Tunas	660	$10\,^1/_2$	2 x

Kuba / Havanna

Zielort	km	Fahrzeit (Std.)	täglich
Manuel Tames	1.064	*)	*)
Manzanillo	830	13	3 x
Minas de Matambre	230	*)	*)
Morón	470	7	2 x
Nuevitas	600	$10\,^{1}/_{2}$	2 x
Palma Soriano	860	14	1 x
Placentas	320	$4\,^{1}/_{4}$	1 x
Sagua la Grande	351	5	10 x
Sancti Spiritus	381	$5\,^{1}/_{4}$	5 x
San Juan y Martinez	205	*)	*)
Santa Clara	280	$3\,^{1}/_{2}$	5 x
Santiago de Cuba	860	$14\,^{1}/_{4}$	2 x
Trinidad	390	$5\,^{1}/_{4}$	3 x
Varadero	144	*)	*)
Vinales	210	*)	*)

Anmerkung: Die tägliche Fahrthäufigkeit in den Gegenrichtungen (nach Havanna) ist identisch mit den Hinfahrten (ab Havanna).
Zeichenerklärung: *) = Angaben lagen bei Drucklegung nicht vor.

Stadtbuslinien mit Endhaltestelle in Althavanna
1 Fortuna – Chacón und Tacón
3 Guanabacoa – Parque de la Fraternidad
4 Mantilla – Paseo de Martí (Prado) und Genios
5 Regla – Agramonte (Zulueta) und Genios
7 Cotorro – Parque de la Fraternidad
8 Diezmero – Corrales und Ave. de Bélgica (Edigo)
12 Diezmero – Agramonte (Zulueta) und Dragones
13 Los Pinos – Parque de la Fraternidad
14 Palatino – Ave. de Bélgica (Monserrate) und Lamparilla
15 Vibora – San Pedro und Churruca
18 Diezmero – Leonor Pérez und Acosta
19 Cerro – Ave. Carlos M. de Céspedes (Ave. del Puerto)
21 Alamar – Ave. de Bélgica zwischen Muralla und Brasil
22 Lisa – Animas und Agramonte (Zulueta)
27 Cerro – San Pedro zwischen Amarguara und Churruca
30 Playa – Parque de la Fraternidad
34 La Lisa – Parque de la Fraternidad
43 Arimao – Arsenal und Milicia Estación Central de Ferrocarriles
54 Lawton – Parque Central
58 Cojimar – Parque Central
61 Arimao – Dragones und Paseo de Martí (Prado)
64 Playa – Arsenal und Economía Estación Central de Ferrocarriles
67 Platatino – Paseo de Martí (Prado) und Virtudes
82 Miramar – Chacón und Ave. Carlos M. de Céspedes
83 Los Pinos – San Martín (San José) und Paseo de Martí (Prado)
95 Guanabacoa – Corrales und Agramonte (Zulueta)
98 La Lisa – Luz und San Pedro
106 Regla – Agramonte (Zulueta) und Refugio
119 Cerro – Parque de la Fraternidad
127 Cerro – San Pedro zwischen Amargura und Churruca
132 Playa – Arsenal und Cárdenas Estación Central de Ferrocarriles

Kuba / Havanna

167 Cerro – Ave. de Bélgica zwischen Muralla und Brasil
215 Alamar – Agramonte (Zulueta) und Animas
217 Alamar – Paseo de Martí (Prado) zwischen Brasil und Dragones
400 Guanabo – Gloria und Agramonte (Zulueta)
404 Cotorro – Ave. de Bélgica (Monserrate) und Dragones

Buslinien mit Halt in Althavanna
16 Palatino – Terminal Pesquera
23 Lawton – Vedado
57 Miramar – Terminal Maritima
65 Cojimar – Cerro
116 Alamar – Vedado
195 Guanabacoa – Vedado

Mietwagen
● Cubanacan, Avenida 146, Calle 11, No. 1107, Playa, Apartado 16036, Havanna, Tel.: 22-5551 al 19, Telex: 51 13 16 nacan cu
● Habanaautos, Oficina Central, Calle 35, No. 505, Avenida Miramara, Havanna, Tel.: 225891
● Cubatur, Calle 23, No. 156e, Ciudad de Habana 4, Tel.: 324521-27, Telex: 511243 TURCU
Verschiedene Autoklassen und Fabrikate von Fiat bis VW und Lada bis zum Jeep stehen zur Verfügung.

Taxis
Taxis Cubanacán, Tel.: 21-7923, 21-7931, 22-5511 (Mercedes Benz)

Hotels
● *** Atlantico, Avenida de Las Terrazas, zwischen 11 und 12, Santa Maria, Tel.: 2551 bis 53, bietet 20 Doppelbettzimmer mit Klimaanlage, Bad, Telefon, Radio und Fernseher an. Ein Konferenzsaal gehört mit zur Einrichtung. Das Aparthotel umfaßt 5 Gebäude, jedes mit 114 2- und 3-Raum-Apartments.
● *** Hotel Biocaribe, 20 min vom internationalen Flughafen José Martí und von Havanna entfernt, hat 105 Gästezimmer und 15 Suiten mit Klimaanlage, Telefon, Musikanlage und Bad. Die meisten Zimmer verfügen über einen Balkon. Alle Suiten besitzen Fernseher. Cafeteria, Grill, Bar, 2 Snackbars, Spielraum, Friseur, Wäschedienst, Andenkenladen, Post, Telex, Fax, Touristenbüro, Taxiservice, Autovermietung, Safe, Swimmingpool, Baby Sitting gehören mit zum Service und zur Einrichtung.
● ** Hotel Bristol, Calle Amistad No. 305, Zentrum von Havanna, Tel.: 6-9831, hat 124 Gästezimmer mit Bad und Telefon. Restaurant und Bar sind angeschlossen.
● **** Hotel Capri, Calle 21 und N, Vedado, Tel.: 32-0511 al 17, im Vedado-Distrikt gelegen, bietet 216 Gästezimmer mit Klimaanlage, Bad, Telefon, Farbfernseher und Radio an. Zum weiteren Service gehören: 2 Restaurants, Cafeteria, Kabarett, Swimmingpool, Konferenzraum, Andenkenläden, Friseur- und Schönheitssalon sowie Münzwäscherei.
● ** Hotel Caribbean, Paseo del Prado No. 164, Zentrum von Havanna, Tel.: 6-9896; es hat 35 Gästezimmer mit Klimaanlage, Bad, Radio und Telefon. Restaurant, Bar, Wechselstube und Konferenzsaal gehören dazu.
● *** Hotel Colina, Calle 27 No. 169, Vedado, Tel.: 32-3535, bietet 89 Gästezimmer mit Klimaanlage, Bad, Radio und Telefon sowie Restaurant, Bar, Safe und Wechselstube an.
● **** Hotel Comodoro, Mar und Calle 84, Miramar, Tel.: 22-5551-9 hat 165 Gästezimmer mit Klimaanlage, Bad, Telefon, Fernseher und Radio. Zum Hotel gehören die Restaurants "La Cascada" und "La Pampa", die Bars "La Cascada" und "Piscina", ein Kaffee-Shop, der 24

Kuba / Havanna

In ruhiger Lage – Hotel Comodoro

Stunden geöffnet ist, ein Touristenbüro, Konferenzsaal, Herren- und Damenfriseur, Schönheitssalon, Wechselstube, Andenkenläden, Parkplatz, eine Tauchstation und die Möglichkeit, ein Auto zu mieten. Die jeweiligen Öffnungszeiten der touristischen Einrichtungen sind bekanntgegeben. Es finden Animationen und Modenschauen statt. Bis zur Altstadt sind es 12 km. Per Touristentaxi (Turitaxi) kostet diese Fahrt um die 14 US-Dollar.

● *** Hotel Complejo Turistico Panamericans, Calle Central, Rep. Cojimar, Habana Este, Tel.: 68-4101 und 68-4107, hat 13 Gästezimmer (Halbsuiten), 9 spezielle Zimmer, 24-Stunden geöffnete Bar, Disco, Swimminpool, Sauna, Gymnastikhalle, Fahrrad-, Mofa- und Pkw-Vermietung.

● *** Hotel Deauville, Galiano No. 1, zwischen Malecón und San Lázaro, Zentrum von Havanna, Tel.: 62-8051, auf dem Malecón erbaut, hat 150 Gästezimmer mit Klimaanlage, Bad, Telefon, sowie Restaurant, Cafeteria, Bar, Nachtclub, Andenkenladen, Swimmingpool, Friseur- und Schönheitssalon.

● ***** Hotel Habana Libre, Calle L, zwischen 23 und 25, Vedado, Tel.: 30-5011, im Herzen Vedados gelegen, ist das größte Hotel Havannas mit 534 Gästezimmern, davon sind 122 Doppelbettzimmer, 324 Studios, 14 Dreibettzimmer, 38 Suiten und 4 Spezialsuiten. Von diesen blicken 267 Gästezimmer auf das blaue Wasser des Golfstroms. Alle Zimmer haben Klimaanlage, Bad, Telefon, Farbfernseher und Radio. Das Hotel verfügt über 3 Restaurants, Cafeteria, 4 Bars, Kabarett, Konferenzsaal, Swimmingpool mit Kabinen, 2 Läden, Friseur, Fotoshop, Post, Wechselstube, Safe, Wäschedienst, Erste Hilfe, Taxiservice, Touristenbüro, Türkische Bäder, Medizinische Betreuung und Untergrund-Parkraum.

● ***** Hotel Habana Riviera, Paseo und Malecón, Vedado, Tel.: 30-5051, gehört zu den elegantesten der Insel und liegt in dem vornehmen Viertel Malecón, 360 Gästezimmer und 26 Suiten sind alle mit Balkon, Klimaanlage, Bad, Telefon, Farbfernseher, Radio ausgerüstet. Sie können aufs Meer hinaussehen. 2 Restaurants, 2 Bars, Cafeteria, Swimmingpool, Kabarett, Solarium, Türkische Bäder, Friseur-, und Schönheitssalon, Shopping-Arkade und Wechselstube stehen Ihnen zur Verfügung.

● **** Hotel Inglaterra, Paseo de Martí No. 416, Zentrum von Havanna, Tel.: 62-7071, wurde 1875 eingerichtet und ist das älteste Hotel Havannas. Jetzt jedoch sorgfältig renoviert, hat es 84 Gästezimmer mit Klimaanlage, Bad, Farbfernseher, Radio und Telefon; außerdem stehen Ihnen Restaurant, Bar, Wechselstube, Konferenzraum und Parkplatz zur Verfügung.

● *** Hotel Lincoln, Galiano, zwischen Virtudes und Animas, wurde 1926 eröffnet. Es liegt im Zentrum von Havanna, Tel.: 62-8061 bis 77, hat 139 Gästezimmer mit Klimaanlage, Bad, Radio und Telefon, sowie Restaurant, Bar und Touristenbüro.

● *** Hotel Marazul, Avenida Sur, zwischen Avenida de las Banderas und Calle 7, Santa Maria, Habana, Tel.: 2531, 2541; zu den Einrichtungen gehören: 188 Gästezimmer mit Klimaanlage, Bad, Radio, Telefon, sowie Restaurant, 3 Grills, 2 Bars, Cafeteria, Swimmingpool, Spielraum, Tennis und Squashplatz, Touristenbüro, Andenkenladen, Autovermietung und Post.

● ** Villa Megano, km 22 und Vía Blanca, zwischen Santa María und Tarará, Habana del Este, Tel.: 56, bietet 51 Gästezimmer an, 100 m von den Unterkünften lädt das Meer Sie zum Schwimmen, Wasserski, Windsurfen oder Segeln ein. Sportangebote sind durch Volleyball, Squash und Reiten gegeben.

Kuba / Havanna

- ***** Hotel Nacional de Cuba, Calle O und 21, Vedado, Tel.: 7-8981, wurde 1930 eröffnet. Viele Prominente haben hier bisher genächtigt, z.B.: Sir Winston Churchill, Edward VII von Wales, Jonny Weißmüller (mehrfacher Olympiasieger im Kraulen und Schauspieler von "Tarzan"), Marlon Brando, Errol Flynn, u.a.. Heute erstrahlt es immer noch in altem und neuem Glanz und blickt gelassen aufs Meer, sich seiner Würde und Schönheit bewußt. 463 Gästezimmer und 15 Suiten mit Klimaanlage, Telefon, Bad und 2 Restaurants, Cafeteria, Kabarett, 4 Bars, 2 Swimmingpools, Sportanlage, Videoclub, Türkische Bäder, Solarium, Andenkenläden, Friseur- und Schönheitssalon, Wechselstube und Parkplatz gehören zum Hotelkomplex.
- **** Hotel Plaza, Calle Ignacio Agramonte No. 267, Tel.: 62-2006; das aus dem Jahre 1909 stammende Gebäude wurde restauriert. Es liegt im Herzen Havannas,in der Nähe des Zentral Parks. Es besitzt 188 Gästezimmer mit Klimaanlage, Bad und Fernseher. Zu den hauptsächlichsten Einrichtungen gehören: 2 Restaurants, 2 Bars, Konferenzsaal, Dachgarten, Wechselstube, Safe, Touristenbüro, 24-Stunden-Service, Telex, Fax, Taxiservice und Autovermietung.
- **** Hotel Presidente, Calzada und G, Vedado, Tel.: 32-7521 hat 144 Gästezimmer mit Klimaanlage, Bad, Telefon, Radio und Farbfernseher. 3 Restaurants, Bar, Cafeteria, Friseur- und Schönheitssalon, Wechselstube, Andenkenladen und Parkanlage gibt es außerdem.
- *** Hotel Saint John's, Calle O zwischen 23 und 25, Vedado, Tel.: 32-9531, besitzt 96 Gästezimmer mit Klimaanlage, Restaurant, Cafeteria, Kabarett und Bar.
- *** Hotel Sevilla, Trocadero No. 55, zwischen Paseo de Martí und Zuleta, Zentrum von Havanna, Tel.: 6-9961, in spanischem Stil 1924 in der City erbaut, hat 189 Gästezimmer mit Klimaanlage, außerdem Restaurant, Cafeteria, Bar, Swimmingpool, Friseur- und Schönheitssalon.
- **** Hotel Triton, Calle 3 und 72, Miramar, Tel.: 22-5531, sehr nahe zur See gelegen, bietet den Gästen 273 Zimmer mit Klimaanlage, Bad, Telefon und Radio an. Restaurant, Cafeteria, 2 Bars, Andenkenläden, Friseursalon, Swimmingpool und Parkplatz können benutzt werden.
- *** Hotel Vedado, Calle O No. 244, zwischen Humboldt und 25, Vedado, Tel.: 32-6501, besitzt 198 Gästezimmer mit Klimaanlage, Bad, Telefon, Farbfernseher und Radio, außerdem 2 Restaurants, 2 Bars, Cafeteria, Nachtclub, Swimmingpool, Wechselstube, Konferenzsaal, 2 Boutiquen, Touristenbüro, Post, Safe, Taxistand und Autovermietung.
- *** Hotel Victoria, Calle 19 No. 101, Vedado, Tel.: 32-6531, liegt in Vedado und hat 32 Gästezimmer mit Klimaanlage, Telefon, Farbfernseher und Radio. Das Hotel verfügt über Restaurant, 2 Bars und Andenkenladen, Safe, Friseur, Wäschedienst, Taxiservice, Telex und Fax.

Restaurants

In den o.g. Hotels werden Sie als Gast in der Regel vorzüglich mit Speisen und Getränken versorgt. Wenn das Bedürfnis besteht, sich darüber hinaus noch woanders bewirten zu lassen, so seien folgende Restaurants empfohlen:
- La Arboleda (im Hotel Nacional), Calle 21 und O, Vedado, Tel.: 7-8981, internationale Küche.
- El Barracón (Hotel Habana Libre), Calle L und 23, Vedado, Tel.: 30-5011, poste 122, kreolische Küche.
- Bodeguita del Medio, Calle Empedrado No. 207, Tel.: 62-4498, in der Nähe des Kathedralplatzes, typisch kubanische Küche. Angel Martinez hatte 1942 hier einen kleinen Laden eingerichtet, und man nannte diese Ecke "La Casa Martinez". 1950 wurde dort mit dem großen Coup des "Mojitos" ein kleines Restaurant mit dem Namen "Bodeguita del Medio" eröffnet. Berühmt wurde es durch Ernest Hemingway, der dort gerne seinen Mojito trank. Sein Motto war: *"Mi mojito en La Bodeguita, mi daiquirí en El Floridita."* ("Meinen Mojita in La Bodeguita, meinen Daiquirí in El Floridita."). Diese Gaststätte wird sehr gern von Gästen aus dem Ausland besucht.

Kuba / Havanna

- **Budapest**, Paseo de Martí (Prado) No. 362, Tel.: 6-9512, ungarische Küche.
- **Las Bulerias**, Calle L zwischen 23 und 25, Vedado, Tel.: 32-2225, spanische Küche.
- **Carmelo de Calzada**, Calle Calzada No. 515, Vedado, Tel.: 32-1828 und 32-6653, kreolische Küche.
- **La Carreta**, Calle 21 und K, Vedado, Tel.: 32-4485, kubanische Küche.
- **Castillo de Jagua**, Calle 23 und G, Vedado, Spezialitäten-Restaurant für Fischgerichte und Meeresfrüchte.
- **La Cecilia**, 5. Avenida No. 11010 zwischen 110 und 112, Miramar, Tel.: 22-6700, kubanische Küche, Spezialitäten: Tasajo (Beef), Churrasco (Steak), gegrillter Hummer und der spezielle Drink: Cecilia.
- **Centro Vasco**, Calle 3 und 4, Vedado, Tel.: 3-9354, spanische Küche.
- **El Cochinito**, Calle 23 No. 457, zwischen I und H, Vedado, Tel.: 70-5502, kubanische Küche, Spezialität: Schwein.
- **El Conejetio**, Calle M No. 206, an der Ecke der 17, Vedado, Tel.: 32-4671, Spezialitäten: Kaninchen.
- **Don Giovanni**, Calle Tacón 4 – Ecke Empedrado, Habana Vieja – italienische Küche.
- **El Emperador**, Calle 17 No. 55, zwischen M und N, Vedado, Tel.: 32-4948, internationale Küche.
- **El Floridita** (das Blümchen), Avenida de Bélgica und Obispo, Tel.: 63-1063, internationale Küche, Spezialitäten: Fisch und Meeresfrüchte; dieses Restaurant wurde 1819 unter dem Namen "Zur Silberananas" eröffnet. US-Reisende nannten es "Florida", woraus der heutige Name "Floridita" wurde. Hier nahm Ernest Hemingway gerne seine mit Eis zubereiteten Daiquirís zu sich.
- **Fiesta**, Marina Hemingway, 5. Avenida und Calle 248, Santa Fe, Tel.: 22-5591, internationale Küche.
- **El Gato Tuerto**, Calle O, zwischen 17 und 19, Vedado, Tel.: 32-4688, internationale Küche.
- **Habana**, Prado und Vitudes, Habana Vieja, Tel.: 61-9167, internationale Küche.
- **Hotel Nacional**, Calle O angolo 21, Vedado, Tel.: 7-8921 und 7-8981, mexikanische Küche.
- **El Mandarín**, Calle 23, zwischen N und M, Vedado, Tel.: 32-0677, chinesische Küche.
- **Al Medina**, Calle Oficios No. 12, Habana Vieja, Tel.: 61-8715, arabische Küche.
- **La Mina**, Obispo No. 54, Habana Vieja, Tel.: 61-0497, kreolische Küche.
- **Monseigneur**, Calle 21 und O, Vedado, Tel.: 32-9884, internationale Küche, teures Restaurant.
- **Moscu**, Calle P, zwischen 23 und Humboldt, Vedado, Tel.: 79-6571, russische Küche, teures Restaurant.
- **Papa's**, Marina Hemingway, 5. Avenida und Calle 248, Santa Fe, Tel.: 22-5591, Fischgerichte, Meeresfrüchte und internationale Küche.
- **El Patio**, San Ignacio No. 54, Plaza de la Catedral, Habana Vieja, Tel.: 62-1447, internationale Küche; in dessen Hof soll der 1. Mangobaum Kubas gepflanzt worden sein.
- **Polinesio** (im Souterrain des Hotel Habana Libre), Calle L und 23, Vedado, Tel.: 32-3753, pazifisches Ambiente, chinesische und polynesische Küche.
- **Potin**, Calle Línea No. 715, Vedado, Tel.: 3-9043 und 3-7884, kreolische Küche.
- **Praga**, Calle 23, zwischen N und O, Vedado, Tel.: 32-9350, tschechische Küche.
- **Rancho Luna**, Calle L No. 208, Vedado, Tel.: 6-6121, kubanische Küche.
- **Rio Cristal**, 8 $^1/_2$ km entlang Carretera Boyeros, Tel.: 44-2396, 44-1283; es liegt zwischen Havanna und dem internationalen Flughafen, abseits der Hektik der Großstadt in grüner Umgebung. Es besitzt einen Swimmingpool. In dem Speisesaal können 78 Personen Platz finden und typisch kubanische Gerichte und Getränke zu sich nehmen.
- **Restaurante 1830**, Calzada No. 1252, Tel.: 70-1055, 70-0915, hat ein Fassungsvermögen von 144 Personen im Restaurant und 48 Sitzen in der Bar, mit Blick auf die Almendaresmündung, nahe Torreón de la Chorrera, Tel.: 3-6954, internationale Küche, sehr weitläufig.

Kuba / Havanna

- Restaurant Sierra Maestra, 25. Etage des Hotels Habana Libre, Calle L und 23, Vedado, Tel.: 30-5011, internationale Küche.
- Las Ruinas, Parque Lenin, Calle 100 und Presa "Ejército Rebelde", Arroyo Naranjo, Tel.: 44-3336, internationale Küche. Dieses Restaurant ist in spanischem Stil in den Ruinen einer alten Zuckerfabrik erbaut. Es ist eines der schönsten Havannas. Das Dekor und die Fenster stammen von dem verstorbenen kubanischen Künstler René Portocarrero. Es ist das teuerste Restaurant Cubas.
- Sofia, Calle O, an der Ecke der 23, Vedado, Tel.: 32-0740, bulgarische Küche.
- La Tasca Espanola, Paseo de Martí und Cárcel, Tel.: 6-4460, spanische Küche.
- La Torre de Marfil, Calle Mercaderes, zwischen Obispo und Obrapía, Habana Vieja, Tel.:61-8715, asiatische Küche.
- Yang-Tse, Calle 23, Ecke 26, Vedado, Tel.: 30-3078, asiatische Küche.
- La Zargozana, Avenida de Bélgica (Monserrate), zwischen Obispo und Obrapía, Zentrum von Havanna, Tel.: 62-0061, internationale Küche.

Botschaften
- Botschaft der Bundesrepublik Deutschland
Calle 28, No. 313, zwischen 3. und 5. Avenida, Apartado 6610, Miramar, Havanna, Tel.: 33-2539, 33-2569, 33-2460
- Österreichische Botschaft
Calle 4, No. 101, zwischen 1 und 3, Miramar, Havanna, Tel.: 33-2394, 33-2825
- Schweizer Vertretung
5. Avenida No. 2005, zwischen 20 und 22, Miramar-Playa, Apartado Postal 3328, Ciudad de la Habana, Tel.: 33-2611, 33-2729, 33-2899

Buchhandlungen
- Centenario del Apóstol, Calle 25 No. 164, Vedado, Tel.: 70-7220
- Rubén Marinez Villena, Prado und Teniente Rey, Habana Vieja, Tel.: 6-8509
- La Moderna Poesia, Calle Obispo No. 526, Habana Vieja, Tel.: 6-7227
- Fernando Ortiz, Calle L und 27, Vedado, Tel.: 32-9653
- El Siglo de las Luces, Calle Neptuno No. 251, Zentrum von Havanna, Tel.: 61-8509
- Ateneo, Calle Línea No. 1057, Vedado, Tel.: 3-6909
- Alba de Octubre, 5. Avenida No. 8602, zwischen 84 und 86, Miramar, Tel.: 22-3220

Kabarett
Tropicana, Calle 72 No. 4505 zwischen 41 und 45, Marianao, Tel.: 23-8388, 23-4942, ist sicherlich das berühmteste Open-Air-Kabarett der Welt wegen seiner schönen Aufmachung, seiner charmanten Tänzerinnen und Tänzer und seiner spektakulären Bühnendekoration. Die tropische Atmosphäre wird durch die exotische Vegetation mit ihren 50 Jahre alten Bäumen hervorgerufen. Die wohl 150 Akteure begeistern durch ihre temperamentvollen, geschmeidigen Bewegungen, von den heißen Rythmen angefeuert.
Öffnungzeit: täglich ab 20.00 Uhr, wenn es nicht regnet

Museen
- Geschichte
- Museo de la Revolución, (Revolutions-Museum), Calle Refugio, zwischen Zulueta und Avenida de las Misiones, Zentrum von Havanna, Tel.: 61-6971 und 61-9171, im alten Palacio Presidencial gelegen, zeigt dieses Museum eine vollständige Ausstellung der Geschichte Kubas vom Unabhängigkeitskrieg des 19. Jahrhunderts bis zum Sieg der kubanischen Revolution 1959.
Öffnungszeiten: Mi-Sa 10.00-19.00 Uhr, So 10.00-18.00 Uhr. Mo-Di ist das Museum nur für Führungen geöffnet.

Kuba / Havanna

- **Memorial Granma** ("Granma"-Denkmal), neben dem "Museo de la Revolución" gelegen, ist eine Erinnerungsstätte an die Yacht "Granma". Sie wurde 1943 zu Vergnügungszwecken mit einer Kapazität zum Transport von 25 Personen gebaut. In Mexiko wurde sie von Fidel Castro und seinen Revolutionären für 15.000 Dollar gekauft, repariert und für die Überfahrt nach Kuba hergerichtet. Am 25. November 1956 verließ sie den mexikanischen Hafen Tuxpan völlig überladen mit 82 Freiheitskämpfern an Bord. Am 02. Dezember 1956 erreichte sie Kuba.
In der Nähe der Memorials sind Fahrzeuge und Waffen des Freiheitskampfes ausgestellt.
Öffnungszeiten sind mit denen des Museo de la Revolución identisch.
- **Museo Casa de Abel Santamaría** (Haus-Abel-Santamaría-Museum), Calle 25 No. 164, Wohnung 601, zwischen Infanta und O, Vedado, Tel.: 7-1179 und 70-0417. Das Haus von Abel Santamaría wurde von Fidel Castro und seinen Kampfgenossen Anfang 1950 benutzt. Es war der Treffpunkt während der Vorbereitung auf den Sturm der Moncada-Kaserne in Santiago de Cuba. Möbel, Bücher, Dokumente und Fotografien dieser Zeit können besichtigt werden.
Öffnungszeiten: Di–Sa 9.00–17.00 Uhr, So 9.00–13.00 Uhr, Mo geschlossen.
- **Museo de la Ciudad** (Stadtmuseum), Palacio de los Capitanes Generales, Tacón No. 1, zwischen Obispo und O'Reilly, Habana Vieja, Tel.: 62-0400, 61-4463, im Palacio de los Capitanes Generales untergebracht, werden in dem Museum wichtige historische Dokumente, Ausstellungsstücke vom 18. und 19. Jahrhundert, Möbel, Kutschen, Porträts der Patrioten und bekannter Kubaner ausgestellt.
Öffnungszeiten: Mo–So 14.30–22.00 Uhr
- **Casa Natal de José Martí** (Geburtshaus von José Martí), Leonor Pérez No. 314, Habana Vieja, Tel.: 6-8850. José Martí, der Apostel der kubanischen Unabhängigkeit, wurde in diesem Haus am 28. Januar 1853 geboren. Persönliche Exponate des Hauses, der Familie, Dokumente, Schriften, Bücher und Fotografien des Nationalhelden werden hier der Öffentlichkeit zugänglich gemacht.
- **Museo Antropológico Montané** (Antropologisches Museum Montané), Universitá de l'Avana, Gebäude "Felipe Poey", 2. Etage, Vedado, Tel.: 32-9000. Das Museum beherbergt zahlreiche Ausgrabungsstücke kubanischer Eingeborener.
Öffnungszeiten: Mo–Fr 9.00–12.00 und 14.00–17.00 Uhr, Sa und So geschlossen.
- **Museo Histórico de Guanabacoa** (Historisches Museum), Calle Martí No. 108, zwischen San Antonio und Versalles, Guanabacoa, Tel.: 90-9117. Dieses Museum enthält 14 Räume über Geschichte, 9 Räume über Afrika, 7 Räume über Folklore und 1 Raum über Waffen, einschließlich Feuerwaffen. In den Räumen über die Geschichte Kubas wird die Zeit von der Kolonisation über die Pseudo-Republik (Halbunabhängigkeit) bis zur Neuzeit dokumentiert. In Räumen über Ethnologie wird dem Besucher realisitisch das Eindringen dreier religiöser afrikanischer Gruppen während der Sklaverei nach Kuba dargelegt. Es sind die "Abakuá", die "Ochún" oder "Santería Order"und die "Congo" oder "Bantú Order"; die letzteren sind auch als "Brujería" bekannt.
Öffnungszeiten: Di–Sa 15.00–21.00 Uhr, So 14.00–18.00 Uhr, Mo geschlossen.
- **Museo Postal Filatélico** (Museum für Postdienst und Philatelie), Gebäude des Ministers für Kommunikation, Plaza de la Revolución, Tel.: 70-5193. Hier wird eine Briefmarkenausstellung von kubanischen Marken, beginnend von der Gründung des kubanischen Postdienstes und Weiterentwicklung bis zur Neuzeit, gezeigt. Postkarten und Briefmarken können hier gekauft werden.
Öffnungszeiten: Mo–Fr 10.00–18.00 Uhr, Sa 10.00–14.00 Uhr, So geschlossen.
● **Kunst – Musik – Literatur**
- **Museo Nacional** (National-Museum), Palacio de Bellas Artes, Trocadero und Zulueta, Zentrum von Havanna, Tel.: 6-2332, 61-3915, 6-8198. Dieses Museum enthält die vollständigste Sammlung kubanischer Malerei vom 18. Jahrhundert bis zur Gegenwart. Es sind dort Meisterwerke von Carlos Enríguez, Eduardo Laplante, Víctor Manuel, Marcelo Pogolotti,

Kuba / Havanna

Fidelio Ponce, René Portocarrero und anderer zeitgenössischer Künstler zu betrachten. Außerdem können Werke fremder Künstler aus dem 16. bis 18. Jahrhundert besichtigt werden. Bewunderung findet darüber hinaus auch die vollständigste Sammlung Lateinamerikas über den Kulturkreis der alten Ägypter, Griechen und Römer.
Öffnungszeiten: Di–Sa 14.00–20.30 Uhr, So 9.00–12.00 Uhr, Mo geschlossen.
- Museo de Arte Colonial (Kolonial-Museum), Calle San Ignacio No. 61, Plaza de la Catedral, Habana Vieja, Tel.: 61-1367. In diesem Museum sind Möbelstücke, Haushaltsgegenstände in spanischem Stil aus der Kolonialzeit ausgestellt.
- Museo "Ernest Hemingway" ("Ernest Hemingway" Museum), Finca Vigía, Municipio San Miguel del Padrón, San Franciso de Paula, Tel.: 91-0809, Telex: 511619. Hemingway lebte in diesem Haus, und er schrieb dort die Novelle **"Der alte Mann und das Meer"**, wofür er den **Nobel-Preis für Literatur** erhielt. In seinem ehemaligen Haus sind Waffen, Trophäen, persönliche Besitztümer, Keramiken, Fotografien und unzählige Bücher aufbewahrt.
- Museo y Archiva de la Música (Museum und Archive der Musik), Calle Capdevila No. 1, zwischen Aguiar und Habana, Habana Vieja, Tel.: 80-6810. Dieses Museum zeigt die Musikgeschichte Kubas auf. Verschiedene Musikinstrumente sind ausgestellt. Besonders interessant ist eine Sammlung afrikanischer Trommeln aus dem 19. Jahrhundert.

Souvenirs
43's Bazar, Calle 22, No.4109, 41 und 43, Playa, unzweifelhaft ist hier genügend Auswahl an kubanischen Souvenirartikeln, um Ihre Kauflust zu befriedigen.

EXPOCUBA
EXPOCUBA im Westen der Hauptstadt mit einer Fläche von 360.000 m² gelegen, wurde im Januar 1989 eröffnet. Sie ist ein Teil einer Gruppe verschiedener Institutionen, die den Lenin-Park und die Botanischen und Zoologischen Gärten einschließen. Es gibt dort 37 Pavillons mit Dokumenten wichtiger Ereignisse Kubas der letzten 30 Jahre. Zur Erbauung, Belustigung und Stärkung stehen den Gästen ein Amphitheater, ein Amusement Park und zahlreiche Restaurants, die ihre gastronomischen Dienste anbieten, in dem weitläufigen Gelände zur Verfügung.
● **Zoologischer Garten**
Er ist ebenfalls Teil dieses Komplexes und beansprucht eine Fläche von 360 Hektar. Der Park ist in verschiedene Flächen aufgeteilt. Asphaltbänder erlauben auch das Fahren von Bussen. Die wilden Tiere sind in der großzügig angelegten Anlage so ungestört zu beobachten, als ob sie sich in ihrer natürlichen Umgebung bewegen würden.
Öffnungszeiten: Di–Fr 14.00–20.00 Uhr und Sa, So und an Ferientagen 9.00–18.00 Uhr.
● **Botanischer Garten**
Er ist auch Teil des "Parque Lenin-EXPOCUBA-Zoologischen Garten Komplexes", und er breitet sich über eine Fläche von mehr als 600 Hektar aus, wo sich eine ehrwürdige Gesellschaft an Bäumen aller Kontinente und exotischer Pflanzen einträchtig versammelt hat.
Öffnungszeiten: Mi–Fr 12.00–18.00 Uhr und Sa, So und an Ferientagen 10.00–18.00 Uhr.

Konferenzhalle
Palacio de las Convenciones, Apartado 16046, Havanna, Telex: 511609, Fax: 202350. Dies ist ein Komplex von 60.000 m², mit 11 Hallen und modernster Einrichtung.

Touristentaxis
● Calle M, zwischen 23 und 25, Vedado
● Calle 478, zwischen 7 und 9, Guanabo, Playas del Este
Touristentaxis können von allen größeren Hotels Havannas geordert werden. Die Gebühr muß in ausländischer Währung bezahlt werden.

Kuba / Havanna

Souvenirläden
Neben den Andenkenläden in den größeren Hotels gibt es in Havanna noch einige renommierte Geschäfte:
- Palacio de Artesanía, Calle Cuba No. 64, zwischen Pena Pobre und Cacón, Havanna Vieja
- Palacio de Artes, Calle Officios No. 147, Havanna Vieja
- Plaza de la Catedral, Verkauf von Souvenirs an Samstagen und Ferientagen.
- Galería de la Plaza, Area des Plaza de la Catedral.

Redaktions-Tip

☆ Übernachtung im Hotel Comodoro, Frühstück im Hotel;

☆ Fahrt zum Parkplatz Alt Havanna, Castillo de San Salvador de la Punta;

☆ Stadtbesichtigung zu Fuß bedeutender Sehenswürdigkeiten: Castillo de los Tres Reyes del Morro, Castillo de la Real Fuerza, El Templete, Plaza de Armas, Monte de Piedad, Casa de los Condes de Jaruco, Estación Central Ferrocarril, Casa Natal de José Martí, Muralle de la Habana, Iglesia Parroquil del Espíritu Santo, Alameda de Paula, Catedral de la Habana (geöffnet ab 12.30 Uhr), La Bodeguita del Medio (Hemingway-Kneipe), Museum im Palacio de los Capitanes Generales (geöffnet ab 15.00 Uhr);

☆ Rast, Stärkung und Erfrischung im Restaurant El Floridita;

☆ Fortsetzung der Stadtbesichtigung zu Fuß: Capitolio Nacional, Gran Teatro de la Habana, Chinesenviertel, Paseo der Prado bis zur Hafeneinfahrt zurückgehen, wo Ihr Auto geparkt ist;

☆ mit dem Auto Besichtigung des Plaza de la Revolución und des Cementerio del Colón (Zentralfriedhof).

☆ Abendessen im Hotel Comodoro (Frischmachen, nett Ankleiden);

☆ Besuch von "Tropicana" ab 20.00 Uhr.

Anmerkung: wenn die Stadtbesichtigung eingehender vorgenommen werden soll oder zu anstrengend für 1 Tag erscheint, sollten 2 Tage dafür angesetzt werden.

12.2.3 GESCHICHTE HAVANNAS

San Cristóbal de la Habana war einer der ersten 7 Orte, der von den spanischen Eroberern gegründet wurde. Er wurde von Pánfilo de Narváez erbaut, der von Diego Velázquez ermächtigt war, den Westen Kubas zu erforschen. Das Datum und der genaue Platz der Siedlung ist nicht ganz sicher, weil die Gründung der Niederlassung in keiner Urkunde erwähnt ist. Historiker meinen jedoch, daß der Ort an der Mündung des Rio Onicajinal, Güines oder Mayabeque gelegen haben muß. Später verlagerte sich der Standort an die Ufer des Flusses La Chorrera, des heutigen Almendares, bis man sich schließlich an der Bucht von Carenas, der heutigen Bucht von Havanna, festsetzte.

1514	wird als das **Gründungsjahr** Havannas angenommen.
1519	wurde nach einer Legende die **1. Messe** an dem Platz gelesen, wo jetzt **El Templete** steht. Der **Plaza de Armas** war der Punkt, vom dem sich die Besiedlung ausbreitete. Die Ausgangsstraßen ins Land wurden die Calle de Oficios, Calle de Mercaderes und Calle Real. Havanna begann schnell zu wachsen, und es wurde zum **Brückenkopf** der Spanier zur Eroberung Mexikos und der Kolonisation von Honduras, den Bahamas und Florida.
1532	hatte Havanna bereits die größte Bevölkerung Kubas. Havanna entwickelte sich zu einem **Handelszentrum** und Sammelpunkt der mit Reichtümern der Neuen Welt beladenen Schiffe, die zu Flottenverbänden nach Spanien zusammengestellt wurden.
1538	statteten **französische Korsaren** der Stadt einen feindlichen Besuch ab. Sie brannten die Kirche und wichtige Verwaltungsgebäude nieder. Um der Plünderung zu entgehen, mußten die Einwohner **600 Golddukaten** zahlen. Nach diesem Ereignis ließ der 1. Gouverneur Kubas, Hernando de Soto, das erste Fort, **Castillo de la Fuerza**, bauen.
1544	versuchte der **französische Filibuster Boas** Havanna zu erobern.
1553	wurde der **Sitz der Regierung** von Santiago de Cuba **nach Havanna** verlegt.
1555	plünderte der **französische Pirat Jacques de Sores** Havanna.
1558	wurde auf Anordnung von König Philip II. von Spanien der Bau der **neuen Festung Real Fuerza** begonnen, weil sich das vorige Bauwerk als unzulänglich gezeigt hatte.
1559	bezeichnete König Philip II. von Spanien **Havanna**, als den **"Schlüssel der Alten Welt zur Neuen Welt"**.
1586	versuchte der **englische Filibuster Drake**, Havanna in seine Gewalt zu bekommen. Die Wohlhabenheit Havannas lockte immer mehr Plünderer an; deshalb mußte die Stadt noch wirkungsvoller geschützt werden.
1589	wurde mit dem Bau der Festungen **Castillo de los Tres Reyes del Morro** und **San Salvador de la Punta** begonnen. Nach dem Entwurf von G. B. Antonelli und mit Unterstützung von Gouverneur Don Juan Tejeda wurde die Festung auf der gegenüberliegenden Ostseite der Bucht 1597 fertiggestellt.
1592	wurde die **1. Wasserleitung** zur Versorgung der Stadt errichtet. Sie endete auf dem Plaza de la Ciénaga (Sumpfplatz), dem späteren Platz der Kathedrale. Im gleichen Jahr wurde Havanna das **Stadtrecht** von König Philipp II. verliehen.

1598	besaß die Hauptstadt des Landes 4.000 Einwohner.
1622	versuchten **englische Piraten** vergeblich, die Stadt zu erobern.
1623	wiederholte sich der Versuch der Engländer.
1633	begann man in Havanna mit dem Errichten von **Befestigungsmauern**.
1638	bedrängten wieder **britische Seeräuber** die reiche Stadt Havanna.
1648	brach in der Stadt das **Gelbfieber** aus, das die Bevölkerung um ein Drittel reduzierte. Der Mauerbau war noch nicht beendet.
1654	war das Jahr, in dem **England Jamaika eroberte**, und die Situation Havannas immer bedrohlicher wurde.
1674	arbeitete man fieberhaft an noch **stabileren Befestigungsanlagen und Mauern**, um die Bewohner der Stadt vor zu erwartenden Aggressionen der mächtigen Briten zu schützen. Die Vollendung der Stadtmauern zog sich noch 100 Jahre hin. Schließlich war die Stadt vom Hafen und von Land her mit einer 10 m hohen Mauer, 10 Bollwerken, Gräben und Wällen, 300 Geschützen und 3.000 Soldaten abgesichert.
1762	griffen die Engländer im Rahmen des **zwischen England und Spanien geführten Krieges** mit 2.000 Kanonen und rund 10.000 Mann, die mit 50 Schiffen hierher befördert wurden, an. Es gab einen Schwachpunkt in der Befestigungsanlage, und den hatten die Feinde erkannt. Es war der Cabanahügel. Von diesem erhöhten Punkt zerschossen die Briten El Morro. Die Stadt wurde verschont.
1763	Nach 1-jähriger englischer Besatzung wurde Havanna als **Tauschobjekt** benutzt, um **Florida** von den Spaniern zu erwerben. Die Spanier hißten wieder ihre Flagge in Havanna, reparierten El Morro und errichteten an der verletzten Archillesferse ihrer alten Festungsanlage das **Castillo de San Carlos de la Cabana**.
1776	wurde Havannas **1. Theater** gebaut.
1790	erschien die **1. Tageszeitung** in Havanna mit dem Namen "Papel Periódico de La Habana".
1791	brach in Haiti der Sklavenaufstand los. Dies begünstigte die wirtschaftliche Entwicklung Kubas. Kuba wurde der Hauptzuckererzeuger und Havanna der Hauptausfuhrhafen für dieses in Europa begehrte Naturprodukt. Der **Zuckerboom** schaffte Wohlstand.
1810	tauchten in Havanna die ersten **Ideen der Unabhängigkeit Kubas** von Spanien auf. Roman de la Luz und Joaquín Infante entwarfen einen ersten Plan der Republik Kuba.
1837	verkehrte die **1. Eisenbahn von Havanna nach Bejucal**, womit Kuba das 5. Land der Erde mit Eisenbahnverkehr wurde und das 1. spanischsprachige Land.
1853	kam **José Martí**, der später zum **Nationalheld Kubas** ernannt wurde, in Havanna zur Welt.
1863	mußte die **Stadtmauer** wegen sehr starker Ausdehnung der Metropole in westlicher Richtung **abgetragen** werden.
1868	brach in Bayamo unter Führung von **Carlo Manuel de Céspedes** der **Aufstand** gegen die Spanier los. Der Revolutionär gab den Sklaven seiner Zuckerfabrik die Freiheit und sagte Spanien den Kampf an. Dieses war das erste ernstzunehmende Aufbegehren der Kubaner gegen das Mutterland. Dieser **1. Unabhängigkeitskrieg** dauerte 10 Jahre.

Kuba / Havanna

	Antonio Maceo mißachtete den geschlossenen Frieden. Er erklärte in dem "Protest von Baraguá" seinen Willen, den Krieg weiterzuführen. Diese Absicht blieb jedoch zunächst unerfüllt, und Maceo ging nach Jamaika.
1895	brach eine weitere Revolte unter Führung von **José Martí**, einem Sohn der Stadt Havannas, los. Er wird auch der **Apostel Kubas** genannt. Er starb in der Schlacht von Dos Ríos.
1898	**explodierte das US-amerikanische Schlachtschiff "Maine"** im Hafen von Havanna, und alle 288 Seeleute fanden den Tod. Die USA beschuldigten Spanien daraufhin der Tat und sahen darin einen Grund, Spanien den Krieg zu erklären.
1899	Nach dem Sieg der USA über Spanien mußten die Spanier im **Frieden von Paris** nach 407-jähriger Herrschaft Kuba aufgeben.
1901	verabschiedete man die **erste kubanische Verfassung**. Die Souveränität wurde jedoch durch das "Patt-Amendment" eingeschränkt, das das Interventionsrecht der USA festschrieb.
1902	wurde Kuba zur **Republik** erklärt, und Tomás Estrada Palma erhielt den Präsidentensitz. Die Einwohnerzahl Havannas steigt auf 250.000.
1902–1959	befand sich Kuba in **Abhängigkeit von den USA**. Dann erfolgte die Machtergreifung durch **Fidel Castro Ruz**.
1959–heute	Die weitere geschichtliche Entwicklung wurde in den Kapiteln 2.11 und 12.1.2 skizziert.

12.2.4 DIE BEDEUTENDSTEN SEHENSWÜRDIGKEITEN

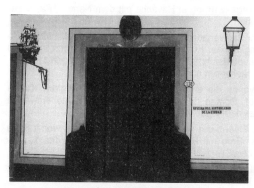

Denkmalschutz – Restauriertes Haus

Havanna, die Metropole des Landes, ist eine Großstadt mit der beträchtlichen Flächenausdehnung von 740 km² und über 2 Millionen Einwohnern. Besonders in dieser Stadt spiegelt sich die Geschichte Kubas wider.
Die 4 km² große **Altstadt Havannas** mutet den Betrachter wie ein **lebendiges Museum** an.
Der **Beschluß der UNESCO** vom 14.12.1982, die Altstadt von Havanna zum "Kulturellen Denkmal der Menschheit" zu erklären, trägt dem Rechnung. Dieser Denkmalschutz, wie auch bei ca. 100 weiteren Orten unserer Erde geschehen, deutet auf die kulturhistorische Bedeutung dieser Stadt hin. Übrigens – auch das kubanische Trinidad gehört mit zu diesen schützenswerten Orten gemäß UNESCO-Beschluß.

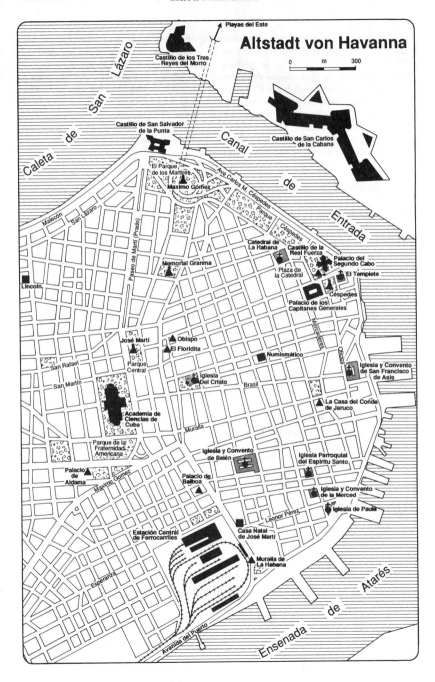

Kuba / Havanna

Tip

Empfehlenswert ist es, die **Reihenfolge der Besichtigung** so vorzunehmen, wie sie in diesem Buch angegeben ist, um unnötige Wege zu sparen und um nicht vor verschlossenen Türen beispielsweise an Kirchen und Museen zu stehen.

Bei der Reihung der Besichtigung der wichtigsten Sehenswürdigkeiten sind die Wochentage Montag bis Freitag bezüglich der Öffnungszeiten gewählt worden. Am Wochenende müßte wegen anderer Öffnungszeiten eine andere Reihenfolge vorgenommen werden.

Die Klammerangaben unter den Sehenswürdigkeiten sind Straßennamen oder Ortsangaben.

Von Ihrem Hotel kommend, sollten Sie die Uferpromenade von West nach Ost entlangfahren und das Auto auf dem großen Parkplatz in Alt-Havanna an der Hafenmündung, angesichts des Castillo de San Salvador de la Punta, parken und folgende Tour zu Fuß belaufen.

Uferpromenade (Malecón)

Die Uferpromenade wurde von 1901 bis 1950 in der jetzigen Gestaltung erbaut. Besonders lebhaft geht es zu, wenn hier Karneval oder sonstige Volksfeste gefeiert werden. Aber auch in der übrigen Zeit ist diese Straße, von der erfrischenden Brise des Meeres bestrichen, stets Treffpunkt der Stadtbewohner. Spaziergengehend flankiert man gerne auf und ab.

An der Landseite der Uferpromenade liegen einige bekannte Gebäude und Denkmäler, beispielsweise Casa de Las Americas, ein Sportstadion mit einer markanten halb überdachten Tribüne, Hotel Nacional, ein großes Denkmal, das Antonio Maceo gewidmet ist, und das modernste Krankenhaus Havannas, das 1982 eröffnet wurde.

Castillo de San Salvador de la Punta
(Paseo de Martí (Prado) und Avenida M. de Céspedes (Ave. del Puerto)

● **Geschichtsüberblick**

Der Architekt war wie auch beim Bau von dem gegenüberliegenden El Morro, der Italiener **Bautista Antonelli**, Spezialist für Festungsbauten.

1582 schrieb der Kommandant **Diego Fernández de Quinones** seinem Monarchen einen Brief, worin auf die Notwendigkeit eines Festungsbaus mit Nachdruck hingewiesen wurde, um die Einfahrt in den Hafen von Havanna zu schützen.

1589 begann man mit dem Bau.

1600 wurde das Bauwerk **vollendet**. Wenn auch verschiedene Veränderungen gegenüber dem ursprünglichen Plan vorgenommen wurden, so hatte man doch grundsätzlich an der **trapezoiden** Form festgehalten.

Castillo de los Tres Reyes del Morro
(Entrada de la bahía de La Habana, Muncipio de La Habana del Este)

● **Schlaglicht auf die Geschichte der Festung**

1588 im Juni legten **Juan de Tejeda** und der Italiener **Battista Antonelli Pläne zum Bau eines Forts** vor, für dessen Errichtung bereits im Oktober des gleichen Jahres von König Philip II. von Spanien **25.000 Dukaten** zur Verfügung gestellt wurden.

Kuba / Havanna

Wächter des Hafens – El Morro

1589 begann man mit dem Bau des gewaltigen Projekts.
1594 führte der Neffe Antonellis, **Cristóbal de Roda**, das Werk seines Onkels fort.
1630 war das gewaltige Bauwerk endlich **fertiggestellt**.
1762 lag die als uneinnehmbar geltende Festung unter **Kanonenbeschuß der Engländer**, die vom Cabanahügel aus auf das Fort feuerten.
1763 besorgten die Baumeister **Silvestre Abarca** und **Augustín Crame** die **Ausbesserung** der Schäden.
1764 wurde der Turm der Festung mit **Leuchtfeuer** für die Schiffahrt versehen.
1845 ließ der Generalkapitän **Leopoldo O'Donnell** das Leuchtfeuer mit dem jetzigen Turm 30 m höher zurückversetzen.
1945 rüstete man das Leuchtfeuer mit dem neuen Frenell-System aus und **elektrifizierte** es.

● Eindruck der Unbesiegbarkeit

Es ist ratsam, sich schon früh morgens nach Castillo de los Tres Reyes de Morro auf den Weg zu machen. Jenseits der flaschenhalsförmigen Meeresbucht haben Sie bei mildem Morgenlicht von hier aus einen prächtigen Blick über die Skyline der Stadt.
Die trutzigen Mauern des mächtigen Bollwerks erwecken den Eindruck, daß kein Feind jemals seine harte Schale knacken könnte. Zusammen mit dem gegenüberliegenden, stadtseitigen Castillo San Salvador de la Punta sollten diese gewaltigen Bauwerke die Hafeneinfahrt von Havanna vor Freibeutern und feindlichen Flottenverbänden bewachen und beschützen. Trotz der Mächtigkeit der Anlage, der Bestückung mit 12 schweren Geschützen und der strategisch günstigen Lage ist es den Engländern 1762 von der Landseite her nach 44 Tagen Belagerung doch gelungen, diese

"harte Nuß" zu knacken. Damals wurde der Zugang zum Hafen unerwünschten Besuchern, besonders nachts, durch eine über den Hafenkanal gespannte Kette verwehrt.

Heute verbindet ein von Autos befahrbarer **Tunnel** La Habana del Este mit Alt-Havanna in Höhe der beiden Festungen. Lastkraftwagen befördern Fahrräder per Huckepack durch den Tunnel, weil dieser per Fahrrad nicht befahren werden darf.
Die Festung ist ein beliebter Ort für Ausstellungen und kulturelle Veranstaltungen. In einem kleinen Restaurant kann man sich stärken und erfrischen.

Fortaleza de San Carlos de la Cabana
(Canal de entrada de la bahia de La Habana, Munnicipio La Habana del Este)

- **Kurzer Abriß der Geschichte**

1763 wurde mit dem Bau unter der Leitung von **Pedro de Medina** begonnen. Der Ingenieur **Silvestre Abarca** beaufsichtigte die Bauarbeiten.
1774 vollendet, galt dieses Bauwerk als das **größte Fort der Spanier,** das diese **in der Neuen Welt** gebaut haben. Es erhielt seinen Namen nach König Karl III. Die Ironie des Schicksals ist es, daß diese zuletzt erbaute mächtigste Festung keine einzige "Feuerprobe" zu bestehen brauchte und überhaupt keine Veranlassung seitens der Engländer oder anderer Widersacher Spaniens mehr bestand, diese Trutzburg zu nehmen, denn die Engländer hatten 1763 das eroberte Havanna gegen Florida eingetauscht, und Spanien mußte nach dem verlorenen Krieg von 1898–99 gegen die USA ganz Kuba kampflos nach dem Friedensschluß von Paris räumen.
Heute dient der solide Bau militärischen Zwecken. In ihm ist das **Ministerium für Kriegsmarine** untergebracht. Ein kleiner botanischer Garten, in dem Namensschilder die Artenbestimmung erleichtern, gehört mit dazu. Beim Blick auf die Metropole ist deutlich die **Grenzlinie zwischen Alt- und Neu-Havanna** auszumachen.

Castillo de la Real Fuerza
(O'Reilly No. 2, zwischen Avenida del Puerto und Tacón, Plaza de Armas)

- **Baugeschichte**

Castillo de la Real Fuerza (Festung der königlichen Kraft) ist Kubas älteste Festungsanlage und die zweitälteste Amerikas.
1538 erhielt **Gouverneur Hernando de Soto** die Erlaubnis, ein Fort zu bauen, um den Hafen verteidigen zu können. Diese Festung wurde jedoch von dem französischen Piraten Jacque de Sores zerstört.
1558 beauftragte König Philip II. von Spanien den **Baumeister Bartolomé Sánchez,** so schnell wie möglich ein neues Fort an dem zweckmäßigsten Platz zu errichten. Es wurden 12.000 Pesos für den Bau zur Verfügung gestellt.
1577 wurde das neue jetzige Fort 300 m südlicher als das ehemalige fertiggestellt. Hier residierten die **Generalkapitäne** bis 1762.

Kuba / Havanna

Älteste Festung – Castillo de la Real Fuerza

1632 formte der **Bildhauer Jerónimo Martínez Pinzón** die Bronzestatue **"La Giraldilla"** (kleine Wetterfahne) auf Initiative von **Gouverneur Juan Bitrián de Viamonte**. Sie wurde auf dem Turm der Festung aufgerichtet, und sie wird als Stadtsymbol Havannas betrachtet. Heute befindet sich allerdings dieses Original im Museo des Palacio de los Capitanes Generales, und auf dem Turm reckt sich eine Nachbildung der Giraldilla in den Himmel.
1963 restauriert, dient das Kastell heute als **Expo-Center.**

Sie haben von hier aus einen schönen Blick auf die Meeresbucht bis gegenüber auf das hohe Christusstandbild, das die Seeleute auf ihren oft gefährlichen Fahrten beschützen soll. In der Festung selbst finden oft Ausstellungen statt, und auf dem Vorhof locken gelegentlich Theater- und Musikvorführungen das Publikum an.

Die Giraldilla-Geschichte

● Zunächt noch Historisches
Auf der Turmspitze ist eine Bronzefigur zu erkennen. Sie ist **Dona Isabel de Bobadilla** nachgebildet. Wer war nun diese legendäre Frau und welches Schicksal hat sie erlitten?
Sie war die **Gattin des Konquistadoren Hernándo de Soto**. De Soto war durch Beutezüge in Peru zu Wohlstand gekommen, war im Begriff gewesen, sich in Spanien zur Ruhe zu setzen, fand das jedoch zu langweilig und machte sich wieder auf, um in Florida neue Abenteuer zu bestehen und neue Reichtümer zu erbeuten.

Kuba / Havanna

Am 06.11.1537 startete er mit 9 Schiffen nahe Sevilla mit Kurs zunächst auf Santiago de Cuba. In Kuba wurde er Gouverneur.
Am 18.05.1539 segelte de Soto nach Florida weiter. Er ließ seine Frau Dona Isabel in Havanna mit der festen Überzeugung zurück, innerhalb eines Jahres wieder zurück zu sein. Es wurden zwar viele Abenteuer und Kämpfe mit Indianern in dem unerforschten Florida bestanden, aber Gold konnte nicht erbeutet werden.
1541 entdeckte de Soto sogar den Mississippi und überquerte ihn, immer noch nach der fieberhaften Suche nach dem begehrten gelben Edelmetall, doch das Glück war nicht auf seiner Seite.
1542 erlag er dem Sumpffieber.

- **Dann Legendenhaftes**

Nun ranken sich um tragische Schicksale oft legendenhafte Erzählungen. So wird erzählt, daß Dona Isabel von dem Turm der Festung ständig voller Sehnsucht nach ihrem geliebten Mann de Soto Ausschau gehalten habe, woran sie schließlich erblindet sei. Als sie erfuhr, daß ihr Mann tot sei, sei sie vor Kummer gestorben.

El Templete
(Baratillo und O'Reilly, Plaza de Armas)

- **Erste christliche Andacht**

1519 wurde nach einer Legende die **1. Messe** im Schatten eines Ceiba-Baums (Kapokbaum) abgehalten und der Gemeinderat der Stadt gegründet.
1754 ließ aus diesem Grund **Gouverneur Francisco Cajigal de la Vega** eine **Gedenksäule** errichten, nachdem der durch die Überlieferung geheiligte Ceiba-Baum abgestorben war.
28.03.1828 wurde dieses tempelartige Gebäude zur **Erinnerungsstätte an die Stadtgründung von San Cristóbal de la Habana** eröffnet.

Dieses kleine Monument, inspiriert durch griechisch-dorische Vorbilder, ist es das erste Bauwerk in neoklassischem Stil. Das Innere des Tempels ist mit 3 Bildern des berühmten französischen Malers **Juan Batista Vermay** (15.10.1786–20.03.1833), des Gründers der Kunstakademie Havanna, (1818), dekoriert.
- Das Bild zur Linken zeigt das 1. Konzil der Kirchenmänner.
- Das Gemälde zur Rechten zeigt die 1. Messe unter dem Ceiba-Baum.
- Das Kunstwerk in der Mitte porträtiert die offizielle Einweihung des Tempelhofs von Bischof Espada am 19. März 1828. Auf diesem Bild der Einweihungszeremonie sind wichtige Persönlichkeiten dargestellt. Aber auch Vermay hat sich selbst mitverewigt (rechte Seite des Bildes), und außerdem ist auf dem Bild, sehr ungewöhnlich und erstmalig, eine schwarze Frau, die Sklavin des Künstlerhauses, mit abgebildet worden (linke Bildseite).

Juan Batista Vermay und seine Frau sind hier begraben. Eine Gedenktafel weist darauf hin.

Kuba / Havanna

Plaza de Armas (Waffenplatz)
(Calle O'Reilly, Obispo, Baratillo und Tacón)

- **Geschichtliches**
1582 riß man alle privaten Gebäude, die auf dieser Fläche standen, nieder, um diesen Platz zu gestalten.
1776 wurde im Rahmen eines allgemeinen Umgestaltungsprojektes die 1550 erbaute, eingestürzte Pfarrkirche abgebrochen und an seine Stelle der Gouverneurspalast gebaut. Der Platz wurde auf seine heutige Größe erweitert.
1929 richtete man den Platz, in Anlehnung an die Architektur des 18. Jahrhunderts, wieder so her, wie er damals einmal ausgesehen hat.

- **Das Herz von Alt-Havanna**
Dieser stets lebhafte Platz ist umgeben von **prächtigen kolonialen Gebäuden**, wie Templete, Palacio del Segundo Cabo, der z. Zt. restauriert wird, Palacio de los Capitanes Generales und Casa del Conde de Santo Venia. Die beide zuletzt genannten Gebäude werden z. Zt. ebenfalls restauriert.
Nicht zu übersehen ist die **Statue von Carlos Manuel de Céspedes** (1819–1874), der im 10-jährigen Krieg ab 1868 den Spaniern Widerstand leistete. Diesem Nationalhelden, in Bayamo geboren, Rechtsanwalt und Politiker, soll mit diesem Standbild hier ein bleibendes Andenken gesetzt werden.

Monte de Piedad
(Oficios)

Auch dieses ehemalige Leihhaus (Piedad = Mitleid), das 1844 erbaut wurde, besitzt einen wunderschönen Innenhof. Es beherbergt heutzutage ein **Geld- und Münzmuseum**. Die gesamte kubanische Geschichte des Geldes von der vorkolonialen Zeit bis heute ist hier aufgezeichnet. Als leidenschaftliche Glücksspieler haben die Bürger Havannas vor der Revolution auch Lotto gespielt. Die **Lottotrommel**, ein großer Korb, ist das entscheidende Gerät dieser Leidenschaft gewesen, die nur wenigen Spielern Glück und den meisten Unglück gebracht hat.

Casa de los Arabes (Haus der Araber)
(Oficios, zwischen Obispo und Obrepía, Tel.: 61-0722 und 61-2432)

In einem wunderschönen **maurischen Innnenhof** sind Ausstellungsgegenstände aus der arabischen und arabisch-spanischen Kultur zu bewundern. Große Tonkrüge wurden zur Aufbewahrung von Wasser, und um Öl und Wein zu transportieren, benutzt, die kleinen fanden Verwendung im Haus.
Im oberen Geschoß befindet sich das **Restaurant "Al Medina"**, wo arabische Spezialitäten serviert werden.

Kuba / Havanna

Öffnungszeiten
täglich außer Mi
16.00–22.30 Uhr

Hinter dem Haus befindet sich das **Parfüm-Museum**, wo verschiedene Parfümsorten, die man in Havanna benutzt hat, aufbewahrt sind. Auch Parfümsorten der heutigen fabrikmäßigen Herstellung sind zu sehen.

Maurischer Innenhof – Casa de los Arabes

Hostal Valencia
(Oficios, Tel.: 62-3801, Telex: 51-2695 valen cu)

Dieses Haus wurde Ende des 18. Jahrhunderts gebaut. Es gehörte der **Familie Sotolongo**, die von Valencia nach Havanna gekommen war. Mit Hilfe der Bürgerschaft von Valencia hat man das Haus erneuert und in ein Hotel umgewandelt. Es besitzt 11 Gästezimmer mit Deckenventilatoren (keine Klimaanlage), eine Bar, ein Restaurant, einen Laden, ein Zigarrenhaus, wo 47 Sorten Zigarren gekauft werden können. Die Zimmer tragen den Namen von 11 verschiedenen spanischen Städten. Sie sind so eingerichtet wie damals in der Kolonialzeit. Ein **wunderschöner, begrünter Innenhof** mit Vogelkäfigen ist eine Oase der Ruhe. In dem **Restaurant "Paella"** kann man sich stärken und erfrischen.

- **Vorzüge des Hotels**
- Wer gern **in Alt-Havanna** übernachten möchte, ist hier gut aufgehoben.
- Wer den Flair der vergangenen Kolonialzeit liebt, kommt hier auf seine Kosten.
- Wer die engeren Beziehungen zu seinen Gastgebern und den Hotelbeschäftigten liebt, kann sich hier wohlfühlen.
- Wer mehr die Ruhe liebt, und wer den vielen Gästen der großen Hotels entfliehen möchte, ist hier am richtigen Ort.

Casa de los Condes de Jaruco
(Muralla No. 107, 109 und 111, zwischen Inquisitor und San Ignacio)

- **Geschichte des Hauses**

1733–1737 errichtet wurde dieses Haus von **Gabriel Beltrán de Santa Cruz Y Valdepino**. Später wurde es von seinem Erben und Sohn Don Gabriel Beltrán de Santa Cruz y Aranada, Graf von San Juan de Jaruco, umgebaut. Der Graf erhielt seinen Titel im ruhmreichen Kampf gegen die Engländer.

Kuba / Havanna

Bis zur 2. Hälfte d. 19. Jahrh. blieb das prächtige Haus im Besitz der aristokratischen Familie der Grafen von Jaruco und Mopax.
1979 erfolgte eine vollständige **Restauration** des Hauses, weil es sonst dem Verfall preisgegeben wäre.

Dieses herrschaftliche Haus besitzt **alle typischen Elemente des hochklassischen Häuserbaus des 18. Jahrhunderts:**
- eine runderkerige Säulenhalle als Vorbau an der Haupteingangshalle des Gebäudes, fachmännisch Portikus genannt.
- eine Eingangshalle,
- einen viereckigen Hof,
- einen Salon,
- ein Wohnzimmer mit verzierter Zimmerdecke,
- ebenerdige Schlafräume für Hauspersonal.

Schön anzusehen ist die renovierte Fassade des Hauses mit seinen 5 Arkadenbögen und **bunten Glasfenstern.**

Herrschaftliches Haus – Casa de los Condes de Jaruco

Estación Central de Ferrocarril (Hauptbahnhof)
(Avenida de Bélgica (Egigdo) und Arsenal, Tel.: 61-2807. 61-8382-89)

● Eisenbahngeschichte
Kuba war eines der ersten Länder Amerikas, wo Eisenbahnen gebaut wurden.
1834 gab die spanische Regierung "grünes Licht" für den **Eisenbahnbau von Havanna nach Güines.**

Kuba / Havanna

19.11.1837 verkehrte der **1. Zug** von der Station Villanueva (später Hauptbahnhof) in Havanna nach Güines.
Ende 19. Jahrh. hatte der alte Bahnhof **"Estación Terminal de La Habana"** bereits seinen vollen Betrieb aufgenommen. Die eisenbahnmäßige Verbindung des Landes von West nach Ost ließ noch auf sich warten.
1912 war es dann so weit, daß der neue Hauptbahnhof Havannas, **"Estación Central Ferrocarril"** eröffnet wurde und eine über **1.000 km lange Eisenbahnlinie von Guane bis Santiago de Cuba** in Betrieb genommen werden konnte.

● **Das Bahnhofsgebäude**
Das Bahnhofsgebäude entbehrt trotz seiner Zweckmäßigkeit nicht einer gewissen Schönheit. Die symmetrische Fassade hat 2 Doppeltürme und eine traditionelle Uhr in der Mitte.

Das **Informationsbüro** gleich am Haupteingang in der Bahnhofshalle erteilt jegliche Auskünfte über Zugverbindungen, Fahrtzeiten und Fahrpreise. In Kapitel 71 (A–Z, Stichwort "Eisenbahn") sind in tabellarischer Form die Relationen mit den Entfernungen und der Fahrthäufigkeit der Züge aufgeführt. Vor dem Bahnhof stehen **Fahrrad-Taxis** bereit,

Für kurze Entfernungen – Fahrradtaxis

die ankommende Reisende über kürzere Strecken an ihr Ziel bringen.

● **Besonderheiten für Eisenbahnfreunde**
- In der Halle des Hauptbahnhofs von Havanna ist eine der ältesten Lokomotiven Kubas, eine **Dampflok aus dem Jahre 1834**, ausgestellt.
- Von besonderem nostalgischen Interesse dürfte der **Präsidentenwaggon** für Eisenbahnbegeisterte sein. 1912 wurde dieser Salonwagen von den USA nach Kuba überführt. Man nannte den Wagen nach seiner Ankunft in Kuba **"Mambi"** nach den Freiheitskämpfern, den *"mambíses"*. Von 1912 bis heutzutage sind alle Herrscher Kubas mit diesem historischen Salonwagen aus Tradition gefahren. Sporadisch finden auch Fahrten in das Messegelände der EXPO CUBA und in den Botanischen Garten statt. Alle Räume sind mit Edelholz verkleidet. Eine Klimaanlage, die mit Trockeneis bestückt wird, ist noch funktionsfähig.

Der **Speiseraum**, der auch für kleine Konferenzen genutzt werden kann, ist mit Gardinen, Leuchtern und Spiegel aus der Zeit Anfang unseres Jahrhunderts dekoriert. Ein Gläserschrank, das Silbergeschirr, eine alte Uhr und eine Gaslampe tragen mit dazu bei, eine behagliche, altertümliche Atmosphäre zu verbreiten.

Kuba / Havanna

2 **Schlafabteile** sind mit Ventilatoren, Schränken, Kommode und geschmackvollen Aschenbechern eingerichtet.
Der **Waschraum** enthält eine Dusche mit kaltem und warmem Wasser.
Ein **kleiner Raum** ist für das Bedienungs- und Bewachungspersonal vorgesehen.
In einem **Empfangsraum** befinden sich 1 Sofa mit Sesseln, mehrere Tische, 1 Radio, 2 Dachventilatoren und 2 Reservebetten, die hochklappbar sind.
Ein **Vorratslager** für die Beköstigung und sogar ein Käfig für lebende Hühner, um stets frisches Fleisch zur Verfügung zu haben, vervollständigen die durchdachte Einrichtung dieses altertümlichen Waggons.

Casa Natal de José Martí (Geburtshaus von José Martí)
(Leonor Pérez No. 314)

● Geschichte des Geburtshauses von José Martí
Im San Isido-Distrikt, einer der ärmsten Gegenden Havannas, gegenüber Havanna Hauptbahnhof gelegen, hat dieses bescheidene Haus einen großen geschichtlichen Wert, weil hier der Nationalheld Kubas, José Martí, geboren wurde.
1853 ist das Geburtsjahr des "**Apostels der kubanischen Unabhängigkeitsbewegung**". Sein Geburtstag war der 28. Januar. Das Geburtshaus von José Martí ist ein Backsteinhaus mit Ziegeldach. Im 1. Stockwerk lebte damals der Besitzer des Hauses, der die 2. Etage an die Familie Martí vermietete.
1898 fiel **José Martí im Kampf** für die Freiheit Kubas.
1907 war das **Todesjahr der Mutter Martís**, Dona Leonor Pérez.
1925 erschloß man das Haus der Öffentlichkeit und richtete es am Geburtstag Martís, dem 28. Januar, als **Museum** ein, das viele Erinnerungsstücke aus dem Leben des großen Sohns Kubas und seiner Familie enthält, Originaldokumente seiner Schriften und Bilder seiner Lebensgeschichte.

INFO

Leben und Wirken des Nationalhelden José Martí

*28.01.1853 ist der Geburtstag von José Martí. Sein **Vater Mariano Martí** war ein Einwanderer aus Valencia, also kein geborener Kubaner, der es vom Schneider in der spanischen Armee bis zum Leutnant brachte. Kränklich mußte er frühzeitig seinen Dienst bei der Armee quittieren und seine Familie mit Gelegenheitsarbeiten kümmerlich weiter durchbringen. Gesinnungsmäßig fühlte er sich der spanischen Krone verpflichtet, auch wenn er sich mit der sich ausbreitenden Korruption der Spanier nicht einverstanden erklärte. Die Mitgift der **Mutter Dona Leonor Antonia de la Concepción Micaela Pérez Cabrera**, die von ihrem Vater durch den Glücksfall eines Lottogewinns nicht ohne Startkapital in die Ehe geschickt wurde, war bald aufgezehrt, nachdem 7 Kinder ernährt werden mußten.
Der Erstgeborene José mußte mit zum Broterwerb seiner 6 Schwestern in Havanna beitragen. Schon in der Schulzeit erregte sich der etwas schwächliche José über die Ungerechtigkeit und den Terror der spanischen Kolo-*

nialmacht, was ihn in **Konflikt zu seinem "linientreuen" und rechtschaffenen Vater** brachte.

1865 wurde der intelligente José in die *"Escuela Superior Municipal de Varones"*, in die höhere städtische Knabenschule, aufgenommen. Der **Direktor** dieser Schule, **Rafael María Mendive**, hat das junge, leidenschaftliche Leben des Schülers sehr nachhaltig beeinflußt:
* Der geistige Vater Mendive weckte die **lyrischen Neigungen** von José. Er regte ihn an, schon mit 13 Jahren wohlformulierte Gedichte zu schreiben, die die Unabhängigkeit Kubas zum Thema hatten.
* Ferner machte er ihn mit den Werken der großen europäischen Dichter des 19. Jahrhunderts und ihren Ideen bekannt. Besonders brachte er ihm den Schriftsteller **Victor Hugo** nahe.

1869 nutzte der jugendliche José Martí zu Anfang des 10-jährigen Befreiungskrieges (1868–1878) die **Pressefreiheit** aus und prangerte in der **Wochenschrift "Das Vaterland"** und **"Der hinkende Teufel"** die Ungerechtigkeiten der Kolonialmacht an. Das blieb natürlich für den mit spitzer Feder schreibenden José Martí und seinen Freund Fermín Valdés Domínguez nicht ohne Folgen.

Am 4. Oktober wurde das Haus Martí nach **verdächtigem Schriftgut** durchsucht. Prompt fand man auch einen Brief an einen Mitschüler, dem Angst eingejagt werden sollte, weil er seine bislang revolutionäre Gesinnung aufgegeben hatte und sich von der spanischen Armee anheuern ließ, unterschrieben von Martí und seinem Freund. Dieser Brief galt schon als Beweis der Staatsgefährdung.

04.03.1870 wurde der **erst 17-jährige** José Martí vom **Militärgericht** in einem spektakulären Prozeß, nachdem er die Verantwortung für den Jugendstreich auf sich genommen hatte, sehr hart **zu 6 Jahren Zwangsarbeit** verurteilt. Der Urteilsspruch lautete: *"Verrat an den Interessen Spaniens"*. In den **Kalksteinbrüchen in San Lazáro** litt der schwächliche, in Ketten geschmiedete Sträfling Nummer 113 entsetzlich. Später schuftete er auf der Isla de Pinos.

15.01.1871 wurde José Martí wegen seines schlechten Gesundheitszustandes unter Polizeischutz **nach Spanien** auf unbestimmte Zeit ins Exil **deportiert**. Zur Erinnerung an die Zeit der schweren Zwangsarbeit trug der Unbeugsame ein Glied seiner **Sträflingskette als Ring an seinem Finger**. José Martí konnte sich in Spanien frei bewegen. Er trug sich auf der Universität in Madrid als Jurastudent ein. Mit dem Pamphlet **"Der politische Kerker in Kuba"** versuchte er in Spanien Politiker und Juristen wachzurütteln, damit diese sich für die Freiheit Kubas einsetzen sollten. Umsonst – er fand kein Echo.

1874 beendete José Martí sein **Jura-, Literatur- und Philosophiestudium** in Zaragoza.

08.02.1875 reiste José Martí nach **Mexiko**, durfte dort für die Zeitung *"Revista Universal"* schreiben, was er mit großem Eifer tat. Seine sehr kritischen Kommentare zielten in scharfer Weise auf die verwerfliche Kolonialpolitik der Westeuropäer. Nicht nur als brillanter Journalist, auch als Schriftsteller und erfolgreicher Bühnenautor erwarb er sich Anerkennung.

Im Dez. 1875 wurde seine lyrische Komödie *"Liebe vergilt man mit Liebe"* aufgeführt. Nach der Aufführung lernte er seine zukünftige Frau Carmen Zayas de Bazán kennen. 2 Jahre später fand die Hochzeit statt.

Febr. 1877 machte sich der Unruhige **nach Guatemala** auf, wo er eine Dozentenstelle durch Fürsprache des Präsidenten Justo Rofino Barrios

annahm. Aber er überwarf sich mit Barrios, und nach 18 Monaten zog es José Martí wieder nach Havanna.
12.11.1878 wurde dem Ehepaar Martí der Sohn José Francisco geboren.
August 1879 verhaftete man José Martí wieder, nachdem er öffentlich zu flammende Reden gehalten hatte, die mit dem Ruf: "Cuba libre!" endeten und sich die ersten Kämpfe des sog. "Guerra chiquita" (Kleiner Krieg) entzündeten.
25.09.1879 wurde der Revolutionär **erneut nach Spanien verbannt**.
Er floh schon bald über Frankreich, USA, Venezuela, USA, wo er sich in **New York** niederließ. Dort wurde er zum **Vorsitzenden des kubanischen Revolutionskomitees** ernannt. In den USA kam José Martí zu der schmerzlichen Erkenntnis, daß die Nordamerikaner mit ihrem "American way of life" eine Gefahr für die Identität Lateinamerikas wären, daß die USA mit der Dominanz über ganz Südamerika liebäugelten und daß der "Riese im Norden" den schwachen Süden des Doppelkontinents übernehmen könnte. Er steigerte sich so in diesen Gedanken hinein, daß ihm die Vision nicht aus dem Sinn ging, ganz Lateinamerika könne, noch nicht von den Fesseln der Kolonialmacht Spanien befreit, unmittelbar von der neuen Kolonialmacht USA unterjocht werden.
José Martí vertrat als **Konsul mehrere lateinamerikanische Länder** und arbeitete als **Journalist an über 20 verschiedenen amerikanischen Zeitungen** mit.
Er versuchte, die Kräfte des Widerstands gegen Spanien zu bündeln und warb unter den Exilkubanern für den bewaffneten Kampf, sammelte Geld und beschaffte heimlich Waffen.
Herbst 1880 verließ seine Frau ihn mit ihrem Sohn ohne Abschied. Die **Ehe** war **zum Scheitern verurteilt**, weil Carmen das unruhige Leben eines Revolutionärs nicht länger ertragen wollte.
Aug. 1884 kamen die Generäle **Máximo Gómez** (1836–1905) und **Antonio Maceo** (1845–1896) nach New York, um die Meinungsverschiedenheiten mit den Nichtmilitärs beizulegen. Man konnte sich jedoch nicht einigen.
10.04.1892 wurde in New York die **"Partido Revolucionario Cubano"** (PRC) gegründet. Der Vorsitzende der neuen Partei wurde José Martí. 3 Jahre wurde der Aufstand intensiv geplant. Die unter großen Schwierigkeiten vorbereitete Invasion scheiterte zunächst daran, daß die US-Behörden die Waffen und Munition beschlagnahmen ließen.
31.01.1895 verließ José Martí New York, um sich **in Montecristi (Dominikanische Republik)** mit **Máximo Gómez** zu treffen. Hier wurden noch einmal die Ziele des Aufstands in einem Aufruf an die Kubaner zusammengefaßt.
Frühjahr 1895, schon von depressiven Vorahnungen über seinen baldigen Tod erfaßt, schrieb José Martí an seine Mutter und seine Freunde Fermín Valdés Domínguez und Manuel Mercado Abschiedsbriefe.
11.04.1895 landete José Martí mit seinen Kampfgefährten **in La Playita** (Provinz Oriente), nachdem auch **Máximo Gómez** mit 4 weiteren Aufständischen von dem Kapitän des deutschen Frachters Nordstern für 1.000 US-Dollar nachts in Kuba abgesetzt worden war.
16.04.1895 ernannte Máximo Gómez den Zivilisten **José Martí** zum **Generalmayor**.
19. 05.1895 fiel José Martí im 1. Gefecht mit den Spaniern in der Nähe von Dos Ríos **im Kampf für sein Vaterland**, heute als **großer Nationalheld** und als **Apostel des freien Amerikas** überschwenglich in Kuba **geehrt**.

Muralla de La Habana (Stadtmauer) (Egido)

In der gleichen Straße, Egido, wo das Geburtshaus von José Martí steht, treffen Sie in Richtung Hafen auf **Ruinen der alten Stadtmauer**. Interessant ist eine an den Mauerresten angebrachte Bronzeabbildung, die in Modellform einen **alten Stadtplan** zeigt.

● Geschichtliches
1674–1797 wurde an der Stadtmauer gebaut. Sie war an 8 Stellen durchlässig. Wachen kontrollierten den Ein- und Ausgang. Um 9.00 Uhr morgens wurden die 8 Tore geöffnet und um 21.00 Uhr wurden sie wieder verschlossen. Die Anweisung zum Öffnen und Schließen der Tore gab man mittels eines Kanonenschusses vom Castillo de San Carlos de la Cabana. Diese Kanonenschüsse werden heute noch in alter Tradition fortgeführt. Die Soldaten, die diese akustischen Signale abgeben, sind immer noch in alte spanische Uniformen gekleidet.
1863 begann ihr **Abbruch**.
Heute sind nur noch folgende **Mauerreste** erhalten:
- Die Torwache der Feldzeugmeisterei (1674–1740)
- Die Bastion des Engels (1680–1695)
- Der Schutzwall der Stadtmauer (1674–1740)
- Die Wache des Neuen Tores (1674–1775)
- Der Schutzwall der Stadtmauer und das Zangentor (1674–1740)
- Der Schutzwall der Stadtmauer (1674–1740)
- Die Paula-Bastion (1674–1740)

Iglesia de San Francisco de Paula (Leonor Pérez und San Ignazio)

● Geschichtliches
Bis zum 17. Jahrh. reichen die Ursprünge dieses Kirchenbaus zurück.
1730–1745 wurde die Kirche restauriert. Sie beherbergte die Kirche und ein Frauenspital.
1946 riß man bedauerlicherweise das Spital und Teile der Kirche ab. Der Rest blieb auf Grund des Protests der Bevölkerung erhalten.

Heute Konzertsaal – Iglesia de San Francisco de Paula

Gegenwärtig ist die Kirche Sitz des Forschungsseminars für kubanische Musik. Sie wird regelmäßig als **Konzertsaal** benutzt. Außerdem werden hier die sterblichen Überreste des großen schwarzen **Violinisten** Kubas, **Claudio José Domingo Brindis de Salas**, aufbewahrt.

Iglesia Parroquial del Espíritu Santo
(Heiligengeist Kirche) (Acosta und Cuba)

● Baugeschichte

Die 2. **Kirche mit einem Pfarrbezirk** in Havanna – nach der 1550 am Plaza de Armas errichteten, eingestürzten und 1776 wieder abgerissenen Kirche – ist die Iglesia Parroquial del Espíritu Santo.

1632 In einem offiziellen Schriftstück ist zu lesen, daß der **General Prior** um ein Grundstück gebeten hat, um den Bau der Kirche voranzutreiben. Die Ausschachtarbeiten sollten schwarze Sklaven verrichten.

1674 wurden das Mittelschiff und die Vorderseite durch Initiative von **Bischof Jerónimo Valdeés** gebaut und das Bauwerk zur Pfarrkirche erklärt.

1760 ließ **Bischof Pedro Morell de Santa Cruz** dieses Gotteshaus durch ein Seitenschiff erweitern.

Diese Pfarrkirche ist heute die **älteste Kirche Havannas**. Hier befindet sich das Grab des Bischofs Jerónimo Valdeés. Ferner sind hier die Krypten mit Nischengräbern der früher üblichen Beerdigungen vorhanden.

Alameda de Paula (Leonor Pérez zwischen Acosta und Merced)

● Historisches

1777 wurde die Alameda de Paula als eine der ersten **Prachtstraßen** Havannas gebaut. Sie liegt zwischen der ehemaligen Kirche und dem Hospital San Franciso de Paula und dem nicht mehr bestehenden Theater Principal.

1847 ließ **Generalkapitän Leopoldo O'Donnell** auf dem Bürgersteig eine **Säule** zum Andenken an die spanische Kriegsmarine errichten. Diese Säule ist auch unter dem Namen "Columna O'Donnell" bekannt. Auf dem **Wappen Havannas** sind 3 Festungen abgebildet, die die Stadt schützen sollen. Der Schlüssel in der Mitte symbolisiert "den Schlüssel zur Neuen Welt", so wurde Havanna wegen seiner Reichtümer, die von den mittel- und südamerikanischen Ländern hier für den Transport nach Spanien zusammenliefen, und wegen seiner strategisch günstigen Lage von König Philipp II. von Spanien bezeichnet.

Auf dieser Avenue mit dem prachtvollen Bürgersteig spielte sich in der Kolonialzeit das gesellschaftliche Leben der Aristokratie ab.

Iglesia y Convento de San Francisco de Asis
(Franziskanerkirche) (Oficios und Brasil (Teniente Rey))

● Historischer Hintergrund

Die ersten Mönche, die sich in Havanna niederließen, waren Franziskanermönche.

Kuba / Havanna

1570 starb **Juan de Rojas**, ein einflußreicher Mann, der in seinem "letzten Willen" verfügte, daß sein Vermögen dem Franziskanerorden vermacht werden sollte, damit dieser im Hafen von Havanna ein **Mönchskloster** bauen könne.
1580 wurde mit dem **Bau begonnen**. Bis zur **Vollendung** des Bauvorhabens vergingen noch einige Jahre. Genau weiß man es nicht. **Ende des 16. Jahrhunderts** war schließlich der "letzte Wille" von Juan de Rojas erfüllt. Der Turm des Bauwerks war einer der höchsten in Havanna. Die Originalkirche überlebte bis zum Ende des 17. Jahrhunderts. Gewitter und Stürme zerstörten sie schließlich.
1730–1738 dauerte der **Wiederaufbau** der Kirche im Barockstil. In seiner Krypta begrub man die Verstorbenen der vornehmsten Familien jener Zeit.
1762 wurde hier auch **Kapitän zur See Don Luis de Velasco** begraben. Sein Grab ist besonders hervorzuheben, weil er heldenhaft die Festung Los Tres Reyes del Morro gegen die Engländer verteidigt hat und dabei gefallen ist.
Seit 1841 sind keine kirchlichen Zeremonien mehr zelebriert worden. Zwischenzeitlich wurden hier verschiedene Dienststellen untergebracht.
Heute wird die Kirche zur **Provinzmusikschule** umfunktioniert.

Die heutige Franziskanerkirche hat **2 Fassaden**, eine zur Front und die andere seitlich.

Catedral de La Habana
(Empedrado No. 158 Plaza de la Catedral)

Öffnungszeiten
Mo–Fr 12.30–18.00 Uhr und So 9.00–12.00 Uhr

Schöne Barockfassade – Catedral

Kuba / Havanna

● **Blick in die Vergangenheit**
1748 begannen die **Jesuiten**, dieses Wahrzeichen Havannas zu bauen.
1767 wurden sie **von König Charles III. von Spanien des Landes verwiesen**, deshalb konnten sie das Gotteshaus nicht erfolgreich vollenden. Der Bau war 10 Jahre lang unterbrochen.
1777 brachte **Bischof Hechavarría** den Bau dieser christlichen Andachtsstätte zum Abschluß.
1787 wurde in **Havanna eine Diözese** (Amtsgebiet eines katholischen Bischofs) eingerichtet, die ganz Westkuba, Louisiana und Florida umfaßte.
1788 ernannte man das Gotteshaus, das vorher "nur" Kirche war, zur Santa Iglesia Catedral de la Virgen María de la Inmaculada Concepción oder später kurz **La Catedral de La Habana**. Der 1. **Bischof Havannas** wurde **Felipe de Tres Palacios**.
1796–1798 wurden in der Kathedrale die sterblichen Überreste von **Christoph Kolumbus** aufbewahrt.

Die **Barockfassade** ist eine der schönsten in Lateinamerika. Im sonst schlichten Innern der Kathedrale schmücken Gemälde die Wände. Besonders eindrucksvoll sind der Marmoraltar, der Hostienschrein, das Bild vom Heiligen Christopherus, dem Schutzpatron der Stadt, und die **Bilder des Franzosen Juan Batista Vermay**. Die Kathedrale ist kein Museum. Hier werden noch regelmäßig Gottesdienste abgehalten.

La Bodeguita del Medio (Calle Empedrado No. 207)

Beliebter Treff – La Bodeguita

● **Geschichtliches**
1942 eröffnete Angel Martinez hier einen kleinen Laden, und man nannt diese Ecke "**La Casa Martinez**".
1950 entwickelte sich der Laden zu einem kleinen Restaurant und man taufte ihn mit dem Aufkommem des Cocktails "Mojito" "La Bodeguita del Medio" (La B del M) oder einfach "**La Bodeguita**".

La B del M sah 3 Nobelpreisträger, einen Präsidenten und andere Persönlichkeiten der Schönen Künste, der Literatur, der Musik, des Tanzes, des Films und Theaters, die sich hier trafen und den köstlichen Cocktail tranken. Hier in La Bodeguita herrscht das strikte Gebot: man muß trinken, speisen, singen, lachen und die Devise respektieren: "CARGUE CON SU PEASO", was so viel heißt wie: "der gute Humor ist freiwillig".

Berühmt wurde diese Kneipe durch **Ernest Hemingway**, der dort gerne seinen Mojito trank. Sein Motto war: *"Mi mojito en La Bodeguita, mi* *daiquirí en El Floridita"* ("Meinen Mojito in La Bodeguita, meinen Daiquirí in El Floridita"). Diese Gaststätte wird sehr gern von Gästen aus dem Ausland besucht.

Palacio de los Capitanes Generales
(Tacón No. 1, zwischen O'Reilly und Obispo, Plaza de Armas)

● **Geschichtlicher Hintergrund**
1776 war der **Baubeginn** des Gebäudes. Hier konzentrierte sich die politische Macht der Insel.
1791 schrieb man beim **Bauabschluß**.
1791–1898 war der Palast **Residenz der Generalkapitäne**, der höchsten Persönlichkeiten des Landes. 65 dieser hohen Militärs regierten in dieser Zeit über Kuba.
1834 veränderte **Miguel Tacón** das Gebäude beträchtlich.
1898–1902 benutzte die **US-amerikanische Regierung** das Gebäude für ihre Zwecke als Hauptquartier.
1902–1920 diente das repräsentative Bauwerk als **Präsidentenpalast** der Pseudo-Republik Kuba.
1920–1958 hatte der Palast die **Funktion eines Rathauses**.
1959 wurde das vorherige Rathaus nach dem Sieg der Revolution zum **Museum** umgestaltet.
1967 wurde das Gebäude renoviert.

In dem Palast haben **2 wichtige Ereignisse** des Landes stattgefunden:
- die Machtübergabe der Spanier an die US-Amerikaner im Jahre 1898 und
- die Einsetzung des 1. Präsidenten Kubas im Jahre 1902.

● **Das heutige Museum**

 Öffnungszeiten
Di–Sa 15.00–18.00 Uhr und 19.00–21.00 Uhr, So 9.00–13.00 Uhr
Tel.: 61-4463, 62-0400

Die Gründung des Museums geht auf die Initiative des Historikers **Emilio Roig Leuchsenring** zurück.
Die Straße vor dem Palast ist aus senkrecht in den Boden versenkten Holzbohlen sehr solide gefertigt.
Es sind **Glocken** verschiedener ehemaliger Zuckerfabriken ausgestellt, z. B. aus den Jahren 1775, 1797, 1831 usw. Zuerst bauten die Spanier auf Kuba Kirchen und als nächstes Zuckerfabriken.
Der **Innenhof** des Gouverneurpalastes ist einer der schönsten der Stadt.
- Im Zentrum des Innenhofs sehen Sie ein **Denkmal von Christoph Kolumbus**.
- Außerdem befindet sich hier der **älteste Grabstein** des Landes aus der Kolonialzeit, nämlich aus dem Jahre 1557 von **Dona Maria de Cepero y Nieto**, einer angesehenen Frau, die durch einen unbeabsichtigten Schuß aus dem Lauf eines Gewehrs ums Leben gekommen ist.

Kuba / Havanna

- Im Hof wachsen 2 für Kuba typische Bäume: der Yagruma-Baum und die Königspalme.
In den Innenräumen können Sie beispielsweise eine Kutschen-Ausstellung, wunderschöne Möbel, wertvolle Porzellangegenstände, Schlösser und Schlüssel, Uniformen der Feuerwehrmänner, Helme und die originale Bronzestatue "Giraldilla" (Die Nachbildung befindet sich auf dem Turm des Castillo de la Real Fuerza) besichtigen.
Unter der Überschrift "Cuba Heroica" wird die Geschichte der Revolution von 1868 bis 1959 verherrlicht.

El Floridita
(Eckhaus zwischen Obispo und Monserrat)

In diesem **eleganten Restaurant** können Sie viele delikate Spezialitäten, Fischgerichte und zubereitete Meeresfrüchte kosten. Die Bar ist weltberühmt geworden, weil hier der Schriftsteller **Ernest Hemingway** sein Lieblingsgetränk trank, den hauseigenen **Cocktail "Daiquirí"**, der später nach dem Autor unter "Papa Hemingway" in der Cocktailliste erschien. Weitere Informationen finden Sie am Anfang des Kapitels 12.2 unter "Restaurants".

Tip
Nach der bisher vielleicht anstrengenden Besichtigungstour ist es empfehlenswert, in diesem historischen Lokal eine Rast einzulegen, sich zu stärken oder einen obligatorischen Daiquirí zu sich zu nehmen.

● **Die Geschichte des Daiquirí**
Dieser angenehme Cockail wurde ursprünglich in Santiago de Cuba von einer Gruppe nordamerikanischer Ingenieure kreiert, die sich in der Daiquirí-Zone auf der Suche nach Bodenschätzen niedergelassen hatten.
Sie hatten die Gewohnheit, einen Drink zu mixen, der aus Zitrone, Rum, Eis, Zucker und manchmal etwas Wasser bestand. Dieses Getränk wurde populär. Wenn sie samstags in die Stadt nach Santiago de Cuba gingen, fragten sie immer nach diesem Getränk.

Es war im Jahre 1900 als der Chefingenieur Jenning S. Cox vorschlug, einen Namen für dieses leckere Getränk zu finden. Man entschloß sich, ihm den Namen DAIQUIRI auf Grund der Gegend, in der sie lebten, zu geben.

Besondere Berühmtheit hat dieser Cocktail jedoch erst durch Ernest Hemingway erlangt.

Hier das Rezept
1 Löffel Zucker, 1 Oz. Zitronensaft, 1 $\frac{1}{2}$ Oz. Habana Club (extra trocken), 1 Oz. Maraschino, Eis in kleinen Stücken und mit Sekt (Soda) auffüllen, serviert in einem Cocktail- oder Champagner-Glas.

Kuba / Havanna

Capitolio Nacional
(Paseo de Martí (Prado) zwischen San Martín (San José) und Dragomes)

Öffnungszeiten
Mo–Fr 10.00–18.00 Uhr

- **Geschichtliches**
1929 wurde dieser monumentale Bau fertiggestellt. Er wurde errichtet, um den Abgeordneten und dem Senat einen respektablen Sitz zu schaffen.
1960 wurde das Kapitol der Sitz der **kubanischen Akademie der Wissenschaften**.

Das Kapitol ist ein **Abbild des Kapitols von Washington**.
An dem gewaltigen Bau haben 2.000 Arbeiter und Handwerker gearbeitet. Das Material bestand aus Steinen, Marmor, Bronze und Stahlkonstruktionen. Allein der Dom ist 94 m hoch. Eine monumentale Granittreppe führt zum Haupteingang hinauf, den zwei 7 m hohe Bronzestatuen von annähernd 15 t Gewicht flankieren.

In der Haupthalle, die "Salón de los Pasos Perdidos" genannt wird, steht **"La República"**, eine 14 m hohe goldbronzene, 49 t schwere Statue. Dieses riesige Monument ist das zweitgrößte seiner Art, das sich unter Dach befindet.

Abbild Washingtons – Capitolio Nacional

Es ist das Werk des berühmten italienischen Bildhauers Angello Zanelli. Die Statue ist in Bronze gegossen und mit 22-karätigem Gold überzogen. Das Standbild repräsentiert eine junge Frau, die mit einer Tunika gekleidet und mit Schild und Speer bewaffnet ist. Ihr Kopf befindet sich exakt unter dem Zentrum des Doms.

Gegenwärtig sind in dem Gebäude das **Museo de Ciencia Naturales "Felipe Poey"** (Museum für Naturwissenschaften "Felipe Poey") und die **wissenschaftlich-technische Bibliothek** untergebracht. Außerdem ist dort der Sitz der **Akademie der Wissenschaften Kubas**.

Das Kapitol ist der **Null-Kilometer-Punkt** aller Straßen, die aus Havanna herausführen. Dieser Punkt ist mit einem weiß-blauen 24-karätigen **Diamanten** aus Südafrika, der 32 Facetten besitzt und der in einen goldenen Ring gefaßt ist, gekennzeichnet.

Gran Teatro de La Habana
(Paseo de Martí (Prado) No. 452)

1915 wurde die Fassade im neobarocken Stil erbaut. Sie wurde mit Säulen, Balkons, Erkern und Skulpturen verziert. Berühmte Schauspieler, Sänger und Dirigenten haben in diesem großen Theater (2.000 Sitze!) ihre Künste gezeigt. Dazu gehören die italienischen Schauspielerinnen Adelaide Risorio und Sarah Bernhard, die Tenöre Benjamino Gigli und Enrico Caruso sowie die Dirigenten Tulio Serafín und Erich Kleiber. Das "Ballet Nacional de Cuba" und das "Conjubta Nacional de Opera" halten hier ihre wichtigsten Vorführungen ab.

Chinesenviertel
(Zanja)

Nach der Abschaffung der Sklaverei importierte man Chinesen nach Kuba, weil die Arbeitskräfte fehlten. Die Chinesen hatten sich sehr bald aus ihren anfänglich kümmerlichen Verhältnissen zu tüchtigen Geschäftsleuten entwickelt. Da sie jedoch in ihrer Mentalität sehr unterschiedlich von den Einheimischen waren, bildete sich ein eigenständiges chinesisches Stadtviertel in Havanna heraus.
Auf dem chinesischen Boulevard gibt es ein chinesisches Kino, Geschäfte, Restaurants und Apotheken. Chinesische Schriftzeichen und die flachen Gesichter der Ostasiaten lassen einen für kurze Zeit vergessen, daß man in Kuba ist.

Paseo de Prado
(Paseo de Martí (Prado), zwischen Maxímo Gómez (Monte) und Avenida Maceo (Malecón))

- **Historisches**

1772 wurde Paseo de Prado, auch Paseo de Martí genannt, unter dem **Gouverneur Marquis de la Torra** unter dem Namen "Alameda de Extramuros" (Allee außerhalb der Stadtmauern) erbaut. Entlang der Fußgängerzone stehen 2 Statuen: eine von José Martí und die andere von Juan Cemente Zenea, sowie ein Monument von Manuel de la Cruz.
1928 renovierte man die Avenue, und sie erhielt ihr heutiges Aussehen.

- **Ein Ort zum Flankieren oder Verweilen**

Vom Parque Zentral führt die 2-achsige Promenade Paseo de Prado zum Atlantik hinunter. Sie **erinnert** mit ihrem baumbestandenen, schattenspendenden Mittelteil, der eine großzügig angelegte Fußgängerzone bildet, sehr stark **an die Ramblas von Barcelona** in Spanien. Genau wie dort flankiert auch hier bis spät in die Nacht eine plaudernde Menschenmenge über die Gehsteige. Das Plaudern der Menschen, auch auf den Marmorbänken, mischt sich mit dem Tschilpen der Spatzen in den Bäumen.

Kuba / Havanna

Tip
Empfehlenswert ist es, die gesamte Paseo de Prado bis zur Hafeneinfahrt hinunterzugehen, wo Sie früh morgens auf dem Parkplatz Ihr Auto abgestellt haben. Mit dem Wagen sollten die nächsten Ziele, zunächst der Revolutionsplatz, angesteuert werden.

Plaza de la Revolución
(zwischen Avenida Charlos M. Cespedés und Avenida Rancho Boyeros)

Hier ist das Zentrum der politischen, ökonomischen und militärischen Leitung Kubas. Auf dem großzügig angelegten Gelände finden die **Massenkundgebungen** statt. Am 1. Mai marschiert die Bevölkerung hier in großer Zahl auf.

Rund um den Revolutionsplatz gruppieren sich der Palacio de la Revolución (Palast der Revolution), das José Martí-Monument, die Biblioteca Nacional (Nationalbibliothek), das Ministero del Interior (Ministerium für Inneres), Ministerio de Communicaciones (Ministerium für Post- und Fernmeldewesen), das im gleichen Gebäude untergebrachte Museo Filatélico (Museum für Philatelie) und das Terminal de Omnibus Interprovinciales (Busbahnhof).

Cementerio del Colón (Zentralfriedhof)
(Avenida Zapata, Kreuzung Calle 12 und Calle 23, Vedado)

Kunstwerke in Marmor – Zentralfriedhof

● **Kunsthistorisches**
1871 ist das Gründungsjahr dieses Friedhofs. Das gewaltige **Hauptportal** wurde in romanischem Stil von dem spanischen **Architekten Calixto de Loira** konstruiert. Außerdem entwarf er den 1. Pathenon des Friedhofs, die **Galeria de Tóbias.**
1872 wurde **Calixto de Loira selbst in der Galeria de Tóbias begraben.**

Dieser wegen seiner Architektur und seines künstlerischen und historischen Werts berühmte Zentralfriedhof soll einer der schönsten unseres Globus' sein. Beeindruckend sind die Monumente aus Marmor, gewaltig oft, wie das der Feuerwehr, sehr ansprechend auch Grabmale, wie eines, das der Grablegung Christi nach Michelangelo nachempfunden ist. Die außergewöhnliche Schönheit der Grabmäler kann im einzelnen hier wegen Platzmangels nicht beschrieben werden.
Dieser Friedhof ist nicht nur schön, sondern auch sehr groß. Mit rund **800.000 Gräbern** und ca. **100.000 Grabstätten** ist er einer der größten Lateinamerikas. Ein Wegesystem teilt ihn in verschiedene Blöcke ein.

Villa Panaméricas (Playas del Este)

Villa Panaméricas ist ein neuer Stadtteil Havannas, wo moderne Häuser gebaut wurden. Ein großes **Sportstadion** weist auf den Zweck hin, weshalb dieser Stadtteil ins Leben gerufen wurde. Er ist für die vorherigen **Panamerikanischen Sportspiele** gebaut worden. In der Hotelanlage Complejo Turistico Panamericans haben der Präsident der panamerikanischen Organisation, Vázquez Rana, und die Sportfunktionäre gewohnt. Zur Zeit sind 75% der Kapazität für die Bauarbeiter und 25% für Sportler ausgewiesen. Gegenüber dem Hotel befinden sich 9 Häuserblocks mit vermietbaren Appartements (2 oder 3 Schlafzimmer) mit einer Bettenkapazität von 2.008 Betten und 11 Geschäften. **Für sportbegeisterte Feriengäste** sind diese Unterkünfte ideal. Es stehen Sportgeräte in der Halle, das nahe Sportstadion und das Meer (nur 5 min. mit dem Auto) zur sportlichen Betätigung zur Verfügung. Es ist ein Pendelverkehr zum 7 km entfernten Strand und in die Altstadt für 3 US $ pro Fahrt hin und zurück eingerichtet.

Übernachtung
*** **Complejo Turistico Panamericans**, Calle Central, Reparto Cojimar, Habana Este, Tel.: 68-4101 bis 07, 13 Zimmer Junior (Halbsuiten), 9 Spezialzimmer, 59 Doppelzimmer, 24 Stunden geöffnete Bar, Diskothek, Swimmingpool, Sauna, Gymnastikhalle, Fahrrad-, Mofa- und Pkw-Vermietung, medizinische Betreuung rund um die Uhr.

Jardín Botánico Nacional (Botanischer Garten)
(Carretera del Globo)

Öffnungszeiten
täglich Mi–So 9.00–17.00 Uhr, in den Sommermonaten 10.00–18.00 Uhr

———————————— *Kuba / Havanna* ————————————

Voranmeldungen von Führungen
Tel.: 44-8743
Anmerkung: Es ist nicht gestattet, mit eigenen Fahrzeugen in dem Gelände zu fahren.

Omnibuslinie
80 (aus Lawton)

Mit der Einrichtung des sehenswerten Botanischen Gartens von Havanna wurde im Jahre 1968 begonnen.
Am 24. März 1984 wurde der Botanische Garten eröffnet. Er untersteht der Fakultät Botanik der Universität Havanna. Ein deutscher Professor, Johannes Wiese aus Jena, der hier 1984 tödlich verunglückte, hat sehr aktiv an diesem Projekt mitgearbeitet.
Einmalig gelungen ist bei der Anlage dieses noch jungen und großflächigen Botanischen Gartens, daß die Pflanzenarten übersichtlich nach Erdteilen geordnet angepflanzt wurden.
Das **600 Hektar** große Gelände durchziehen **35 km Wege**. Die tropische und subtropische Flora der Erde kann auf bequemen Spazierwegen bewundert werden.
• **Das kubanische Revier** umfaßt die größte Fläche des Gartens. Die hauptsächlichen Pflanzengesellschaften sind hier vertreten, z.B.:
- der **Küstendornbusch** mit verschiedenen Arten von Kakteen und Dornensträuchern,
- die **regengrünen Feucht- und Trockenwälder**, die reich an harten Edelhölzern sind,
- die **immergrünen Regenwälder** Ostkubas mit ihrer beeindruckenden Üppigkeit,
- die **Bucida-buceras-Wälder** mit den Sabalpalmenbeständen und einem weiteren großen Artenreichtum anderer Palmenarten,
- die **Pinienwälder** mit ihrem abends wohlriechenden Duft und
- die **Serpentinenvegetation** mit ihrer eigenartigen Flora und vielen endemischen Arten.
• Das **australische Revier** bietet Ihnen den schönen Anblick der *Callistemon*, des wohlriechenden *Eucalyptus* und der bekannten *Casuarinas*.
• Das **afrikanische Revier** mit seinen trockenen und feuchten Tropen bietet ein vielfältiges Bild, beispielsweise die exotische Paradiesvogelblume *(Strelitzia reginae)*, der Baum der Reisenden *(Ravenala madagascariensis)*, der Leberwurstbaum *(Kigelia pinnata)*, der Baobab *(Adansonia digitata)*, dornige Akazien, die Aloe, Euphorbien, Schraubenpalmen, Tamarind und andere Naturwunder der afrikanischen Steppen und Wüsten.
• Das **amerikanische Revier** zeigt u.a.: den Balsabaum *(Ochroma lagopus)*, der für den Bau leichter Schiffe benutzt wird, die schön blühende *Triplaris americana*, die überschwenglich blühende Bougainvillea *(Bougainvillea spectabilis)* und Sukkulenten der Trockengebiete Mexikos extra. Die mittel- und südamerikanische Flora ist vorteilhaft an einem mehr

Kuba / Havanna

oder weniger viel Wasser führenden Flüßchen angesiedelt worden, wobei ein Teil der natürlichen Vegetation stehen gelassen wurde. Endemische Pflanzen auch aus Kuba sind auszumachen.
• Ein **Palmetum** in der Mitte des Gartens zeigt eine Palmensammlung aus aller Welt, z.B. die afrikanische Ölpalme *(Elaess guineensis)* und die Faserpalmen *(Copernica*-Arten), die in Kuba endemisch sind.
• **Der archaische Wald** verbindet eine interessante Sammlung uralter und primitiver Pflanzen, so auch die Korkpalme *(Microcycas calocoma)*, ein lebendiges Fossil aus Kuba.
• **Die ökologisch-didaktische Abteilung** erläutert in kurzer Form eindrucksvoll an gut ausgewählten Beispielen die komplexen Beziehungen zwischen Pflanzen und deren Umwelt, die unterschiedlichen Arten der Bestäubung, Verbreitung von Samen und Früchten, die Beziehung zwischen Pflanzen und Boden, zwischen Pflanzen und Wasser und zwischen Pflanzen und Licht.
• Die **systematische Abteilung** bietet Ihnen ein Entwicklungsschema der höheren Pflanzen anhand eines riesigen Stammbaumes.
• Der **Ausstellungspavillon** beherbergt Wüstenflora der Alten und der Neuen Welt (Kakteen, Sukkulenten) und Pflanzengemeinschaften des tropischen Regenwaldes (Begonien, Bromelien, Farne, Orchideen, usw.). Besonderes Interesse erweckt die insektenfressende *Nepenthes diksoniana*.
• Der **Japanische Garten** ist mit besonderer Liebe an einem Gewässer hergerichtet worden. 2 Fachkräfte für japanische Gartenpflege sind ständig im Einsatz.

12.2.5 ERNEST HEMINGWAYS ZEIT IN KUBA

Ernest Hemingway hat in der Bucht von **Cojimar** sein Schiff liegen gehabt. Hier und durch den noch lebenden Kapitän Gregorio Fuentes hat er sich zu seinem Buch **"Der alte Mann und das Meer"** inspirieren lassen. In dem kleinen Fischerort wurde zu Ehren des Schriftstellers ein **Denkmal** errichtet, das allerdings, verglichen mit denen der Helden der Nation, sehr bescheiden ausgefallen ist.

Im Hause des Kapitäns Gregorio Fuentes in Cojimar

Es ist ein eigenartiges Gefühl, mit dem greisen Kapitän Hemingways zu plaudern. Er ist am 1. Juli 1898 geboren,

Nobelpreisträger – Ernest Hemingway

somit zur Zeit unserer Begegnung **fast 94 Jahre alt**. Nach einer kürzlichen Operation erfreut er sich bester Gesundheit. Mit ruhigen Sätzen berichtet er gern von seinem ersten Zusammentreffen mit dem amerikanischen Dichter, leidenschaftlichen Sportfischer und Großwildjäger Ernest Hemingway, erzählt stolz von dem Tag, als er zu seinem Bootsführer gemacht wurde und über die Abenteuer, die er mit ihm zusammen bestanden hat.

Sicherlich sind die Geschichten des alten Mannes durch das jahrelange Immerwiedererzählen allmählich etwas ausgeschmückt worden, aber der Kern der Stories ist gut erkennbar. An den Wänden hängen Gemälde, wie Gregorio Fuentes, noch in den besten Jahren seines Lebens, mit Hemingway zusammen die Seefahrt betrieben und gefischt hat.

Das Hemingway-Haus in San Francisco de Paula

Hemingways Kapitän – Gregorio Fuentes

Telefon/Anschrift
Museo Ernest Hemingway, Finca Vigía, San Francisco de Paula, Kuba, Tel.: 91-0809, Telex: 511619

Während seines Aufenthalts in Key West hat Hemingway mehrere Male Havanna besucht und Unterkunft im Hotel Ambos Mundus gefunden. **1939 bis 1960 lebte er in Kuba.**

Nachdem man mit dem alten Bootsführer Hemingways gesprochen hat, möchte man auch gern das **Haus des Schriftstellers** sehen, das jetzt ein Museum ist. Es wurde **1887 von Miguel Pascual y Baguer,** einem katalanischen Architekten, **erbaut.** Der begabte Baumeister ist auch der Erbauer von "Ermita de los Catalanes". Er war in der 1. Dekade des 20. Jahrhunderts der Präsident der "Vereinigung kubanischer Architekten". Hemingway hat dieses Haus zuerst gemietet, um hier ungestört arbeiten zu können, und dann hat er es nach dem erfolgreichen Verkauf seiner Bücher für 18.500 Pesos gekauft.

Jetzt ist das Haus ein **Museum**, aber ein Museum ganz besonderer Art. Das Haus ist so geblieben wie zu Hemingways Lebzeiten: die Bücher in den Zimmern und die Jagdtrophäen, die die Wände bedecken, haben noch ihre alten Plätze. Auffällig ist der spanische Einfluß auf den Schriftsteller, der sich in den gesammelten Kunstwerken widerspiegelt. Man darf das Haus nicht betreten. Durch den Blick in die vielen Fenster kann man sich

Kuba / Havanna

jedoch ein umfassendes Bild von den Gewohnheiten, dem Leben und dem Wirkungskreis des Künstlers machen. Das weiße Haus liegt auf einem bewaldeten Hügel, völlig abgeschieden von dem Treiben der Menschen im Tal.

Wenn Sie wißbegierig im Uhrzeigersinn das Gebäude umschreiten, was fällt Ihnen dann ins Auge? Sie blicken neugierig in verschiedene Zimmer:

● **Der Wohnraum**
In dem Wohnraum sehen Sie den **Lieblingssessel** Ernest Heminways am Fenster stehen und daneben eine **kleine Tischbar** mit seinen Lieblingsdrinks. Hier las er gerne und hörte **Musik**. Seine bevorzugten Komponisten waren: Bach, Beethoven, Mozart, Albeniz, Falla und Gershwin.

Refugium – Hemingways Haus

Stierkampfposter und **Gemälde**, die Hemingway erworben hat, wurden 1939 in dieses Haus gebracht. Die Bilder des spanischen **Impressionisten Roberto Domingo** müssen den Dichter besonders angesprochen haben. Die Liebe zu Spanien, das er in den zwanziger Jahren unseres Jahrhunderts kennengelernt hat, und die Vorliebe für Stierkämpfe haben Ausdruck gefunden in seinen Werken *"Fiesta"* (1926), *"Tod am Nachmittag"* (1932) und *"Gefährlicher Sommer"* (1960). – Aber auch andere Gemälde, so die Kopie eines Bildes des spanischen Malers **Francisco de Goya**, das unter dem Namen *"Der rote Prinz"* bekannt ist, sind hier zu finden.

● **Das Arbeitszimmer**
Hemingway pflegte, auf dem Fell eines Kleinen Kudu stehend, zu schreiben. Vielleicht rührt diese Gewohnheit des Schriftstellers daher, daß ihn seine Wunden aus dem 1. Weltkrieg dann weniger schmerzten, die er sich als Fahrer fürs "Rote Kreuz" zugezogen hat. Während des Lazarett-Aufenthalts in Mailand lernte er die Krankenschwester Agnes H. von Kurowsky kennen und lieben. Die Deutsch-Amerikanerin war die Inspiration für die Catharina in *"Farewell to the Arms"*.

Das Bett in seinem Arbeitszimmer diente mehr zur Ablage von Büchern usw. als als Ruhestatt.

Seine **Schreibmaschine**, zweifelsohne das für seine literarische Tätigkeit am meisten benutzte Utensil, steht jetzt "tatenlos" in seinem ehemaligen Arbeitszimmer herum. *"Wem die Stunde schlägt"* (1940), *"Über den Fluß*

und in die Wälder" (1950), *"Der alte Mann und das Meer"* (1952), *"Paris – ein Fest fürs Leben"* (1964), u.a. Werke sind Buchstabe für Buchstabe mit diesem Gerät geschrieben worden. Wenn diese Maschine erzählen könnte...
Die **Trophäe eines Kaffernbüffels** an der Wand könnte ebenfalls eine Geschichte erzählen. Dieser junge afrikanische Büffel tauchte urplötzlich auf, und Hemingway erlegte ihn mit einem perfekten Schuß auf seiner 1. Safari nach Tanganjika (heute Tansania) 1933–1934. Auch wenn dieser Büffel jetzt stumm ist, so ist die Jagd auf ihn in *"Das kurze glückliche Leben von Francis Macomber"* von dem Autor festgehalten worden.

- **Die Bibliothek**

Unzählige Bücher, insgesamt sollen es ca 9.500 Stück sein, teils mit Widmung von den Autoren, hauptsächlich über die Themen Jagd, Fischen, Krieg, Stierkampf, Kunst und Wissenschaft sowie klassische Romane gehören zu der sehr umfangreichen Sammlung Hemingways. Außerdem gibt es eine literarische Sammlung von Werken von Balzac, Galdos, Maupassant und Mark Twain.
Eine weiße Keramikschale mit einem Stierkämpfer, aus Pablo Picassos Atelier, wurde von Hemingway 1957 in Paris gekauft.

- **Das Badezimmer**

Dort steht eine Waage, mit der Hemingway die letzten 5 Jahre seines Lebens täglich sein Gewicht kontrolliert und darüber Aufzeichnungen geführt hat. Die Ärzt haben ihm die Diagnose "Leberzirrhose durch übermäßigen Alkoholgenuß" gestellt. Der "Patient" konnte seine Sucht jedoch nicht mehr in den Griff bekommen.

- **Der Speiseraum**

In einem großen Raum stehen u.a. 3 Stühle: einer für ihn selbst, auf der Gegenseite der seiner Ehefrau und daneben ein dritter mit Gedeck für unerwarteten Besuch. Die Möbelbeschaffung überließ Hemingway seiner Frau. Zuletzt war der Speiseraum in spanischem Stil eingerichtet.
Afrikanische und nordamerikanische **Jagdtrophäen** (Großer Kudu, Gerenuk, Orxy, Wapiti und 2 Gabelböcke) hängen an den Wänden. Hemingway war zweimal in Ostafrika auf Safari. Alle afrikanischen Jagdtrophäen dieses Zimmers stammen von seiner letzten Reise.

- **Der Turm**

Außerhalb des Hauptgebäudes befindet sich ein Turm.
- Die 1. Etage diente als **Nachtquartier für ca. 50 Katzen**.
- In der 2. Etage ist beispielsweise die Verleihung des **Nobelpreises für Literatur 1954** an Hemingway für die 1952 erschienende Novelle *"Der alte Mann und das Meer"* dokumentiert.
Seit 1950 veranstaltete der "Nautische Club Havanna" einen **Wettbewerb für Hochseeangeln**. Hemingway hat dazu einen Pokal gestiftet. Seitdem wird dieser Wettkampf jährlich meistens im Mai wiederholt, seit der Re-

volution auch mit internationalem Charakter. **1960** nahm auch **Fidel Castro** daran teil. Bei der Pokalverleihung für erfolgreiches Hochseeangeln kam es übrigens zur einzigen Begegnung Hemingway /Castro.
- In der 3. Etage hat seine letzte Frau für den Dichter ein Arbeitszimmer eingerichtet, das mit dem Bild eines erlegten Leoparden dekoriert ist. Obgleich dieser Arbeitsplatz ein sehr ruhiger Ort mit schöner Aussicht war, hat der berühmte Schriftsteller ihn nur sehr selten genutzt.

● **Swimmingpool**
Im hinteren Teil des parkartigen Anwesens liegt ein Swimmingpool, wo Hemingway täglich ca. 900 m geschwommen sein soll. Hier sind auch seine Lieblingshunde, so Blacky, Negrita und Linda, begraben.

Kuba / Havanna – Holguin – Guardalavaca

12.3 HAVANNA – HOLGUÍN (FLUG) – GUARDALAVACA

Tips
- Wenn Sie die Insel gründlich kennenlernen wollen, ist es ratsam, sich ein **Auto zu mieten** und selbst zu fahren oder sich von einem ortskundigen Fahrer oder noch besser einem zusätzlichen Reiseleiter begleiten zu lassen.
- Auf jeden Fall ist es zu empfehlen, einen **Inlandflug** von **Havanna** nach **Holguín** zu buchen, um einen doppelten Weg auf der schmalen Insel Kuba in der gesamten Länge zu vermeiden, die immerhin rund 1.200 km beträgt. Es verkehren täglich von Havanna nach Holguín Flüge. Die genauen Abflugzeiten sind auf dem internationalen Flughafen Havanna zu erfragen.
- Der Mietwagen müßte somit zum Flughafen Holguín beordert werden.

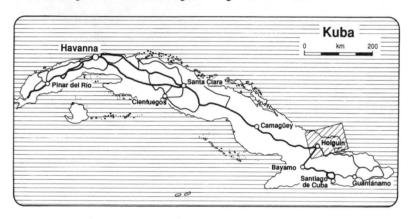

12.3.1 TOURISTISCHE HINWEISE

Entfernungen
Havanna – Holguín (Inlandsflug): 690 km
Holguín – Guardalavaca: (Straße): 54 km

Flug
Havanna – Holguín mit Cubana Air: 44 US-Dollar

Streckenhinweis
Von **Holguín** auf der **241** in nordöstlicher Richtung, zunächst durchs Bergland der Grupo Maniabón, dann durch flaches Küstenland der lagunenreichen Nordküste nach **Guardalavaca** (Km 54).

Zeiteinteilung
Von Holguín nach Guardalavaca 1 Stunde Autofahrt

12.3.2 HOLGUÍN

Touristische Hinweise

Übernachtung
**** Pernik, Avenida XX Aniversario und Plaza de Revolución, Repardo Nueva Holguín, Tel.: 4-4802, das Hotel besitzt 202 Gästezimmer mit Klimaanlage, Bad, Radio und Telefon. Restaurant, Bar, Cafeteria, Kabarett, Swimmingpool, Läden, Friseur, Schönheitssalon und Autovermietung sind vorhanden.

Restaurants
• **Brisas de Yareyal**, Carretera Central (Richtung Havanna), 15 km von Holguín, Tel.: 4-5117, kubanische Küche; Öffnungszeiten: täglich 12.00–21.00 Uhr
• **Mirador de Holguín**, auf der Spitze von Loma de la Cruz, Holguín, Tel.: 4-3868, kubanische Küche; Öffnungszeiten: täglich 12.00–21.45 Uhr
• **Polinesio**, Avenida Lenin, zwischen Agramonte und Garayalde, Holguín, Tel.: 4-3778, nationale und internationale Küche; Öffnungszeiten: 17.00–1.00 Uhr

Museen
• **Joaquín Fernández de la Vara Museo de Cienas Naturales**
Dieses naturkundliche Museum befindet sich in dem Küstenort Gibara. Es wurde 1965 mit Spenden von Joaquín Fernández de la Vara gegründet, der mehr als 40 Jahre mit dem Studium der kubanischen Naturkunde verbrachte. In den 9 Hallen des Museums wird eine große Sammlung kubanischer Fauna gezeigt.
• **Museo de Ciencias Naturales Carlos de la Torre**
(Calle Maceo)
Dieses naturkundliche Museum zeigt eine Sammlung von ausgestopften Vögeln und Säugetieren und einer großen Kollektion von Schnecken und Muscheln.

Geschichte Holguíns

In indianischer Zeit gab es einen Ort **Cubanacán**. An der Stelle liegt das heutige Holguín.

1523 gründete ein spanischer Kapitän **Francisco Gracía Holguín** diesen Ort, der seinen Namen trägt.
1726 besaß das Dorf erst **60 Häuser**.
Am 30.10.1868 wurden Soldaten der spanischen Armee in Holguín von den **Revolutionstruppen**, die der in Holguín ansässige **General Calixto García** anführte, angegriffen. Die spanischen Armeesoldaten mußten im Haus des Rondán Zuflucht suchen, wo sie ihr Hauptquartier errichteten.
06.12.1868 konnte die Belagerung erst durch ein starkes spanisches Militäraufgebot, das von Havanna im Hafen von Gibara abgesetzt wurde, durchbrochen und die Eingeschlossenen befreit werden.
24.02.1895 war der Tag, an dem die **Holguíner Revolutionäre** das wahr machten, was **José Martí** den "Notwendigen Krieg" nannte.
22.10.1895 brach ein neuer **Aufstand** los, nachdem **Antonio Maceo** seinen Protest gegen den geschlossenen Frieden zum Ausdruck gebracht hatte.
Im Nov. 1898 verließen die spanischen Truppen Holguín, und US-amerikanisches Militär unter Leitung von **Colonel Duncan N. Hood** nahm die Stadt ein.

Das heutige Holguín

Heute ist Holguín nach der letzten Volkszählung eine Stadt von 194.000 Einwohnern. Sie ist das **Zentrum eines landwirtschaftlichen Gebietes**, das in erster Linie ein Zuckerrohranbaugebiet ist. Aber auch ausgedehnter Zitrusfrucht- und Tabakanbau wird auf Plantagen des Umlands betrieben. Kulturhistorisch ist Holguín nicht so interessant. Die meisten seiner Gebäude sind reine Zweckbauten.

Von einer gewissen Bedeutung ist sicherlich das **Naturkundemuseum** "Carlos de la Torre y Huerta", in der Calle Maceo, wo **4.000 Schneckengehäuse** (!) ausgestellt sind. Am eindrucksvollsten sind die bunten *"Polymitas pictas"*. Ca. 400 präparierte Vogelarten und eine umfangreiche Mineraliensammlung sind ebenfalls sehr beeindruckend.

Strände der Provinz Holguín

Um Ihnen einen Einblick über die Vielzahl und Größe der Strände zu geben, die bereits einen Namen haben, folgende Auflistung aus der Provinz Holguín (von Westen nach Osten):

Name	Länge (m)	Besucher-kapazität	Name	Länge (m)	Besucher-kapazität
El Faro	50	100	Monumento	200	2.000
Villa Blanca	70	120	Playa Larga	1.200	4.800
Playa Blanca (Gibara)	100	1.300	Punta del Manglito	1.000	4.200
Los Bajos	1240	2.000	Punta de Mulas	1.800	5.100
Playa Blanca (Bariay)	300	3.000	Puerto Rico	200	2.000
Don Lino	70	160	Playa de Morales	800	1.900
Estero	250	2.500	La Playita	200	2.800
Pesquero Nuevo	900	4.500	Carmona	3.000	21.428
Yuraguanal	540	4.000	El Ramón	200	2.000
Carenero	170	1.700	Juan Vicente	80	800
Estero Ciego	740	1.400	Saetia	1.080	1.742
Caletica	180	1.500	La Gaviota	3.000	3.672
Guardalavaca	1.300	10.000	Corynthia	8.300	3.000
Samá	200	2.000	Barrederas	3.100	3.000
El Vino	250	2.500	Mejias	7.500	21.400
Rio Seco	150	1.500	Playa Bariay	200	2.000

Die Nordküste Kubas ist außerdem unermeßlich reich an wunderschönen und namenlosen Naturstränden, die teils völlig wild und unerschlossen sind und hoffentlich auch so bleiben.

12.3.3 GUARDALAVACA

Touristische Hinweise

Übernachtung
● *** Hotel Atlantico, am Guardalavaca-Strand gelegen, 50 min von der Stadt Holguín und vom internationalen Flughafen Holguín entfernt, hat 232 Gästezimmern und 1 Suite. 120 Zimmer haben Meerblick mit Balkon und 53 Meerblick ohne Balkon. Alle Räume sind mit Klimaanlage, Fernseher, Radio, Telefon und Bad ausgestattet. In einem klimatisierten Restaurant können Sie à la Carte oder vom Büffet wählen. Eine Kleinigkeit zwischendurch ist in einem Grill-Restaurant, in einer Snack-Bar und einer Lobby-Bar möglich.
Ein Konferenzraum, ärztliche Hilfe, Geldumtausch, Schließfach, Baby-Sitting, Buchhandlung, 2 Boutiquen, Spielraum, Schönheitssalon, Touristenbüro, Taxi- und Rent-a-car-Service, Post, Telefax stehen Ihnen zur Verfügung. An Sportmöglichkeiten und Unterhaltung bietet das Hotel: Swimmingpool mit Kinderbecken, Video-Raum, Spielraum, Billardsaal, Segeln, Windsurfen, Schnorcheln, Tauchen, Wasserski, Fischen, Moped- und Fahrradverleih, Reiten, Tennis, Volleyball, abends Musik, Tanz und Animation, Ausflüge mit 32 verschiedenen Touren, z.B. an die Bariay-Bucht, wo Kolumubus 1492 gelandet ist oder wo sein Schiff "Santa Maria" nachgebaut wird. Dort gibt es auch eine Disco. Außerden können Hubschrauberrundflüge organisiert werden. Der Strand ist teilweise angenehm mit Bäumen beschattet! Ein Neubau mit weiteren 235 Zimmern ist im Bau. Insgesamt sollen noch 6 Hotels am Strand von Guardalavaca gebaut werden.
● *** Don Lino ist eine weiträumige, gemütliche Anlage in einem sehr schönen tropischen Garten. Es befindet sich am Playa Blanca, 25 min von Holguín entfernt. 145 Holzbungalows mit Terrasse, Telefon, Dusche/WC, Radio und Ventilator stehen den Feriengästen zur Verfügung. 70 Bungalows besitzen Klimaanlage. Die sehr geschmackvoll möblierten Superior-Zimmer liegen in neu gebauten Reihenbungalows mit je 6 Einheiten. Sie verfügen alle über Dusche/WC, Kühlschrank, Radio, Klimaanlage, Sitzecke oder drittes Bett. Restaurant, Souvenirladen, originelle Nachtbar, Diskothek auf einem Schiff am Meer, Spielhalle, Tennis-Hartplatz und Möglichkeit zum Windsurfen, Wasserskilaufen, Schnorcheln, Reiten, Fahrrad-, Moped- und Autofahren sind gegeben. Außerdem gibt es noch eine Tauchschule.
● **** Guardalavaca, dieses gemütliche Mittelklassehotel liegt 300 m vom Strand entfernt. 225 Doppelzimmer mit sog. "französischen Betten", davon 14 Dreibettzimmer, Minibar, Schlüsseldepot, hellgefliestem Bad, Radio, Fernseher, Video und Telefon stehen den Gästen zur Verfügung. 36 Unterkünfte werden in Bungalowform mit Terrasse, Meerblick, Klimaanlage, Telefon, TV/Video, Musikanlage, Dusche/WC und kleiner Küche angeboten. Ein Grill, Autoverleih, Zimmer-Service rund um die Uhr, Souvenirladen und ein privater Parkplatz stehen zur Verfügung. Sport und Unterhaltung werden Ihnen am Strand, beim Segeln, Katamaranfahren, Windsurfen, Schnorcheln, Tauchen, Reiten, Tischtennis und Billard geboten. Im Hauptgebäude befindet sich die Rezeption mit Ladenstraße, Nachtbar und klimatisiertem Restaurant. Außerdem stehen Ihnen Swimmingpool mit Sonnenterrasse, Poolbar, Cafeteria und Bühne fürs Abendprogramm und, was wichtig ist, ein Arzt zur Verfügung.
● *** Hotel Río de Luna liegt etwas erhöht über dem Meer mit prächtigem Ausblick über eine Meeresbucht. Alle 105 Gästezimmer sind geschmackvoll und komfortabel mit Klimaanlage, Dusche, WC, 2 Waschbecken, Radio, Fernseher, Telefon, Minibar, Balkon oder Terrasse eingerichtet. Von allen Zimmern aus können Sie den Blick aufs Meer genießen. Es sind nur 100 m zu dem 700 m langem, weißen, feinkörnigem Sandstrand. Auch hier spenden Bäume Schatten! In dem ebenerdigen Hauptgebäude, in eigenwilligem Baustil errichtet, sind Rezeption, Lobby, Bar, Restaurant und Cafeteria untergebracht. Inmitten der Anlage liegt der Swimmingpool mit Kinderbecken und Sonnenterrasse sowie die Snackbar. An Sportmöglichkeiten

Kuba / Havanna – Holguin – Guardalavaca

mangelt es nicht. Tennis, Tischtennis, Billard, Volleyball, Wasserski, Windsurfen, Tauchen können ausgeübt werden. Boote zum Hochseeangeln (Blauer Marlin) stehen bereit. Fahrrad- und Mopedverleih und Reitausflüge werden angeboten.

Restaurant
Ancla (Anker), im Westen der Guardalavaca-Bucht auf einer felsigen Halbinsel gelegen, ist bekannt für gute Speisen, besonders Meeresfrüchte. Die Preise sind moderat. Beispielsweise kostet 1 Languste 12 US-Dollar.

Bezaubernde Strände

Das Schönste an der weitläufigen Nordküste der Provinz Holguín sind seine **blendend weißen Strände**. Von den in vorheriger Aufstellung aufgezählten 32 ist der 1.300 m lange von Guardalavaca einer der bekanntesten. Von erhöhter Küste können Sie bei Sonnenschein die verschiedenen Farben des glasklaren Atlantiks unterscheiden, vom Türkis im Flachwasserbereich über leuchtend Blau bis zu Violett in der ferneren Tiefe. Naturbelassene Vegetation kommt oft bis an die Küstenlinie heran. Auch **Christoph Kolumbus** ist bei seiner Sichtung dieses Küstenabschnitts in bewundernde Verzückung ausgebrochen, und er meinte: *"das schönste Land, das ich je sah"*...

Die Sandbucht von Guardalavaca ist seitlich von schroffen Felsen eingerahmt. Flammenbäume (Flamboyant), Mandelbäume und Strandwein spenden angenehmen Schatten. Ein **Korallenriff** ist der Küste vorgelagert. Von einer Tauchstation kann man mit einem Boot dorthin fahren.

Über die Herkunft des **eigenartigen Namens Guardalavaca** gibt es 2 Legenden. In beiden wird mit folgenden Rufen vor den Piraten gewarnt:
* *"Guarda la vaca!"* heißt: "Hüte die Kuh!" oder
* *"Guarda la varca!"* könnte es auch ursprünglich gehießen haben: "Hüte das Schiff!"

---- **INFO** ----

Information über Strandwein

Strandwein wächst in Büschen oder kleinen Bäumen in Guardalavaca und anderen Orten in der Nähe der Strände. Etwa ab April zeigen sich Früchte an den Zweigen. Sie haben Ähnlichkeit mit Weintrauben, und sie sind eßbar. Reif sind sie, wenn sich ihre Außenhaut violett färbt. Innen haben sie einen Kern, den man ausspucken muß. Die süßen Früchte eignen sich auch zur Weinherstellung. Natürlich hat dieses Getränk nicht den gleichen Geschmack wie Wein von Weintrauben.

12.4 GUARDALAVACA – BARACOA

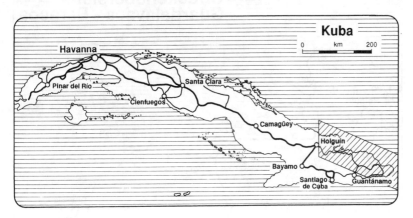

12.4.1 TOURISTISCHE HINWEISE

Entfernung
Guardalavaca – Baracoa: 307 km

Streckenhinweis
Von Guardalavaca geht es in südlicher Richtung auf der 421 bis zu einer Abzweigung (Km 26), dort rechts auf die 307, diese bis kurz vor **Báguanos** (Km 67), Abzweigung links auf die 123, diese in östlicher Richtung immer geradeaus bis **Sagua de Tánamo** (Km 200), Abzweigung links bis **Moa** (Km 237), dann auf einer Schotterstraße ganz nahe der Küste bis **Baracoa** (Km 307).

Zeiteinteilung
Mit Fotografierpausen: 6 Stunden

12.4.2 UNTERWEGS NACH BARACOA

Eine von vielen Landschulen

Nachdem man die Nordküste hinter sich gelassen hat, windet sich die Landstraße die Ausläufer des Berglandes Grupa de Maniobón hinauf. Die Landschaft ist wellig. In den Tälern liegen Obstbaumplantagen. Hier gedeihen auch Bananen. Einzelne Gruppen von Mangobäumen wechseln mit natürlichen Waldbeständen ab, und blühende Oleanderbüsche säumen die Straßenränder. Auch die Weihnachtssterne gedeihen hier wild. Ein Baum fällt besonders auf. Es ist die **Königspalme**, der Nationalbaum

Kuba / Guardalavaca – Baracoa

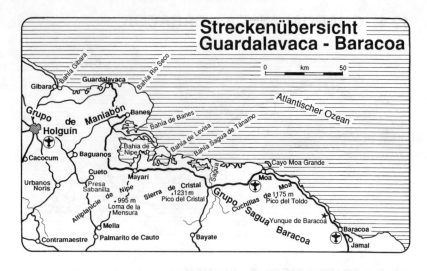

Kubas. Er ist typisch für die kubanische Landschaft. Diese Palmenart ist leicht an jeweils einer spitzen Blatthülle in der Krone des Baumes zu erkennen, die mehrere Meter steil nach oben ragt. Hier bildet sich ein neuer Palmwedel. In der grünen Umgebung trifft man immer wieder auf Dörfer. Es ist interessant, in so einem x-beliebigen Dorf eine Schule zu besuchen.

Nach der letzten Revolution, eingeleitet durch Fidel Castro, wurde die Bildung auch in das letzte Dorf Kubas getragen. Es ist Pflicht, die Volksschule mindestens 9 Jahre zu absolvieren, wenn man nicht vorher in eine höhere Schule überwechselt.

Was ist nun das Charakteristikum einer solchen Landschule?
- Vor jeder dieser Landschulen hängt oder weht die **kubanische Flagge**. Daran ist eine solche Dorfschule schon von weitem erkennbar.

Lerneifrige Kinder – Landschule

- Eine **Büste von José Martí** vor der Schule soll eine Anerkennung des Nationalhelden Kubas sein.
- Alle Schulkinder tragen **einheitliche Schulkleidung**. Die sozialen Unterschiede sollen nicht zutage treten.

- In dem Unterrichtsraum der Zwergschule ist das **kubanische Wappen** angebracht. Die Symbole, von oben beginnend, haben folgende Bedeutung:
  - Der rote Hut mit dem weißen 5-zackigen Stern ist derjenige der "Pariser Kommune".
  - Die Sonne überstrahlt die Karibische See.
  - Zwischen 2 Küsten liegt 1 Schlüssel. Der soll Kuba darstellen. Kuba, zwischen Nord- und Südamerika gelegen, ist der Schlüssel zum Golf von Mexiko.
  - Links unten sind die blau-weißen Streifen der kubanischen Flagge angebracht.
  - Rechts unten sieht man die Königspalme, den Nationalbaum Kubas.

Kubas Wappen

- Das **Nationallied** Kubas gehört mit zum Unterrichtspogramm. Das von **Perucho Figueredo** erdichtete und komponierte Lied wurde am **10. Oktober 1868** im Freiheitskampf gegen die Spanier zuerst in Bayamo gesungen, deshalb heißt es auch **"La Bayamese"**. Es wurde später in gekürzter Form zur Nationalhymne erklärt und hat folgenden Text:

> "Al combate corred, Bayamese,
> que la Patria os contempla orgullosa.
> No temáis una muerte gloriosa
> que morir por la Patria es vivir.
> En cadenas vivir es vivir
> en afrenta y aprobio sumido!
> Del clarín escuchad el sonido!
> *A las armas, valients, corred!"*

Die Übersetzung ins Deutsche lautet etwa so:

> "Auf zum Kampf, Bayameses!
> Das Vaterland wird stolz auf Euch sein.
> Fürchtet nicht ruhmreichen Tod,
> für das Vaterland sterben heißt leben.
> In Ketten zu leben ist ein Leben
> in Schande und Unterwerfung.
> Hört den hellen Ruf der Trompete!
> Ihr Tapferen, eilt zu den Waffen!"

Die "Jungen Pioniere" haben in dieser Schule einen Wettbewerb bestritten. Es ging darum, das beste Schullied zu erdichten. Als Siegespreis erhielten sie ein Diplom.
An der Wand hängt ein Bild des sehr verehrten Che Guevara.
Die Kinder basteln bestimmte Rhythmusinstrumente selbst, beispielsweise Rumbakugeln.

Arzthäuser in den Dörfern

Eine weitere **Errungenschaft des Castro-Regimes** sind die Arzthäuser in den Dörfern Kubas. Nach der Revolution 1959 hatten sich die ohnehin fast nur in den Großstädten praktizierenden Ärzte ins Ausland, in erster Linie in die USA, abgesetzt.

Ein ganz großes Lob und internationale Anerkennung bekommt Fidel Castro für seine **durchgreifende Gesundheitsreform**.

Was hat diese Neuordnung für die Landbevölkerung Kubas bewirkt?
- Ganz Kuba wurde in *"areas"* (Sektoren) eingeteilt.
- **Landarztstellen**, mit einem Mediziner mit Hochschulabschluß und einer Arzthelferin besetzt, wurden auf dem Lande, auch in den entlegensten Winkeln, errichtet.
- Die ländlichen Gemeinden sind mit einem **dichten Netz von Arztpraxen** überzogen, egal, ob in den schwer zugänglichen Bergen oder in den weiten Ebenen. Manchmal benutzen die Ärzte Pferde, um reitend zu den Kranken zu gelangen, wenn diese in schwer zugänglichen Gegenden wohnen, wo kein Straßenanschluß vorhanden ist.
- **Jeder Arzt muß einmal auf dem Lande praktiziert haben.**
- Es wurde sehr viel Mühe in die **Gesundheits-Aufklärung** besonders der Landbevölkerung verwandt, um das Bewußtsein für Fragen der Gesundheit zu wecken (Hygiene, Säuglingspflege und -ernährung).
- Heute steht **für 443 Einwohner 1 Arzt und für 1.903 Einwohner 1 Zahnarzt** zur Verfügung! Das ist ein großer Erfolg, wenn man bedenkt, daß vor 1959 die gesamte Landbevölkerung ohne ärztliche Versorgung auskommen mußte.
- Die **Säuglingssterblichkeit** ist mit 1,4% sehr gering. Stolz wird herausgestrichen, daß sie in den USA höher ist als in Kuba.
- Die **Müttersterblichkeit** im Kindbett ist verschwindend niedrig geworden. Von 100.000 Müttern sterben nur noch 47 bei der Geburt ihres Kindes.
- Die **durchschnittliche Lebenserwartung der Kubaner ist auf 73 Jahre gestiegen.**
- Nach den letzten Angaben praktizieren wieder **22.910 Ärzte und 5.335 Zahnärzte** im Lande.

Wie ist ein solches Landarzthaus eingerichtet?
Das von der Gemeinde in Gemeinschaftsarbeit solide gebaute Ärztehaus hebt sich durch seine 2 bis 3 Stockwerke von den übrigen Landhäusern ab, die meistens nur ebenerdig erbaut sind. Diese Krankenstationen sind alle nach dem gleichen Schema errichtet.
Im Untergeschoß befindet sich die Arztpraxis mit Behandlungs- und Sprechzimmer für den Arzt. Im 1. Stock wohnt der Mediziner mit seiner Familie. Falls das Haus einen 2. Stock besitzt, dann hat dort die Arzthelferin ihre Wohnung.

Kuba / Guardalavaca – Baracoa

Ein normales Landhaus

Die meisten Häuser auf dem Lande sind in einfacher Holzbauweise errichtet worden. Nach und nach werden sie jedoch auch in Stein gebaut. Fast alle Häuser besitzen elektrisches Licht. Als Einfriedigungen dienen oft Hecken aus enggesetzten Kakteen. Auffällig ist, daß rund 75% der Wohnhäuser im allgemeinen einen **Schwarzweiß-Fernsehapparat** besitzen. Es gibt jedoch auch das Farbfernsehen. In den meisten Fällen sind diese Fernseher auf Kredit gekauft. Ein Schwarzweißgerät kostet etwa 500 Pesos. Das sind bei einem durchschnittlichen Lohn von 175 Pesos pro Monat fast 3 Monatslöhne. Die Anschaffung von Radio- und Fernsehgeräten wird staatlich gefördert, um regierungsseitig gute Einflußmöglichkeiten auf die Bevölkerung nehmen zu können.

Banes

Banes ist eine Kleinstadt. Hier sieht man, daß auch Fortschritte im **Wohnungsbau** gemacht wurden, um der wachsenden Bevölkerung eine Bleibe zu bieten. **Slums**, wie in anderen lateinamerikanischen Ländern, **gibt es in Kuba nicht mehr.**

Kinderkrippen betreuen die Kinder der berufstätigen Mütter. Es gibt **keine Rassendiskriminierung.** Kinder aller Hautfarben haben die gleichen Rechte und Pflichten.

Zuckerrohrernte

Auf dem Streckenabschnitt zwischen Banes und Mayarí durchfährt man sehr flaches Gelände. Es ist in erster Linie ein weites Zuckerrohranbaugebiet. **Gleise der Eisenbahn** sind **bis in die Felder** für den Abtransport des geernteten Zuckerrohrs gelegt. Größtenteils wird die Ernte jedoch heutzutage mit Lkw über weitere Entfernungen und **Ochsengespanne** für geringere Strecken zu den Zuckerrohrfabriken oder Sammelstellen transportiert.

Zuckerrohr mit der Hand zu schneiden ist eine sehr harte Arbeit. Da sind die eingesetzten **Mähmaschinen** mit ihren Messern und den beiden seitlich angebrachten, sich schneckenförmig drehenden Stabilisatoren schon eine gewaltige Arbeitserleichterung. Auf der abgeernteten Seite, auf gleicher Höhe wie die Mähmaschinen, fährt jeweils ein Traktor mit Anhänger, der das herübergeschleuderte, zerkleinerte Zuckerrohr aufnimmt. So einfach ist das. Es muß nur genügend **Treibstoff** für die Maschinen vorhanden sein. Das ist zur Zeit das Problem Kubas, nachdem die ehemalige UdSSR und die ehemaligen Warschauer-Pakt-Staaten Kuba nicht mehr mit genügend Treibstoff versorgen.

Wichtigstes lnadwirtschaftliches Produkt – Zuckerrohr

Yagrumas

Las Yagrumas sind **Bäume**, deren Blätter, wenn der Wind kräftig durch ihre Wipfel streicht, ihre **silbrigweiße Unterseite** zeigen. Diese Bäume sind nach den Königspalmen, den Nationalbäumen Kubas, die **zweitwichtigsten** Bäume des Landes.

INFO

Las Yagrumas – Verbündete der Rebellen

Wie können Bäume Verbündete der Rebellen sein? Das ist zur Zeit der Unabhängigkeitskriege gegen Spanien ein Geheimnis gewesen.

In der kubanischen Landschaft kommt diese Baumart nicht häufig, aber regelmäßig und meistens als einzelner Baum vor. Doch dort, wo ein solcher Baum wächst, ist er sehr auffällig wegen seiner im Wind silbrigweiß leuchtenden Blätter.

Die Blätter der Yagrumas haben die Eigenschaft, wenn sie welken und austrocknen, knüllen oder krümmen sie sich wie eine geschlossene Hand zusammen. Manchmal bleiben diese vertrockneten, normalerweise zu Boden fallenden Blätter im Baum an einem am Blatt befindlichen Haken im Geäst hängen.

Kuba / Guardalavaca – Baracoa

Wie eine geschlossene Hand – Yagruma

Die Kämpfer des Unabhängigkeitskrieges besahen sich bei ihrem Partisanenkampf stets sehr genau jeden, nicht all zu häufig anzutreffenden Yagruma-Baum, denn in den eingerollten Blättern befanden sich wichtige, auf Papierzettel geschriebene Informationen anderer Trupps von Widerstandskämpfern versteckt. Die herabgefallenen trockenen Blätter mit den geheimen Nachrichten wurden wieder an den Baum gehängt.

Hinter dieses Geheimnis der getarnten Nachrichtenübermittlung sind die Spanier nie gekommen.

Moa

Die Landschaft um Moa ist sehr reizvoll. Felder sind oft durch wilde Ananas begrenzt. Die urwaldüberzogenen Berge kommen bis dicht an die Gestade des Atlantischen Ozeans heran. Pinienwälder, verfilzte Buschvegetation, dazwischen Brotfruchtbäume, unübersehbar die alles überragenden Königspalmen, einfache Hütten der Bewohner wechseln miteinander ab.

Der Küste vorgelagert liegt ein Korallenriff dicht unter der Meeresoberfläche, für die Schiffahrt gefährlich und für die Taucher ein wahres Unterwasserparadies.

Was Moa nicht gerade verschönt, sind die **Fabrikanlagen des Nickelabbaus**. Die Nickelvorkommen in Moa sollen jedoch die größten unserer Erde sein. Nach der Revolution 1959 haben die Fabrikbesitzer ihr Werk verlassen und sind in die USA emigriert. Das Werk lag dann still. **Che Guevara** hat nach der Revolution dafür gesorgt, daß das Werk weitergeführt wurde. Nach ihm heißt das Werk jetzt: "Fabrica Che Guevara". Das Nickel-Erz wird im Tagebau mit großen Baggern abgebaut. 1885 wurden 18.000 t gefördert. Heute ist es die doppelte Menge. Investitionen sollen die Kapazität auf weitere 30.000 t erhöhen.
Moa besitzt auch einen Flughafen.

12.4.3 BARACOA

Touristische Hinweise

Übernachtung
** Hotel Castillo Baracoa, Tel.: 42147, 42103, 42175, eine ehemalige Burg, auf einem Berg gelegen, mit wunderschönem Rundblick, besitzt 34 Gästezimmer mit Klimaanlage, Dusche, Telefon, Radio, Fernseher, einen Innenhof, Diskothek und Bar.

Museum
Museo Matachín, Tel.: 42122, empfehlenswert, sehr übersichtliche Anordnung, gibt einen sehr guten Einblick in die Geschichte Kubas. Besonders die Ausführungen des engagierten Historikers **Alejandro Hartmann Matos**, des Direktors des Museums und Geschichtsschreibers von Baracoa, verdeutlichen sehr anschaulich die kubanische Historie.

Flugverbindungen
Es gibt hier 3 Flugverbindungen:
Havanna – Baracoa,
Baracoa – Santiago de Cuba,
Baracoa – Guatánanamo.

Überblick

Baracoa ist die **älteste Stadt** Kubas. Sie wurde 1511/12 von Diego de Velázquez gegründet und liegt zwischen 2 Buchten, der Baracoa-Bucht und der Honigbucht.

Die **3 Festungen** El Castillo, Matachín und La Punta, im 18. Jahrhundert errichtet, sollten damals über die Sicherheit der Stadt wachen.

Die Einwohnerzahl ist heutzutage auf ca. 100.000 angewachsen.

Ein markanter, oben abgeflachter Berg ist der sog. **El Yunque**, der Christoph Kolumbus schon bei seiner Ankunft am 27.11.1492 aufgefallen ist. Er hat darüber berichtet. "El Yunque" bedeutet so viel wie "der Amboß".

Markanter Tafelberg – El Yunque

Besuch des historischen Museums Matachín

• **Kultur der Ureinwohner Kubas**
Indianerstämme (Arawaken/Tainos) sind mit kleinen Booten von Südamerika über die übrigen Antilleninseln (außer Jamaika) nach Kuba zwischen 1000 und 1500 n. Chr. eingewandert. Der abgebildete **Berg El Yunque**, der zum National-Monument erklärt worden ist, und der Fluß **Río Toa**, beide den Indios gut bekannt, sowie Eingeborenen-Boote, mit denen der Fluß befahren wurde, sind hier abgebildet. – **Menschliche Knochenreste** der ausgegrabenen Arawaken, die von ziemlich kleiner Statur waren, sind zu sehen. Man hat auch **Tonscherben** der Urbevölkerung gefunden. – Ferner sind Abbildungen über die **Kanus** (Einbäume) und verschiedene **Kultgegenstände** ausgestellt.

Leben der Arawaken – Museum Matachin

Die Indianer betrieben bereits **Landwirtschaft**. Sie bauten Süßkartoffeln, Mais und Maniok an. Ihre Nahrung bestand außerdem aus Meeresschildkröten, Leguanen und einer Art Hund, der stumm war. Dieses Haustier wurde gemästet und dann geschlachtet. Christoph Kolumbus hat hierüber in seinem Tagebuch berichtet. – Die **Hütten** wurden aus den Bestandteilen der Königspalme hergestellt. – An **Werkzeugen** wurden Mahlsteine, Messer und Äxte aus Stein verwendet. – Erste Ansätze der **Malerei** sind erkennbar (menschliche Figuren). – In einem **Gemeinschaftstanz** (*areito*) faßte man sich an die Hände und tanzte in der Runde.

Heutzutage gibt es auf Kuba **keinen Indianerstamm mehr**. Hier in Ostkuba sind **einzelne Indios**, deren Rassenmerkmale (kleine Statur, glattes, schwarzes Haar, hohe Backenknochen, gelbliche Haut) noch erkennbar sind, in die übrige kubanische Gesellschaft eingegliedert.

• **Naturreservat Río Toa**
Dieses Naturschutzgebiet ist von der UNESCO als **Reservat der Erdbiosphäre**, welche die Gesamtheit der von Lebewesen besiedelten Teile der Erde umfaßt, anerkannt worden. **Sehr viele endemische Arten** der Flora und Fauna sind hier anzutreffen.
98 Holzarten in Baracoa, von denen Proben in einer Sammlung zusammengefaßt sind, zeugen von dem Artenreichtum an Bäumen in dem Urwaldgebiet entlang des Río Toa.

Kuba / Guardalavaca – Baracoa

● **Das Kolumbus-Kreuz von Baracoa**
Am 11. Dezember 1492 hat Christoph Kolumbus in Baracoa an der Hafeneinfahrt, die er San Puerto (Heiliger Hafen) nannte, ein **Holzkreuz** aufstellen lassen. Hier im Museum befindet sich ein Foto dieses Kreuzes. Es ist das einzige Kreuz, das Kolumbus in Kuba gelassen hat. Das Original ist in der Kathedrale von Baracoa aufgestellt.

Mit Hilfe eines Spezialisten einer belgischen Universität ist bestätigt worden, daß das Alter des Holzes von diesem Kolumbus-Kreuz in das 15. Jahrhundert n. Chr. eingruppiert werden kann.

● **Der 1. Gottesdienst Kubas**
Es ist bestätigt, daß der 1. **Gottesdienst Kubas** unter einer Ceiba (Kapok-Baum) abgehalten und daß die 1. **Kirche Kubas** in Baracoa erbaut wurde.

● **Der Kolonisator Diego de Velázquez**
Das Schiff, mit dem Diego de Velázques nach Baracoa gekommen ist, um das Land zu kolonisieren, ist hier abgebildet.

● **Entwicklung der Landwirtschaft in Baracoa**
- **Kaffeeanbau**
In der 1. Hälfte des 19. Jahrhunderts haben sich über 100 französische Familien, die aus Haiti geflohen sind, in Baracoa angesiedelt. Sie brachten die Kenntnisse über den Kaffeeanbau hierher mit und legten Kaffeeplantagen an. Aufschreibungen und Buchführung über ihre Kaffeeanbaumethoden sind hier im Museum aufbewahrt.
- **Kokosnußplantagen**
Baracoa hat den **höchsten Anteil an Kokospalmen im Lande**. Ein u.a. aus Kokosraspeln und Honig gefertigtes Produkt wird nur in einem kleinen Betrieb in Baracoa in Kuba hergestellt. Man nennt dieses sehr süße Gebäck: **Cucurucho**. Wir werden seine Fertigungsstätte anschließend besuchen.
- **Bananenkulturen**
Vor der Revolution 1959 war Kuba ein sehr wichtiger Bananen-Produzent der USA.

● **Das Wappen von Baracoa**
Auf dem Wappen von Baracoa liest man in lateinischer Aufschrift, ins Deutsche übersetzt: "Obgleich ich die kleinste der Provinzen bin, bin ich immer die erste in der Zeit!"

● **Der Unabhängigkeitskrieg**
In den Kämpfen um die Unabhängigkeit Kubas hat Baracoa immer eine wichtige Rolle gespielt. Alle Führer sind in alten Fotografien festgehalten worden, u.a. die wohl wichtigsten Persönlichkeiten: **Antonio Maceo** und **José Martí**.

Kuba / Guardalavaca – Baracoa

- **Die Weißrussin**

Sie stammte aus einer reichen Familie. Ihr Vater war General des Zaren von Rußland, der in der Oktober-Revolution erschossen wurde. Sie floh aus Rußland, verbarg sich in verschiedenen Ländern Europas und ist schließlich **1929 in Baracoa angekommen**. Hier hat sie einen russischen Juden namens Alberto Menacé geheiratet. Die beiden haben dann ein Hotel gebaut. Die Weißrussin hat den Führern der kubanischen Revolution Sympathie entgegengebracht. Sie hat Fidel Castro, seinem Bruder Raoúl Castro und Che Guevara Unterkunft gewährt. So hat sie sich, ursprünglich aus einer zarentreuen Familie stammend, die den Kommunismus bekämpfte, in eine Revolutionärin umgewandelt.

Alejo Carpentier, ein bekannter Schriftsteller Kubas, hat die Geschichte der Weißrussin als Roman herausgegeben.

- **Die Revolutionsgeschichte**

Im letzten Teil des Museums ist die **Revolutionsgeschichte Kubas** mit ihren überragenden Persönlichkeiten behandelt, allen voran Fidel Castro und Che Guevara. Abschließend werden die Erfolge des Sozialismus in Kuba von 1959 bis 1989 hervorgehoben.

Weitere Sehenswürdigkeiten

- Die **Uferpromenade** wurde 1959 gebaut. Hier werden jährlich Volksfeste und der Karneval gefeiert. Am Ufer wächst der naturbelassene Strandwein. Ein großes Privileg Baracoas ist die frische Luft, hier auf der Uferpromende besonders spürbar. Es gibt keinerlei Luftverschmutzung durch Smog und Industrieabgase.

- Das **Hotel der Weißrussin** war früher ein Treffpunkt bekannter Persönlichkeiten, wie Fidel Castro, Che Guevara und bekannter Schriftsteller.

- In der **Festung La Punta** hat sich z. Zt. ein Restaurant etabliert. Im nächsten Jahr soll dort ein Museum eingerichtet sein.

- Das **Hotel Puerto Santo** auf der gegenüberliegenden Seite der Bucht öffnet in nächster Zeit seine Tore. Dort ist der Ort, wo Christoph Kolumbus 1492 das berühmte Holzkreuz an der Hafeneinfahrt errichten ließ. Eine Nachbildung des Kreuzes markiert die Stelle.

Friseur mit Gitarrenbegleitung – Maceo-Straße

Kuba / Guardalavaca – Baracoa

- Bekannt ist auch die malerische **Maceo-Straße** mit Holzhäusern aus dem vorigen Jahrhundert, wo Musikanten, Friseure und andere Handwerker ihrem Gewerbe nachgehen.

- Am **Zentralplatz** der Stadt können Sie das **Denkmal des Indianerhäuptlings Hatuey** besichtigen, der von der Dominikanischen Republik nach Kuba herüberkam, als Rebell den Spaniern sehr zu schaffen machte und der schließlich von diesen bei lebendigem Leib verbrannt wurde. 20 Jahre später rächten die Indianer seinen Tod dadurch, daß sie Baracoa niederbrannten. Das markante Profil Hatueys ziert heute eine bekannte Biermarke in Kuba.

- In der **Kathedrale** von Baracoa wird das Originalkreuz von Christoph Kolumbus aufbewahrt. Auf dem Platz versammeln sich gern die Männer zum **Dominospiel**.

Beliebte Beschäftigung – Dominospiel

- Das **Denkmal des Generals Antonio Maceo** liegt etwas außerhalb der Stadt. Maceo gilt heute noch als der mutigste und hartnäckigste Kämpfer gegen die Spanier. Er errichtete in Baracoa einen Stützpunkt des Widerstandes. Bis auf die 3 Festungen, die er nicht erobern konnte, kontrollierte er das ganze Gebiet um Baracoa. Auf dem Gedenkstein ist sein für ihn bezeichnender **Wahlspruch** eingemeißelt:

"La Libertad se conquista
con el Filo del machete,
no se pide: mendicar derechos
es propio de corbardes
incapaces de ejercitarlos."
A. Maceo
El Roble Julio. 14 de 1896

Frei übersetzt ins Deutsche bedeutet dieser Ausspruch:

"Die Freiheit erobert man mit der Schärfe der Machete.
Man erbittet sie nicht.
Diejenigen, die um ihre Rechte betteln,
sind feige und unfähig sie auzuüben.
A. Maceo
El Roble, 14. Juli 1896

Kuba / Guardalavaca – Baracoa

INFO

Antonio Maceo – der mutige General

1845 wurde Antonio Maceo in Santiago de Cuba geboren. Sein Geburtshaus ist heute als Museum eingerichtet.

1868 leiteten Carlos Manuel de Céspedes, Máximo Gómez und Antonio Maceo eine **Rebellion** gegen die spanische Kolonialmacht ein. Die Rebellen hätten mit ihren armseligen Waffen und schlecht ausgerüstet kaum Boden gegen die spanische Kolonialarmee gewinnen können, wenn es nicht Antonio Maceo gegeben hätte. Man nannte den Mulatten: *"Bronzetitan"*.
Er war ein **Draufgänger**, der ohne Kompromisse nach seinem oben angeführten Wahlspruch handelte. Seine guerillaartigen Überfälle setzten die spanischen Soldaten in Angst und Schrecken. In einer Blitzkarriere stieg der sehr beliebte und energische Maceo zum General der Rebellenarmee auf, die zunächst mit dem Schimpfwort *"mambísis"* verunglimpft wurde. Diese diskriminierende Bezeichnung leitete sich aus dem afrikanischen Bantuwort *"mbi"* ab, und sie bedeutet so viel wie Banditen und Verbrecher. Die Rebellen machten jedoch aus dem ursprünglichen Schimpfwort für sie einen Ehrennamen. Mambísis wurde fortan mit Guerilleros und Patrioten gleichgesetzt, die gegen das System der Sklavenarbeit und die koloniale Unterdrückung kämpften, allen voran Antonio Maceo mit seinen **Blitz-Attacken**.

1878 wurde der sog. 10-jährige Krieg durch einen **Friedensvertrag von Zanjón** beendet, mit dem General Maceo sich nie abgefunden hat, denn dieser Vertrag billigte zwar den Kubanern bürgerliche Rechte zu und hob die Sklaverei auf, sah aber die Unabhängigkeit Kubas nicht vor. Maceo ging daraufhin enttäuscht nach Jamaika ins Exil.

1894 traf sich Antonio Maceo mit José Martí und Máximo Gómez in New York zu einer Beratung über eine Invasion in Kuba und über die endgültige Vertreibung der spanischen Kolonialmacht. Man konnte sich jedoch nicht einigen.

1896 starteten Antonio Maceo und Máximo Gómeze doch eine **Invasion** im Westen Kubas. Noch im gleichen Jahr ereilte Antonio Maceo der **Tod**.

Ausflüge in die Umgebung von Baracoa

Wenn Sie die Ausfallstraße in Richtung Moa (nach Westen) fahren, können Sie die 3 folgenden empfohlenen Ausflugsziele erreichen:

- **Cucurucho-Fertigungsstätte**

Hier können Sie die einzige Produktionsstätte für Cucurucho, die es in Kuba gibt, besuchen. Alle Schritte des Fertigungsprozesses werden in Handarbeit ausgeführt. Es wird ein Gemisch aus Kokosraspeln, Honig und Pampelmusen hergestellt und in selbst gefertigte Tüten aus Palmenblättern abgefüllt. Cucurucho soll angeblich 1 Monat ohne Kühlschrank-Lagerung haltbar sein.

- **Río Duawa**

Sehr klares Wasser fließt hier über helle Kiesel zu Tal. Lichtdurchflutet sind die baumbestandenen Uferpartien. Schmetterlinge flattern von Blüte zu Blüte. Palmenwedel glänzen im Gegenlicht. Frauen kommen zum Wäschewaschen an den Fluß und breiten die einzelnen Stücke zum Trocknen und Bleichen auf den Steinen aus, kurz eine Idylle!

Hütte auf Pfählen – nahe des Río Duawa

- **Río Toa**

Dieser Fluß besticht durch seine Schönheit, weil hier der menschliche Eingriff noch nicht störend feststellbar ist. Tropisch feuchte Urwälder mit vielen endemischen Pflanzen und eine noch ungestörte Fauna, besonders an Vögeln und Insekten, begeistern jeden Naturliebhaber.

12.5 BARACOA – SANTIAGO DE CUBA

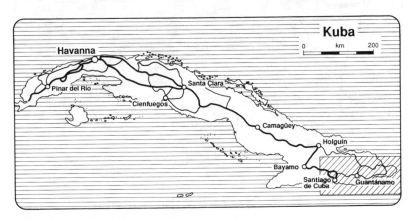

12.5.1 TOURISTISCHE HINWEISE

Entfernung
Baracoa – Santiago de Cuba: 235 km, mit Abstecher zum "Steinzoo": 259 km

Streckenhinweis
Von **Baracoa** auf der N 1 zunächst in südlicher Richtung und nach Erreichen der Südküste in westlicher Richtung bis bis **Guantánamo** (Km 149), Abzweigung **rechts** bis **Jatera** (Km 158), dort Abzweigung **rechts** zum "Steinzoo" (Km 161), das durch ein Löwenstandbild mit dem Schild "Parque Zoologica de Piedra" angezeigt ist, Rückfahrt nach **Jatera** (Km 173), Abzweigung **rechts** wieder auf der N 1 bis **Santiago de Cuba** (Km 259).

12.5.2 ÜBERQUERUNG DER SIERRA DEL PURIAL

Die Straße schlängelt sich kurvenreich über die **Sierra del Purial**. Auf der Nordseite der Berghänge herrscht noch **dichte Vegetation des tropischen Bergregenwaldes**, dazwischen wachsen von den Menschen künstlich angepflanzte Bananenstauden, Kokospalmen und Brotfruchtbäume. Je steiler es bergan geht und je weiter man sich von der Küste entfernt, je dünner wird die menschliche Besiedlung der Bergregion. **Baumfarne** recken ihre gefiederten Wedel in den blauen Himmel. **Epiphyten** wachsen in den Astgabeln und auf den waagerechten Ästen der Bäume. Im Bergregenwald sind Parzellen mit **Kakaoanpflanzungen** im Halbschatten der Urwaldbäume angelegt. Männer, denen man hier begegnet, tragen durchweg ein großes Buschmesser bei sich, eine Machete, Waffe und Werkzeug für vielerlei Verrichtungen zugleich. In den **Kammlagen des Gebir-**

Kuba / Baracoa – Santiago de Cuba

ges trifft man auf **ausgedehnte Pinienwälder**. Farnkräuter wachsen am Wegesrand, und hier in den höheren Bergregionen wurde teilweise **Kaffee** angebaut. Wo die natürliche Vegetationsdecke für den Plantagenbau entfernt wurde, tritt der **rote Lateritboden** zutage, der typisch für Auswaschungen durch heftige Regenfälle und Verwitterung in den Tropen ist.

Nach 28 km Fahrt von Baracoa überquert man den **Río Yumburu**. Es folgt nach Km 35 ein **Aussichtspunkt**, wo man die Blicke weit über das wilde Bergland schweifen lassen kann. Aus dem Bergurwald ragen vereinzelt Königspalmen, Würgfeigen und wilde Mangobäume heraus. Die weiter entfernten Bergrücken verlieren sich im Dunst und haben eine schieferblaue Färbung angenommen.

Bei Kilometerstand 42 spannt sich eine Brücke über den Gebirgsfluß **Río Rojo** (roter Fluß). Frauen waschen ihre Wäsche im Bergwasser, und die schwarzen **Truthahngeier** fliegen ihre "Aufklärungsflüge" entlang des Gewässers.

Dann rollt man in eine **trockene Küstenebene**. Die vorher noch grüne Vegetation hat sich abrupt geändert. Braun- und Gelbtöne herrschen jetzt während der Trockenzeit vor, ein dürres Land mit verdorrtem Gras, Dornenbüschen, Hitze und Trockenheit gewohnten Pflanzen und vereinzelten Kakteen. Es hat sich eine völlig andersartige Landschaft **im Regenschatten der Berge** aufgetan.

Die letzten Wolken sind verschwunden, und plötzlich sieht man die **Karibische See** smaragdfarbig blinken. Jetzt führt die Straße in westlicher Richtung direkt am Meer entlang. Links die ruhige See und rechts zerklüftetes **Kalkgestein** mit vielen Spalten, Schluchten und Höhlen, das mit dornigem Buschwerk, Kakteen und **gelb blühenden Agaven** bewachsen ist. An den Straßenrändern sind teilweise Bougainvilleas gepflanzt, deren violettrote Blüten von grün schimmernden, schwirrenden **Kolibris** besucht werden.

Nach 87 km von Baracoa erreicht man **San Antonio de Sur**. Diese Kleinstadt hat den Charakter einer kleinen **Oase** inmitten des dürren Landes. In einer Saline links am Meer verdunstet Meerwasser zu einer zähen Salzkruste.

Nach Km 93 schwenkt die Asphaltstraße von der Küste ins Binnenland, um eine Halbinsel zu durchschneiden. Hier wird großflächig **intensive Landwirtschaft** betrieben. In einer weiten Ebene werden Felder mit Blumen, Bananenkulturen, Mais und Süßkartoffeln künstlich bewässert. Große Flächen sind eingezäunt, wo viele Rinder weiden.

Dann sieht man, so weit das Auge reicht, nur die schilfartigen harten Blätter des Zuckerrohrs, die metallisch im Wind klirren.

12.5.3 DER STEINZOO

Im Gegensatz zu den Figuren aus Stein im Baconao-Park bei Santiago de Cuba, den wir noch besuchen werden, wo die Figuren mit Hilfe von Beton und Eisengerippe gefertigt und stabilisiert wurden, hat hier ein Bildhauer die Skulpturen aus Natursteinen herausgearbeitet. Diesem Mann soll jetzt ein Besuch abgestattet werden.

―――――― **INFO** ――――――

Angel Inigo Blanco – Bildhauer aus Leidenschaft

Der Künstler erzählt aus seinem Leben und wie er dazu kam, Bildhauer zu werden:

Er habe schon als Kind gerne Holzstücke mit dem Messer bearbeitet. So seien die ersten Holzfiguren entstanden. Später habe er aus Zeitvertreib angefangen, und weil es ihm Freude bereitete, auch Steine zu behauen.
Schon erwachsen, baten ihn bei der Zuckerrohrernte andere Arbeiter, für die besten Kollegen zur Belohnung solche Figuren zu erarbeiten, weil er doch dazu die Fähigkeit besitze. So habe er begonnen, Stücke in größerer Zahl zu modellieren. Später habe er bemerkt, daß in dieser Gegend sehr viele größere und kleinere Kalksteine verstreut herumlägen, die an Ort und Stelle gut bildhauerisch genutzt werden

> könnten. Er habe in seiner Freizeit angefangen, aus dem anstehenden
> Gestein Tierfiguren herauszumeißeln. So ist allmählich dieser Zoologische Garten aus Stein entstanden. Insgesamt sind bisher 318 Figuren geschaffen worden.
>
> Anerkennungen seien ihm zuteil geworden, und eine Medaille für "nationale kulturelle Arbeit" habe man ihm auch überreicht.
>
> *1985 sei dieser "Steinzoo" zum kulturellen Denkmal erklärt worden.*
> Große und kleine Tiere und auch eine Indianergruppe gehören zu seinem Werk. Jede Figur werde aus einem einzigen Stein herausgeschlagen. Er habe Reisen nach Rußland und in die Tschechoslowakei unternommen, dort habe er jedoch nirgends etwas Ähnliches oder Vergleichbares wie hier gesehen.

Man kann bestätigen, daß das Lebenswerk dieses Künstlers einmalig ist. Um einen Einblick zu gewähren, welche Tierfiguren hier geschaffen worden sind, sollen einige der 318 genannt werden. Löwe, Pfau, Elefant, Affe, Perlhühner, Krebs, Wolf, Kaninchen, Schildkröte, Frösche, Boa, Wildschwein, Krokodil, Leopard mit Beute, Riesenschlange mit Zebra kämpfend, Panzernashorn, Truthahn und andere Tiere mehr geben sich hier ein Stelldichein.

12.5.4 GUANTÁNAMO

Übernachtung
*** Guantánamo, Calle 13, zwischen Norte und Ahogados, 112 Zimmer mit Klimaanlage.

Bei Kilometerstand 173 erreicht man die geschäftige Stadt Guantánamo. Sie hat etwa 180.000 Einwohner und liegt in einer Region, wo hauptsächlich Zuckerrohr, Kaffee und Zitrusfrüchte angebaut werden. Der Süden der Ebene ist zur Salzgewinnung gut geeignet.

1903 hat die **USA** einen **über 99 Jahre gültigen Pachtvertrag** über ein 114 km² großes Gelände im südlichen Teil der Bucht von Guantánamo abgeschlossen. Der starke Nachbar im Norden unterhält dort eine **Marinebasis.** Kubanische Handelsschiffe haben das Recht auf freie Durchfahrt. Der Pachtvertag wurde 1934 erneuert.

Die jetzige kubanische Regierung protestiert seit der Machtergreifung Fidel Castros 1959 gegen diesen Vertrag und fordert vergeblich die Rückgabe dieses Gebietes. Es wird wie ein Dorn im Fleisch der "grünen Eidechse" empfunden – so nennt man auch Kuba.

12.6 SANTIAGO DE CUBA – DIE HEROISCHE STADT

12.6.1 ÜBERBLICK

- Santiago de Cuba sprüht voller Leben. Es ist eine farbenfrohe Stadt. Seine Menschen sind von dunklerer Hautfarbe als im Westen Kubas. Mehr afrikanische Elemente sind hier im "Oriente" eingewoben.
- Die Stadt ist auch ein **Ort der Poesie und der Musik**. Unzählige Musik- und Tanzgruppen halten die Volksmusik am Leben. Im **Karneval** offenbaren die Menschen dieser Stadt ihr ganzes Temperament und ihre Lebensfreude. Es geht dann hier sehr ausgelassen und turbulent zu.
- Außerdem ist Santiago de Cuba mit seinem umliegenden Bergland die **Stadt der Rebellen**. Aufstände gegen die Spanier und gegen das verhaßte Batista-Regime haben in dieser Region ihren Anfang genommen. Es hat sich in dieser Gegend schon früh eine **Schicht freier Bauern und freiheitlich denkender, stolzer Menschen** gebildet, die sich gegen jede Bevormundung auflehnten.
- Obgleich Santiago de Cuba zu den Großstädten zählt, hat es seinen **lebendigen kleinstädtischen Charakter** bewahrt. Mit seinen etwa **350.000 Einwohnern** ist es die zweitgrößte **Stadt** des Landes und die Provinzhauptstadt der gleichnamigen Provinz, die früher Oriente genannt wurde. Auffällig sind die vielen **Holzhäuser**, die sich wegen der Erdbebengefahr als sicherer erwiesen haben als Gebäude aus Stein.
- Die Stadt besitzt einen sehr günstig gelegenen **Naturhafen.** Er war die Grundlage für die Entwicklung zu einem bedeutenden Handelszentrum.
- 1947 ist die Hafen- und Industriestadt Santiago de Cuba auch der Sitz einer **Universität** geworden.
- Heute ist der **Parque Céspedes** mit seinen umliegenden Gebäuden, Sehenswürdigkeiten und einmündenden Straßen in der Altstadt von besonderem touristischen Interesse.
- Berühmt ist auch der **Friedhof Santa Ifigenia**, u.a. wegen des Grabmals von José Martí und anderer wichtiger Persönlichkeiten des Landes.
- Die **Umgebung der Stadt** ist sehr reizvoll. Santiago de Cuba hat **eine der schönsten Buchten** Kubas mit ihren versteckten Winkeln.

12.6.2 TOURISTISCHE HINWEISE

Übernachtung
- *** **Las Américas**, Avenida de las Americas und General Cebreco verfügt über 68 Gästezimmer. Alle Zimmer haben Klimaanlage, Bad/WC, Radio, Telefon. Restaurant, Bar und Swimmingpool gehören mit zum Service.
- *** **Balcón del Caribe**, 7 km entlang der Carretera del Morro, Tel.: 6561-66, stellt den Gästen 72 Zimmer mit Klimaanlage zur Verfügung.
- ** **Bayamo**, Calles Eneamada und San Felix, hat 45 Zimmer mit Klimaanlage verfügbar.

Kuba / Santiago de Cuba

- ** Casa Grande, Calles Lacret und Heredia vermietet 62 Gästezimmer mit Kimaanlage. Das alte Kolonialgebäude hat die zentralste Lage aller Hotels der Stadt, direkt am Parque de Céspedes. Es wird jedoch vorzugsweise an Kubaner vermietet.
- *** Castillo, Calixto García hält 23 Zimmer mit Klimaanlage für Gäste bereit.
- *** Motel Leningrado, Carretera Siboney, 1,5 km stellt den Gästen 32 Zimmer mit Klimaanlage zur Verfügung. Restaurant, Bar, Cafeteria und Diskothek gehören zur Anlage. Es ist ein Geschenk Moskaus.
- ** Motel Rancho Club, Altura de Quintero bietet 29 Bungalows mit Klimaanlage an.
- ***** Hotel Santiago de Cuba, Avenida de los Américas und Calle M, Tel.: 42612, besitzt 270 Gästezimmer, Präsidenten-Suite, 3 weitere Suiten, 30 Junioren Suiten, 2 Restaurants, Grill, 3 Bars, Pianobar, Snackbar, 2 Cafeterias, Zimmerservice rund um die Uhr, Konferenzraum, Sauna, Massage, Gymnastikraum, Friseur- und Schönheitssalon, medizinische Betreuung, Boutique, Laden für Kunstgewerbe, Bücher und Andenken, Taxiservice, Autovermietung, Safe, Telex, Telefax, Kinderhort, Süßwasserpool nur für Kinder, 2 weitere Süßwasserpools, Solarium, Moped- und Fahrradverleih, Spielraum (Billard, Computerspiele), Badminton-Spielfeld, Ausflugsangebote und Touristbüro. Beachtenswert ist auch die liebevoll angelegte "Miniatur-Wüste" mit rund 1.000 Arten von Kakteen, Sukkulenten und speziellen Species der Wüstenflora. Exotisch wirkt außerdem die reichliche Begrünung der Außen- und Innenanlage des Luxushotels mit anderen tropischen Pflanzen.
- *** Versalles, 3 km Alturas de Versalles, Tel.: 8051-8054, hält 46 Zimmer und 14 Bungalows mit Klimaanlage, Balkon, Telefon, Fernseher, Kühlschrank und Bad für Gäste parat. Es hat den großen Vorteil, daß es nur 5 Minuten vom internationalen Flughafen "Antonio Maceo" entfernt liegt. Restaurant, Cafeteria, Grill, Bar, Raumservice rund um die Uhr, Safe, privater Parkplatz, Taxiservice, Autovermietung, Touristenbüro, Süßwasserpool für Kinder, Videoraum, Tanz zur Live-Musik, Touren von historischem und kulturellem Interesse gehören mit zum Service.

Restaurants
Obgleich die Touristenhotels über gute Restaurants verfügen, sollten Sie auch gelegentlich außerhalb speisen, allein schon deshalb, um engeren Kontakt zur Bevölkerung zu bekommen.

- Bahía, Barrio Técnico, Punta Gorda, kubanische und internationale Küche.
- Balcón de Puerto, Puerto de Boniato, kubanische Küche.
- El Baturro, Calles Aguilera und San Felix, internationale Küche, besonders gute Hühner- und Schweinefleischgerichte.
- Fontana di Trevi, Calles José A. Saco und Lacret, italienische Küche.
- Mambí, Calle Mambí, Reparto Vista Alegre, kubanische und internationale Küche.
- 1990, Calle San Basilio, kubanische und internationale Küche.
- Pekin, Avenida de Céspedes und A, Reparto Sueno, chinesische Küche.
- Punta Gorda, Punta Gorda, liegt gegenüber Cayo Granma, Tel.: 91765, Spezialität: Meeresfrüchte.
- Santiago, Calle San Miguel, zwischen Escario und Garzón, kubanische und internationale Küche.
- Taberna de Dolores, Calle Aguilera und Reloj, Spezialität: Schweinebraten.

Museen
- Emilio Bacardí, Calle Pío Rosado, zwischen Heredia und Aguilera; es ist das älteste Museum Kubas, wurde 1899 gegründet und enthält Ausstellungsstücke kubanischer Geschichte und anderer Kulturen, Gemälde des 19. Jahrhunderts und eine archäologische Sammlung.
- Museo del Carneval, Calle Heredia n. 303; hier wird die Geschichte des Karnevals von der Kolonialzeit bis heute gezeigt.

Kuba / Santiago de Cuba

- Museo del Café La Isabelica, 14 km an der Carretera de la Gran Piedra, Exponate der franco-haitianischen Kaffeepflücker, die während der haitischen Revolution nach Kuba emigrierten, sind hier in der alten Kaffeeplantage außerhalb von Santiago de Cuba zu sehen.
- Casa Natal de Antonio Maceo (Geburtshaus von Antonio Maceo), Calle Los Maceos n. 207, Dokumente, Briefe, Fotos und persönliche Sachen des Generals Antonio Maceo, des "Bronze-Titan" des kubanischen Unabhängigkeitskriegs, werden in seinem Geburtshaus gezeigt.
- Museo de Arte Colonial (Kunstmuseum), Calle Félix Pena n. 610; dieses in kolonialem Stil eingerichtete Haus wurde von Hernán Cortés gebaut, bevor er Kuba verließ, um 1519 Mexiko zu erobern. Es wurde später die Residenz des Gouverneurs Diego Velázquez.

Information
Cubatur, Casa Grande, Parque de Céspedes, Tel.: 7278

Busse
- Das "**Terminal de Omnibus intermunicipales**" liegt an der Ecke Avenidas de los Libertadores und Calle 4. Es bedient den **Nahbereich** rund um Santiago de Cuba.
- Das "**Terminal de Omnibus Interprovinciales**" befindet sich an der Ecke Avenidas de los Libertadores und Calle 9. Es ist für den Fernverkehr zuständig.

Eisenbahn
Der Bahnhof liegt am Hafen. Fahrplanmäßig sollen täglich 3 durchgehende Züge nach Havanna und 2 nach Manzanillo und wieder zurück verkehren. Ob sie jedoch tatsächlich auf die Reise geschickt werden, ist täglich ungewiß (Treibstoffmangel).

12.6.3 GESCHICHTSÜBERBLICK

01.05.1494 erreichte **Christoph Kolumbus** die Bucht von Santiago de Cuba, und schon am nächsten Tag setzte er seine Reise nach Jamaika fort.
In der 2. Dekade des 15. Jahrh. wurde **Santiago de Cuba** an den Ufern des Río Parades **gegründet**.
1522 erteilte man Santiago de Cuba die **Stadtrechte**, und der **Bau der Kathedrale** begann.
1524 wählte **Diego de Velázquez** Santiago de Cuba als Nachfolgerin von Baracoa als **Hauptstadt des Landes**.
1526 zerstörte ein Feuer die **Kathedrale** wieder.
1552 mußte Santiago de Cuba die **Funktion der Hauptstadt an Havanna abtreten**.
1640–42 erbaute der bekannte **Architekt Juan Bautista Antonelli** die Festung "**El Morro**" zum Schutz der Hafeneinfahrt.
1791 flohen Tausende **französische Siedler aus Haiti** vor der dortigen Revolution und siedelten sich hauptsächlich in Santiago de Cuba und Umgebung an, wo sie **Kaffeeplantagen** in den Bergen anlegten.
1868 wurde die Stadt zu Beginn des **10-jährigen Krieges** in entscheidende Kämpfe um die Freiheit verwickelt. In der Tat indentifizierten sich viele Bürger der Stadt mit der Unabhängigkeitsbewegung, allen voran: Quintín Banderas, Santiagos 1. Offizier, Donato Mármol, Guillermo Moncada, Flor Crombet und ganze Familien, wie die von **Antonio Maceo**, dem " Abkömmling eines Löwen und einer Löwin", wie José Martí den Draufgänger bezeichnet hat.

Kuba / Santiago de Cuba

24.02.1896 begann der "**Notwendige Krieg**". Die alten Kämpfer waren bereit, mit den jungen Rekruten Seite an Seite für die Unabhängigkeit zu kämpfen.

19.05.1896 fiel der Apostel der kubanischen Unabhängigkeitsbewegung, José Martí, im Kampf. Der Tod José Martís entmutigte die Rebellenarmee jedoch nicht. Máximo Gómez und Antonio Maceo starteten unmittelbar danach ihre Invasion in Westkuba.

10.06.1896 landeten die US-Amerikaner in Siboney, östlich von Santiago de Cuba.

03.07.1896 griff die mächtige **US-amerikanische Flotte** die vom Admiral Cervera kommandierte spanische Flotte an und schlug diese in kürzester Zeit in die Flucht.

16.07.1898 bombardierten die USA Santiago de Cuba und erzwangen dadurch die **Kapitulation der spanischen Armee**. Zur großen Überraschung der Rebellenarmee des Generals Calixto García wurde **allen Rebellen der Zutritt in die Stadt Santiago verweigert**.

26.07.1953 erfolgte durch **Fidel Castro** und seine jugendlichen Mitstreiter der **Sturm auf die Moncada-Kaserne** in Santiago de Cuba. Diese Aktion war aus militärischer Sicht nicht erfolgreich, weckte jedoch den gesteigerten Freiheitsdrang der Kubaner. In dem **Prozeß gegen Castro** wurde diesem Gelegenheit gegeben, sein Programm vorzulegen.

1956 nahm **Fidel Castro** in Oriente seinen diesmal **erfolgreichen Kampf gegen das Batista-Regime** wieder auf.

01.01.1984 gab man Santiago de Cuba den **Titel der "heroischen Stadt"**.

12.6.4 SEHENSWÜRDIGKEITEN DER STADT

Parque de Céspedes

Das Zentrum der Stadt ist dieser Platz. Folgende den Plaza de Céspedes umstehende markante Gebäude sind erwähnenswert:

- **Casa Diego de Velázquez** war die Residenz des damaligen Gouverneurs (Nähere Ausführungen im übernächsten Punkt).
- Gegenüber liegt **Casa Grande**, ein Hotel, noch mit dem alten Flair des Kolonialstils.
- Die **Kathedrale**, nicht übersehbar, wurde schon mehrmals vom Erdbeben zerstört (Nähere Ausführungen im folgenden Punkt).
- Das **Kulturhaus** liegt auf der gleichen Seite des Platzes wie das Casa Grande Hotel, wo u.a. Galeria Oriente, ein Konzertsaal, Malerei- und Keramikausstellungen untergebracht sind.
- Das **Rathaus** hat durch Fidel Castro Berühmtheit erlangt. Von seinem Balkon hat er am 1.1.1959 den Sieg der Revolution verkündet.

Catedral (die Kathedrale) (Parque de Céspedes)

- **Geschichtliches**

1522 wurde die 1. Kathedrale aus Holz gebaut.
1526 hat ein **Feuer** sie wieder in Schutt und Asche gelegt.
1678 zerstörte den Neubau ein **Erdbeben** völlig.

Kuba / Santiago de Cuba

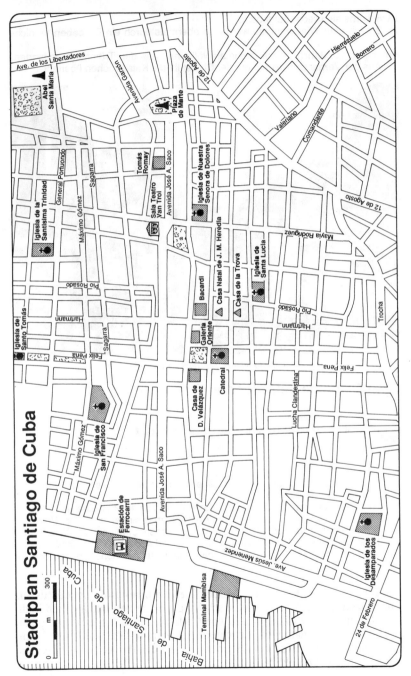

Kuba / Santiago de Cuba

1828 wurde sie wieder aufgebaut.
1852 nach dem Wiederaufbau wurde sie abermals durch ein **Erdbeben** vernichtet.
Anfang d. 19. Jahrh. ist sie nochmals völlig neu aus den Trümmern erstanden. Aus der Vergangenheit hat nur der Chorstuhl die Katastrophen überlebt.

Wahrzeichen der Stadt – Catedral

Casa Diego de Velázquez (Parque de Céspedes)

Öffnungszeiten
Mo–Sa 12.00–15.00, So 8.00–12.00 und 14.00–18.00 Uhr

● **Geschichtliches**
1522 wurde der Grundstein vom damaligen **Bürgermeister Hernán Cortéz** und späteren Eroberer Mexikos gelegt.
1524 machte **Gouverneur Diego de Velázquez** es zu seiner Residenz.
1971 hat man hier das **Museum für koloniale Kunst** eingerichtet. Der Palast ist **in maurischem Baustil** erbaut. Der schöne Innenhof mit seinen Balkons und umlaufendem Arkadengang erinnert stark an andalusische Baudenkmäler. Vom Dach des Velázquez-Hauses hat man einen sehr schönen Blick über die Altstadt.

Die Räume sind mit kostbaren **Möbeln des Empire- und Jugendstils** aus Edelhölzern (z. B. Sofas, Geschirrschränken, Schaukel- und anderen Stühlen, Reisetruhen, sowie dem Bett von Carlos Manuel de Céspedes), phantastischen Intarsienarbeiten, Leuchtern aus Murano-Glas und alten Teppichen ausstaffiert. Ein poröser Stein wurde als **Trinkwasserfilter** benutzt. Auch die **Goldschmelzöfen** sind noch zu sehen.

Kuba / Santiago de Cuba

Calle Heredia (vom Parque de Céspedes ausgehend)

Die Heredia-Straße ist eine sehr volkstümlich-originelle Straße. Hier können Sie besonders abends etwas von der Seele der Kubaner erspüren. Gaukler, Puppenspieler und Troubadoure finden sich ein. Es wird getanzt, und man vergißt den oft tristen und harten Alltag.
Zur **Karnevalszeit** hallt besonders diese Straße von den Klängen afrokubanischer Rhythmen wider.

Casa de la Trova (Haus der Troubadoure) (Heredia No. 208)

Dieses Haus ist von jedermann frei zu betreten. Hier ist fast immer reger Betrieb. Es ist der **Treffpunkt von Künstlern, Musikanten und vielen Gästen**, die sich hier gerne unterhalten, selbst musizieren oder den Klängen der Troubadoure lauschen. Hier werden **vielstrophige Balladen**, die meistens von Liebe und Leiden handeln, mit viel Gefühl vorgetragen.

An den mit Holz verkleideten, halbdunklen Wänden hängen die Bilder bekannter Troubadoure. Fotos und Zeitungsabschnitte sind als Erinnerungsstücke aufbewahrt. Unter den Musikern gibt es Profis, die ihre Künste zum Broterwerb betreiben, und Amateure, die nur wegen der Freude an der Musik mitmusizieren. Schallplatten und Musikkassetten sind hier erhältlich. Der Eintritt während der musikalischen Darbietungen ist frei. Rum wird in der Bar ausgeschenkt. Es geht hier oft hoch her.

Öffnungszeiten
außer Mo 10.00–13.30, 15.00–16.00 und 20.00–22.00 Uhr. Diese Zeiten können sich auch verschieben. So genau nimmt es hier niemand mit der Zeit.

Casa Natal de José María Heredia (Geburtshaus)
(Heredia, zwischen Hartmann und Pío Rosada)

● Geschichtliches

1803 wurde der **bedeutende Dichter**, José María Heredia, geboren. Seine große Stärke war die **Lyrik**. Er schrieb auch Werke über die Befreiung Kubas in Gedichtform und wurde deshalb ausgewiesen. Seine Werke ordnet man dem **Klassizismus** zu. Bis zu seinem frühen Tod lebte er in Venezuela, USA und Mexiko im **Exil**.
1839 ist er **in Mexiko gestorben**.

Bedeutender Lyriker – José María Heredia

Kuba / Santiago de Cuba

Heute ist das Haus als Museum eingerichtet. Es ist ein typisches Haus der Kolonialzeit mit einem wunderschönen Innenhof und altem Mobiliar. Hier werden regelmäßig Dichterlesungen und Musikabende abgehalten.

Museo Emilio Bacardí
(Calle Pío Rosado, zwischen Heredia und Aguilera)

Dieses Museum wurde 1899 von **Emilio Bacardí**, Mitglied der berühmten Dynastie der Rumherstellung und Bürgermeister der Stadt Santiago de Cuba, gegründet. Das Museum, in neoklassizistischem Stil erbaut, enthält eine reichhaltige archäologische Kollektion aus Lateinamerika und Ägypten. Im Obergeschoß ist eine Sammlung zeitgenössischer Maler untergebracht. Das Gebäude befindet sich jedoch zur Zeit unter Restaurierung.

Naturkundliches Museum (Avenida José Antonio Saco)

- **Geschichtliches**
1932 wurde das Gebäude **als Handelshaus erbaut**. Nachdem das Geschäft geschlossen wurde, hat die **Akademie der Wissenschaften** das Haus in ein Museum für Naturgeschichte umgewandelt.
1966 wurde es **eröffnet**.

10 Räume stehen für Ausstellungszwecke zur Verfügung. Es beginnt mit Erkenntnissen über unser Sonnensystem, mit der **Entwicklung der Pflanzen- und Tierwelt** und der **Menschheitsgeschichte**. Es wird heimatbezogener mit Funden und Dokumentationen der Ureinwohner Kubas. Die Entwicklung verschiedener Tiergruppen wird gezeigt, wie Korallen, Fische, Vögel und Säugetiere, einschließlich endemischer Arten.

Ausführlich ist die **Sammlung der Vögel**, wie z.B.: Adler, Bussarde, Reiher, Tauben, Kolibris, Spechte und Papageien.
Besonderheiten sind der **Fisch "Manjuari"** *(Clupeiformes)*, ein lebendes Fossil, das unter Naturschutz steht, **endemische Süßwasserschildkröten** und ein **Spitzenkrokodil** *(Crocodyilus actus)*.

Abschließend ist eine eindrucksvolle Sammlung einheimischer **Mineralien** zu besichtigen.

Plaza de Marte

In der Mitte des Platzes sieht man eine **Säule**. Das ist der Ort der "Pariser Kommune", wo Versammlungen ohne Kenntnis der spanischen Regierung stattgefunden haben, um den Krieg gegen die Kolonialmacht vorzubereiten.
Hier wird **Carlos Manuel de Céspedes** wegen des Aufrufs zum Kampf gegen die Spanier vom 10.Oktober 1868 geehrt.

Außerdem gedenkt man hier **Camillo Cienfuegos'** (1932–1959), eines der wichtigsten Kommandanten der Rebellenarmee des Fidel Castro, der im Auftrag einer militärischen Aktion mit einem Flugzeug am 28.10.1959 abgestürzt ist. Man hat seinen Leichnam nie gefunden.
Ein **Denkmal von José Martí**, das die kubanischen **Freimaurer** dem Nationalhelden zu Ehren am 10.10.1947 aufgebaut haben, ist hier ebenfalls vorhanden.
Heutzutage ist dieser Platz ein **Ort der Erholung und Entspannung**. Auf Bänken im Schatten dicht belaubter Bäume sitzen hier gerne die Menschen, ruhen sich aus oder unterhalten sich. Es gibt hier auch die sog. "**Heiße Ecke**", wo die Ergebnisse der letzten Sportwettkämpfe, besonders die des Volleyballs, oft sehr leidenschaftlich diskutiert werden.
An dem Plaza de Marte, auch Plaza de Armas (Waffenplatz) genannt, liegt die **Judo-Akademie**.

Tropicana

Öffnungszeiten
der Show: täglich 20.30–3.00 Uhr
von Restaurant und Bar: 12.00–22.00 Uhr
Reservierungen sind bei den Touristenbüros der Hotels vorzunehmen.

Das anläßlich der panamerikanischen Sportwettkämpfe im August 1991 eröffnete Tropicana ist architektonisch ein beeindruckendes Bauwerk. In den Wänden, die teilweise wie nur locker aufeinander geschichtete Steine anmuten, sind Lücken gelassen, in denen Farne und andere tropische Gewächse, laufend bewässert, gedeihen – dadurch entsteht ein **naturnaher, exotisch-tropischer Effekt**. Sehr viele Pflanzen, sogar Bäume, Brunnen und Wasserspiele lockern die Räumlichkeiten auf. Alles ist luftig und durchlässig gehalten. Bunte Fenster und Tanzfiguren aus Stein verschönern die Anlage.
Ein geschmackvoll eingerichtetes Restaurant und eine Bar sorgen für das leibliche Wohl der Gäste.
Aber erst abends entfaltet Tropicana seine ganze Schönheit. Der Lichterglanz, der Rhythmus der Musik und vor allem die **Grazie und der Schwung der schönen Tänzerinnen** sind ein Hochgenuß. Die Vorführungen werden unter freiem Himmel abgehalten. Wenn es regnet, wird die Show unterbrochen, oder sie fällt ganz aus.

Teatro Heredia (Avenida de las Americas)

Dieses Theater wurde **am 10.10.1991** anläßlich des 4. kommunistischen Parteitags Kubas **eingeweiht**. Nach diesem Parteitag wurde es für die Bevölkerung freigegeben.
• Auf einer **Gedenktafel** vom Juli 1991, von der "Nationalen Gewerkschaft der Kulturarbeiter" angebracht, wird der hier eingesetzten Arbeits-

Kuba / Santiago de Cuba

gemeinschaft Anerkennung gezollt, deren Ziel es allgemein ist, das Land weiterzuentwickeln. Sie haben, aus dem Kontingent "Antonio Maceo" schöpfend, mit Freude und teils auf freiwilliger Basis (Arbeit ohne Bezahlung) dieses Bauwerk vollendet. Die tüchtigsten 11 Arbeitskräfte, darunter auch eine Frau, sind namentlich auf der Gedenktafel genannt.

• Um sich ein Bild von der **Größe** des Theaters machen zu können, sollen einige Zahlen zur Verdeutlichung genannt werden:
Länge: 170 m, breiteste Breite: 91 m, engste Breite: 54 m, höchster Punkt: 36 m.

• Die **Kapazität des Theatersaals** umfaßt **2.500 Sitzplätze**, davon 1.700 im Erdgeschoß und 800 auf dem Balkon.

• In der **Cafeteria** finden **132 Personen** Platz. Am Wochenende treten hier Sänger und Musikanten unter dem Motto "Singende Cafeteria" auf.

• Die **Verwendung** des Theaters ist weitgespannt. Sie reicht von Aufführungen von Opern, Operetten, Konzerten bis zum Varieté und Ballettvorführungen. Das kubanische Nationalballett, das zu den 5 besten der Welt gehört, tritt hier regelmäßig auf.

Außerdem gibt es hier noch eine **Kinderbühne**.

Reiterstandbild von Antonio Maceo (Revolutionsplatz)

In diesem Bronzemonument des draufgängerischen Generals Antonio Maceo, des mutigsten Verfechters der kubanischen Unabhängigkeit, ist die Wildheit, die diesem Mann anhaftete, sehr deutlich zum Ausdruck gekommen. Die scharfkantigen Eisenstangen um das Reiterstandbild her-

Denkmal des mutigen Generals – Antonio Maceo

um symbolisieren die Macheten, mit denen seine Truppen gekämpft haben. Das spitze Metall erinnert auch an seinen Ausspruch:
"Die Freiheit erobert man mit der Schärfe der Machete. Man erbittet sie nicht. Diejenigen, die um ihre Rechte betteln, sind feige und unfähig, sie auszuüben."
Es führt eine Treppe aus grünem Marmor zu diesem Denkmal hinauf.

Cementerio Santa Ifigenia (Friedhof Santa Ifigenia)
(Avenida de las Américas)

Auf diesem Friedhof sind **sehr viele bekannte Persönlichkeiten** des Landes zu Grabe getragen worden. Dieser Ort ist gleichzeitig ein **Spiegelbild kubanischer Historie**. Obgleich hier Tote begraben sind, atmet er lebendige Geschichte.
- **Bacardí-Familiengrab**
Man kann die Grabstätten der Nachkommen der Gründer der **Bacardí-Fabrik** aufsuchen. Der weltberühmte Bacardí-Rum wurde erstmalig in Santiago de Cuba produziert. Emilio Bacardí und Elvira Cape de Bacardí, seine Ehefrau, liegen hier begraben.
- **Tomás Estrada Palma**
Der 1902 zum **1. Präsidenten der Republik Kuba** ernannt wurde, hat hier ebenfalls seine Ruhestatt gefunden. Er bekleidete dieses Amt während der sog. "Halbunabhängigkeit", nachden die spanischen Truppen das Land verlassen hatten und Kuba in die Abhängigkeit der USA geriet. Tomás Estrada Palma ist aus der revolutionären Partei Kubas hervorgegangen, die von José Martí gegründet wurde, und er war deren 2. Sekretär. Nach dem Tode von José Martí hat Tomás Estrada Palma jedoch dessen Linie und Ideen verlassen und verraten und sich den Interessen der USA angepaßt und unterworfen.
- **Ehefrau von General Antonio Maceo**
Beachtenswert ist auch das Grab der Ehefrau von General Antonio Maceo, des mutigsten General Kubas. Sie hieß Maria Cabrales, und sie ist dem General immer treu geblieben. Ihr Leitspruch lautete: **"Den General retten oder mit ihm sterben!"** Die ganze Familie Maceo hat sich dem Kampf um die Unabhängigkeit gewidmet.
- **Carlos Manuel de Céspedes**
Das Grab von Carlos Manuel de Céspedes ist ein sehr wichtiges Grab. Dieser Mann gilt als der **"Vater aller Kubaner"**. Er hat am 10. Oktober **1868 zum Krieg gegen Spanien** aufgerufen, um die Unabhängigkeit Kubas von Spanien zu erkämpfen. Er war Großgrundbesitzer und Anwalt. Am gleichen Tag seines Aufrufs zum Krieg gegen Spanien hat er seinen **Sklaven die Freiheit geschenkt**, jedoch von ihnen erwartet, daß sie ihm weiter folgen und ihn bei der Befreiung Kubas unterstützen. **1869** wurde er während der Kampfhandlungen des 1 Jahr dauernden Krieges als 1. Präsident gewählt, obgleich die Unabhängigkeit Kubas noch nicht endgültig ausgefochten war.

Kuba / Santiago de Cuba

Bezeichnend für seine vaterländische, nationale Gesinnung ist folgende Tatsache. Sein Sohn wurde während des Krieges von den Spaniern als Geisel genommen. Die Spanier machten ihm den Vorschlag, wenn er mit dem Kampf aufhören würde, dann würde er seinen Sohn lebendig wiederbekommen. Céspedes hat geantwortet: "**Oscar ist nicht mein einziger Sohn; ich bin der Vater aller Kubaner!**" Céspedes hat weiter gekämpft, und sein Sohn wurde erschossen.

Das Grab ist von **2 Flaggen** eingerahmt: der **Nationalflagge Kubas von 1850** und der **Flagge von Céspedes von 1868**.

Céspedes wußte nicht, daß bereits eine Nationalflagge existierte. Zufällig ist sie der Nationalflagge sehr ähnlich. Beide Flaggen sind in der Nationalversammlung gleichwertig und sind Anerkennungssymbole des Landes.

- **Viele andere Kämpfer**

Zahlreiche Unabhängigkeitskrieger, die den Heldentod gestorben sind, liegen hier begraben. Kenntlich sind diese Gräber daran, daß neben ihnen die Nationalflagge weht.

Manchmal sieht man noch eine andere **rot-schwarze Flagge** und in deren Mitte die Insignien **M 26.07.**, die bedeuten, daß dieser hier ruhende Kämpfer sein Leben als Mitglied der Bewegung des 26. Juli (Sturm auf die Moncada-Kaserne) gelassen hat, die Fidel Castro anführte.

- **Mausoleum von José Martí**

Ansprechend ist das in Marmor gefertigte Mausoleum von José Martí, des Nationalhelden Kubas. Symbolhaft sind die Hauptbeschäftigungen der damals nur **6 Provinzen** des Landes zu sehen:

Mausoleum des Nationalhelden Kubas – José Martí

Pinar del Rio: Symbole "Pinien und Tabakanbau";
Havanna: Symbol "Schlüssel" = der Schlüssel zum Golf von Mexiko, Symbol "Biene" = Symbol der Weisheit;
Matanzas: Symbol "Festung" = das Fort von Matanzas, Symbol "Sterne" = unabhängige Sterne, die auch in der kubanischen Nationalflagge Einlaß gefunden haben. Cárdenas in der Provinz Matanzas ist der Entstehungsort der kubanischen Nationalflagge;
Las Villas: Symbole "Zuckerrohrproduktion und Landwirtschaft";
Camagüey: Symbol "Messer" = die Stadt Camagüey ist die Stadt des Kampfes und der Geburtsort des streitbaren Mayor Ignaz Agramonte, Symbol "Ebene mit Palmen und Sonnenuntergang" = es soll die Schönheit der Landschaft symbolisieren;
Sierra Maestra: Symbol "Bergwelt".

Diese Einteilung Kubas in 6 Provinzen bestand bis 1976. Danach wurde das Land in 14 Provinzen aufgeteilt.
Im Zentrum des Rundbaus befinden sich das Grab des Nationalhelden und seine Büste. Das Grab wurde so licht und **der Öffentlichkeit zugänglich** und einsichtig gebaut, entsprechend einem Wunsch des Verstorbenen, mit dem Gesicht zur Sonne zu ruhen, weil er ein ehrlicher Mann gewesen sei und sein Gesicht immer der Sonne zeigen konnte. Er habe nichts zu verbergen gehabt und deshalb könne er sich auch jedermann zuwenden. Das Grabmal ist von dem Architekten so konstruiert, daß es zu jeder Tageszeit Sonne bekommt.
Die Wappen der Länder Lateinamerikas am Grabmal sollen seiner Wunschvorstellung von der **Vereinigung aller lateinamerikanischen Länder** zu einer Nation verdeutlichen. Sein Traum war es, das Land vom Rio Bravo (Nordgrenze Mexicos) bis nach Patagonien (Argentinien) zusammenzufügen.

Einige aufgezeichnete **Aussprüche** spiegeln seine Gedankenwelt wider:
"Der Sieg gehört denen, die sich anstrengen!"
"Die Freiheit ist die definitive Religion!"
"Wenn ein Volk getrennt wird, wird auch getötet!"
"Nur mit Liebe kann man bauen!"

Die ehemalige Bacardí-Rum-Fabrik

● **Entwicklungsgeschichte**
Dies ist die älteste Rum-Fabrik Kubas. Sie wurde von einem spanischen Einwanderer namens **Facundo Bacardí** gegründet.
1838–62 wurde dieser zunächst kleine Betrieb von Facundo Bacardí und seinen 3 Söhnen betrieben. Der **sehr guten Qualität** des hier produzierten Rums ist es zu verdanken, daß der Bacardí-Rum **weltberühmt** wurde.
1956 Zu Beginn der kubanischen Revolution wurde die **Fabrik enteignet und nationalisiert.** Die Familie Bacardí hat daraufhin Kuba verlassen und das Patent mit ins Ausland genommen. Die Bacardís haben dann andere Fabriken

Kuba / Santiago de Cuba

in Brasilien, Puerto Rico und Kanada wieder aufgebaut. Ihre neue Produktion nannten sie natürlich auch wieder "Bacardí", während die Nachfolgeproduktion in Kuba sich einen anderen Namen ausdenken mußte. Kuba sah sich gezwungen, den Namem ihrer Produktion in "**Habana Club**" zu ändern.

- **Herstellungsweise**
- Aus Zuckerrohr wird von den Zuckerfabriken das **Halbfertigprodukt Melasse** produziert und hier angeliefert.
- Diese Melasse wird hier **fermentiert**, und daraus ergeben sich verschiedene Sorten **Alkohol**. Der beste Alkohol wird zur Rumproduktion verwendet.
- Nach seiner **Destillation** wird durch Verdampfen von Wasser ein **Alkoholgehalt von 96%** erreicht. Man nennt diesen hochprozentigen Alkohol auch *"aqua ardiente"* (brennend heißes Wasser oder Feuerwasser).
- Anschließend werden **verschiedene Alkoholsorten miteinander gemischt** und ergeben unterschiedliche Rumsorten.
- Dann wird der Alkohol **in Holzfässer** aus kanadischer Eiche **abgefüllt** und **gelagert**.
- Nach der Lagerzeit wird die alkoholische Flüssigkeit in einem Kanal durch verschiedene **Filter** geleitet, die auf der Grundlage von Aktivkohle hergestellt wurden.
- Durch die Filterung hat der Rum seine natürliche **Färbung** verloren. Um die braune Farbe wieder zu erreichen, wird etwas Karamel beigegeben. Dann füllt man den Rum in Kupferfässer ab und beläßt ihn 5 bis 6 Stunden darin.
- In den Kupferfässern wird durch Zugabe von destilliertem Wasser der **Prozentsatz des Alkohols auf 40%** für "Habana Club" und auf 38% für andere Rumsorten **reduziert**.
- Anschließend erfolgt die **Abfüllung in große Holzfässer** mit einer Kapazität von 15.800 Litern. Dort lagert der Rum 45 Tage lang.
- Als letztes erfolgt die **Abfüllung** über ein Röhrensystem **in Flaschen**.

- **Weitere Informationen**
- Die höchste Qualität für den Verkauf ist "**Habana Club**".
- Der "**15-jährige**" ist noch edler. Er wird nur als Geschenk an Diplomaten und hohe Persönlichkeiten ausgegeben.
- Der Betrieb stellt **9 Millionen Liter Rum pro Jahr** her. Das sind 2 Millionen Liter mehr als zu Zeiten der Bacardí-Produktion.
- **60%** sind für den **Export**, **20%** für den Verkauf an **Touristen** im Inland und die restlichen **20%** für den Verkauf an die **einheimische Bevölkerung** vorgesehen.
- In dem Betrieb sind etwa **300 Arbeitskräfte**, davon die Hälfte Frauen, beschäftigt.

12.6.5 AUSFLÜGE IN DIE UMGEBUNG VON SANTIAGO DE CUBA

Nach El Morro

Entfernung
Santiago de Cuba – El Morro: 12 km

● **Geschichtliches**
Die Festung El Morro liegt hoch auf einem Kalkfelsen, um die Hafeneinfahrt von Santiago de Cuba zu schützen.
1640 begann der bekannte italienische Festungsarchitekt **Juan Bautista Antonelli** mit dem Bau der Festung El Morro, auch "Castillo San Pedro de la Roca" genannt. Sie wurde nie von Piraten oder sonstigen Feinden der Stadt angegriffen. In späteren Jahren wurden auch gegenüber von El Morro noch weitere Bastionen gebaut: Estrella, Santa Catalina und Punta Gorda.
1868 Während des Unabhängigkeitskrieges wurde El Morro in ein **Gefängnis** umgewandelt. Für lange Zeit geriet die Burg in Vergessenheit.
1962 begann man, die Festung in ein **Museum** umzuwandeln.
1978 war das **Eröffnungsjahr** des Museums.

Es gibt insgesamt 10 Räume, die für Ausstellungen genutzt werden. Die ersten 5 Räume beinhalten eine Sammlung an Exponaten aus der **klassischen Pirateriegeschichte**, Fotos und Bildern der Schiffe und bekannter Piraten der Epoche.
Ein **Munitionsraum**, wo die Munition und Schießpulver gelagert und wo Kisten auf Rollen mit Eisenkugeln über eine Rampe zu den Schießscharten der Kanonen hinaufgerollt wurden, kann besichtigt werden.
In einer kleinen **Kapelle**

Nie angegriffen – El Morro

ist eine Christusfigur aus Holz aus dem 17. Jahrhundert aufgestellt.
In den folgenden 5 Räumen werden Fälle **moderner Piraterie** aufgezeigt, z.B. Probleme der Beziehungen zwischen mittelamerikanischen Ländern und den USA.
Das Eindrucksvollste an diesem trutzigen Fort ist jedoch die **Wuchtigkeit seines mächtigen Mauerwerks** und der **phantastische Ausblick** auf die schöne Bucht von Santiago de Cuba und das gegenüberliegende **Fischerdorf Cayo Granma**, nach der Yacht genannt, mit der Fidel Castro und Che Guevara von Mexiko nach Kuba übergesetzt haben.

Kuba / Santiago de Cuba

Vorbei am Parque Frank País
(8 km von Santiago de Cuba entfernt)

Diesen wunderschönen Park kann man auf dem Rückweg von El Morro nach Santiago besuchen. Er ist ein mit exotischen Bäumen bepflanzter Hügel mit einer Aussichtsplattform, von der man einen **umfassenden Blick** auf El Morro, das idyllische Fischerdorf Cayo Granma und auf die Stadt Santiago de Cuba mit ihrem vorgelagerten Hafen hat. Der Park ist mit prächtig blühenden Bougainvilleas in verschiedenen Farben geziert.

INFO

Wer war Frank País?

Frank País wurde in Santiago de Cuba in der Calle General Bandera 226 geboren. Von Beruf Lehrer, entwickelte er sich in den 50er Jahren unseres Jahrhunderts zum Revolutionär und Führer der in Santiago operierenden sog "M-26". Er organisierte kurz vor der Landung Fidel Castros und Che Guevaras 1956 mit seiner Truppe einen Aufstand. Nach der Landung der beiden nahm er Kontakt zu Fidel Castro auf. Er wurde, **erst 22 Jahre alt,** *mit seinem Begleiter Raoúl Pujol am 30. 07.1957 von der Polizei* **erschossen,** *als er eine Geheimversammlung verließ. Seine Beerdigung hat großes Aufsehen unter der Bevölkerung erregt.*

País Geburtshaus ist heute **Museum**.

Öffnungszeiten
Mo 14.00–18.00 Uhr, Di–Sa 8.00–14.45 Uhr und 15.00–20.00 Uhr, So 10.00–16.00 Uhr

12.7 PARQUE BACONAO

12.7.1 ÜBERBLICK

Der Parque Baconao ist ein großes **Naherholungsgebiet** vor den Toren der Großstadt Santiago de Cuba. Die Stadt liegt nicht direkt am Strand, deshalb sind Strandleben, Erholung in freier Natur und Unterhaltung durch Attraktionen den Großstädtern ein Bedürfnis, was im Parque Baconao befriedigt werden kann.
Der Park wurde besonders wegen seines artenreichen Baumbestandes von der UNESCO als "Reservat der Biosphäre" eingestuft und als schützenswert anerkannt.

12.7.2 TOURISTISCHE HINWEISE

Entfernung
Santiago de Cuba – Parque Bacanao: 22 km

Übernachtung
- *** **Balneario del Sol**, 38 km an der Carretera del Complejo Baconao, besitzt 96 Gästezimmer mit Terrasse, Klimaanlage, Telefon. Restaurant, 2 Grills, Cafeteria, 2 Bars, Safe, Andenkenladen, Autovermietung, Taxiservice, Süßwasser- und Salzwasserpool; die Möglichkei,t Billard, Tennis, Volleyball zu spielen, zu reiten, Fahrrad oder Mopeds zu mieten und ein Touristbüro sind vorhanden. Außerdem werden Sie hier medizinisch betreut.
- *** **Bucanero**, liegt direkt am Arroyo de la Costa-Strand, etwa 28 km östlich von Santiago de Cuba. Die 200 gut möblierten Gästezimmer im 2-stöckigen Gebäude liegen alle zur Meeresseite und haben alle Bad/WC, Radio, Telefon, Minibar, Balkon oder Terrasse und Klimaanlage. Rezeption mit Lobby, Spielzimmer, Souvenirladen, Ausflugsbüro, sehr geschmackvoll eingerichtetes Restaurant, 3 Bars, Cafeteria, Grill, großer Swimmingpool mit Liegeterrasse stehen den Gästen zur Verfügung. In der Anlage befindet sich eine kleine Sandbucht mit Liegestühlen. Windsurfen, Segeln, Schnorcheln, Tennis, Reiten, Fahrradfahren, Tauchen, Wasserski, Moped- und Autoverleih sind möglich. Außerdem werden Sie abends durch wechselndes Animationsprogramm unterhalten.
- **** **Carisol**, im Baconao-Park, 20 Minuten von Santiago de Cuba entfernt; alle 120 modernen und komfortabel eingerichteten Gästezimmer verfügen über eine Terrasse mit Blick aufs Meer, Bad, Radio, Telefon und Klimaanlage. Zu den Serviceleistungen und Einrichtungen gehören: klimatisiertes Restaurant à la carte, vollständiges Büffet zum Frühstück, Mittag- und Abendessen, Grill-Service, Imbiß in der Bar und am Swimmingpool rund um die Uhr, Schließfach, Open-Air-Swimmingpool mit Kinderbecken, Taxi-Service, Spielraum, Souvenirladen und Touristbüro. An Sport und Unterhaltungsmöglichkeiten gibt es: Windsurfen, Tauchen, Segeln, Wasserski, Billard, Tischtennis, Reitmöglichkeiten, Mopedverleih und Tanzen.
- *** **Daiquirí**, im Park Baconao, direkt am Strand; dieses Hotel besteht aus 94 Gästezimmern, 1 Suite (Superior-Zimmer) und 62 Bungalows. Alle Zimmer haben Klimaanlage, Terrasse, Telefon, Musikanlage, Kühlschrank, Dusche/WC. Außerdem sind 4 Restaurants, 4 Grills, 3 Bars, Snackbar, großes Süßwasserbad, 2 Meerwasserschwimmbäder sowie Spielhalle (elektrische Spiele, Schach, Domino, Dame), Souvenirladen, Videosaal, Aerobic Gymnastik, Tischtennis, Volleyball, Reitmöglichkeiten, Moped- und Fahrradverleih, Billard, Tauchschule, Was-

serski, Segeln, viele Ausflugsangebote auch auf andere Karibikinseln, Autoverleih, Taxiservice, Post und eigenes Animationsprogramm vorhanden. In der Nähe liegt ein versunkenes Schiff, wo ideale Tauchbedingungen herrschen. Auch das Hinterland ist sehr reizvoll: Kalkstein mit vielen Höhlen. Es ist ein Pendelverkehr zwischen einer Sandbucht und dem Zentralgebäude eingerichet.

12.7.3 BESICHTIGUNGEN

Unterwegs passiert man eine **Musterfarm für Rinderzucht**, wo beispielsweise Zeburinder, Kreolen und Schwarzbunte aus Holstein gezüchtet und gekreuzt werden.

Museo La Punta

- In einem Teil des Museums ist die **Geschichte des Verkehrs** von den alten Ägyptern, Griechen und Römern bis zu den Automobilen in heutiger Zeit dargestellt, ausgestattet mit über 2.300 Fahrzeugmodellen in Kleinformat (Spielzeugautos).
- Eine **Oldtimeraustellung** lädt zur Besichtigung alter Modelle von Alfa Romeo, Ferrari, Maserati, Renault, Peugeot, Cadillac, Austin und Volkswagen ein. Einmal wöchentlich werden die alten "Veteranen" bewegt. Die meisten sind noch fahrfähig. Alte Feuerwehrwagen sind zu besichtigen. Das älteste Auto ist z. Zt. ein Ford von 1914.
- Eine reichhaltige **Kakteenausstellung** spricht sicher die botanisch interessierten Gäste an.
- **Die Geschichte der Briefmarken** in Kuba von ihren ersten Anfängen bis in die Gegenwart wäre etwas für philatelistisch Interessierte.
- Eine **Puppenausstellung** mit ihren unterschiedlichsten Trachten zeigt viele Modelle aus aller Welt.
- Interessant ist auch eine **Ausstellung über Malerei und Keramik.**

Parque Prehistórico

Dieser Teil des Parks ist sicherlich der interessanteste und am meisten besuchte. Dort kann man mehr als 200 lebensgroße Skulpturen von Tieren, u.a. riesige **Dinosaurier**, aus prähistorischer Zeit und auch die ersten Menschen in Übergröße sehen. Eisen

Parque Prehistórico – Dinosaurier

und Beton lieferten des Baumaterial. Dieses Gelände ist 32 Hektar groß. Besonders augenfällig sind der prähistorische *Dimetrodon*, ein gewaltiger, gefürchteter Fleischfresser, und der *Diplodocus*, ein 27 m langer, friedlicher Pflanzenfresser, ein Dinosaurier aus dem Mesozoikum, der vor ca. 150 Millionen Jahren auf der Erde gelebt hat.

Naturkundliches Museum

Dieses Museum vermittelt in seiner Sammlung einen umfassenden Überblick über die Fauna Kubas.
Wunderschöne **Muscheln**, besonders dekorative **Schmetterlinge** und oft sehr große **Käfer** sind hier nach Ländern geordnet.
Verschiedene **Fische** des Süß- und Salzwassers und andere Meerestiere wie **Korallen** in ihren Lebensräumen, Tigerhaie und Haigebisse sind gekonnt präsentiert.
An **Reptilien** fallen Meeresschildkröten, einheimische Spitzenkrokodile und Leguane besonders ins Auge.

Die Schar der **Vögel** (Brauner Pelikan, Flamingo, Brauner Sichler, Stelzenläufer, Purpurreiher, Kormoran, Fregattvogel) ist besonders stark vertreten. Auch der Vogel **Tocororo** *(Priotelus temnurus)*, der wegen seines Gefieders, das die Farben der kubanischen Flagge aufweist, zum **Nationalvogel** erklärt wurde, ist hier ausgestopft anwesend.
Säugetiere (z. B. Mangusten), auch endemische Arten, wie das rattengroße Tier Al miqui *(Solenodon cubanus)* sind hier ausgestellt. Teils sind es präparierte Tiere, aber auch Nachbildungen, die dem Besucher hier präsentiert werden.
Außerdem existiert hier noch eine **Mineraliensammlung** aus Kuba.

Botanischer Garten

Eine große Fläche nimmt der Botanische Garten innerhalb des Parque Baconao ein.
Es wird auch der Kaffeanbau des vorigen Jahrhunderts demonstriert. Die Praktiken über die Anpflanzungen wurden von etwa 30.000 aus Haiti vertriebenen französischen Siedlern nach Kuba gebracht. Sie erbrachten für das Umland von Santiago de Cuba wichtige Impulse, die der gesamten Wirtschaft förderlich waren.

12.8 SANTIAGO DE CUBA – SANTA LUCIA

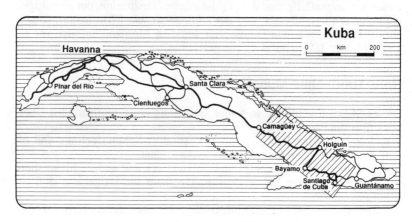

12.8.1 TOURISTISCHE HINWEISE

Entfernung
Santiago de Cuba – Santa Lucia: 290 km

Streckenhinweis
Von Santiago de Cuba auf der N 1 bis Bayamo (Km 125), geradeaus weiter auf der 152 bis Las Tunas (Km 206), geradeaus auf eine Landstraße in Richtung Manatí bis 4 km vor dem Ort (Km 249), an einer Kreuzung wieder geradeaus (nicht Abzweigung rechts nach Manatí) bis an eine Abzweigung, dort rechts (Km 270) bis Santa Lucia (Km 290).

12.8.2 WALLFAHRTSORT EL COBRE

Wenn man Santiago de Cuba in westlicher Richtung verläßt, gelangt man nach 23 km Fahrt nach El Cobre (Kupfer). Auf der Fahrt dorthin durchfährt man lockeren Baumbestand. In El Cobre befindet sich eine alte Kupfermine.

Schicksal der Kupfermine – Schicksal der Sklaven

1524 wurde hier Kupfer von **Minez Lobo** mit Hilfe **versklavter Indios** ohne großen Erfolg gefördert.
1550 brachte man kräftigere **Negersklaven** hierher. Der **deutsche Mineningenieur Hans Tetzel** übernahm die Leitung der Kupferausbeutung. Man begann aufs neue, die Erde umzuwühlen. Aber auch mit den schwarzen Arbeitskräften war er mit der Gewinnung des Kupfererzes anfänglich nicht allzu erfolgreich. Doch allmählich steigerte sich die Fördermenge.

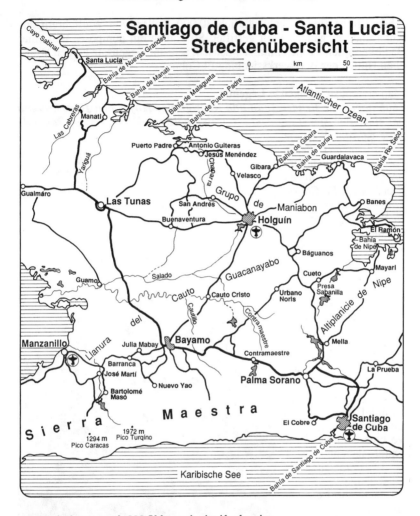

1620 schufteten **noch 200 Sklaven** in der Kupfermine.
1640 erhielten die schwarzen Sklaven ihre Freiheit, und die vorübergehende **Aufgabe der Mine** war wegen Arbeitskräftemangels nicht zu vermeiden.
1731 kam es zur **Reaktivierung** des Kupferbergbaus in El Cobre.
Ende des 19. Jahrh. war die **Mine erschöpft.**

Virgin de la Caridad del Cobre

Es hatte sich jedoch inzwischen eine weitere, noch lukrativere Einnahmequelle als der Kupferbergbau aufgetan: Einnahmen von der **Wallfahrt zur** inzwischen gebauten **Basilika El Cobre.** In die Kasse der katholischen Kirche flossen bald jährlich 30.000 Dollar, von Wallfahrern aus Kuba und der ganzen Welt gestiftet. So konnte ein pompöser Bau einer Basilika in den Tropenhimmel wachsen, sehr im Gegensatz zu den ärmlichen Hütten der Bergwerkssiedlung El Cobre.

Man erzählt sich folgende **Legende:**
1606 haben die Brüder Juan und Rodriguo de Hoyos und Juan Moreno bei einer Bootsfahrt auf dem Meer eine hölzerne Figur aus der Bahía de Nipe gefischt. Weil die 3 Männer aus dieser Gegend stammten, brachten sie ihren Fund nach El Cobre. Diese Figur mit weiblichen Gesichtszügen wurde als die heilige Jungfrau Maria verehrt.

Viele bekannte Persönlichkeiten und Pilger sind seitdem nach El Cobre gewallfahrtet, haben der Jungfrau Maria gehuldigt und Spenden und Geschenke geopfert.
- **1868** ist **Carlos Manuel de Céspedes** mit seiner Truppe hier vorbeigekommen, um Opfergaben abzulegen.
- **1915** machten die Unabhängigkeitskämpfer dem Papst Benediktus XV. den **Vorschlag, die Jungfrau Maria als Nationalheilige Kubas anzuerkennen.**

Wallfahrtskirche – El Cobre

- **10.05.1916** wurde diesem **Anliegen stattgegeben.**
- **08.09.1927** hat man die Nationalheilige Kubas **in das neue Kloster El Cobre** gebracht.
- **29.12.1936** wurde die **Nationalheilige gekrönt.** Für den Erwerb der Krone sind Gläubige aufgekommen.
- **31.12.1977** wurde dem Kloster von Papst Paul VI. **die Bezeichnung Basilika** gegeben.

Viele Gläubige lösten und lösen heute noch ihr Gelübde ein, indem sie Geschenke abliefern, und erhoffen sich dann Heilung von Krankheiten oder Lösungen ihrer Probleme. Aber auch aus Dankbarkeit und Ehrfurcht wurde und wird hier geopfert. Zu diesen Gaben zählen beispielsweise: Schmuck aus Gold und anderem Edelmetall, Uhren, militärische Orden, Medaillen von Kämpfern in Angola und Äthiopien, Urkunden für Hochschulabkommen und Diplome, die nachweisen, daß derjenige z. B. Arzt oder Ingenieur geworden ist.

Opfergaben bekannter Männer
• **Ernest Hemingway** hat seinen Nobelpreis für Literatur von 1954 geopfert, den er für die Novelle "Der alte Mann und das Meer" bekommen hat. Der Nobelpreis wurde allerdings schon zweimal geraubt und befindet sich jetzt an einem sicheren Ort.
• **Fidel Castro** hat einen Talisman aus Weißgold hier geopfert, den er von seiner Mutter noch während des Krieges (vor 1959) geschenkt bekommen hat.

12.8.3 SIERRA MAESTRA – BERGE DER REBELLEN

Den Schutz der Wälder, Schluchten und Höhlen der Sierra Maestra haben die rebellischen Bewohner der Provinz Oriente aufgesucht, wenn der Druck der Kolonialmacht zu groß wurde. Auch **Fidel Castro** hat sich hier verstecken müssen, um von hier aus seinen **Partisanenkampf** gegen das Batista-Regime zu führen.

Partisanenkampf von Fidel Castro und Che Guevara

Hier, an der Küste der Sierra Maestra, sind **Fidel Castro Ruz, Ernesto "Che" Guevara** und 81 Getreue **am 02.12.1956 mit der** völlig überladenen **Yacht "Granma" gelandet,** das Ziel vor Augen, das verhaßte Batista-Regime zu beseitigen. Bei ersten Gefechten mit Soldaten der Regierungstruppen fielen von den 82 Rebellen 67. Der klägliche Rest von 15 Guerillakämpfern konnte sich in die schwer zugänglichen Bergwälder der **Sierra Maestra** zurückziehen. Mit Hilfe ihres Senders **"Radio Rebelde"** scharten die Revolutionäre genügend Freiwillige um sich, um den gegen sie mobilisierten 12.000 Regierungssoldaten, die mit schweren Waffen und Panzern ausgerüstet wurden, zu trotzen. 70 Tage versuchten die Batista-Truppen, die Widerstandsnester der Rebellen – ohne Erfolg – auszuheben. Auf den Kopf von Fidel Castro waren 100.000 Pesos ausgesetzt. Am 31.12.1958 eroberte Che Guevara Santa Clara (Näheres in Kapitel 12.10.2), am 01.01.1959 verließ Batista mit Familie und seinen Getreuen per Flugzeug Kuba und flog von Havanna in die USA. Am 02.01.1959 ergab sich Havanna und Fidel Castro und Che Guevara konnten im Triumphzug in die Hauptstadt einziehen.

Kuba / Santiago de Cuba – Santa Lucia

Die Straße nach Bayamo führt abwechselnd durch aufgelockerten Baumbestand und dann wieder vorbei an Berghängen mit **dichtem Bergurwald**. Die **Königspalmen** überragen die übrigen Bäume um "Wipfellänge". Man passiert die Orte **Palma Soriano** nach 46 km und **Contramaestre** nach 79 km, wo zur Linken der Spiegel der Talsperre Presa Carios de Céspedes in der Sonne blinkt. Allmählich werden die Berge niedriger. In einem hügeligen Gelände vor Bayamo erstrecken sich große Orangenhaine.

Auf den Lkw stehen dichtgedrängt Leute in ihren besten Kleidern, von den Lkw-Fahrern mitgenommen, fröhlich winkend. Die Laster ersetzen oft schon öffentliche Verkehrsmittel, die nicht mehr fahren können, weil ihnen der Treibstoff fehlt.

12.8.4 BAYAMO – DIE HELDENHAFTE

Überblick

- Diese Stadt hat eine **wichtige Rolle in der Geschichte Kubas** gespielt. Hier hat der Unabhängigkeitskrieg angefangen. Sie ist die einzige Stadt, aus der **3 Nationalsymbole** hervorgegangen sind:
  - die Flagge von Céspedes,
  - das kubanische Nationallied,
  - das Wappen.
- Bayamo ist eine **schöne Stadt** mit von Bäumen beschatteten Plätzen.
- Sie wird auch **"Stadt der Kutschen"** genannt, weil es hier noch eine Kutschenfabrik gibt, die diese Gefährte nach alter Art herstellt. Der **Droschken-Service** ist hier noch gebräuchlich. Diese Pferdedroschken werden von den Bayamonesen *"coches"* genannt, und sie sind für die Einheimischen ein beliebtes Verkehrsmittel. Auch Sie könnten sicherlich, wenn Sie sich dazu Zeit nehmen, Gefallen an einer solchen gemütlichen Droschkenfahrt finden.
- Die Stadt hat nach den letzten Zählungen **105.300 Einwohner**.

Touristische Hinweise

Übernachtung
- *** Hotel Sierra Maestra, Carretera Central Richtung Santiago de Cuba, modernes Hotel mit allem Komfort, besitzt 204 Gästezimmer mit Klimaanlage, Bad, Telefon. Restaurant, Duty-free Shop und Diskothek gehören mit zum Service.
- ** Hotel Foyalton, Plaza de la Revolución, vorteilhaft im Zentrum der Stadt gelegen, ist ein älteres Hotel.

Restaurant
Im Hotel Sierra Maestra kann man gepflegt speisen.

Kuba / Santiago de Cuba – Santa Lucia

● **Stadtgeschichte**

1513 wurde Bayamo **von Diego Velázquez gegründet**.
1528 kam es in der **Goldmine Jobabo** zur **Rebellion der Indianer**, die sich dort als Sklaven unter unmenschlichen Bedingungen zu Tode schufteten.
1533 wiederholte sich der **Aufstand** in der gleichen Goldmine, diesmal von inzwischen ins Land geholten **Negersklaven**.
1867 wurde die **Freimaurerloge "Estrella Tropica"** gegründet. Sie wurde eine Keimzelle freiheitlichen Gedankenguts revolutionärer Kubaner.
10.10.1868 begann **Carlos Manuel de Céspedes** an der Spitze seiner freigelassenen Sklaven den **1. Unabhängigkeitskrieg** gegen die Spanier. Er besaß nahe Bayamo das Gut "La Demajagua".
20.10.1868 hatte Céspedes nach 4-tägiger Belagerung die **spanische Obrigkeit aus Bayamo verjagt**. Er konnte einen sehr starken Zulauf an Aufständischen verzeichnen. Etwa 1 Monat nach der Einnahme Bayamos hatten sich dem Oberbefehlshaber von Oriente schon **12.000 kriegsfreiwillige Kubaner** angeschlossen.
12.01.1869 steckten die Bayamonesen ihre eigene Stadt in Brand, um sie nicht den Spaniern zu überlassen, die mit einem starken Heer unter Führung von Graf Valmaseda anrückten. Die Stadtbewohner zogen sich in die schwer zugänglichen Berge der Sierra Maestra zurück.
1895 ereilte **José Martí**, den Apostel der kubanischen Unabhängigkeitsbewegung, ganz nahe von Bayamo, **bei Dos Ríos der Heldentod**.
1956–1959 führte **Fidel Castro** in der Sierra Maestra zusammen mit den rebellischen Bayamonesen einen erbitterten **Guerilakrieg** gegen die Batista-Regierung.

Die "Schicksalskirche" von Bayamo

Öffnungszeiten der Kirche
zum Zweck des Studiums der kubanischen Geschichte für die Öffentlichkeit: Di-Fr 15.00-17.00 Uhr.

Tip
Wenn Sie eine fachkundige und engagierte Führerin für die Besichtigung der geschichtsträchtigen Kirche haben möchten, fragen Sie bitte nach:
Frau Bertha Maria del Monte Alvarez.
Sie wird Ihnen bereitwillig alles in gekonnter Weise erklären.

Gerade diese Kirche im Zentrum der Stadt, die auch **"Iglesia Parroquil Mayor de San Salvador"** genannt wird, ist ein wichtiger Ort für den Unabhängigkeitskampf gewesen. Den Menschen, die hier aufgewachsen sind und die von den Kirchenvätern erzogen wurden, war die Liebe für ihr Vaterland, für ihre Mitmenschen und die Abneigung gegen Knechtschaft und Unterdrückung mitgegeben worden. **Carlos Manuel de Céspedes** hat beispielhaft seine **Sklaven freigelassen** und nannte sie seine Brüder in christlichem Sinne.

● Geschichtliches
20.10.1868: Anläßlich einer Messe des Corpus Christi (Abendmahl) – die Kirche war voller spanischer Soldaten – hat **Perucho Figueredo**, der Dichter des

späteren zum **Nationallied** erklärten Liedes, mutig den Kirchenbesuchern dessen Text ausgehändigt, und es an der Tür vor der Kirche **zum 1. Mal öffentlich gesungen**. Man nennt das Nationallied auch **"La Bayamese"**, weil es in dieser Stadt zuerst angestimmt wurde. Der Text hat heute folgende Fassung:

"Al combate corred, Bayamese,
que la Patria os contempla orgullosa.
No temáis una muerte gloriosa
que morir por la Patria es vivir.
En cadenas vivir es vivir
en afrenta y aprobio sumido!
Del clarín escuchad el sonido!
A las armas, valients, corred!"

Die Übersetzung ins Deutsche lautet etwa so:

"Auf zum Kampf, Bayameses!
Das Vaterland wird stolz auf Euch sein.
Fürchtet nicht ruhmreichen Tod,
für das Vaterland sterben heißt leben.
In Ketten zu leben ist ein Leben
in Schande und Unterwerfung.
Hört den hellen Ruf der Trompete!
Ihr Tapferen, eilt zu den Waffen!"

Noch am gleichen Tag haben sich die Bürger der Stadt entschlossen, **ihre eigene Stadt in Brand zu stecken**, um sie nicht den Spaniern zu überlassen. Die Übermacht der Spanier war erdrückend, und man wußte, der Krieg würde lange dauern.

Am 12.01.1869 haben die Bürger von Bayamo den Entschluß, die eigene Stadt in Flammen aufgehen zu lassen, in die Tat umgesetzt. Als der Rauch der Flammen verzogen war, war die Stadt ein einziges Ruinenfeld. Der **Großteil der Kirche war abgebrannt**. Nur die kleine **"Kapelle der leidenden Maria"** wurde nicht der Raub der Flammen. "Leidende Maria" heißt sie deshalb, weil sie als Symbol ihrer Leiden ein Messer an ihrer Brust hält. Der aus Zedernholz geschnitzte und mit Gold überzogene **Altar von 1740** ist ein Meisterwerk. In der Deckenbemalung der Kapelle kommt schon der **oppositionelle Geist der Bayamonesen** zum Ausdruck. Sie ist nämlich, entgegen den sonstigen Gepflogenheiten der damaligen Kirchendekoration, mit Motiven der Tier- und Pflanzenwelt geschmückt. Hier ist der einzige Ort in Kuba, wo so etwas zu finden ist.

Wichtige Figuren und Gegenstände hat man vorher aus dieser und 13 weiteren Kirchen Bayamos vor dem selbst angelegten Brand herausgeholt, mit in die Wälder genommen und sie dort versteckt. 4 Generäle sollen schwere Holzfiguren selbst auf ihre Schultern genommen haben.

Bis 1919 existierte die Kirche nicht. Erst danach begann man allmählich wieder mit der **Restauration**, und sie erhielt dabei ihre jetzige, modernere Form. Die in den Wäldern versteckten Gegenstände wurden wieder in der neuen Kirche untergebracht. Der jetzige Altar ist aus Marmor. Die **beiden Flaggen**, die von Céspedes und die Nationalflagge, dürfen hier beide ausgehängt werden.

Diese Kirche ist wahrscheinlich **die einzige** auf unserem Erdball, in der ein Gemälde seinen Platz gefunden hat, auf dem **eine revolutionäre Bewegung dargestellt** ist. Dieses Bild ist von einem Künstler der Dominikanischen Republik namens **Julio de Sanclair** gemalt worden. Es stellt folgendes dar: Im oberen Bildteil ist die Jungfrau Maria dargestellt. Symbolisch ist sie die Beschützerin aller Kubaner und Kubas. Außerdem sind alle wichtigen Generäle der Unabhängigkeitsbewegung abgebildet, auch ein General der Dominikanischen Republik, der Louis Macano hieß, und der hiesige Pfarrer Batista, der ebenfalls ein glühender Patriot war und der ermöglicht hat, daß das Nationallied hier gesungen wurde.

Der Zentralplatz

Hier in der Mitte der Stadt gruppieren sich rund um den Zentralplatz das **Kulturhaus** und das **alte Rathaus**, wo zum 1. Mal offiziell die **Befreiung der Sklaven** vor der Bürgerschaft ausgesprochen wurde.

● **Denkmal von Carlos Manuel de Céspedes**
In der Mitte des Platzes steht ein Denkmal von Carlos Manuel de Céspedes. Die Befreiung der Sklaven wurde von diesem Mann eingeläutet. Beachtenswert sind folgende, hier vermerkte **Aussprüche** von ihm:
Am **10.10.1868** hat er, als er seine Sklaven befreit hatte, gesagt: *"Brüder, wir denken, daß alle Menschen gleich sind!"* Am **27.12.1870** antwortete er den Spaniern, als sein Sohn festgenommen worden war und dessen Tod angedroht wurde, wenn er, Carlos Manuel Céspedes, nicht mit dem Krieg aufhöre: *"Oscar ist nicht mein einziger Sohn, ich bin der Vater aller Kubaner, die für die Revolution gestorben sind!"* Auf der Rückseite des Denkmals ist bezüglich des Brands von Bayamo zu lesen: *"Bürger von Bayamo, lauft zum Kampf, unser Vaterland sieht mit Stolz auf uns"* (ein Teil des Nationalliedes).
Außerdem sieht man das Gesicht einer Frau, die die **Céspedes-Flagge** genäht hat.

● **Denkmal von Perucho Figueredo**
Perucho Figueredo ist der **Dichter des kubanischen Nationalliedes**. In der Mitte des Denkmals ist sein in Stein gemeißelter **Kopf**, links die **Noten** und rechts der **Originaltext** des Liedes zu sehen. Der Originaltext wird heutzutage wegen der darin enthaltenen

Dichter des Nationalliedes – Perucho Figueredo

Beschimpfungen gegen die Spanier nicht mehr gesungen. Ein gekürzter Text, ohne die Schmähungen, ist das heutige Nationallied Kubas (siehe in vorigem Absatz "Die Schicksalskirche von Bayamo").

Casa Natal de Carlos Manuel Céspedes

● Geschichtliches
18.04.1819 ist Carlos Manuel Céspedes in diesem Haus **geboren**. Er lebte in diesem Gebäude 2 bis 3 Jahre.
30.09.1968 Genau 100 Jahre nach der Sklavenbefreiung wurde das Geburtshaus von Céspedes in ein **Museum** umgewandelt. Im Erdgeschoß erfährt man alles über das Leben des "Vaters aller Kubaner", wie er auch genannt wird. Im Obergeschoß werden Möbel der gleichen Epoche, die jedoch mit Céspedes nichts zu tun haben, gezeigt.

Turm von San Juan el Evangelista

● Geschichtliches
1702 ist das **Baujahr der Kirche** San Juan el Evangelista.
1795 erfolgte ein königlicher Erlaß, daß auch Land für Friedhöfe an den Kirchen zur Verfügung gestellt werden mußte. Hier entstand der 1. Friedhof von Bayamo, und die Kirche wurde der Eingang zum Friedhof.
1869 wurde auch diese Kirche **ein Opfer des absichtlich gelegten Feuers**, und nur der **Turm ist stehengeblieben**.

12.8.5 LAS TUNAS

Diese Provinzhauptstadt hat ca. 100.000 Einwohner und liegt inmitten eines landwirtschaftlich intensiv genutzten Gebietes, ist jedoch als Ort trotz seiner verhältnismäßig hohen Bevölkerungszahl historisch und kulturell nicht so interessant.

Die Caldosa-Suppe

Trotz seiner Unscheinbarkeit hat Las Tunas durch seine hier entwickelte Caldosa-Suppe und der damit verbundenen Zeremonie eine gewisse Berühmtheit erlangt.

Man erzählt sich folgende Geschichte:

Ein Ehepaar mit dem Vornamen Kike und Marina, die in Las Tunas leben, haben eine in Wasser gekochte Gemüsesuppe entwickelt, die mit folgenden Zutaten: viel Gemüse, wie Kartoffeln, Maniok, Malanga, Tomaten, Paprika, Zwiebeln, Knoblauch und außerdem Hühnerklein und Schweinekopf, zubereitet wird. Diese Suppe war ursprünglich für die Privatgäste des Ehepaars gedacht. Diese Gäste haben jedoch von dieser schmackhaf-

ten Suppe durch "Von-Mund-zu-Mund-Propaganda" erreicht, daß dieses Gericht mit der Zeit weit und breit sehr beliebt wurde.
Kike und Marina wurden von einem Freund, der **Sänger** und Gitarrenspieler war, besucht. In seiner Begleitung befand sich ein alter **Mann**, der am nächsten Tag seine Freundin zum Tanzen ausführen wollte. Er verspürte aber am ganzen Körper Schmerzen, und somit schien sein Vorhaben zu scheitern. Man riet ihm, die Caldosa-Suppe zu sich zu nehmen, und er tat, wie ihm vorgeschlagen wurde. Am nächsten Tag waren die Schmerzen wie weggeblasen, und er konnte am fröhlichen Tanz teilnehmen. Der Sänger verfaßte diese "wundersame Heilung" zu einem Text und trug ihn singend mit viel kubanischem Rythmus und Guitarrenbegleitung vor.
Dieses Lied hat sich so, zusammen mit der Caldosa-Suppe, immer mehr über das Land verbreitet.

Weil diese Suppe sehr einfach zuzubereiten ist und mehrere Familien verschiedene Zutaten für ein **Gemeinschaftsessen** mitbringen können, ist diese Speise bei Festlichkeiten überall sehr beliebt und das Ehepaar Kike und Marina mit ihrer Caldosa-Suppe sehr berühmt geworden.
Bei dem **Jahrestag der Massenorganisation der CBR (Komitee für Verteidigung der Revolution) am 27./28. September** jeden Jahres **nehmen Millionen von Kubaner gruppenweise die Caldosa-Suppe zu sich.** Bei den Festlichkeiten dieser Veranstaltung kommen jeweils ca. 100 bis 150 Mitglieder einer Grundorganisation des CBR zusammen.

Boxer Teofilo Stevenson – Goldmedaillengewinner

Einen gewissen Bekanntheitsgrad hat der Boxer Teofilo Stevenson erlangt, der in Las Tunas geboren ist, und der bei der Olympiade 1972 in München eine Goldmedaille im Boxen gewonnen hat. Aber der Ruhm auch eines Olympia-Siegers ist bald wieder verweht.

12.8.6 SANTA LUCIA

Überblick

● Der **Sandstrand** von Santa Lucia ist **17 km lang** und liegt in einer einsamen, flachen Lagunenlandschaft. "Wasserratten" und Sonnenanbeter sind hier richtig am Platz.
● Der Küste von Santa Lucia ist ein **Korallenriff** vorgelagert, das nach dem Großen Barriereriff vor der Ostküste Australiens das **zweitgrößte** der Erde sein soll. Dieses Riff ist ein ausgezeichnetes **Taucherparadies**. Die vielen farbenprächtigen Fische sind eine Faszination. Außerdem liegt hier so manches versunkene Schiff auf dem Meeresgrund. Viele sind überhaupt noch nicht entdeckt worden.

Kuba / Santiago de Cuba – Santa Lucia

Sandstrand – Santa Lucia

Touristische Hinweise

Übernachtung
● *** **Villa Caracol** (Schnecke), Tel.: 48302-03, 48402, wurde 1991 eröffnet. Ihr Hauptgebäude hat eine architektonisch interessante eigenwillige Form. Es ist in Spiralform wie eine Schnecke angelegt, daher der Name Villa Caracol. Typisches Merkmal der Provinz Camagüey sind die roten Keramikarbeiten. Zur Gesamtanlage gehören: 150 Gästezimmer, davon 4 Zimmer mit 3 Betten, 12 Zimmer sind für Hochzeitspärchen hergerichtet. Die Unterkünfte befinden sind in Bungalows mit einem sehr netten Vorraum. Es gibt ebenerdige und 1-stöckige.
Es sind außerdem vorhanden: Restaurant, Snackbar, Grill, Swimmingpool für Erwachsene und Kinder, Anlage für Volleyball, Tennis und Fußball, sowie eine Bühne für abendliche Animation. Ausflüge in die Umgebung werden organisiert. Gelegenheit zum Tauchen und Schnorcheln, Fahrrad-, Moped-, und Autoverleih ist zentral im Hotel Mayanabo gegeben. Es wird hier sehr viel Deutsch gesprochen.
● *** **Villa Coral**, Tel.: 48236, 48265, 48109, 48130, Telex: 031491, wurde im November 1989 eröffnet. Interessant sind die Verkleidungen der Wände mit Naturstein, geschmackvoll auch die bunten Glasscheiben in der seperaten Empfangshalle. Die 292 Gästezimmer liegen in bungalowähnlichen Gebäuden.
Die Unterkünfte sind in 4 Kategorien eingeteilt:
- Kat. 1: kleine Küche, Bad, großes Doppelbettzimmer, 12x
- Kat. 2: kleiner Vorraum, Bad, Doppelbettzimmer, 32x
- Kat. 3: für Familie mit Kindern gedacht, Vorraum, 2 Zimmer durch 1 Bad getrennt, das von beiden Seiten begehbar ist, 8x
- Kat. 4: normale Doppelbettzimmer (Standard), 246x

Die im Landesstil eingerichteten Zimmer haben alle Klimaanlage, Dusche/WC, Telefon, Fernseher, Video, Kühlschrank, Balkon oder Terrasse. Zu dem Hotelkomplex gehören: Restaurant, Cafeteria, Süßwasser-Swimmingpool für Erwachsene und Kinder, Diskothek, Bar, Grill direkt

Kuba / Santiago de Cuba – Santa Lucia

am Strand, Poolbar, Spielsalon und großer Shoppingraum. An Sportmöglichkeiten gibt es: Tennis, Reiten, Fahrrad- und Mopedverleih und die üblichen Wassersportarten.
Ein Neubau ist in Vorbereitung. Er soll "Los Flamencos" heißen.
● *** **Hotel Mayanabo**, Tel.: 48184, Telex: 031462, liegt im Zentrum der Hotelzone Santa Lucia. Es wurde 1976 eröffnet. Es besitzt 225 Gästezimmer auf 3 Blocks verteilt. Die Anlage besteht aus einem Haupthaus, in dem Rezeption, Empfangshalle, Restaurants, Bar, Spielraum, Souvenirladen untergebracht sind und 3 zweistöckige Zimmertrakte, die in einer schönen Gartenanlage mit Palmen, Oleander, Hibiskus und Bougainvilleas liegen. Es ist ein großes Süßwasserschwimmbecken mit Bar und Cafeteria vorhanden. Die Zimmer im 1. Stock haben Gemeinschafts-Veranda vor der Zimmertür, im Erdgeschoß eigene Terrasse. Außerdem gibt es: 2 Grills, Cafeteria, Taxiservice, Mofa- und Autoverleih, ärztliche Betreuung, Post, Telex und Friseur. Die Sportmöglichkeiten sind sehr vielfältig: Wasser-, Volley-, und Basketball, Reiten und Tennis, Gymnastikübungen. Außerdem ist hier eine Tauchstation eingerichtet, die mit einer deutschen Gesellschaft "Aquanautic" zusammenarbeitet und die auch von den 3 Nachbarhotels mitbenutzt werden kann. Es gibt eine Bühne für abendliche Veranstaltungen.
● ** **Tararaco** gehörte vor der Revolution einem Jazzclub, 1958 wurde es als kleines Hotel eröffnet. Es ist in Kreuzform angeordnet, besitzt 31 Gästezimmer, so daß jedes Zimmer einen Blick nach außen (überwiegend Meeresblick) hat. Das Restaurant ist in Rundform angelegt. Obgleich es ein randseitiges Dach besitzt, ist es in der Mitte offen. Diese Öffnung ist mit Pflanzen verschönert. Bäume können ungehindert emporwachsen. Alle Übernachtungsräume sind Doppelbettzimmer mit Telefon, Fernseher, Video, Terrasse. Es gibt kein Swimmingpool, wozu auch, das Hotel liegt direkt am Meer. Es verbreitet eine behagliche, naturnahe, familiäre Atmosphäre. Gäste, die hier einmal Urlaub gemacht haben, kommen gerne wieder. Zum Frühstück und Abendessen wird ein Buffet angerichtet. 100 m vom Hotel entfernt am Strand kann man gemütlich sitzen und auf kubanische Art frische Meeresfrüchte genießen. Dieses kleine Restaurant faßt 20 Personen, und es eignet sich sehr gut, um kleine Strandfeste zu feiern. Westlich schließt sich ein endlos erscheinender menschenleerer, wilder Strand an.

Busfahrten
Um 10.00 Uhr fährt für Interessenten aller 4 Hotels von Santa Lucia nach Bedarf, aber doch ziemlich regelmäßig, ein Bus zu den wilden Stränden von "Los Cocos". Dort gibt es kein Hotel. Der Preis für die Fahrt beträgt 2 US-Dollar pro Person.

Ausflug in das Fischerdorf La Boca

Man fährt durch eine **flache Lagunenlandschaft** mit langen Nehrungen, Strandseen und flachen Sanddünen. Braune Pelikane, Kormorane und Raubseeschwalben fischen in den Gewässern. Manchmal sieht man auch Flamingos. Ein Leuchtturm, der **Kolumbusturm**, liegt in der Ferne. Schließlich erreicht man das Fischerdorf **La Boca**, an der Einfahrt in die **Bucht von Nuevitas**.
Anschließend am Strand von **Los Cocos**, der in einer langezogenen Bucht mit türkisfarbigem Wasser und von Kokospalmen gesäumt ist, herrscht beschauliches Strandleben. 2 kleine Restaurants sorgen für das leibliche Wohl der Urlauber.

Restaurants
● **Casa Alherico**, genannt nach dem Familiennamen des dort wohnenden Gastwirtehepaars, bietet typisch kubanische Gerichte an.
● **Kingfish** serviert meistens Meeresfrüchte.

12.9 SANTA LUCIA – SANCTI SPÍRITUS

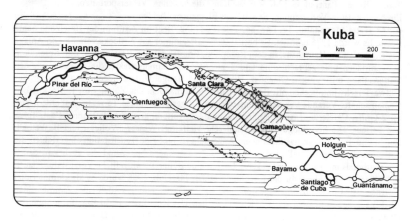

12.9.1 TOURISTISCHE HINWEISE

Entfernung
Santa Lucia – Sancti Spíritus: 291 km

Streckenhinweis
Von Santa Lucia auf einer Landstraße ohne Straßennummer bis nach **Camagüey** (Km 109), **Abzweigung rechts** auf die **N 1** bis Sancti Spíritus (Km 291).

12.9.2 CAMAGÜEY – DIE STADT DER KIRCHEN

Überblick

- Der **koloniale Stadtkern insgesamt** mit seinen winkeligen, meistens ebenerdigen, pastellfarben gestrichenen Häusern aus der Kolonialzeit vermittelt einen Eindruck kleinbürgerlicher Beschaulichkeit. Schön sind die Holzbalkons, die barocken Eingangstüren und die geschwungenen Fenstergitter anzusehen.
- Camagüey gilt als die **Stadt der Kirchen**. Die meisten Kirchen befinden sich allerdings unter Restauration und dienen nicht mehr ihrem ursprünglichen Zweck als Gotteshaus. In der Innenstadt drängen sich folgende Kirchen zusammen:
  - La Catedral
  - Iglesia de la Merced,
  - Iglesia de la Soledad,
  - Iglesia Santa Ana,
  - Iglesia del Carmen,
  - Iglesia San Francisco,
  - Iglesia del Cristo,
  - Iglesia San Juan de Dios.

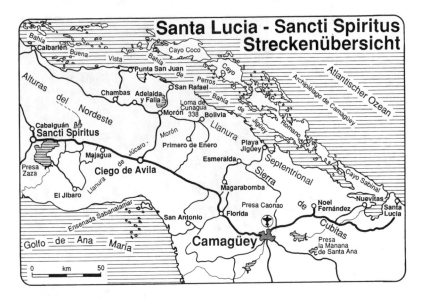

Bis auf die vielen Kirchen kann Camagüey keine besonders spektakulären Gebäude aufweisen.
- In der **Keramikherstellung** haben die Camagüeyaner große Kunstfertigkeit entwickelt. Es wurden besonders große, reich verzierte Gefäße geschaffen, um in dem wasserarmen Landstrich, der aus wasserdurchlässigem Kalkboden besteht, möglichst viel Regenwasser aufbewahren zu können. Man nennt diese manchmal bis zu mannshohen irdenen Krüge in der Landessprache *"tinajones"*.
- Weltbekannt ist das **Ballett von Camagüey** unter der jetzigen Leitung von Direktor Fernando Alvonso Rayneri geworden.
- Nach den letzten Zählungen hat Camagüey **260.800 Einwohner**.
- Camagüey ist stolz auf seine **schönen Frauen**. Wenn man im Volksmund von einer "Frau aus Camagüey" spricht, so spielt man damit bewußt auf ihre Schönheit an. Wir können dies nur bestätigen.

Touristische Hinweise

Übernachtung
- *** Camagüey, 4,5 km an der Carretera Central Este, Tel.: 6218, 6805, besitzt 136 Gästezimmer mit Klimaanlage, Bad, Radio, Fernseher, Restaurant, Bar, Cafeteria, Swimmingpool und Souvenirladen.
- *** Gran Hotel, Calle Maceo No. 67, ist ein altes ehrwürdiges Hotel mit sehr gutem Restaurant im 5. Stock. Vom Dach des Gebäudes aus kann man den weiten Blick über die Stadt genießen. Ein hoteleigenes Kabarett sorgt abends für Unterhaltung.
- *** Villa Maraguan, an der Ausfallstraße Richtung Las Tunas gelegen, Tel.: 7-2017, liegt in einem parkartigen Gelände. Es verfügt über 35 Gästezimmer, davon 28 Doppelbettzimmer,

Kuba / Santa Lucia – Sancti Spíritus

3 Dreibettzimmer, 3 Spezialzimmer und eine Hochzeitssuite, Restaurant, Bar, Cafeteria, Swimmingpool mit Rutschen, Poolbar, Kinderspielplatz und Squashplätze. Es können Pferde und Mopeds gemietet werden.

Restaurants
- Aeroclub, Carretera de Nuevitas, Tel.: 9-5730, Spezialität: türkische Gerichte. Geöffnet 11.30–22.30 Uhr
- Jayama, Repardo Julio Antonio Mella, Tel.: 3426, kubanische und internationale Küche. Geöffnet 12.00–24.00 Uhr
- Nad King, República und Callejón Castellano, Tel.: 5455, kubanische und chinesische Küche. Geöffnet 11.30–22.30 Uhr
- Paella, Avenida de la Libertad, Tel.: 3152, Spezialität: Fisch. Geöffnet 11.30–22.30 Uhr
- Rancho Luna, Plaza Macéo, Tel.: 4381, Spezialität: Schwein. Geöffnet Mo–Fr 8.00–22.30 Uhr, Sa–So 8.00–23.00 Uhr

Kreolische Schönheit – Stolz Camagüeys

- La Volante, Parque Agramonte, Tel.: 9-1747, kubanische und internationale Küche. Geöffnet täglich 11.30–22.30 Uhr

Museum
Casa Natal de Ignacio Agramonte (I. Agramontes Geburtshaus)
(Calle Ignacio Agramonte)
Hier sind persönliche Gegenstände und Dokumente des großen Generals des kubanischen Unabhängigkeitskriegs ausgestellt.

Stadtgeschichte

1492 betrat **Christoph Kolumbus** in der Gegend der heutigen Stadt Nuevita kubanischen Boden. Er nannte diese Stelle **Nuestra Senora del Puerto Principe**.

1515 wurde von **Gouverneur Diego de Velázquez** hier eine Siedlung gegründet, die, in Anlehnung an die Bezeichnung Kolumbus', den Namen **Santa María del Puerto del Principe** erhielt und die später Camagüey genannt wurde. Es

Kuba / Santa Lucia – Sancti Spíritus

war eine der 7 frühesten Stadtgründungen Kubas, die auf Initiative des Gouverneurs zurückzuführen sind.
1528 haben die Einwohner dieser Hafenstadt wegen der Piratenplage und der lästigen Insekten aus den benachbarten Mangrovensümpfen ihre Stadt **ins Landesinnere verlegt.**
1869 unterstützten die Camagüeyaner den Aufstand der Provinz Oriente in ihrem **Freiheitskampf gegen die Spanier** mit ihrer **Kavallerie**, denn in der Provinz Camagüey wurden genügend Pferde gezüchtet. Als der Organisator der Reiterei gilt der Rechtsanwalt **Ignacio Agramonte**.

Plaza del San Juan de Dios

Freundlicher Platz – Plaza del San Juan de Dios

● Das auffälligste Gebäude an diesem hellen und freundlichen Platz ist die **Kirche San Juan de Dios,** die 1728 erbaut und 1941 restauriert wurde. Nach der Revolution hat man sie zeitweise in eine Schule und auch in ein Krankenhaus umgewandelt.

● Das Restaurant, **"La Campana de Toledo"** ("Die Glocke von Toledo") mit seinem reizvollen Innenhof, in dem eine Glocke hängt, belebt den schönen Platz.

Parque Ignacio Agramonte

● Auf diesem Platz steht das **Denkmal** von Mayor General Ignacio Agramonte.

---── **INFO** ──---

Wer war Ignacio Agramonte?
23.12.1841 wurde Ignacio Agramonte in Camagüey in der heutzutage nach ihm benannten Straße geboren.
10.04.1869 trat in Guaímaro eine konstituierende Versammlung der Aufständischen, der "mambísis", zusammen, die eine 1. Verfassung der "Republik Kuba" entwarf. Der Rechtsanwalt Agramonte hat als Delegierter hier entscheidend mitgewirkt.
Er wurde der Oberbefehlshaber des Befreiunngsheers von Camagüey und der Organisator der Kavallerie.
11.05.1873 ist Ignacio Agramonte in der Schlacht bei Jimaguayú gefallen.

Kuba / Santa Lucia – Sancti Spíritus

Wehmütige Lieder – Troubadoure

- Weitere markante Gebäude am Platz sind:
- **La Catedral**, die z.Zt. renoviert wird,
- **Restaurante Volante**, eine ehemalige Kutschenstation, die heute noch koloniale Atmosphäre ausstrahlt und
- **Casa de la Trova**, das Haus der Troubadoure, wo abends Vorführungen stattfinden, wo die Sängerinnen und Sänger ihre meistens wehmütigen Lieder vortragen, die von Welt- und Liebesschmerz handeln.
- **La Biblioteca**, die Bücherei der Stadt, befindet sich ebenfalls in der Runde des Parque Ignacio Agramonte.

Gran Hotel – nostalgischer Charme

Ursprünglich war dieses mehrstöckige, große Gebäude ein Herrenhaus. Es diente auch als Ausbildungsstätte für die spanische Kavallerie.
Heute ist es ein Hotel mit nostalgischem Charme und vergehender Pracht aus vergangenen Zeiten. Im 5. Stock befindet sich ein sehr gutes Restaurant mit **typischer Kolonialatmosphäre**. Das Mobiliar, die Vorhänge und die Leuchter sind original aus dieser Zeit.

Vom Dach des Hotels hat man einen weiten Blick über die gesamte Stadt.

Kinos

In Kuba ist noch Kino-Zeit. Im Zentrum der Stadt gibt es mehrere Kinos. Auf Kuba wird jährlich ein lateinamerikanisches Kino-Festival abgehalten. Meistens liegt Camagüey nach Havanna an 2. Stelle der auserwählten Kinostädte. Sehr beeindruckend und gekonnt sind die kubanischen Kinoplakate, die die einzelnen Filme ankündigen.

Plaza de los Trabajadores (Platz der Arbeiter)

- An diesem Platz liegt die **Iglesia de la Merced**, eine 3-schiffige Basilika, deren Bau 1756 fertiggestellt wurde.
- Außerdem befindet sich hier das **Casa Natal del Ignacio Agramonte**, das Geburtshaus des tapferen Reitermayors.

Kuba / Santa Lucia – Sancti Spíritus

Das Ballett von Camagüey
(Carretera Central Este, Esquina a 4 No. 311)

1967 wurde die **Gesellschaft "Compania de Danza Clásica" gegründet**. Seit **1975** wird dieses Ballett von **Direktor Fernando Alonso Rayneri** geleitet, dem besten Ballettlehrer Kubas.

● In der Tanzgruppe sind **76 Tänzerinnen und Tänzer** im Durchschnittsalter von 22 Jahren angestellt, wovon die Mehrheit Frauen sind.
● Es wird **in erster Linie klassisches Ballett** getanzt. Man ist seitens der Leitung jedoch auch bemüht, moderne Stükke einzustudieren und nationale Elemente miteinzubringen.
● Es gibt für die Ballettschule extra eine **Werkstatt**, wo Schuhe, Kostüme und die Bühnendekoration angefertigt werden.
● Es wurden bislang auch **Auslandstourneen** unternommen. Gastspielreisen führten beispielsweise nach Italien, Belgien, Deutschland, Rußland, Zypern, China und in viele lateinamerikanische Länder. Zu diesen Ländern werden gute Kontakte gepflegt, besonders mit Italien und Belgien.
● **Lehrgänge** mit Laien sollen den Nachwuchs fördern. Manche Lehrgangsteilnehmer hoffen, vielleicht später in die Tanzgruppe aufgenommen zu werden.

Ballettschule von Camagüey

Jährlich im Dezember wird ein solcher internationaler Lehrgang unter **Leitung** des großen Meisters **Fernando Alonso Rayneri** durchgeführt. Das Lehrgangspogramm umfaßt 11 Punkte.
Es gibt **3 verschiedene Kategorien** von Lehrgängen:
- "Elemental" für 200 US-Dollar,
- "Medio" für 250 US—Dollar,
- "Superior" für 350 US-Dollar.
● Alle 2 Jahre findet in Camagüey ein **Festival der lateinamerikanischen Ballettgruppen** statt. Das Ballett hat bisher **über 160 Stücke** eingeübt.
● In der **Ballettthalle** trainieren tagsüber die Berufstänzerinnen und -tänzer, und abends üben die meist jugendlichen Lehrgangsteilnehmer.
● Im Garten der Ballettschule ist eine Skulptur von einem Tanzpaar der bekannten kubanischen **Bildhauerin Rita Longa** zu sehen.

12.9.3 SANCTI SPÍRITUS

Überblick

Sancti Spíritus gehört mit zu den ersten 10 Städten, die Gouverneur Diego de Velázquez gegründet hat.

Übernachtung
*** **Rancho Hatuey**, Tel.: 26015, 26406, 26320, liegt auf einem Hügel in sehr ruhiger Umgebung, es besitzt 22 Gästezimmer, davon 10 in Bungalows. Restaurant, 2 Bars und Swimmingpool gehören mit zum Service.

Parque Central (Zentralplatz)

Jede größere Stadt Kubas hat einen solchen Zentralplatz, dessen hohe Bäume Schatten spenden und unter denen man auf Bänken ausruhen kann.

Kolonialarchitektur – Parque Central

Auf allen werden Helden und Männer, die sich für das Land verdient gemacht haben, geehrt. Hier in Sancti Spíritus ist es **Serafin Sánchez Valdivia** (1846-1896).

● **Eine hohe Bühne**
In der Mitte des Platzes auf einem erhöhten Podest spielt abends eine Kapelle, wo nach alter Tradition die Männer gegen den Uhrzeigersinn und die Frauen im Urzeigersinn um die die Musikkapelle spazieren, damit man sich treffen und begrüßen kann.

Alte Kolonialhäuser umstehen den Zentralplatz:

● **La Biblioteca** (Bibliothek)
Dieses Gebäude, ein ehemaliges Spielcasino, war eines der ersten Häuser, das Fidel Castro durch Enteignung in eine **Stadtbücherei** umwandelte.
Eine Tafel hat folgende Aufschrift:
"Ein Prozeß der Unterdrückung ist abgeschlossen,
und es hat die Ehre des Vaterlandes begonnen."
Beim Blick in die Eingangshalle fallen die mit Säulen abgestützte gewölbte Decke und alte Leuchter als etwas Besonderes auf. In dem Lesesaal sitzen Schüler und Studenten über Bücher gebeugt und machen sich Notizen.

Kuba / Santa Lucia – Sancti Spíritus

- **Das Kulturhaus**
Hier haben auch Kinder die Möglichkeit, sich zu entfalten. Sie können malen, musizieren und handwerkliche Arbeiten verrichten.

- **Weitere Gebäude am Parque Central**
Gegenüber dem Kulturhaus befindet sich das Kino "Conrado Benitez". Auffällig am Platz außerdem sind 2 Hotels: "Perla de Cuba" und das "Hotel Colonial".

Parroquial Mayor (Hauptpfarrkirche)

Diese Pfarrkiche hat einen gelben Farbanstrich. Sie ist eine der ältesten Kirchen Kubas und besitzt eine wunderschön getäfelte Holzdecke.

Casa de la Trova (Haus der Troubadoure)
(Maximo Gomez Norte)

Auf dem Weg vom Parque Central zur Pfarrkirche macht das Symbol einer Leier auf das Haus der Troubadoure aufmerksam, wo abendlich von den Sängern Balladen mit vielen Strophen vorgetragen werden.

Besuch einer Apotheke

Pfarrkirche – Parroquial Mayor

Originell sind die verschiedenen hübschen Behältnisse für die unterschiedlichsten Medikamente aus Heilkräutern. An der rechten Wand sind Abbildungen der Heilpflanzen angebracht und Bilder über die menschlichen Leiden. Außerdem liegt eine Tabelle aus, welche Heilkräuter jeweils vorrätig sind.

Kuba / Santa Lucia – Sancti Spíritus

Museo de Arte Colonial (Plazido Sur)

Öffnungszeiten
Di–Sa 8.30–17.00 Uhr und So 8.30–12.30 Uhr

- **Geschichtliches**

1750 wurde das Haus mit einem Stockwerk **erbaut**, und es war das 1. Gebäude dieser Art in Sancti Spíritus.
1865 hat man das Haus um den **hinteren Teil ergänzt**. Es gehörte ursprünglich der Familie **Valle Iznaga**, damals eine der reichsten und einflußreichsten Familien des Landes.
Bis 1961 war das Haus im Besitz der Familie, wovon ein Teil nach der Revolution ins Ausland auswanderte. Die Verbliebenen sind nach und nach gestorben.
1967 hat man das Haus in ein **Museum** umgewandelt.

Es ist eine sehr großzügig angelegte Wohnung mit vielen nobel ausgestatteten Räumen. Man betritt das Innere des Hauses über einen Vorraum. Mädchen-, Herren-, Frauenschlafzimmer, Musiksalon, Tee- und großer Speiseraum sind mit stilvollen Möbeln und wertvollen Gegenständen ausgestattet.

- **Die Geschichte der Familie Valle**

Im Innenhof ist die Geschichte der ganzen Familie Valle auf einer Tafel aufgezeichnet. Schon in Spanien war sie sehr reich und besaß sehr viele Titel. Der erste Valle ist als Bataillionschef Ende des 18. Jahrhunderts nach Kuba gekommen.
Ein Portrait zeigt **Don Francisco Lorenzo de Valle y Iznaga**, der am 07. Dezember 1850 in dieser Villa geboren wurde. Er gründete ein Kolleg zur Ehre seiner Mutter Dona Natividad Iznaga de Valle, die am 29.11.1914 in Havanna gestorben ist.
In dem Familienwappen steht der arrogante Spruch:
"El que mas vale, no vale tanto como valle vale!"
Frei ins Deutsche übersetzt, heißt dieses spanische Wortspiel etwa so:
"Der Mensch, der am meisten wert ist auf der Welt, ist nicht so viel wert, wie ein Valle!"

El Puente Yayabo (Die Brücke Yayabo)

Diese Brücke überspannt den Río Yayabo. Das ist der Ort, wo das **Nationalhemd** Kubas genäht wurde, das heute in allen mittelamerikanischen Ländern getragen wird und das nach dem Fluß **Jajabera** heißt.
Die in der Mitte des 19. Jahrhunderts erbaute Brücke wurde zum Nationaldenkmal erklärt. Der Fluß ist ein beliebtes Gewässer für Kajakfahrer und ein Erholungsort für die Bevölkerung.
Ganz in der Nähe der Brücke wartet ein kleines **Restaurant Quita Santa Elena** auf seine Gäste. Man kann dort gemütlich entweder unter Dach

oder im Freien sitzen. Gegenüber gibt es ein Haus, wo die Geschichte der **Kolonialarchitektur** in ihren Grundelementen dargestellt wurde. Nahe der Brücke befindet sich außerdem das **ehemalige Varité-Theater** von Sancti Spíritus, das heute ein Kino beherbergt.

Calle Antonio Rodriguez

Diese Straße wird volkstümlich Jano-Straße nach einem General Jano genannt, der hier in einem schönen 1-stöckigen Haus wohnte. Die Kopfsteinpflasterstraße ist heute Fußgängerzone und führt vom Fluß bergan in die Stadt. Es ist eine schöne alte Gasse mit malerischen alten Häusern, oft mit Balkons. Eine kleine **Gaststätte El Bodegón** lädt zum Verweilen ein.

Im Haus von Tomás Alvarez de los Ríos
(Carretera Central, km 383, No. 109, Tel.: 25418)

INFO

Wer ist Tomás Alvarez de los Ríos?

Tomás Alvarez de los Ríos ist 1918 in Guayos in der ehemaligen Provinz Las Villas in Kuba geboren. Er ist Schriftsteller und Journalist, und er hat bislang 7 Bücher geschrieben. 2 sind bisher gedruckt und veröffentlicht: "Humo de yaba" ("Rauch der Yaba") – Yaba ist ein Baum – (1963) und "Olvidados de ayer recuerdan" ("Vergessene von gestern erinnern sich") (1975). Der Dichter schreibt Romane, Theaterstücke, Gedichte und Novellen. Außerdem ist er Komponist, und er sammelt Gegenstände von historischem Wert.
Der neue Roman "Las Farfanes" schildert das Leben der Bauernfamilie, der Farfanes. Der Schriftsteller hat hier einen sehr originellen Roman dieser Familie Las Farfans, weniger authentisch, aber hintergründig auf humorvolle Art aber auch kritisch-nachdenklich geschrieben. Vorausdenkend versucht der Dichter, eine Brücke zwischen Kapitalismus und Sozialismus zu schlagen. In dem Roman werden die Widersprüche im alltäglichen Leben der Landbewohner und Probleme der sexuellen Beziehungen zwischen Mann und Frau angesprochen.

Viele berühmte Gäste hat dieses gastfreundliche Haus von Tomás Alvarez de los Riós schon gesehen: Schriftsteller, Schauspieler, Sänger, Sportler, hohe kubanische Politiker, wie den Kultusminister und der Verteidigungsminister Raoul Castro Ruz (der Bruder von Fidel Castro Ruz).
Jeder Gast, der dieses Haus betritt, wird mit dem Willkommenstrunk "Ceuaraparon" begrüßt. Das ist selbst gepreßter Zuckerrohrsaft mit einem Schuß Rum.

*Humorvoll und vorausdenkend –
Tomás Alvarez de los Ríos*

Der Schriftsteller behauptet:
"Wenn hier jemand traurig ankommt, der geht lachend wieder fort; und wenn er hier glücklich ankommt, dann geht er noch glücklicher wieder fort."

Der **Frohsinn dieses Hauses** liegt in erster Linien an dem Gastgeber selbst, der eine weise Gelassenheit ausstrahlt, und an den vielen Sprichwörtern an den Außenwänden des Hauses.

Seit 7 Jahren sind **4.600 Sprichwörter** auf ziegelgroßen **Tontafeln** aufgeschrieben worden. Es sollen am Ende 5.000 werden. Mit diesen Keramiktafel sind schon fast die ganzen Flächen der Außenwände des Hauses verkleidet. Diese Sprüche in spanischer Sprache enthalten sehr viel Philosophie und Lebensweisheiten von Wissenschaftlern (z.B. Einstein), Dichtern (z.B. Shakespeare) und aus dem Volk, das auch mit lustig-derben Sprüchen die rechte Würze in die Sammlung bringt. Die Sprichwörter stammen aus der ganzen Welt, beispielsweise aus Mexiko, Südamerika, USA, Frankreich, England, Deutschland, der Schweiz, Dänemark, von den Balearen, Vietnam, China, Korea und vielen anderen Ländern mehr.

Hier nur einige "Kostproben" der **weltweiten Weisheiten**:
"Wenn eine Frau keine Antwort mehr weiß, ist das Meer ausgetrocknet" (Deutschland),
"Der Hunger weckt die Ideen",
"Klein aber mein" (Deutschland),
"Die Seele ohne Wissenschaft ist nicht gut",
"Arbeit ohne Lohn produziert Räuber",

Kuba / Santa Lucia – Sancti Spíritus

"Jeder Vogel findet seinen eigenen Gesang schön" (Deutschland),
"Der Mann folgt der Frau, bis die Frau ihn gefangen hat" (England),
"Hörner der Frauen werden vom Friseur versteckt",
"Die Wahrheit nicht zu sagen, ist das gleiche, wie Gold zu begraben" (Dänemark),
"Der beste Spiegel sind die Augen des Freundes" (England),
"Ein Artist lebt überall" (Griechenland).

Die **Sammlung alter Gegenstände** ist schon ziemlich umfangreich. Dazu gehören: eine Signalkanone aus den USA, alte Kampfmesser, Degen, Bügeleisen, Glocken, Ackergeräte, Schlösser, ein Joch für Ochsen, ein Blasebalg, Kochtöpfe für Sklavenessen, Hand- und Fußschellen der Sklaven, ein Pflug, eine Windmühle, Tonkrüge, Kaffeemörser aus Holz und aus Stein.

12.10 SANCTI SPÍRITUS – TRINIDAD

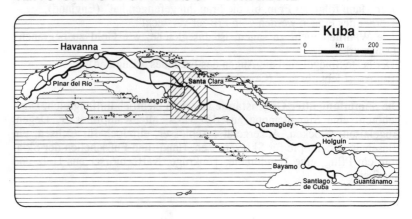

12.10.1 TOURISTISCHE HINWEISE

Entfernung
Sancti Spíritus – Santa Clara - Trinidad: 175 km

Streckenhinweis
Von **Sancti Spíritus** in westlicher Richtung; nach 19 km Zufahrtsstraße auf die **Autobahn A-1** bis **Santa Clara** (Km 86), nach Besichtigung von Santa Clara in südlicher Richtung auf der **452** bis **Trinidad** (Km 175).

Kämpfer für den Sozialismus – Che Guevara

Kuba / Sancti Spíritus – Trinidad

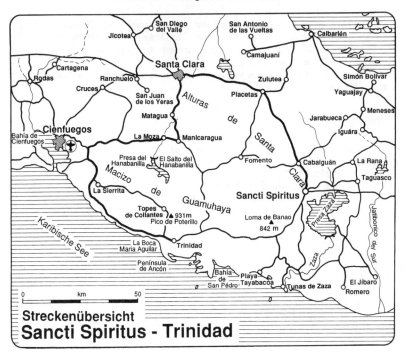

Streckenübersicht
Sancti Spiritus - Trinidad

12.10.2 SANTA CLARA UND DER TRIUMPH CHE GUEVARAS

Überblick

Santa Clara wird vom heutigen Kuba als ein historisch sehr bedeutender Ort angesehen, weil sich hier nach schweren Gefechten die Regierungstruppen des Batista-Regimes gegen die von Che Guevara angeführte Rebellen-Armee geschlagen gegeben haben. Deshalb wurde hier das gewaltige **Ernesto Che Guevara-Denkmal** auf dem Revolutionsplatz zu Ehren des Kämpfers für den Sozialismus errichtet.

Im übrigen ist Santa Clara eine hübsche Stadt, in der man den Spuren der alten Kolonialzeit nachspüren kann.

Touristische Hinweise

Übernachtung
● *** **Hotel Villa la Granjita** hat 21 Doppelzimmer und 3 Dreibettzimmer. Die Unterkünfte sind den Hütten der Indianer nachempfunden. Eine reiche Vegetation, beispielsweise große Mangobäume, Palmen, Orangenbüsche und Kaffeesträucher

_____ *Kuba / Sancti Spíritus – Trinidad* _____

geben der Hotelanlage einen behaglichen Anstrich. Die Zimmer haben Klimaanlage und Dusche. Sie sind geschmackvoll mit Holz verkleidet. Die Decke ist mit Flechtwerk bespannt. Für sportliche Betätigung ist durch eine Kegelbahn, einen Billardraum und die Möglichkeit zum Reiten von Pferden und Ponys gesorgt.

● *** Hotel Santa Clara, Parque Vidál, vom Restaurant im obersten Stock hat man einen schönen Blick auf die Stadt.

Stadtgeschichte

1689 wurde das jetzige Santa Clara **gegründet**.
1869 kam es zu einem **bewaffneten Aufstand** der Einwohner der Stadt gegen die Kolonialmacht Spanien.
1895 ereignete sich die nächste **Revolte**.
31.12.1958 ließ **Che Guevara** einen Militärzug der Regierungstruppen entgleisen. Anschließend wurde mit dem erbeuteten Waffenpotential die Stadt erobert.

Der Revolutionsplatz

Auf dem Revolutionsplatz steht ein großes Denkmal von **Ernesto Che Guevara**. Er ist der Befreier der Stadt Santa Clara. Am 31.12.1958 ließ Che Guevara einen **gepanzerten Nachschubzug** vor der Stadt **entgleisen**, der für die spanischen Truppen im Osten des Landes bestimmt war. Mit den erbeuteten Waffen und der reichlichen Munition wurde von Che Guevara und Camilo Cienfuegos Santa Clara erobert. Dies war der entscheidende Schlag gegen die Regierungstruppen. Als Santa Clara eingenommem war, war auch der Weg nach Havanna frei. Diese **Kriegswende** hat den damaligen Regierungschef Batista bewogen, das Land am 01.01.1959 zu verlassen und die Regierung abzugeben. Hier in Santa Clara hat sich somit das **Ende der Batista-Regierung** abgespielt.
Die Entgleisung des Zuges ist auf einer Steintafel dargestellt. Außerdem zeugt ein Abschiedsbrief Che Guevaras an Fidel Castro, auch in Stein gehauen, davon, daß die beiden in Freundschaft und nicht wegen Meinungsverschiedenheiten, wie teilweise behauptet wurde, auseinandergegangen sind. Che Guevara hat Kuba verlassen, um in Bolivien zu kämpfen. "**Hasta la Victoria siempre**" ("Immer bis zum Sieg!") So lauteten die letzten Worte an Fidel Castro.

────────── **INFO** ──────────

Wer war Ernesto Che Guevara?

14.6.1928 kam Che Guevara in Rasario, Argentinien zur Welt. Er stammte aus wohlhabendem Elternhaus. Seine Mutter, zu der er ein sehr inniges Verhältnis hatte, hatte große Ländereien geerbt. Sein Vater war Unternehmer. Che wurde liberal erzogen, galt jedoch als rebellisch und waghalsig, trotz seiner schwächlichen

*Gesundheit. Er litt an Asthma. Nach der Schule studierte er **Medizin**. Während des Studiums führte es ihn auch in die **Elendsviertel Argentiniens**, die auf seine weitere Entwicklung nicht ohne Wirkung blieben.*
*1952 wurde er schon in den Bann der **Revolution von Bolivien** gezogen.*
*1953 kam es zur **Trennung von seiner Verlobten**, als diese von seinen PLänen als Lepraarzt erfuhr.*
*1954 war er Zeuge der **Revolution in Guatemala** unter Arbenz Guzman. Er studierte sehr intensiv die Lehren von Karl Marx.*
*Seit 1955 stand er in **Mexiko** mit **Fidel Castro Ruz** in Verbindung.*
02.12.1956 landete er mit Fidel Castro westlich der Sierra Maestra in Kuba.
*31.12.1958 eroberte er als **Guerillaführer** Santa Clara und versetzte damit dem **Batista-Regime** in Kuba den Todesstoß.*
*1959–1961 war er **Präsident der kubanischen Nationalbank**.*
*1961 wurde er **Industrieminister** des Landes.*
1965 verließ er Kuba, um revolutionäre Bewegungen in Südamerika zu unterstützen. In Bolivien wurde er verwundet und geriet in Gefangenschaft.
*9.od.10.10.1967 hat man ihn in Bolivien ohne Gerichtsurteil **erschossen**.*

Was wollte Che Guevara in Kuba bewegen?

Die Ideen des zeitweise als Industrieminister Kubas fungierenden Che Guevara sind sehr treffend in dem Buch "Kuba" von Frank Niess wiedergegeben. Zitat:
"Che Guevara war aus politischen Gründen sehr viel rigoroser. Er beharrte auf dem in seinem Amtsbereich als Industrieminister praktizierten "System der Budget-Finanzierung". Die gesamte öffentliche Wirtschaft sollte über den Staatshaushalt finanziert und über zentrale Pläne ausgerichtet werden. Die Existenz von Waren innerhalb des öffentlichen Sektors leugnete Che Guevara, die Einführung materieller Anreize im Arbeitsprozeß verwarf er ganz entschieden.

Dieses System herrschte von 1965 an in der politischen Ökonomie Kubas vor. Fortan galt die Devise, daß die Entwicklung der Produktionskräfte nicht dem materiellen Interesse des einzelnen, sondern dem revolutionären Enthusiasmus der Massen entspringen sollte. Nicht mehr das Geld allein sollte sein, was "die Welt im Innersten zusammenhält". Hinzukommmen sollte, auch als Beweis für die Herkunft des "neuen Menschen", an den Che Guevara glaubte, der moralische Impuls. Insofern kam der Planungsdebatte nicht nur ökonomische, sondern ebenso eminent politische Bedeutung zu."

Rund um den Parque Central

Der Zentralplatz heißt auch Parque Vidál zu Ehren von **Leónico Vidál**, der 1896 an der Spitze einer Rebellenarmee Santa Clara angriff. Eine besondere Belustigung für Kinder auf diesem Zentralplatz ist, daß sie mit von Ziegen gezogenen Wagen spazieren gefahren werden können.
Dieser schöne Fleck in Santa Clara wird von imposanten Gebäuden umgeben:
- das **Teatro la Caridad** (Theater der Wohltätigkeit) ist aus Spendengeldern einer reichen Frau namens Marta Abreu de Estevez 1885 errichtet worden; viele Schauspieler von Weltruf haben hier schon auf der Bühne gestanden;
- die Bibliothek Martí,
- das Kolonialmuseum,
- das Hotel Santa Clara Libre,
- das Kulturhaus von Santa Clara war ehemals eine Örtlickeit, wo die reichen Familien ihre Feste feierten. Eine wunderschöne Marmortreppe führt zu ihm hinauf. Hier finden heutzutage Musik- und Theatervorführungen statt, oder es werden Ausstellungen der bildenden Kunst gezeigt.

12.10.3 HANABANILLA

Überblick

Wenn man, von Santa Clara kommend, Richtung Süden durch die Berge nach Hanabanilla fährt, passiert man Ananasplantagen, Tabakanpflanzungen, riesige Ländereien der Rinderfarmen, gerodete und teils auch abgebrannte Wälder, für Plantagen vorgesehen, kurz – von den Menschen für die Landwirtschaft beanspruchtes Gelände und wenig ursprüngliche Natur, so in der Gegend rund um **Manicaragua**. Man kann sich deshalb nicht gut vorstellen, daß es im nur wenige Kilometer weiter südlich gelegenen Hanabanilla, das doch so als Naturlandschaft gepriesen wird, anders sein soll. Wenn man vom Standort des Hotels Hanabanilla über den Stausee sieht, ist man als Naturfreund auch noch nicht so sehr begeistert. Die Ufer von Talsperren sind wegen des wechselnden Wasserstandes halt nicht so reizvoll. Wenn man jedoch eine Bootsfahrt auf dem Gewässer macht und die versteckten Winkel des Sees erkundet, dann ändert man seine Meinung.

Touristischer Hinweis

Übernachtung
*** Hotel Hanabanilla, Lago Hanabanilla, Manicaragua, Villa Clara, Tel.: 869-32, dieses moderne Hotel liegt am Stausee Hanabanilla. Die 127 Gästezimmer besitzen Klimaanlage, Bad, Radio und Telefon. Cafeteria, 2 Bars, Swimmingpool,

Kuba / Sancti Spíritus – Trinidad

Friseur und ein Billardraum gehören selbstverständlich mit zur Hotelanlage. Auf dem Wasser können Sie Motorboot und Wasserski fahren, Segeln und natürlich auch Fischen.

In einer Grünanlage blüht die **Nationalblume Kubas, die Mariposa** (Schmetterling), blendend weiß, ihren betörend süßlichen Duft verströmend.
Diese als Nationalblume ausgewählte Mariposa symbolisiert mit ihrer weißen Blütenfarbe die Reinheit. Sie gedeiht wild gerne an Gewässern und hat in ihrer Blüte Ähnlichkeit mit einer Orchidee.

Bootsfahrt auf dem Stausee von Hanabanilla

Nur leichte Wellen kräuseln die Wasseroberfläche. Man kann kleine **Bergbauernhöfe** besuchen, wo Rinder, Ziegen, Schweine, Puten und Hühner ums Gehöft herumlaufen und wo noch eingesammelte Kaffeebohnen selbst geröstet und gemahlen werden.

Wald und Wasser – Stausee Hanabanilla

Das Hotel Hanabanilla, der Ausgangspunkt der Motorbootfahrt, bleibt weiter und weiter zurück.

Wenn man in die **stillen Seitenbuchten des Sees** einbiegt, tun sich **Bergurwälder in unvergleichlicher Schönheit** auf, was man vorher nicht vermutet hatte. Reizvoll ist das Ensemble der verschiedenartigen Bäume an den Berghängen. Wenn man die Augen halb schließt und die Einzelheiten verschwimmen läßt, sieht es so aus, als ob den Bergen eine grüne wollige Decke übergezogen wurde.

In diesen ruhigen Buchten, wo die Stille nur ab und zu durch den rauhen Schrei des Graureihers unterbrochen wird, baden die Urwälder der Karibik noch im spiegelblanken Gebirgswasser, haben noch keine Brandrodung, Motorsäge oder Axt Wunden in den seit Jahrtausenden hier wachsenden Urwald geschlagen. **Kleine Wasserfälle** ergießen sich in den See.

Ganz im Süden liegt die urige Bergwelt das **Macizo de Guamuhaya** (Massiv von Guamuhaya) wie eine abschirmende Mauer.

12.10.4 TRINIDAD – EIN LEBENDIGES MUSEUM

Überblick

Auf der Landkarte Kubas ist Trinidad eine Kleinstadt, eher unbedeutend erscheinend.
Von ihrer Geschichte her ist die Stadt, die sehr unterschiedlichen "Wechselbädern" ausgesetzt war, **sehr bedeutend.** Anhand der Überbleibsel aus seiner Glanzzeit ist Trinidad eine wahre Fundgrube für Interessenten der packenden Historie dieses Landes.

Nicht umsonst wurde Trinidad, genau wie die Altstadt von Havanna, **unter Denkmalschutz** gestellt und von der UNESCO am 08.12.1988 in Brasilien zum "Kulturbesitz der Menscheit" erklärt. Im kolonialen Kern der Stadt befinden sich mehr als 30 Gebäude mit großem historischen

Lebendes Museum – Stadt unter Denkmalschutz

Wert. Teilweise fühlt man sich nach Andalusien versetzt. Schön anzusehen sind die in Pastellfarben angestrichenen niedrigen Häuser. Trinidad ist ein Schmuckkästchen, ein lebendiges Museum!

Wälder, Höhlen und Strände in der Umgebung vervollständigen den Reiz der geschichtlich hochinteressanten Kleinstadt.

Der **Río Tayabo**, an dem die **35.000 Einwohner** zählende Stadt liegt, sorgt für Fruchtbarkeit.

Kuba / Sancti Spíritus – Trinidad

Touristische Hinweise

Übernachtung
- *** Hotel Ancón, Tel.: 40-11, Playa de Ancón, liegt wie eine vor Anker liegende Yacht an der Küste. Es verfügt über 208 Gästezimmer, davon 109 Doppelbettzimmer (Standard), 56 Doppelbettzimmer mit Balkon, 8 Suiten. 2 Restaurants, Cafeteria, 5 Bars, 2 Swimmingpools, Diskothek, 2 Läden, Snackbar, Spielraum, Post, Grill, Touristenbüro, Auto- und Mofavermietung gehören mit dazu.
- *** Motel Las Cuevas wäre das Richtige für jemand, der die Berge liebt. Es liegt nordöstlich von Trinidad in luftiger Höhe, und man genießt von hier aus einen herrlichen Blick über die Karibische See.

Das Hotel bietet 48 Gästezimmer im Bungalowstil an, außerdem sorgen ein Restaurant und Swimmingpool für das Wohlbefinden der Gäste.

Blick in die Vergangenheit

1514 wurde die von **Diego de Velázquez** gegründete Stadt **La Santisima Trinidad** von **Goldgräbern** bevölkert. Aber schon bald packten die "Glücksritter" wieder ihre Sachen und zogen mit Hernán Cortés nach Mexiko, wo sie sich größere Beute versprachen. Anschließend lebten die zurückgebliebenen Bewohner vom **Schmuggel.**
1655 wurde **Jamaika britisch.** Das bedeutete auch eine Gefahr für das schutzlose Trinidad.
1704 wurde die Stadt **von jamaikanischen Seeräubern** unter der Führung von Charles Grant **geplündert.**
Im 18. Jahrh. brachten Tabak- und Zuckerrohranbau mit Hilfe schwarzer Sklaven einen unermeßlichen Reichtum über die Stadt. Die Großgrundbesitzer versanken fast in ihren Golddukaten und Silbermünzen, die dabei verdient wurden.
1795 brach im benachbarten **Haiti** der **Sklavenaufstand** los, der auch die "Zuckerbarone" Trinidads erzittern ließ.
1868–1878 erlitt Kuba das gleiche Schicksal wie Haiti. Der **10-jährige Krieg** brachte die **Sklavenbefreiung,** jedoch gleichzeitig den **Ruin der Zuckerplantagenwirtschaft.** Die rund 40 Zuckerfabriken rund um Trinidad wurden niedergebrannt oder verödeten, die steinreichen Zuckerbarone vertrieben, der Traum vom ca. 100 Jahre andauernden Zuckerboom war ausgeträumt. Trinidad verarmte und verfiel in einen "Dornröschenschlaf".
Erst 1950 baute man nach Trinidad eine **feste Straßenverbindung** und erklärte die Stadt zum **nationalen Monument.**

Rund um den Plaza Mayor (Hauptplatz)

Dieser Zentralplatz ist einer der schönsten Plätze Kubas. An ihm gibt es mehrere Museen:

- Museo de Arqueología Guamuhaya (Archäologisches Museum)

Öffnungszeiten
täglich außer Fr 8.00–17.00 Uhr

341

Dieses Gebäude gehörte früher der **Ortizfamilie**. In diesem Museum erhält man Einblick in das **Leben der Ureinwohner Kubas**, wie sie Feuer entzündeten, welche Gaben sie ihren Toten mitgaben (z.B. Muscheln) und wie sie mit Hilfe von Mahlsteinen Körner zerrieben haben. Sehenswert sind auch die verschiedenen Riten der Tainos, wie das Rauchen von Tabakblättern. Das freigelegte Skelett eines Indianers wird auf 2.000 Jahre geschätzt.

- **Museo Romántico** (Romantisches Museum)

Öffnungszeiten
täglich außer Mo 8.00–17.00 Uhr

Es ist der ehemalige Palast des **reichen Zuckerbarons Nicolás Brunet y Munoz**. Das heute gelblich angestrichene Gebäude wurde 1740 gebaut. Es beherbergt **sehr kostbare Möbel** aus wertvollen kubanischen Edelhölzern im Empire-Stil und Haushaltsgegenstände, beispielsweise Lampen aus Böhmen, Kunstwerke aus Perlmutt, ein Bronzebett, mit Muscheln besetzt, Meißener Porzellan, Säulen aus England, eine Vitrine aus der Habsburger Zeit, einen Nähkasten mit Perlmutt aus Frankreich und eine Christusfigur aus Katalonien.

- **Museo de Arquitectura Trinitaria**
  (Museum der Architektur Trinidads)

Öffnungszeiten
täglich außer Do 8.00–17.00 Uhr

Dieses blauweiße Gebäude ist das ehemalige **Sánchez-Iznaga-Haus**. Heutzutage als Museum eingerichtet, wird hier die altertümliche Bauweise bei der Errichtung von Wänden mit Steinen, Lehm und einem Gitter aus Holzstäben gezeigt. Zu dem Prototyp eines damaligen Hauses gehörten ein Vorraum, ein Speiseraum, mehrere Schlafzimmer, ein Wohnraum, eine Küche und ein Innenhof. Alte Landkarten von 1724 verdeutlichen die damalige Größe der Stadt.

- **Santísima Trinidad** (Heilige Dreifaltigkeit)
Diese Pfarrkirche ist besonders wegen ihres **aus Edelholz geschnitzten Altars** für die "Virgin de la Misericordia" (Jungfrau der Barmherzigkeit) bekannt.

- **Turm des Klosters von San Francisco de Asís** (Franz von Assisi)
Dieser barocke Glockenturm ist vom Plaza Mayor aus in westlicher Richtung zu sehen. Er gilt als das **Symbol der Stadt von Trinidad**. Er ist als einziger Gebäudeteil des 1747 gegründeten Klosters erhalten geblieben.

Kuba / Sancti Spíritus – Trinidad

Museo de Alejandro de Humboldt

Wenn man vom Plaza Mayor eine kleine Gasse bergauf geht, kommt man an ein Haus, das der deutsche Naturforscher Alexander von Humboldt, der am 14.03.1801 in Trinidad angekommen ist, einige Tage bewohnt hat. Ihm zum Andenken ist dieses kleine Gebäude gewidmet und zu einem naturkundlichen Museum hergerichtet worden. Das Universalgenie von Humboldt gilt in Kuba als der 2. **Entdecker des Landes** wegen seiner Forschungen auf dem Gebiet der Geologie, Botanik und Fauna. Auf einer Erinnerungstafel ist ihm ein entsprechender Nachruf gewidmet.

Casa de la Trova (Haus der Troubadoure)

Noch etwas weiter die Gasse bergan, an der das kleine Museum von Alexander von Humboldt liegt, gelangt man zum Haus der Troubadoure, aus dem besonders abends die Klänge der Balladensänger nach draußen dringen.

Lebendige Volksmusik – Troubadoure

La Canchanchara
(Calle Martinez, nahe des Plaza Mayor)

Nach den vielen Besichtigungen kultureller Einrichtungen muß man auch einmal andere Stätten aufsuchen, um sich zu erfrischen, so z.B. eine Gaststätte mit dem schwer auszusprechenden Namen "La Canchanchara", wo das gleichnamige **Getränk La Canchanchara** ausgeschenkt wird. Es setzt sich aus frischgepreßtem Zuckerrohrsaft, Rum, Honig, Saft von tropischen Früchten und Eis zusammen. Es ist ein Getränk der Unabhängigkeitskrieger gewesen, das diese häufig in den Wäldern, natürlich ohne Eis, getrunken haben. Außerdem wird das **Getränk Guarapo** kredenzt, das aus frisch gepreßtem Zuckerrohr- und Zitronensaft und Eis besteht.

Von 11.00 bis 15.00 Uhr wird in diesem Lokal Volksmusik zum besten gegeben.

Museo Municipal (Stadtmuseum)
(Calle Bolívar)

Öffnungszeiten
täglich außer Mi 8.00–17.00 Uhr

- **Geschichtliches**

1827–1830 war die Bauphase dieses Hauses. Der Erbauer hieß **José Mariano Borrell**, ein sehr reicher Großgrundbesitzer, der 1500 Stück Vieh und 700 Sklaven besaß. Er hat diese Villa seiner Kusine Maria de Monserrate Fernandez de Lara überlassen. Ihre 2. Ehe hat sie mit **Gusto Hernán Cantero** geschlossen. Nach ihm wurde dieses Haus auch Cantero-Palast genannt.
1980 wurde die Villa in ein **Museum** umgewandelt.

Dieses Museum sollte man sich etwas näher ansehen. Der Hauptraum wurde durch Gemälde italienischer Maler dekoriert. **Möbel aus Edelholz im Empire-Stil**, wertvolles Porzellan, Spiegel und Konsolen zeugen von hoher Wohnkultur. 4 Medaillen zeigen die 4 Jahreszeiten: Frühling, Sommer, Herbst und Winter. Lampen aus Bronze und Messing sind aus den USA.

Interessant ist auch die **Einrichtung eines alten Büros**, das für 4 Mitarbeiter eingerichtet war. Die Wände sind von einheimischen Malern bemalt worden.
In einem anderen Raum ist das Bild des Enkels Roso Sánchez Cantero aufgehängt. Möbliert ist der Raum wieder mit erlesenen Stücken des Empire-Stils. Ein Herkules aus Bronze gehört auch mit zum Interieur.

In einem weiteren Raum sind Landkarten und Skizzen der Örtlichkeiten des 16., 17. und 18. Jahrhunderts ausgelegt. Außerdem wird ein Taufbekken aus Stein gezeigt, das aus dem Franziskanerkloster stammt. Trinidad hatte 2 Häfen: einen in der Nähe von Cienfuegos und den anderen in der Bucht von Casilda. 2 Wappen der Stadt wurden zur Genehmigung nach Spanien geschickt.

Im **Waffenraum** sind Waffen aus verschiedenen Ländern ausgestellt: Kanonen, Säbel usw.

Ein Raum ist der **Geschichte der Sklaverei** der Schwarzen aus Afrika gewidmet und dem Anfang der Zuckerproduktion. Es gab 44 Zuckerfabriken. Es ist zu sehen, in welcher furchtbaren Enge die Sklaven wie Vieh nach Kuba verfrachtet und außerdem, mit welchen Foltergeräten sie malträtiert wurden. Das wohl grausamste Gerät, um die Sklaven zu bestrafen, war das Cepo.

Ein weiteres Ausstellungsthema ist der **kulturellen Entwicklung des Ortes Trinidad** gewidmet. Darunter ist eine **Schmetterlingssammlung** eines deutschen Wissenschaftlers namens Hans Christoph Grundlach, der 1842 Trinidad besuchte und der diese Kollektion zusammengestellt hat.
Ferner werden amerikanische Nähmaschinen und andere Gegenstände gezeigt, die den Frauen der Oberschicht der Stadt gehört haben.
Eine Porzellansäule aus Frankreich wurde auf dreierlei Art und Weise benutzt: als Blumentopf, als Aschenbecher und als Spucknapf für Kautabak.

Im Raum des **Unabhängigkeitskrieges** Kubas gegen Spanien, bezogen auf Trinidad, sind General Munioz und Schiffe, die die Waffen nach Kuba transportiert haben, abgebildet.
Die Intervention der USA auf Kuba, Medaillen der Unabhängigkeitskämpfer, der Kampf gegen das Batista-Regime, die Befreiung von Trinidad am 28.12.1958, das alles kann man hier studieren.
Ein Raum zeigt das **Schlafzimmer der 30 Sklaven.**

In der **Küche** gab es 2 Herde, der eine für Fleischgerichte und der andere für Fischzubereitung. An Küchengeräten sind Mörser für die Zerkleinerung von Gemüse und Kaffeebohnen und ein Filterstein zur Gewinnung von sauberem Trinkwassers aufgestellt.
Ein Raum ist dem **Sport der Stadt** gewidmet.
Eine **große Glocke aus Bronze** wurde in einer Zuckerfabrik als Signalgeber für die Sklaven benutzt. Es wurden damit auch Not- und Alarmsignale gegeben, wenn Sklaven entlaufen waren.
Die typisch kubanischen **Kutschen** wurden von nur 1 Pferd gezogen. In der Kutsche selbst haben nur die Herrschaften Platz genommen.

Museo de la Lucha Contra Banditos
(Calle Bolívar)

Öffnungszeiten
täglich außer Mo 8.00–17.00 Uhr

Dieses Museum informiert über den Kampf der **Konterrevolutionäre**, der "Banditen", die aus dem Schutz der Escambray-Berge 6 Jahre lang, wahrscheinlich vom Ausland unterstützt, letztlich doch ergebnislos, operierten.

Kuba / Sancti Spíritus – Trinidad

Keramikwerkstatt von Moisés Santander Durán
(Andes Vero Mathias No. 103)

INFO

Reportage mit Moisés Santander Durán

Am 07.03.1892 habe der Großvater von Moisés Santander Durán (geboren am 08.08.1922), die Keramikwerkstatt eröffnet. Sein Großvater, sein Vater und er selbst sind in Trinidad geboren. Alle Familienmitglieder haben in diesem Betrieb gearbeitet.

Sein Vater war außerdem Baseballspieler, Fischer und Handwerker. Als Hobby habe er Kanarienvögel gezüchtet. Er habe ihn die Liebe zur Arbeit gelehrt. 1963 mußte sein Vater den Betrieb an den Staat abgeben. Er war ein unermüdlicher Arbeiter und sehr zielstrebig. Erst mit 81 Jahren ist er in Rente gegangen.

Er selbst habe schon mit 9 Jahren in der Werkstatt mitgeholfen. Mit 17 Jahren habe er geheiratet. Er habe inzwischen 12 Enkel- und 5 Urenkelkinder. 3 Dinge seien für sein Leben wichtig: **die Familie, die Fabrik und das Hobby: die Vögel.** *Auch er züchte wie sein Vater Kanarienvögel. Die Liebe zur Flora und Fauna sei von seinem Vater auf ihn übergegangen. Vor 3 Monaten habe er noch* **400 Vögel** *besessen. Es sei nur Hobby. Er mache aus der Zucht kein Geschäft. Er habe schon viele* **Diplome** *von staatlichen Instituten dafür bekommen.*

Sein Leitspruch sei, daß man, so lange die Kräfte ausreichen, arbeiten solle, denn das Leben werde durch die Arbeit schöner. Seine Kinder arbeiten alle in dem Betrieb, und sie haben die gleiche Lebensauffassung wie er. Mit Gottes Hilfe hoffe er, noch weiter im Kreise seiner Familie so leben und arbeiten zu dürfen.

• **Besichtigung der Keramikwerkstatt**
Ein großer Prozentsatz an Beschäftigten im Betrieb, der auf der gegenüberliegenden Straßenseite vom Wohnhaus liegt, gehören zur Familie Santander. Der Sohn von Moisés Santander Durán ist der Kopf der Keramikwerkstatt. Er ist der 1. Arbeiter des Werks.

Geschicklichkeit – Keramikwerkstatt

Die Öfen werden mit Holz befeuert. An der Töpferscheibe wird demonstriert, mit welcher Geschicklichkeit auch nicht ganz einfach zu erstellende Gegenstände wie Kannen, Töpfe, Karaffen und Vasen mit Schnörkeln und Mustern entstehen.

12.10.5 AUSFLÜGE IN DIE UMGEBUNG TRINIDADS

Iznaga Torre (Iznaga-Turm)
(Manaca-Iznaga, 12 km von Trinidad, Richtung Sancti Spíritus)

Die **schwerreiche Familie Iznaga**, deren ehemaliges Haus jetzt als Museum in Sancti Spíritus nur einen kleinen Begriff ihres Vermögens widerspiegelt, besaß riesige Ländereien, die hauptsächlich mit Zuckerrohr bestellt wurden, und ein großes Heer von Sklaven.

Sinnloser Turm – Iznaga Torre

Der märchenhafte Reichtum dieser Zuckerbarone war so immens, daß beispielsweise der Antrag von Don Juán Becquer, die Räume seiner Villa mit Goldmünzen auszulegen, abgelehnt wurde, weil es nicht schicklich wäre, auf dem Bildnis des spanischen Königs herumzutrampeln.

Hinter diesem Hintergrund der **maßlosen Prunksucht der Zuckerbarone** ist auch die Geschichte des Iznaga-Turms zu verstehen.

Es wird erzählt, daß es in der sehr reichen Iznaga-Familie einmal 2 Brüder gab, die aus lauter Übermut darum wetteiferten, sich im Geldausgeben zu übertreffen und die extreme Bauwerke schufen, deren Sinn sehr zweifelhaft war. Der eine Bruder ließ den tiefsten Brunnen im Ort bauen. Der andere Bruder versuchte die Tiefe des Brunnes durch die Höhe eines Turms zu übertreffen.

So entstand im 19. Jahrhundert dieser sinnlose Iznaga Torre, von dem aus höchstens die Arbeit der Sklaven auf den Zuckerrohrfeldern zu beobachten war. In den Brunnenschacht kann man keinen Blick mehr werfen, weil er durch eine Pumpenanlage abgeschlossen ist. Der 4-stöckige und 50 m hohe Turm ist über 155 Stufen zu besteigen. Man sieht weit übers Land.

Es wird immer noch Zuckerrohr angebaut, der auf dem Schienenweg abgefahren wird. Falken und Truthahngeier kreisen um den hohen Turm. Das zu Füßen dieses Bauwerks liegende Landhaus der Iznaga-Brüder wird z. Zt. restauriert. Es soll ein Restaurant werden.

Die Strände von Ancón und La Boca
(4 km südlich von Trinidad)

Übernachtung
*** Hotel Ancón, Tel.: 40-11, 108 Doppelzimmer, 12 Zimmer für Hochzeitspaare, 2 Restaurants, Cafeteria, 5 Bars, Swimmingpools, Diskothek, 2 Andenkenläden, Snackbar, Friseursalon, Spielraum, Post, Grill, Touristenbüro, Auto- und Mofavermietung gehören mit zur Anlage. Es können nautische Sportarten betrieben werden.

Im Vorbeifahren kann man einen Blick auf oder in eine **Ratan-Möbel-Fabrik** werfen oder dem malerischen **Fischerdorf Casilda** einen Besuch abstatten. Durch eine **wunderschöne Lagunenlandschaft** mit noch urigen Sümpfen und flachen Sanddünen erreicht man schließlich die schneeweißen Strände von Ancón und La Boca, und dahinter liegt die Karibische See in prächtig leuchtenden Farben von türkis bis violett bei strahlendem Sonnenschein.

Schöne Mulattinnen – Strand von Ancón

12.11 TRINIDAD – VARADERO

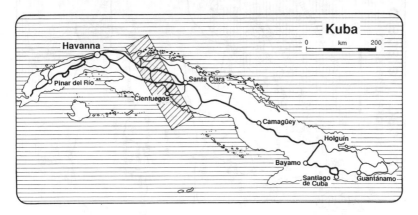

12.11.1 TOURISTISCHE HINWEISE

Entfernung
Trinidad – Cienfuegos – Varadero: 334 km

Streckenhinweis
Von Trinidad in westlicher Richtung auf der 12, immer entlang der Südküste bis Cienfuegos (Km 78), nach Besichtigung von Cienfuegos weiter auf der 12, nach 124 km an einer Straßengabelung gerade aus weiter in die 122 bis Playa Girón (Km 169), auf der 116 weiter in nördlicher Richtung entlang der Schweinebucht bis zur Überquerung der Autobahn A-1 (Km 234), über die 222 und 1-3 nach Varadero (Km 334).

12.11.2 CIENFUEGOS

Fahrt von Trinidad nach Cienfuegos

Auf der Fahrt von Trinidad nach Cienfuegos erhascht man immer wieder schöne Ausblicke auf die Karibische See. Über weite Flächen wächst dichtes **Marabúgestrüpp** auf dem porösen Kalkboden, der das Wasser nicht hält. Dann sieht man wieder malerische Baumgruppen innerhalb von Rinderweiden. Phantastische Wolkengeschwader über der **reizvollen Strecke**, die nur sehr dünn von Menschen besiedelt ist, machen die Fahrt zu einem Genuß. Was jedoch betrüblich ist, ist die Tatsache, daß zu bestimmten Zeiten (z.B. im März/April) unglücklicherweise **Hunderttausende von großen Krabben**, vielleicht sind es noch mehr, **die Straße zur Paarungszeit überqueren**. Ihre Wanderung erfolgt in so dichter Formation und in einer Breite von so vielen Kilometern, daß ein Ausweichen von

Kuba / Trinidad – Varadero

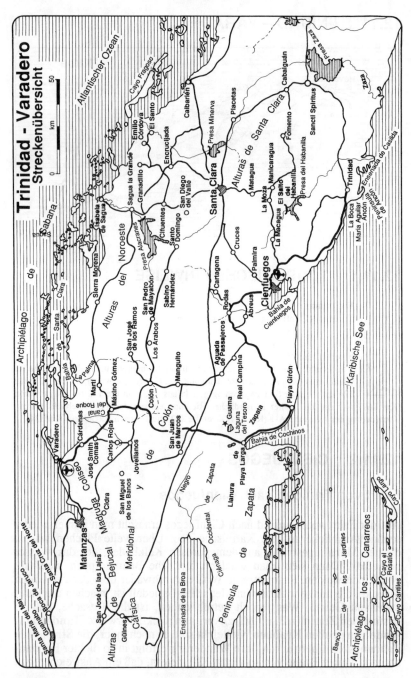

Kuba / Trinidad – Varadero

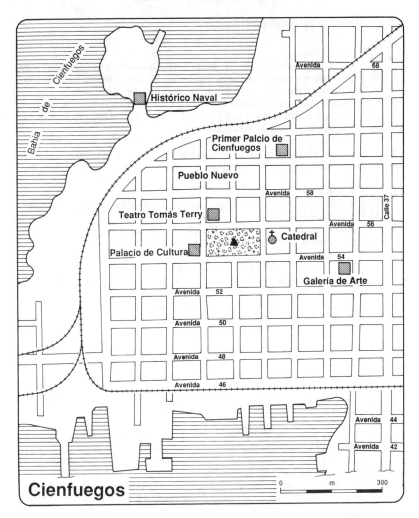

Autofahrern nicht möglich ist. **Viele der Krabben erleiden** hier den **Straßentod**, für Truthahngeier ist dadurch der Tisch reichlich gedeckt.

Überblick

- Cienfuegos heißt zu Deutsch: **"Stadt der hundert Feuer"**. Es ist heute ein bedeutender Zuckerexporthafen.
- Cienfuegos ist **eine der schönsten Städte Kubas**. Es liegt an einer geschützten Bucht.
- Die Straßenzüge der Altstadt sind in **Schachbrettform** angelegt.

351

Kuba / Trinidad – Varadero

Touristische Hinweise

Übernachtung
- *** **Hotel Jagüa**, Calle 37; dieses moderne Hotel auf der Halbinsel Punta Gorda war ein ehemaliges Spielcasino. Restaurant, Bar, Cafeteria, Swimmingpool, Souvenirladen und Kabarett gehören mit zum Hotelkomplex.
- *** **Pasacaballo**, Carretera de Rancho Luna, 22 km von der Stadt entfernt, ist auf einem Hügel mit Blick auf die Bucht von Cienfuegos und Castillo Jagüa erbaut. Restaurant, Bar, Cafeteria, Diskothek und Swimmingpool sind vorhanden.
- *** **Rancho Luna**, Carretera de Rancho Luna, 16 km von der Stadt entfernt, mit 300 m langem Strand, zu Füßen der Escambray Berge gelegen, ist ebenfalls eine moderne, gepflegte Hotelanlage mit Restaurant und Swimmingpool.

Restaurants
- **Palacio de Valle**, in überwiegend maurischem Baustil errichtet, kubanische und internationale Küche.
- **El Cochinito**, Avenida 27 No. 5612, Spezialität: Schwein.
- **Covadonga**, Avenida 37, nahe des Hotels Jagüa, Spezialität: Paella.
- **1819**, Paseo del Prado, typisch kubanische Küche.
- **La Laguna**, Avenida 19 und Calle 47, Spezialität: Meeresfrüchte.
- **El Polinesio**, Avenida 54, gegenüber Parque Martí, kubanische und chinesische Küche.
- **El Polito**, Paseo del Prado, Spezialität: Hähnchen.
- **La Verja**, Avenida 54 No. 3306, kreolische und internationale Küche.
- **Mandarin**, Paseo del Prado, kubanische und chinesische Küche.

Geschichtlicher Hintergrund

1745 hat **Gouverneur Horcacitas** zuerst die Befestigungsanlage **Castillo Jagüa** gebaut, um den Naturhafen vor Piraten zu sichern. Es hat hier schon früh Siedlungsansätze gegeben. Von einer Stadtgründung konnte jedoch keine Rede sein.
1751 entstand die **erste Zuckerfabrik.**
Erst 1819 wurde die Stadt auf Initiative des Franzosen D'Clouet aus Louisiana gegründet und erhielt den Namen des amtierenden Gouverneurs **José Cienfuegos**. Die Stadt weicht in ihrem Aufbau von den übrigen Städten Kubas ab. Sie ist in **Schachbrettform** angeordnet.
1880 hatte der Ort **erst 1.000 Einwohner**. Der Anbau von **Zuckerrohr und Tabak** sicherte den Bewohnern jedoch die Lebensgrundlage für einen weiteren wirtschaftlichen Aufschwung.
05.09.1957 kam es zu einer **Rebellion junger Marineoffiziere** gegen das verhaßte Batista-Regime.

Parque José Martí

Der Zentralpark ist wie eine Oase in dem Häusermeer der 100.000 Einwohner zählenden Stadt eingelassen. Hier wird u.a **Tomás Acea** geehrt, der den Friedhof der Stadt bauen ließ. Wichtig ist auch ein **alter Kapokbaum** (Ceiba), der als das Zentrum der Stadt ausgewählt wurde und nach dem die Straßen in Schachbrettform ausgerichtet sind. Folgende Gebäude umschließen den Platz:

Kuba / Trinidad – Varadero

- **Téatro Tomás Terry**

Es ist das ansprechendste Gebäude am Parque José Martí.
1889 ließ der Geschäftsmann der Zuckerbranche, **Don Tomás Terry**, dieses Theater erbauen. Er wurde in Venezuela geboren. Sein Vater war Engländer, seine Mutter Spanierin. Im gleichen Jahr hat ein italienischer Bildhauer namens **Solaris** eine **Skulptur** für das Theater geschaffen.
1890 fand die **1. Aufführung** statt. Das Theater faßt 900 Gäste. Berühmte Künstler sind hier schon aufgetreten. **1920** hat Enrico Caruso hier gesungen, und auch das Bolschoi-Theater hat hier gespielt. **Seit 1950** wurde das Theater mit einer maschinellen Vorrichtung ausgerüstet, womit das **Parkett** bei Bedarf **auf das gleiche Niveau** gehoben werden konnte **wie die Bühne**. Dieser Mechanismus ist heute nicht mehr im Betrieb.

- **Catedral**

1819–1867 wurde die Kirche **erbaut**.
1904 ist sie **als Kathedrale eingeweiht** worden.

- **Muséo Histórico**

Das Museum erzählt von der regionalen Geschichte Cienfuegos und seiner Umgebung.

- **Palacio de Cultura**

Dieses blau-weiße Gebäude war der ehemalige Palacio de Ferrer. Heute finden hier häufig Kulturveranstaltungen statt.

- **Restaurant El Palatino**

Die Gaststätte ist eine mit alten Rumfässern als Sitzgelegenheit bestückte, sehr **originelle Bar**. Man kann hier auch gemütlich Kaffee trinken.

Castillo de Jagüa

Dieses Fort wurde **1745** von José Tantete **erbaut**, der ihm den vollständigen Namen "Castillo de Nuestra Senora de los Angles de Jagüa" gab.

12.11.3 AUSFLUG IN DIE UMGEBUNG CIENFUEGOS

Jardin Bótanica (Botanischer Garten)
(25 km außerhalb der Stadt)

1899 wurde dieser Botanische Garten **gegründet**. Es ist der älteste Botanische Garten Kubas. Heutzutage ist es bei der überkontinentalen Verbreitung bzw. Verschleppung der Tropenpflanzen schwierig feststellbar, in welchen Ländern oder Kontinenten sie ursprünglich beheimatet waren. In diesem großen Botanischen Garten haben Sie durch die sehr gute fachkundige Führung von **Leonardo Alomá López** die beste Gelegenheit, hierüber und über andere botanische Fragen erschöpfende Auskunft zu bekommen. Dieser Spezialist wird Ihnen keine Frage schuldig bleiben. Er ist ein ausgezeichneter Botaniker und humorvoller Erzähler. Sein Lieblingsthema ist nebenbei, wie man die "böse Schwiegermutter" ohne Schwierigkeiten loswerden kann.

● **Im Gewächshaus des Botanischen Gartens**

In einer Art **Gewächshaus**, dessen Dach wegen der Belüftung teilweise geöffnet ist, werden besondere Bioklimate erzeugt, die Zimmerpflanzenarten bekömmlich sind. Hier gedeihen beispielsweise: Begonien, Kakteen, Philodendron, Bromelien, Fächerpalmen, Farne und Orchideen. Die Kakteen sind nach Ländern geordnet. In Mexiko gibt es die meisten Kakteen, aber keine Botaniker, die die einzelnen Arten bestimmen konnten. Italiener haben die Klassifizierung vorgenommen.

● **Rundgang durch den Botanischen Garten**

Der Artenreichtum dieses Parks an Bäumen und Sträuchern ist fast unermeßlich. Es sollen über 2.000 Pflanzenarten sein. Vermutlich sind es noch weit mehr. Es gibt hier allein 307 verschiedene Sorten von Palmen, davon 52 aus Kuba, und 23 Bambusarten. Einige Bäume sollen kurz vorgestellt werden:
- **Kalebassenbaum** *(Crescentia cujete)*
Er hat ungeteilte, an der Spitze verbreiterte, abgerundete Blätter. Die Blüten blühen nur eine Nacht und **werden von Fledermäusen bestäubt**. Hieraus entwickelt sich nach der Befruchtung eine fast menschenkopfgroße runde bis ellipsoide Frucht. Diese wird, ausgehöhlt, gern als Rumba-Kugel benutzt.
- **Brotfruchtbaum** *(Artocarpus comunis)*
Dieser Baum speichert Stärke in seinem Fruchtfleisch. Seine ursprüngliche Heimat ist Südostasien. Heute ist er über die ganzen Tropen als Nutzbaum verbreitet.
- **Frangipani** *(Plumeria alba)*
Seine Heimat sind die Westindischen Inseln. Von hieraus ist die Pflanze als beliebter Zierbaum weit über die Tropenländer verbreitet worden. Der kleine Baum oder Strauch ist mit seinem wissenschaftlichen Namen nach dem französischen Botaniker Charles Plumier benannt, der im 17.Jahrhundert die Karibik bereiste. Frangipani heißt die Pflanze nach einem Italiener, der ihren betörenden Blütenduft für die **Parfümherstellung** ausnutzte.
- **Banyan** *(Ficus benjaminus)*
Bei uns eine Topfpflanze, kann dieser Feigenbaum aus Indien **gewaltige Ausmaße** erreichen. Die Baumkrone kann eine Breite von 100 m erreichen.

Kuba / Trinidad – Varadero

- **Kaugummibaum** *(Achras zapota)*
Dieser 10–15 m hohe Baum aus Lateinamerika produziert Beeren, die hier *"nisperos"* genannt werden. Aus ihnen und aus den Blättern wird **Latex** gewonnen, das, eingekocht, **Kaugummi** ergibt. Außerdem zeichnet der Baum sich durch ein sehr hartes Holz aus, das **schwerer als Wasser** ist.
- **Leberwurstbaum** *(Kigelia pinnata)*
Seinen Namen hat der Baum wegen seiner auffälligen, wurstförmigen Früchte, die 35–60 cm lang werden können. Seine Heimat sind Afrika und Madagaskar.
- **Eisenbaum** *(Tabebuia heterophylla)*
Er gehört zu den Bignoniengewächsen. Er liefert ein vorzüglich hartes Holz, das gern für Eisenbahnschwellen, Wagenräder und Holzkugeln verwendet wird. Seine Heimat ist Kuba.
- **Verschiedene Bambusarten**
Bambus ist bekanntlich eine Grasart. Eine Staude wird in der Regel 40–60 Jahre alt. Bambus blüht und trägt nur einmal in seinem Leben Früchte. Er kann bis zu 30 cm pro Tag wachsen. Seine Früchte und Sprossen sind eßbar. Bambus hat viele Verwendungsarten.
- **Zeder** *(Cedrela mejicana)*
Das Zedernholz ist sehr begehrt. Es wird aus 4 Gründen zur Herstellung von **Zigarrenkisten** verwendet:
    Man kann es so dünn wie Papierblätter schneiden.
    Es konserviert das Aroma der Zigarren.
    Es ist nicht anfällig für Insektenfraß.
    Es ermöglicht, die gewünschte Feuchtigkeit über Jahre zu erhalten.
- **Königspalme** *(Roystonea regia)*
Sie ist als Alleebaum in den Tropen sehr beliebt. Kuba hat sie zu seinem Nationalbaum erwählt.
- **Pementa racemosa**
Aus dieser Pflanze wird der Kosmetik-Artikel **"Old Spice"** hergestellt.
- **Korkpalme** *(Microcyca callocoma)*
Dies ist eine endemische Palmenart Kubas, die die Überflutung der Insel überlebt hat und deren Existenz auf 300 Millionen Jahre geschätzt wird. Sie ist somit ein lebendiges Fossil.
- **"Schwangere Palme"**, *(Colpothrinax Whritti)*
Sie wird deshalb als schwanger bezeichnet, weil sie im Mittelteil des Stamms am umfangreichsten ist.
- **Heliconien** *(Heliconia bihai)*
Es sind Bananengewächse mit sehr auffälligen, wunderschönen Blütenständen.
- **Talipotpalme** *(Corypha umbraculifera)*
Diese Palme besitzt gewaltige Fächer bis zu 2,4 m hoch und bis zu 5,40 m breit! Sie trägt nur einmal in ihrem Leben Früchte. Dann jedoch bis zu 1 $\frac{1}{2}$ Tonnen! Sie ist ein Baum der Superlative. Aus ihrem Stamm wird Palmöl gewonnen.
Die Talipotpalme ist der **Nationalbaum Sri Lankas**.

- **Affenfallen-Baum** *(Lecythis zaboca)*
Mit dessen Samen soll man Affen gefangen haben. Wenn ein Affe die Hand in die Öffnung der großen, reifen Frucht steckte, um die 40–50 eßbaren Nüsse herauszuholen, konnte er die gefüllte Hand nicht mehr herausziehen, und dieser Moment genügte, um ihn zu fangen.
- **Rose von Brasilien** *(Brownea Coccinea)*
Die große rosa Blüte wird gern von den Mädchen im Karneval getragen. Wenn man einen Zweig abbricht, zeigt die Bruchstelle ein Kreuz.
- **Mahagoni** *(Swietenia mahagoni)*
Dieser Baum hat in der Möbelindustrie große Bedeutung erlangt.
- **Kapokbaum** *(Ceiba pentandra)*
Er stammt aus den Regen-, Feucht- und wechseltrockenen Wäldern Mittel- und Südamerikas. In der Jugend bedecken kegelförmige, spitze Stacheln seinen Stamm. Ausgewachsen ist er ein **gewaltiges Exemplar**. Der 1. Baum, der am 1. September 1901 in diesem Botanischen Garten gepflanzt wurde, war ein Kapokbaum.
- **Schönfaden** *(Callistemon)*
Dieser Busch ist im Englischen mit **"Bottlebrush"** (Flaschenbürste) treffender bezeichnet. Seine Blüten haben nämlich diese Form. Australien und Tasmanien sind seine ursprüngliche Heimat.
- **Strichnin-Baum** *(Strichus nox domica)*
Die Pflanzenteile dieses Baumes sind **sehr giftig**.
- **Yagruma** *(Cecrompia peltata)*
Charakteristisch für diesen Baum sind die silbrige Unterseite seiner Blätter. Die vertrockneten, zusammengerollten großen Blätter des Baumes waren im kubanischen Unabhängigkeitskrieg für die Kämpfer ein heimliches Versteck für wichtige Botschaften (Näheres Kapitel 12.4.2).

12.11.4 DURCH DIE SUMPFIGE HALBINSEL ZAPATA

Erst durch dornigen Buschwald, wo nur einzelne Bäume das Dickicht überragen, dann durch sumpfiges, fast menschenleeres Gelände geht die Fahrt meilenweit, bis man unverhofft wieder am Meer ist.

Playa Girón

Übernachtung
** Playa Girón verfügt über 132 Gästezimmer mit Klimaanlage, Kühlschrank, Fernseher und Radio. Restaurant, Bar, Swimmingpool, Fahrradverleih und Taxiservice können genutzt werden.

Nach der Fahrt durch den dichten Buschwald kann der Blick wieder in die Ferne schweifen über glitzernde See mit ihren atompilzartigen, gigantischen Wolkenbergen, wie sie nur die Tropen hervorbringen können – ein überwältigender Anblick!

Kuba / Trinidad – Varadero

Entlang des Strands reiht sich Pavillon an Pavillon der Hotelanlage Playa Girón und wartet auf Feriengäste.

Playa Largo

Übernachtung
** Playa Largo, Tel.: 7119-, 43 Gästezimmer sind mit Klimaanlage, Kühlschrank, Fernseher und Radio ausgerüstet. Restaurant, Bar, Autovermietung, Fahrradverleih, Taxis auf Bestellung gehören mit zum Service.

Gut 30 km weiter nördlich kommt man an den Playa Largo, einen **Strand, der Geschichte gemacht hat.** Heute sieht alles ganz normal aus. Bäume beschatten teilweise den hellen Strandstreifen. Die See liegt ruhig da, als ob sie schliefe, und doch hat sich hier in der Schweinebucht die vom CIA unterstützte Landung von Exilkubanern abgespielt.

12.11.5 GUAMÁ UND LAGUNA DEL TESORO (SCHATZSEE)

Touristische Hinweise

Übernachtung
Man kann mit einem Boot von einer Anlegestelle an der Straße Playa Largo – Australia an die andere Seite des Schatzsees auf die Insel Guamá gelangen. Dort liegen größere reetgedeckte Häuser und Hütten. Es sind Pfahlbauten, die dem Häuserbau der Ureinwohner nachempfunden sind. Natürlich sind diese Bauwerke größer und komfortabler. Sie dienen den Feriengästen als Unterkunft. Besonders solchen Urlaubern, deren Hobby **Sportfischen** und **Ornithologie** sind.
*** Guamá, Ciénaga de Zapata, Tel.: 2979, 49 Gästezimmer mit Klimaanlage, Kühlschrank, Fernseher und Radio stehen zur Verfügung. Restaurant, 4 Bars, Diskothek, Swimmingpool, Spielraum, Souvenirladen sind vorhanden.

Feuchtgebiet – Schatzsee

Souvenirläden
Hier werden Keramikarbeiten, Halsketten, Schuhe, Taschen, Gürtel und Korbwaren angeboten.

Besuch einer Krokodilfarm

Die Zucht von Krokodilen ist nicht nur nach ökonomischen Gesichtspunkten ausgerichtet. Es werden auch Krokodile in die Wildnis entlassen. Spitzenkrokodile in allen Altersstufen sonnen sich an den Wasserbecken. Man hat die Gelegenheit, diese urigen Echsen ganz aus der Nähe zu betrachten.

Bootsfahrt auf dem Schatzsee

Bei der Fahrt durch einen Kanal zum See und auf dem See selbst hat man Gelegenheit, mit und ohne Feldstecher interessante **Vogelbeobachtungen** zu machen. Beispielsweise fiel bei dem Aufenthalt Ende März eine sehr große Zahl der einzeln auftretenden **Fischadler** auf. Purpur- und Graureiher fischten in Ufernähe.

Besuch eines nachgebauten Indianerdorfs

Die Figuren der nachgebildeten Indianer sind von der **Bildhauerin Rita Longa** geschaffen worden, deren Skulptur des Ballettanzpaares in Camagüey wir bereits gesehen haben.

Für den **Hausbau** haben die Ureinwohner Kubas hauptsächlich die Materialien der Königspalme verwendet: Holz, Bast und die großen Palmwedel zum Dachdecken.

Die Betreibung der Landwirtschaft, das **Sammeln** von Früchten und Knollen, das **Jagen** von Wild und Vögeln sowie der **Fischfang** wurden nachgebildet. Bei der **Jagd auf Krokodile** wurde diesen das Maul zugehalten, um dem gefährlichen Gebiß zu entgehen, denn die Riesenechsen haben nur wenig Kraft, um des Maul zu öffnen, jedoch um so viel mehr, es kräftig zu schließen.

Ballspiel – Kultur der Indianer

Auch das **Ballspiel der Kinder** wird dargestellt. Man nennt es **Batos**, einem Vorläufer vom heutigen Baseball. Sie spielten es mit einem Hartgummiball. Die Hausfrauen sind mit dem **Backen von Casabe**, einer Art Brot aus Maniok, beschäftigt. In der **Zentralhütte** hatte der Häuptling seine Unterkunft. Die Benutzung von Muscheln als Rufinstrument war gebräuchlich.

Die Umgebung zeigt einheimische Bäume und Nachbildungen von endemischen Tieren, wie *"Jutia conga"* und *"Jutia carabali"* sowie des "stummen Hundes", der gemästet und anschließend geschlachtet wurde, wie schon Christoph Kolumbus berichtet hat.

12.11.6 VARADERO – METROPOLE DES TOURISMUS

Überblick

Der weltbekannte Badeort Varadero ist das größte Urlaubszentrum Kubas. Schon Ende des vergangenen Jahrhunderts wurde er als **Touristenparadies** bezeichnet. Die den Strand von Varadero begrenzende **Halbinsel Hicacos** ist eine lange, schmale Nehrung aus kalkhaltigem, organischem Sand mit einer Körnung von 0,17 mm Durchmesser. Die Halbinsel ist 18,6 km lang und durchschnittlich 700 m breit. Der den Feriengästen zur Verfügung stehende **Strand von Varadero mißt 11,5 km.**

Der weiße, von kristallklarem Wasser umspülte Strand Varaderos zählt zu den 10 saubersten Stränden der Welt, wie auf dem 3. Internationalen Kongreß für Strände in San Sebastian (Spanien) 1989 durch die Verleihung der **Fahne "Saubere Welt"** bestätigt wurde.

Touristische Hinweise

Hotels

Insgesamt haben sich über 30 Hotels am Strand von Varadero angesiedelt, und es werden ständig neue eröffnet, umgebaut und modernisiert. Einige empfehlenswerte Hotels verschiedener Preisklassen sollen kurz vorgestellt werden:
- *** **Hotel Atabey**, Avenida 61 und 3. Avenida, Tel.: 6-3013, verfügt über 176 klimatisierte Gästezimmer mit Bad und Telefon. Restaurant, Safe, Snackbar, Grill, Video-Bar, Souvenirladen, Post, Sauna sind vorhanden.
- **** **Hotel Cuadro Palmas**, Carretera de las Américas und Calle 62, Tel.: 6-2251, wurde am 15.03.1992 neu eröffnet. 100 Doppelzimmer befinden sich im Hauptgebäude und 122 Doppelzimmer in 3 weiteren Häuserblocks. Restaurant, Swimmingpool, Diskothek, Videoraum, Lobbybar "La Barra", Snackbar "Las Olas", Ranchon Bar "Cuatro Palmas" und eine weitere Bar "Havana Club", Hauptrestaurant "Las Palmas", Snack. Grill "El Patio", Steakhaus "La Barbaboa", "La Fondue", Grill "Havana CLub", Schließfach, Volleyballplatz und 2 Tennisplätze gehören zur Anlage. Animation und Tanz dienen der Unterhaltung, Kontaktaufnahme, Freude und Belustigung.
- ** **Aparthotel Herradura**, Avenida de la Playa, zwischen 35 und 36, Tel.: 6-3703, besitzt 33 Appartments mit Klimaanlage, Küche, Farbfernseher und Telefon. Außerdem ist ein Swimmingpool vorhanden.
- **** **Hotel International**, Carretera de las Américas, Tel.: 6-3011, ist geschmackvoll eingerichtet. Der Farbanstrich des Durchgangs zum Meer in Türkis und Violett stimmt mit den Farben des Atlantischen Ozeans bei Sonnenschein überein. 163 Doppelzimmer mit Klimaanlage, Bad, Farbfernseher stehen den Gästen zur Verfügung. Restaurants, Cafeterias, Bars,

Kuba / Trinidad – Varadero

Tanzbar, Friseur- und Kosmetiksalon, Safe, internationale Telex- und Telefonverbindungen, Spielsalon, Souvenirladen, Taxiservice, Auto- und Mofavermietung, Touristenbüro, Swimmingpool, Sauna, Gymnastikraum, Möglichkeiten zum Volley-, Wasserball- und Tischtennisspielen sind gegeben.

● **** **Hotel Paradiso**, Avenida 1, zwischen Kawama und Final, Tel.: 6-3917 ist mit 222 Gästezimmern und 4 Suiten mit Klimaanlage, Bad, Telefon, Radio, 24-Stunden-Service, Fernseher ausgerüstet. In 2 Restaurants, 2 Bars, Snackbar und in der Café-Bar können sich die Gäste verwöhnen lassen. Swimmingpool, Wechselstube, 2 Boutiquen, Taxiservice, Autovermietung und die Ausübung nautischer Sportarten gehören selbstverständlich mit zum Angebot.

● *** **Hotel Siboney**, Calle 64 und 2. Avenida, Tel.: 6-3012, hat 176 Gästezimmer und 17 Bungalows mit Klimaanlage, Bad, Radio und Telefon. Restaurant, Lobbybar, Safe, Shops, Taxiservice, Auto- und Mofavermietung, Fahrradverleih, Touristenbüro, gemeinsamer Swimmingpool mit Hotel Atabey stehen den Feriengästen zur Verfügung.

● **** **Hotel Sol Palmeras**, Carretera del Sur, Reparto Las Américas, Tel.: 6-6110 al 14, ist eine großzügig angelegte, halbmondförmige Hotelanlage, die mit viel Vegetation verschönert ist. 407 Doppelzimmer, 32 Suiten, 180 Bungalows mit Klimaanlage, Bad, Radio, Telefon sowie Barbecue, Barcafé, Poolbar, Restaurant, Kiosk am Strand, Andenkenladen, Friseur- und Kosmetiksalon, Touristenbüro, großer Swimmingpool, eine mit Rattanmöbeln ausgestattete Caféteria gehören zu der Anlage.

● **** **Hotel Tuxpan**, Avenida Las Americás, Tel.: 6-6210, wurde im Dezember 1990 eröffnet. Es ist großzügig mit 5 Etagen konzipiert und bietet 235 komfortable Gästezimmer und Suiten an, die mit Klimaanlage, komplettem Bad, Balkon oder Terrasse, Telefon, Fernseher und Musikwecker auf Anfrage ausgerüstet sind. Die meisten Zimmer haben Meeresblick. Zur Hotelanlage gehören: 2 Restaurants, Snackbar, Poolbar, Cocktailbar, Caféteria-Bar, Teestube, Läden, Konferenzsaal, zentraler Aufenthaltsort mit Wasserspielen und indianischer Keramik, Swimmingpool mit Whirlpool, Safe, Taxiservice, Autovermietung und Touristenbüro. Die supermoderne Diskothek mit 400 Plätzen, wo bei heißen Rhythmen Kubaner und Gäste sich zusammenfinden, bietet alle Voraussetzungen für einen entspannenden Aktivurlaub. Sport kann in Form von Gymnastik, Aerobic, Radfahren, Volleyball, Tennis, Tischtennis, Golfspielen in der Nähe, Reiten, Schwimmen, Tauchen, Surfen, Segeln und Hochseefischen ausgeübt werden. Originell sind die einleitenden Worte eines Handzettels zur Einladung in das Restaurant "El Rancho": "Essen können Sie überall, speisen nur im Restaurant "El Rancho" Hotel Tuxpan.

● **** **Club Varadero**, Reparto La Torre, Carretera Las Américas km 3, Tel.: 6-3313, entstand aus dem früheren Hotel "Los Cactus", das umgebaut und am 15.02.1992 neu eröffnet wurde. Die Möbel sind in Kuba hergestellt, um möglichst vielen Kubanern Arbeit und Brot zu geben. Es hängen Gemälde und alte Fotos berühmter Künstler an den Wänden. Es besteht ein "Gentlemen's-Agreement" zwischen Jamaica Club, Super Club und Cubanacan. 160 Gästezimmer haben Suitengröße und sind luxuriös ausgestattet. Klimaanlage, kupferbeschlagene Betten und Balkon gehören mit zur Ausstattung. An Sportmöglichkeiten mangelt es nicht. Volleyball, Aerobic, Tischtennis, Tennis und alle nautischen Sportarten können betrieben werden.

● ***** **Melia Varadero**, Playa de Varadero, Tel.: 66220-29, ist eine sternförmig angelegte Anlage. Der Kern dieses Sterns bietet ein überwältigendes Bild, Wasserspiele plätschern in der Mitte. Die Aufzüge, mit Glasfenstern versehen, gewähren während der Fahrt einen Blick in den Atrium. Man fühlt sich nicht beengt. Dieses Luxushotel bietet 490 Standardzimmer mit Klimaanlage, Bad, Telefon, Schließfach, Musik, Terrasse und Meerblick. Die 7 Suiten haben außerdem Mini-Bar, Farbfernseher und Video. Zum Service gehören: großer Swimmingpool, Terrassen und Gartenanlage, Grillterrasse, Caféteria, Restaurant mit Büfett, großer Aufenthaltsraum mit Bar, Restaurant mit à-la-carte Spezialitäten, Cocktail Bar, Andenkenladen, Konferenzsaal für 250 Personen, 2 Tennisplätze und ein komplettes Sportzentrum.

Kuba / Varadero – Vinales – Havanna

12.12 VARADERO – VINALES – HAVANNA

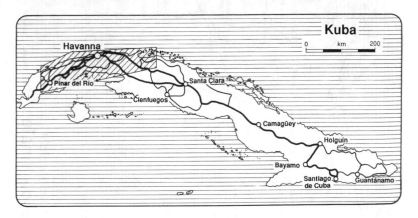

12.12.1 TOURISTISCHE HINWEISE

Entfernungen
Varadero – Abstecher nach Soroa – Vinales: 358 km
Vinales – Havanna: 204 km

Streckenhinweis
Von **Varadero** in westlicher Richtung bis **Matanzas** (Km 42), geradeaus weiter auf der **1-3** bis **Havanna** (Km 140), nach Durchquerung von Havanna weiter Richtung Westen auf die Autobahn **A-4** bis **Candelaria** (Km 217), Abzweigung **rechts** Abstecher nach **Soroa** (Km 224), zurück auf die **A-4** (Km 231), Abzweigung **rechts** weiter bis **Pinar del Río** (Km 330), Abzweigung **rechts** in die **241** bis **Vinales** (Km 358). Die Rückfahrt auf dem gleichen Weg wie die Hinfahrt von **Vinales** auf der **241** bis **Pinar del Río** (Km 28), Abzweigung **links** bis **Havanna** (Km 204).

12.12.2 ZWISCHEN VARADERO UND PINAR DEL RÍO

Das Yumuri-Tal

Auf der Fahrt von Varadero nach Havanna sollten Sie an der **Bacunayagua-Brücke** eine kleine Rast einlegen. Diese Brücke spannt sich über das landschaftlich sehr reizvolle Yumuri-Tal. Man sieht von dem Brückenkopf in eine tiefe Schlucht des Flusses Río Yumuri hinab.

Der **Dichter Miguel Teurbe Tolón** beschreibt in einem **Gedicht** die Schönheit der Schlucht. Die deutsche Übersetzung gibt die Verse des Poeten etwa so wieder:

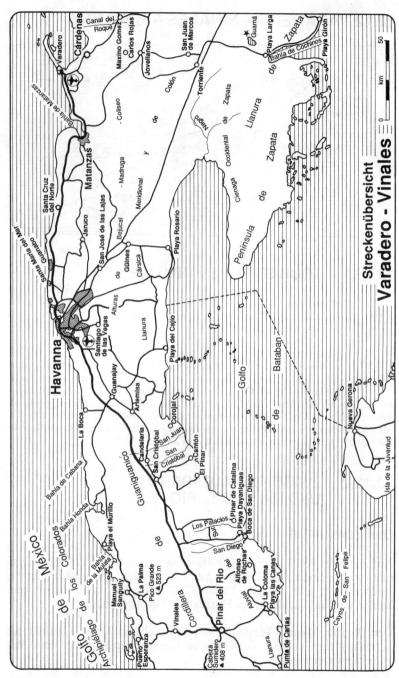

> "Dort unten sieht man über dem grünen Mangrovendickicht
> die Silhouette der Palmenhaine, die sich in der sanften Brise wiegen;
> und die Morgenröte eilt, ihr Licht zu erhellen,
> auszubreiten auf Tal und Gipfel, über die Dunstschwaden der Wiesen
> vergießt sie Ströme des Lichts."

Soroa

Havanna durchfahren wir. Im Kapitel 12.2 wurde bereits ausführlich über die Hauptstadt des Landes berichtet. Wenn man die Vororte Havannas in westlicher Richtung verlassen hat und auf der fast autoleeren Autobahn dahingleitet, erblickt man nach 28 km Fahrt von Havanna links einen **Stausee**, auf dem die Ruderwettkämpfe der Panamerikanischen Festspiele stattgefunden haben.

● **Überblick**

Wenn man nach 72 km von Havanna entfernt rechts in eine Nebenstraße einbiegt, kommt man nach 7 km durch dichten Bergregenwald nach **Soroa**, das in der Sierra del Rosario liegt und ein unvergleichlich schöner Ort ist. Das ganze Gebiet wurde von der UNESCO zum "natürlichen Reservat der Biosphäre" erklärt. Von dem **Aussichtspunkt Casa Villa Soroa** hat man einen wunderschönen Rundblick über den Urwald. **Truthahngeier**, sehr häufige Vögel Kubas, kreisen unermüdlich um den Berg. In dem dichtverfilzten Wald sind die Zweige der Urwaldbäume mit **Epiphyten** bewachsen. Sogar **Kakteen** haben sich in den Astgabeln und auf waagerechten dickeren Ästen angesiedelt. Alles trieft vor Nässe, und manchmal treibt der Wind vom Meer den Nebel über die Berge und befeuchtet den **Bambus**, die **Bromelien** und den **Philodendron** wie aus einer Sprühdose. Der Wald ist voller Vogelgesang.

● **Touristische Hinweise**

Wer hier Urlaub macht, hat seine Ruhe, abseits des Massentourismus.

Übernachtung
Das **touristische Zentrum Soroa** ist für den nationalen und internationalen Tourismus geschaffen worden. Es werden 49 Doppelbettzimmer und 6 Bungalows für Gäste vorgehalten. Man kann auch einen ganzen Bungalow alleine mieten. Es gibt verschiedene Größen von Ferienhäusern, solche mit 1, 2, 3, 5 und 6 Zimmern. Die Bungalows haben normalerweise Vorraum, Küche, Kühlschrank, Fernseher, Radio, Telefon, kleine Bar, verschiedene Anzahl an Schlafzimmern, Swimmingpool und je nach Wunsch ein eigenes Dienstmädchen. 3 Restaurants sorgen für die Beköstigung.

Restaurant
Das **Restaurant Castillo de las Nubes** liegt etwas oberhalb der Ferienhäuser. Von dem mit Natursteinen erbauten Gebäude kann man einen weiten Blick über die urwaldbedeckten Berge schicken.

Kuba / Varadero – Vinales – Havanna

Ausflugsmöglichkeiten
● Fahrten nach **Havanna** (84 km) und **Pinar del Río** (89 km) sind kein Problem.
● Die Strände von **Cabanas** und **Bahía Honda** (tiefe Bucht) an der Nordküste sind in $^1/_2$ bzw. $^3/_4$ Stunde mit dem Auto erreichbar.
● Bootsfahrten auf die wilde Insel Cayo Levisa können vom Hotel organisiert werden.
● Ein kleiner Wasserfall in der Nähe ist auch ein lohnendes Ausflugsziel.
● Empfehlenswert ist der Besuch eines unten beschriebenen nahen Orchideengartens.
● Aber auch Bergwandern durch die Nebelwälder kann Freude machen.

Der schönste Orchideengarten Kubas

● **Geschichtliches**
1943 hat der spanische Anwalt und "Zuckerbaron" **Thomas Felipe Camacho** hier mit der **Orchideenzucht** angefangen.
1953 war die Anlage des Gartens **vollendet**. Er hat ihn zum Andenken an seine Tochter geschaffen, die bei der Geburt ihrer Tochter, also seines Enkelkindes, gestorben ist und die besonders Orchideen sehr geliebt hat. Die Sammlung hat damals **11.000 Pflanzen, davon 700 Orchideen**, umfaßt.
1959 nach der Machtergreifung Fidel Castros ist der Spanier in seine Heimat **auf die Kanarischen Inseln zurückgekehrt**.
1960 starb Thomas Felipe Camacho am **Herzinfarkt**. Der Orchideengarten ging in Staatsbesitz über. Heute umfaßt die Sammlung **25.000 Pflanzen und 800 Species** auf einer Fläche von 25.000 m².

Orchideengarten – Soroa

Saroa hat ein besonders **günstiges Klima für Orchideen**. Es ist feucht, unter den Urwaldbäumen schattig und trotzdem warm genug.

Im Garten am Berghang wachsen außerdem unter den hohen Bäumen noch andere einheimische Pflanzen wie **Bromelien** und **Philodendron**, auch Exoten, wie das **Elefantenohr** *(Cocolara grandi flora)* aus Afrika und die **Scharlachrote Alpinie** *(Alpinia purpuria)* aus Malaysia mit ihren roten, dekorativen ährenförmigen Blütenständen, genannt nach dem italienischen Botaniker Prospero Alpino.

Besuch eines Bauernhauses

Die Fahrt geht weiter durch leicht hügeliges Gelände, das für die Landwirtschaft gute Bedingungen bietet. Hier wird alles angebaut: von Mais bis zu Bananen. Kleine Fischteiche unterbrechen das Ackerland. Die weißen Kuhreiher halten sich gerne auf abgebrannten Feldern auf. In dieser

Umgebung, 120 km westlich von Havanna – es könnte auch irgendwo anders sein – ist der Besuch eines kleinen Bauerngehöftes vorgesehen, um einmal einen Blick in das bescheidene Heim einer kubanischen Bauernfamilie zu werfen.

Bescheidenheit – Leben der Bauern

Ein mit Propangas beheizter Herd steht in der Küche. Die Möbel sind selbst angefertigt. Wichtig ist der Wasserfilter. Der Fußboden ist festgestampftes Erdreich und sehr sauber gefegt. Das Dach des Häuschens ist mit Palmenwedeln der Königspalme gedeckt. Auf dem Hof steht ein Mangobaum. Hühner, Schweine, Rinder und Pferde bewegen sich in Sichtweite um das Gehöft herum. In weiterer Umgebung sind Anbauflächen mit Obstbäumen, Gemüse und Tabak zu erkennen.

12.12.3 PINAR DEL RÍO

Überblick

Die **Stadt** Pinar del Río (Pinien des Flusses) wird auch die **Stadt der Säulen** genannt. Noch aus der Kolonialzeit stammend, haben die Wohlhabenden in ihre Gebäude ein Sammelsurium der verschiedenartigsten Säulen integriert.
Das **Umland** von Pinar del Río gilt als das **beste Tabakland** unserer Erde. Es besticht außerdem durch seine **landschaftliche Schönheit**. Die "Sierra de los Organos" (Orgelberge) und die "Sierra del Rosario" (Ro-

senkranzberge), aber auch viele andere namenlose bizarre **Kalksteinkegel,** *"mojotes"* genannt, ragen aus der Ebene heraus. Das Labyrinth von Höhlen und unterirdischen Flüssen ist sehr beeindruckend.

Die Zigarrenfabrik Francisco Donatien

Stadt der Säulen – Pinar del Río

Bei dieser kleinen Zigarrenfabrik ist die Arbeit nicht nur nach rein ökonomischen Gesichtspunkten ausgerichtet. In erster Linie wird sie noch betrieben, um die alte Tradition der Zigarrenherstellung fortzusetzen und um diese zu präsentieren. Z. Zt. arbeiten noch 140 Beschäftigte in dem Betrieb.

- **Geschichte des Hauses**

1868 wurde dieses Gebäude, als **Krankenhaus** geplant, errichtet.
1870 wandelte man es während des 10-jährigen Krieges in ein **Gefängnis** um.
1959 hat man hier eine **Kunstschule** untergebracht.
1960 etablierte sich hier eine **Zigarrenfabrik.**

- **Feldbearbeitung der Tabakpflanzen**
- Ab 8.September werden die **Tabaksamen bewässert,** damit sie keimen.
- Ab der 2. Hälfte Oktober werden die **Setzlinge in die Erde gebracht.**
- Durch das **Abschneiden der Blätter** wird das **Nachwachsen** gefördert. Die Zahl der produzierten Blätter wird jedoch reguliert nach solchen, die direktes Sonnenlicht empfangen, und nach solchen, die im Schatten wachsen sollen.
- Nach 4 bis 6 Tagen bilden sich wieder **neue Blätter.**
- Nach 90 Tagen haben die Pflanzen alle **verwendbaren Blätter abgegeben.**
- Nach der Ernte der Blätter werden diese auf Fäden gezogen, und man läßt sie durchschnittlich 50 Tage in Trockenhäusern **trocknen.**
- Erst ca. 2 Jahre nach der Ernte kommen die Blätter in die Zigarrenfabrik zur Weiterverarbeitung.

- **Verschiedene Stufen der Verarbeitung**
- Die vom Feld geernteten Tabakblätter kommen getrennt nach **Deckblättern,** die in Palmenblätter verschnürt sind, und den **übrigen Bättern** für das Innere der Zigarren, die in Säcken verpackt sind, in der Fabrik an.

Kuba / Varadero – Vinales – Havanna

- Die Deckblätter werden voneinander **getrennt**.
- Dann werden die Deckblätter leicht **angefeuchtet**.
- Anschließend werden die Deckblätter einzeln **aufgehängt**, damit die Feuchtigkeit wieder verfliegt. Die relative Luftfeuchtigkeit wird auf 30% in dem Trockenraum gehalten.
- Wenn die Deckblätter zu feucht sind, wird ihnen durch ein 24 Stunden eingeschaltetes **Gebläse** die zu hohe Feuchtigkeit entzogen.
- Abgetrocknet, werden die Deckblätter in **Holztonnen verpackt**.
- Die Deckblätter werden anschließend mit etwas Wasser übersprüht und von Hand **geglättet**.
- In einer anderen Abteilung wird die **Mittelrippe** der Blätter **entfernt**, die als Dünger Weiterverwendung findet.
- Dann werden die Blätter wieder **geglättet**.
- Im weiteren Verlauf werden die Blätter **nach Farbe, Größe, Dicke und Qualität sortiert**. Blätter mit Löchern werden beispielsweise als minderwertig klassifiziert.
- Je **50 Blätter** werden angerollt und **in Kisten verpackt**.
- Die einzelnen **Portionen** werden **abgewogen**.
- Die **Portionen** mit den dazu passenden **Deckblättern** werden an die einzelnen Zigarrendreher **verteilt**.
- Die Austeilung wird **auf einer Liste registriert**.
- Dann beginnt **die Kunst des Zigarrendrehens**. Die minderwertigen Zigarrensorten werden mit einer Maschine und die hochwertigen, für **den Export bestimmten Zigarren** werden alle **mit der Hand gedreht**.
- Je 10 Zigarren werden 15 Minuten lang in einer Holzform **gepreßt**.
- Danach wird das **Deckblatt übergewickelt**.
- Anschließend wird das **Mundstück angefertigt**.
- Es werden die Zigarrenbündel von je 50 Zigarren, die die Nummer des Zigarrendrehers tragen, auf **die Qualität der Fertigung überprüft**. Folgende **strengen Maßstäbe** werden bei der Kontrolle angesetzt. Die **Überprüfungsmethode** sieht vor:
Von dem Bündel von 50 Zigarren werden **8 Zigarren wahllos** herausgenommen und auf Mängel überprüft.
Wenn **von den 8 Zigarren mehr als 1 Zigarre Mängel** aufweist, wird das ganze Bündel kontrolliert.
Für das reklamierte Bündel bekommt der Arbeiter oder die Arbeiterin **keinen Lohn**.
Als **Mängel** gelten, wenn vorgegebene Kriterien nicht erfüllt sind:
Das **Gewicht** stimmt nicht.
Die **Länge** entspricht nicht der Norm.
Der **Umfang** ist nicht richtig getroffen.
Die **Mischung** ist falsch.
Das **Äußere** ist nicht ansprechend.
Das **Mundstück** ist nicht ordentlich mit Naturklebstoff verklebt.
- Die Zigarren werden 72 Stunden lang in Schränken aus Zedernholz **gelagert**, damit sie ihre richtige Feuchtigkeit erhalten.

- Dann werden sie **nach Farbe sortiert.**
- Sie werden **zu je 25 Stück gebündelt.** Der Mann, der diese Arbeit mit Hilfe eines Meßbandes verrichtet, ist blitzschnell und sehr routiniert.
- Dann werden die Zigarren **mit Ringen (Bauchbinde) versehen.**
- Sie werden einzeln **in Cellophantüten gesteckt.**
- Schließlich wird das Endprodukt in Zigarrenkisten aus Zedernholz **verpackt.**

- **Arbeitsbedingungen der Arbeiter**
- In alter Tradition liest ein Lektor den Arbeiterinnen und Arbeitern täglich die **Nachrichten** oder sogar Romane vor, weil die Arbeit ziemlich eintönig ist, um die Arbeitsbedingungen zu verbessern.
- Es gibt **keine Arbeitsnorm** der Arbeitskräfte.
- Die Arbeiter und Arbeiterinnen werden **nach ihrer Leistung bezahlt.**
- Der **Durchschnittslohn** ist 200 Pesos.
- Die **Arbeitszeit** beträgt 8 Stunden werktäglich.
- An **Arbeitspausen** sind 1 Stunde für die Mittagszeit, 15 Minuten fürs Frühstück und 15 Minuten zur Erholung am Nachmittag vorgesehen.
- Nach mindestens 11 Monaten wird **1 Monat Urlaub** gewährt.

Besuch einer Likörfabrik
(Regreo No.189)

- **Betriebsgeschichtliches**

1892 wurde diese Fabrik von dem Spanier **Lucio Garay gegründet.**
Seit 19.10.1906 wurde vom Minister für Landwirtschaft, Industrie und Handel die Genehmigung zur Herstellung des **Likörs "Guayabita del Pinar"** erteilt. Auf der Rückseite der Flaschen ist diese Genehmigung abgedruckt. Pinar del Río ist der einzige Ort auf unserem Globus, wo dieser Likör produziert wird.

- **Der Produktionsprozeß**
- Dieses alkoholische Getränk wird aus der kleinen **Wildfrucht Guayabita**, einer Art wilde Guave, die in Pinar del Río wächst, gewonnen.
- Die geernteten Früchte werden mit Wasser und Alkohol 30 Tage einem **Gärungsprozeß** unterworfen.
- Als weitere **Zutaten** werden Zucker, Karamel, Vanille und Eichenholz dazugegeben. Diese Mischung wird 24 Stunden stehengelassen.
- Am nächsten Tag wird die Flüssigkeit **im Labor** u.a. auf ihren Alkoholgehalt **überprüft.**
- Es werden 2 Sorten an Likör hergestellt:
  ein trockener Likör mit 40 % Alkohol und
  ein milder und süßer Likör mit 30 % Alkohol.
- Schließlich wird der **Abfüllprozeß** vorgenommen.
- **Jährlich** werden **564.000 Flaschen** produziert. Dieser Likör ist für den nationalen Konsum und den internationalen Tourismus vorgesehen. Exportiert wird er nicht.

Kuba / Varadero – Vinales – Havanna

12.12.4 DAS TAL VON VINALES

Überblick

Dieses Tal offenbart eine gigantische Landschaft. Aus dem **roten Lateritboden** heben sich schroffe **urwaldbewachsene Kalkfelsen** ab, die von einem Netzwerk von Spalten und Höhlen durchzogen und in die viele **maritime Fossilien** eingeschlossen sind. Diese Meeresbewohner haben während der Jura-Periode vor 150 Millionen Jahren hier gelebt.

Bester Tabak der Welt – Tal von Vinales

Auf dem fruchtbaren Boden wächst der **beste Tabak der Welt**. Eingestreut in die Tabakfelder, liegen die notwendigen Trockenschuppen. Guave-, Zitrusfrucht- und Zuckerrohrplantagen, Reisfelder und Gemüseanbau zeugen außerdem von der Fruchtbarkeit dieser Region.

Die **Korkpalme** *(Microcycas calocoma)*, die hier wächst, hat es geschafft, auf einer kleinen Insel zu überleben, als dieses Land vor ungefähr 200 Millionen Jahren im Meer versank.

Das Vinales-Tal wurde wegen seiner landschaftlichen Schönheit, wegen seiner Grotten und Hügel sowie seiner prähistorischen Bedeutung zum **Nationalmonument** des Landes erklärt.

Touristische Hinweise

Übernachtung
- ** Motel La Ermita, Tel.: 9-3204, 2 km an der Straße von Ermita nach Vinales, 18 Bungalows mit Klimaanlage, Bad, Fernseher, Radio und Telefon sowie Restaurant, Bar, Swimmingpool, Andenkenladen und Spielraum stehen den Gästen zur Verfügung.
- *** Los Jazminos Hotel, 25 km an der Vinales-Straße, Tel.: 9-3205, 14 Gästezimmer und 16 Bungalows mit Klimaanlage, Bad, Fernseher, Radio und Telefon sowie Restaurant, Bar, Cafeteria, Souvenirladen, Kabarett, Swimmingpool, Spielraum für Erwachsene und Kinder werden vorgehalten. Reiten und Radfahren sind möglich.
- *** Pinar del Río, Tel.: 5071-7, 136 Gästezimmer mit Klimaanlage, Bad, Radio und Telefon stehen den Urlaubern zur Verfügung. Restaurant, Bar, Cafeteria, Nachtclub, Swimmingpool, Spielraum und Andenkenladen gehören mit zur Anlage.

● *** **Hotel Rancho San Vicente**, Tel.: 9-3200, 38 km an der Straße von Puerto Esperanza nach Vinales, besitzt im Hauptgebäude 29 Gästezimmer, davon 25 Doppelbettzimmer und 4 Dreibettzimmer und in den Bungalows 34 Doppelbettzimmer mit Bad, Radio und Deckenventilator. Restaurant, Bar, Cafeteria, Swimmimgpool, Spielraum und Souvenirladen gehören zum Hotelkomplex.

Ausflugsmöglichkeit
La Gran Piedra
Dieser 1.234 m hohe Berg wurde von französischen Emigranten "La Grand Rocher" genannt, als sie von Haiti am Ende des 18. Jahrhunderts mit ihren Sklaven, Gebräuchen, ihrer Kultur und ihren Kenntnissen über Kaffeeanbau nach Kuba kamen. Der Panoramablick vom Gebirgskamm ist überwältigend. An einem klaren Tag kann man sogar die Küsten Jamaikas und Haitis sehen.

Cueva del Indio (Indianerhöhle)

In dieser Tropfsteinhöhle kann man bei einer Bootsfahrt auf einem unterirdischen Fluß seiner Phantasie beim Betrachten der Kalkgebilde freien Lauf lassen. Die angestrahlten Figuren können beispielsweise als "die 3 Schiffe des Christoph Kolumbus", als "die 3 Musketiere", als "Seepferdchen", als "Leguan", als "Riesenschlange mit dem Kopf nach unten", als "umgekehrte Flasche" und als "rheumakranker Indianer" gedeutet werden.

13 REISEN IN DER DOMINIKANISCHEN REPUBLIK

13.1 ALLGEMEINER ÜBERBLICK

Klischeevorstellungen, sowohl negative als auch positive, haben sich schnell in den Köpfen oberflächlicher Beobachter festgesetzt und werden auch sehr voreilig weitergegeben, so daß es sehr schnell zu einer Verbreitung dieser nicht tiefgründigen Betrachtung und Beurteilung eines Landes und seiner Bewohner kommen kann. Ferner sollte man nicht den Fehler machen, alles nur aus europäischem Blickwinkel zu betrachten.

Die Dominikanische Republik ist erst vor wenigen Jahren in den Blickwinkel mitteleuropäischer Betrachtung durch den dort **sich sprungartig erstarkenden Tourismus** gerückt. Man besaß vor einem halben Jahrzehnt meistens nur eine sehr verschwommene Vorstellung von diesem Land. Man hatte zwar von einem Diktator Trujillo gehört. Man hatte auch **vorher vage Vorstellungen** über Sklaverei, ehemalige Piraten, Zuckerboom und Karibikzauber, aber Genaueres wußte man nicht. Und plötzlich ist die Dominikanische Republik ein touristischer "Leckerbissen" geworden. Was ist das für ein Land? Welche Mentalität haben seine Bewohner? Kann man dort getrost Urlaub machen? Was erwartet Sie dort? Es soll in diesem Buch versucht werden, diese Wissenslücken auszufüllen.

Natürlich haben sich für die Dominikaner einschneidende Veränderungen ergeben. Einerseits profitieren sie zwar von den **neuen Einnahmequellen**

371

des Tourismus. Anderseits ist dieser Einschnitt nicht ganz unproblematisch. Er beeinflußt ihre noch nicht immer gefundene und gefestigte **Identität**, die schon vorher durch den "American Way of Life" beeinträchtigt wurde.

Noch ein Hinweis:
Die **Preiskategorien der Unterkünfte** (für 1 Doppelzimmer pro Tag) werden durch die Zahl der *-Zeichen unterschieden.

******	=	über 120 US$
*****	=	90 bis 120 US$
****	=	60 bis 90 US$
***	=	40 bis 60 US$
**	=	20 bis 40 US$
*	=	bis 20 US$

13.1.1 DIE DOMINIKANISCHE REPUBLIK AUF EINEN BLICK

Größe:	48.442 km², etwas größer als Dänemark (43.069 km²)
Einwohner:	7,17 Millionen Einwohner, das sind 148 Einwohner/km², 73% Mulatten, 16% Weiße, 11% Schwarze
Religion:	Religionsfreiheit, 95% Katholiken, 4% Protestanten, Adventisten, Jehovas Zeugen, 1% sonstige Sekten
Bevölkerungszuwachs:	2,7% jährlich
Lebenserwartung:	64 Jahre bei Männern, 68 Jahre bei Frauen
Sprachen:	Spanisch ist Landessprache
Staatsform:	Präsidiale Republik, Staatspräsident Dr. Joaquín Balaguer
Hauptstadt:	Santo Domingo mit 2.411.900 Einwohnern
Flagge:	1 weißes Kreuz teilt die Flagge in 2 rote und 2 blaue Felder. Die gleichfarbigen Quadrate liegen sich schräg gegenüber.
Verwaltung:	Gliederung in 26 Provinzen, Hauptstadtbezirk Santo Domingo
Exportgüter:	Zucker, Zuckerwaren, Honig, Tee, Kakao, Gewürze, Tabak, Ferronickel
Importgüter:	Nahrungsmittel, chemische Erzeugnisse, Maschinen, mineralische Brennstoffe
Zeitverschiebung:	5 Stunden, während unserer Sommerzeit 6 Stunden

Dominikanische Republik / Allgemeiner Überblick

13.1.2 GESCHICHTLICHER ÜBERBLICK

Wenn man auf die Geschichte dieses Landes zurückblickt, so ist zusammenfassend folgendes zu sagen:
- **Dem gewaltsamen Eindringen der Spanier** mit ihrer fremden Kultur und Religion sowie ihrer technischen und militärischen Überlegenheit waren die Eingeborenen nicht gewachsen.
- **Die Vernichtung der indianischen Kulturen** und schließlich die völlige Auslöschung der Urbevölkerung waren das traurige Resultat dieser Überfremdung.
- **Der Konflikt mit** dem ehemals französischen **Haiti** auf der gleichen Insel Hispaniola, **Ausbeutung**, schlimme **Diktaturen** und **Korruption** haben die Dominikaner in ihrer eigenen **Identitätsfindung** gehindert und ihr **Mißtrauen gegen Überfremdung** sensibilisiert.

Zeittafel der Geschichte Hispaniolas

Ca. 200 vor Chr.	bewohnten **Siboneys** als Jäger und Sammler die Insel.
Ca. 200 nach Chr.	verdrängten höher entwickelte, Ackerbau und Töpferei betreibende **Tainos** die Siboneys.
Bis 1492	machten kriegerische **Kariben** mit ihren schnellen Booten den Tainos in ihrem Siedlungsgebiet das Leben schwer.
05.12.1492	betrat **Christoph Kolumbus** als 1. Europäer mit seinen Mannen die Insel. Sie wurde **Hispaniola** (Klein-Spanien) genannt. Die 1. Siedlung gründete er im heutigen Haiti mit dem Namen **La Navidad**.
06.01.1494	wurde von **Christoph Kolumbus** nach seiner Rückkehr nach Hispaniola im heutigen Staatsgebiet der Dominikanischen Republik **La Isabela** gegründet, nachdem La Navidad zerstört vorgefunden war.
1496	war das **Gründungsjahr** von **Santo Domingo**, der ersten spanischen Stadt in der Neuen Welt.
1502	war **Christoph Kolumbus** bei der spanischen Krone in Ungnade gefallen, und man **inhaftierte** ihn in der Festung am Río Ozama. **Neuer Gouverneur** wurde **Nicolás de Ovando**. Unter seiner Regentschaft führte man das sog. "Encomieda-System" ein, das die **indianische Zwangsarbeit** vorsah.
1509	wurde **Diego Kolumbus**, der Sohn von Christoph Kolumbus, neuer Gouverneur. Die in den Goldminen schuftenden Indianer starben wie die Fliegen.
1512	gründeten die Spanier in Santo Domingo die 1. **Universität** in Spanisch-Amerika.
1533	startete Indianerhäuptling **Enriquillo**, der Kazike von Jaragua, den einzigen größeren **Aufstand der Tainos** gegen die spanischen Eroberer.
1542	führte der **Dominikanermönch Bartolomé de las Casas** einen leidenschaftlichen, aber vergeblichen Kampf gegen das Kolonialsystem, um die Ausrottung der indianischen Bevölkerung samt ihrer Kultur zu verhindern. Ausgehend vom christlichen Gleichheitsgedanken, trat er für eine gerechte Sozialordnung ein. Das Ergebnis seiner Bemühungen

Dominikanische Republik / Allgemeiner Überblick

	waren die *"Leyes Nuevas"* (Neue Gesetze), die verbieten sollten, daß die Indios bei Landvergabe als Zwangsarbeiter weitervererbt werden konnten. Die Folge war leider die Einführung der Negersklaven aus Afrika.
1550	**starben die letzten Tainos aus**, die man in Reservate zusammengetrieben hatte. Die Goldminen waren erschöpft. Von der **Gier nach Gold** getrieben, verließen viele Spanier die Insel und wandten sich dem mittel- und südamerikanischen Festland zu. Hispaniola wurde fast völlig entvölkert.
1586	**plünderte** der englische Pirat **Francis Drake Santo Domingo**.
Ab 1570	wurden **Negersklaven** aus Afrika als Arbeitskräfte eingeführt.
Um 1600	machten auch andere **englische und französische Seeräuber** die Karibik unsicher und überfielen spanische Schiffe, die, schwer beladen mit den erbeuteten Schätzen aus Mittel- und Südamerika, Richtung Spanien strebten.
1625	**setzten sich englische und französische Piraten fest**.
1673	zerstörte ein **schweres Erdbeben** Santo Domingo.
1684	wurde die Hauptstadt erneut durch ein **Erdbeben** schwer in Mitleidenschaft gezogen.
1697	zwang man Spanien im **Frieden von Ryswijk**, den **Westteil Hispaniolas an Frankreich** abzutreten, der den Namen Saint Domingue erhielt.
1791	gaben die Ideen der Französischen Revolution (Freiheit, Gleichheit und Brüderlichkeit) den **Anlaß zum Aufstand der Schwarzen und Mulatten in Saint Domingue** (Westhispaniola = Haiti). Der **Anführer der Aufständischen Francois Dominique Toussaint l'Ouverture** eroberte auch den Ostteil der Insel, das Gebiet der heutigen Dominikanischen Republik.
1795	wurde im **Frieden von Basel** auch der **Ostteil** der Insel **an Frankreich** abgetreten.
09.05.1801	**proklamierte Francois Dominique Toussant l'Ouverture die Unabhängigkeit** der Insel. Das fand jedoch nicht die Zustimmung der Franzosen, und der Anführer der Freiheitsbewegung wurde festgenommen. 3 Jahre später flackerten neue Aufstände unter der Leitung von **Jean Jacques Dessalines** auf.
08.12.1804	ließ sich **Jean Jacques Dessalines** zum **Kaiser Jakob I.** von Haiti krönen. Er zwang die Franzosen zum Rückzug.
1806–1818 und 1820	war Haiti in einen Negerstaat und in eine Mulattenrepublik geteilt.
1809	wurde **Osthispaniola von den Spaniern zurückerobert**.
1822	besetzte der haitische Präsident **Jean Pierre Boyer** Osthispaniola und **vereinigte die Insel** zu einem Staat. Dieser Zustand dauert jedoch auch nicht allzu lange.
1825	ließ sich **Frankreich** die anerkannte **Unabhängigkeit Haitis** durch eine so hohe Geldsumme bezahlen, daß die haitische Wirtschaft völlig dem Ruin verfiel.
1839	gründete **Juan Pablo Duarte** die geheime Gesellschaft **"Trinitaria"**, die die Unabhängigkeit von Haiti anstrebte und für eine selbständige Republik eintrat.
07.05.1842	erschütterte ein **Erdbeben** die ganze Insel. Große Teile Santo Domingos stürzten ein.

Dominikanische Republik / Allgemeiner Überblick

27.02.1844	erstürmten Männer des Geheimbundes "Trinitaria" die Festung von Santo Domingo und nahmen die Soldaten der haitischen Garnison gefangen. Die **Unabhängigkeit** der **1. Dominikanischen Republik** wurde von den Freiheitskämpfern Mela und Sánchez ausgerufen.
1861–1865	suchte die Republik unter Präsident Pedro Santana eine **Schutzmacht** für ihren gefährdeten Bestand durch die Bedrohung von Haiti. Da England und Frankreich kein Interesse zeigten, blieb notgedrungen nur noch **Spanien** als Schutzmacht übrig. Das erwies sich als keine glückliche Lösung. Es brach während dieser Zeit der **Restaurationskrieg gegen die "Schutzmacht"** aus, bis die Spanier schließlich unter Schimpf und Schande endgültig das Land verlassen mußten.
1865	wurde die **2. Republik unter Báez** ausgerufen. Unter ihm kam es zu blutigen Auseinandersetzungen zwischen seinen Anhängern, die weiterhin wegen der inneren Schwäche des Landes den Anschluß an eine Großmacht anstrebten (USA), und nationalen Oppositionsgruppen.
1870	lehnte der Kongreß der USA den **Antrag** von Baéz ab, die **Dominikanische Republik zu einem Bundesstaat der USA** zu machen.
1882	erlebte die junge Republik die **schlimme Diktatur** von **Ulises Heureaux**. Unter seiner Herrschaft geriet das Land in eine hoffnungslose **Verschuldung** gegenüber den USA. Der Schuldenberg erreichte astronomische Ausmaße.
1905	übernahmen die **USA die Zollhoheit** der Dominikanischen Republik.
1907	schloß man einen Vertrag, der wegen der hohen Verschuldung die absolute **Finanzkontrolle der USA** über das Land vorsah.
1916–1924	besetzten US-amerikanische Truppen das geschwächte Land. Aufgrund der "Monroe-Doktrin", nach der sie sich das Recht zugeschrieben hatten, Gesamtamerika vor europäischen Übergriffen zu schützen, sah sich die Supermacht USA befugt, in der Dominikanischen Republik militärisch einzugreifen. Zum anderen glaubten sie sich zu diesem umstrittenen Schritt wegen der nicht zurückgezahlten Schulden legitimiert. 1924 zogen sich die US-Amerikaner wieder zurück.
10.05.1924	begann die Periode der **3. Republik**.
1930	kam der **Brigadegeneral Rafael Trujillo** durch einen Staatsstreich an die Macht.
1952	gab Rafael Trujillo sein Präsidentenamt an seinen Bruder **Héctor Trujillo** ab.
1960	wurde **Joáquin Balaguer** als **Nachfolger** von Trujillo eingesetzt.
30.05.1961	fiel **Rafael Trujillo** einem **Attentat** zum Opfer.
20.12.1962	fanden die ersten freien Wahlen statt, in denen **Juan Bosch** (PRD) zum **1. freigewählten Staatspräsidenten** gewählt wurde.
25.09.1963	wurde Juan Bosch durch einen **Militärputsch** gestürzt und durch ein Triumvirat unter Leitung von **Reid Cabral** ersetzt.
24.04.1965	führte eine Offiziersrevolte den Sturz von Reid Cabral herbei, die einen **Bürgerkrieg** zwischen den linksgerichteten Militärs, den "Konstitutionellen", die den legitimen Präsidenten Juan Bosch wieder an die Macht bringen wollten, und den rechtsgerichteten "Loyalisten" unter General Wessin y Wessin auslöste.
28.04.1965	führten die innerdominikanischen Wirrnisse und die Furcht vor einer kommunistischen Gefahr zur militärischen **Intervention der USA** zugunsten des rechtsorientierten dominikanischen Militärs.

── Dominikanische Republik / Allgemeiner Überblick ──

19.05.1965	kam es zum **Waffenstiffstand** und OAS-Kontrolle. Eine Übergangsregierung unter Gracía Godoy hatte große Schwierigkeit, Herr der Lage zu werden.
02.06.1966	fanden **Neuwahlen** unter OAS-Aufsicht statt. **Joáquin Balaguer** (PR) wurde zum 2. Mal zum Staatspräsidenten gewählt.
16.05.1970	wurde **Joáquin Balaguer** (PR) zum 3. **Mal als Staatspräsident** im Amt bestätigt. Die PRD unter Juan Bosch boykottierten die Wahl.
16.02.1973	war ein **Guerillakampf des Generals Caamanos Denos** zum Scheitern verurteilt.
16.05.1974	gewann **Joáquin Balaguer** (PR) zum 4. **Mal die Wiederwahl**.
16.05.1978	errang die bisherige Oppositionspartei **PRD** den **Wahlsieg**.
16.08.1978	übernahm **Antonio Guzmán Fernández** (PRD) den Sitz des **Staatspräsidenten**. Er zeigte sich in seiner Amtszeit jedoch als nicht sonderlich reformfreudig.
1979	scheiterte ein **Putschversuch** gegen Antonio Guzmán Fernández.
16.05.1982	trug wieder die **PRD** den **Wahlsieg** unter **Jorge Salvador Blanco** davon.
04.07.1982	warf der Tod des noch amtierende **Staatspräsidenten Antonio Guzmán Fernández** einige Fragen auf. Er kam auf sehr mysteriöse Art und Weise ums Leben (Autounfall oder Selbstmord?).
16.08.1982	wurde **Jorge Salvador Blanco** (PRD) zum Staatspräsidenten gewählt. Er geriet schon bald unter den Verdacht der Korruption.
16.05.1986	errang **Joáquin Balaguer** (PR) zum 5. **Mal** den Wahlsieg. Er wurde anschließend wieder zum **Staatspräsidenten** gewählt.
1989	kam es wegen Lohnstreitigkeiten zum **Generalstreik**.
16.05.1990	führte **Joáquin Balaguer** (PR) zum 6. **Mal** seine Partei zum **Wahlsieg**, und er selbst stellte wieder den **Staatspräsidenten**.

13.1.3 GEOGRAPHISCHER ÜBERBLICK

Die Lage und Größe

Die Dominikanische Republik bedeckt $^2/_3$ der Großen Antilleninsel Hispaniola in der Karibik zwischen 18° unnd 20° nördlicher Breite und 68° und 72° westlicher Länge und grenzt an Haiti.

Mit 48.442 km² ist sie flächenmäßig etwas größer als Dänemark, das vergleichsweise 43.069 km² mißt.

Landschaftsgliederung

Der Gebirgsbogen der Antillen erreicht an der Grenze von Haiti seine größte Höhe. Von Nordwesten nach Südosten verlaufen **4 Bergketten** durch die Insel. Die höchste ist die **Cordillera Central** mit einer Scheitelhöhe von 3.175 m. Parallel dazu verläuft im Norden eine schmale Tief-

Dominikanische Republik / Allgemeiner Überblick

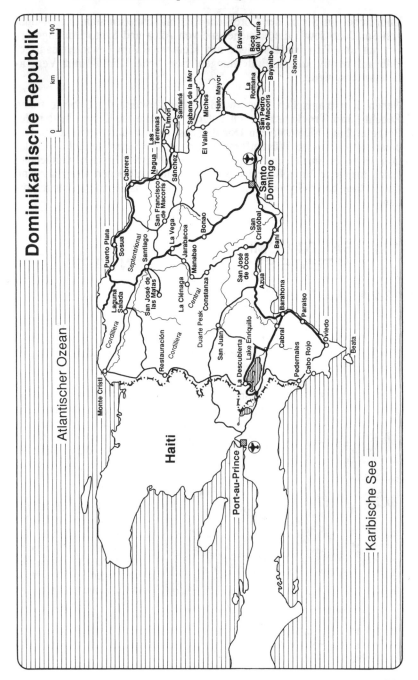

landfurche. Im Süden der Cordillera Central schließen sich das Hochtal von San Juan sowie die Küstenebene von Azua und Santo Domingo an. Die **starken Reliefunterschiede auf kleinem Raum** bewirken naturgemäß auf relativ kurzen Entfernungen **merkliche Klima- und Vegetationsunterschiede.**

Neben dem **tropischen Regenwald** an der Luvseite der Gebirge treten **Feucht- und Trockensavannen** auf der Leeseite im Regenschatten der Berge und auf Meeresniveau **Dornbuschsavannen** und in trockenen Depressionen teilweise **Wüstenformationen** auf. Die ursprüngliche Vegetationsdecke ist in den gut bewässerten, fruchtbaren Ebenen weitgehend durch tropische Nutzpflanzen ersetzt, und die natürlichen Urwälder sind durch **Raubbau** teils von Kakteen- und Dornbuschsteppen verdrängt worden.

13.2 SANTO DOMINGO – ÄLTESTE STADT DER NEUEN WELT

13.2.1 ÜBERBLICK

Santo Domingo war die **1. europäische Stadt in Amerika.** Hier wurde die **1. Kathedrale** gebaut, residierte der **1. Gouverneur**, wurde der **1. Bischof** geweiht und das **1. Krankenhaus** gebaut. So könnte man die Reihe der Premieren fortsetzen.

Man restauriert die alten Baudenkmäler und versucht für das Kolumbusjahr 1992 die Stadt aufzupolieren, was bislang aber nur in der **Zone Colonial** zu spüren ist. Die übrigen Teile sind teilweise durch nicht abgefahrene Müllhaufen verunziert.

Wer sich jedoch für die wechselvolle Geschichte der Stadt, des Landes und Amerikas interessiert, hat in dieser geschichtsträchtigen Stadt, speziell in der Zone Colonial, ein weites Betätigungsfeld und reiches Anschauungsmaterial. Hier faßten die Spanier als damals europäische Großmacht zuerst richtig Fuß. Hier nahm der europäische Einfluß mit seinen Licht- und Schattenseiten seinen Anfang.

Für das Kolumbusjahr aufpoliert – Zone Colonial

Dominikanische Republik / Santo Domingo

13.2.2 TOURISTISCHE HINWEISE

Information
Secretaría de Estado de Turismo, Avenida George Washington / Presidente Vicini, Tel.: 682-8181, erteilt Auskünfte an ausländische Gäste auch in Englisch.

Wichtige Telefonnummern und Adressen
- Diplomatische Vertretungen
  - Botschaft der Bundesrepublik Deutschland
    Calle Juan Tomás Mejia y Cotes No. 37, Apartado 1235, Tel.: 565-8811
  - Generalkonsulat Österreichs
    José Desdirio Valverde 103, Zone 7, P.O. Box 1333, Tel.: 862-5861, 682-4569, 533-1812
  - Botschaft der Schweiz
    Calle José Gracía 26, P.O. Box 941, Tel.: 689-4131
- **Krankenhaus**
Hospital Aybar, Tel.: 686-5212
- Die bekanntesten **Autoverleihfirmen** in Santo Domingo sind:

Firma	Straße	Tel.-Nr.
Avis	Flughafen Las Americas	533-9295
Budget	J.F. Kennedey / Lope de Vega	567-0177
Hertz	Independencia	688-2277
Honda	J.F. Kennedey / Pepillo Salcedo	567-1015
Micromovil	Independencia 501	689-6141
National	Abraham Lincoln / J.F. Kennedey	562-1444
Nelly	José Contreras 139	535-8800
Pueblo	Independencia / Hnos. Deligne	689-2000
Rentauto	27 de Febrero 247	566-7221
Thrifty	Bolivar / Socorro Sanchez	686-0131
Toyota	27 de Febrero 247	567-5545

- **Lufthansa**
Avenida George Washington 353, Tel.: 689-9625
- **Polizei**
Policia Nacional, Calle Leopoldo Navarro, Tel.: 682-8181
- **Ambulanz**
  - Notruf, Tel.: 711
  - Cruz Rojo (Rotes Kreuz), Tel.: 682-3793
- **Banken**
  - Banco de Cambio Hispano Americano, Avenida México / Avenida Lincoln
  - Banco de Cambio Imperial, Avenida Tiradentes 64, 2. Stock

Hotels
Die **Preiskategorien** der Unterkünfte (für 1 Doppelzimmer pro Tag) werden durch die Zahl der *-Zeichen unterschieden.

- **** **El Embajador**, Avenida Sarasoda, Tel.: 533-2131, 45 min vom Internationalen Flughafen "Las Américas" entfernt, besitzt 318 große Gästezimmer und 15 Suiten, alle mit Balkon, Klimaanlage, Fernseher, Telefon, Minibar. 4 Restaurants, 2 Bars, Türkisches Bad, Sauna, Massage, Swimmingpool, eine schöne Gartenanlage, Casino, Shopping-Arkade, eine Kunstgalerie mit Bildwerken dominikanischer Künstler, Spielplätze für Tennis und Baseball und ein Nachtclub gehören mit zu diesem eleganten Hotel.
- **** **Gran Hotel Lina**, Avenida Maximo Gomez / 27 de Febrero, ist ein Hotel mit 220 Gästezimmern, tropischem Garten, Swimmingpool und Tennisplätzen.

———————— *Dominikanische Republik / Santo Domingo* ————————

- *** **Hispaniola**, Avenida Independencia / Avenida Abraham Lincoln, Tel.: 533-7111, bietet 165 Gästezimmer an. Swimmingpool und Tennisplätze sind vorhanden.
- ***** **Jaragua Resort**, Avenida George Washington No. 367, Tel.: 686-2222, ist mit seinen 355 Gästezimmern und 18 Suiten, Swimmingpool und Tennisplätzen sicherlich das luxuriöseste Hotel der Stadt.
- *** **Hostal Palacio Nicolas de Ovando**, Calle Las Damas No. 53, P.O. Box 89-2, Tel.: 687-3101, zeichnet sich durch seine vorteilhafte Lage im Herzen der Altstadt aus. Es ist ein historisches Hotel aus der Kolonialzeit in der Ciudad Colonial (Kolonialzone) mit 45 Gästezimmern mit Klimaanlage und Telefon. Zur Anlage und zum Service gehören: Swimmingpool, tropischer Garten, internationales Gourmet-Restaurant mit spanischen Spezialitäten und internationaler Küche, Cafeteria, Konferenzsalon, Pianobar, Andenkenladen, Touristenbüro, Taxiservice und Autovermietung.
- *** **Santo Domingo**, Avenida Independencia / Ecke Avenida Abraham Lincoln, Tel.: 535-1511, verfügt über 220 Zimmer mit allem Komfort. Das Hotel kann mit Tennisplätzen mit Flutlicht, Sauna, Massage und Nachtclub aufwarten.
- *** **Sheraton Hotel & Casino**, Avenida George Washington No. 365, Tel.: 688-0823, mit 260 Gästezimmern hat den Vorteil, daß man von ihnen teilweise aufs Meer hinaussehen kann.

Empfehlenswerte Restaurants
- "Calvo", Beller 92, Tel.: 586-2020
- "China", Hnas. Mirabal, Tel.:586-3776
- "D'Amico", L. Ginebra 150, Tel.: 586-3830
- "El Canario", 12 de Julio 94, Tel.: 586-2402
- "El Sombrero", Carr. Puerto Plata km 4, Tel.: 586-2898
- "Hotel Caracool", Circunv. Norte, Tel.: 586-2588
- "Hotel Montemar", Gral. Luperón, Tel.: 586-2800
- "Los Pinos", Hnas. Mirabal, Tel.: 586-3222

Alle haben internationale Gerichte auf der Speisekarte und jedes seine Spezialitäten, so daß Sie argentinische, deutsche, französische, italienische, mexikanische und orientalische Speisen probieren können, vor allem aber auch wohlschmeckende kreolische Küche. Es ist zu empfehlen, einen Tisch reservieren zu lassen. Grundsätzlich akzeptieren die Restaurants fast alle international anerkannte Kreditkarten. Die Preise in den internationalen Restaurants sind mit denen in Deutschland, Österreich und der Schweiz zu vergleichen.

13.2.3 GESCHICHTE SANTO DOMINGOS

1496 wurde eine Siedlung mit dem Namen **Nueva Isabela** (Neu-Isabela) von Don Bartolomé de Colón, dem Bruder Christoph Kolumbus, am östlichen Ufer des Río Ozama **gegründet.**

1502 war **Christoph Kolumbus** bei der spanischen Krone in Ungnade gefallen, und man inhaftierte ihn in der Festung am Río Ozama. Neuer Gouverneur wurde **Nicolás de Ovando**. Er ordnete an, daß die Stadt am Westufer des Río Ozama entstehen sollte und nannte sie **Santo Domingo** (Heiliger Sonntag). Es entstand der 1. Kathedrale und das 1. Gouverneursgebäude.

1504 erhob man Santo Domingo zum **Bistum**.

1509 erlebte Santo Domingo die kurze Blüte einer **Haupstadt von Spanisch-Amerika**. Diego Colón, der Sohn von Christoph Kolumbus, wurde ihr 1. Vizekönig von Spanien.

1512 gründete man in Santo Domingo die **1. Universität** in Spanisch-Amerika.

1519 begann Santo Domingos Stern schon wieder zu sinken, als **Hernán Cortés** zu neuen Ufern aufbrach und **Mexiko** eroberte, gefolgt von **Pizarros** Einnah-

Dominikanische Republik / Santo Domingo

me von Peru. Diese Ereignisse und die **Gier nach den Gold- und Silberschätzen** des reicheren Mittel- und Südamerikas waren für die junge Kolonie eine Katastrophe und schwächten sie sehr.
1535 wurde der **Sitz des Vizekönigs von Spanien** nach **Ciudad México** verlegt.
1586 plünderte der englische **Pirat Francis Drake** jede Kirche, jedes Kloster und die wohlhabenden privaten Häuser der Stadt. In der folgenden Zeit schien es so, als ob die einst blühende Stadt 300 Jahre in eine Periode der Finsternis und des Unglücks verfallen sollte.
1655 wurde die Stadt noch einmal durch den Engländer **Oliver Cromwell** belagert, dem jedoch kein Erfolg beschieden war.
1673 wurde die Stadt durch ein **schweres Erdbeben** dem Erdboden gleich gemacht.
07.05.1842 richtete ein **weiteres Erdbeben** schwere Schäden in der Stadt an.
27.02.1844 erstürmten Männer des Geheimbundes "Trinitaria" die Festung von Santo Domingo und nahmen die Soldaten der haitischen Garnison gefangen. Die **Unabhängigkeit der 1. Dominikanischen Republik** wurde von den Freiheitskämpfern Mela und Sanchéz proklamiert.
1930 wurde Santo Domingo von einem **Hurrikan** heimgesucht und schwer zerstört. Der Diktator Trujuillo ließ die Stadt wieder aufbauen und gab ihr den Namen **Ciudad Trujillo** (Stadt Trujillo).
1961 fiel Trujillo einem Attentat zum Opfer und die Hauptstadt des Landes wurde wieder in **Santo Domingo umbenannt**.

13.2.4 BEDEUTENDSTE SEHENSWÜRDIGKEITEN

Tip
Empfehlenswert ist es, die Reihenfolge der Besichtigung so durchzuführen, wie ihre Sehenswürdigkeiten in diesem Buch aneinandergereiht sind, um unnötige Wege zu sparen.

Die Nummern hinter den Überschriften der Sehenswürdigkeiten finden Sie im Stadtplan der Altstadt wieder. Die Klammervermerke unter den Überschriften der aufgeführten Sehenswürdigkeiten sind die Straßen- und Ortsbezeichnungen der Stadt.

Parque de Colón (Kolumbuspark)
(Calle El Conde / Calle Arzobispo Merino)

Auf diesem Platz sollten Sie ihren Rundgang durch die Altstadt beginnen. Fremdenführer, auch mit englischen und deutschen Sprachkenntnissen, können Sie begleiten.
Dominierend ist auf diesem Platz das bronzene **Denkmal von Christoph Kolumbus**, der nach Norden, nach La Isabela, zeigt.

La Catedral (Kathedrale) (1) (Parque de Colón)

- **Historisches**
25.03.1521 legte **Bischof Alejandro Geraldini**, der vergeblich um Unterstützung bei den Königen Léon X. und Carlos V. von Spanien gebeten hatte, den **Grundstein** für den Bau der **Kirche Santa María la Menor**. Er selbst erlebte nicht mehr die Vollendung des Bauwerks seiner Träume.

Dominikanische Republik / Santo Domingo

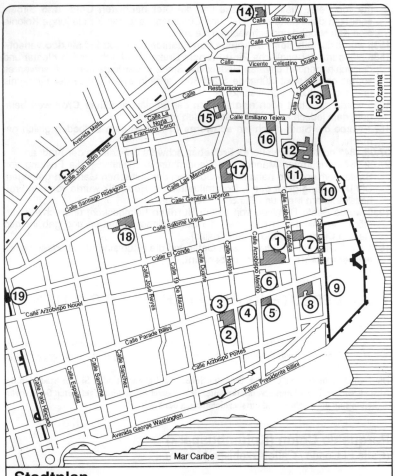

Stadtplan
der Ciudad Colonial von Santo Domingo

1 La Catedral
2 Convento de los Dominicanos
3 Parque Duarte
4 Denkmal Bartolomé de las Casas
5 Casa Tostado
6 Francesco Billini Denkmal
7 Palacio de Borgellá
8 Iglesia Santa Clara
9 Fortaleza Ozama
10 Casa de Ovando
11 **Panteón Nacional**
12 **Museo de las Casas Reales**
13 **Alcázar de Colón**
14 **Iglesia de Santa Barbara**
15 **Monasterio San Francisco de Asis**
16 **Casa del Cordón**
17 **Iglesia de la Virgin de Altagracia**
18 **Iglesia de las Mercedes**
19 **Puerta del Conde**

Dominikanische Republik / Santo Domingo

Älteste Kathedrale der Neuen Welt – La Catedral

24.06.1535 wurde bereits ein **Te Deum** zum Sieg Carlos V. über Tunesien zelebriert.

1536 wurden die sterblichen Überreste von Christoph Kolumbus **von Spanien nach Santo Domingo überführt**, weil es der ausdrückliche Wunsch des großen Entdeckers war, in Santo Domingo begraben zu werden, obgleich er schon am 20. Mai 1506 in Valladolid (Spanien) gestorben und 1513 nach Sevilla umgebettet worden war.

1541 vollendete der **Baumeister Rodrigo de Bastidas** den Bau der der Kirche.

1542 hat Papst Paul III. den Kirchenbau zur **Kathedrale** erklärt. Die Geschichte der Kathedrale ist jedoch auch sehr eng mit der Geschichte des **Grabes von Christoph Kolumbus** verbunden. So unruhig und letztlich unglücklich, wie das Leben des großen Entdeckers zu Lebzeiten verlief, so hat man auch seinen Leichnam nicht in Frieden ruhen lassen.

1795 mußte Spanien in dem Vertrag von Basel den Ostteil Hispaniolas an Frankreich abtreten, deshalb überführte man die **Gebeine von Christoph Kolumbus** in das noch spanische Kuba, **in die Kathedrale von Havanna**.

10.09.1877 entdeckte der Priester **Francisco Javier Billini** bei Reparaturarbeiten der Kathedrale von Santo Domingo einen Bleisarg mit der Aufschrift: *"Illustre y estimado varón don Cristóbal Colón"* ("dem berühmten und hochgeschätzten Don Christoph Kolumbus"). Die Leichenteile wurden für diejenigen des Entdeckers erklärt, und man behauptete, daß 1795 der Sarg von Don Luis Colón, dem Enkel von Christoph Kolumbus, anstatt desjenigen von Christoph Kolumbus versehentlich oder absichtlich nach Havanna geschickt wurde. Wer will das genau sagen? Nach der Auffassung der Santo Domingoaner hat der Leichnam "ihres Christoph Kolumbus" somit Santo Domingo nie verlassen. Aber es gibt, wie oben bereits gesagt, noch eine andere Version.

1889 mußten die Spanier auch Kuba räumen. Da soll der **Sarg** von Christoph Kolumbus, der 1795 von Santo Domingo nach Havanna überführt wurde, **wieder in die Kathedrale von Sevilla** gebracht worden sein. Andererseits wird jedoch behauptet, nur ein Teil der sterblichen Überreste sei nach Spani-

Dominikanische Republik / Santo Domingo

en überführt worden. Somit ist der Streit um das Grab des Genuesen immer noch nicht entschieden. Verkompliziert wird er noch dadurch, weil auch die Genuesen erklären, sie hätten einen Teil der Überreste in ihrem Besitz.

Zusammenfassend ist zu sagen, daß z. Zt. **4 Städte** behaupten, bei ihnen sei Christoph Kolumbus letztlich begraben: Santo Domingo, Havanna, Sevilla und Genua.

Die Kathedrale von Santo Domingo flankiert robust und majestätisch die Nordseite des Parque Colón. Sie ist die älteste Kathedrale der Neuen Welt. **Spätgotische Bauelemente** haben Einfluß in den aber sehr erdgebundenen Bau gefunden. Es grenzt an ein **Wunder**, daß dieses Gotteshaus Erdbeben, Hurrikane, Feuer, Piratenüberfälle und die Zertörungen der Kriege letztlich überstanden hat, auch wenn es jeweils hierbei Schaden genommen hat. So hat beispielsweise der **Pirat Francis Drake** nach Plünderung der Kathedrale sich daran ergötzt, ein Freudenfeuer mit den wertvollen kirchlichen Dokumenten anzuzünden.

Convento de los Dominicanos (Dominikanerkloster) (2)
(Calle Padre Billini)

● **Geschichtliches**
1510 wurde das Dominikanerkloster als hölzernes Provisorium **gegründet**.
1512 soll der Dominikanerpater **Bartolomé de las Casas** hier bereits seine ersten theologischen Vorlesungen gehalten haben.
1524 veranlaßte der Gouverneur Nicolás de Ovando einen **Neubau** aus Stein am heutigen Platz.
1535 war die Klosterkirche **vollendet**.
28.10.1538 erbauten die Mönche entsprechend eines Erlasses des Papstes Paul III. die **1. Universität in Amerika** gegenüber der Klosterkirche.

Auch die Dominikanischen Mönche haben Geschichte gemacht. Unter ihnen gab es **hartnäckige Kämpfer für die Menschenrechte und weise Denker:**
● **Bartolomé de las Casas** (4) trat für eine humanitäre Behandlung der Indianer ein (ausführlicher in Kapitel 2.5.2). Sein Denkmal steht auf einem Vorhof der Klosterkirche, dem Plaza Fray Bartolomé de las Casas (Platz des Bruders Bartolomé de las Casas).
● **Antón de Montesino** wurde auch die "Stimme der Justiz" genannt. Bekannt wurde seine Adventpredigt von 1511, in der er die Landbesitzer wegen ihrer Mißhandlung der Indianer anklagte. Er hat mit seinen Ausführungen die Grundlagen für modernes internationales amerikanisches Recht umrissen. Sein Denkmal erhebt sich an der Flußmündung des Río Ozama.
● **Pedro de Córdova** war der dritte der großen Figuren, die von den Kanzeln Hispaniolas mit Weisheit für Humanität predigten.
Gegenüber der Westfront der Kirche befindet sich die kleine **Capilla de la Tercer Orden**.

Dominikanische Republik / Santo Domingo

Parque Duarte (Duartepark) (3)
(Calle Padre Billini)

Gegenüber dem Dominikanerkloster steht ein **Denkmal von Juan Pablo Duarte**.

- **Geschichtliches**

1843 leitete Juan Pablo Duarte den **Geheimbund "Trinitaria"**, der sich geschworen hatte, das haitische Regime mit allen Mitteln zu bekämpfen und eine eigene Republik für Osthispaniola zu gründen. Ihm zur Seite standen in erster Linie **Ramón Mella** und **Francisco del Rosario Sánchez**.
1844 brach die **Revolution** aus. Doch Mella geriet in Gefangenschaft der Haitaner. Sánchez verbarg sich in Santo Domingo, und Duarte ging ins Exil nach Curacao.
27.02.1844 erfolgte der **Sturm auf das Fort von Santo Domingo** durch den wieder freigelassenen Mella und Pedro Santana, letzterer ein reicher Landbesitzer, und weitere Männer des Geheimbundes. Die Haitaner wurden vertrieben. Die Revolutionäre riefen die **1. Republik der Dominikanischen Republik** aus. Obgleich **Duarte** bei dieser Aktion nicht beteiligt war, wird er als **1. Nationalheld** der Nation gefeiert, wahrscheinlich wegen seines selbstlosen Patriotismus und weil er die sonst übliche Machtbesessenheit der meisten Revolutionäre nicht besaß.

Casa Tostado (Tostadohaus) (5)
(Calle Padre Billini / Calle Arzobispo Merino)

Öffnungszeiten
Di–So 9.00–12.00 und 14.30–17.30 Uhr

Dieses Haus gehörte dem Notar Don Francisco Tostado de la Pena, der von einer Kanonenkugel während der Blokkade des Piraten Francis Drake getötet worden ist. Nach Meinung der Spezialisten, die die Restauration des Hauses vornahmen, war dieses Gebäude eines der schönsten Häuser der Kolonie in spätgotischem Stil.

Einmalig sind die Doppelfenster, die in dieser Art die einzigen in Amerika sind. Heute beherbergt Casa Tostado das **Museo de la Familia Dominicana del Siglo XIX** (Museum der dominikanischen Familie des 19. Jahrh.), in dem der Besucher die Entwicklung des charakteristischen wertvollen Mobiliars dieser Zeit bewundern und die Gewohnheiten der Bewohner dieser Epoche nachvollziehen kann.

Häuserschmuck – Calle Padre Billini

Francesco Billini-Denkmal (6)
(Calle Padre Billini / Calle Arzobispo Merino)

Gegenüber dem Casa Tostado steht auf einem Platz das Denkmal des Paters Don Francesco Billini, der in der Kathedrale von Santo Domingo den Sarkophag von Christoph Kolumbus gefunden hat.

Palacio de Borgellá (Borgellá-Palast) (7)
(Calle Isabel la Catolica)

● Geschichtliches
1825 wurde dieser Palast von dem **haitischen Gouverneur Borgellá** während der Besetzung des Landes erbaut.
Bis 1947 war der Palast Sitz des Nationalkongresses. Danach beherbergte er das Institut der "Bellas Artes".
Ab 1989 wurde er für ständig wechselnde **Ausstellungen** benutzt.
Zur Zeit hat sich dort das **Komitee für das Kolumbusjahr** eingerichtet.

Typisch für diesen 1-stöckigen Palast sind seine Arkaden.

Iglesia Santa Clara (Kirche Santa Clara) (8)
(Calle Padre Billini)

Diese Kirche wurde von 1552 bis 1556 erbaut und war ursprünglich der Heiligen Anna geweiht. Sie war das 1. **Frauenkloster** der Neuen Welt. Später ging sie in den Besitz des Klarissen-Ordens über. Beachtenswert ist das alte Deckengewölbe.

Fortaleza Ozama (Fort Ozama) (9) (Calle las Damas)

● Baugeschichte
1502 hatte sich der **Gouverneur Nicolás de Ovando** entschlossen, die Festung auf dem Westufer des Río Ozama anzulegen. Er beauftragte den **Baumeister Juan de Rabé** mit seiner Konstruktion. Dieses Fort spielte eine wichtige Rolle in der Geschichte von Santo Domingo und der Dominikanischen Republik.
1503 ist der **Torre del Homenaje** (Huldigungsturm), der einem kleinen Kastell gleicht, erstmalig urkundlich erwähnt.
1787 wurde unter König Carlos III. das jetzige mächtige, **neoklassizistische Tor** erbaut.

In diesem Fort haben sehr berühmte Persönlichkeiten gelebt, so beispielsweise **Gouverneur Don Diego Colón** und seine Frau Dona Maria de Toledo, **Gouverneur Gonzalo Fernández de Oviedo**, der hier sein bekanntes Buch "Allgemeine und Naturgeschichte Westindiens" schrieb. Ein Denkmal von ihm steht auf dem weiten Innenhof. Außer seinem Amt hat er sich als Historiker, Ethnologe, Anthropologe und Naturwissenschaftler betätigt.

Dominikanische Republik / Santo Domingo

Trutzig – Fortaleza Ozama

Beeindruckend sind die dicken Mauern, die Zisterne, die Schießscharten, der 18,50 m hohe **Torre del Homenaje**, von dem für einlaufende Schiffe damals Salut geschossen wurde, deshalb der Name Torre del Homenaje (Huldigungsturm). Das Pulvermagazin wurde erst in der 2. Hälfte des 18. Jahrhunderts erbaut. Erschreckend sind die **unterirdischen Gefängnisse**, in denen 2 Jahrhunderte lang Indianer-Häuptlinge (Kaziken), aufsässige Sklaven und Revolutionäre eingekerkert wurden. Das Fort hat ein schönes **neoklassizistisches Tor**. Nach übereinstimmender Meinung der Historiker soll es das dritte sein, das Einlaß zu der Festung gewährt. Es ist geplant, im Fortaleza Ozama ein historisches Museum unterzubringen.

Casa de Ovando (Ovandohaus) (10) (Calle las Damas)

Hier hatte der 2. spanische Gouverneur Nicolás de Ovando seine Residenz. Es gehört mit zu den ältesten Gebäuden der Stadt. Kunsthistorisch beachtenswert ist das spätgotische Portal. Heute ist der ehemalige Gouverneurssitz mit dem Haus der Familie Davila verbunden und zum **Hostal Casa de Ovando** (Hotel) ausgebaut worden.

Pantéon Nacional (11) (Calle las Damas)

● **Geschichte des Bauwerks**
1714 ist mit dem Bau der ehemaligen **Jesuitenkirche** begonnen worden, deren Äußeres eher einer Festung als einer Kirche gleicht.
1743 od. 1745 wurde es für den 1. **Gottesdienst** geöffnet.

Dominikanische Republik / Santo Domingo

Erst 1755 war der Bau **vollendet**. Nach der Ausweisung der Jesuiten hat dieses Gebäude in seiner wechselvollen Geschichte mehrere Funktionen gehabt.
1767 diente es als **königliches Tabaklagerhaus**.
1785 wurde es von einem **Hurrikan** beschädigt.
Nach 1792 beherbergte es das Seminar San Fernando.
Nach 1844 hat man aus der ehemaligen Kirche ein Theater gemacht.
1955 wurde das Bauwerk zum **Panteón Nacional** umgerüstet, zu einer Gedenkstätte für bedeutende dominikanische Patrioten.

Unter dem Dach des heutigen Panteón Nacional, in dem ein "ewiges Feuer" brennt, befinden sich nach der Restauration die Sarkophage und Gedenktafeln vieler bedeutender Männer der dominikanischen Geschichte, so auch die der Nationalhelden Duarte, Sánchez und Mella. In einem Deckengemälde symbolisiert die rechte Seite das Leben und die linke Seite den Tod. Einige Gegenstände stammen aus Europa, beispielsweise ein riesiger Kronenleuchter, ein Geschenk des spanischen Diktators Franco an den dominikanischen Diktator Trujillo.

Auf dem weiteren Weg vom Panteón Nacional entlang der Calle las Damas in Richtung auf den großen **Plaza de la Hispanidad** passiert man zur Linken **Casa de los Jesuitas** (das Jesuitenhaus), zur Rechten **Capilla de los Remideos** (Kapelle der Heilmittel) und die 1753 errichtete **Reloi de Sol** (Sonnenuhr) und wieder zur Linken den **Palacio de los Capitanes Generales** (Palast der Generalkapitäne).

Museo de las Casas Reales
(Museum der königlichen Häuser) (12)
(Calle las Damas / Calle las Mercedes)

Öffnungszeiten
Di–So 9.30–17.00 Uhr

● **Geschichtliches**
Anfang d. 16. Jahrh. errichtet, mehrmals umgebaut, beherbergte der Gebäudekomplex während der Kolonialzeit den **Palast des Gouverneurs und der Generalkapitäne**, die Königliche Audienz, die Verwaltung, die Gerichtsbarkeit und den Rechnungshof.
1976 wurde das Museum offiziell von Dr. Joaquín Balaguer, dem Präsidenten der Dominikanischen Republik eröffnet. Seine Majestät der König Juan Carlos I. und Königin Sofia von Spanien honorierten die Zeremonie durch ihre Gegenwart.

Der Komplex der königlichen Häuser besteht aus 2 homogenen Gebäuden. Beide Bauwerke stammen aus verschiedenen Epochen. Der **Palacio de los Capitanes Generales** (Palast der Generalkapitäne), der mit seiner Fassade nach Nordosten zeigt, ist aus Naturstein gebaut, während das andere Gebäude, die **Königliche Audienz**, die sich im Südosten befindet, mit Ziegel- und Quadersteinen errichtet wurde.

Dominikanische Republik / Santo Domingo

Jetzt ist hier das **attraktivste Museum der Stadt** eingerichtet, das das Leben von 3 Jahrhunderten in Santo Domingo von den frühen Jahren des 16. Jahrhunderts bis 1821, dem Jahr der Unabhängigkeit von Spanien, widerspiegelt. Ausgestellt sind hier: alte Landkarten, Wappen, Waffen, Dokumentationen über die Christianisierung des Landes, Gesundheit und Pharmazie des 17. Jahrhunderts, Entwicklung des Bergbaus, der Landwirtschaft und des Handwerks.

Interessant sind die **aus dem Meer gehobenen Schätze** der in den Hurrikanen gesunkenen Galeonen. **Kapitän Tracy Brown** barg die Kostbarkeiten und Kunstgegenstände der *"Guadeloupe"* und der *"Conde de Toloso"*, die 1724 während eines Hurrikans in der Samaná Bucht versanken und der Galeone *"Concepción"*, die 1641 in einen Wirbelsturm geriet und mit Mann und Maus unterging. Das Schiff war mit einer wertvollen Fracht von Silberbarren und Münzen auf dem Weg nach Spanien. Tracy Brown stellte fest, daß noch mehr als 400 Wracks auf dem Meeresgrund rund um Hispaniola liegen.

Zur Besichtigung freigegeben sind außerdem: Portraits und Statuen hoher Persönlichkeiten, Münzensammlungen und Buchführungen, der Gouverneurspalast selbst, das Adjutantenzimmer und das Büro der Generalkapitäne, wo der Gouverneur und seine spanischen Generalkapitäne kraft ihres Amtes herrschten.
In dem Gouverneurssaal gab der Gouverneur mit seinen Generalkapitänen seine Empfänge und Soirées.

Alcázar de Colón (Palast des Kolumbus) (13)
(Plaza de la Hispanidad)

● **Geschichtliches**
1510–1516 baute man an dem **Palast für den Vizekönig Diego de Colón**, dem Sohn Christoph Kolumbus.
Nach 1549 wurde der Palast nach dem Tod von Bartolomé Colón (1544), dem Bruder Christoph Kolumbus, und seiner Schwiegertochter (1549) **lange nicht bewohnt**.
1957 restaurierte man den Palast gründlich, nachdem er schon als Steinbruch gedient hatte.
1965–1968 wurden nach der Revolution weitere **durchgreifende Restaurationsmaßnahmen** ergriffen. Die einzelnen Räume bekamen wieder ihr ursprüngliches Dekor.

Kolumbuspalast – Alcázar de Colón

Kennzeichnend sind die 2 übereinander angeordneten Arkadenreihen. In den prachtvoll ausgeschmückten Gemächern dieses Palastes, im Stil der Gotik und Renaissance errichtet, waren in vergangenen Zeiten berühmte Männer zu Gast, wie Diego Velázquez (Kolonisator Kubas), Hernán Cortés (Eroberer Mexikos), Ponce de León (Kolonisator Puerto Ricos und Entdecker Floridas), Alonso de Ojeda (Erforscher Venezuelas) und Francisco Pizarro (Eroberer Perus).

Auch heute sind die Galerien, Festsäle und Empfangsräume wieder mit wertvollem Mobiliar und Kunstgegenständen aus der Kolonialzeit prachtvoll ausgestattet.

Iglesia de Santa Barbara (Santa Barbara Kirche) (14)
(Gabino Puello)

● **Geschichtliches**
1578 hat man mit den Bauarbeiten begonnen.
Etwa 100 Jahre später wurde das Gotteshaus zerstört.
Ende d. 17. Jahrh. begann der **Wiederaufbau.**

Verschieden hohe Türme – Santa Barbara

Die Kirche fällt durch die beiden unterschiedlich hohen Türme auf. Die Stilelemente des gut erhaltenen Gotteshauses reichen von der Gotik bis zum Barock. Interessant ist es auch, auf dem Platz vor der Kirche das städtische Treiben der Leute zu beobachten.

Monasterio San Francisco de Asis
(Franziskanerkloster) (15) (Am Ende der Calle Hostos)

● **Geschichtliches**
1554 begann der Architekt **Rodrigo de Liedo**, der auch schon das Kloster Merced und die dazugehörige Kirche gebaut hatte, mit den Bauarbeiten, aber er hat sein Werk nicht vollendet. Zu dem Gebäudekomplex gehörten 3 Bauwerke: das Kloster, die Kirche und die Tertiaries-Kapelle. Einige Steine von weichem Material wurden extra aus Spanien für das Bauwerk herbeigeschafft, um Skulpturen herauszuarbeiten.
1586 legten die Soldaten des **Piraten Francis Drake** Feuer in der Kirche und dem Kloster. Hierbei ist wahrscheinlich auch die Tertiaries-Kapelle zerstört worden.
1795 gaben die Franziskaner das Kloster auf, nachdem Hurrikane und Erdbeben das Gebäude immer wieder zerstörten.

Dominikanische Republik / Santo Domingo

1805 war während der Kämpfe gegen die haitischen Eindringlinge eine ganze **Artillerie** von Kanonen **auf den Dächern von La Merced und San Francisco** installiert. Nachdem die Franziskaner das Land verlassen hatten, verkamen die Gebäude. Die Erschütterung durch die Schüsse der Kanonen und Erdbeben ließen die Decken einstürzen. Die Trümmerfelder wurden als Steinbruch mißbraucht. **Alonso de Ojedas berühmtes Grab**, das die Ruinen zu bewachen schienen, wurde **geplündert**. Man hat Restaurationsarbeiten vorgenommen, doch die Gebäude bleiben Ruinen.

Die Franziskanermönche waren der 1. religiöse Orden, der in der Neuen Welt Fuß faßte. Sie bauten hier auf einem Hügel, von dem man auf die See und den Río Ozama sehen kann, die 1. **Klosteranlage der Neuen Welt** im Stil der Spätgotik.

Casa del Cordón (Haus der Kordel) (16)
(Calle Emiliano Tejera)

● Geschichtliches
1503 wurde das Haus **erbaut**.
1586 entging es der Brandschatzung und Plünderung des Piraten **Francis Drake**, weil er es selbst zu seinem vorübergehenden Wohnsitz gewählt hatte.
Heute beherbergt es eine **Bank**.

Es ist das **älteste noch erhaltene Haus** Santo Domingos. Seinen Namen hat es nach der kunstvoll herausgearbeiteten **steinernen Kordel** über dem Eingangsportal. Vor der Fertigstellung des Palacio Alcácar, der Residenz des Vizekönigs von Spanien, Diego Colón, dem Sohn Christoph Kolumbus, hat hier die herrschaftliche Familie gewohnt. Der Seeräuber Francis Drake hat hier das Lösegeld in Form von Schmuck, Gold- und Silbermünzen der Frauen für ihre inhaftierten Männer kassiert. Somit wurden hier schon damals Geldgeschäfte, wie auch heute, abgewickelt.

Iglesia de la Virgin de Altagracia (Altagracia-Kirche) (17)
(Calle las Mercedes)

Diese Kirche ist eine Kirche aus jüngerer Zeit, blendendweiß angestrichen. Gleich daneben liegt das **Hospital San Nicolás de Bari** als Ruine.

Iglesia de las Mercedes (18) (Calle las Mercedes)

● Historisches
1549–1555 betrug die Bauphase, in der Baumeister **Rodrigo de Liendo** die Kirche für den Mercedorier-Orden errichten ließ. Auch diese Kirche ist ständiger Zerstörung durch Erdbeben, Hurrikane und Piraten ausgesetzt gewesen, jedoch immer wieder aufgebaut worden.
1586 verlor die Kirche ihre meisten Schätze durch die **Plünderung** des **Piraten Francis Drake**.
Seit 1986 wird das ehemalige Kloster **restauriert**.

Dominikanische Republik / Santo Domingo

Dieses Bauwerk ist das einzige der in Hispaniola errichteten Klöster, das noch erhalten ist, während diejenigen, die die Dominikaner erbauten, allesamt verschwunden sind und die der Franziskaner zu Ruinen wurden.

Puerta del Conde (Tor des Grafen) (19)
(Calle Palo Hincado)

● **Etwas Geschichte**
1665 rettete Don Bernardino de Meneses y Bracamote, Conde de Penalva, die Stadt vor der versuchten Invasion, die von Penn und Venables geleitet wurde. Zu Ehren des Grafen (Conde) wurde das Stadttor so genannt.
27.02.1844 wurde Puerta del Conde der Schauplatz der glorreichen **Verkündigung der Unabhängigkeit.** Hier wurde die dominikanische Flagge zuerst gehißt.

Dies ist eines der ältesten Stadttore Santo Domingos. Zuerst "San Genaro" genannt, wurde das Tor in "Puerta del Conde" umgetauft. Es existiert jedoch auch der Name "Bastion de Fevrero 27".

Monumento Montesino (Montesino-Standbild)
(Paseo Presidente Billini)

Der Dominikanerpater Antón de Montesino, dem dieses Denkmal gewidmet ist, war ein **leidenschaftlicher Kämpfer für die Menschenrechte.** Er setzte sich für die menschenwürdige Behandlung der versklavten Indianer ein und hielt den Landbesitzern während eines **Adventsgottesdienstes 1511** eine denkwürdige Moralpredigt, in der er ihnen ihre frevelhaften und verabscheuungswürdigen Handlungen vorhielt.

Das Lichthaus
(Ostteil von Santo Domingo)

Im Zeichen des Kolumbusjahres – Lichthaus

Im Osten der Stadt jenseits des Río Ozama ist ein schon von weitem sichtbares Monument auszumachen.

Es ist das Lichthaus, das für das Kolumbusjahr 1992 erbaut wurde und das während der Feierlichkeiten im Oktober erstmalig ein großes Kreuz an den Nachthimmel projizieren soll.

Dominikanische Republik / Santo Domingo

Das Aquarium
(an der Küste im Ostteil der Stadt, jenseits des Río Ozama)

Sehenswert ist auch das neu eröffnete Aquarium, in dem nach den einzelnen Küstenregionen der Dominikanischen Republik Wasserbecken angebracht sind, die in den unterschiedlichen Biotopen Meerestiere zeigen. Dazu gehören u.a.: Meeresschildkröten, Einsiedlerkrebse, Korallen, Seeanemonen, Seeigel, Seesterne, Langusten und viele Fische, wie Haie, Muränen, Rochen, Doktor- und Engelfische, um nur einige zu nennen.

Die Attraktion ist eine durchsichtige begehbare Röhre, wo man seitlich und darüber von Meerestieren umgeben ist.

13.3 SANTO DOMINGO – PLAYA PALENQUE

13.3.1 TOURISTISCHE HINWEISE

Entfernung
Santo Domingo – Playa Palenque: 56 km

Streckenhinweis
Von **Santo Domingo** (Río Ozama-Mündung) in westlicher Richtung bis **San Cristóbal** (Km 29), Abzweigung links nach Playa Palenque (Km 56).

13.3.2 UNTERWEGS NACH PLAYA PALENQUE

Wenn man Santo Domingo über die Küstenstraße, Avenida George Washington, die in die Carretera Sánchez übergeht, Richtung Westen verläßt, überquert man am Stadtausgang eine Brücke über den Río Haina und erreicht schon bald San Cristóbal.

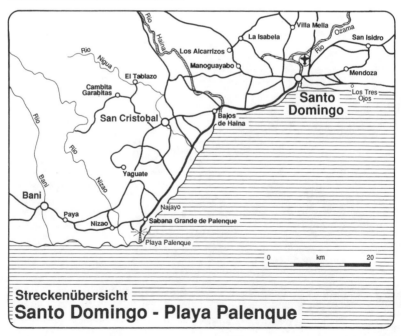

Streckenübersicht
Santo Domingo - Playa Palenque

— *Dominikanische Republik / Santo Domingo – Playa Palenque* —

San Cristóbal

Schmuckstück – Iglesia de San Cristóbal

Die Ursprünge einer Siedlung an der Stelle der heutigen Stadt gehen auf eine Zeit vor 1500 zurück. Als Gründer der Stadt wird Juan de Jesús Fabían Ayala y García genannt. Am 6. November 1844 wurde hier die 1. **Verfassung der Dominikanischen Republik** unterzeichnet.

Das Schönste der heutigen Stadt mit ihren **137.500 Einwohnern** (letzte Zählung von 1990), die sehr eng mit dem Leben des hier 1892 gebürtigen **Diktators Rafael Trujillo** verbunden ist, ist sicherlich seine in der Stadtmitte liegende, gelblich angestrichene, schmucke Barockkirche **Iglesia de San Cristóbal** mit ihrem Mahagoniinterieur. Hier ruhte der Leichnam des Diktators Trujillo nach seiner Ermordung 3 Monate lang, bevor er nach Frankreich überführt wurde, weil man ihm in dominikanischem Boden keine endgültige Ruhestatt gewähren wollte.

Die meiste Zeit lebte der Diktator auf seiner Farm "Estanica Fundacíon". Das dominierende Gebäude war die "Casa Las Caobas", nur aus einheimischen Edelhölzern erbaut, wo der Diktator seine unzähligen Geliebten empfing. Dieses Haus wurde durch den Hurrikan David schwer zerstört.

Playa Najayo

Die Weiterfahrt zu den Stränden von Playa Najayo und Playa Palenque führt durch landwirtschaftlich genutztes Gelände. Die Dörfer sind von Mango- und Brotfruchtbäumen, Kokospalmen und Bananen umstanden.

— *Dominikanische Republik / Santo Domingo – Playa Palenque* —

In Playa Najayo haben sich kleine Geschäfte und Verkaufsstände angesiedelt. Im Umland breiten sich Plantagen mit Gemüse, Reis und Mais aus. In kleinbäuerlichen Betrieben werden Rinder gezüchtet. Weiße Kuhreiher begleiten die kleinen Herden. Der Naturstrand ist im Hinterland durch Buschvegetation eingerahmt.

13.3.3 PLAYA PALENQUE

Nach der anstrengenden Stadtbesichtigung von Santo Domingo sollten Sie in diesem kleinen Ort etwas ausspannen. Hierfür kann das **Apart-Hotel Playa Palenque** empfohlen werden. Es ist eine stille Oase, die Ihnen nach dem unruhigen Leben der Großstadt sicherlich guttun wird. Dieses kleine Paradies haben sich **Peter Wegmüller und seine Gattin Dra. Maria Elexia Bautista-Wegmüller** aufgebaut.

Übernachtung
** Apart Hotel Playa Palenque, Apartado 3082, Santo Domingo, Tel.: (001-809) 543-7607, liegt in einem wunderschönen Garten mit Fruchtbäumen und -sträuchern (Brotfrucht, Mango, Kokospalmen, Orangen, Zitronen, Bananen). Der alte Baumbestand wurde liebevoll in die Anlage integriert. Genauso fürsorglich wie die Pflanzen behandelt wurden, werden jetzt auch die Gäste individuell, familiär und zuvorkommend betreut. Der sympathische Schweizer Besitzer und seine charmante Gattin wie auch das sorgfältig ausgewählte Personal garantieren einen erholsamen Aufenthalt in dieser kleinen Oase der Ruhe und Beschaulichkeit. Dieses Schmuckkästchen liegt nur 300 m von dem endlos erscheinenden naturbelassenen Strand entfernt, der in völliger Abgeschiedenheit da liegt. Wem er zu einsam ist, der kann sich auf Anforderung von einem extra vom Hotel angestellten Sicherheitsbeamten begleiten lassen. 8 Appartements mit allem Komfort und dazugehörigen Loggien mit formschönen Bögen werden den Gästen in dem 1-stöckigen Hotel angeboten. Ein Swimmingpool und eine Bar mit Restaurant gehören mit zur Anlage.

In einem **Interview** erzählt der Schweizer im Plauderton, wie er sein "kleines Königreich" aufgebaut hat:

——————— **INFO** ———————

Peter Wegmüller – Pionier des Fremdenverkehrs

Nach erfolgreichem Geschäftsleben habe er hier das Glück seines Lebens gefunden. Nachdem schon der Rücken und die Schultern im kühlen Europa zu schmerzen begannen, habe ihn das Fernweh in wärmere Länder getrieben. Er habe den Orient, Afrika, Südostasien und die Philippinen bereist, mit dem Hintergedanken, sich in einem tropischen Land niederzulassen. Ferienhalber sei er dann auch in die Karibik geflogen. Es habe ihm hier sehr gut gefallen, das Klima, der ewige Sommer und die Bevölkerung. Da er der spanischen Sprache kundig sei, habe er schnell Kontakt zu den Einheimischen gefunden.

— *Dominikanische Republik / Santo Domingo – Playa Palenque* —

*Er sei in die Dominikanische Republik zurückgekehrt und habe sich gedacht, hier **seinen Lebenstraum zu verwirklichen**, an dieser noch unerschlossenen Südküste des Landes ein kleines Hotel zu errichten. Hier, wo noch keine großen Hotelbauten standen, war noch echte Karibik-Romantik zu spüren. Auch würde sich sein kleines Hotel nicht sehr gut zwischen den großen an der Ost- und Nordküste ausmachen. So habe er sich entschlossen, nachdem er sich von Europa gelöst habe, hier mit dem Bau seines Hotels zu beginnen, und zwar so, wie er es früher als Reisender durch viele Länder der Erde immer gerne benutzt hätte.*

Von den Bauplänen bis zur Ausführung sei jedoch ein langer, dorniger Weg gewesen, angefangen mit dem Landkauf bis zu den eigentlichen Bauarbeiten. Er habe sehr viel selbst mit Hand anlegen müssen.

Mutterglück –
Maria Elexia Bautista-Wegmüller

*Zu seinem Lebensglück gehöre sehr entscheidend auch **seine Frau**, die er hier durch einen Zufall als Ärztin kennengelernt habe. Es war Liebe auf den ersten Blick. Durch ihre guten Beziehungen sei vieles leichter in diesem Land zu bewerkstelligen. Ihr Verdienst sei es auch, daß er über **sehr gutes einheimisches Personal** verfüge. Auf Pünktlichkeit und Ehrlichkeit werde besonderer Wert gelegt. Eine bessere ärztliche Betreuung kann man sich als Feriengast nicht wünschen, wenn die **Gastgeberin selbst eine Ärztin** ist!*

*Sein Hobby sei die **Musik**. Er habe bis zum Weggang aus Europa selbst in einer Dixieland-Band gespielt und habe hier in kürzester Zeit eine Combo aufgebaut, die ausschließlich für sein Hotel landestypische Merenguemusik spiele. Die Musik habe ihn mit den Dominikanern in engere Verbindung gebracht als alles andere.*

13.4 PLAYA PALENQUE – BARAHONA

13.4.1 TOURISTISCHE HINWEISE

Entfernung
Playa Palenque – Barahona: 160 km

Streckenhinweis
Von **Playa Palenque** in westlicher Richtung bis zur Einfahrt in die **2** (Km 12) und bis **Baní** (Km 29), dann immer geradeaus weiter auf der **2** und anschließend auf der **44** (Km 99) bis **Barahona** (Km 160).

13.4.2 UNTERWEGS NACH BARAHONA

Die dichte Buschvegetation geht allmählich in riesige Zuckerrohrplantagen über, die sich bis an die Hänge der Berge erstrecken.

Baní

In Baní, wie auch in anderen Städten, zwingen tiefe Querrillen und künstlich aufgeworfene Straßenschwellen den Verkehrsteilnehmer zum Langsamfahren. Dieses Städtchen ist insgesamt ein Ort mit sauberen, gepflegten Häusern. Die Straßen sind gefegt. Viele Bäume und blühende Büsche verschönern die Ortschaft. Auffällig viele Schmuckläden, nette Geschäfte und Banken bestimmen das Stadtbild. Besonders farbenfroh ist der **Obst- und Gemüsemarkt**. Hier wird kräftig und mit viel Raffinesse um günstige Preise gefeilscht.

Fototip
Wenn das Licht morgens und nachmittags schräg auf die Verkaufsstände fällt, lassen sich sehr gut die lebhaften Marktszenen mit den goldgelben, in der Sonne leuchtenden Apfelsinen und anderen zum Verkauf angebotenen Früchten einfangen.

Nach dem Verlassen der Stadt in westlicher Richtung führt Sie die Straße bergan in ein **Trockengebiet**, wo Kakteen, gelbblühende Agaven, Dornenbüsche, Akazien und Mimosen wachsen.
Nach Überwindung der Höhen rollt man wieder in eine **Küstenebene**, die sich halbmondförmig um die "Bahía de Ocoa" ausbreitet und die von fruchtbarem Schwemmland gebildet ist. Die Straße führt oft schnurgerade

Dominikanische Republik / Playa Palenque – Barahona

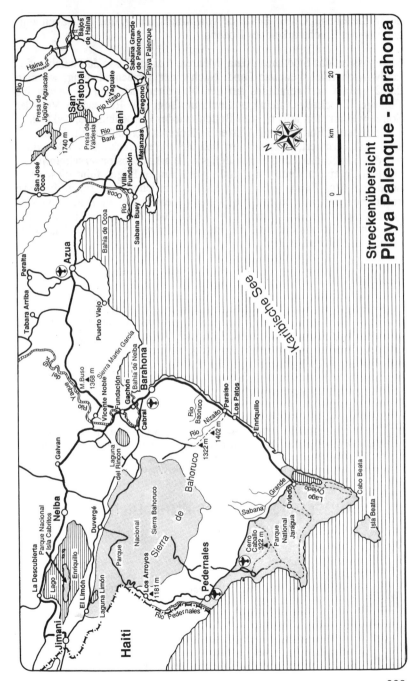

durch die Ebene. Große Bestände von Kokospalmen und Plantagen zeugen von der Fruchtbarkeit des Bodens.

Man passiert das Städtchen **Azua**. Mehrere kleine Flüsse durchziehen das landwirtschaftlich genutzte Land. Nach einer Straßengabelung, wo man die 2 verläßt und geradeaus auf der 44 weiterfährt, geht es wieder ins Gebirge. **Trockenes, steiniges Land** umfängt den Reisenden. Von der Sonne verbrannter, teils nackter Boden, wieder Dornenbüsche, Kakteen in verschiedenen Formen und Agaven in lockerer Formation, ein Land, das an Mexiko erinnert, so präsentiert sich diese Wegstrecke. Besonders dort, wo die Straße das Land durchsägt, sind starke **Erosionserscheinungen** sichtbar. In einem weiten nach links gekrümmten Bogen führt diese Straße durch ödes Land. Vor den wenigen ärmlichen, aus rohen Brettern zusammengezimmerten und mit Palmenwedeln gedeckten Hütten am Wegesrand spielen nackte Kinder. Die Grundfarbe der Landschaft ist grau. Das einzig Freundliche sind die in dieser Jahreszeit leuchtend gelb bis orange blühenden Agaven.

Barahona

In der Ebene um Barahona sieht man dank menschlicher Aktivitäten wieder Kokospalmenhaine und Bananenanpflanzungen. Barahona wurde **1802** von dem französischen **General Toussaint l'Ouverture** gegründet. Der Ort selbst mit seinen 80.400 Einwohnern (letzte Zählung 1990) bietet außer guten Möglichkeiten zum Baden im Meer keine besonderen Sehenswürdigkeiten. Er ist jedoch eine gute Ausgangsbasis für interessante Ausflüge in den Südwestzipfel des Landes.

Übernachtung
* Hotel Guaracuya, Tel.: 524-2211, ist ein einfaches Hotel mit 15 Gästezimmern. Es liegt direkt am Strand. Alte Bäume rahmen es idyllisch ein. Die Gäste werden mit einheimischen Gerichten beköstigt. Als einzige akzeptable Unterkunft am Ort kann es zu Ausflügen in die landschaftlich sehr reizvolle Umgebung genutzt werden.

13.4.3 AUSFLUG ZUM LAGO ENRIQUILLO

Touristische Hinweise

Entfernung
Barahona – Westzipfel des Lago Enriquillo – Barahona: 221 km

Streckenhinweis
Von **Barahona** in nördlicher Richtung auf der **44** bis zur Straßengabelung **Fundación** (Km 7), Abzweigung links in die **48** bis **La Descubierta** (Km 80) und darüber hinaus bis an das Westufer des **Lago Enriquillo** (Km 110).

Dominikanische Republik / Playa Palenque – Barahona

Zuckerrohrernte – Galvan

Der **Rückweg** erfolgt auf der gleichen Straße wie der Hinweg (Km 221).

In westlicher Richtung fahrend, durchquert man zunächst eine küstennahe Dornbuschvegetation. Im weiteren Verlauf der Fahrt breiten sich weite Felder mit Zuckerrohr aus. Interessant ist es, der **Zuckerrohrrernte** zuzusehen. Das geschnittene Rohr wird mit Karren, die mit 4 Ochsen bespannt sind, an ein Eisenbahngleis gezogen. Dort wird es gebündelt mit Hilfe eines Portalkrans auf Waggons verladen, die eine Diesellok zur Zuckerfabrik transportiert.

Dann passiert man das etwas größere Dorf **Galvan**. Tilandsien, das sind Pflanzen, die ihre Nahrung aus der Luft ziehen, wachsen auf den freihängenden Strom- und Telefonleitungen. Der nächste Ort ist **Nieba**, wo geröstete Bananen, Hähnchenschenkel und Fleischstücke den Reisenden feilgeboten werden. Wein wird in kleinen Mengen angebaut. Die süßen Trauben bieten Straßenhändler ebenfalls zum Verkauf an.

Nationalpark Isla Cabritos

Nach 93 km liegt zur Linken am Lago Enriquillo ein Steg, von dem man mit einem Boot auf die nur **24 km²** große, 1974 zum Nationalpark erklärte Isla Cabritos fahren kann. Die Insel ist 12 km lang und etwa 2 bis 2,5 km breit. Die Höhe der Insel variiert von 4 m bis 40 m über dem Seespiegel. Der Boden ist maritimen Ursprungs und besteht zum größen Teil aus Kalk. Es gibt kein Süßwasser auf der Insel. Die **Durchschnittstemperatur** beträgt **+28° C**, doch manchmal werden auch Werte von +50° C erreicht. **642 mm** ist die **durchschnittliche Niederschlagsmenge**.

Unter den **über 100 Pflanzenarten** gibt es mehrere endemische.

Die **Tierwelt** besteht zum größten Teil aus Vögeln und Reptilien. Schon am Bootssteg kann man beispielsweise Spitzenkrokodile, Dreifarbreiher, Stelzenläufer und andere Stelz- und Watvögel beobachten.

• Markante Gestalten der **62 registrierten Vertreter der Vogelwelt** sind: der **Rosa Flamingo** *(Phoenicopterus ruber)*, der **Amerikanische Graureiher** *(Ardea herodias)*, der **Dreifarbenreiher** *(Hydranassa tricolor)*, der **Nachtreiher** *(Nycticorax nycticorax)*, die **Indianerdommel** *(Ixo-*

brychus exilis), der **Braune Sichler** *(Plegadis falcinellus)*, das **Amerikanische Zwergsultanshühnchen** *(Purple Gallinula)*, der **Rosa Löffler** *(Ajaia ajaja)* und die **Weißkopftaube** *(Columba leucocephala)*.

- Für die **Reptilien** herrschen trotz der Insellage gute Lebensbedingungen. Der Nationalpark ist ein Rückzugsgebiet für **Spitzenkrokodile** *(Crocodylus acutus)*, die hier unter Schutz gestellt sind und sich von Fischen und Leguanen ernähren. Außerdem kommen hier der **Nashornleguan** *(Cyclura Cornuta)* und der **Wirtelschwanzleguan** *(Cyclura ricordi)* vor.

La Descubierta

Dieser sehr idyllisch gelegene Ort zeichnet sich durch seine **bunt bemalten Holzhäuser** aus. Neuerdings werden jedoch auch immer mehr Steinhäuser errichtet. Ein Flüßchen mit frischem Wasser ist von hohen Urwaldbäumen und viel Gebüsch umstanden. Die **gewaltigen Ceibabäume** (Kapok) mit ihren versteifenden Brettwurzeln sind besonders eindrucksvoll. Jetzt im April sind sie blattlos. Frauen holen in der Morgenkühle Wasser vom Fluß. Viele Ziegen laufen hier herum. Große Schmetterlinge in Gelb und Grün gaukeln durch die Luft, hier und dort an Blüten Nektar oder Tau saugend. Honig wird auf der Straße zum Verkauf angeboten. Die kahlen, verkarsteten Berge stehen in krassem Gegensatz zu dem oasenartig anmutenden Ort.

Bemalte Holzhäuser – Am Lago Enriquillo

Am Ortsausgang von La Descubierta muß man eine **Militärkontrolle** passieren, wenn man die westlichen Buchten des Sees umfahren will. Man wird von dem Militärposten gefragt, was man in dem dominikanisch-haitischen Grenzland vorhat, denn von hieraus führen mehrere Straßen nach Haiti.

In dem winzigen Ort La Furnia gibt es einen Seitenweg zum See, der jedoch nur bei sehr trockenem Wetter mit einen normalen Pkw passierbar ist, wo man möglicherweise gut **Flamingos** im seichten Wasser zu sehen bekommt. Nach Regenfällen oder während des Niedergehens von Niederschlägen hilft nur ein vierradangetriebener Geländewagen (4WD), um an die Ausguckstelle zu gelangen. Außerdem werden Ihnen in diesem Fall

Dominikanische Republik / Playa Palenque – Barahona

wegen der Bodenfeuchtigkeit unzählige Moskitos die "Stichfahrt" im wahrsten Sinne des Wortes und die Beobachtung der Vögel zur Qual machen, wenn Sie nicht durch ein Moskitonetz und völlige Bedeckung ihres Körpers mit Kleidung, einschließlich Handschuhen, geschützt sind.
Die Rückfahrt erfolgt auf dem gleichen Weg wie die Hinfahrt.

13.4.4 AUSFLUG ZUM NATIONALPARK JARAGUA

Touristische Hinweise

Entfernung
Barahona – Nationalpark Jaragua – Barahona: 152 km

Streckenhinweis
Von **Barahona** folgt man der 44 in südlicher Richtung entlang der Küste bis zum Nationalpark Jaragua (Km 76); der **Rückweg** erfolgt auf der gleichen Straße wie der Hinweg (Km 152).

Die Berge sind teilweise noch mit Urwald überzogen, teilweise jedoch auch durch Brandrodung für Plantagen und Weideland von ihm entblößt. Auf der Fahrt pendelt der Blick zwischen der wunderbar glitzernden Karibischen See und den mit üppig tropischer Vegetation bedeckten Taleinschnitten, wie beispielsweise in **San Rafael**.
Dies ist ein schönes Örtchen, wo das saubere Wasser eines kleinen Flüßchens sich seinen Weg zum Meer sucht und wo dichter Urwald die Berghänge überwuchert.

Der Blick von einer Anhöhe aus auf die Bucht von **Paraíso** (Km 39) läßt sicherlich jeden nicht allzu eiligen Reisenden eine Pause auf seiner Fahrt einlegen, um verweilend und staunend vor Entzücken diesen wunderschönen Anblick in sich aufzunehmen. Die schäumende See, der weiße Strand, die sich zum Meer neigenden Palmen, echte Karibikromantik!

In **Los Patos** kann man sich in einem kleinen Restaurant gegenüber der Kirche der Adventgemeinde erfrischen und zwanglos mit den Wirtsleuten über Land und Leute plaudern.

In **Caleton** wird das Land wieder trockener, die Vegetation spärlicher und die Berge im Hinterland niedriger.

Enriquillo (Km 54), nach einem Indianerhäuptling genannt, ist ein größerer Ort, der in einer Ebene liegt, von großen Feldern umgeben, wo beispielsweise die Getreideart Sorgum angebaut wird.

Dann erreicht man das Eingangstor zum **Nationalpark Jaragua** (Km 76).

Der Nationalpark Jaragua

Der 1983 gegründete, 1.400 km² große Nationalpark Jaragua, im äußersten Südwesten der Dominikanischen Republik gelegen, ist das größte unter Schutz stehende Gebiet des Landes. Es schließt die Inseln **Beata** und **Alto Velo**, die völlig kahl sind, und das dazwischenliegende **Seegebiet** ein. Der Name stammt von dem **Taino-Kaziken (Häuptling) Xaragua**. Es existieren mehrere Höhlen im Park: Guanal, La Cueva La Poza und Cueva Mongó, die **Felszeichnungen** aus der Periode der Indianer enthalten.

Die **geologische Formation** hat sich vor 50 Millionen Jahren gebildet, als sich die Landmasse aus dem Meer erhob. Die angrenzenden Gebiete der Oviedo Lagune, genauso wie die Inseln Beata und Alto Velo, tauchten vor etwa 1 Million Jahren auf. Die Bodenzusammensetzung besteht aus Kalkstein maritimen Ursprungs, vermischt mit Eisenoxyden rötlicher Färbung. In der Oviedo-Lagune ist das sehr flache Gewässer mit milchig-weißem Brackwasser gefüllt. Die Uferzone ist ein mehr oder weniger feuchter, von Prielen durchzogener grauer, beigefarbiger bis rosa gefärbter klebriger Tonboden. Die **durchschnittliche Temperatur** in diesem Gebiet beträgt +27° C, und die **Regenmenge** variiert zwischen **500 und 700 mm** jährlich.

Seewasser-Pionierpflanze – Mangrove

Die Vegetation besteht hauptsächlich aus subtropischem Trocken- und sukkulentem Dornenwald. Konstant hohe Wärmegrade und geringe Niederschläge bringen langsam wachsende **Pflanzen** hervor, in den Wäldern beispielsweise: **Gumbo-Limbo** *(Bursea simaruba)*, **Hispaniola-Mahagoni** *(Swientenia mahagoni)*, **Cholla-Kaktus** *(Opunita caribaea)*, **Bitteraloe** *(Aloe vera)*, **Wilde Frangipani** *(Plumeria obtusa)*, und in den Mangrovensümpfen z.B.: **Rote Mangrove** *(Rhizophora mangle)* und **Weiße Mangrove** *(Laguncularia racemosa)*.

Der Nationalpark enthält eine differenzierte **Tierwelt** mit einer großen Anzahl endemischer Arten.

● 130 Arten oder 60% der **Vögel** des Landes wurden hier festgestellt. Die Hälfte von ihnen lebt in aquatischer Umgegung. Hier ist die größte Population an **Rosa Flamingos** *(Phoenicopterus ruber)* speziell in der

— *Dominikanische Republik / Playa Palenque – Barahona* —

Zart pastellfarben – Rosa Löffler

Oviedo Lagune zu sehen. Andere hier vorkommende Arten sind u.a.: der **Silberreiher** *(Egretta alba)*, der **Blaureiher** *(Florida caerulea)*, der **Mangrovenreiher** *(Butorides striatus)*, der **Prachtfregattvogel** *(Fregata magnificens)*, der **Rosa Löffler** *(Ajaia ajaja)* und die **Rußseeschwalbe** *(Sterna fuscata)*.

● Unter den **Reptilien** gibt es ebenfalls interessante Arten, wie den **Wirtelschwanzleguan** *(Cyclura ricordi)* und den **Nashornleguan** *(Cyclura cornuta)*. Beide Arten sind endemisch in Hispaniola. Außerdem gibt es 4 Meeresschildkrötenarten im Schutzgebiet: die **Echte Karettschildkröte** *(Eretmochelys imbricata)*, die **Lederschildkröte** *(Dermochelys coriacea)*, die **Unechte Karettschildkröte** *(Caretta caretta)* und die **Suppenschildkröte** *(Chelonia mydas)*.

● Die **Säugetiere** sind mit dem sehr seltenen **Dominikaner Zaguti** *(Plagiodontia aedium)*, einem nachtaktiven, 30 cm langen Nagetier, das zu den Meerschweinverwandten gehört, vertreten. Das nur in der Dominikanischen Republik vorkommende (endemische) *Solenodon Pardoxus* gehört zusammen mit einer auf Kuba vorkommenden Art *(Solenodon cubanus)* zu den ältesten Säugetieren der Antillen. Beide Arten sind in großer Gefahr, auszusterben. Es ist ein nachtaktives Tier, das sich tagsüber in Höhlen und trockenen Baumstümpfen verbirgt. Sein Körper ist schmal und länglich. Typisch ist das rattenartige Aussehen und die lange rüsselförmige Schnauze. Darüber hinaus leben 11 von 18 im Lande vorkommenden **Fledermausarten** im Nationalpark.

405

13.5 BARAHONA – LA ROMANA

13.5.1 TOURISTISCHE HINWEISE

Entfernung
Barahona – La Romana: 338 km

Streckenhinweis
Von **Barahona** nordwärts auf der **44**, dann ostwärts auf der **2** bis Santo Domingo (Km 216) und weiter ostwärts entlang der Küstenstraße **4** bis **La Romana** (Km 338).

13.5.2 UNTERWEGS NACH LA ROMANA

Die Rückfahrt von Barahona nach Santo Domingo verläuft über die gleiche Strecke wie der Hinweg (siehe Kapitel 13.4). Man könnte, wenn das Interesse dafür besteht, nach Km 110 links abbiegen, um einen Abstecher nach San José de Ocoa zu machen, wo in der Nähe dieser Stadt ein großes Wasserbauprojekt verwirklicht wird.
Ob eine Besichtigung des Bauwerks möglich ist, ist von Fall zu Fall abzuklären.

**Wasserbauprojekt "Higuey-Acuate"
bei San José de Ocoa**

Eine venezuelanisch-italienische Gesellschaft, die mit sehr guten Ingenieuren besetzt ist und die schon weltweit solche Projekte verwirklicht hat, baut an einer gewaltigen 110 m hohen Staumauer, die fast vollendet ist.

Das aufgestaute Wasser soll folgender Nutzung zugeführt werden:
- Es soll als **Trink- und Brauchwasser** in erster Linie für Santo Domingo benutzt werden.
- Es soll zu **Bewässerungszwecken** in der Landwirtschaft Verwendung finden.
- Es soll zur **Elektrizitätsgewinnung** verwendet werden.

Leider fließt **zu wenig Wasser** aus den Bergen in die Talsperre. Das hat zweierlei Gründe:
- Seit Jahrzehnten wurde an den **tropischen Wäldern** gesündigt. Diese wurden **rücksichtslos** abgeholzt, und man hat nichts für die Wiederauf-

Dominikanische Republik / Barahona – La Romana

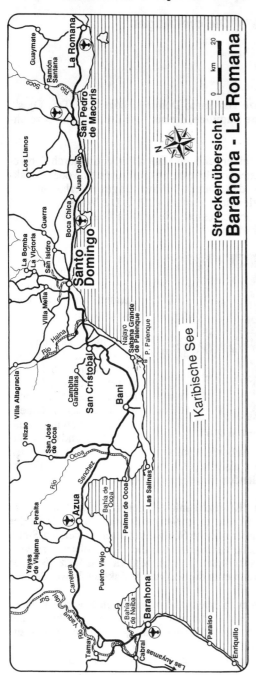

forstung getan, denn der intakte, gesunde Wald ist das beste Wasserreservoir.

● Andererseits ist außerdem an der Natur insofern gefrevelt worden, als man auch ohne Überlegung und ohne Beachtung der Folgen die **Fluß- und Bachbetten durch Ausbeutung von Kies und Sand zerstört hat.** In diesen Fällen versickert das wertvolle Wasser nutzlos im Boden.

Das enorme Bauwerk umfaßt einerseits die Anlage der Elektrizitätsgewinnung (Turbinen usw.). Von dort wird das Wasser für die Bewässerung der Landwirtschaft durch einen 22 km langen Kanal unterirdisch um- und dann zum nächsten Stausee weitergeführt, wo wieder Elektrizität gewonnen wird. Schließlich wird es als Trinkwasser für Santo Domingo mit seinen 2.411.900 Einwohnern aufbereitet. Zur Zeit wird an der Verteilung gearbeitet.

Dieses riesige Bauvorhaben, das zum größten Teil mit einheimischen Geldmitteln finanziert wird, ist für ein Land der dritten Welt sehr kostspielig. Deshalb sind die Anstrengungen, die hierfür gemacht werden, beachtenswerte Leistungen.

Höhle "Los Tres Ojos" ("Die drei Augen")

Öffnungszeiten
täglich 8.00–17.00 Uhr

An der östlichen Stadtgrenze von Santo Domingo liegt "Los Tres Ojos". In der Grotte gibt es **3 kleine Lagunen**, die als "Die drei Augen" bezeichnet werden.

- Das 1. **Auge** hat wegen seiner schönen blauen Farbe, die durch Schwefel- und Kalziumsulfate entsteht, welche durch die Tropfsteine oder Stalaktiten ins Wasser gelangen, den Namen **"Blaue Lagune"** erhalten. Die Wassertemperatur beträgt ziemlich konstant +25° C. Die Wassertiefe wird mit 6 m an der tiefsten Stelle gemessen. Die weißen Flecken im Gestein sind abgelagertes Kalziumkarbonat.

Tropfsteinhöhle – Los Tres Ojos

Das Gestein ist in Millionen von Jahren durch Korallen im Meer entstanden. Bei dieser ehemaligen Höhle ist die Decke heruntergebrochen. In der kleinen Arena wachsen verschiedene Pflanzen, so beispielsweise Stachelbäume *(Havia)*, die keine Früchte tragen, deren Samenkapseln schon am Baum zerplatzen und deren Samen dann zu Boden fallen. Außerdem wächst hier eine Pflanze, die *Mage* genannt wird und die früher als Heilpflanze zur Herstellung von fiebersenkenden und schmerzstillenden Mitteln verwandt wurde.

- Das 2. **Auge** wird auch **"Kühlschranksee"** genannt, weil hier nie die Sonne hineinscheint. Das Wasser ist meistens 2 Grad kälter als in der "Blauen Lagune". Dieser unterirdische See weist an seiner tiefsten Stelle 12 m auf. Hier wurden Fische ausgesetzt, um die Moskitolarven zu vernichten. Es herrscht eine sehr hohe Luftfeuchtigkeit von 80%. Bei der Überfahrt mit einem Floß kann man die schönen Stalaktiten bewundern.

- Anschließend gelangt man zu einem **außenliegenden See**, der nicht zu den 3 Augen gehört. In der Höhle, die man passiert, sind Stalaktiten und Stalagmiten (die am Boden sich bildenden Kalkgebilde) zu Säulen zusammengewachsen. Riesenfarne wachsen an den Ufern des klaren Außensees, dem man bis auf den Grund sehen kann. Die tiefste Stelle wurde mit 20 m gemessen. In dem See ist ein Krokodil künstlich ausgesetzt worden. Es ist jedoch sehr scheu und zeigt sich nur sehr selten. Indios haben noch vor 500 Jahren diese Höhle bewohnt.

- Das 3. **Auge** besichtigt man meistens auf dem Rückweg. Es wird auch der "**Damensee**" genannt. Als noch strengere Sitten im Lande herrschten, haben hier die Damen getrennt von den Herren gebadet. Der See ist nur 1,70 m an seiner tiefsten Stelle und weist eine Wassertemperatur von +25° C auf.

Die Stalaktiten wachsen in dieser offenen Höhle nicht senkrecht nach unten, sondern nach außen gebogen, weil an der Lichtseite die Wasserverdunstung stärker ist als an der Schattenseite. Versteinerte Fossilien und eine Baumwurzel, die wie ein Krokodil aussieht, sind auszumachen. Termiten, wilde Bienenvölker und schwirrende Kolibris beleben den Felsenkessel.

Boca Chica

Nach 31 km von Santo Domingo oder nach Km 247 unserer Tagesroute kommt man nach Boca Chica. Es ist ein Naherholungsort für die Santo Domingoaner. Der **weiche Sandstrand** und das vorgelagerte Korallenriff, das die Wellen abschirmt, machen die Bucht von Boca Chica zu einem **ruhigen, sicheren Badegewässer**, das ideal für Familien mit Kindern ist. Der natürliche Swimmingpool ist 2 km lang, 400 m breit und sehr flach. Erst weiter draußen werden Wassertiefen von 2 m erreicht.

Der Ort selbst scheint nur aus Restaurants, Imbißbuden, Pizzerias, Strandcafés, Bars und Clubs zu bestehen. Es wimmelt nur so von Strandhändlern. Alle Wassersportarten können ausgeführt werden. Am Wochenende wird es hier noch lebhafter. An die überdrehte Lautstärke der Musik muß man sich gewöhnen.

Juan Dolio

Die Fahrt Richtung Osten führt an einer unterhöhlten Steilküste entlang, die kaum Gelegenheit zum Baden bietet, bis man nach Km 275 in Juan Dolio wieder auf einen schmalen Sandstrand stößt.

Hotels
- *** **Club Decameron** ist eine großzügige Hotelanlage. Sie besitzt 288 Gästezimmer. Im Preis eingeschlossen sind alle Mahlzeiten, unbegrenzte lokale Drinks, Cocktails und Zigaretten, 1 Stunde täglich freies Schnorcheln, Windsurfen, Segeln, Reiten und Tennis.
- ** **Club Tropics** liegt in einem kleinen tropischen Garten. 70 zweckmäßig eingerichtete Gästezimmer und Suiten mit Klimaanlage und Dusche/WC werden vermietet. Der Swimmingpool, der Restaurantbetrieb und die Sportmöglichkeiten des benachbarten Club Decameron können mitbenutzt werden.

Dominikanische Republik / Barahona – La Romana

● ** **Hotel Playa Real**, Tel.: 529-8471, ist ein 2-stöckiges Hotelgebäude mit 52 geräumigen Gästezimmern mit Klimaanlage, Dusche/WC, Telefon und meistens Meerblick. Swimmingpool, Gelegenheit zum Volleyball-, Tennis- und Tischtennisspielen, Schnorcheln und Surfen sind vorhanden.

San Pedro de Macorís

Ursprünglich gab es an der Mündung des Río Higuama ein Dorf mit dem indianischen Namen **Mosquitisol**. San Pedro de Macorís entstand erst Anfang des 19. Jahrhunderts an der Flußmündung. Der junge Ort ist die Hauptstadt der gleichnamigen Provinz. Kubanische und haitianische Flüchtlinge waren **1822** die Begründer dieser Ortschaft, die durch den **Zuckerboom** mit seinem Höhepunkt Ende des 1. Weltkrieges so reich geworden ist, daß man vom *"Danza de los Milliones"* ("Tanz der Millionen") sprach. Aus dieser Zeit stammen die schönen Paläste und Herrensitze der "Zuckerbarone" und die im gotischen Stil erbaute Kirche. Als in der Mitte der 70er Jahre die Zuckerpreise auf dem Weltmarkt rapide fielen, verblaßte der Glanz der Stadt. Heute profitiert sie zwar immer noch von dem Anbau von Zuckerrohr, aber in erster Linie hält sie die *"Zona francas"* (Freihandelszone) wirtschaftlich hoch. Die **"Universidad Central de Este"** (Universität) weist der Stadt auch heutzutage eine gewisse Bedeutung zu. Wahrzeichen der etwa 144.300 Einwohner (letzte Erhebung 1990) zählenden Stadt ist die **Kirche von San Pedro Apostol**.

La Romana

Übernachtung
****** **Casa de Campo**, Tel.: 523-3333, ist eine riesige, parkähnliche, 2.800 ha große Hotelanlage mit eigenem Flugplatz, die einer ganzen Stadt gleicht. Das weitläufige Gelände ist mit hoteleigenen Elektroautos befahrbar. Casa de Campo ist das exklusivste Hotelresort der Dominikanischen Republik. Es umfaßt 750 Gästezimmer, die in Villenform und Gebäudekomplexen über das große Gelände verteilt sind. Im Haupthaus sind die Rezeption, Aufenthaltsräume, Bars, Coffeeshops und Spezialitätenrestaurants untergebracht. Die Gästezimmer sind komfortabel eingerichtet. Auf dem Gelände befinden sich 2 Golfplätze (je 18-Loch), 6 Swimmingpools, Schießanlagen mit 60 Schießständen, 13 Tennisplätze und Minigolfplätze. Ein Polo- und Reitclub mit über 2.500 Pferden, Yacht- und Beachclub; die Gelegenheit zum Segeln, Windsurfen, Paddeln, Hochseefischen, Wasserski, Schnorcheln und Tauchen vervollständigen die Möglichkeiten, um einen abwechslungsreichen Aktivurlaub zu gestalten.

Erste Berichte einer Ansiedlung stammen aus dem Jahre **1852**. Die Stadt **La Romana** hat ihren Namen von der **römischen Waage** im Hafen, mit der alle Waren des Im- und Exports gewogen wurden. Die **1897** von Kubanern gegründete **Ölraffinerie** hat der Stadt den wirtschaftlichen Aufschwung gebracht. Die Ansiedlung von großen Zuckerrohrgesellschaften tat das ihre, den Wohlstand der Stadt zu begründen. Heute hat La Romana etwa 147.800 Einwohner (letzte Zählung 1990).

13.5.3 AUSFLUG NACH ALTOS DE CHAVÓN

Überblick

Der **Künstlerort** Altos de Chavón wurde **1976** einem Dorf der spanischen Kolonialzeit nachgebaut. Eine dominikanisch-amerikanische Stiftung finanzierte das 40 Millionen US$-Objekt. Der dominikanische **Architekt Tony Caro** wurde mit dem Bau beauftragt. Kunsthandwerker, Maler und Bildhauer leben und arbeiten hier. Es gibt Werkstätten, wo auf altertümliche Art und Weise Teppiche geknüpft werden und auf alten Webstühlen gewebt wird. Die Künstler stellen ihre Werke in kleinen Boutiquen aus.

Künstlerort – Altos de Chavón

Zu dem Baukomplex gehört die kleine **Kirche San Estanisiao**, ein **Amphitheater** mit 5.000 Sitzplätzen, wo gelegentlich Theater- und Musikveranstaltungen stattfinden, und ein kleines **Museum**.

Touristische Hinweise

Entfernung
La Romana (Casa de Campo) – Altos de Chavón – La Romana (Casa de Campo): 12 km

Streckenhinweis
Auf der Stichfahrt von **La Romana** (Casa de Campo) folgt man der Küstenlinie in östlicher Richtung bis **Altos de Chavón** (Km 6); Rückfahrt auf gleichem Weg wie Hinfahrt (Km 12).

Dominikanische Republik / Barahona – La Romana

Archäologisches Museum über die Tainokultur

Öffnungszeit
täglich 10.00–17.00 Uhr

Das kleine Museum ist sehr übersichtlich angelegt. Die Beschriftungen geben in Spanisch und Englisch ausreichend Hintergrundinformationen über die Tainokultur und den Zusammenprall mit der Kolonialmacht Spanien.

- **Die Paläoindianer**

Die Einwanderer aus Südamerika haben bereits **grob behauene** Werkzeuge aus Stein, wie **Äxte** mit einer Einkerbung für den Stiel, angefertigt. Die Klingen wurden vermutlich mit Lianen befestigt. Es sind jedoch auch Steinäxte gefunden worden, wo auch der Schaft aus Stein bestand. **Mörser und Schalen**, die genau ineinander passen, scharfkantige **Schaber und Messer** aus Flintsteinen wurden von den Archäologen J. M. Crucent und Irving Rouse in Casimira (Provinz Azua) zu Tage gefördert und auf das Alter von ca. 5.000 v. Chr. geschätzt.

- **Taino-Kultur**

Als die Spanier auf den karibischen Inseln erschienen, stießen sie auf die schon höher entwickelten Tainos.
Die ersten Eindrücke von **Christoph Kolumbus** über die Eingeborenen sind wie folgt wiedergegeben:
"Die Eingeborenen sind sehr freundlich. Sie sind nicht aggressiv. Sie suchen die Übereinstimmung mit den Fremden herzustellen. Meine Majestäten, ich bin der Meinung, daß es keine besseren Menschen und kein besseres Land auf dieser Erde gibt als hier. Diese Menschen lieben andere Menschen, wie sie sich selbst lieben. Sie haben eine zuvorkommende Art zu sprechen und zu lächeln. Sie laufen nackt herum, wie ihre Mütter sie geboren haben..."

Die Kultur der Tainos hat sich, verglichen mit derjenigen der Paläoindianer, weiterentwickelt. Die Tainos lebten während der Zeit der spanischen Entdeckung in Hispaniola, Puerto Rico, Jamaika und dem östlichen Teil Kubas. Die steinzeitlichen Werkzeuge hatten sich verfeinert. Dieser **Prozeß der Weiterentwicklung** auch in anderen Bereichen läßt sich in folgende Punkte zusammenfassen:
- Die **Steinäxte** wurden sehr viel **feiner geschliffen**.
- Es wurde bereits **Ackerbau** betrieben.
- Es wurden auch schon **Stoffe gewebt**.
- Die Tainos verstanden bereits etwas von der **Töpferkunst**. Verschiedene Keramikwaren, wie herzförmige Flaschen und Krüge, sind überliefert.

- Exzellente **Skulpturen**, die zeremoniellen Charakter haben, zeugen von künstlerischer **Ausdruckskraft**.
- Beachtenswert ist die **soziale, politische und religiöse Organisation** des Volkes.
- Die Tainos haben **merkwürdige Ballspiele** vollführt.
  Hierbei wurde ein **Gummiball** verwendet, der aus dem Extrakt der Copey-Pflanze *(Clusia roseq jacq)* hergestellt wurde. Dieser Gummiball hat die Spanier sehr in Erstaunen versetzt. Sie hatten zuvor noch nie Gummi zu Gesicht bekommen.
  Für diese Ballspiele haben sich die Spieler **Steinringe** um den Hals oder um die Taille gelegt, ähnlich den U-förmigen Steinen, die von mittelamerikanischen Ballspielen bekannt wurden. Diese Steinringe sollten mit verhindern helfen, daß der Gummiball bei dem Spiel zu Boden fiel.
  Über die **Spielregeln** ist folgendes bekannt: Das Ballspiel wurde von 2 gegeneinander kämpfenden Mannschaften ausgetragen. Der Ball durfte nicht zu Boden fallen. Mit Kopf, Ellbogen, Schultern und Hüften mußte er weiterbefördert werden. Die Hände und Füße durften dabei nicht verwendet werden. Die Spieler mußten eine große körperliche Beweglichkeit besitzen. Die Plätze, wo diese Spiele ausgetragen wurden, hießen "Batey". Das Spielfeld wurde durch Steinreihen begrenzt.
- Die Tainos zelebrierten das sog. **Cohoba-Ritual**.
  Der Häuptling und der Medizinmann inhalierten hierbei ein **halluzinierendes Pulver** (*Pipdenia peregrina*), um sich in einen tranceähnlichen Zustand zu versetzen. Hierdurch sollte die Kommunikation mit den Göttern und Ahnen der Verstorbenen hergestellt werden, die um Hilfe und Beistand angerufen wurden. Das Pulver hatte eine toxische Wirkung. Um es durch die Nase einzunehmen, wurde ein Gerät entwickelt, das aus einer Röhre bestand und das sich nach oben hin gabelte, um an die Nasenlöcher geführt zu werden.
  Die die Zeremonie ausführenden Männer saßen auf **3-beinigen Steinsitzmulden** und hölzernen Duho-Sitzen.
  Tabak spielte bei der Cohoba-Zeremonie ebenfalls eine sehr wichtige Rolle. Allgemein wurde er zum Zweck der Entspannung und aus Genuß geraucht. Andererseits rauchten die Indios ihn als Mittel zum Durchstehen der langen, kräftezehrenden Wanderungen durch die Wildnis. Er wurde auf kleinen Feldern angebaut. Durch Zusammenrollen der getrockneten Blätter ergaben sich die sog. **"Tabaccos"**. Dieses Wort hat in alle Sprachen der Welt Einlaß gefunden.
  Für die Zeremonie wurden bestimmte **Kultfiguren** benutzt, die zur Vertreibung von Krankheiten durch den Medizinmann dienten, denn er war für die Gesunderhaltung des Volkes zuständig.
- Die Tainos trugen **Amulette** um den Hals. Es waren Schnecken- und Muschelgehäuse, oder sie waren aus Stein oder Keramik gefertigt.
- Zur individuellen **Körperbemalung** wurden Stempel und Rollen verwendet. Bestimmte Pflanzen lieferten den roten Farbstoff, um die schön geformten Körper der Eingeborenen zu bemalen, daher der Name "Rothaut".

- Die große territoriale Vereinigung der einzelnen Stämme ist auf eine **straffe Organisationsform** unter Leitung des Häuptlings zurückzuführen.
- **Die Siedlungen der Tainos lagen an geographisch günstigen Stellen.**
- **Fischen, Jagen** und das **Sammeln von Früchten** und Knollen sicherten die Existenz der Tainos. Für den Fischfang benutzten die Indianer schon Netze, die mit Steinen beschwert wurden.
- Ein **tiefes Verständnis für die Natur** war diesem Naturvolk eigen.

● **Die Kolonialzeit**

Am Río Chavón stehen heute noch die Ruinen der alten Zuckermühlen der Spanier. 2 **Männer** haben entscheidend in das Leben der Tainos eingegriffen. Es waren Juan Ponce de León und Nicolás de Ovando.
- Kapitän **Juan Ponce de León** hatte Christoph Kolumbus auf seiner 2. Reise begleitet und kämpfte später gegen die Tainos. Nach einer erfolgreichen militärischen Kampagne gegen die Eingeborenen ernannte ihn der Gouverneur Nicolás de Ovando zum Leutnant. Später kolonisierte Juan Ponce de León Puerto Rico. Ponce hat Zeit seines Lebens die "Quelle der Jugend" gesucht. Hierbei gelangte er auch nach Florida. Dort wurde er von einem vergifteten Indianerpfeil getroffen und starb 1521 in Havanna.
- **Nicolás de Ovando** hat die meisten Kämpfe gegen den Indianerhäuptling Cotubanama geführt, den er schließlich besiegt hat. Zunächst wurde Cotubanama auf die Insel Soana verschleppt und schließlich in Santo Domingo öffentlich gehängt.

Die **Taino**, die zwar auch untereinander ihre Streitigkeiten, eventuell um ein Mädchen, ausfochten und die sich auch gegen die kriegerischen Kariben zur Wehr setzten, waren im Grunde genommen **ein friedliches Volk**. Ihre Freiheit gegen die Spanier verteidigten sie jedoch leidenschaftlich, konnten jedoch gegen die stark bewaffneten Europäer den Sieg nicht davontragen.

Ihre **Waffen** bestanden aus hölzernen Speeren, aus Pfeil und Bogen, wobei die Pfeile teils vergiftet waren, und Steinschleudern. Außerdem kämpften sie mit einem **toxischen Gas**, vermutlich einem Nervengas, das aus den Samen von Pfeffer gewonnen und auf Holzkohlefeuern in Lehmtöpfen gekocht wurde.

13.6 LA ROMANA – BAYAHIBE / PLAYA DOMINICUS

13.6.1 TOURISTISCHE HINWEISE

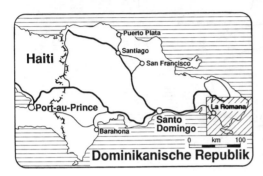

Entfernung
La Romana – Bayahibe / Playa Dominicus: 20 km

Streckenhinweis
Von **La Romana** (Casa de Campo) aus in östlicher Richtung überquert man den Fluß Río Chavón (Km 10), Abzweigung **rechts** (Km 15) nach Bayahibe /Playa Dominicus (Km 20).

13.6.2 BAYAHIBE UND PLAYA DOMINICUS

Bayahibe

Bayahibe ist ein kleiner Fischerort. Seine beste Zeit hatte dieser kleine Hafen, als es noch keine Landverbindung zwischen Santo Domingo und Higüey gab. In dieser Zeit hatte Bayahibe die Funktion des Hafens von Higüey.

Heute ist Bayahibe durch die Straßenverbindung mit La Romana aus seiner Isolation gerissen worden.

Playa Dominicus

Der feinsandige Strand von Playa Dominicus wird von der Hotelanlage Club Dominicus beherrscht.

Segler – Vor Bayahibe

Übernachtung
***** Club Dominicus, Tel.: 686-8720, palmengedeckte 70 Doppelbungalows säumen den Sandstrand. Außerdem verfügt der schöne Hotelkomplex noch über

Dominikanische Republik / La Romana – Bayahibe

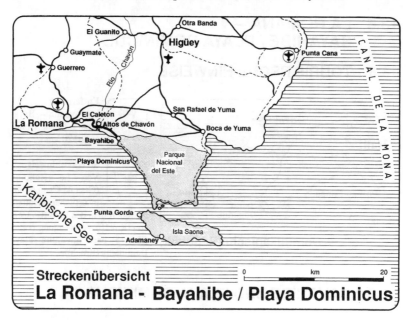

Streckenübersicht
La Romana - Bayahibe / Playa Dominicus

150 Gästezimmer in 5 zwei- und dreistöckigen Gebäuden. Überwältigend ist die gepflegte tropische Vegetation der Gartenanlagen. Freilichttheater, Diskothek, Boutiquen, Fotoshop, Restaurant, Bootsvermietung und Animation tragen zum Wohlbefinden und zur Unterhaltung der Gäste bei.

Feriendorf – Club Dominicus

13.6.3 AUSFLUG ZUR INSEL SAONA

Vom Club Dominicus besteht die günstige Gelegenheit, Bootsausflüge zur wildromantischen Insel Saona zu unternehmen. Die Bootsfahrt geht zunächst entlang der Küste des "Parque Nacional del Este". Das Gestade ist teils eine Kalkstein-Steilküste, scharfkantig und unterhöhlt, und teils ein idyllischer, von Palmen gesäumter Sandstrand. Das Hinterland ist mit naturgewachsenem Busch überzogen.

Dann erreicht man die Insel Saona. In einem **Mangrovensumpf** brüten **Fregattvögel**. Majestätisch segeln die großen Vögel ohne Flügelschlag im Seewind über der Brutkolonie. Die weiße Brust der Altvögel leuchtet

Dominikanische Republik / La Romana – Bayahibe

Unermüdliche Segler – Prachtfregattvögel

in der Sonne. Ihr Gabelschwanz trägt zur Schönheit ihrer spektakulären Flugsilhouette bei. **Braune Pelikane** lassen das Boot dicht herankommen. Erst in der Nähe wird ihr kontrastreiches Gefieder sichtbar. **Seiden-, Purpur- und Dreifarbreiher** gehen ihrem Fischwaid-Handwerk nach. **Blauschnäbelige Tölpel** verdauen ihre Fischmahlzeit. Aufregend ist es, ihren Sturzflügen beim Stoßtauchen zuzusehen. **Fliegende Fische** schießen vor dem Boot aus dem Wasser, und große rote **Seesterne** ruhen sichtbar auf dem Meeresboden.

Während die Nordseite der Insel unberührte Natur ist, befindet sich an der Südseite ein kleiner **Fischerort Adamaney** mit seinen bunt bemalten Holzhäusern.

13.6.4 BOOTSAUSFLUG ZUM RÍO CHAVÓN

In Kombination mit der Bootsfahrt zur Insel Saona oder extra kann man auch günstig vom Club Dominicus per Boot in den Río Chavón hineinfahren. Vorbei an dem Fischerort Bayahibe, steuert man die Mündung des Flusses an. Besonders reizvoll sind die urwaldbestandenen Ufer. Riesige Bäume, beispielsweise Ceibabäume (Kapok), Palmen, Mangroven und Schilf säumen die teils steilen Uferpartien. Nicht selten sieht man **Fischadler** sich kopfüber ins Wasser stürzen, um manchmal mit Erfolg einen zappelnden Fisch zu erwischen. Verschiedene **Reiherarten** sind regelmäßig zu beobachten.

Auf Entdeckungsfahrt – Río Chavón

Eindrucksvoll liegt die Künstlersiedlung **Altos de Chavón** hoch über dem bewaldeten westlichen Flußufer.

Dominikanische Republik / Bayahibe – Bávaro

13.7 BAYAHIBE / PLAYA DOMINICUS – BÁVARO / PUNTA CANA

13.7.1 TOURISTISCHE HINWEISE

Dominikanische Republik

Entfernung
Playa Dominicus – Bávaro: 116 km

Streckenhinweis
Von **Playa Dominicus** in westlicher Richtung bis **La Romana** (Casa de Campo) (Km 20), Abzweigung **rechts** bis **Higüey** (Km 61), geradeaus weiter bis Otra Banda (Km 70), Abzweigung **rechts** bis Abzweigung **links** (Km 99) bis **Bávaro** (Km 109), Abzweigung **links** auf einem sandigen Weg bis Hotel Meliá Bávaro (Km 116).

13.7.2 UNTERWEGS NACH BÁVARO

Man fährt durch Bauernland. Riesige Rinderherden grasen auf den Weiden. In Küstennähe breitet sich teilweise ein halbhoher Primärurwald aus, abwechselnd mit für Rinder urbar gemachtem Weideland. In unmittelbarer Nähe des Strandes wachsen Kokospalmen.

Hotels
● **** **Bávaro Beach Resort**, Tel.: 686-5797, besteht aus 4 Hotelkomplexen: Hotel Playa Bávaro, Hotel Jardin Bávaro, Aparthotel Golf Bávaro und Hotel Casino Bávaro, die insgesamt eine Kapazität von rund 3.000 Betten haben. Alle

Flüsternde Palmen – Bávaro

Zimmer besitzen Klimaanlage, Telefon, Terrasse, privates Schließfach, Kühlschrank, Farbfernseher und Bad. Folgende Sportarten können betrieben werden: Tennis, Volleyball, Fußball, Boccia, Badminton, Reiten und diverse Wassersportarten.

● **** **Hotel Meliá Bávaro**, Tel.: 686-5427, ist eine riesige Hotelanlage direkt am Meer mit 53 Bungalows. Den Gästen stehen 422 Suiten und 82 Hotelzimmer zur Verfügung. Insgesamt sind es 700 Hotelbetten. Das Hotel wurde im November 1991 eröffnet. Im Zentralgebäude,

Dominikanische Republik / Bayahibe – Bávaro

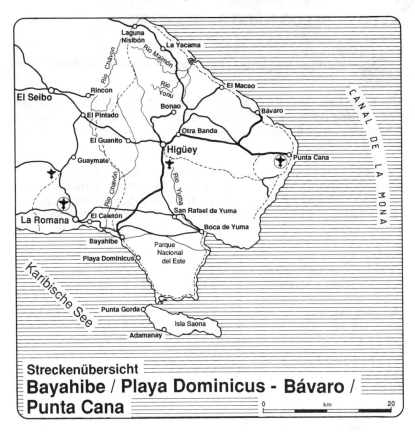

Streckenübersicht
Bayahibe / Playa Dominicus - Bávaro / Punta Cana

mit modernen Skulpturen geschmückt, sind untergebracht: Rezeption, Verwaltung, Boutiquen, Piano-Bar, Büfett-Restaurant, Unterhaltungsräume, Tanzbar, privates An- und Abreiseterminal. Eine Zunge natürlichen Waldes liegt zwischen dem Hauptgebäude und den Bungalows.
Zum übrigen Hotelkomplex gehören: Gourmet-Restaurant à la carte, Disco-Pub, Wechselstube, Supermarkt, Ladengalerie mit Apotheke, Parfümerie, Frisiersalon, Autovermietung, großer klimatisierter Versammlungsraum, Bankett bis zu 400 Personen, 2 Tagungsräume zu je 25 Personen für kleine Veranstaltungen, Sporteinrichtungen (Tennis, Mehrzweckhalle), Swimmingpool, Sonnenterrasse, Pool-Bar, Fischrestaurant und Imbißstube. Hoteleigene Fahrzeuge überbrücken die weiten Wege.
- **** Hotel Riu Taino, Tel.: (809) 221-2290, 6 km weiter nördlich gelegen, mit 360 Gästezimmern, gehört zu einer bekannten spanischen Hotelkette. Weiß getünchte Bungalows mit 1 Stockwerk sind in einen Palmenhain integriert. Nur sehr wenige dieser Bäume sind bei den Bauarbeiten entfernt worden. Das schöne Zentralgebäude besitzt eine holzverkleidete Decke und halbmondförmige Verblendungen. An Sportaktivitäten ist für Gymnastikausübung, Volleyball, Sportfischen, Tauchen, Schnorcheln, Wasserski, Segeln, Kajakfahren und Wellenreiten gesorgt. Ein Wrack am Riff bietet gute Tauchgründe. Die geschmackvolle Inneneinrichtung der Gästezimmer mit Rattanmöbeln ist ein positiver Aspekt.

13.7.3 AUSFLUG NACH PUNTA CANA

Entfernung
Bávaro (Hotel Meliá Bávaro) – Punta Cana – Bávaro (Hotel Meliá Bávaro): 76 km

Die Fahrt führt vom Hotel Meliá Bávaro zunächst auf einem sandigen Weg entlang der Küste in Richtung Süden. Neben einfachen Hütten der Einheimischen sind hier kleine und mittlere Hotels, Pensionen und Restaurants entstanden.

Das Meer ist rauher und bewegter als an der Südküste. An einem vorgelagerten Korallenriff brechen sich die Wellen. Im Strandhinterland wachsen fast nur Kokospalmen. Dazwischen gibt es auch Souvenirläden. Besonders auffällig sind die Verkaufsstände, die Bilder der sog. **"Naiven Malerei"** anbieten.

Nach 8 km verläuft der Fahrweg nicht mehr in unmittelbarer Nähe des Strands. Eine Asphaltstraße führt rechts ins Hinterland. Dichter Küstenurwald, buschartig verwachsen, breitet sich zu beiden Seiten der Straße aus.

An einer Abzweigung nach links geht es nach Punta Cana (ausgeschildert). Die Landschaft ist auf dieser Halbinsel überall gleich. Man kommt am **Flughafen Punta Cana** vorbei. Dort sind auf dem Vorplatz die **Taxipreise** nach folgenden Orten vermerkt:

Hotel Meliá Bávaro	300 Pes
Higüey	700 Pes
Club Dominicus	1.100 Pes
La Romana	1.120 Pes
Boca Chica	1.600 Pes
Juan Dolio	1.400 Pes
Bávaro Beach	250 Pes
Hotel Punta Cana	125 Pes

Punta Cana ist **ein Küstenstreifen** mit weichem Sand, Palmenhainen, einzelnen Eingeborenenhütten und Hotels für Badegäste. Ein Stadt- oder Dorfkern ist nicht vorhanden.

Hotels
- ****** Club Mediterranée**, Tel.: 567-5228, über einen Seitenweg, zu beiden Seiten mit Urwald bestanden, erreichbar, liegt der Club. Er bietet ideale Sportmöglichkeiten: Tennis, Jogging, Volleyball, Surfen, Schnorcheln und Tauchen, besonders günstig an einem Wrack im Riff. Eine Tauchschule bildet auch Anfänger aus. Der Kinderspielplatz ist ein beliebtes Betätigungsfeld für die Kleinen.
- ****** Punta Cana Beach Resort** umschließt ein Gelände von 420.000 m². Seine 350 Gästezimmer sind geschmackvoll dekoriert und mit Klimaanlage, Balkon oder Terrasse, Bad, Fernseher und Telefon ausgerüstet. Es gibt 4 verschiedene Kategorien. 5 Restaurants, 5 Bars, Swimmingpool, auch für Kinder, Diskothek, Konferenzsaal gehören selbstverständlich mit

Dominikanische Republik / Bayahibe – Bávaro

dazu. Zu den mannigfaltigen Sportmöglichkeiten zählen: Wasserski, Schnorcheln, Tauchen, Segeln, Kajak-, Tretboot-, Wasserfahrradfahren, Wasserball, Volleyball, Radfahren, Tischtennis, Tennis (4 Plätze mit Flutlicht), Tischspiele, Jogging, Aerobic, Merengue-Unterricht und Reiten. Alle Sportaktivitäten, bis auf Reiten, sind frei. Wichtig ist auch die medizinische Betreuung rund um die Uhr. 2 Restaurants werden auch nachts geöffnet. Sehr angenehm fällt die Freundlichkeit des Empfangspersonals auf.

Ferienfreuden – Punta Cana

13.8 BÁVARO – SAN JOSÉ DE LAS MATAS

13.8.1 TOURISTISCHE HINWEISE

Entfernung
Bávaro – San José de las Matas mit Umweg über Hato Major (zwischen Bávaro und Santo Domingo) und Abstecher nach El Río (zwischen Santo Domingo und Santiago): 506 km.

Streckenhinweis
Von Bávaro (Hotel Meliá Bávaro) in südlicher Richtung auf sandigem Weg (Km 7), in südwestlicher Richtung auf einer Asphaltstraße bis zu einer Straßenkreuzung (Km 17), Abzweigung rechts bis Otra Banda (Km 46), Abzweigung links bis Higüey (Km 55), Abzweigung rechts bis Hato Mayor (Km 122), Abzweigung links bis San Pedro de Macorís (Km 160), Abzweigung rechts bis Santo Domingo (Km 250), Abzweigung rechts (Carretera Duarte) bis Straßengabelung (Km 338), Abzweigung links bis El Río (Km 371), Abzweigung rechts bis Santiago (Km 466), Abzweigung links bis San José de las Matas (Km 506).

13.8.2 UNTERWEGS NACH SAN JOSÉ DE LAS MATAS

Die Fahrt von Bávaro nach Higüey ist in der Gegenrichtung bereits im Kapitel 13.7 beschrieben.

Wallfahrtsort Higüey

● **Geschichtliches**
1494 wurde Higüey von **Juan de Esquivel** gegründet. Es ist somit eine der ersten Stadtgründungen Amerikas.
1502–1508 besiedelte **Juan Ponce de León** die Stadt.
21.01.1691 hatten die Spanier die Franzosen in der **Schlacht von La Limonada** geschlagen, nachdem sie die Jungfrau Altagracia um Hilfe und Schutz angerufen hatten. Der 21. Januar wurde zum Andenken an den Sieg zum Tag der Altagracia ernannt. Alljährlich suchen Tausende von Pilgern den **wichtigsten Wallfahrtsort** des Landes auf.
21.01.1952 wurde der Grundstein für eine **neue Wallfahrtskirche** gelegt.
21.01.1971 fand die **Einweihung der neuen Basilika** statt.

Das Wahrzeichen der Stadt Higüey ist die **Basilika Nuestra Senora de la Altagracia.** Sie wird von vielen Pilgern, besonders an dem Feiertag "Día de la Altagracia", besucht. Nicht nur aus der Dominikanischen Republik,

— *Dominikanische Republik / Bávaro – San José de las Matas* —

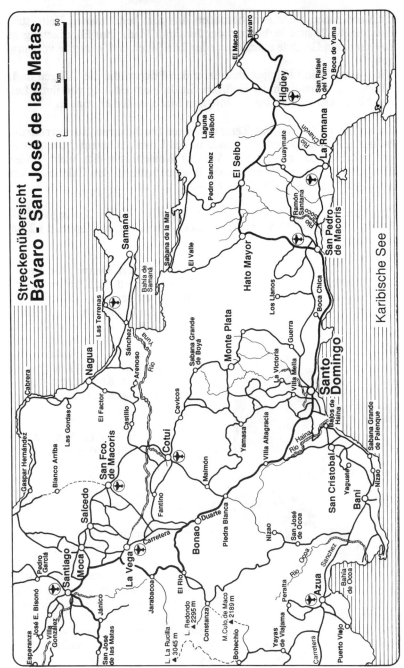

— *Dominikanische Republik / Bávaro – San José de las Matas* —

auch aus anderen Ländern, besonders aus dem benachbarten Haiti, strömen die Wallfahrer herbei, um der Jungfrau Maria ihre Ehrerbietung zu erweisen, ein Gelübde einzulösen oder ihre Bitten und Wünsche vorzutragen.
Viele Kranke und Krüppel sind unter den Pilgern, die die "Virgen de la Altagracia" ("Jungfrau der Heiligen Gnade") um Heilung von ihren Leiden bitten. Der Namenstag der Jungfrau Maria ist der 21. Januar.

Ansonsten ist Higüey das **Zentrum eines fruchtbaren Zuckerrohranbaugebietes.** Das hügelige Gelände ist des Urwaldes beraubt. Obstplantagen bedecken das grüne Land. Auf den Weiden sieht man viele Rinder, aber auch Pferde und Ziegen. Hohe Bäume ragen aus den Galeriewäldern entlang der Fluß- und Bachläufe heraus.

Der Streckenabschnitt San Pedro de Macorís – Santo Domingo wurde bereits im Kapitel 13.5 und Santo Domingo selbst im Kapitel 13.2 beschrieben.

Ab Santo Domingo verläßt man auf der "Carretera Duarte" die Hauptstadt. Zunächst schauen Sie noch zu beiden Seiten auf die üblichen Zweckbauten, wie Tankstellen, Autowerkstätten, Fabriken und Baufirmen am Rande der Stadt, bis Ihre Augen mehr und mehr über ländlichere Gebiete schweifen. Verkaufsstände mit tropischen Früchten laden zum Anhalten und Kaufen ein. In einem Hochtal, angesichts der Vorberge der Kordilleren, dehnen sich große Plantagen mit Zitrusfrüchten aus.

Verkaufsstände – Villa Altagracia

Villa Altagracia, ein größerer Marktflecken, wo sich die Verkaufsstände verdichten und wo der Ackersegen der fruchtbaren Umgebung verkauft wird, ist ein sauberer Ort mit bunt bemalten Häusern und vielen Geschäften.

Auf den **Kahlschlägen der Primärwälder,** die der intensiv betriebenen Landwirtschaft weichen mußten, blieben meist nur die Palmen stehen. Der übrige "nutzlose" Baumbestand und das Gebüsch wurden abgeholzt oder abgebrannt.
Schwere **Erosionsschäden** sind die Folge der völligen Entblößung der natürlichen Pflanzendecke. Nur in den "Achselhöhlen" der Berge blieb der Urwald stehen. Ananasplantagen und Reisfelder in **Sanador** breiten sich aus. Viele Töpferwaren werden an der Straße feilgeboten.

Dominikanische Republik / Bávaro – San José de las Matas

Die Bergflanken der Zentral-Kordilleren

Um heile Natur zu erleben, ist es ratsam, die "Autopista" zu verlassen und Nebenstraßen Richtung Cordillera Central einzuschlagen. 88 km von Santo Domingo führt zur Linken eine Bergstraße nach **El Río**. Schon wenige Kilometer nach dem Verlassen der Hauptstraße Santo Domingo – Santiago rauschen in den Resturwäldern der Berglehnen Bäche zu Tal, während auf den Kahlschlägen die Flüsse nur nach starken Regenfällen Wasser führen, dabei jedoch sehr viel Erdreich fortspülen.

Je weiter man bergan fährt, je geschlossener werden die **Bergurwälder**. Unzählige Pflanzenarten sind hier heimisch: Farne, Bambus, Baumfarne, Flechten, Orchideen, Cistrosengewächse, eine Vielzahl an Bäumen, Büschen und Kräutern. Kleine Wasserfälle am Wegesrand, gaukelnde Schmetterlinge in Gelb, Rostrot und Blau, der heisere Schrei von Greifvögeln, die Vielzahl der Blattformen, die verschiedenen Farbschattierungen des Blattwerks vom hellen Grün der Farne bis zum Blaugrün einiger Urwaldbäume begeistern den Naturfreund. Hier ist die Natur noch intakt. Gespenstisch sieht es aus, wenn der Nebel durch die Bergwälder geistert. Auf einer Paßhöhe, 16 km von der Hauptstraße im Tal entfernt, kann man nicht nur "die Seele baumeln", sondern auch die Augen entspannend über die blauen Berge der Kordilleren schweifen lassen.

Dann geht die Fahrt wieder zu Tal. In **La Palma** überzieht eine Kaffeeplantage das Bergland. Die Anpflanzung ist jedoch gut in die Landschaft integriert. Sie stört in ihrer geringen Ausdehnung noch nicht das natürliche Landschaftsbild. Weiter im Tal werden auch Gemüsearten angebaut, die an das kühlere Klima angepaßt sind: Kartoffeln, Bohnen, Kohl und Spargel. Außerdem werden hier Blumen gezüchtet.

El Río ist nur ein kleiner Ort ohne großartige Sehenswürdigkeiten. Es ist der landschaftliche Reiz seiner Umgebung im Bergland, der anzieht. Wenn man will und die Zeit dazu ausreicht, kann man weiter nach **Constanza** fahren.

Einkauf per Pferd – El Río

In nördlicher Richtung erreicht man über **Jarabacoa** in der Nähe von La Vega wieder die "Carretera Duarte".

Vorbei an kleinen Dörfern, wo überall Töpferwaren verkauft werden, kommt man nach Santiago de los Caballeros, wie der volle Name der Stadt lautet.

— *Dominikanische Republik / Bávaro – San José de las Matas* —

Santiago – Stadt des Rums und Tabaks

- **Touristische Hinweise**

Übernachtung
- *** Hotel Matúm, Entrada Santiago, Tel.: 581-3107, ist ein großes rosa gestrichenes Haus mit Swimmingpool und allem übrigen Komfort.
- *** Hotel Santiago Camino Real, Calle del Sol / Avenida Mella, Tel.: 583-4351, ist vorteilhaft im Zentrum der Stadt gelegen.

Museum
Museo de Tabaco (Tabakmuseum) liegt an der Kreuzung der Avenida 16 de Agosto / Avenida 30 de Marzo.
Öffnungszeiten: Di–So 9.00–12.00 und 14.00–17.00 Uhr
Hier wird die Geschichte des Tabakanbaus demonstriert.

Rumfabrik
Die **Rumfabrik Bermudez** befindet sich im Norden der Stadt.
Öffnungszeiten: täglich 9.00–12.00 und 14.00–16.00 Uhr
Es werden Führungen durchgeführt. (Rumherstellung siehe Kapitel 12.6.4)

- **Geschichtlicher Überblick**

1494 gründete **Bartolomé Colón**, der Bruder Christoph Kolumbus, eine Siedlung am Fluß Río Yaque del Norte, etwa 8 km vom heutigen Santiago entfernt. Der Name des Ortes war **Santiago de los 30 Caballeros** (Santiago der 30 Ritter).
1508 überreichte der spanische König Fernando Santiago die **Stadtrechte**.
1562 zerstörte ein **Erdbeben** die Stadt vollständig.
1563 wurde mit dem Wiederaufbau 8 km weiter südlich begonnen.
1804 brannten **haitische Truppen** die Stadt nach kurzer Besetzung nieder.
1842 wurde die Stadt von einem weiteren **Erdbeben** heimgesucht.
Heute ist Santiago eine wohlhabende Stadt, die hauptsächlich von der **Produktion von Rum und Tabak** lebt.

Die **zweitgrößte Stadt** des Landes hat **489.500 Einwohner** (letzte Zählung 1990). Berühmt ist die gute Qualität der dort in Handarbeit hergestellten **Zigarren** und die Produktion von **Rum**, der in mehreren Brennereien erzeugt wird. Santiago ist außerdem die Heimat des dominikanischen Volkstanzes **Merengue**.

- **Sehenswürdigkeiten**
- **Catedral de Santiago de Apóstol**
Diese Kathedrale wurde von 1868 bis 1895 erbaut. Sie zeigt gotische und klassizistische Bauelemente. Beachtenswert sind die Glasfenster von Rincon Mora.
- **Monumento de los Héroes de la Restauración**
Die 67 m hohe Säule des Heldenmonuments aus Marmor ist das Wahrzeichen der Stadt und schon von weitem sichtbar. Es wurde 1940 von dem Diktator Trujillo erbaut. Auf einer quadratischen Grundfläche ruht die gedrehte Säule mit einem Engel auf ihrer Spitze. Man kann den spiralför-

migen äußeren Säulengang hinaufsteigen und hat von oben einen phantastischen Blick über die Stadt. Das Innere des Gebäudes ist mit Wandgemälden des spanischen Malers Vela Zanetti geschmückt.

Hinauf in die Berge

Auf der mit San José de las Matas ausgeschilderten Straße geht es zunächst durch ein mit Dornenbüschen und Kakteen bewachsenes Trockengebiet. Auf freigeschlagenen Flächen haben sich kleinbäuerliche Betriebe angesiedelt. Man durchfährt ein sehr **buckeliges Land**, wo die Straße oft oben auf den Bergkämmen verläuft.

Hochaufragend – Heldenmonument

Janico, der erste größere Ort, den man passiert, ist sehr sauber und liegt in einer Talsohle. Auffällig sind seine kleinen reinlichen Restaurants. Idyllisch ist der **Zentralplatz**, wo die Leute nach getaner Arbeit sitzen und sich unterhalten. Genauso auffällig ist die **Freundlichkeit seiner Bewohner**. Wenn man sie nach dem richtigen Weg fragt, so schwingt sich bestimmt hilfsbereit ein Bursche auf sein Moped und fährt voraus, damit man die in Frage kommende Ausfahrt aus dem Ort auch tatsächlich findet.

San José de las Matas

Übernachtung
*** Hotel La Mansion, Tel.: 581-0393/95, 581-6997, 578-8401, bietet 100 Bungalows an, davon 50 mit 3 Schlafzimmern und 2 Bädern, und 50 mit 2 Schlafzimmern und 1 Bad. Alle haben Terrasse, Küche, Wohn- und Eßzimmer. Neben diesen Annehmlichkeiten werden Sie hier auch auffallend zuvorkommend und nett betreut.
Ausflüge per Pferd oder Geländewagen in den nahen Nationalpark "Parque Nacional Armando Bermúdez" werden angeboten. Je nach Lust und Laune kann man auch hineinreiten und zurück fahren oder umgekehrt. 150 Stück Vieh gehören mit zum Anwesen.

Der Ort **San José de las Matas** selbst bietet nichts Besonderes. Er liegt jedoch in einer **landschaftlich sehr reizvollen Umgebung**, und er ist ein sehr guter Ausgangspunkt, um den schwer zugänglichen Nationalpark "Parque Nacional Armando Bermúdez" und den dahinterliegenden "Parque Nacional José del Carmen Ramírez" per Pferd oder in eingeschränktem Maße auch per Geländewagen zu erkunden. Näheres über diese Nationalparks finden Sie im Kapitel 8.1 unter "Dominikanische Republik, Praktische Reisetips von A–Z, Buchstabe N (Nationalparks und Reservate)".

13.9 SAN JOSÉ DE LAS MATAS – LAS TERRENAS

13.9.1 TOURISTISCHE HINWEISE

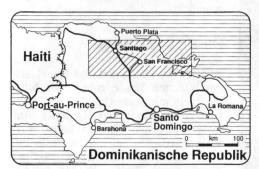

Entfernung
San José de las Matas – Las Terrenas: 234 km

Streckenhinweis
Von **San José de las Matas** in östlicher Richtung bis **Santiago** (Km 39), Ausfallstraße in Richtung Santo Domingo (Carretera Duarte) bis Straßengabelung (Km 57), Abzweigung links bis **Moca** (Km 68), weiter in östlicher Richtung über **Salcedo** (Km 84) und über San Franciso de Macorís (Km 109) bis **Nagua** (Km 178), Abzweigung rechts bis **Sánchez** (Km 215), Abzweigung links bis **Las Terrenas** (Km 234).

13.9.2 UNTERWEGS NACH LAS TERRENAS

Auf den Kämmen der Berge stehen Baumreihen oder -gruppen wie Haarbüschel, die wahrscheinlich als Begrenzungen der Felder und Viehweiden im Bauernland dienen.

Man erreicht Santiago, das bereits im vorigen Kapitel (13.8.2) beschrieben wurde.

Ackersegen – Modernes Denkmal

– *Dominikanische Republik / San José de las Matas – Las Terrenas* –

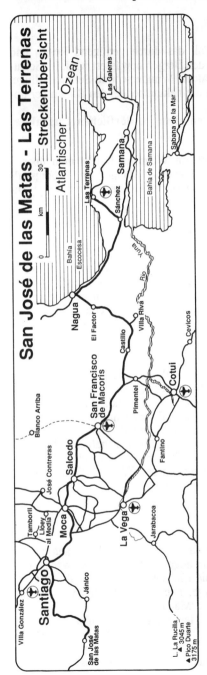

Moca

In der Umgebung der Kleinstadt Moca, die 1702 gegründet und wo 1899 der Diktator Ulises Heureux ermordet wurde, wird sehr viel **Kaffee** angebaut, daher der Name Moca. Der Anbau von Kaffee, aber auch von Kakao, Zuckerrohr und Tabak hat den wirtschaftlichen Aufschwung in unserem Jahrhundert bewirkt.

Beachtenswert sind die **Kirche** und ein **modernes Denkmal**. Die Vorderseite des Denkmals stellt einen mit einem Ochsen pflügenden Landwirt und ein Füllhorn mit den Früchten des Feldes dar.
Auf der Rückseite des Denkmals wiederholt sich das gleiche Motiv mit dem pflügenden Bauern, nur in anderer Form. Außerdem umklammern 2 Hände eine wachsende Feldfrucht.

Die Ausfallstraße nach Salcedo ist ausgeschildert. Sie ist sehr gut ausgebaut und sogar mit Mittelstreifen versehen.

Salcedo

Auch diese Kleinstadt liegt inmitten eines großen Obst- und Gemüseanbaugebietes. Besonders häufig werden Papaya, Maniok, Bananen und Ananas angebaut.

Als Begrenzung der Felder dienen dicht gesetzte Kakteen und Agaven als Hecken. Auffällig sind die **bunte Kirche** der Stadt und die **vornehmen Landhäuser** am Rande des Ortes, von tropischer Vegetation eingerahmt.

429

San Francisco de Macorís

Man fährt durch ein fruchtbares Tal, das durch genügend Regen und dauernd Wasser führende Bäche von den Bergen bewässert wird. Im Schatten großer Urwaldbäume gedeiht **Kakao**. Wunderschöne Schmetterlinge, auch Schwalbenschwänze, besuchen die nektarspendenden Blüten der üppigen tropischen Vegetation.
Die Stadt hat trotz ihrer Größe einen ziemlich **dörflichen Charakter**, weil fast alle Bewohner von der Landwirtschaft leben.

Auch nach dem Verlassen der Stadt am Wegesrand sieht man überall Anpflanzungen von Papaya, Kakao, Bananen, Mangos und Königspalmen. Auf den Viehweiden grasen schwarzbunte Holsteiner, rotbraune Angeliter und Zeburinder.

Castillo

Dieser Ort ist ein endlos in die Länge gezogenes Straßendorf. Es liegt in einer Ebene, wo auch Reisfelder angelegt sind. Bauern pflügen mit ihren Ochsen die sumpfigen Äcker. Die Kakaobohnen werden auf der Straße getrocknet. Teilweise ist die halbe Fahrbahn mit ihnen bedeckt.

Nagua

Bei Nagua erreicht man die Küste des Atlantischen Ozeans. In seiner Umgebung gibt es besonders **schöne Strände**, beispielsweise Playa Grande, La Preciosa, El Breton, Playa Diamante, La Entrada, Playa Boba und weitere namenlose wilde Strände, wo u.a. Zwergpalmen wachsen. Man wird auf Verkaufsbuden aufmerksam, wo Spanferkel geröstet werden. Auf der Küstenstraße zwischen Nagua und Sánchez haben sich kleine Restaurants und Hotels angesiedelt. Der Gran Estero mündet in den Ozean. Das Hinterland ist sumpfig. Die morastigen Wasserstellen sind mit dichten Schilfdickichten und Binsen umstellt.

Sánchez

Dieses kleine Städtchen liegt am Anfang der Halbinsel Samaná an der Bahía de Samaná auf der dem Atlantik abgewandten Seite. Es war einmal ein lebhafter Hafen, weil sich dort die Endstation der Eisenbahnlinie befand, die der Schotte Mr. Baird baute. Die Eisenbahnlinie verband die Städte La Vega und San Francisco de Macorís mit der Bucht. Nachdem der Straßenbau vorangetrieben wurde, legte man die Eisenbahnlinie still. Die Straßen und Häuser der kleinen Hafenstadt sind über mehrere Hügel verteilt. Aber auch Sánchez ist für den Urlauber meistens nur Durchgangsstation auf dem Weg zu den Stränden von Las Terrenas.

- *Dominikanische Republik / San José de las Matas - Las Terrenas* -

Um dieses Ziel zu erreichen, muß man auf einer Nebenstraße, die erst 1990 befestigt und asphaltiert wurde, über die wildromantischen Berge der Halbinsel Samaná fahren. Die steilen Auf- und Abfahrten haben teilweise 15% Steigung bzw. Gefälle. Der kleine Ort **El Nanjarito** oben in den Bergen ist von dichter tropischer Vegetation umgeben. Wie magnetisch werden die Blicke auf die **überschwenglich orangerot blühenden Flamboyant-Bäume** im Urwald gelenkt. Auf den großen **lilafarbigen Orchideen** glänzen noch die Wassertropfen des letzten Regenschauers wie Diamanten.

Las Terrenas

Übernachtung
Die manchmal technischen Mängel der Unterkünfte werden durch die tropische Idylle von Las Terrenas doppelt und dreifach aufgewogen.
● * **Hotel Acaya** vermietet 16 Gästezimmer mit Frühstück ohne warme Küche. Pferde zum Ausreiten können im Dorf gemietet werden. Als weitere sportliche Aktivitäten werden organisiert: Kanufahren, Unterwasserfischfang und Surfen.
● ** **Hotel Atlantis**, Tel.: 589-9300, liegt direkt neben dem Hotel Punta Bonito. Es wird von einem deutschen Besitzer selbst geführt und stellt den Feriengästen 19 Zimmer zur Verfügung. Dieses im Halbschatten der Palmen liegende Hotel zeichnet sich durch seine sehr freundliche Bedienung aus.
● *** **Cacao Beach Resort**, Tel.: 589-9589, 589-9423, vermietet 89 Bungalows, die 4 separate Wohneinheiten besitzen. Gleich dahinter rauscht das Meer. Palmwedelgedecktes Restaurant, Bar, Diskothek und Boutiquen gehören mit zum Service.
● * **Hotel Las Cayenas** wurde 1991 eröffnet. Die Vermieterin Marie Antoinette Piquet bietet 8 Gästezimmer und 1 Bungalow an. Die Solar-Elektrik verursacht keine störenden, brummenden Geräusche wie die üblichen Generatoren. Die Zimmer sind mit Betten mit Moskitonetz, rustikaler Möblierung und Dusche/WC einfach, aber zweckmäßig eingerichtet. Für Ihre Sicherheit ist ein Angestellter zuständig, und der große Hof ist abschließbar. Diese Unterkunft ist ideal für Individualtouristen geeignet.
● ** **Hotel Los Pinos**, Fax: 587-9470, wird von einem sehr freundlichen Schweizer Ehepaar geführt. Das Angebot besteht aus 2 Bungalows, 4 Gästezimmern und einer Gemeinschaftsküche mit Kühlschrank. Die aufgeschlossenen Gastgeber Marlene und Hans verbreiten eine angenehme, wohltuende, private Atmosphäre.
● ** **Hotel Palococo**, Fax: 5899-470, liegt am Ortsanfang von Las Terrenas. Diese Lage, nicht direkt am Strand, sondern 2,7 km von ihm entfernt, ist das Problem des sonst gut eingerichteten Hotels. Es stellt den Gästen 17 Bungalows zur Verfügung.
● ** **Punta Bonita**, Tel.: 809-1336, ist im Landhausstil erbaut und hält 19 Gästezimmer für Badeurlauber bereit. Restaurant mit internationaler und einheimischer Küche und eine Bar verwöhnen die Urlauber.
● ** **Hotel Tropic Banana**, Tel.: 589-9410, 589-9411, vermietet 28 Doppelzimmer und 1 Bett für Kinder von 1 bis 12 Jahren. Abends spielen lokale Musikanten zum Tanz auf.

In **Las Terrenas** ist alles in Reichweite. Tagsüber: Erholung, Ruhe, behaglicher Lebensrhythmus, Wandern über samtweichen, feinen Sand und sportliche Betätigung, und nachts: Entspannung in sanfter Meeresbrise und entfernte, lockende Klänge der örtlichen Musik. In Las Terrenas spüren Sie noch den **Zauber der Karibik**. Der urige Strand ist naturbe-

– *Dominikanische Republik / San José de las Matas – Las Terrenas* –

lassen. Kokosnüsse liegen im Sand. Alte Stubben und Baumstümpfe werden dort belassen, wo sie hingefallen sind oder wo sie an Land gespült wurden. Der Küste vorgelagert ist ein **Korallenriff**, das ein ideales Tauchrevier ist.
Aufregend wird es, wenn im Februar die **Wale** vorbeiziehen.

Karibikzauber – Las Terrenas

13.10 LAS TERRENAS – PUERTO PLATA – (SANTO DOMINGO)

13.10.1 TOURISTISCHE HINWEISE

Entfernung
Las Terrenas – Puerto Plata: 197 km

Streckenhinweis
Von **Las Terrenas** in westlicher Richtung immer entlang der Nordküste der Insel bis **Puerto Plata** (Km 197).

13.10.2 UNTERWEGS NACH PUERTO PLATA

Der Streckenabschnitt Las Terrenas – Nagua wurde bereits im vorigen Kapitel 13.9.2 beschrieben. Ein Höhenzug mit verwittertem Kalkgestein, das durch Risse, Spalten und Höhlen zergliedert ist, kommt ziemlich nahe an die Nordküste der Insel heran.

Cabrera

Cabrera ist ein kleiner, hübscher Ort mit einem zum Verweilen einladenden Zentralplatz. Die älteren Holzhäuser sind gut unter Farbe, und die neueren Steinhäuser machen einen gepflegten Eindruck.
Die zerklüftete Steilküste weiter im Norden ist am Kap **"Cabo Francés Viejo"** mit einem Leuchtturm bestückt. 15 km weiter stößt man auf eine schöne Badebucht mit gelbem Sand, die von schroffen Felsen eingerahmt ist.

Río San Juan

Übernachtung
● ** **Hotel Río San Juan**, Tel.: 589-2379, 589-2211, bietet Unterkunft für 275 Gäste.
● ** **Hotel Bahía Blanca**, Tel.: 589-2563, kann 18 Gästezimmer mit Terrasse und Ozeanblick, 2 Speiseräume und eine Bar zur Verfügung stellen. Schnorcheln, Windsurfen, Fahrradfahren, Badminton- und Volleyballspielen sind hier möglich.

Bei diesem kleinen Küstenort lohnt ein kurzer Abstecher abseits der Küstendurchgangsstraße in die Stadt. An einer Lagune mit einem kleinen

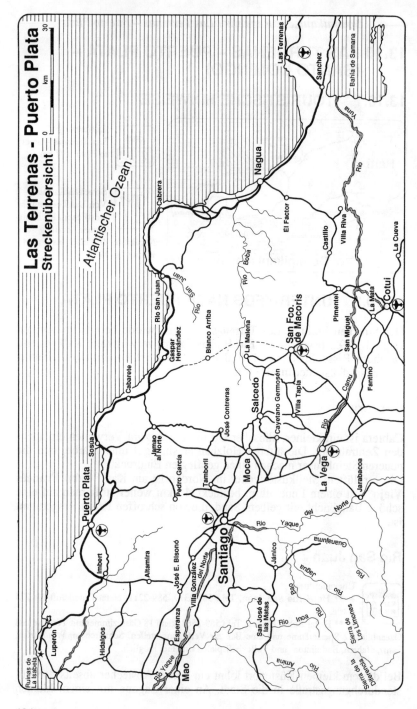

Dominikanische Republik / Las Terrenas – Puerto Plata

Mangrovensumpf kann man auch Boote mieten. Wer schon hier übernachten möchte, dem seien die beiden o.g. Hotels zur Auswahl empfohlen.
Im weiteren Verlauf der Fahrt erhascht man immer wieder spektakuläre Blicke auf den Atlantik, oder es geht durch eine versumpfte Küstenlandschaft.

Cabarete

Übernachtung
- ** **Casa Laguna**, Tel.: 571-0725, wurde im Dezember 1989 eröffnet. Es verfügt über klimatisierte und komfortable Appartements mit Terrasse.
- *** **Hotel Auberge du Roi Tropical**, Tel.: 571-0770, 571-0688, hat 33 Gästezimmer, davon 24 mit Seeblick, zu vermieten. Es ist im Besitz einer Schweizer Hotelgesellschaft und wird von einem deutschen Manager, Hermann Wittwer, betrieben. Das erklärte Ziel dieses Hotels ist es, individuellen Urlaub anzubieten. Sportaktivitäten können beispielsweise in Form von Surfen, Tauchen, Schnorcheln und den üblichen Wassersportarten, Mountainbike-Touren, Tennis, Tischtennis und Volleyball ausgeübt und Golf und Reiten können vermittelt werden.
- *** **Hotel Punta Goleta** liegt 1,5 km außerhalb von Cabarete. Das in viktorianischem Stil erbaute Gebäude hat 126 Gästezimmer. Swimmingpool, Sonnenterrasse, Liegewiese, Poolbar, die Möglichkeiten zum Tennisspielen, Billard, Fahrradverleih, Reiten, Volleyball und Sauna sind gegeben.

Verkauf am Strand – Cabarete

Motorrad und -roller-Verleih
Mauri Moto Renta, Tel.: 571-0666, der Schweizer Inhaber Maurus Schrenk vermietet:
Motorräder: 300-350 Pes incl. Versicherung für 1 Tag,
2.100 Pes für 1 Woche incl. Versicherung,
Motorroller: 250 Pes incl. Versicherung für 1 Tag,
1.500 Pes für 1 Woche incl. Versicherung.
Auf Wunsch kann auch eine Diebstahlversicherung abgeschlossen werden.

Cabarete gehört zu den **5 besten Windsurfrevieren** unseres Erdballs. 3 große Vorteile sind hier gegeben:
- Der Wind weht fast immer schräg auflandig. Jeder Surfer, der Probleme auf See bekommt, wird an Land getrieben.
- Ständig weht ein für den Surfer nötiger Wind (Passatwind).
- Das vorgelagerte Riff hält die großen Wellen fern.

Jedes Jahr wird dieser Ort für mindestens 2 Wochen von Amateuren und

Dominikanische Republik / Las Terrenas – Puerto Plata

Profis zum Schauplatz ihres Könnens. Hier wurden schon des öfteren die **Weltmeisterschaften im Surfen** ausgetragen.

In einem **Interview** entwickelt der Manager vom Hotel Auberge du Roi Tropical seine Ideen über den "Softtourismus" und berichtet über seine Erfahrungen:

INFO

Hermann Wittwer – Verfechter des "Softtourismus"

- *Der moderne Tourismus solle sein Augenmerk auch darauf richten, den Kunden außer Sonnenbaden ideellere Werte zu vermitteln.*
- *Die Menschen müssen wieder lernen, sich auf sich selbst zu besinnen.*
- *Sie sollen wieder das Gefühl für die Natur bekommen. Das weite Meer sei beim Surfen ein geeignetes Stück Natur dafür.*
- *Man solle lernen, die Natur zu respektieren. Nur die Menschen, die so fühlen, werden sie auch nicht zerstören.*
- *Es müsse das Bewußtsein der Reisenden auch für eine andere Möglichkeit zu leben geweckt werden, um auch mit weniger Bedürfnissen zufrieden zu sein. Das Lächeln und Lachen der materiell viel ärmeren Dominikaner müsse die Bewohner der reichen Industrienationen beschämen, mit welchen Bedürfnissen wir unserem vermeintlichen Glück nachlaufen. Die Einwohner dieses Landes verstünden es, mit sehr wenig glücklich zu leben.*
- *Man solle nicht nur Konsument sein, sondern solle wieder lernen, die Natur zu genießen. Auch ein Regentag am Strand könne schön sein. So, wie sich die Natur an solchen Tagen regeneriere, so könne auch ein solcher Tag ohne viel Aktivitäten zur Regeneration eines gestreßten Menschen, beispielsweise aus Mitteleuropa, beitragen.*
- *In der Dominikanischen Republik könne der Tourismus zu einem positiven Faktor auch für die einheimische Bevölkerung werden. Hierbei müsse die Mentalität der Dominikaner berücksichtigt werden. Man solle die Bewohner dieses Landes so nehmen, wie sie seien, und nicht europäische Maßstäbe ansetzen. Den Reiseveranstaltern müsse klar gemacht werden, daß sie nicht nur das Land gebrauchen, sondern daß sie ihre Intelligenz einsetzen sollten, auch dem Land zu helfen, denn ausgenutzt, mißbraucht und ausgebeutet wurde die Dominikanische Republik 500 Jahre lang. Man denke nur an die Ausrottung der Urbevölkerung, den Sklavenhandel und die Zerstörung der Natur durch teilweise Vernichtung der tropischen Regenwälder.*
- *Man solle nicht die gleichen Fehler machen wie vor 500 Jahren. Man solle dem Land helfen, die Eigenart seiner Bewohner akzeptieren, die Gastfreundschaft der Einheimischen achten, Verantwortung*

Dominikanische Republik / Las Terrenas – Puerto Plata

Verfechter des Softtourismus – Hermann Wittwer

zeigen, nicht nur Profit zu machen, sondern guten Tourismus anzulegen, der den Veranstaltern zwar Profit bringe, der aber auch dem Individualtouristen gute Urlaubsmöglichkeiten anbiete, die vielleicht etwas teurer seien, ihm aber mehr Freiraum lassen. Hier sei kein Perfektionismus gefragt. Der richtig kreierte Individualtourismus könne zu einer Qualitätssteigerung des Massentourismus werden.

● Die Ideen über den "Softtourismus" allein genügen nicht. Es gehört für seine Verwirklichung jedoch sehr viel Durchsetzungsvermögen dazu.

Sosúa

Übernachtung

● ** Hotel Los Almendros, Tel.: 571-3515, ist in Stadtmitte gelegen. Ein 30 m langer Tunnel führt unter der Strandpromenade zum Strand von Sosúa. Das Hotel ist in karibischem Stil erbaut. Restaurant, Bar, Souvenirshop und Swimmingpool gehören mit dazu. Die kleinen Zimmer sind zweckmäßig mit Klimaanlage, Dusche/WC und Telefon eingerichtet.

● **** Hotel Sand Castle Beach, Tel.: 571-2420, liegt 12 km von Sosúa entfernt auf einem Felsplateau. Den 300 m langen Strand erreicht man über Treppen. Die 230 Gästezimmer und Suiten sind auf 10 dreiterrassige Gebäude verteilt. Restaurants, Bars, Diskothek, 2 Swimmingpools mit Sonnenterrasse und jegliche Sportmöglichkeiten, wie Windsurfen, Segeln, Schnorcheln, Tauchen, Wasserski, Jet-Ski, Reiten, Tischtennis, Volleyball und Fahrradverleih, sowie Animationsprogramm gehören mit zum Service.

● ** Tourist Studios liegt direkt im Zentrum von Sosúa. Man benötigt nur 7 Minuten bis zum Meer. Shops sind in der Nähe. Es ist ein idealer Ausgangspunkt für unabhängigen, individualen Urlaub. 15 Apartments sind sauber und gemütlich mit Bad, Küche und kleiner Terrasse eingerichtet. Auf einem Sonnendeck kann man sich entspannen. Elisabeth Thau, eine interessante Frau, deutschsprachig und die Besitzerin dieser Studios, steht Ihnen mit Rat und Tat zur Seite.

Restaurants

● Atlantis liegt in Los Charamicos. Es ist ein Fischrestaurant.

● La Canoha ist ein Grillrestaurant, das in deutschem Besitz ist.

● Marco Polo liegt in der Bucht von Sosúa auf einer Steilküste. Man kann den Blick aufs Meer beim Speisen genießen; romantisches Restaurant.

—— *Dominikanische Republik / Las Terrenas – Puerto Plata* ——

- **Pavillion** wird von Österreichern betrieben.
- **Sonja**, ein anerkanntes Gourmetrestaurant, wird von Kanadiern geführt. Ein Swimmingpool gehört mit zur Anlage.

Sosúa ist ein sehr junger Ort, der 1940 von emigrierten europäischen Juden gegründet wurde. Er hat heutzutage ca. **8.000 Einwohner**, und man unterscheidet 2 **Stadtteile**: "El Batey" und "Los Charamicos".

El Batey ist das **Judenviertel**. Die Juden waren als Flüchtlinge aus Europa als Arbeitskräfte für die Landwirtschaft in die Dominikanische Republik geholt worden. Die Dom. Rep. unter Trujillo war damals das einzige Land der Welt, das den Lippenbekenntnissen der **Weltkonferenz für europäische Flüchtlinge 1938** in Evian (Frankreich) auch Taten folgen ließ und das den durch Adolf Hitler verfolgten Juden Asyl anbot. Der Diktator Trujillo schenkte den Flüchtlingen 26.000 Morgen Wildnis, um diese urbar zu machen. Unter der Schirmherrschaft des "United Jewish Appeal" wurde die "Dominican Republic Settlement Association" gegründet, kurz **DORSA** genannt, um das Projekt einer experimentellen landwirtschaftlichen Gemeinschaft zu beginnen. Das Land in dieser Gegend erwies sich jedoch für den Ackerbau als zu unfruchtbar, und man widmete sich mehr der **Viehzucht**, und so kam es zur Gründung einer Genossenschaft der Milchindustrie und Viehwirtschaft. Die Juden begannen, sich auch allmählich auf den Handel zu konzentrieren. Heutzutage gibt es in El Batey viele kleine Hotels und Restaurants, die von deutschen und österreichischen Juden betrieben werden. Die Haitianer stellen ihre Werke der "**Naiven Malerei**" auf dem Weg von El Batey zum Strand aus. **Los Charamicos** ist die **Altstadt**, wo hauptsächlich die Dominikaner wohnen.

Puerto Plata – die "Braut des Atlantiks"

Hotels
- ***** Club Heavens**, Tel.: 586-5250, in der Ferienzone Playa Dorada gelegen, hat einen Swimmingpool, Restaurant, Poolbar, Beachbar, Diskothek, Spielzimmer, Gymnastikraum, Boutique und Souvenirshops und ist als Mittelklassehotel einzustufen.
- ***** Flamenco Beach Resort**, Tel.: 586-3660, P.O.Box 1370, vermietet 300 Gästezimmer. Dieses Hotel besitzt: Klimaanlage, Cafeteria, Restaurant, Schwimmbad und Sportmöglichkeiten für Tennis und Golf.
- ***** Hotel Playa Dorada**, Tel.: 586-3988, P.O.Box 272, liegt direkt am Strand Playa Dorada. Restaurants, Pianobar, Boutiquen, Cafeteria, Souvenirladen, Spielcasino, Swimmingpool stehen den Feriengästen zur Verfügung. Land- und Wasser-Sportaktivitäten können ausgeführt werden.
- ***** Playa Dorada Princess**, Tel.: 568-5350, P.O.Box 653, liegt auch in der Ferienzone Playa Dorada. Es ist sehr großräumig konzipiert. Es handelt sich um ein Tennis-, Golf- und Beachresort. Ein 18-Loch-Golfplatz und 7 Tennisplätze gehören zum Hotelbezirk. Außer dem Haupthaus sind 3 Restaurants, Geschäfte, Bank, Swimmingpool mit Sonnenterrasse und Poolbar selbstverständlicher Bestandteil des Hotelkomplexes.

Dominikanische Republik / Las Terrenas – Puerto Plata

Restaurants
- Jardin Suizo ist bekannt wegen seiner guten Schweinefleisch-Gerichte.
- El Parillto II serviert Grillgerichte.
- Los Pinos ist eine Pizzeria.

Krankenhäuser
- Centro Médico Dr. Bournigal, Antera Mota, Tel.: 586-2342
- Hospital Ricardo Limardo, J.F. Kunhart, Tel.: 586-2210

Information
Oficina de Turismo, Malecón 20

Flughafen
Der Internationale Flughafen La Union liegt 25 östlich von Puerto Plata entfernt. 1980 wurde er für den internationalen Flugverkehr freigegeben.

Mietwagen
- Rentauto, Tel.: 586-0240
- National Car Rental, Tel.:586-2019
- Budget, Tel.: 586-0284
- Hertz, Tel.: 586-0200

• Geschichtliches

11.01.1493 erreichte **Christoph Kolumbus** die Küste, und voller Bewunderung über das glänzende Meer taufte er sie auf den Namen **Puerto Plata (Silberhafen)**.
1496 gründete **Bartolomé Colón** (1460–1514), der älteste Bruder von Christoph Kolumbus, Puerto Plata.
1502 begann **Nicolás de Ovando**, den Ort zu erweitern.
1508 erhielt der Ort die **Stadtrechte**.
1540 wurde die Festung **San Felipe** erbaut.
1605/06 zerstörten die Spanier die Stadt, weil der illegale Handel mit holländischen und französischen Kaufleuten nicht zu unterbinden war. Die Einwohner wurden zur Strafe für ihr Schmuggelunwesen einer **Zwangsumsiedlung nach Monte Plata** unterzogen.
1736 ließ die spanische Krone **Puerto Plata wieder neu errichten.**
1844 hatte man den heute als Nationalhelden verehrten **Pablo Duarte** in der Festung San Felipe **eingesperrt.**
1863 zerstörte ein **Großbrand** fast ganz Puerto Plata.
1873 erschien die **Zeitung "El Porvenir"**. Sie gilt als Vorläufer der nationalen Presse.

Unterhaltung der Gäste – Puerto Plata

—— *Dominikanische Republik / Las Terrenas – Puerto Plata* ——

Puerto Plata liegt zwischen dem 800 m hohen Berg **Isabel de Torres** und den rauschenden Wellen des Atlantiks, die sich auf dem goldgelben Sandstrand auslaufen. Im Westen liegt die Festung San Felipe und im Osten der ausgedehnte Strand von Long Beach.

Das von Christoph Kolumbus mitgebrachte **Zuckerrohr** wurde in Puerto Plata das 1. Mal auf der Insel Hispaniola angepflanzt. Es war bis vor wenigen Jahren die wirtschaftliche Grundlage der Stadt, bis heutzutage der **Fremdenverkehr** durch Vermarktung der schönen Strände als dominierender Wirtschaftszweig die Führung übernommen hat. Die Stadt hat heute ca. **83.000 Einwohner**.

● **Sehenswürdigkeiten**

- **Museo Amber** (Bernsteinmuseum)
(Ecke Avenida Duarte / Calle Prud homme)

Öffnungszeiten
Mo–Fr 9.00–18.00 und Sa 9.00–17.00 Uhr

Die umfangreiche **Ausstellung im oberen Stockwerk** enthält besonders wertvolle Bernstein-Exponate, die gut beschriftet sind. Die dominikanischen Bernsteinfunde haben der Wissenschaft viele kleine Fenster geöffnet, die uns einen **Blick in die prähistorische Vergangenheit** der Insel erlauben.
In Bernstein eingeschlossene Termiten, Ameisen, Käfer, Spinnen und Eidechsen sind einzigartige Raritäten. Die Eier von Eidechsen, Fragmente eines Wespennestes, Honigwaben, Silberfische (Insekten), Blätter einer Mimosenfamilie, Gottesanbeterinnen, Moskitos, Weinranken, Luftwurzeln, Orchideenblätter und vieles andere mehr ruft das Erstaunen der interessierten Besucher hervor.

Der **Algarrobo-Baum** ist nach Ansicht der Wissenschaftler dem Baum sehr ähnlich, der diesen Bernstein vor ca. 50 Millionen Jahren produziert hat.

In einem **Souvenirladen in der unteren Etage** kann man Bernstein mit interessanten Einschlüssen und andere Artikel käuflich erwerben.

- **Pico Isabel de Torres**

Der Gipfel des **800 m** hohen "Hausbergs" der Stadt ist entweder auf einem 2,5 Stunden dauernden Fußweg oder mit einer Kabinenbahn zu erreichen. Von hier oben können Sie einen **phantastischen Ausblick** genießen. Auf der Spitze des Berges reckt sich eine **große Christusfigur** in den Tropenhimmel.

Dominikanische Republik / Las Terrenas – Puerto Plata

- **Rumfabrik der Firma Burgal**
(Ecke Beller / Avenida Colón)

Öffnungszeiten
täglich 9.00–12.00 und 13.00–16.00 Uhr

Hier finden kostenlose Führungen statt. Im Grunde genommen ist es nur eine Abfüllerei.

- **Playa Dorada**
Auch wenn man sich nicht in dem Ferien- und Hotelkomplex Playa Dorada eingemietet hat, sollte man sich diese wie eine Festung bewachte Welt des Massentourismus aus Hotels, Geschäften und Golfplätzen ansehen.

13.10.3 AUSFLUG ZU DEN RUINEN VON LA ISABELA

Touristische Hinweise

Entfernung
Puerto Plata – La Isabela – Puerto Plata: 134 km

Streckenhinweis
Von Puerto Plata in westlicher Richtung zunächst auf der Autobahn Carretera Duarte in Richtung Santo Domingo bis zu einer **Straßengabelung** (Km 24), Abzweigung rechts bis **Luperon** (ausgeschildert, jedoch leicht zu übersehen) (Km 51), das letzte Stück einer in schlechtem Zustand befindlichen Naturstraße, die mit einem gewöhnlichen Pkw bei trockenem Wetter nur sehr langsam und bei Regen wahrscheinlich überhaupt nicht befahrbar ist, endet in **La Isabela** (Km 67).

Nach dem Verlassen von Puerto Plata, wo die leuchtendrot blühenden Flamboyant-Bäume zu einem herübergrüßen, geht es durch ein Gebiet mit weiten **Zuckerrohrfeldern.**

Luperon

Dieses kleine beschauliche Städtchen hat als einzige Attraktion einen schönen 2 km langen Sandstrand. Hier leben seine Bewohner ziemlich abgeschieden noch im Einklang mit der Natur.

Übernachtung
*** **Luperon Beach Club** ist großzügig mit 160 komfortabel eingerichteten Gästezimmern, großem Swimmingpool, 2 Whirlpools, Boutiquen, Souvenirshop, Bank, Diskothek und Möglichkeiten zum Reiten, Tennis-, Billard-, Tischtennisspielen

Dominikanische Republik / Las Terrenas – Puerto Plata

und der Ausübung von Wassersportarten konzipiert. Im Preis inbegriffen sind alle Mahlzeiten, lokale Getränke und Zigaretten.

Einfaches Leben – Schlichte Hütte

Anschließend fährt man durch **sehr trokkenes Land** mit vielen Dornenbüschen. Einzelne Königspalmen ragen aus dem Gebüsch heraus. Die schlichten Hütten der Bergbauern haben keinen elektrischen Strom, Gas oder fließendes Wasser. Die Viehweiden sind bis hoch ins Gebirge mit für Mensch und Tier undurchdringlichen Kakteenhecken abgegrenzt. Truthahngeier kreisen über dem dürren Land und suchen das Gelände nach verendetem Vieh ab.

Die Ruinen von La Isabela

Dieses Ruinenfeld der 1. spanischen Siedlung, die **Christoph Kolumbus** in Amerika am **10. Dezember 1493** anlegen ließ, wurde von **Professor F.M. Cruxet** aus Venezuela entdeckt und wissenschaftlich untersucht. Allzuviel ist hier in La Isabela, das nach der spanischen Königin Isabel la Católica genannt wurde, nicht mehr zu sehen. Die Fundamente eines Kolumbushauses aus Korallenkalk, Überreste eines Turms und einer Schutzmauer sind noch erkennbar. Der Westwall ist ins Meer gestürzt. Der ehemalige Regierungschef Trujillo ließ diese archäologische Ruinenstätte schützen. Prof. Cruxet hat auch die Stätten gefunden, wo Tonwaren und Ziegel hergestellt wurden. In einer Kapelle wurde der 1. Gottesdienst in der Neuen Welt abgehalten. Viele Spanier sind an Malaria gestorben. Auf einem Gräberfeld hat man ihre Gebeine und die der Indianer gefunden. Diese Siedlung wurde wegen der Tropenkrankheiten und der Überfälle der Indios wieder aufgegeben.

Die Rückfahrt nach Puerto Plata erfolgt auf dem gleichen Weg wie die Hinfahrt, und die anschließende Tour von Puerto Plata nach Santo Domingo wurde bereits im Kapitel 13.8.2, bis auf ein kleines Teilstück, in umgekehrter Richtung beschrieben.

14 REISEN IN JAMAIKA

"Die schönste Insel, die Augen je erblickt haben ... die Berge berühren den Himmel." *(Christoph Kolumbus 1494)*

14.1 ALLGEMEINER ÜBERBLICK

Der Name Jamaika stammt von dem indianischen Arawaken-Wort *"Xaymaca"* ab, das soviel wie das "Land von Wald und Wasser" bedeutet.

Jamaika, ein Teil Amerikas, wird aus europäischer Sicht zur Neuen Welt gerechnet, weil es Christoph Kolumbus vor etwas weniger als 500 Jahren entdeckt hat. Aber diese Gegend ist genauso alt wie die Erde selbst, und die **Geschichte Jamaikas** verliert sich im Dunkel der Vorzeit. Wir können exakt nur die kurze Spanne von 500 Jahren zurückverfolgen, weil unsere brutalen europäischen Vorfahren die Urbevölkerung der Indianer mit ihrer Kultur auf allen karibischen Inseln auslöschten. Man hätte noch viel tiefer in die Geschichte auch Jamaikas eindringen und viele wertvolle Hinweise bekommen können, wenn dies nicht geschehen wäre.

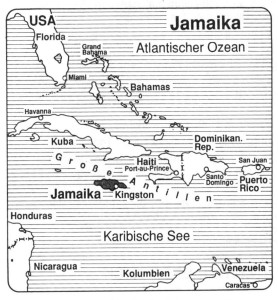

Obwohl der Landwirtschaft (Zuckerrohr) und dem Bergbau (Bauxitausbeutung) weite Flächen ursprünglichen Regenwaldes und klarer Flußläufe zum Opfer gefallen sind, hat diese Insel noch viele **Naturschönheiten**, wie die **Bergregenwälder**, in allerdings schwer zugänglichen Gebirgsregionen (Blue Mountains, Cockpit Country), und die Felsenküsten mit ihren eingestreuten **wunderschönen, oft einsamen Sandbuchten** bewahrt.

443

Jamaika / Allgemeiner Überblick

14.1.1 JAMAIKA AUF EINEN BLICK

Größe:	10.991 km², etwas größer als Zypern (9.251 km²)
Einwohner:	2,43 Millionen Einwohner, das sind 221 Einwohner/km², 87,5% Schwarze und Mulatten, 1,3% Inder, 0,2% Chinesen, 0,2% Weiße, 10,8% verschiedener unbekannter ethnischer Gruppen
Religion:	Religionsfreiheit, überwiegend verschiedene protestantische Kirchen, in einigen Gemeinschaften Vermischung christlicher und animistischer Glaubenselemente
Bevölkerungszuwachs:	4,4% Zuwachs!
Lebenserwartung:	71 Jahre bei Männer, 76 Jahre bei Frauen
Sprache:	Englisch ist Landessprache, daneben Patois (Mundart mit afrikanischen Elementen)
Staatsform:	Parlamentarische Demokratie innerhalb des Commenwealth of Nations seit 1962
Hauptstadt:	Kingston mit 524.000 Einwohnern
Flagge:	2 diagonale gelbe Streifen teilen je 2 grüne (oben und unten) und 2 schwarze (seitlich) gegenüberliegende Felder
Verwaltung:	Gliederung in 14 Bezirke (Parishes)
Exportgüter:	Bauxit (zur Aluminiumherstellung), Tonerde
Importgüter:	Erdölerzeugnisse, Nahrungsmittel (vor allem Getreide), Maschinen, elektrotechnische Erzeugnisse, Fahrzeuge
Zeitverschiebung:	Minus 6 Stunden zwischen der Landeszeit Jamaikas und der MEZ, während unserer Sommerzeit 7 Stunden

14.1.2 GESCHICHTLICHER ÜBERBLICK

6.000 v. Chr.	besiedelten erste **primitive indianische Stämme** Jamaika.
600 n. Chr.	setzten sich **indianische Arawaken** auf der Insel fest.
04.05.1494	entdeckte **Christoph Kolumbus** Jamaika. Er landete erstmalig in der Discovery Bay.
1503	strandete **Christoph Kolumbus** in der St. Ann's Bay.
1509	nahm **Juan de Esquivel** als 1. Gouverneur für Diego Colón, Christoph Kolumbus Sohn, Jamaika in Besitz.
1510	wurde **Sevilla la Nueva** nahe der St. Ann's Bay als Hauptstadt gegründet.

Jamaika / Allgemeiner Überblick

1513	verschleppte man die ersten **afrikanischen Sklaven** auf die Insel.
1520	wurde **Zuckerrohr** von Santo Domingo eingeführt.
1534	gründete man die neue **Hauptstadt Villa de la Vega** (Spanish Town). Sevilla la Nueva verkam.
10.05.1655	landete eine **englische Truppe** unter **General R. Venables** und Admiral W. Penn. Die Spanier kapitulierten.
1658	schlugen die Engländer eine **spanische Invasion am Río Nuevo** zurück.
1660	wurden die **Spanier endgültig** von Jamaika **vertrieben**. Die Zuckerindustrie wurde entwickelt.
08.07.1670	mußte Spanien nach dem **Vertrag von Madrid** Jamaika an Großbritannien offiziell abtreten.
07.06.1692	zerstörte ein **Erdbeben Port Royal**.
23.07.1694	attackierten **französische Truppen** unter **Jean du Casse** die Insel. Sie wurden jedoch in der Schlacht von Carlisle Bay geschlagen.
1700	ergab die Volkszählung in Jamaika: **40.000 Schwarze** und **7.000 Weiße**.
1728	wurde **Kaffee** in Jamaika angepflanzt.
1739	unterzeichnete man den Friedensvertrag mit den **Maroons** (engl.). Der Name wurde von dem spanischen Wort "*Cimarron*" abgeleitet, das soviel wie die "Unzähmbaren" bedeutet, die sich in die Berge Zentraljamaikas zurückgezogen und die eine eigene, von den Briten unabhängige Gesellschaft aufgebaut hatten. Ihnen wurde ihre Autonomie und Befreiung von Steuern zugesagt, wenn sie entflohene Sklaven zurückbrächten.
1760	brach in St. Mary Parish eine **Sklavenrevolte** aus, die als "Tacky's War" bezeichnet wurde.
12.04.1782	siegte **Admiral Rodney** in der "**Battle of the Saints**" über die französische Flotte.
1795–96	wütete der **2. Maroon-Krieg**.
1800	ergab die Volkszählung **300.000 Schwarze** und **20.000 Weiße**.
25.03.1808	wurde der **Sklavenhandel in britischen Kolonien abgeschafft**.
1816	ist das Gründungsjahr von **Mandeville**.
28.12.1831	brach die "**Christmas Rebellion**" unter Leitung von **Samuel Sharpe** aus. Sklaven revoltierten in St. James.
01.08.1838	war der denkwürdige Tag der totalen **Abschaffung der Sklaverei**.
1865	ereignete sich die **Morant Bay Rebellion**, die die Befreiung von Großbritannien zum Ziel hatte.
1866	stimmte "Jamaica's Assembly" gegen die Unabhängigkeit von Großbritannien. Jamaika wurde **englische Kronkolonie**.
1868	begann die **Anpflanzung von Bananen**.
1872	wurde die **Hauptstadt** der Kolonie von Spanish Town nach **Kingston** verlegt.
14.01.1907	zerstörte ein **Erdbeben** Kingston.
1938	breiteten sich **Arbeiterunruhen** aus. Aus ihnen ging die 1. Arbeiterorganisation und die Formation politischer Parteien hervor.

Jamaika / Allgemeiner Überblick

1943	förderte man zum ersten Mal **Bauxit** im St. Ann Parish.
1944	garantierten die Engländer den Jamaikanern das **allgemeine Wahlrecht**.
1948	wurde "**University College of the West Indies**" **in Mona** gegründet.
10.04.1962	errang die "**Jamaica Labour Party**" (JLP) in der Wahlkampagne den **Sieg**.
06.08.1962	entließ England Jamaika in die **Unabhängigkeit**. Sir Alexander Bustamante wurde 1. Prime Minister und Sir Kenneth Blackburne 1. Generalgouverneur.
1963	verabschiedete das jamaikanische Parlament einen **5-Jahres-Entwicklungsplan**.
21.04.1966	traf **Kaiser Haile Selassie von Äthiopien** zu einem Staatsbesuch in Jamaika ein.
1967	schied Bustamante aus. Sein Nachfolger war Donald Sangster. Dessen plötzlicher Tod brachte **Hugh Shearer** an die Macht.
02.09.1969	starb **Norman Washington Manley**, Leiter der "**People's National Party**" (PNP).
70er Jahre	Die **Reggae-Musik** wurde weltweit populär. Ihre berühmteste Figur stellte **Bob Marley**.
1972	errang die "**People's National Party**" unter Leitung von Michael Manley den **Wahlsieg** knapp mit 16 von 37 Sitzen.
1976	konnte die "**People's National Party**" ihren **Wahlsieg** wiederholen. Auf ihrem Programm stand der demokratische Sozialismus.
1980	ging die "**Jamaica Labour Party**" unter Edward Seaga mit einem überwältigenden **Sieg** aus den Parlamentswahlen hervor.
1988	verwüstete der **Hurrikan "Gilbert"** die Insel.
10.02.1989	konnte wieder "**People's National Party**" unter dem wesentlich gemäßigteren Sozialisten Michael Manley einen klaren **Wahlsieg** erringen.

14.1.3 GEOGRAPHISCHER ÜBERBLICK

Die Lage und Größe

Das Staatsgebiet von Jamaika erstreckt sich im Karibischen Meer als drittgrößte Insel der Großen Antillen zwischen 17° 45' und 18° 30' nördlicher Breite sowie zwischen 76° 15' und 78° 23' westlicher Länge.
Die Insel ist 240 km lang und 60 bis 80 km breit. Die Fläche Jamaikas beträgt 10.991 km².

Landschaftsgliederung

Die Oberfläche Jamaikas ist nicht sehr stark gegliedert. Der Kern der Insel besteht aus dem **Gebirgsstock der Blue Mountains,** der im Osten der Insel mit dem **Blue Mountain Peak** (2.256 m) seine höchste Erhebung erreicht und der mit Bergregen- und Nebelwald überzogen ist. Die-

Jamaika / Allgemeiner Überblick

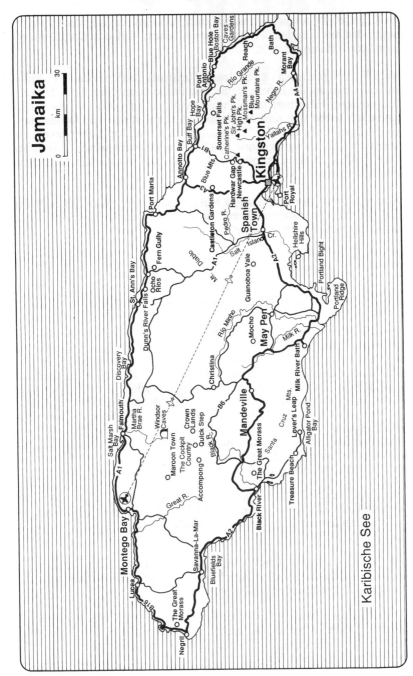

ses Gebirge ist ein von Nordwesten nach Südosten verlaufendes Faltengebirge, das aus Kreidekalken besteht und einen Teil des Kordillerensystems der Antillen darstellt.

Nach Westen schließen sich an den Gebirgsstock **stark verkarstete Kalksteinplateaus** an, die nahezu $^2/_3$ der Inselfläche ausmachen. Sie bilden ein flachwelliges Hügelland mit Höhen von 300 m bis 600 m. In der Karstlandschaft haben sich Kalksteinkegel und -türme sowie tiefe Dolinen herausgebildet, die in Jamaika "Cockpits" genannt werden. Daher nennt man den wildesten, unzugänglichsten und siedlungsabweisendsten Teil dieser Landschaft auch das **Cockpit Country**, das noch mit dichtem tropischen Primärurwald bedeckt ist.

An der meist **steilen und felsigen Küste** Jamaikas sind Mangrovenwälder und Kokospalmen vorherrschend. Im Süden ist dem Gebirge eine breite Schwemmlandebene vorgelagert.

14.2 KINGSTON – DIE METROPOLE

14.2.1 ALLGEMEINER ÜBERBLICK

Den besten Gesamtüberblick auf Kingston hat man von 2 dafür besonders **günstigen Standorten:**
- Von der vorgelagerten schmalen **Nehrung "The Palisadoes"**, an dessen Ende Port Royal liegt, haben Sie einen eindrucksvollen Blick über den siebtgrößten Naturhafen der Erde, auf die sich leicht den Hang hochziehende Hauptstadt mit den spektakulären Blue Mountains im Hintergrund.
- Von den Kämmen der **Vorberge der Blue Mountains**, die beispielsweise auf der Bergstraße nach Newcastle erklommen werden können, blickt man in umgekehrter Richtung auf Kingston, den großen Naturhafen und die Nehrung "The Palisadoes", die meistens tagsüber im Dunst mit den Pastellfarben der dahinterliegenden Karibischen See verschmilzt.

Noch eindrucksvoller ist in der Dunkelheit der Blick von der Höhe des Berggasthofs Pine Grove, wenn das Lichtermeer Kingstons wie ein funkelndes Diademgeschmeide vor der dann dunklen Meeresbucht ausgebreitet liegt.

Kingston ist in eine **"Downtown"**, die Altstadt mit ihren ehrwürdigen Sehenswürdigkeiten, und in eine **"Uptown"**, die Neustadt mit ihren andersartigen Attraktionen, gegliedert.

Die Metropole hat viele Gesichter. Einmal ist es das **Kulturzentrum** des Landes, Universitätsstadt, Sitz mehrerer Theater und kleiner Bühnen, Museen und Kunstgalerien. Zum anderen erblickt man auch erbärmliche Hütten in den Elendsvierteln.

Jamaika / Kingston

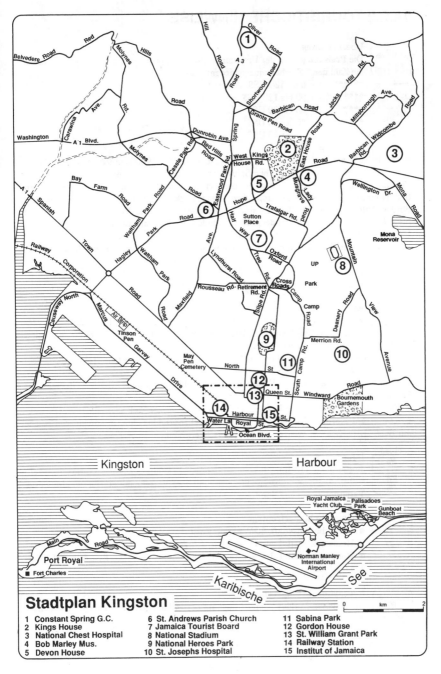

Stadtplan Kingston

1 Constant Spring G.C.
2 Kings House
3 National Chest Hospital
4 Bob Marley Mus.
5 Devon House
6 St. Andrews Parish Church
7 Jamaica Tourist Board
8 National Stadium
9 National Heroes Park
10 St. Josephs Hospital
11 Sabina Park
12 Gordon House
13 St. William Grant Park
14 Railway Station
15 Institut of Jamaica

Jamaika / Kingston

14.2.2 TOURISTISCHE HINWEISE

Übernachtung
Die **Preiskategorien** der Unterkünfte (für 1 Doppelzimmer pro Tag) werden durch die Zahl der *-Zeichen unterschieden:
```
******  =  über 120 US$
*****   =  90 bis 120 US$
****    =  60 bis 90 US$
***     =  40 bis 60 US$
**      =  20 bis 40 US$
*       =  bis 20 US$
```
● ***** Four Seasons**, 18 Ruthven Road, Kingston 10, Box 190, Tel.: 926-8805, 926-0682, 929-7655-7, geführt von 2 deutschen Schwestern aus Thüringen: Frau Helga Stoeckert und Christa Lundh, bietet es 39 klimatisierte, unterschiedlich große, gemütliche Gästezimmer mit Bad, Fernseher, Telefon und mit tropischen Pflanzen dekoriert an. Diese Hotelanlage ist ideal für den Aufenthalt von Familien. Es sind Kinderbetten aufgestellt. Verbindungstüren können für größere Familien und Freunde geöffnet werden. Im Zentralgebäude haben die Zimmer Dachterrassen. Das großräumige Hotelgrundstück mit viel Umland bietet sehr viel Freiraum. Der Gebäudekomplex ist von einer Mauer umschlossen. Four Seasons ist durch seine tropische Begrünung eine kleine Oase in der Großstadt und sehr zentral gelegen.
● ****** Ozeana**, King Street 2, Box 986, Tel.: 922-0920/29, kann den Gästen 200 Zimmer mit Bad anbieten. Der komfortable Hotelkomplex schließt einen Swimmingpool mit ein.

Restaurants
● **Hotel Four Seasons**, 18 Ruthven Road, Kingston 10, Tel.: 926-8805, 926-0682, 929-7655-7, von Frau Helga Stoeckert und Christa Lundh geführt, garantiert gute Speisen, auch mit Thüringer Einschlag.
● **Jade Garden Restaurant**, Shop 15–17, 1. fl., Village Plaza, Constant Spring Road, Tel.: 929-2232, chinesische Küche.
● **Minnie's Ethiopian Herbal Health Food**, 170 Old Hope Road, Liguanea, italienisches Restaurant, Fischgerichte.
● **Revolution Lounge**, Celesa Jerk Centre, bietet preiswert Jerk Pork an.
● **Restaurant Korea**, 73 Knutsford Boulevard, Tel.: 929-4387, feinste koreanische Küche mit Beef-, Hähnchen-, Schweinefleisch- und Fischgerichten.

Information
Jamaica Tourist Board, Tourism Centre, 21 Dominica Drive, P.O. Box 360, Tel.: 929-9200-19, erteilt bereitwillig Auskunft über Verkehrsmittel, Unterkünfte, Feste, Veranstaltungen und Sportmöglichkeiten.

Diplomatische Vertretungen
● **Deutsche Botschaft**, 10 Waterloo Road, Tel.: 929-6728
● **Honorarkonsulat von Österreich**, 2 Ardenne Road, Tel.: 926-3636
● **Honorarkonsulat der Schweiz**, 111 Harbour Street, P.O. Box 401, Tel.: 922-3347

Internationale Flugverbindungen
Der **Norman Manley Airport** liegt auf der 14 km langen Landzunge "The Palisadoes", die den Hafen schützend umschließt.
Es bestehen **regelmäßige Flugverbindungen** (Linie und Charter) von und nach:
● **USA**: Atlanta, Chicago, Houston, Miami, New York, Philadelphia,
● **Kanada**: Montreal, Toronto,

Jamaika / Kingston

- Puerto Rico: San Juan,
- Bahamas: Nassau,
- Kuba: Havanna,
- Großbritannien: London,
- Bundesrepublik Deutschland: Frankfurt/Main.

Busse
Zentralbusbahnhof, St. William Grant Park
- Die **Lokalbusse** fahren auf besonderen Linien. Sie fahren ohne festen Fahrplan. Wenn sie voll sind, geht es los. Die Nummern sind an den Busbahnsteigen angeschrieben.
- Die **Fernbusse** fahren ebenfalls ohne feste Pläne. Fahrscheine sind beim Busschaffner erhältlich. Es gibt kein besonderes Büro, um die Tickets zu kaufen.

Eisenbahn
Täglich verkehren Personenzüge **zwischen Kingston und Montego Bay**. Die Fahrzeit beträgt 5–6 Stunden. Die Fahrpläne sind variabel.

Bücher und Zeitschriften
- **Jamaica Journal**, 2a Suthermere Road, Kingston 10, Tel.: 92-94785-6. Hier können Sie "Jamaica Journal", eine Kulturzeitschrift mit informativen Aufsätzen über die verschiedensten Wissensgebiete, erhalten oder bestellen.
- **Sangster's Bookstore**, Hope Road / Liguanea, hält eine gute Auswahl an Büchern vor.

14.2.3 GESCHICHTLICHER ÜBERBLICK

1600 entstand Kingston als **Colonel Barry's Hog Crawle**.
1692 versank **Port Royal** während des **Erdbebens**. Die Überlebenden der Naturkatastrophe flüchteten über den "Royal Harbour" aufs Festland nach Colonel Barry's Hog Crawle, kauften Land und bauten die Stadt mit dem Namen **Kingston** systematisch auf.
1802 erhielt Kingston eine **kommunale Verfassung**.
1872 wurde der Sitz der **Hauptstadt** von Spanish Town nach Kingston verlegt.
1907 zerstörte ein **Erdbeben** und ein anschließender **Großbrand** die Hauptstadt.
Seit 1960 wird der **historische Altstadtkern renoviert**.

14.2.4 DIE WICHTIGSTEN SEHENSWÜRDIGKEITEN

Tip
Es wird empfohlen, die Sehenswürdigkeiten der Stadt in Downtown zu Fuß und in Uptown Kingstons mit dem Auto in der Reihenfolge zu besichtigen, wie sie in diesem Buch aneinandergereiht sind, um möglichst wenig unnötige Wege zu machen.

National Gallery of Jamaica (Port Royal Street)

Öffnungszeiten
täglich außer So 10.00–17.00 Uhr

Jamaika / Kingston

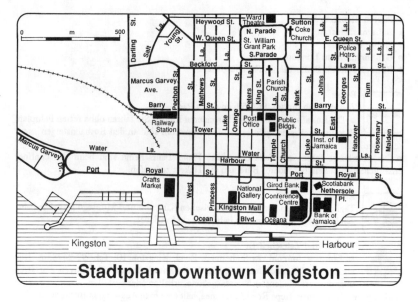

Stadtplan Downtown Kingston

Die National-Gemäldegalerie beherbergt die herausragendste Kunstsammlung der gesamten Karibik. Man kann die Fülle der Kunstwerke in 6 Hauptabteilungen gliedern:
- Die Arawaken, Spanier und Engländer
- Edna Manley und die formativen Jahre
- Die frühen Intuitiven
- Die 40er und 50er Jahre
  - Die intuitive Gruppe
  - Die Unabhängigen
- Die 60er und 70er Jahre
  - "Hauptstrom"
  - Surrealismus und andere Einflüsse
  - Die junge Generation bis zum "Hauptstrom"
  - Die späten Intuitiven
- Kunstschulen, Assoziationen, Galerien

Besonders beeindruckend sind Zeichnungen und Skulpturen der **Künstlerin Edna Manley**.

---INFO---

Wer war Edna Manley?

1900 wurde die inzwischen verstorbene Edna Switherbank in Bournemouth (England) als 5. Kind von 9 geboren. Ihr Vater, ein Wesleyaner Priester, lernte auf einer Pflichtreise von England nach Jamaika Ellie Shearer kennen und heiratete sie 1895.

Jamaika / Kingston

Edna Manley

1914 traf Edna zum 1. Mal ihren Cousin Norman Manley, Sohn ihrer Mutters Schwester Margaret. Der junge Manley, der zu der Zeit 21 Jahre alt war, war in England, um in Oxford Rechtswissenschaften zu studieren. Zwischen beiden entwickelte sich eine starke Zuneigung.

*1921 fand die **Heirat mit Norman Manley** statt.*

*1922 segelte **Edna Manley** mit ihrem Mann und ihrem nur einige Wochen alten Sohn Douglas nach **Jamaika**.* Diese Frau kam mit der sicheren Hand einer Bildhauerin, dem prüfenden Verstand und dem abenteuerlichen Geist auf diese Karibikinsel, bereit für dieses neue und erregende Land, das ihre neue Heimat wurde. Sie hat sich einmal so geäußert: "Als ich nach Jamaika kam (...), war ich total und absolut inspiriert. Vergeßt nicht, meine Mutter war Jamaikanerin, und ich bin mit den alten Geschichten Jamaikas aufgewachsen, und ich fühlte, ich komme heim...".

Jamaikas intellektuelles und künstlerisches Leben war für das junge Paar enttäuschend. Das Interesse an künstlerischen Dingen war sehr gering.

Die berühmten Erstlingswerke der Künstlerin in Jamaika, die Bronzefiguren *"The Beadseller"* und *"The Listener"*, verraten noch elegante kubistische Formengebung aus ihrer Studienzeit in London. Die intensive Ausdruckskraft dieser Skulpturen erinnert an die ersten Werke Ernst Barlachs. – In *"Market Women"* kommen schon massivere Stilformen zum Ausdruck.

1935 In weiteren Werken, wie ihrer berühmtesten Skulptur *"Negro Aroused"*, findet sie ihren eigenen Stil.
1955 wurde **Norman Manley** zum *"Chief Minister"* ernannt. Die Pflichten an der Seite ihres Mannes lassen ihr wenig Zeit, um weiter ihren künstlerischen Neigungen nachzugehen.
1969 starb Norman Manley.
1970 schuf die Künstlerin *"Angel"* zur Erinnerung an ihren verstorbenen Mann.
1972 ernannte man **Michael Manley**, ihren 2. Sohn, zum *"Prime Minister"*.
1978 Die 2. Version *"Negro Aroused"* in Ton wurde leider durch Feuer zerstört.

Jamaika / Kingston

African-Caribbean Institute
(Worth Street 11)

Öffnungszeiten
Mo–Fr 9.00–12.00 Uhr

Dieses Institut unterhält eine kleine Bibliothek, die sich auf den speziellen Themenkreis der afro-karibischen Kultur, Kunst und Geschichte beschränkt. Die zentrale Figur dieses Themas ist **Marcus Mosiah Garvey**.

INFO

Wer war Marcus Mosiah Garvey (1887–1940)?

- *Seine frühen Jahre*

*Am 17.08.1887 wurde Marcus Mosiah Garvey in St. Ann's Bay geboren. Er war der Jüngste von 11 Kindern. 9 von ihnen starben im Kindesalter. Garvey absolvierte die **Grundschule** in St. Ann's Bay und war ein **begabter Schüler**. Er bekam auch privaten Unterricht von seinem "Godfather" Mr. Alfred Burrowes, der eine Druckerei betrieb. Mit 14 trat Garvey als Lehrling bei Mr. Burrowes ein, um den **Beruf des Druckers** zu erlernen.*

*Der junge Garvey hatte die **Liebe zu Büchern** von seinem Vater geerbt, ein geschickter Steinmetz, der gut belesen war und der eine private Bibliothek besaß. Diese Liebe verstärkte sich noch während der Lehrzeit bei Mr. Burrowes, der eine umfassende Kollektion von Büchern hatte, die der wißbegierige Garvey voll zu nutzen wußte. Er kam auch in Kontakt mit vielen Leuten, die in der Druckerei verkehrten und die über Politik und soziale Fragen mit Mr. Burrowes diskutierten. So begann sein lebenslanges **Interesse an Politik und sozialen Fragen**.*

- *Von St. Ann's Bay nach Kingston*

*1906 verließ Garvey St. Ann's Bay und suchte in **Kingston** seinen Horizont zu erweitern. Zunächst arbeitete er bei einem Onkel mütterlicherseits, ging dann zu P.A. Benjamin Limited, wo er als Schriftsetzer in der Druckerbranche arbeitete. 1907, im Alter von 20 Jahren, avancierte er zum **Druckermeister und Vorarbeiter** der Kompanie. **Ende 1908** machte er seine erste Erfahrung in der Arbeiterorganisation mit einem **Streik**, als die unzufriedenen Drucker, repräsentiert durch die "Typographical Union", um bessere Löhne in den Ausstand traten. Garvey beteiligte sich an dem Streik trotz des ihm angebote-*

Jamaika / Kingston

Marcus Mosiah Garvey

nen höheren Lohns. Der Streik war erfolglos, und Garvey verlor seinen Job. Da er auf eine "Schwarze Liste" gesetzt worden war, war es für ihn unmöglich, eine neue Anstellung in einer privaten Druckerei zu bekommen. Schließlich fand er jedoch eine Beschäftigung beim "Government Printing Office".

- *Garvey's frühe Reisen*

1910 verließ Garvey Jamaika und arbeitete in Costa Rica als Zeitnehmer in einer Bananenplantage. Als er erkannte, unter welchen schlechten Bedingungen seine schwarzen Brüder arbeiteten, beschloß er, das Leben dieser Armen zu ändern. Er verließ Costa Rica und reiste durch Mittelamerika, arbeitete und beobachtete die Arbeitsbedingungen der Schwarzen in dieser Region.
Er besuchte die Panamakanalzone und sah auch dort, wie die Arbeiter lebten und arbeiteten. Er kam nach Ecuador, Kolumbien und Venezuela. Überall litten die Schwarzen große Not.
Garvey kehrte nach Jamaika zurück, bekümmert über die Situation in Mittel- und Südamerika, und appellierte an Jamaikas Kolonialregierung, das Elend der westindischen Arbeiter in Zentralamerika zu lindern. Sein Appell traf auf taube Ohren.
1912 ging Garvey nach London, wieder arbeitend und die Arbeitsbedingungen der Schwarzen in anderen Teilen des Britischen Empires studierend. Während dieser Zeit lernte er viel über afrikanische Kultur und verfeinerte seine Philosophie, um die Schwarzen aufzurichten. Außerdem wurde sein Interesse auf die Arbeits- und Lebensbedingungen der Schwarzen in den USA gelenkt. 1914 kehrte Garvey in seine Heimat zurück, bereit zur Aktion und überzeugt, daß Einigkeit der einzige Weg zur Verbesserung der Situation der Schwarzen sei.

- *Die Gründung der "Universal Negro Improvement Association"*

Am 01.08.1914 gründete Garvey die "Universal Negro Improvement and Conservation Association and African Communities League" (UNIA). Der Initiator Garvey wurde der Präsident dieser Vereinigung. Mit dem Motto: "Ein Gott!" Ein Ziel!" "Ein Schicksal!" ("One God! One Aim! One Destiny!") suchte die Vereinigung "aller schwar-

zen Völker der Welt in einen großen Körper und die Errichtung eines Landes und einer eigenen Regierung" ("all the Negro peoples of the world into one great body and to establish a country and Government absolutely their own.") zu erlangen.
Einige definierte **Ziele** waren:
- Förderung des Geistes, des Stolzes und der Liebe der schwarzen Rasse,
- Hilfeleistung an die Bedürftigen,
- Wiedererlangung des Selbstbewußtseins der schwarzen Rasse,
- Errichtung von Universitäten, Gymnasien und Realschulen für die weitere Erziehung und Kultur der schwarzen Jungen und Mädchen,
- Aufbau eines weltweiten kommerziellen und industriellen Verkehrs.
Das 1. Hauptquartier befand sich in Kingston, 30 Charles Street. Die Vereinigung kaufte sich später in "Kingston's Liberty Hall" ein. UNIA-Büros wurden weltweit als "Liberty-Hall" bekannt.

● **Die UNIA – eine internationale Organisation**

1916 machte sich Garvey auf, um eine Vortragsreise durch die USA zu unternehmen. Er blieb dort bis zu seiner Abschiebung (1927). Während dieser Zeit in den USA arbeitete er gewissenhaft daran, die UNIA zu einer wirklichen **internationalen Organisation** zu festigen. Seine Anstrengungen waren erfolgreich.
1920 hatte die Organisation mehr als *1.100* Zweigstellen in mehr als 40 Ländern. Die meisten Zweigstellen befanden sich in den USA, aber auch in verschiedenen karibischen Ländern, überwiegend in Kuba, außerdem in Panama, Costa Rica, Ecuador, Venezuela, Ghana, Sierra Leone, Liberia, Namibia und Südafrika.
In den Augen US-amerikanischer Autoritäten und der britischen Kolonialverwaltung hatte sich Garvey zu einem **gefährlichen Agitator** entwickelt. So kam es dann auch, daß er 2 Jahre im Gefängnis in Atlanta verbringen mußte.
1927 hat man ihn dann **nach Jamaika abgeschoben.** Dort hat er die **"People's Political Party"** auf einer reformierten Grundlage organisiert. Er kämpfte vergeblich um einen Sitz im Parlament in der Legislaturperiode.
1935 verließ er enttäuscht Jamaika und ging nach **England.**
1940 starb er dort **als frustrierter Mann.** Zu Lebzeiten ist er von vielen verunglimpft und verspottet worden. Nach seinem Tod hat es ein Überdenken seiner Rolle in der internationalen Freiheitsbewegung der Schwarzen gegeben, und seine visionären Qualitäten und Ideen wurden nachträglich anerkannt.
1964 übeführte man seine sterblichen Überreste von England nach Jamaika und setzte sie mit vollen nationalen Ehren in heimatlichem Boden im **National Heroes Park** bei.

Jamaika / Kingston

National Library of Jamaica
(East Street / Tower Street)

Öffnungszeiten
Mo–Do 9.00–17.00 Uhr, Fr 9.00–16.00 Uhr, Sa 9.00–13.00 Uhr

Diese Bücherei, die **1894** eingerichtet wurde, zeichnet sich dadurch aus, daß in ihr die umfassendste Sammlung der Welt an **Literatur über den westindischen und karibischen Raum** konzentriert ist. Mikrofilm und Computer sind bewährte Hilfsmittel, um schnell und gezielt das zu finden, was man sucht.

Naturhistorisches Museum
(Tower Street)

Öffnungszeiten
Mo–Do 9.00–17.00 Uhr, Fr 9.00–16.00 Uhr

Das sehr gut geführte Museum enthält folgende bemerkenswerte Exponate:

- **Die Früchte Jamaikas**

Auf einer Weltkarte sind die **Herkunftsländer** folgender **tropischer Nutzpflanzen** aufgezeichnet. Das ist um so aufschlußreicher, weil inzwischen viele für die Ernährung der Menschen wichtige Pflanzen der warmen Länder über den ganzen Tropengürtel verteilt sind und die Kenntnis über das Herkunftsland den meisten Besuchern nicht mehr geläufig ist.

Tropische Nutzpflanze	Herkunftsland
Zuckerrohr	Neuguinea
Kokosnüsse	Südsee
Tomaten	Mittel- und westliches Südamerika
Rote Erbsen	Mittel- und westliches Südamerika
Yam (Maniok)	Venezuela, Westafrika, Hinterindien
Brotfrucht	Tahiti
Irische Kartoffeln	westliches Südamerika
Erdnüsse	Brasilien
Reis	Indien, Hinterindien, Sumatra
Orangen	Südchina
Kaffee	Äthiopien
Mango	Indien, Burma
Ginger	Südchina
Bananen	Philippinen, Borneo, Malayische Halbinsel
Ackee	Westafrika
Paprika	Jamaika, Mittelamerika

———————————— *Jamaika / Kingston* ————————————

● **Vögel Jamaikas**
Die Exponate besonders häufiger und auffälliger Vögel Jamaikas werden kurz aufgezählt:

Englischer Name	Deutscher Name	Wissenschaftlicher Name
Collard Swift	Halsbandsegler	Streptoprocne zonaris
Old Woman Bird	Eidechsen-Kuckuck	Saurothera vetula
Turkey Vulture	Truthahngeier	Cathartes aura
Little Blue Heron	Blaureiher	Florida caerulea

● **Reptilien**
Bei den Kriechtieren sind die Ausstellungsstücke der Meeresschildkröten und des Amerikanischen Spitzenkrokodils am interessantesten.

● **Muscheln**
Umfangreich ist die Sammlung der einzelnen Muschelarten.

● **Tropische Holzarten Jamaikas**
In einer schönen **Intarsienarbeit** sind die einzelnen Verbreitungsgebiete der Baumarten Jamaikas eingelassen. Wegen Ermangelung deutscher Namen für alle Baumarten werden primär die englischen Bezeichnungen genannt: "Bitter Wood", "Pine" (Pinie), "Sweetwood", "Oak" (Eiche), "Santa Maria", "Guango", "Ceder" (Zeder), "Mahagony" (Mahagoni), "Teak" (Teak), "Blue Mahoe", "Spanish Elm".

● **Pflanzensamen als Schmuck**
Die farbenprächtigen Samen werden zur Herstellung von Ketten verwandt. Auch hier werden wegen nicht bekannter deutscher Namen die englischen und wissenschaftlichen Namen genannt:
- "John Crow Bead" oder "Red Bead Vine" oder "Crab's Eyes *(Abrus Brecatorius*, Familie: *Leguminosae)*
Es sind rote Erbsen mit schwarzem Punkt. Diese **"Liebesperlen"** sind sehr giftig, wenn man sie ißt.
- "Red Bead Tree" *(Adenanthera Pavonina*, Familie: *Leguminosae)*
Diese Samen wurden in alter Zeit als **Gewicht bei den Juwelieren** verwendet, weil sie immer gleichmäßig 4 "Grains" wiegen. Der Baum dieser Samen ist ein Schattenbaum.
- "Jack's Tears" (Tränen) *(Ciox Lachryma-jobi*, Familie: *Gramineae)*
Bei diesen Samen handelt es sich um schöne, hellblaue, fingernagelgroße Kerne, die als beliebter **Perlenschmuck** Verwendung finden.
- "Cocoon Cacoon" oder "Mafootoo White" *(Entada Gigas*, Familie: *Leguminosae)*
Die großen 1 bis 2 m langen und 10 cm breiten Schoten, wahrscheinlich die größten ihrer Art der Welt, enthalten 10 bis 12 große Samen. Man findet diese **Riesensamen** meistens an Flußläufen.

● **Mineralien**
Beeindruckend ist auch die gut beschriftete Mineraliensammlung.

Jamaika / Kingston

● **Die Port Royal Story**
Zunächst wird über das Leben und die Kultur der Urbevölkerung der **Arawaken** berichtet, und es sind Exponate von Steinstühlen und Tonwaren ausgestellt.
Dann wird die **Zeit der Piraterie** behandelt. Die **"Buccaneers"** waren rauhe Piraten, die sich aus Kriminellen, politisch Verfolgten und entflohenen Häftlingen zusammensetzten. Port Royal war eine **Basis der Piraten**, von der die Seeräuber operierten, indem sie spanische Schiffe attackierten. Mit dem **"Letter of Mark"**, einem offiziellen Dokument, waren sie von der englischen Krone ermächtigt, spanische Schiffe anzugreifen. D'Oyley wurde zum 1. Gouverneur ernannt, weil er auf diese Weise am wirkungsvollsten gegen die Spanier kämpfen konnte. Die erfolgreichsten Piratinnen waren: Ann Bonney und Mary Read.
1670 wurde der Krieg zwischen England und Spanien mit dem Sieg der Briten beendet. Es sind Bücher über die Zeit der Piraterie ausgestellt, u.a. **"General History of the Pirates"** von **Daniel Defoe**, der auch "Robinson Crusoe" geschrieben hat. Eine alte Karte zeigt, welch **blühende Stadt** Port Royal bis zum Jahre 1692 war. Ausgrabungsstücke, wie Zinnteller und Tonwaren aus dieser Zeit der Blüte, sind ausgestellt.
1692 hat ein **Erdbeben** die Stadt vernichtet und nur das Fort Charles übriggelassen.
Heute hat Port Royal wieder 2.000 Einwohner.

St. William Grant Park (Queen Street / King Street)

Nach der Besichtigung von Downtown bei sicherlich hohen Temperaturen sollten Sie sich etwas entspannen. Der St. William Grant Park ist dafür der richtige Ort. In dieser **"grünen Lunge"** der Großstadt können Sie wieder freier atmen.
An seiner **Nordseite** liegen das hellblau gestrichene **Ward-Theater**, so genannt nach einem bekannten Rum-Produzenten, der **Zentralbusbahnhof** und viele Obststände. Die Händlerinnen und Händler erhoffen sich gute Geschäfte von dem Strom der Busreisenden. Unübersehbar sind auch die **Statuen der Unabhängigkeitskämpfer Norman Washington Manley (1893–1969)** und **Alexander Bustamante (1884–1977)**. An der Südseite des Parks steht die **Parish Church**, die nach dem Erdbeben 1910 neu errichtet wurde.

Gordon House (Duke Street)

Das schöne alte Gordon House, nach dem jamaikanischen Freiheitskämpfer William George Gordon benannt, ist **Sitz des heutigen Parlaments**. 1892 bis 1960 war es das **Headquarter's House** auf der gleichen Straßenseite der Duke Street, nur durch die Beeston Street getrennt. Das Gordon House liegt Richtung See und Altstadt (Süden) und das Headquarter's House Richtung Blue Mountains (Norden).

National Heroes Park (Heroes Circle)

An der Grenze von Alt- und Neustadt erstreckt sich der 30 ha große National Heroes Park. Hier wurden in der Kolonialzeit Pferderennen veranstaltet, eine der Lieblingsbeschäftigungen der Engländer in ihrer Freizeit. Heute ist die mit Sorgfalt gestaltete Parkanlage in erster Linie **Gedenkstätte für bedeutende Persönlichkeiten**. Außerdem fungiert der Park als Naherholungsgebiet mit eingerichteten Kinderspielplätzen.

Devon House (Hope Road)

● **Geschichte des Hauses**
1820 wurde **Mr. George Stiebel**, der Besitzer und Erbauer des Devon House, in Kingston geboren. Sein Vater Sigismund Daniel Stiebel, ein Schiffskerzenmacher, gebürtig aus Hamburg, war ein eingebürgerter Engländer. George Stiebel wurde in den besten Schulen Jamaikas unterrichtet. Im Alter von 14 Jahren lief er für eine kurze Periode davon und half in einer Zimmermannswerkstatt aus. Der Vater schickte ihn anschließend in die **Lehre eines Zimmermanns**, wo er diesen Beruf richtig erlernen sollte.
George Stiebel wurde selbständiger Auftragnehmer und restaurierte Ferry Inn. Er baute sich eine **sichere Existenz** auf und heiratete Miss Clarke, die ihm 2 Kinder schenkte.
1858 ging er nach **Venezuela** und beteiligte sich an vielen kommerziellen Unternehmungen. Eine heruntergekommene **Goldmine** versprach, sehr gewinnbringend zu werden. Sie brachte ihm Glück.
1873 kehrte er als reicher Mann nach Jamaika zurück und kaufte **99 Besitztümer** (100 zu besitzen war per Gesetz verboten). Eines von ihnen hieß **Devon Penn**, das ursprünglich der "Half Way Tree Parish Church" gehörte.

Haus eines Glücksritters – Devon House

Jamaika / Kingston

1881 baute George Stiebel das **Devon House** als seine Kingstoner Residenz auf.
1896 starb der reiche Mann. Seine einzig ihn überlebende Tochter heiratete Mr. Jackson. Sie änderte ihren Namen in **Stiebel-Jackson**.
Um die Jahrhundertwende wechselte der Besitz nacheinander auf die Familien Melhado und Lindo.
1967 verkaufte die Familie Lindo das Devon House an die **Regierung von Jamaika**.
1968 wurde es als **Museum** eröffnet.
Heute sind die Räume des Herrschaftshauses mit einer Sammlung wertvoller Antiquitäten Jamaikas, der übrigen Karibik, Englands und Frankreichs ausgestattet.

Bob-Marley-Museum (Hope Road 56)

Öffnungszeiten
Mo, Di, Do, Fr
9.30–17.30 Uhr,
Mi, Sa 12.30–18.00 Uhr

Fans der **Reggae-Musik** werden sicherlich den Besuch des Bob-Marley-Museums nicht versäumen. Das Museum enthält Dokumente der Arbeit und persönliche Erinnerungsstücke von Bob Marley.

Gelöst – Reggae-Musiker

--- **INFO** ---

Bob Marley – Idol der schwarzen Jugendlichen

*06.04.1945 wurde Robert Nesta Marley, so lautet sein vollständiger Name, in der Umgebung Kingstons geboren. Arbeitslosigkeit zog ihn als Jugendlichen wie viele seinesgleichen in die Hauptstadt. Er lernte Schweißer, versuchte jedoch, in der Musik sein Glück zu machen. Nach einigen Fehlschlägen in Kingston, wo er von den Produzenten mit einigen Dollars abgespeist wurde, ging er **in die USA**, arbeitete dort vorübergehend als **Schweißer**, wurde arbeitslos, hatte sich einem **Einberufungsbescheid zur US-Army** zu unterziehen, der ihn unerfüllt wieder nach **Jamaika** trieb. Dort beschäftigte er sich sehr stark mit der **Rastafari-Philosophie**.*

*1970 tat sich Bob Marley mit **Peter Tosh** und **Bunny Wailer** zusammen, um einen neuen musikalischen Durchbruch zu wagen. Es wur-*

Jamaika / Kingston

> den die **"Tuff Gong Records"** in Hope Road 56 gegründet. Richtig zur Geltung kam dieses Triumvirat erst, als es von dem englischen "Islands Records" unter Vertrag genommen wurde. Die Reggae-Musik wurde durch die **weltweiten Tourneen** von Bob Marley bekannt.
>
> 1976 verübte man während des Wahlkampfes ein **Attentat** auf den inzwischen weltbekannten Musiker in der Hope Road 56. Bob Marley, dem Anschlag entronnen, verließ Jamaika. Nur gelegentliche Plattenaufnahmen führten ihn wieder in seine Heimat.
> 1978 hat es Bob Marley fertiggebracht, daß sich die Führer der beiden **verfeindeten politischen Parteien, Michael Manley (PNP)**und **Edward Seaga (JLP)**, auf der Bühne versöhnten.
> 1981 starb Bob Marley in Miami an Krebs.

14.2.5 AUSFLUG NACH PORT ROYAL

Touristische Hinweise

Entfernung
Kingston – Port Royal: 14 Meilen

Übernachtung
*** Hotel Morgan's Harbour, Port Royal, The Palisadoes, Tel.: 924-8464, liegt sehr ruhig. Vom und zum Norman Manley Airport und zum historischen Port Royal ist es nicht weit. Zum Hochseefischen liegen genügend Boote bereit.

Überblick

Port Royal war ursprünglich ein Eiland, eines der vielen Koralleninseln, wie sie an den Küsten der Karibik so häufig sind. Die **Spanier** nannten sie *"Cayo de Carena"*. Als die **Engländer** Jamaika eroberten, erkannten sie die strategische Wichtigkeit dieser Insel. Sie gaben ihr den Namen "Cagway" oder **"The Point"**.

Das erste, was die Briten nach der Besetzung des Landes machten: Sie bauten ein Fort, dem sie zunächst den Namen "Fort Cromwell" gaben und es später in **"Fort Charles"** nach König Charles II. umbenannten. Die Stadt, die sich rund um das Fort bildete, wurde als **Port Royal** bekannt. Bis dahin lag Port Royal immer noch auf einer Insel. Aber die englischen Siedler schufen durch Auffüllen von Marschboden allmählich eine Landverbindung zum Festland, **"The Palisadoes"**. Nach dem großen **Erdbeben 1692** wurde Port Royal wieder zur Insel mit weniger als 5 ha.

Jamaika / Kingston

Port Royal ist **aus 2 Gründen interessant:**
- **Es ist als die "gottloseste und niederträchtigste Stadt der Welt"** bekannt geworden.
- Zum anderen hat es für 2 $1/2$ Jahrhunderte eine sehr wichtige Rolle als **Marinebasis** für die Engländer in der Karibik gespielt. **Zeitweise war es sogar Sitz des englischen Gouverneurs**, obgleich Spanish Town die Hauptstadt war. In Port Royal gab es mehr als 2.000 Gebäude: u.a 1 großes Warenhaus, 2 Gefängnisse, die St. Paul's Church, 1 anglikanische Kirche, 1 presbyterianische Kirche, 1 Versammlungshaus der Quäcker, 1 römisch-katholische Kapelle und 1 jüdische Synagoge.

Port Royal war **außergewöhnlich gut mit 6 Forts befestigt:** Fort Charles, James, Carlisle, Rupert, Walker und Morgan, und mit **145 Kanonen** bestückt, deren Feuerkraft allerdings nie getestet wurde. **2.500 Soldaten** standen ständig unter Waffen. Es war die Zeit, in der England und die anderen europäischen Nationen sich ständig im Krieg befanden.

Die reichste Stadt der Welt

Es wird behauptet, daß Port Royal in seiner Blütezeit die reichste Stadt der Welt gewesen sei. Sein Reichtum beruhte jedoch auf **Raub**. Die Reichtümer (Gold, Silber, Edelsteine), von indianischen Hochkulturen aus Mittel- und Südamerika stammten, wurden von den Spaniern in Richtung Heimat verschifft. Die britischen Piraten segelten von Port Royal aus los, um den Spaniern dieses Beutegut zu entreißen. Systematisch wurden die schwer beladenen spanischen Schiffe angegriffen und ausgeraubt; daher stammte der immense Reichtum von Port Royal. Einer der bekanntesten englischen Seeräuber war **Henry Morgan**, später Gouverneur von Jamaika.

Die gottlose Periode

Wenn die **"Buccaneers"** von ihren Raubzügen, von denen sie Gold, Silber, Edelsteine, Seide und Gewürze mitbrachten, die sie den spanischen Schiffen abgenommen hatten, in Port Royal einliefen, wurde begeistert Salut geschossen. Dann wurde der Raub verteilt. $1/10$ stand dem König zu. Der Rest der **Beute** wurde **meistbietend versteigert**. Die meisten ersteigerten Reichtümer wurden anschließend wieder für Alkohol und leichte Mädchen verpraßt und landeten schließlich bei den Gastwirten und Bordellbesitzern.

Das große Erdbeben

Am **7. Juni 1692** genügten nur einige Augenblicke, um der "Sündigen Stadt" den Todesstoß zu versetzen. Mehr als $9/10$ der Gebäude versanken im Meer, und über 2.000 Menschen kamen bei dem Erdbeben ums Leben.

Jamaika / Kingston

Die Überlebenden flohen über das weite Haff aufs Festland und bauten die neue Stadt Kingston auf. Ein **1703** ausbrechender **Großbrand** und die Zerstörungskraft mehrerer Hurrikane verwandelten die einst reiche Stadt endgültig in ein Trümmerfeld.

Das heutige Port Royal

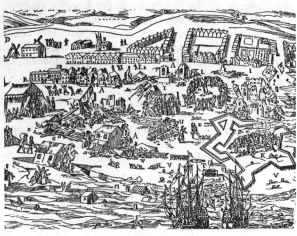

Die Schätze der zerstörten und im Meer versunkenen Piratenstadt waren längst von **Plünderern** geborgen, als sich die **Archäologen** ans Werk machten, um in den Ruinen auf dem Land und in der See zu

Erdbeben in Port Royal

graben. Aus dem "Babylon des Westens" ist heute ein biederes, verschlafenes Fischerdorf geworden. Das **Fort Charles** hat als einziges Gebäude verhältnismäßig heil die Naturkatastrophen überstanden und birgt heute das **"Maritime Museum"**, das einen Überblick über die Blütezeit der Stadt und ihren Untergang liefert.

14.2.6 AUSFLUG NACH NEWCASTLE UND PINE GROVE

Touristische Hinweise

Entfernung
Kingston – Newcastle – Pine Grove – Kingston: 45,5 Meilen

Streckenhinweis
Von **Kingston** (Ausfallstraße: Old Hope Road) Abzweigung **links** auf die **B 1** (Gordon Town Road) bis Abzweigung **links** (Meile 6), über **Newcastle** (Meile 17) bis Abzweigung **rechts** (Meile 21), Hinweisschild : "Silver Hill Gap" folgen, Passieren von **Section** (Meile 22), an einer Brücke nicht nach links abbiegen (Silver Hill Gap), sondern Abzweigung **rechts** (Meile 24,5) bis **Pine Grove** (Meile 31), Rückfahrt nach Kingston über **Gordon Town** (Meile 38) bis Abzweigung **links** (Meile 39,5) bis **Kingston** (Meile 45,5).

Jamaika / Kingston

Fahrt nach Pine Grove

Von den südlichen Hängen des mit Buschwerk bewachsenen Gebirges, das man sich mit seinem Fahrzeug emporschlängelt, hat man, je höher man kommt, immer **schönere Ausblicke** bei klarem Wetter auf Kingston und die Bucht. Da man nur sehr langsam auf der kurvenreichen Serpentinenstraße Richtung Newcastle bergan fahren kann, streift der Blick die Straßenränder mit seiner **Blumenpracht**. Wenn man an sicheren Ausweichstellen aussteigt, gewahrt man außer den Blumen, deren Namen meistens nicht ermittelt werden können, auch farbenfrohe Schmetterlinge, so den gelbschwarz gestreiften **Zebrafalter**.

Von Irish Town kann man schon einige Blicke auf **Newcastle** erhaschen. In den Bergregenwäldern wachsen **Tropentrompeten** *(Datura aurea)*, die nachts einen betörenden Duft verströmen und damit verschiedene Nachtschwärmer anlocken. Das feuchte Klima haben sich die Leute von Newcastle zu Nutzen gemacht und auf den Hängen ganze Plantagen von Blumen angebaut. Die **Blumenzucht** umfaßt in erster Linie Lilien, Krokusse, Hyazinthen, Veilchen und Geranien. Das Auffälligste in dem Bergort Newcastle ist die **Kaserne**, wo Soldaten gedrillt werden. Schon während der britischen Besetzung Jamaikas wurden hier oben in den Bergen Rekruten militärisch ausgebildet.

Anschließend geht es in schon höheren Lagen durch **Bergregenwald** mit niedrigen Bäumen, die stark mit Flechten behangen sind. Der Wald ist undurchdringlich. Nur mit einer Machete könnte man sich mühsam einen Weg durch die verfilzte Vegetation bahnen. Außerdem sind die bewaldeten Hänge sehr steil. Die Bergstraße ist sehr schmal, und sie führt mitunter durch Bambusdickicht. Am Waldboden wachsen Farne und auf den Bäumen Epiphyten.

Götterdämmerung – Pine Grove

Über die noch höher gelegene **Nebelwaldzone** ziehen weiße und dunkle Wolken in krassem Gegensatz. Durch die Wolkenlücken zeichnet die Sonne helle Flecken auf die grünen Matten. Die **Götterdämmerung** scheint hier angebrochen zu sein, wenn die wallenden Nebelschwaden über die Urwaldberge ziehen. Gespenstisch sieht es aus, wenn gegenläufige feuchte Schleier bergauf und bergab ziehen.

Jamaika / Kingston

Es geht vorbei am **Hooywell National Park**, einem vor den Menschen gerettetes Stück Natur. Die Fußwege in dieses Schutzgebiet flankieren flechtenbehangene Bäume. Es gibt in dieser Wildnis keine Bewirtschaftung.

Eine besondere Freude für den Naturfreund ist es, den schillernden grüngefärbten **Jamaika-Kolibri** *(Trochilus polytum)*, der auf Englisch "Doctor Bird" heißt, mit seinem langen Gabelschwanz bei seinem Schwirrflug vor den Blüten zu beobachten.

Allerhand Vogelstimmen dringen an das Ohr des interessierten Wanderers. Die einzelnen Vögel in der dichten Vegetation auszumachen, ist jedoch äußerst schwierig.

Pine Grove

Übernachtung
** Pine Grove, Tel.: 922-8705, hält 10 Zimmer mit Bad für Gäste bereit. Alle Räume sind zweckmäßig eingerichtet. Kräftige Bergmannskost soll Sie stärken und ermuntern, den Blue Mountains Peak zu besteigen, der allerdings noch 17 Meilen von hier in östlicher Richtung entfernt liegt.

- **Geschichtliches über Pine Grove**

Jamaika-Kolibri

1987 ist das Gebäude **abgebrannt**.
1988 wurde das etwas tiefer liegende neu errichtete 2. Bauwerk vom **Hurrikan Gilbert** zerstört.
1990 war der inzwischen 3. Berggasthof an der alten Stelle, wo bis 1987 der 1. gestanden hatte, fertiggestellt.

Von hier oben hat man einen **überwältigenden Blick** ins Tal bis nach Kingston. Abends und bei Nacht blicken Sie bei klarem Wetter auf das Lichtermeer der Metropole wie auf ein funkelndes Geschmeide.

Bei der Abfahrt nach Kingston werden lila blühende Orchideen am Wegesrand zu Ihnen herüberwinken. Bei **World's End** passieren Sie eine Schlucht, und in **Gordon Town**, einem langgezogen Ort, geht es lebhaft zu. Farbige Marktszenen, Männer mit eigenartigen Wollmützen trotz der Wärme auf dem Kopf und schwarze Frauen, bunt gekleidet, beleben die Ansiedlung.

14.3 KINGSTON – MONTEGO BAY
14.3.1 TOURISTISCHE HINWEISE

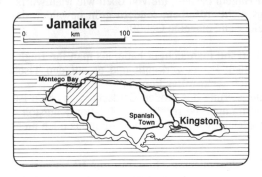

Entfernung
Flug Kingston – Montego Bay: 79 Meilen (Luftlinie)

Inland-Flugverbindungen
Tinson Pen Flughafen, Tel.: 923-8680, 923-6664, 923-9698, 923-9498, wird von der **Trans-Jamaican Airlines** betrieben.
Reservierungen sind möglich: Mo–Fr 7.00–17.00 Uhr unter Tel.: 922-6614, 923-8557, 923-4290

Flugzeiten Kingston – Montego Bay:

Flugnummer	Abflug	Ankunft	Häufigkeit	Zwischenlandung
500	7.30	8.50	täglich	1
101	8.00	8.35	Mo–Fr	0
403	9.50	11.20	täglich	2
102	10.00	10.35	täglich	0
103	13.00	13.35	täglich	0
104	15.00	15.40	Mo–Fr	0
405	15.10	17.05	täglich	3
105	16.30	17.05	täglich	0
106	18.20	18.55	täglich	0

Flugpreise: Kingston – Montego Bay: 42,- US$ (Hinflug), 62,- US$ (Hin- und Rückflug)

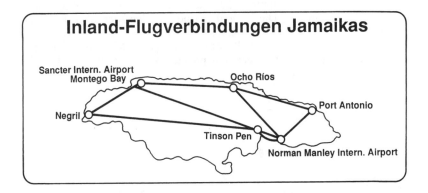

14.3.2 FLUGERLEBNIS

Man fliegt über ein zerbrochenes **Kalkstein-Plateau**, das aus unzähligen dicht beieinanderliegenden Hügeln besteht, die von oben wie Maulwurfshaufen aussehen, allerdings nicht erdfarben, sondern grün bewaldet, dazwischen kleine Dörfer, Felder und einzelne Gehöfte.

Von **Christoph Kolumbus** erzählt man sich, er habe, als man ihn fragte, wie Jamaika aussähe, ein Stück Papier zerknüllt und es auf den Tisch geworfen. "So! - **Wie ein Stück zerknülltes Papier!**"
Wie treffend diese Charakterisierung des großen Entdeckers gewesen ist, wird erst richtig deutlich, wenn man die Insel in der Relation Kingston – Montego Bay überfliegt, obgleich dies zur Zeit von Kolumbus noch nicht möglich war.

Man fliegt mit einer **kleinen Propellermaschine** mit nur 10 Sitzplätzen rund 1.000 m über dem grünen Land dahin, und man kann wegen der geringen Flughöhe und der verhältnismäßig geringen Fluggeschwindigkeit, **einem Adler gleich**, das Land am Erdboden scharf und ausführlich inspizieren.

Im letzten Drittel des Flugs schwebt man über dem **Cockpit Country**. Hier stehen die Kalksteinhügel und -türme so eng zusammen, daß eine Besiedlung durch den Menschen unmöglich gemacht wird. Zwischen den Hügeln tun sich tiefe Risse, Schluchten, Spalten und Abgründe auf. Schwer zugänglich und mit dichtem, geschlossenen **tropischen Regenwald** überzogen, aus dieser Höhe wie ein Moosteppich aussehend, war diese Wildnis, genau wie die Blue Mountains, das Rückzugsgebiet der freiheitsliebenden **"Maroons"**, der "Unzähmbaren", während der Kolonialzeit.

Kurz vor der Küste in Montego Bay ziehen sich die Kalksteinhügel wieder weiter auseinander. Die Talsohlen sind von den Menschen landwirtschaftlich genutzt. Der **rote Lateritboden** tritt zutage. Felder, Wege und Hütten werden sichtbar. Nach 35 Minuten fliegt die Maschine einen Bogen über dem **tiefblauen Meer**, ein phantastischer Anblick, und landet wohlbehalten in Montego Bay.

14.3.3 MONTEGO BAY

Touristische Hinweise

Hotels
● ** **Hotel Coral Cliff**, Gloucester Avenue, P.O. Box 253, Tel.: 952-4130, liegt in der Stadt und hat 32 Gästezimmer. Es ist im Kolonialstil eingerichtet, besitzt Restaurant und Swimmingpool und liegt 1 Meile vom "Doctor's Cave Bathing Beach" und 2 Meilen von der Stadt entfernt.

Jamaika / Kingston – Montego Bay

● ****** **Half Moon Golf, Tennis & Beach Club**, P.O. Box 80, Tel.: 953-2211, liegt westlich von Montego Bay und gehört mit zu den 300 besten Hotels der Welt. Der halbmondförmige Strand, an dem es liegt, hat dem Luxushotel seinen Namen gegeben. Bestechend in seiner Schönheit ist nicht nur die tropische Gartenanlage mit ihren Palmen, Mandelbäumen und Blumen, sondern auch die Gebäude selbst. Trotz der Größe dieses Hotels fühlen Sie sich persönlich betreut. Sportmöglichkeiten für Golf, Tennis, Squash, Tischtennis, Aerobics, Reiten, Schwimmen, Segeln, Windsurfen und Tauchen sind gegeben. Swimmingpools, Fahrradverleih, Fitness Center, Sauna, Massage, Wäschedienst, Minibar und tägliche jamaikanische Zeitung gehören mit zum Service. Die 209 Gästezimmer und Suiten sind sehr luxuriös eingerichtet.

● *** **Montego Bay Club**, Gloucester Avenue, White Sands, Tel.: 952-4310, liegt in der Stadt und besitzt insgesamt 84 Suiten und Apartments. Swimmingpool, Sonnendeck, 2 Tennisplätze gehören mit zur Anlage. Golf, Tauchen und andere Wassersportarten können arrangiert werden.

● **** **Richmond Hill Inn**, P.O.Box 362, 500 m oberhalb des geschäftigen Treibens der Stadt gelegen, mit weitem Panorama-Blick über den Hafen und die Bucht von Montego Bay, bietet 28 vornehm eingerichtete Gästezimmer an. Swimmingpool ist mit dabei. Sämtliche Wassersportarten und Reiten können arrangiert werden.
Im 17. Jahrhundert gehörte der Besitz den Dewars, Mitgliedern eines stolzen schottischen Clans, von dem der berühmte Whisky seinen Namen trägt.

● ****** **Round Hill** (Hotel and Villas) P.O. Box 64, Tel.: 952-5150, unter österreichischem Management, liegt 10 Meilen westlich von Montego Bay. In 25 Minuten hat man den internationalen Flughafen der Stadt erreicht. Das Besondere dieses Luxushotels ist seine phantastische Lage an einem Hügel, der Blick über die hoteleigene Bucht und die gepflegte Gartenanlage. Es werden 110 Gästezimmer und Suiten offeriert. Die Möglichkeiten zum Segeln, Paddeln, Wasserskifahren, Hochseefischen, Schnorcheln und Tennisspielen (5 Hartplätze mit Flutlicht) sind hier gegeben. Golfspielen kann vermittelt werden.

● ** **Hotel Sahara de Mar**, P.O. Box 223, Tel.: 952-2366, liegt in Reading, einem kleinen Ort westlich von Montego Bay. Das Hotel bietet 24 Gästezimmer an. Seewasser- und Süßwasser-Swimmingpool, Konferenzsaal, Friseursalon, Bar, ins Meer hineingebautes Restaurant, schattige Bäume zum darunter Ausruhen und Transfer zum Flughafen gehören mit zum Service.

● *** **Seawind Beach Resort**, Freeport (Freihafen), P.O. Box 1168, Tel.: 952-4874/6, ist eine gewaltige Anlage mit einer Kapazität von 468 Gästezimmern.

● ****** **Tryall Golf, Tennis & Beach Resort**, P.O. Box 1206, Tel.: 952-5110-13, liegt

Nobles Golfhotel – Bei Montego Bay

westlich von Montego Bay auf einem Hügel mit weitem Blick auf die glitzernde Karibische See, davor ein halbmondförmiger Teich in dem großzügig angelegten Golfgelände der ehemaligen Zuckerplantage. Die Gäste können im "Great House" mit 52 Apartments und in 54 "Villas" mit insgesamt 210 "Bedrooms" wohnen. Insgesamt sind es 260 "Bedrooms". Bei den "Villas" unterscheidet man "1 bis 5 Bedroom Villas", die alle äußerst luxuriös eingerichtet sind. Ein 18-Loch-Golfplatz und 9 Tennisplätze, davon 5 mit Flutlicht, Wassersport- und Reitmöglichkeiten stehen den Gästen zur Verfügung.

Jamaika / Kingston – Montego Bay

Restaurants
- Casande Room, Gloucester Aevnue, Tel.: 952-3171, verbreitet eine gemütliche Atmosphäre mit plätscherndem Wasserfall und Kerzenschein. Es werden leckere Meeresfrüchte serviert.
- Town House Restaurant, 16 Churche Street, Tel.: 952-2660, Gourmetrestaurant mit schmackhaften Fisch- und Fleischgerichten.

Sam Sharpe Square
(St. James Street)

In der Kolonialzeit war dieser Platz im Zentrum von Downtown der Ort für Militärparaden. Man nannte ihn deshalb **Parade**. Später erhielt er den Namen **Charles Square**, und schließlich wurde er in **Sam Sharpe Square** umbenannt.

Heute ist er voll mit Taxis und Straßenhändlern. Um ihn herum gruppieren sich wichtige Gebäude, beispielsweise das **Old Courthouse** (Gerichtsgebäude) und **The Cage**, ein steinerner Käfig, der früher als Verlies und Pranger für entlaufene Sklaven, Missetäter und Betrunkene genutzt wurde. Der Platz ist heutzutage nach dem **Nationalhelden Samuel Sharpe** benannt, der **1831/32** die **"Christmas Rebellion"** leitete, einen Aufstand, dem Hunderte von Sklaven folgten. Auf diesem Platz wurde er **gehängt**.

Holzschnitzereien – Crafts Market

In der Nordwestecke des Platzes erinnert eine **Gruppe von Bronzefiguren** an die Rede des Nationalhelden mit der Bibel in der Hand. Die impulsive, begeistert zustimmende Gestik seiner Zuhörer ist deutlich wiedergegeben. Die Künstlerin dieser Skulpturen ist die Jamaikanerin Kay Sullivan.

Crafts Market

Südlich vom Sam Sharpe Square Richtung Meer und entlang des Howard Cooke Boulevard erstreckt sich der Crafts Market. Dem Handeln zwischen Käufern und Verkäufern zuzusehen und die farbigen Eindrücke dieses Marktes aufzunehmen, ist schon Erlebnis genug. Einige Holzschnitzereien, Korbflechtereien oder Keramikarbeiten lohnen vielleicht auch einen Kauf. T-Shirts werden hier bis zum Überdruß angeboten.

14.3.4 AUSFLUG ZUM ESTATE BELVEDERE BEI CHESTER CASTLE

Touristische Hinweise

Entfernung
Montego Bay – Stichfahrt nach Lethe (Rafting) – Estate Belvedere – Montego Bay: 34 Meilen

Streckenhinweis
Von Montego Bay in westlicher Richtung auf der A 1 bis **Reading** (Meile 5), Abzweigung links auf die B 8 bis **Whiteshire** (Meile 7), Abzweigung rechts und Stichfahrt bis **Lethe** (Meile 10), Rückfahrt wieder bis **Whiteshire** auf die B 8 (Meile 13), Abzweigung rechts bis **Montpelier** (Meile 17), Abzweigung rechts bis **Shettlewood** (Meile 19), Abzweigung links bis **Chester Castle**, Estate Belvedere ist angezeigt (Meile 20), zurück nach Montego Bay (Meile 34).

Unterwegs zum Estate Belvedere

Wenn man von Montego Bay kommend, die Küstenstraße A 1 Richtung Westen in dem kleinen Ort Reading verläßt, durchfährt man, links auf die B 8 abbiegend, zunächst auf einer sich bergauf windenden Straße ein Urwaldgebiet, wo üppiger Philodendron die stattlichen Baumriesen emporrankt.
Im weiteren Verlauf der Fahrt ist der **Primärurwald** gerodet, und niedrigere **Sekundärvegetation** macht sich in dem Hügelland breit. Dazwischen liegen kleine Ortschaften mit rein schwarzer Bevölkerung. Hier wird in bescheidenem Maße Landwirtschaft betrieben. **Brotfruchtbäume** wachsen wild im Wald.

Unterwegs bieten sich manchmal **erstaunliche Bilder der Bewältigung von Transportproblemen**. Beispielsweise balanciert ein Radfahrer beim Fahren eine Platte auf dem Kopf, ohne dabei die Hände zum Festhalten zu benutzen.

Bei dem Abstecher nach **Lethe** kommt man an den **Great River**, dessen klares Wasser durch eine liebliche Landschaft dem Meer zufließt. Hier stehen Bambusflöße zum **Rafting** bereit.

Floßfahrt
• 1 Floßfahrt, vom "Kapitän" gesteuert, kostet für 2 Personen 45 J$.
• Die Rückführung des Pkw zum Endpunkt der Floßfahrt kostet 30 J$. Lassen Sie sich die schriftliche **Legitimation** der Fahrer zeigen, die sehr wichtig aus versicherungstechnischen Gründen ist.

Wieder auf die B 8 zurückgekehrt, ist es bis zum Estate Belvedere nicht mehr weit.

Jamaika / Kingston – Montego Bay

Die Musterfarm Belvedere

Telefon
957-4170, 957-4074

Eintrittsgeld
10 US$ pro Person für die Führung, und mit anschließendem Essen 25 US$

Das jetzige Farmgelände mit **Anpflanzungen von Orangen, Bananen und besonders Ananas** umfaßt **1000 Acres**. Bei den Orangen werden bestimmte Kreuzungen verschiedener Sorten vorgenommen. Bei den Ananas züchtet man die unterschiedlichsten Arten.

Engagierte Fremdenführerin – Estate Belvedere

An einem **Damm**, der von Sklaven im 17. Jahrhundert gebaut wurde, befindet sich noch ein altes Wasserrad, das die Energie für eine **ehemalige Zuckermühle** lieferte, die heute eine Ruine ist.

Man wandert an einem Flüßchen entlang, dessen gegenüberliegendes Ufer von **dichtem Urwald** überwuchert ist. Fremde Vogelstimmen schwingen herüber. Der **Blaue Reiher** fischt an dem schnell fließenden Gewässer und ist sehr zutraulich.

Auf dieser Seite des kleinen Flusses ist ein wunderschöner Streifen **Park- und Gartenlandschaft** angelegt, wobei teils die Bäume des ehemaligen Urwalds stehengelassen wurden. Zu dem Pflanzenbestand gehören u.a.: Kapokbaum *(Ceiba pentandra)*, Teakholzbaum *(Tectona grandis)*, Indischer Seidenwollbaum *(Bombax ceiba)* mit seinem mit Dornen übersäten Stamm, Brotfruchtbaum *(Artocarpus altitis)*, Las Yagrumas, Riesenbambus, Jasmin, Helikonien und Torch Ginger *(Nicolai elatior)*. Kolibris schwirren vor den tropischen Blüten. Der Urwald hat die Ruine der alten Zuckermühle zurückerobert.

Vom **Twin River**, dem Zusammenfluß zweier Flüßchen, wird folgende **Legende aus der Sklavenzeit** erzählt:
"Vor ca. 200 Jahren hatte ein schwarzer Sklave den Entschluß gefaßt, bei Hochwasser über dieses Flußsystems zu fliehen. Er wollte, wenn er ein

Jamaika / Kingston – Montego Bay

gutes Versteck gefunden hatte, seine Kameraden nachholen. Als das Hochwasser einsetzte, schlich er sich davon. Seine Kameraden hörten jedoch nichts mehr von ihm. In dem dann reißenden Gewässer wurde er gegen die im Flußbett liegenden Felsen geschleudert. Hunde fanden ihn später mit gebrochenem Genick."

Zum weiteren Besichtigungsprogramm zählen folgende Einrichtungen:

- Eine nachgebaute **Zuckermühle** wird von einem Esel im Rundlauf angetrieben.
- In einem Garten werden u.a. folgende **Heil- und Gewürzpflanzen** gezüchtet:
  - "**Rührmichnichtan**" *(Mimisa pudica)*, "Shame o Lady", soll als Teeaufguß gut gegen Nervosität und Erkältung sein.
  - *Vinca albae*, "Perwinkle", wird als Tonic ebenfalls gegen Erkältungskrankheiten getrunken.
  - **Holunder** *(Peronica pellicida)*, "Elder", liefert die Blätter für einen Tee, der den gesamten Körper stärken soll.
  - **Aloe** liefert Lotion für die Haut.
  - *Torneraulmifolia* soll ein stimulierendes Mittel sein.
  - *Demodio*, "Strong Back", ist ein Mittel gegen Rückenschmerzen. Hierbei wird die ganze Pflanze herausgerissen und gekocht.
  - Bestimmte getrocknete Heil- und Gewürzpflanzen werden zum Verkauf angeboten.
- **Mörser** zum Zerstampfen von Kaffee und Kakao werden gezeigt.
- Ein alter **Backofen,** wo Brot gebacken wurde, wird vorgeführt.
- In der ehemaligen **Schmiede** mit Blasebalg verformte man Eisengeräte.
- Alte **Karren,** die ehemals zum Abtransport des Zuckerrohrs Verwendung fanden, stehen im Gelände "arbeitslos" herum.

14.3.5 BESUCH DER CROYDON PLANTATION IN CATADUPA

Touristische Hinweise

Entfernung
Montego Bay – Catadupa (Croydon Plantation) – Montego Bay: 56 Meilen

Streckenhinweis
Von **Montego Bay** in westlicher Richtung auf der **A 1** bis **Reading** (Meile 5), Abzweigung **links** auf der **B 8** bis **Marchmont** (Meile 26), Abzweigung links, schlechte Wegstrecke bis **Catadupa/Croydon Plantation**, gleicher Weg zurück nach **Montego Bay** (Meile 56).

Unterwegs zur Croydon Plantation

Die Wegstrecke von Montego Bay bis Montpelier wurde bereits im vorigen Kapitel 14.3.4 beschrieben. Ab Montpelier mischen sich in den Wald Kaffee-, Bananen- und Orangenplantagen. Teilweise sind die **Nutzpflanzen in 3 Stufen** angebaut. Die Kokosnußpalmen beschatten die Bananen und die wiederum die Kaffeesträucher.

Cambridge ist ein lebhafter Marktflecken, in dessen Umgebung die **bewaldeten Kalksteinhügel** häufiger werden, die für das angrenzende Cockpit Country so charakteristisch sind.

Die Croydon Plantation

Öffnungszeiten
Di, Mi, Fr 10.30–12.30 Uhr

Telefon
952-4137

Zunächst erklärt Herr Tony Henry, der die Führung übernimmt, mit viel Humor und Temperament den **Unterschied** zwischen Croydon Estate und Croydon Plantation:
- **Croydon Estate** gab es vor der Sklavenbefreiung.
- **Croydon Plantation** beschränkte sich nur auf das Kerngebiet des ehemaligen Croydon Estate. Den freigelassenen Sklaven wurden kleine Parzellen zur Eigenbewirtschaftung übergeben. 1980 ging Croydon Plantation in Eigenbesitz über. Heute werden auf dieser Plantage in erster Linie Ananas, Kaffee und Bananen angebaut.

- **Bauxitboden**
Das bewirtschaftete Land ist Bauxitboden. Hier wächst nicht alles. Beispielsweise gedeihen hier keine Avokados. Es wird nur das angepflanzt, was die Natur hergibt, z.B. Ananas, Kaffee, Bananen und Zitrusfrüchte. Dem Boden wird nichts beigegeben, kein Kalk und kein Dünger.
Anhand einer Karte von Jamaika werden die ergiebigsten **Bauxitlagerstätten** Jamaikas aufgezeigt. Der Bauxitboden wird zum größten Teil in die USA und Kanada exportiert. Er findet Verwendung in der Aluminium-Herstellung. Die Bauxitkonzentration nimmt auf der Insel von Westen nach Osten zu, deshalb sind hier im Westen der Insel keine Konflikte mit der Industrie zu befürchten.

Die **Temperatur** in der Höhe der Plantage zwischen 600 und 790 feet schwankt **zwischen +25° und +32°** C. Der **pH-Wert** des Bodens liegt bei 7,4.

Jamaika / Kingston – Montego Bay

● **Terrassenbau**
In bescheidenem Umfang wurde beim Anlegen von Plantagen Terrassenbau angewandt, um der Erosion entgegenzuwirken. Die Abstufungen sind so angelegt, daß die zu bebauende Fläche zur Berglehne abfällt, so daß sich das Regenwasser auf der Terrasse hält und dort versickert. Das dennoch überfließende Oberflächenwasser wird in seitlichen, betonierten Rinnen zu kleinen Überlaufbecken weitergeleitet, worin sich das mitgespülte kostbare Erdreich absetzt. Der verbleibende rötliche Bauxitboden muß dann nach der Regenzeit mühsam wieder bergauf transportiert werden. Angepflanzte Pinien und eingesetzte Grassoden tragen mit dazu bei, den Boden zu halten.

Wirkungsvoller wäre ein Terrassenbau, wie er in süd- und südostasiatischen Ländern in Reisanbaugebieten praktiziert wird, wo Staumauern und -wälle die tropischen Regenfluten aufhalten. Bei der oben geschilderten jamaikanischen Terrassenwirtschaft fließt noch zuviel wertvoller Boden ins Meer.

● **Das Leben der Bienen**
Herr Tony Henry, ein Meister der Rhetorik und ein Könner darin, seine Zuhörer zu fesseln, kann in einem anschaulichen Kurzreferat sehr lebhaft und humorvoll das Leben der Bienen, die auf der Plantage gehalten werden, erläutern. Wegen der nicht ständig vorhandenen Nektarnahrung müssen die Bienen für die "Volksernährung" Honigvorräte anlegen. Es gibt bekanntlich **3 Arten** von Bienen: Arbeiterinnen, Dronen und Königinnen. Jede Art hat ihre speziellen Aufgaben.

Meister der Rhetorik – Tony Henry

- Die unfruchtbaren **Arbeiterinnen** leben nur ca. 6 Wochen. 3 Wochen verrichten sie in der Regel Heimarbeit (Reinigungsdienst, Füttern der Königin) und 3 Wochen Außendienst. Eine Arbeiterin sticht nur sehr ungern. Nur in ärgster Bedrängnis erfolgt der **Bienenstich**. Wenn sie gestochen hat, muß sie anschließend sterben, weil bei dem Stich ihr Stachel aus dem Hinterleib gerissen wurde.
- Die **Dronen** führen ihr arttypisches Dronenleben. Ihre einzige Aufgabe ist es, nach dem Ausschwärmen der Königin diese zu befruchten. Nach dem sog. **Dronenflug** werden die hilflosen Hochzeiter aus dem Stock geworfen. Sie können sich nicht selbst ernähren, und sie sterben den Hungertod.

- Die **Königin**, die manchmal von bis zu 15 Dronen während ihres Hochzeitsflugs begattet wird, wird nach der Befruchtung zur unförmigen **Legemaschine**. Es werden 40.000 bis 50.000 Eier pro Jahr gelegt. Sie wird bis zu 5 Jahre alt.

● **Kaffeeanbau**
Kaffee, dessen Heimat Äthiopien ist, wird in Reihen angepflanzt, die 10 feet auseinanderstehen.
Das **Pflücken des Kaffees** muß gekonnt sein. Die reifen Beeren müssen herausgedreht werden, sonst wird der Zweig beschädigt, und die nächste Ernte fällt um 30% geringer aus. Kaffee muß immer noch **von Hand** gepflückt werden, weil es noch keine Maschinen gibt, die die ungleich reifen Früchte unterscheiden könnten.
Die **Reifeperiode** zieht sich von Juli bis Oktober hin. Im November werden alle Beeren abgeräumt. Im Dezember regeneriert sich die Pflanze, und ab Januar blüht sie.
700 reife Beeren ergeben erst **1 Pfund Kaffee!**
Der **größte Feind** des Kaffees ist der **Kaffeebohrer**, ein kleines Insekt. Das Hinterhältigste an diesem Insektenbefall ist, daß beim Pflücken nicht ersichtlich ist, ob die Kaffeebohne befallen ist oder nicht. Erst durch ein Wasserbad ist feststellbar, ob sie hohl ist, weil sie dann auf der Wasseroberfläche verbleibt. Die vollen sinken auf den Grund, und nur so kann der Plantagenbesitzer seine reale Ernte ermitteln. Dieser Kaffeebohrer kann ganze Plantagen vernichten und dem Unternehmer den Ruin bringen, weil bei der sehr personalintensiven Ernte die Pflückerinnen bereits entlohnt worden sind, bevor der Schaden entdeckt wurde.

● **Ananasanbau**
Die Ananaspflanze hat sehr scharfe Blattränder, die so schneidend wie spitze Zähne sind. Normalerweise trägt eine Pflanze nur einmal jährlich Frucht. Aus den Ablegern werden neue Pflanzen gezogen.

Es sind **verschiedene Sorten** mit unterschiedlicher Eigenschaft und Geschmacksrichtung herangezüchtet worden:
- **Cheese Pineapple** ist von gelber Farbe.
- **Honey** schmeckt sehr süß.
- **Sugar Loaf** ist ebenfalls sehr süß.
- **Bull-Head** wird sehr hoch, biegt sich schließlich in die Waagerechte und nimmt dann die Gestalt eines Stierkopfs an.
- **Smooth Chayenne** hat keine Sägekanten an den Blättern und wurde so gezüchtet, daß alle Früchte die gleiche Größe besitzen. Sie ist die am meisten verkaufte Ananassorte. Hauptabnehmer ist China.
- **Rieley** hält den Saft sehr lange und ist recht hart.
- **Cowboy** ist gleichfalls eine harte Frucht. Sie ist süß und wird gerne zur Konfitürenherstellung verwandt.
Es werden den Besuchern Frucht- und Saftproben gereicht, um die unterschiedlichsten Geschmacksrichtungen zu testen.

Jamaika / Kingston – Montego Bay

● **Brotfrucht**
Die Bäume, an denen die bis zu menschenkopfgroßen Früchte wachsen, sind an ihren großen, gefingerten Blättern erkennbar. Die Früchte dürfen nicht ganz reif werden, weil sie dann weich und matschig sind. Sie werden grün gepflückt und dann gekocht oder geröstet.

Brotfrucht – Croydon Plantation

● **Ackee**
Die Früchte des Ackee-Baums, **zusammen mit Fisch** zubereitet, sind das **Nationalgericht** der Jamaikaner. Die hellroten Früchte sind **hochgiftig**. Man muß warten, bis sich die Früchte nach ihrem natürlichen Reifeprozeß von selbst öffnen, damit das toxische Gift entweichen kann; dann erst sind sie eßbar und wohlschmeckend. Es hat lange gedauert, bis man das erkannt hat. Viele Einheimische haben vorher aus Unkenntnis den Tod gefunden.

Früher war der proteinreiche Fisch zum Ackee sehr reichlich durch Einfuhren aus England und Norwegen vorhanden und das Hauptnahrungsmittel der Armen. Heute ist er sehr knapp und teuer geworden, ein wahres Desaster des Nationalgerichts neben seiner Giftigkeit.

● **Jackfrucht**
Sie besitzt ein milchiges Fleisch. Die Samen werden wie Nüsse roh oder geröstet verzehrt.

● **Kolanuß** *(Cola nitea)*
Die Kolanuß ist ein Bestandteil von Coca Cola. Ein schnell verabreichter Tee aus dieser Nuß kann möglicherweise den Tod durch die giftigen Früchte der Ackee verhindern.

─── **INFO** ───

Samuel Sharpe – Schicksal des Nationalhelden

*Samuel Sharpe wurde 1801 im Croydon Estate geboren. Er wurde zum Nationalhelden von Jamaika erklärt. Auf der 50-Dollar-Banknote ist er abgebildet. Daß er ein kluger Bursche war, erkannten die **Baptisten-Priester** schon sehr früh, und sie **unterrichteten ihn**. Mit 14 Jahren beherrschte er das **Lesen und Schreiben**, was für einen schwar-*

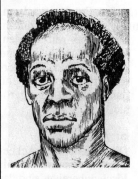
Samuel Sharpe

zen Sklaven sehr ungewöhnlich war. Die Geistlichen erkannten auch, daß er als Mann die Fähigkeit besitzen würde, ein Führer der Schwarzen zu werden.
Schon bald kannte Samuel Sharpe das ganze Problem seiner schwarzen Brüder, ihre Unterdrückung und ihre Not, weil er überall auf den Plantagen herumgeschickt wurde, bis an die Küste. Mit 19 Jahren hatte er einen so guten **Überblick** über die Behandlung der Sklaven und ihre Unterdrückung, daß er beschloß, etwas dagegen zu unternehmen.

Er versuchte, die Sklaven zum **"Bummelstreik"** zu bewegen. 1830 hatte er sie so weit, daß sie seinem Aufruf folgten und in den Ausstand traten. Auch ohne Telefon funktionierte die Verständigung von Plantage zu Plantage. Die sog. **"Christmas-Rebellion"** nahm 1830/31 im **Kensington Estate** ihren Anfang und breitete sich wie ein Lauffeuer weiter aus. Die Sklaven zündeten Leuchtfeuer als Signal des Aufstandes auf den höchsten Hügeln an. Anschließend gingen die meisten Plantagen in Flammen auf.

Der **Gegenschlag des Militärs** war hart. Die schwarzen Gefangenen wurden zu Dutzenden nacheinander in der Parade von Montego Bay (heute Samuel Sharpe Square) gehängt, abgeschnitten, wieder neue gehängt und anschließend in einem Massengrab vergraben. Schätzungsweise sollen auf diese Art und Weise 312 Sklaven exekutiert worden sein. Über 1.000 Aufständische und 14 weiße Soldaten fielen im Kampf.

Auch Samuel Sharpe wurde eingesperrt, **zum Tode durch den Strang verurteilt** und öffentlich gehängt. Viele Sklaven fanden sich zu seiner Hinrichtung in Montego Bay ein.

Empört brannten sie anschließend so viele Plantagen und Gebäude der Briten nieder, wie ihnen möglich war. Viele von ihnen verließen die Farmen und zogen sich in die Wälder zurück, als der Tod ihres Anführers überall bekannt wurde. Sie lebten nach ihren eigenen Gesetzen in der Zurückgezogenheit der Wildnis. Die gesamte Situation der Pflanzer geriet ohne genügend Arbeitskräfte in einen desolaten Zustand.

6 Jahre nach dem Tod von Samuel Sharpe, der zum Märtyrer geworden war, wurde die **Sklaverei im britischen Empire aufgehoben**.

Jamaika / Montego Bay – Ochos Ríos

14.4 MONTEGO BAY – OCHO RÍOS

14.4.1 TOURISTISCHE HINWEISE

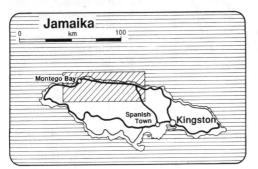

Entfernung
Montego Bay – Umweg: Salt Marsh, Orange Valley, Bunkers Hill, Good Hope Plantation, Falmouth – Ocho Ríos: 102 Meilen

Streckenhinweis
Von **Montego Bay** in östlicher Richtung auf der **A 1** bis **Salt Marsh** (Meile 20), Abzweigung rechts bis **Kent** (Meile 25), Abzweigung links, Stichfahrt Kent – **Orange Valley** – Kent (Meile 27), Abzweigung links bis **Adelphi** (Meile 31), Abzweigung links an der Polizeistation über Wakefield bis **Bunkers Hill** (Meile 41), hinter Bunkers Hill Abzweigung links (Meile 43), letztes Stück auf einer Stichstraße (Schotterweg) bis **Good Hope Plantation** (Meile 45), Rückfahrt auf der gleichen Stichstraße, Abzweigung links bis Falmouth (Meile 50), Abzweigung rechts wieder auf der **A 1** bis **Ocho Ríos** (Meile 102).

14.4.2 UNTERWEGS NACH OCHO RÍOS

Salt Marsh

An der Küstenstraße von Montego Bay Richtung Osten erblickt man in der Umgebung der kleinen Ansiedlung Salt Marsh **Salzmarschen** mit **Mangroveninseln** an der flachen Küste. Am Straßenrand werden große, rosa schimmernde Muscheln zum Kauf angeboten.

Orange Valley Estate

● **Rückblick und Ausblick**
17. Jahrh.: Orange Valley Estate ist eine ehemalige Zuckerrohrplantage, deren erste Anfänge bis in das 17. Jahrhundert zurückreichen. Heute zeugen nur noch Ruinen von deren Glanzzeit. Überreste einer Krankenstation für Sklaven, einer Ziegelei und ein Kalkbrennofen sind noch vorhanden.

Papaya-Ernte – Orange Valley Estate

479

Jamaika / Montego Bay – Ochos Ríos

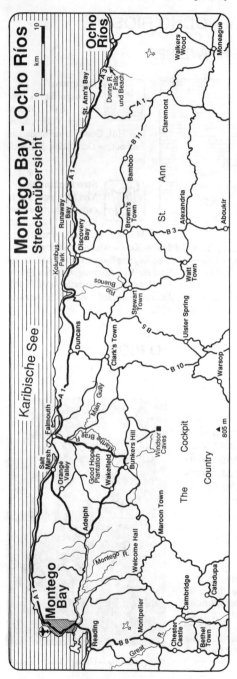

1957 hat ein Privatmann das 3.000 Acres große Farmgelände aufgekauft.

Seit 1986 wurde erfolgreich ein **Gestüt** aufgebaut. Es werden mit "Arabern" gekreuzte **Rennpferde** gezüchtet, die nach ihrer "Rennlaufbahn" als **Reitpferde** für "Horseback Riding" an Hotels verkauft werden. Sehr interessiert wird verfolgt, ob die selbst gezüchteten Tiere zu erfolgreichen Rennpferden avancierten und gute Preise erzielten. Außerdem gehen besonders wendige Pferde für den **Polosport** aus der Zucht hervor. Insgesamt gehören rund 200 eigene Pferde und darüber hinaus noch in Pflege gegebene zur Herde.

Seit 1990 legte der Besitzer auf großen Flächen eine **Papaya-Plantage** an. Es wurde die größte dieser Art in Jamaika. Die Papayas müssen laufend bewässert werden. Die halbreifen Papayafrüchte werden mittels eines fahrbaren Gestells aus den Kronen der 3–4 m hohen Papayapflanzen herausgepflückt.

Ein **Bananenanbauprojekt** ist noch im Experimentierstadium.

Bei der Weiterfahrt passiert man das **Kent Estate**. Riesige Rinderherden grasen auf den Weiden. In dem kleinen Ort **Adelphi** sind die auffälligsten Gebäude die Kirche und die Polizeistation. Es geht an Zuckerrohrfeldern vorbei, man passiert **Wakefield** und **Bunkers Hill**, letzteres liegt schon am Rande des wilden **Cockpit Country**. Schon der Blick auf die angrenzende urwaldüberzogene, stark zergliederte Hügellandschaft der Kalksteinfelsen zeigt die Schwierigkeiten, hier tiefer einzudringen.

Good Hope Plantation

Auf oben beschriebenen Nebenwegen gelangt man schließlich in das Farmland der Good Hope Plantation, wo große Orangenplantagen angelegt sind und Rinderzucht betrieben wird. Vorbei an den **Ruinen einer alten Zuckermühle** mit den Überresten eines alten Wasserrads führt der Weg auf einen Hügel zu dem **Herrenhaus**, von wo man einen herrlich weiten Blick über das Land genießen kann.

- **Wechselvolle Geschichte der Farm**
  1744 siedelte laut Aussage einer Inschrift ein gewisser **Thomas Williams** in dieser Gegend. Er nannte sein erstes Haus Good Hope.
  1757 wurde das **Herrenhaus** errichtet.
  1770 war das **Kutschenhaus** fertiggestellt.
  1989 verstarb der **vorige Besitzer Mr. Tennessee** mit 59 Jahren. Seine Frau hat das Anwesen verkauft und ist in die USA ausgewandert. Der neue Eigentümer hat sich viel vorgenommen.
  Bis Ende 1992 soll das Herrenhaus zu einem **Hotel** umfunktioniert werden. Die Restaurationsarbeiten sind bereits in vollem Gange.

Herrensitz – Good Hope Plantation

Falmouth

Falmouth hat das Ambiente der Vergangenheit sehr gut bewahrt. Die Bauwerke von historischem Interesse sind das **Courthouse**, die **Parish Church** und die **Presbyterian Church**. Der ehemalige Reichtum der Stadt stammte aus dem Anbau von Zuckerrohr.
Die Stadt mit ihrem reichen Hinterland war einst der geschäftigste Hafen der Nordküste Jamaikas.

Der Kolumbuspark in der Discovery Bay

1968 ist im Westen der **Discovery Bay** der Kolumbuspark von der "**Kaiser-Bauxit Company**" gegründet worden. Man kann sich vorstellen, daß die Vegetation an dieser Stelle der Bucht so war, wie **Christoph Kolumbus** sie am **04.05.1494** hier vorgefunden hat, als er als 1. Europäer seinen Fuß auf jamaikanischen Boden setzte.

Jamaika / Montego Bay – Ochos Ríos

- **Die Geschichte des Zuckerrohrs**

Weil die Stadt Discovery Bay durch Zuckerrohr reich geworden ist, wird diesem Thema besonders viel Raum gewidmet:

1527 ließ der spanische **Gouverneur Francisco Garey** die **1. Zuckermühle** in dieser Gegend bauen. Die 1. Pflanzung lag bei Valencia Nueva (heute St. Ann's Bay).
1655: Zur Zeit der englischen Eroberung Jamaikas gab es **nur 3 Zuckermühlen** in der Umgebung.
1673 produzierten bereits 57 Werke **670 t Zucker.**
1675 lieferten schon 73 Werke **986 t Zucker.**
1684 steigerte sich die hergestellte Menge bereits auf **3.586 t Zucker.**
1739 waren es schon **19.641 t Zucker.**
1805 nutzte man alle damals zur Verfügung stehenden Energiequellen aus: Tiere zum Bewegen der Zuckermühlen, Windantrieb und Wasserkraft. Die Produktion stieg auf **110.000 t Zucker.**
1865 wird die produzierte Menge mit **506.348 t Zucker** angegeben. An Ausstellungsgegenständen sind beispielsweise zu besichtigen:
- eine alte Zuckermühle, die mit Wasserkraft angetrieben wurde,
- eine Zuckerrohrpresse,
- Karren aus dem 19. Jahrhundert, mit denen die Farmer zum Markt in die Stadt fuhren,
- ferner alte Brunnen, ein Geldschrank, Kanus, Ochsenjoche, Kanonen und eine Glocke der letzten Dampflok der "Jamaica Railway Cooperation".

Runaway Bay

Über die **Herkunft des Ortsnamens** "Runaway Bay" gibt es **2 Versionen:**

● Einerseits wird behauptet, der Name käme daher, weil die Spanier beim Anrücken der Engländer fluchtartig die Insel verlassen hätten.

● Andererseits sagen die Jamaikaner, die zur Zeit der Sklavenaufstände Geflohenen hätten sich in dieser Bucht gesammelt, um in Freiheit leben zu können.

Im weiteren Verlauf der Fahrt entlang der Küste ist dem Gebirge ein flacher fruchtbarer Küstentreifen, der mit Kokospalmen und Zuckerrohr kultiviert ist, vorgelagert. Es fällt auf, daß viele Palmenstümpfe tot in den Himmel ragen. Die Wipfel der küstennahen Bäume sind höchstwahrscheinlich durch die Gewalt von Hurrikanen abgedreht worden.

St. Ann's Bay

- **Geschichtliches**

1494 entdeckte **Christoph Kolumbus** die St. Ann's Bay.
1502 wurde der große Entdecker, nachdem er hier an der Nordküste gestrandet war, auf Anordnung eines mißgünstigen spanischen Gouverneurs für **1 Jahr und 5 Tage ausgesetzt**, bis sein Bootsmann genug Geld beigebracht hatte, um ihn zu retten. Sein Aufenthalt hier war nicht besonders erfreulich. Nicht nur deshalb, weil er von Arthritis befallen war, sondern auch deshalb, weil es

schwer war, ausreichend Nahrung zu beschaffen und die Bevölkerung der Arawaken zusehends feindseliger wurde, was zu einer Meuterei von 50 Seeleuten seiner Mannschaft führte, die sich weigerten, gegen die Arawaken vorzugehen.
1509 sandte **Diego Colón**, der Sohn von Christoph Kolumbus, einen Gouverneur in die St. Ann's Bay, um dort **Sevilla la Nueva**, die 1. Hauptstadt Jamaikas zu gründen. Diese Stadt wurde nur 25 Jahre bewohnt, dann verfiel sie, weil die Hauptstadt nach **Villa de la Vega** (Spanish Town) verlegt wurde.
17.08.1887 wurde **Marcus Garvey** in St. Ann's Bay geboren (nähere Ausführungen in Kapitel 14.2.4), der später zum **Nationalhelden Jamaikas** erhoben wurde.

Das **Fort** und das **Gerichtsgebäude** aus dem Jahre 1860 könnten von historischem Interesse sein.

Ocho Ríos

- Überblick

"Ocho Ríos" heißt auf Spanisch "Acht Flüsse". 8 Flüsse gibt es in diesem Küstenort jedoch nicht, höchstens 3. Was ist passiert?
Den Engländern, eine Weltsprache sprechend und in anderen Fremdsprachen nicht so bewandert, unterlief ein Hör- bzw. Übersetzungsfehler. Die Spanier hatten die Stadt **"Las Chorreras"** (Die Wasserfälle) genannt, und die Engländer machten daraus fälschlicherweise **"Ocho Ríos"** (Acht Flüsse).

Markttreiben – Ocho Ríos

Jamaika / Montego Bay – Ochos Ríos

Aus dem Fischerdorf von einst ist heute ein **beliebtes Ferienziel** geworden. Nach einem Entwicklungsprogramm unter der Schirmherrschaft der "Urban Development Corporation" (UDC) wurde zur Förderung des Tourismus als erstes der Hafen ausgebaggert und durch die Aufschüttung ein 3 m breiter Sandstrand gewonnen. Nach und nach haben sich dann mehrere Hotels an der Küste angesiedelt.

- **Touristische Hinweise**

Übernachtung
- ***** **Ciboney Villa & Beach Resort**, das First-Class-Hotel besitzt 50 elegant eingerichtete weiße Villen, 4 Restaurants, 6 Tennisplätze, 1 Golfplatz (18 Loch), Bars, Swimmingpool und diverse Sportaktivitäten.
- ****** **Sans Souci Hotel & Spa.**, Box 103, Tel.: 974-2353/5, ist ein Spitzenhotel mit luxiösem Flair. Es bietet 111 klimatisierte Gästezimmer an, und es verfügt außerdem über einen großen Swimmingpool, Sonnenterrasse, Whirlpool, Sauna, Fitness-Raum und eine romantische Hochzeitskapelle. An Sportaktivitäten werden angeboten: Golf, Tennis, Polo, Surfen, Segeln, Schnorcheln und Tauchen.
- *** **Hotel Shaw Park Beach Hotel**, Box 17, Tel.: 974-2552/4, ist ein gutes Mittelklassehotel. Swimmingpool, Kinderplanschbecken und Sportaktivitäten gehören mit zum Service.

Restaurants
- **Evita's**, Eden Bower Road, Tel.: 974-2333, norditalienische und jamaikanische Geschmacksrichtungen sind in diesem Lokal eine "glückliche Ehe" eingegangen.
- **Piccolo Mondo**, Boscobel, nahe Ocho Rios, Tel.: 974-3234, serviert seine exzellenten Gerichte und Getränke in gemütlicher Atmosphäre.
- **Sans Souci**, Tel.: 974-2353/2335, unterhält das Restaurant **Casanova's**, wo nur das Feinste vom Feinen serviert wird. Entsprechend hoch sind auch die Preise.

Hubschrauberflüge
Heli Tours Ltd., Tel.: 974-2265, bietet Helikopter-Rundflüge bis zu 30 Minuten an.

- **Sehenswürdigkeiten**

- **Das Fort**

Aus historischer Sicht ist nur das Fort von Ocho Ríos beachtenswert. Es wurde 1777 erbaut, um die Stadt vor seefahrenden Angreifern zu schützen. Heutzutage wird diese ehemalige Festung als Schlachthof genutzt.

- **Shaw Park Garden**

Der Shaw Park Garden ist ein Botanischer Garten, auf einem Hügel oberhalb der Stadt gelegen, mit glitzernden Kaskaden, tropischen Blumen, Sträuchern und Bäumen sowie einem reichen Vogel- und Insektenleben.

Öffnungszeiten
täglich 9.00–17.00 Uhr

14.4.3 AUSFLÜGE IN DIE UMGEBUNG VON OCHO RÍOS

Dunn's Falls

Dieser Wasserfall, westlich von Ocho Ríos, ist zu einer **Touristenattraktion** geworden. In langen Ketten steigen die Besucher, sich an den Händen haltend, die treppenförmigen Kaskaden hinauf. Die Frage wirft sich auf, ob diese Naturschönheit, denn als solche muß sie eingestuft werden, nicht durch den geballten Andrang der Masse Mensch leidet. Schlimm ist es, wenn beispielsweise die konzentrierte Menge an Touristen eines angelandeten Kreuzfahrtschiffes sich an diesen berühmten Wasserfall begibt und ihn hinaufsteigt.

Wenn Sie sich dieser "Expedition" anschließen wollen, ist es ratsam, Ihre Badebekleidung anzuziehen. Handtücher werden dort vergeben.

Wenn man eine Zeit abpaßt, in der nicht so viele Menschen durchs Wasser waten, ist der Anblick des gleißenden Gewässers, das sich wie flüssiges Silber rauschend 600 feet über die Kalkfelsen ergießt, vom Grün des Urwalds eingerahmt, ein erhabener Anblick.

Fern Gully

"Fern Gully", auf deutsch die **"Schlucht der Farne"**, ist der Anfang der Straße von Ocho Ríos nach Spanish Town (A 1), die einem trockenen Flußbett folgt. Sie windet sich durch eine enge Rinne bergauf. Es gibt rund 550 verschiedene einheimische Farne in Jamaika. Das sind mehr als irgendeine andere Örtlichkeit der Erde aufweisen kann. Wenn auch nicht alle in dieser bewaldeten Schlucht vorkommen, so sind doch der Artenreichtum und die Menge des Vorkommens beträchtlich.

14.5 OCHO RÍOS – PORT ANTONIO

14.5.1 TOURISTISCHE HINWEISE

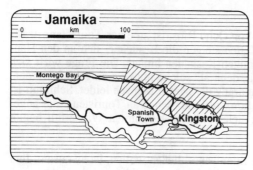

Entfernung
Ocho Ríos – Stichfahrt: Annotto Bay – Castleton – Annotto Bay – Umweg: Spring Garden, Paradise, Hope Bay – Port Antonio: 102 Meilen

Streckenhinweis
Von **Ocho Ríos** in östlicher Richtung auf der **A 3** bis kurz vor **Annotto Bay** (Meile 35), Abzweigung **rechts** Stichfahrt bis **Castleton** (Meile 45), gleiche Strecke zurück bis Abzweigung **rechts** (Meile 55) auf der **A 4** bis **Annotto Bay** (Meile 57), auf der gleichen Straße weiter bis **Spring Garden** (Meile 70), Abzweigung **rechts** auf einer Umwegstrecke über **New Eden** und **Paradise** nach **Hope Bay** (Meile 84), wieder auf der **A 4** bis **Port Antonio** und Weiterfahrt bis Jamaica Palace Hotel (Meile 102).

14.5.1 UNTERWEGS NACH PORT ANTONIO

Nach Verlassen von Ocho Ríos in östlicher Richtung auf der Küstenstraße A 3 fällt **Tower Island** auf, eine kleine Festung, die auf einer winzigen Insel gerade Platz findet. Bei flüchtigem Hinsehen könnte man meinen, ein Unterseeboot sei gerade aufgetaucht.

Oracabessa

Der Stadtname "Oracabessa" stammt von der spanischen Namensgebung **"Ora Cabeza"** (Goldkopf). Die Kleinstadt ist ein lebhafter Marktflecken an der Küste. Als bekannter Einwohner der Ortschaft zählt **Ian Fleming**, der Schöpfer des **"James Bond Thrillers"**.
In Oracabessa sieht man auffällig viele hübsche kleine Häuser und Villen.

Port Maria

- **Historisches**

1760 brach hier ein Sklavenaufstand los, der von dem jamaikanischen **Freiheitskämpfer Tacky** angeführt wurde. Der Aufruhr wurde brutal niedergeschlagen.
Die Kleinstadt hat **3 Sehenswürdigkeiten**:
1820 erbaute man das **Courthouse** (Gerichtsgebäude).

Jamaika / Ochos Ríos – Port Antonio

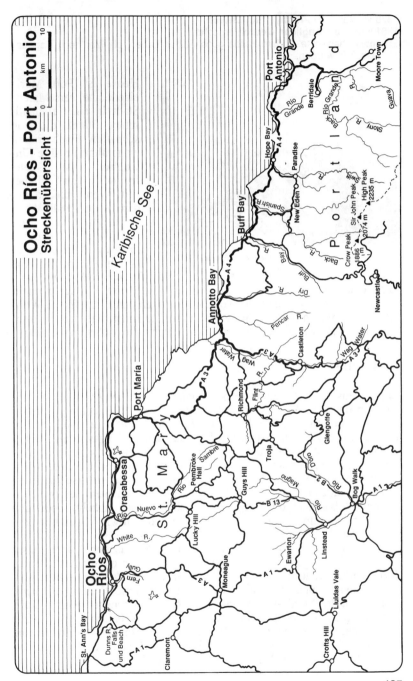

Jamaika / Ochos Ríos – Port Antonio

1830 entstand die **Presbyterian Church**.
1861 wurde die **Anglican Church** errichtet.
Ehemals herrschte in dem Hafen geschäftiges Leben, als hier noch Bananen verschifft wurden.

Anglikanische Kirche – Port Maria

Heute ist Port Maria eine kleine, verschlafene Stadt in einer romantischen Bucht, die von schroffen Felsbarrieren eingerahmt ist. Ihre **Einwohner sind sehr freundlich und hilfsbereit**. Wenn jemand mit dem Auto anhält, kann es passieren, daß er gefragt wird: "Haben Sie Probleme? Ist alles in Ordnung? Brauchen Sie etwas?" – "Danke, es ist alles o.k." – "Respekt, mein Herr, wir sind Jamaikaner, wir wollen nett sein und sind auch nett." Einige Männer tragen manchmal erstaunlicherweise trotz der großen Hitze flache Woll- oder Ledermützen mit Schirm, um darunter die langgewachsenen Rastalocken zu bändigen, die bei einigen Tätigkeiten hinderlich sein würden.

Abstecher nach Castleton

Empfehlenswerterweise sollten Sie, wenn es Ihre Zeit erlaubt, kurz vor Annotto Bay der Abzweigung nach rechts und der A 3 Richtung Kingston bis Castleton folgen. Die Fahrt ins Landesinnere führt über eine Bergstraße mit wunderschönen Aussichten. Sie staunen über die **gewaltigen Bergmassive**, ausgedehnten Bambuswälder und einsamen Häuser, die wie Adlernester an den Berglehnen kleben. Dann begleitet wieder dichter, **lichtdurchfluteter Bergurwald** Ihren Weg, der wegen der unterschiedlichen Baumarten auch in den verschiedensten Grüntönen leuchtet oder im Schatten der Wolken sich düster gegen die hellen Flecken abhebt. Aber auch durch Brandrodung freigelegte Flächen machen sich wie Wunden in dem urtümlichen Wald aus.
In **Castleton** sollten Sie sich unbedingt den **Botanischen Garten** ansehen, der **1831** angelegt wurde. **Teakbaum** *(Tectona grandis)* aus Birma, **Kanonenkugelbaum** *(Couroupita guianensis)* aus den tropischen Wäldern Guayanas und des Amazonasgebietes, **Brotfruchtbaum** *(Artcarpus altilis)* von den Sunda-Inseln und Polynesien, **Johannisbrotbaum** *(Ceratonia siliqua)* aus Vorderasien, **Kasuarine** *(Casuarina equisetifolia)* aus Australien, unterschiedlichste Palmenarten, **Baumfarne**, **Katzenschwanz** *(Acalypha hispida)*, rosafarbige **Orchideen** und der die Bäume emporrankende **Philodendron** geben sich hier ein Stelldichein.

Jamaika / Ochos Ríos – Port Antonio

Umweg über Paradise

Wenn Sie bei Spring Garden die A 3 verlassen und rechts abbiegen, treffen Sie kurz nach der Einmündung in die Nebenstraße auf den kleinen, idyllisch gelegenen **Campingplatz** Chrystal Spring, einen der wenigen des Landes.

Campingplatz Chrystal Spring
Ein kleines Restaurant, ein tropischer Orchideengarten, Vogelvolieren mit einer Vielzahl an bunt Gefiederten, Fische und lustig plätschernde Quellen geben den Rahmen für den Campingplatz ab. Man kann ein Zelt mieten oder das selbst mitgeführte auf einer auf Stelzen stehenden Holzplattform am Hang aufbauen. Ab 1993 werden auch kleine Cottages (Hütten) zur Verfügung stehen.
Der Preis fürs Zelten beträgt 27 J$ pro Person, und für das Mieten einer Hütte soll er 50 J$ pro Person betragen.
Öffnungszeiten: täglich 9.00 –17.00 Uhr

Die schmale Straße führt weiter in die Berge, die mit einer wundervollen tropischen Vegetation überzogen sind. Dieses üppige Leben begeistert durch seine unglaubliche Vielfältigkeit. Am **Spanish River** kann man phantastische Ausblicke über das Flußtal und die mit **Bergregenwald** überwucherten Hänge genießen. Nach den hier häufigen Regenfällen glänzen die unendlich verschieden geformten Blätter der Bäume und des Strauchwerks **wie pures Silber.**

Idyllische Landschaft – Spanish River

Besonders schöne **Wolkentürme,** auch nach dem Regen, wachsen schneeweiß **wie Riesenpilze** aus den dampfenden Urwäldern empor. Man kann schon ins Schwärmen geraten, wenn sich der Blick ehrfürchtig zu dem Dom der Urwaldriesen emportastet, die am Hang noch gewaltiger aussehen als zur ebenen Erde, wenn man einen tieferen Standort einnimmt.

Am Wegesrand gibt es vereinzelt blühende Urwaldkräuter zu bewundern. Im ganzen ist die Blumenpracht jedoch nicht so dominierend, wie man es sich vielleicht erträumt hat. Die erstaunlich vielen Grüntönungen des Regenwaldes, an den Hängen noch besser aufgefächert als in der Ebene, sind das Beeindruckendste. Wenn man anfängt, diese **Farbnuancen in Grün** zu zählen, kommt man spielend auf über 20 unterschiedliche Schattierungen.

Jamaika / Ochos Ríos – Port Antonio

Die Bergstraße führt im Bogen nach Hope Bay an die Küste zurück. Aber noch ist man nicht dort. Vorab sollten Sie mit offenen Augen und Ohren versuchen, diese Wildnis zu erfassen. Sie müssen sich für diesen Fahrtabschnitt einfach Zeit lassen! An den Gebirgsflüssen **Spanish River** und **Swift River** sowie an deren Zuflüssen stehen gerne fischende Blaureiher. Papageien kommen zum Wasserschöpfen an die schnell fließenden Gewässer.

In den beiden Orten **New Eden** und **Paradise**, die schon in ihrer Namensgebung auf paradiesische Zustände hinweisen, können Sie **jamaikanisches Dorfleben** live beobachten: spielende schwarze Kinder und Frauen beim Wäschewaschen am Fluß. Unterwegs trifft man uniformierte Kinder auf ihren oft langen Schulwegen. Das Land ist hier nicht zersiedelt. Die bescheidenen Anpflanzungen der schwarzen Bevölkerung, die Nutzpflanzen wie Bananen, Mango, Papaya und Kokosnüsse anbauen, passen sich harmonisch in die Urwaldvegetation ein.

Erst wenn der Urwald den Kahlschlägen größerer Plantagen zum Opfer fällt, verändert sich das natürliche Landschaftsbild grundlegend. Bei der Polizeistation in **Hope Bay**, wo man rechts in die A 3 Richtung Osten einbiegt, ist man wieder im Küstenland angelangt.

Sommerset Falls

Man schreitet vom Eingangstor an der Straße, vorbei an tropischen Blumen, wie der rot blühenden **Geschnäbelten Heliconie** *(Heliconia rostrata)* und **Torch Ginger** *(Nicolai elatior)*, zum nahegelegenen Wasserfall. Der wunderschöne **Jamaika-Kolibri** *(Trochilus polytum)*, "Doctor Bird", besucht nektarsaugend die auffällig schönen Blüten.
Die Sommerset Falls, wo das klare Bergwasser kaskadenartig zu Tal strömt, nicht so berühmt und groß wie die Dunn's Falls, zeichnen sich dadurch aus, daß sie von nicht so vielen Menschen besucht werden. Um die Wasserfälle herum wuchert der Urwald, zusätzlich von einigen Exoten aus anderen Tropengebieten bereichert. Ein betonierter Weg führt den schäumenden Wildfluß hinauf.

14.5.3 PORT ANTONIO

Überblick

Die Nordostküste Jamaikas mit Port Antonio als Brennpunkt ist u.E. der schönste Teil des Landes. Das tropische Flair ist hier am stärksten ausgeprägt. Königspalmen flankieren die Zufahrt ins Zentrum der Stadt. Die heute eher beschaulich wirkende Ortschaft hat ihren Zenit als vormals blühende Hafenstadt längst überschritten.

Jamaika / Ochos Ríos – Port Antonio

Einst war Port Antonio der **größte Bananenhafen der Welt**. Das Lied von **Harry Belafonte**, "Day O", berichtet von dem "Tallyman", der die Menge der Bananenstauden hinzählt, für die er seinen kargen Lohn bekommt. Die sog. Panamakrankheit, Naturkatastrophen und Weltwirtschaftskrisen haben dem Bananenboom ein Ende bereitet.

Heute ist die Umgebung von Port Antonio von den Urlaubern wegen seiner **weißen Strände** und seines **reizvollen Hinterlandes** ein begehrter Ferienort geworden.

Tropisches Flair – Castle

Die Stadt liegt an einer Doppelbucht und hat **2 natürliche Hafenbecken**:
- **West Harbour**, der durch die Insel Navy Island beschützt wird, und
- **East Harbour**, dessen Bucht zu $^4/_5$ von Land ringförmig bis auf das fehlende $^1/_5$-Segment des Kreises umschlossen ist.

Touristische Hinweise

Übernachtungen
- **** **Dragon Bay Villas**, 993-3281-3, vermietet 1- bis 3-Bettzimmer und 1- bis 3-Bett-Villen. Man hat einen überwältigenden Blick auf die glitzernde See. Babysitting, Tennis, Hochseefischen, Tauchen und andere Wassersportarten können arrangiert werden.
- **** **Fern Hill Club**, 993-3222/3357, ist mit 16 elegant eingerichteten Suiten mit privatem Whirlpool ausgerüstet. In der San-San-Bucht können alle üblichen Wassersportarten ausgeübt werden. Ein Shuttle-Bus fährt zum Strand.
- **** **Goblin Hill**, San San, Port Antonio, Tel.: 925-8108/7896, vermietet 12 1-Bettzimmer- und 16 2-Bettzimmer-Villen mit Klimaanlage und Blick auf die 1 Meile entfernte San-San-Bucht. Swimmingpool, 2 Tennisplätze mit Flutlicht, TV-Raum, Gartenterrasse, Babysitting, Bar und Wassersport-Aktivitäten an der San-San-Bucht gehören mit zum Service.
- **** **Jamaica Palace Hotel**, P.O. Box 277 Port Antonio, Tel.: 993-3459/2020, vermittelt absoluten Komfort durch ausgezeichneten, individuellen Service, durch das architektonisch ausgewogene Äußere und Innere des "Palastes", einem Traum in Weiß, und die tropische Umgebung. Es ist eine Kombination aus europäischer Eleganz und karibischem Charme. Der beruhigende Blick aufs Meer, die integrierte Natur rundherum und die erholsame Ruhe tragen dazu bei, daß der gestreßte Mensch wieder zu sich selbst finden kann. Das Hotel offeriert 80 klimatisierte Suiten, die mit Antiquitäten, Kristalleuchtern und erlesenen europäischen Möbelstücken ausgestattet sind. Ein großer Swimmingpool und 3 weiße Sandstrände ganz in der Nähe laden zum Schwimmen ein. Ausflugsmöglichkeiten nach Port Antonio, Nonsuch Caves, Athenry Gardens, Reach Falls, Sommerset Falls und Blue Lagoon machen das Jamaica

Jamaika / Ochos Ríos – Port Antonio

Architektonisch ausgewogen – Jamaica Palace Hotel

Palace Hotel zu einem idealen Ausgangspunkt. Babysitting und zahlreiche Sportmöglichkeiten können arrangiert werden. Es wird deutsch und englisch gesprochen. Das sehr freundliche Personal, geschickt von dem Ehepaar Fahmi geleitet, macht zusammen mit allen vorher erwähnten Vorzügen des Hotels Ihren Aufenthalt zu einem Genuß.

INFO

Ehepaar Fahmi – Pioniere des "Sanften Tourismus"

*Ziggi und Nazar Fahmi sind sehr naturliebend und **Kämpfer für den aktiven Naturschutz**. Ihr besonderes Anliegen ist es, der Zerstörung der Natur allgemein und im besonderen der Vernichtung der noch vorhandenen tropischen Regenwälder sowie der so vielfältigen Flora und Fauna der Karibischen See Einhalt zu gebieten. In der Praxis hat sich gezeigt, wie liebevoll um die alten, ehrwürdigen Bäume auf dem Grundstück des Jamaica Palace Hotels herumgebaut wurde, um die Natur so wenig wie möglich zu beeinträchtigen.*

*Die Fahmis sind sehr darum bemüht, daß Jamaika seine Ursprünglichkeit nicht verliert und nicht das Opfer der negativen Erscheinungen des Massentourismus wird, sondern für Individualtouristen ein Kleinod bleibt. Nach Ansicht der beiden **Pioniere des "Sanften Tourismus"** muß die Reiselust der Menschen der Industrienationen in die richtigen Bahnen gelenkt werden, damit der Tourismus nicht auch noch zur Zerstörung der Landschaft beiträgt und die Einheimischen verdirbt.*

Jamaika / Ochos Ríos – Port Antonio

● Geschichtliches

1723 hat eine Niederlassung einiger englischer Familien zur **Stadtgründung** geführt. Erst nachdem Port Antonio Provinzhauptstadt des **Parish Portland** wurde, haben die Briten allmählich mit dem **Hafenausbau** begonnen.

Ab 1880 wurde es in der Hafenstadt lebhaft, als der **Bananenhandel** und -export hauptsächlich mit USA und Großbritannien begann. Der US-amerikanische Kapitän Lorenzo Dow Baker hatte damit angefangen, unreife Bananen nach Neu-England zu exportieren. Auch der erste **Tourismus** mit Nordamerika und England auf den Bananenfrachtern fand ab dieser Zeitmarke seinen Anfang. Es folgten die Privatyachten bekannter Hollywood-Stars, wie beispielsweise **Errol Flynn**, der sich auf Navy Island ein Haus baute, das heute ist Tourist Resort und mit der Fähre erreichbar ist. Seit 30 Jahren ist Port Antonio wiederholt Schauplatz bekannter Filme, wie "The Bounty" und "Lord of the Lies" geworden.

1939 fusionierte die **"Boston Fruit Company"** mit der **"United Fruit Company"**. Anschließend verfiel Port Antonio in einen Dornröschenschlaf und träumte von seinen goldenen Zeiten.

Heute beginnt der **Tourismus**, die Stadt und ihre Umgebung wieder zu beleben.

● Sehenswürdigkeiten

- **Queen Street**: Wenn man eine Vorstellung vom vergangenen Glanz und der Blütezeit der einst lebendigen Hafenstadt Port Antonio haben möchte, sollte man in der Altstadt möglichst die Queen Street in der **Titchfield Area** auf der Halbinsel, die den West Harbour von East Harbour trennt, aufsuchen. Einige Häuser bieten gute Beispiele viktorianischen Baustils.

- **Christ Church**: Die 1840 erbaute Kirche ist von dem englischen Architekten Annesley Voysey in neoromanischem Baustil errichtet worden.

14.5.4 RAFTING AUF DEM RÍO GRANDE

Touristische Hinweise

Streckenhinweis
Von **Port Antonio** (am Westufer des Río Grande) führt eine Ausfallstraße ins Hinterland in Richtung Moore Town nach Süden. Man fährt jedoch nur bis **Fellowship**, dort biegt man nach **rechts** ab (Hinweis "Rafting") und fährt bis **Berridale**, dem Ausgangspunkt der Floßfahrt, bis zur Mündung des Río Grande in **Port Antonio**.

Gebühren
Die **Floßfahrt** für 2 Personen kostet 40,- US$, die **Überführung** des Pkw, mit dem man angereist ist, 120,- J$ (einschl. der Versicherung des legitimierten Fahrers).

Rafting – Río Grande

493

Jamaika / Ochos Ríos – Port Antonio

Der "Kapitän" und sein Floß – Río Grande

Nachdem der "Kapitän" das Bambusfloß mit den 2 erhöhten Sitzen für Fahrgäste vom Steg abgestoßen hat, treibt die Strömung des Río Grande, von kräftigen Stößen des Flößers unterstützt, seinem Ziel an der Mündung des Flusses zu. Die gemächliche Fahrt geht an Bambusdickichten, Schilfwänden, Farnkraut, verfilztem Urwald, Steilufern, flachen Uferpartien und Sandbänken vorbei. Frauen waschen am Ufer ihre Wäsche, und Kinder spielen im oder am Wasser. Libellen jagen kleinere Insekten, und Schmetterlinge gaukeln über dem Fluß dahin. Rotreiher fliegen beim Vorbeigleiten des Floßes auf oder lassen sich bei ihrem Fischwaidwerk kaum stören.

Der "Kapitän" versteht sein Handwerk. Geschickt nutzt er beim Staken die beste Strömung aus. Die wunderschön gefiederten Blätter des Brotfruchtbaums glänzen in der Sonne. Seiden- und Kuhreiher sind die auffälligsten Großvögel an den Uferpartien. Zikaden lassen ihre schnarrenden Geräusche hören. Es werden einige Passagen im Fluß mit schneller Strömung und größerem Gefälle passiert, oder es geht dicht an steilen Felsen vorbei. Dann muß der Flößer höllisch aufpassen. Aber es treten bei der Fahrt keine bedenklichen Situationen auf. Im übrigen ist es eine **gemütliche, beschauliche und erholsame Flußfahrt**, bei der man in Ruhe die idyllische Landschaft betrachten kann. Unterwegs bieten geschäftstüchtige Händler, ebenfalls auf Flößen heranstakend, Getränke an. Im Unterlauf des Río Grande mischen sich in die Urwaldvegetation einzelne Papyrusstauden. Nach 2 $^1/_2$ **Stunden** endet die Fahrt an der Flußmündung. Das Floß wieder flußaufwärts zu staken oder bei zu starker Strömung zu treideln, ist eine weit anstrengendere Arbeit als die Talfahrt. Die meistens mit nacktem Oberkörper arbeitenden Flößer haben schön geformte muskulöse, schlanke Körper. Inzwischen ist auch der überführte Pkw wieder zur Stelle.

Am Unterlauf des Flusses – Río Grande

14.6 PORT ANTONIO – KINGSTON

14.6.1 TOURISTISCHE HINWEISE

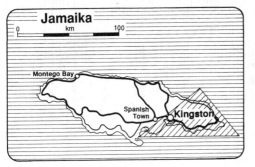

Entfernung
Port Antonio – Abstecher Reach Falls – Kingston: 78 Meilen

Streckenhinweis
Von **Port Antonio** ostwärts auf der A 4, kurz nach Manchioneal erreichen Sie **Muirton** (Meile 20), dort Abzweigung **rechts** zu den ausgeschilderten **Reach Falls** (Meile 22), Rückfahrt auf die A 4 (Meile 24), Abzweigung **rechts** bis Kingston (Meile 78).

14.6.2 UNTERWEGS NACH KINGSTON

Nordostküste

Die gesamte Nordostküste Jamaikas ist sehr reizvoll. **Idyllische Sandbuchten** sind von schroffen Felsen eingerahmt. Einzelne mit Urwald überzogene "**Robinsoninseln**" ragen steil aus dem Meer auf, das gischtend gegen ihre steinigen Gestade anläuft. **Felsennasen** ragen kühn in die meist unruhige See hinaus. Wie galoppierende Rösser kommen die Wellen an stürmischen Tagen in wildem Auf und Ab, Schaumkämme aufwerfend, gegen diese natürlichen Wellenbrecher gerannt.

Im Gegensatz dazu stehen die lieblichen Sandbuchten und Flußmündungen, wo in ruhigerem Wasser das Meer vom Ufer bis in größere Tiefen von gelblich über türkis und blau bis violett schimmert. Am Ufer blühen die **Flamboyants** im satten Grün der Küstenregenwälder.

Errol Flynn–Estate

Der bereits verstorbene berühmte Filmschauspieler Errol Flynn hat hier seinerzeit eine Farm gekauft (8 Meilen vom Hotel Jamaica Palace entfernt), die jetzt von seiner Frau geführt wird. Sie selbst war ebenfalls Schauspielerin und hat unter dem Namen Patrice Wymore u.a. Filme mit Gregory Peck gedreht.
Ein sehr unscheinbarer und unauffälliger Weg führt zu dem versteckt liegenden Anwesen.

Jamaika / Port Antonio – Kingston

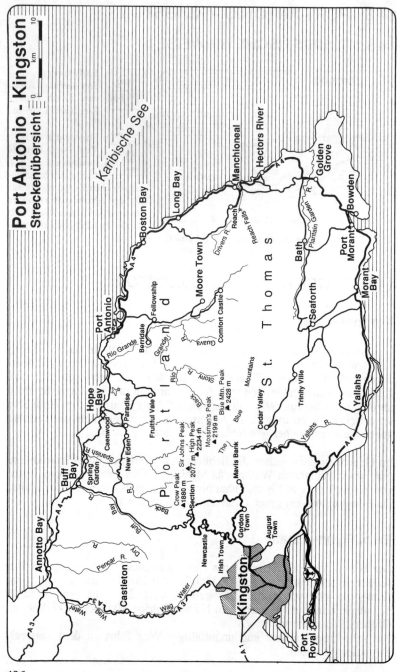

Boston Bay

Neben seinen **idyllischen Stränden** bietet dieses kleine Städtchen an der Nordostküste Jamaikas eine Attraktion ganz besonderer Art.

Nach altem Rezept – Jerk Pork

Wenn Sie hier anhalten, wird Ihnen sicherlich ein würziger Geruch in die Nase steigen. Er rührt von einer kulinarischen Spezialität Jamaikas her, dem "**Jerk Pork**".
Es ist stark gewürztes Schweine- oder manchmal auch Hühnerfleisch, das über noch jungem, schwelendem Pimentholz gegrillt wird und dadurch sein ganz besonderes Aroma erhält. Die Jamaikaner bereiten "Jerk Pork" seit Jahrhunderten auf diese Art und Weise zu.

Die Reach Falls

Ein Schild zur Rechten der A 4 weist auf den kleinen, aber idyllisch gelegenen Wasserfall hin. Auf einem schmalen Steg können Sie an einer Seite des Wildflusses emporsteigen.

Wenn man auf dem Rückweg zur A 4 einen kleinen Seitenweg ein Stückchen links ab hineinfährt, hat man einen wundervollen Blick über in der Sonne glänzende Bananenblätter zu dem gewaltigen Bergmassiv der Blue Mountains. Ein geschlossenes Waldgebiet, von keiner Lichtung unterbrochen, überzieht diese einsame Bergwildnis.

Die Südostküste

Die Südostküste südlich von Manchioneal ist nicht mehr so reizvoll wie die Nordostküste Jamaikas. Das Land, schon im Regenschatten der Blue Mountains gelegen, ist von Natur aus schon trockener und durch Abholzung und Brandrodung noch dürrer und unfruchtbarer geworden als die regenreichere Nordostküste. Versöhnend sind jedoch die reizvollen Ausblicke aufs Meer, die sich beim Befahren der Küstenstraße immer wieder auftun. In den Ebenen am Fuße der Berge ist Ackerbau bedingt möglich. Auf den Feldern versammeln sich Unmengen von weißen Kuhreihern, besonders wenn die Ackerflächen frisch umgepflügt sind. Vereinzelt passiert man Zuckerrohrfelder und kleinstämmige Kokosplantagen mit gelben Nüssen, die gut zu bepflücken sind. Diese Palmensorte, die aus Malaysia stammt, neigt dazu, gelbe Blätter zu bekommen.

Morant Bay

Morant Bay hat für Jamaika historische Bedeutung durch die **Morant-Bay-Rebellion** erlangt, die **1865** zwischen der armen schwarzen Bevölkerung und den repressiven örtlichen Regierungsauthorisierten ausbrach und der auch das Gerichtsgebäude (Court House) zum Opfer fiel, der Örtlichkeit, wo der Prozeß gegen die Führer des Aufstands geführt wurde. Der **Gouverneur Edward Eyre** ließ den angeblichen Rebellen **George William Gordon**, dem die Verschwörung angelastet wurde, am 23. Oktober 1865 hängen. Die anschließenden Repressalien gegen die schwarze Bevölkerung der Provinzen Portland und St. Thomas waren furchtbar. Sie sollten abschreckend wirken. Es wurde jedoch mit den Grausamkeiten das Gegenteil bewirkt. Der Widerstand der Schwarzen gegen die britische Kolonialmacht wurde nur noch hartnäckiger.

---— **INFO** ——

George William Gordon – Kämpfer für die Rechte der Armen

Nationalheld *George William Gordon (1820–1865) wurde in Cherry Garden, St. Andrew, nördlich von Kingston, als Sohn eines schottischen Landbesitzers und einer schwarzen Sklavin geboren. Gordon brachte sich selbst mit geringer Hilfe seines Vaters Joseph Gordon das Rechnen, Lesen und Schreiben bei, und er hatte sich mit um die 18 Jahre zu einem intelligenten, populären jungen Mann entwickelt, der über die natürliche Gabe verfügte, öffentlich Reden zu halten. Sein besonderes Interesse galt der Politik und Religion. Gordon wurde aufgrund seiner eigenen Anstrengungen **erfolgreicher Landbesitzer und Geschäftsmann**. Er gehörte zu der Klasse der freien Farbigen (die Sklaverei war bereits beendet), die eine wichtige Rolle in der nationalen Bewegung des 19. Jahrhunderts spielten.*

Jamaika / Port Antonio – Kingston

George William Gordon

1850 begann seine politische Karriere. Er wurde Mitglied des "House of Assembly". Als Befürworter der Armen und Unterdrückten trat er hartnäckig für ihre Rechte ein und wurde so zum Feind der Regierung. Außerdem war Gordon leidenschaftlicher **Anhänger der einheimischen Baptisten-Sekte**, die als "Religion 2. Klasse" galt. Unter ihnen war auch der Baptisten-Diakon und Besitzer einer kleinen Farm, **Paul Bogle**, der eine Kapelle in Stony Gut, St. Thomas, unterhielt. Als Bogle einen Marsch mit 200 Anhängern zum Gerichtsgebäude von Morant Bay leitete, der in der sog. **Morant Bay Rebellion** endete, wurde Gordon als unmittelbarer Anstifter der Verschwörung gebrandmarkt, obgleich keine Beweise gegen ihn vorlagen. Er wurde illegal von Kingston nach Morant Bay gebracht, dort zum Tode verurteilt und am **23. Oktober 1865 gehängt**.

Die Südküste bis Kingston

Kinder in einsamem Tal – Hagley Gap

Der weitere Küstenabschnitt der Südküste bis Kingston ist wenig ansprechend. In der Umgebung von **Yallas** steht schaumiges Wasser in einer flachen Lagune mit rötlichem Bauxituntergrund. Dornengestrüpp, von der Sonne verbranntes Gras, ausgetrocknete Flußläufe, Kakteen, aufwirbelnder Staub und Häuser, die mit abweisenden Metallspitzen bestückt sind, machen keinen sehr einladenden Eindruck. Bei **Poor Mans Corner** können Sie rechts ab bis **Hagley Gap** in die Berge fahren, wenn Sie eine gute Ausgangsposition zur Besteigung der Blue Mountains erreichen wollen. Für das letzte Wegstück bis zu dieser kleinen Siedlung benötigen Sie allerdings ein 4-radangetriebenes Auto. Schließlich erreichen Sie **Kingston**. Nähere Informationen über die Hauptstadt des Landes finden Sie unter Kapitel 14.2.

Jamaika / Kingston – Mandeville

14.7 KINGSTON – MANDEVILLE

14.7.1 TOURISTISCHE HINWEISE

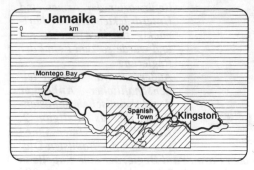

Entfernung
Kingston – Umweg Milk River Bath – Mandeville: 90 Meilen

Streckenhinweis
Von **Kingston** in westlicher Richtung auf der A 1 bis Freetown (Meile 30), Abzweigung links auf der B 12 bis Milk River Bath (Meile 64), Abzweigung links bis Toll Gate (Meile 72), Abzweigung links auf der A 2 bis Hope Village (Meile 84), Abzweigung links bis Mandeville (Meile 90).

14.7.2 UNTERWEGS BIS SPANISH TOWN

Wenn man **Kingston** vom Zentrum aus in Richtung Westen verläßt und sich ein Urteil über den Gesamteindruck der Stadt erlaubt, kann man zu dem Schluß kommen, daß Kingston insgesamt eine saubere Stadt ist. Es gibt beispielsweise eine funktionierende Müllabfuhr, was längst nicht in allen Hauptstädten der Karibik selbstverständlich ist. Ein negatives Gegenbeispiel liefert diesbezüglich Santo Domingo. Die beste Straße Jamaikas ist die **Ausfallstraße A 1** in Richtung Spanish Town. Sie ist autobahnartig mit 4 Spuren und mit oleanderbepflanztem Mittelstreifen ausgebaut und nennt sich **Nelson Mandela Highway**. Die Vororte der Metropole sind jedoch weniger schön anzusehen. Es sind teilweise aus Blech und Brettern zusammengefügte sog. "**Blechkanisterstädte**". 7 Meilen außerhalb der Stadt fällt an der rechten Straßenseite ein **Vergnügungspark** auf. Dann fährt man durch ein parkähnliches Gelände mit **riesigen freistehenden Bäumen**, deren pilzförmige Kronen sehr viel Schatten spenden.

14.7.3 SPANISH TOWN – DIE EHEMALIGE HAUPTSTADT

Geschichtlicher Überblick

1523 gründete Diego Colón, der Sohn des Christoph Kolumbus, **Villa de la Vega** (Stadt der fruchtbaren Ebene).
1534 erklärten die Spanier die Siedlung zur **Hauptstadt** des Landes, nachdem sie Sevilla la Nueva an der Nordküste als dafür unpassend erkannt hatten. Villa

Jamaika / Kingston – Mandeville

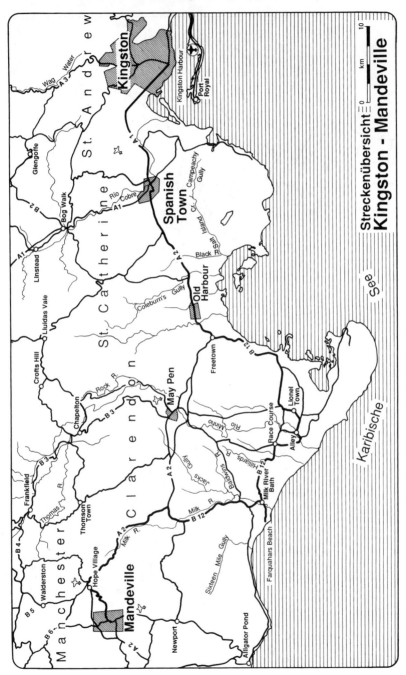

Jamaika / Kingston – Mandeville

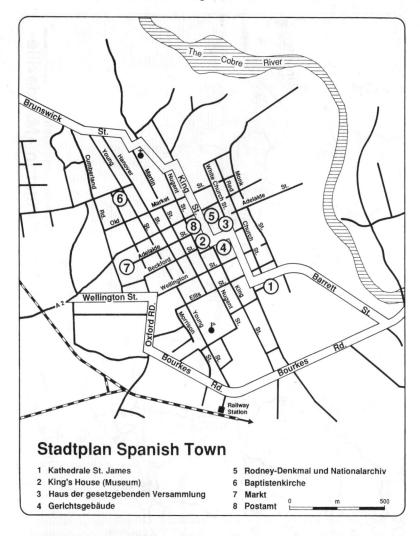

Stadtplan Spanish Town

1 Kathedrale St. James
2 King's House (Museum)
3 Haus der gesetzgebenden Versammlung
4 Gerichtsgebäude
5 Rodney-Denkmal und Nationalarchiv
6 Baptistenkirche
7 Markt
8 Postamt

de la Vega wurde jedoch nie eine aufstrebende Stadt. Es hatte niemals mehr als einige hundert Einwohner.

1655 eroberten die **Engländer** die Stadt, die sich nur schwach verteidigen konnte. Die ursprüngliche Architektur wurde zerstört. Nicht ein einziges spanisches Gebäude ist bis heute erhalten geblieben. Unter den Eroberern blieb die völlig neu aufgebaute Siedlung unter dem englischen Stadtnamen **Spanish Town** zunächst **Hauptstadt** des Landes. Hier war das Zentrum der Administration und der Gerichtsbarkeit, und hier residierte auch die meiste Zeit der Gouverneur Jamaikas, obgleich er seinen Sitz auch schon zeitweise nach Port Royal verlegt hatte.

1692 wurde die Stadt von einem **Erdbeben** heimgesucht.

1713 fügte ein **Hurrikan** der Hauptstadt ebenfalls schweren Schaden zu.
1872 verlegten die Briten den Sitz der **Hauptstadt** von Spanish Town nach **Kingston**, weil diese Stadt am Meer sich zum wirtschaftlichen Zentrum der Insel entwickelt hatte. Damit sank die Bedeutung von Spanish Town.

Town Square

Dieser Platz im Zentrum der Stadt, auf spanischen Urprung zurückzuführen, wird heute auch "Parade" oder "The Park" genannt. Aus der spanischen Zeit ist jedoch kein einziges Gebäude erhalten geblieben. Die Bauwerke um den Platz herum stammen alle aus den "goldenen Jahren des Zuckers", als Jamaika die reichste Kolonie des britischen Empires war. 4 ehemals bedeutende Bauwerke aus britischer Zeit (teils als Ruinen) umstehen den Zentralplatz.
● **Assembly House** (Haus der gesetzgebenden Versammlung)
Dieses 3-giebelige Gebäude von **1762** mit seinen typischen Halbbogen-Arkaden befindet sich an der Nordostseite des Platzes. Heute ist dort das "Parish Council" (die Verwaltungsbehörde) von St. Catherine untergebracht.
● **Memorial of Rodney** (Rodney-Denkmal)
Dieses prunkvolle Denkmal aus Marmor an der Nordwestseite des Platzes wurde zu Ehren von Admiral George Rodney (1718–1792) von dem englischen Architekten John Bacon errichtet. Rodney besiegte **1782** die französische Flotte unter Führung von General De Grasse in der **"Battle of the Saints"** südlich von Guadeloupe. Dieser Sieg bewahrte Jamaika vor der drohenden französischen Invasion. Die Statue des britischen Seehelden ist von einem tempelartigen Pavillon umgeben.
● **King's House** (Königshaus)
Es liegt an der Südwestseite des Platzes, wurde **1762** erbaut und war der Sitz des ehemaligen britischen Gouverneurs von Jamaika. Hier spielte sich 100 Jahre lang das gesellschaftliche Leben ab. 1838 wurde von seiner Veranda das Ende der Sklaverei verkündet. 1925 hat ein Feuer das Haus zerstört. Die Fassade dieses Gebäudes ist noch erhalten geblieben. Im hinteren Bereich, in den ehemaligen Stallungen, gibt es heute ein archäologisches Museum, das einen Einblick in die Geschichte der einst bedeutenden Stadt gibt.
● **Court House** (Gerichtsgebäude)
Die heutige Ruine dieses Bauwerks aus dem Jahre **1819** begrenzt den Platz an seiner Südostseite.

Sieg über die Franzosen – Memorial of Rodney

Jamaica People's Craft and Technology Museum

Öffnungszeiten
Mo–Do 10.00–17.00 Uhr und Fr 10.00–16.00 Uhr

Dieses Museum zeigt Exponate der Arawaken, Schwarzafrikaner und Europäer in der Entwicklung der Jahrhunderte.

- **Häuserbauweise**
- Afrikanische Bauart
  Für die Wände verwendete man Holzgitter, die mit Lehm verschmiert wurden. Nach Fertigstellung der Häuser wurden diese angestrichen. Der Fußboden bestand aus gestampftem Lehm.
- Spanische Bauart
  Bei dieser Bauart vermischte man Lehm und Steine und fügte sie in einen Fachwerkrahmen ein.
- Bambus-Bauart
  Die Wände wurden aus Bambus gefertigt, der der Länge nach aufgespalten und gegeneinandergesetzt wurde. Holzschindeln ergaben die Dachabdeckung.

- **Holzbearbeitung**

Als Werkzeuge zur Holzbearbeitung wurden Ziehmesser und Knebel verwendet. Bevorzugte Holzarten waren Lignum-, "Santa Maria"- und Zedernholz, das am haltbarsten war. Es wurde grün gesplissen und dann in der Sonne getrocknet.
Gefertigte Geräte aus Holz waren beispielsweise: Waschruffeln, Holzbekken und Badewannen.

- **Haushaltsgegenstände des 17. und 18. Jahrhunderts**

Von der Vielzahl der Geräte zum täglichen Gebrauch seien die augenfälligsten genannt:
- Zur Maismehlgewinnung verwendete man **Mahlsteine**.
- **Kalebassen**, mit einem Maisstopfen verschlossen, dienten zum Aufbewahren von Wasser. Sie fanden auch als Schöpfkellen Verwendung.
- Die Spanier stellten große **Tonkrüge** her, die als Wasserbehälter dienten.
- **Afrikanische Tontöpfe**, feuerfest für Kohlefeuerung geeignet, wurden ohne Töpferscheibe mit den bloßen Händen geformt. Außen wurden sie hart gebrannt.
- **3-beinige Kochtöpfe** waren aus Metall gefertigt.
- Mit **Holzrollen** wurde der Brotteig ausgerollt.
- Wichtig waren die **Kalksteine**, mit denen das Trinkwasser gefiltert wurde.
- Eine Kupferschale mit durchgeschlagenen Nägeln diente als **Entsafter** von Orangen und anderen Früchten.

- Zum Zerstampfen von Pfefferkörnern war ein **Mörser** im Gebrauch, dessen Schale aus Stein bestand und der Stampfer aus Hartholz.
- Unter den mannigfaltigen **Flechtwaren** sind die Körbe interessant, die im Boden eine Wölbung aufweisen, damit sie auf dem Kopf getragen werden können. Außerdem sind Tragkörbe für Esel ausgestellt.
- Holzquirle, Kokosraspeln, große Töpfe und Kannen, eiserne Bügeleisen waren **weitere Gegenstände** der damaligen Haushalte.

- **Werkstätten und Geräte außerhalb der Wohnungen**
- Eine alte **Schmiede** mit Blasebalg und Kohlefeuerung ist im Museum aufgebaut worden.
- Die unterschiedlichsten **Macheten** fanden Verwendung beim Zuckerrohrschneiden, als Schwert mit gefährlicher Spitze, zum Herausziehen von Pflanzen aus dem Erdreich in stark gebogener Form oder als Säge.
- Eine **Zuckermühle**, die ehemals mit Wasserkraft angetrieben wurde, steht zur Besichtigung bereit. Die Gewinnung des süßen Safts aus dem Zuckerrohr und die Weiterverarbeitung zu Melasse, Zucker und Rum werden aufgezeigt.
- Eine **Kokosölpresse, Pimento- und Maismehlmühlen** sind interessante Ausstellungsstücke des Museums.
- Eine alte **Feuerwehrpumpe** kann besichtigt werden.
- Abschließend wird man von dem eifrig dozierenden Führer zu einer **Kollektion von Fahrzeugen,** die von Pferden gezogen wurden, geführt. Die unterschiedlich konstruierten Fuhrwerke hatten verschiedene Funktionen zu erfüllen. Ihre Verwendungsart reichte von mobilen Feuerwehrmaschinen bis zu Hochzeitskutschen und Beerdigungswagen.

St. James Parish Church
(Berret Street)

- **Geschichte**

1525 errichteten die **Spanier** an dieser Stelle eine der ersten katholischen Kathedralen der Neuen Welt, die **"Cruz Rojo"-Kirche.**
1655 zerstörten die **Engländer** unter Cromwell während der Eroberung der Stadt die Kirche. Die anglikanische **St. James Parish Church** wurde auf den Fundamenten und mit dem Material der ursprünglichen "Cruz Rojo"-Kirche neu errichtet.
1712 zerstörte ein **Hurrikan** die Kirche.
1714 wurde sie in ihrem jetzigen Zustand **wieder aufgebaut.**
Seit 1668 existiert ein **Tauf- und Heiratsregister.**
Seit 1671 gibt es auch ein **Beerdigungsregister.**
1817 wurde der massive **Turm** errichtet.
1843 wurde die Kirche zur **Kathedrale** erklärt. Seit dieser Zeit ist sie der offizielle **Sitz der anglikanischen Church of Jamaica.**
1901 restaurierte man das Gotteshaus nach zunehmender Baufälligkeit.
1907 verwüstete ein **Erdbeben** den erst restaurierten Kirchenbau.
1908 waren die Erdbebenschäden wieder behoben.

Jamaika / Kingston – Mandeville

Die **Kathedrale** ist nach Fort Charles in Port Royal das **zweitälteste Gebäude Jamaikas**. Sie wurde mit allen wichtigen Ereignissen und Persönlichkeiten in der frühen Geschichte der Insel in Verbindung gebracht, und viele berühmte Leute vom 17. bis zum 19. Jahrhundert sind hier beerdigt worden. Sie können sich, wenn nicht gerade Gottesdienst abgehalten wird, die Grabtafeln wichtiger Persönlichkeiten und die dazugehörenden herrlichen **Marmorskulpturen**, einige von dem berühmten englischen **Bildhauer Bacon** geschaffen, zeigen lassen.

Außerdem sind noch **Teile des spanischen Fußbodens** an den schwarzweißen Steinen im Mittelteil der Kathedrale erkennbar. Vom Eingang bis zur Kanzel ist das Bauwerk in **romanischem Stil** erbaut. Der 1848 hinzugefügte Anbau zeigt **gotische Stilelemente**. Die kleine **Damenkapelle** wurde 1796 von **John Bacon** (London) konstruiert. Mit 134 Jahren wird das Alter der **Orgel** angegeben.

Iron Bridge

Diese Brücke über den Río Cobre (Kupferfluß) wurde 1801 erbaut und ist zum nationalen Monument erklärt worden. Sie ist die **älteste noch erhaltene Eisenbrücke der Karibik**, wird jedoch nicht mehr benutzt.

14.7.4 UMWEG ÜBER MILK RIVER BATH

Bei Freetown verläßt man die A 2, um die Alternativstrecke (links abbiegend) über die B 12 nach Milk River Bath einzuschlagen. Die Nebenstraße führt an verschilften Wasserläufen mit **reichem Wasservogelleben** entlang.

Der flache Küstenstreifen wird neben den versumpften **Feuchtbiotopen** intensiv als **Zuckerrohranbaugebiet** genutzt, deshalb ist es auch nicht weiter verwunderlich, daß schon nach 6 Meilen von der A 2 die erste Zuckerfabrik auftaucht. **Lionel Town** ist das Zentrum dieses ertragreichen Zuckeranbaugebietes. Über der Ebene bilden sich bei starker Sonnenbestrahlung gigantische weiße Wolkenberge.

Milk River Bath

Öffnungszeiten
Sa, So und an allgemeinen Ferientagen

Dieses **Thermalbad**, Tel.: 924-9544, wurde erstmals **1794** für die Allgemeinheit eröffnet. Die Radioaktivität des Badewassers ist sehr viel höher als bei allen berühmten Mineralbädern der Welt, beispielsweise 54-mal stärker als in Baden (Schweiz) und 3-mal stärker als in Karlsbad (Tschechei). Das Wasser stammt nicht aus einem Fluß, sondern aus einer Salinenmineralquelle, die am Round Hill (352 m) entspringt. Die Therme ist gewöhnlich 33–34° C warm. Die Badezeit ist auf 15 Minuten wegen der hohen Radioaktivität begrenzt. Empfohlen werden die Bäder gegen Rheumatismus, Nervenleiden, Leber- und Hauterkrankungen.

Wenn man die kurze Stichfahrt nach Milk River Bath bis zum Meer weiterfährt, erreicht man den **Farquahars Beach**, wo einige Fischerfamilien mühsam ihrem Handwerk nachgehen.

Wieder auf der B 12, fährt man entlang des Flusses **Milk River** in Richtung Norden. Zur Linken erhebt sich ein Kalkgebirge. Rechts erstrecken sich Zuckerrohrfelder, Mangoplantagen und Weideland. Schließlich hat man die A 2 wieder erreicht.

14.7.5 MANDEVILLE

Übernachtung
*** **Mandeville Hotel**, 4, Hotel Street, P.O. Box 78, Tel.: 962-2460/2138 liegt in einer parkartigen Umgebung, von hohen Bäumen beschattet. Das Hotel vermietet 42 geschmackvoll eingerichtete Gästezimmer mit Klimaanlage. Swimmingpool ist vorhanden.

Mandeville, 609 m hoch in einem Hügelland gelegen, bietet aufgrund seiner Höhenlage ein **angenehmes Klima**. Schon zur Kolonialzeit war es ein vielbesuchter Erholungsort. Es ist eine der attraktivsten Kleinstädte des Landes. In dem hügeligen Gelände außerhalb des Stadtkerns ist alles grün. Die Blumenpracht, besonders im Frühling, ist überwältigend. Man könnte Mandeville auch als **Gartenstadt** bezeichnen. Sie ist weit auseinandergezogen mit vielen Grünflächen dazwischen.

Farbenfroher Markt – Mandeville

Das **Court House** (Gerichtsgebäude) aus dem 19. Jahrhundert, in georgianischem Stil erbaut, an der Nordseite des Crescent-Parks und die **Parish Church**, ebenfalls aus dem 19. Jahrhundert stammend, sind die imposantesten Gebäude der Stadt.

Jamaika / Mandeville – Negril

14.8 MANDEVILLE – NEGRIL

14.8.1 TOURISTISCHE HINWEISE

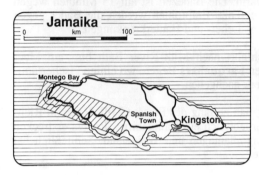

Entfernung
Mandeville – Negril:
92 Meilen

Streckenhinweis
Von **Mandeville** in westlicher Richtung auf der **A 2** bis **Savanna la Mar** (Meile 74), geradeaus weiter bis **Negril** (Meile 92).

14.8.2 UNTERWEGS NACH NEGRIL

Zwischen Mandeville und Santa Cruz wird **Bauxit** im Tagebau abgebaut. Aufgerissene rote Erde und qualmende Schornsteine stehen in krassem Gegensatz zu der sonst **grünen Mittelgebirgslandschaft mit** ihren Viehweiden, großen schattenspendenden Bäumen in der Weite, den friedlich grasenden Rinderherden und den dicht bewaldeten wilden Kalkbergen, die von tiefen Schluchten durchzogen sind.

INFO

Information über Bauxit

*Der Name Bauxit stammt von dem 1. Fundort in Frankreich: "Les Baux". Aus dem rohen Bauxit wird Aluminium hergestellt. Es kommt in der roten Erde des verwitterten Kalksteinbodens vor. Besonders hochprozentig angereichert ist dieser Boden in Jamaika in den Gemeinden ("parish") **Manchester, St. Elizabeth, Trelaway und St. Ann.** Von minderer Ergiebigkeit ist er in **St. Catherine, Clarendon und St. James.** Jamaika hat die fünftgrößten Bauxitvorkommen der Erde. Das sind ca. 1 Billion Tonnen.*
*Die Existenz von Bauxit in Jamaika ist seit dem 19. Jahrhundert bekannt. Aber zu der Zeit konnte der Abbau nicht realisiert werden. In der zweiten Hälfte des 2. Weltkriegs wurde die Ausbeutung dieses Minerals ernsthaft erwogen. Neues Interesse wurde durch einen Farmer, **Sir Alfred D'Costa**, wachgerufen, als dieser Boden von gewissen Stellen seiner Ländereien in St. Ann zur Analyse einschickte, weil diese Parzellen so wenig Frucht brachten. Das Resultat der Untersuchung ergab: Es war **reiner Bauxit**.*

Jamaika / Mandeville – Negril

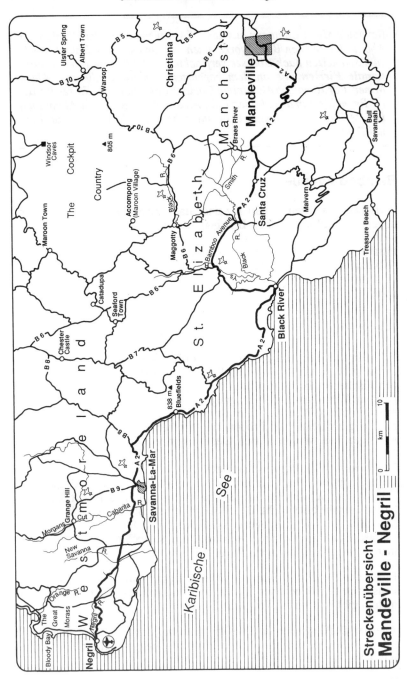

> Reynolds Metal Company aus den USA war mit einer der Pioniere im Abbau der reichen Bauxitvorkommen in Jamaika. Der Bauxit wurde zum Schmelzen nach Übersee verfrachtet. Es folgten weitere **multinationale Firmen**, die an dem begehrten Mineral verdienten: Alcoa Mineral of Jamaica (Aluminium Company of America), Kaiser Bauxite, Reynolds Jamaica Mines Ltd., Alcan Jamaica (Alcan Aluminium Ltd. of Canada) und Alpart (Partnerschaft zwischen Anaconda, Reynolds und Kaiser).

Bamboo Avenue

Zwischen den Orten Santa Cruz und Black River durchfährt man die oft abgebildete kilometerlange **Bamboo Avenue** (Bambus-Allee). Die Riesengräser *(Bambusa vulgaris)* neigen sich zur Straßenmitte. Diese Bambusart ist die größte in Jamaika. Während links und rechts der Straße die Weiden und Plantagen der sengenden Sonne schonungslos ausgeliefert sind, fahren Sie 4,2 km im Schatten wie durch einen grünen Tunnel dahin.

Black River

Am Ostrand eines ausgedehnten **Sumpfgebietes**, das in der Nähe der Straße größtenteils Viehweiden Platz machen mußte, erreichen Sie bald den **Fischerort** Black River, an der Mündung des gleichnamigen Flusses gelegen. Wenn man die Durchgangsstraße A 2 verläßt und Richtung Westen den Black River auf einer Brücke überquert, kann man in der Flußmündung zahlreiche Motorboote liegen sehen, die zu Ausflügen flußaufwärts gemietet werden können. Der Preis ist hartnäckig auszuhandeln.

Vorbei an Schilf-, Papyrusdickichten und Mangroven geht es dann in eine urige Sumpflandschaft mit mannigfaltiger Wasservogelwelt. Obgleich das Wasser des "Schwarzen Flusses" klar und sauber ist, schluckt der dunkle Grund beinahe alles Licht. Der Black River ist mit 70 km der längste Fluß der Insel. Sein verschlungener Lauf durch den **Great Morass** (Großer Morast) ist die Heimat vieler scheuer Tiere, so auch der Krokodile, denen man unbarmherzig nachgestellt hat.

Eine schmale Straße führt am **Meeresstrand** entlang, wo sich kleine Pensionen und Wochenendhäuser aneinanderreihen. Nach einigen Kilometern gibt es dann auch einsame Strandabschnitte.

Aus der Stille wieder in den Ort zurückgekehrt, empfängt einen nicht selten aus Lautsprechern **ohrenbetäubende Reggae-Musik**. Die Einheimischen mögen es gern so laut wie möglich.

Weiter geht die Fahrt immer entlang der Südostküste der Insel nach Savanna la Mar. Unterwegs markieren umgestürzte riesige Bäume den Weg. Die Baumriesen wurden von kaum vorstellbaren Stürmen in ihrem besten Lebensalter gefällt. Stille, mit Lotos- und blaublühenden Wasserhyazinthen überwachsene Teiche sind von weißen Kuhreihern umstellt.

Savanna la Mar

Savanna la Mar (Ebene am Meer), 1730 gegründet, hält den traurigen Rekord, die am häufigsten durch **Wirbelstürme** und **Flutwellen** zerstörte Stadt wahrscheinlich der ganzen Welt zu sein. **1780, 1912** und **1948** haben die Hurrikane die Stadt völlig verwüstet. 1912 wurde der **Schoner "Latonia"** von dem Hurrikan mit seinen haushohen Flutwellen mitten auf die Great George Street, die Hauptstraße der Stadt, gespült. Wegen der verheerenden Gewalt der immer wieder über diese Ebene hereinbrechenden tropischen Wirbelstürme ist von Savanna la Mar, außer dem wohlklingenden Namen, auch nichts Besonderes zu berichten.

In der Umgebung wird sehr viel **Zuckerrohr** angebaut. Auf die Zuckerfabrik Frome laufen während der Erntezeit die vollbeladenen Fahrzeuge sternförmig zu.

14.8.3 DER BADEORT NEGRIL

Überblick

Früher war Negril, von Sümpfen umgeben, ein Ort der Ruhe und der Beschaulichkeit. In den 50er und 60er Jahren unseres Jahrhunderts wurde der einsame Strand von Negril Treffpunkt von **Hippies** aus aller Welt. Heute sind die "Blumenkinder" nicht mehr so dominierend. Vielmehr beansprucht eine dicht gefügte Kette von Strandhotels mit einer anderen Welt des Luxus den schmalen Streifen zwischen dem Meer, das meist müde kleine Wellen an den feinkörnigen 7 Meilen langen Sandstrand schickt, und dem Sumpfgebiet.
Das Schönste in Negril ist der **silbrig glänzende Strand**. Der Leuchtturm südlich des Ortes ist ein beliebtes Ausflugsziel.

Touristische Hinweise

 Hotels (von Süden nach Norden)
Die Aufzählung und kurze Beschreibung einiger Hotels verschiedener Größe und unterschiedlicher Ausstattung soll Ihnen einen Überblick verschaffen. Die Liste ist nicht vollständig. Insgesamt sind es 20 bis 30 Hotels am Strand, und es entstehen immer wieder neue.

Jamaika / Mandeville – Negril

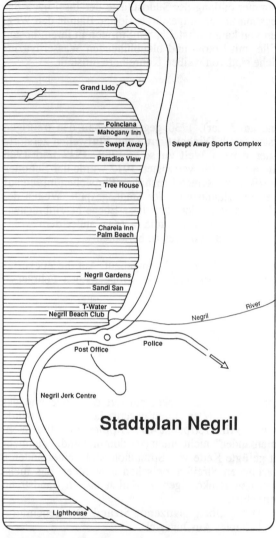

Stadtplan Negril

- *** Negril Beach Club Hotel, P.O. Box 7, Tel.: 957-4222, vermietet 65 Gästezimmer und Suiten mit Klimaanlage und Bad. Die Suiten besitzen außerdem Sitzraum, Küche, Balkon oder Terrasse. Cafeteria, Boutique, Bar, Restaurant und 2 Tennisplätze gehören mit zur Einrichtung.
- *** T-Water Beach Hotel, P.O. Box 11, 957-4270/1, bietet 70 Gästezimmer mit Terrasse oder Balkon, Klimaanlage und Bad an. Strandbar, Restaurant, Swimmingpool und Wassersport-Aktivitäten gehören mit zum Service.
- *** Sandi San, P.O. Box 47, Tel.: 957-4487, offeriert insgesamt 25 Gästezimmer, davon 2 Standard, 7 Studios und 14 Superior Rooms. Zur Einrichtung gehören Café, Restaurant, Bar und Andenkenladen.
- *** Negril Gardens, Tel.: 957-4408, verfügt über 54 Gästezimmer, davon 16 mit Gartenblick und 39 mit Meeresblick. Klimaanlage, Balkon oder Terrasse und Satelliten-Fernseher gehören zur Ausstattung. Die Einrichtung umfaßt: Gourmet-Restaurant, Strand- und Poolbar, Tennisplatz, Swimmingpool, Andenkenladen und Möglichkeiten für verschiedene Wassersportarten.
- *** Palm Beach Hotel, P.O. Box 41, Tel.: 957-4218, stellt den Gästen 12 akkurat eingerichtete Zimmer mit Klimaanlage zur Verfügung.
- *** Charela Inn, P.O. Box 33, Tel.: 957-4277, hat 39 Zimmer für Feriengäste parat. Service für Babysitting, Swimmingpool und Konferenzraum sind vorhanden.
- *** Negril Tree House Resort, P.O. Box 29, Tel.: 957-4386/7, vermietet 70 Unterkünfte mit Klimaanlage, davon 49 mit Gartenblick, 7 mit Meeresblick, 6 mit Kochnische, 4 Suiten mit Gartenblick und 6 mit Meeresblick.

Jamaika / Mandeville – Negril

● *** **Paradise View Hotel**, Tel.: 957-4375, 4760/1, verfügt über insgesamt 24 Gästezimmer, davon 3 mit kleiner Küche.

● *** **Foot Prints on the Sands Hotel**, Tel.: 957-4300, bietet 32 Gästezimmer mit Klimaanlage in 3 verschiedenen Kategorien an (Superior, Deluxe, Kitchenette). Der Zauber des originellen Hotelnamens hat schon manches romantisch veranlagte Paar diesem Strandhotel zugeführt.

● ***** **Swept Away**, P.O. Box 77, Tel.: 957-4040, bietet 130 karibik-inspirierte Verandasuiten den Gästen an, jede mit Blick auf die See, einschließlich 4 Suiten mit 2 Schlafzimmern und 1-stöckige Villen. Fitness Center, 10 Tennisplätze mit Flutlicht, 2 Stadien für über 500 Zuschauer, 2 jeweils klimatisierte Squash- und Racketballplätze, Turnhalle mit professionellen Trainern, Aerobicraum, $^1/_2$ Meile Laufstrecke, Basketballplatz und Sauna stehen den Sportbegeisterten zur Verfügung. An Wassersportarten können Schwimmen im Swimmingpool mit Olympianorm, Segeln, Windsurfen, Schnorcheln, Tauchen, Wasserskilaufen und Kajakfahren betrieben werden. Zum weiteren Service gehören: 100-sitziger Theatersaal, Arzt mit 24-Stunden-Rufbereitschaft und Krankenschwester-Dienst. Die vorzügliche Beköstigung und die freundliche Bedienung machen den Aufenthalt in diesem Hotel zu einem Hochgenuß.

● *** **Mahogany Inn**, Tel.: 957-4401, stellt den Feriengästen 16 Zimmer mit privater Terrasse mitten in tropischer Vegetation zur Verfügung. Alle Sportarten, vom Reiten bis zum Tauchen, können arrangiert werden.

● **** **Poinciana**, P.O. Box 44, Tel.: 957-4256, vermietet 130 Gästezimmer und 150 "Units". Swimmingpool, Restaurant, Strandbar, Tennisplatz mit Flutlicht stehen selbstverständlich zur Verfügung.

● ***** **Grand Lido**, P.O. Box 88, Tel.: 957-4010, ist eine luxuriöse Hotelanlage mit allem Komfort und zahlreichen Sportaktivitäten zu Lande und zu Wasser, mit Diskothek, Bücherei, Swimmingpool, Video Theater, Spielraum, Schönheitssalon, Massage und nächtlicher Unterhaltung.

Polizei
Die Polizeistation befindet sich in der Savanna-la-Mar Road, Tel.: 957-4268.

Post
Das Postamt liegt am Negril Square.
Öffnungszeiten: Mo–Fr 8.00–17.00 Uhr

Banken
Es gibt 4 Banken in Negril:
● **Bank of Nova Scotia and Mutual**, Plaza de Negril,
● **Security Bank**, Plaza de Negril,
● **National Commercial Bank**, Sunshine Village, West End Road,
● **Century National Bank**, an der Landseite von Negril Gardens.
Öffnungszeiten: Century National Bank: Mo–Do 9.00–14.00 Uhr, Fr 9.00–13.00 Uhr und 15.00–17.30 Uhr
Die übrigen Banken: Mo–Do 9.00–14.00 Uhr, Fr 9.00–15.00 Uhr
Außerdem sind die meisten Hotels legitimiert, Geld zu wechseln.

Jamaika / Negril – Montego Bay

14.9 NEGRIL – MONTEGO BAY

14.9.1 TOURISTISCHE HINWEISE

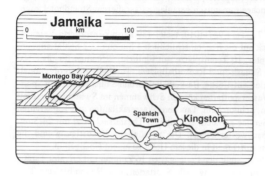

Entfernung
Negril – Montego Bay: 52 Meilen

Streckenhinweis
Von **Negril** auf der **A 1** zunächst in nördlicher, im weiteren Verlauf in östlicher Richtung bis **Montego Bay** (Meile 52).

14.9.2 UNTERWEGS NACH MONTEGO BAY

Im Norden von Negril passiert man die **Bloody Bay**, deren Name wahrscheinlich von der Tatsache herrührt, daß hier früher die überwinternden Wale abgeschlachtet wurden und sich bei diesem Gemetzel das Meerwasser blutrot färbte.

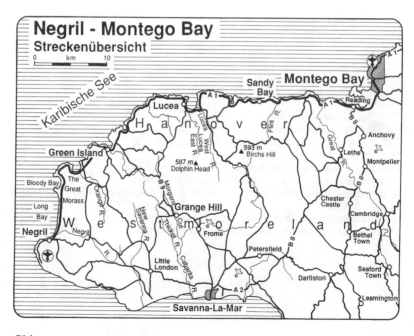

514

Jamaika / Negril – Montego Bay

An der Nordwestküste Jamaikas auf dem Streckenabschnitt von Negril nach Montego Bay muß man viele weitere Buchten mit **Fischerorten** umfahren. Mehrere kleine Flüsse ergießen sich ins Meer. An den Flußmündungen haben sich Mangroven angesiedelt. Der Verkauf an Feld- und Gartenfrüchten, Blumen und Fischen durch Straßenhändler sichert diesen ein bescheidenes Einkommen. Der einzige etwas größere Ort an der Strecke ist **Lucea**.

Nähere Einzelheiten über **Montego Bay** finden Sie im Kapitel 14.3.3.

15 REISEN IN PUERTO RICO

15.1 ALLGEMEINER ÜBERBLICK

Puerto Rico ist ein an die Vereinigten Staaten von Amerika angeschlossenes Territorium, aber kein Staat der USA. Die Insel ist wirtschaftlich und politisch von den USA abhängig, hat jedoch den **höchsten Lebensstandard aller karibischen Inseln**. Die Puertoricaner sind amerikanische Staatsbürger. Nach 40 Jahren intensiver Wirtschaftsförderung der USA in Form von Zuschüssen von z. Zt. 7,5 Milliarden US$ jährlich und Steuerbefreiung der Puertoricaner, ohne daß die USA davon großen Nutzen gezogen haben, ist aus dem "Armenhaus der Karibischen See", Puerto Rico, die wohlhabendste Insel der Großen Antillen geworden.

Es gibt sicherlich keinen Zipfel Amerikas, wo die "Ehe" **spanischer und US-amerikanischer Kultur besser harmoniert** als in Puerto Rico.
Der Anteil der ehemals schwarzen Sklaven an der Gesamtbevölkerung war in Puerto Rico im Verhältnis zu Haiti und Jamaika sehr gering, weil auf dieser Insel keine so groß angelegte Plantagenwirtschaft entwickelt wurde. Im übrigen wird die Insel in ihrer **landschaftlichen Vielfalt und Schönheit** mit ihren Badebuchten, Steilküsten, Lagunen, Regenwäldern und bewaldeten Höhen auf dem Kamm der **"Cordillera Central"**, die von der **"Ruta Panoramica"** erschlossen werden, nicht umsonst die **Perle der Karibik** genannt.
Aber auch die Hauptstadt **San Juan** alleine ist schon einen Kurzbesuch per Flugzeug oder per Schiff wert. Diese Stadt übt durch ihre bevorzugte Lage auf einer Halbinsel an der "Bahía de San Juan", durch ihre **leuchtende Sauberkeit** und durch ihre sehr gut erhaltenen Baudenkmäler, Zeugen ihrer bewegten Geschichte, einen besonderen Reiz auf den Besucher aus.

Puerto Rico / Allgemeiner Überblick

15.1.1 PUERTO RICO AUF EINEN BLICK

Größe:	8.897 km², 165 km lang und 58 km breit, etwas kleiner als Zypern (9.251 km²)
Bevölkerung:	3,5 Millionen, 350 Einwohner/km², 80% helle Hautfarbe
Religion:	Überwiegend römisch-katholisch mit protestantischen und jüdischen Minderheiten
Bevölkerungszuwachs:	2,2% pro Jahr
Lebenserwartung:	Durchschnittlich 72 Jahre
Sprache:	Spanisch, fast überall wird auch Englisch gesprochen
Bruttosozialprodukt:	5.190 US$ (!) nach Venezuela zweitbestes Pro-Kopf-Einkommen Lateinamerikas
Staatsform:	Frei mit USA assoziierter Staat, seit 1952 Mitglied im amerikanischen Commonwealth; Puertoricaner sind US-Bürger
Hauptstadt:	San Juan mit 427.000 Einwohnern
Flagge:	Rot-weiß waagerecht gestreift mit weißem Stern im blauen Dreieck am linken Rand
Verwaltung:	Frei gewählter Kongreß, aus Repräsentantenhaus und Senat bestehend, wählt eigenen Gouverneur, der vom Präsidenten der USA bestätigt werden muß
Exportgüter:	Pharmazeutische, petrochemische, elektronische, feinmechanische Produkte (z. B. Herzschrittmacher), Lebensmittel, Textilien, Schuhe, Zucker, Rum, Kaffee, tropische Früchte
Importgüter:	Verbrauchsgüter, Autos, die Hälfte der Nahrungsmittel
Währung:	US$
Zeitverschiebung:	Minus 5 Stunden in der Winter- und minus 6 Stunden in der Sommerzeit

15.1.2 GESCHICHTLICHER ÜBERBLICK

500 v. Chr.	besiedelten **Taino-Indianer** aus dem Norden Südamerikas die Insel.
1493	entdeckte **Christoph Kolumbus** auf seiner 2. Reise Puerto Rico (Reicher Hafen). Zu dieser Zeit lebten auf der Insel ca. **30.000** indianische **Arawaken**. Sie nannten ihr Land "Boriquén".
1508	wurde **Juan Ponce de Léon Gouverneur** der Insel. Die **1. spanische Niederlassung** war **Caparra** (San Juan-Region). Die Spanier begannen, die Insel zu besiedeln und gleichzeitig die sich ihnen widersetzen-

517

den Indianer in den folgenden Jahren auszurotten oder sie als Sklaven in den Goldbergwerken zu verschleißen. Es wurde nur wenig Gold im Bergbau und in den Flüssen gefunden. Die Kolonisatoren mußten sich mit der Landwirtschaft am Leben erhalten.

1521 haben die Spanier **San Juan** gegründet.
Im gleichen Jahr wurde **Juan Ponce de Léon** von einem vergifteten Indianerpfeil in Florida **tödlich verwundet**.

Mitte 16.Jahrh. wurden **schwarze Sklaven** zur Feldarbeit eingeführt.

17./18. Jahrh. hatten die Spanier laufend **Kämpfe mit Holländern und Engländern** zu bestehen.

1873 wurde die **Sklaverei abgeschafft**.

1897 rang **Luis Munoz Rivera** der spanischen Krone den **Status eines Dominions** für Puerto Rico ab.

1898 ging die Bindung Puerto Ricos an die spanische Krone verloren, als die **USA** nach dem für sie siegreichen **Spanisch-Mexikanischen Krieg** die Insel für sich beanspruchten.

1917 wurden die Puertoricaner **US-Bürger**.

1948 gestand die USA den Bürgern Puerto Ricos erstmalig zu, ihren **Gouverneur selbst zu wählen**.

1952 erhielt die Insel den Status eines **freien mit der USA assoziierten Staates** und **autonomen Mitglieds des amerikanischen Commonwealth**.

1967 bestätigte ein **Volksentscheid** diese Verbindung zur USA und die Ablehnung einer völligen Loslösung von den Vereinigten Staaten von Amerika.
In der Praxis bedeutet das, daß die **Wirtschaft, Währung und Verteidigung gemeinsam** von beiden Partnern betrieben werden. Den Puertoricanern wurde großzügigerweise eingeräumt, daß sie **keine Steuern** bezahlen brauchen. Dieser große Vorteil hat mit zum Wohlstand der Inselbewohner und zur Ansiedlung von Industriebetrieben (Herstellung hochtechnischer und pharmazeutischer Erzeugnisse) geführt.

1989 richtete der **Hurrikan Hugo** in Puerto Rico großen Schaden an.

15.1.3 GEOGRAPHISCHER ÜBERBLICK

Lage und Größe

Puerto Rico ist die kleinste der Großen Antillen in der Karibik. Sie liegt zwischen 18° und 18° 30' nördlicher Breite und zwischen 65° 30' und 67° 30' westlicher Länge. Das Staatsgebiet umfaßt außer der Hauptinsel die westlich vorgelagerte Isla Mona (54 km²) und die östlich vorgelagerten Inseln Vieques (132 km²) und Culebra (25 km²). Insgesamt ergibt sich eine Fläche von 8.897 km².

Die Hauptinsel Puerto Rico mißt in ihrer größten Länge in West-Ost-Ausdehnung 165 km und in ihrer größten Nord-Süd-Ausdehnung 58 km.

Puerto Rico / Allgemeiner Überblick

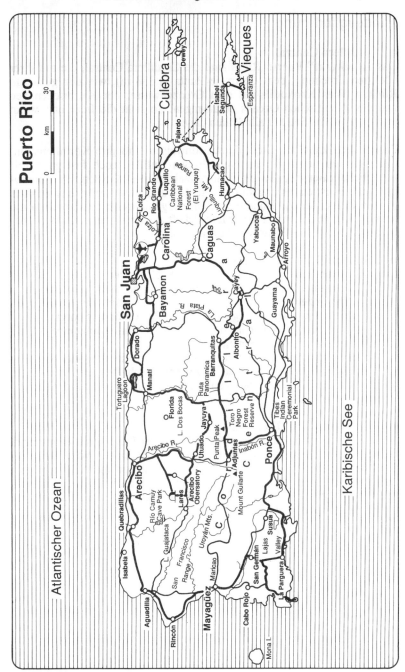

Puerto Rico / Allgemeiner Überblick

Landesgliederung

● **Cordillera Central**
Das "**Rückgrat**" **Puerto Ricos** sind die Cordillera Central, die mit ihrer höchsten Erhebung, dem Cerro de Punta (1.338 m), **wie der gezackte Rücken eines Krokodils** aus dem Grenzgewässer der Karibischen See und des Atlantischen Ozeans herausragen. So sieht die Insel aus, wenn man sich ihr von See her allmählich nähert.

Puerto Rico kann mit Stolz darauf hinweisen, daß ihre Kordilleren im Gegensatz zu denen der anderen Großen Antillen noch fast **ganz mit natürlichem Bergregenwald**, dicht wie ein grüner Moosteppich, **überzogen** sind. Es ist ein Hochgenuß, die **Ruta Panoramica** möglichst in ihrer ganzen Länge auf der Höhe dieses Urwaldgebirges zu befahren, um die überwältigende Schönheit dieser Landschaft mit ihren phantastischen Ausblicken in die grüne Wildnis zu bewundern.

● **Die vielseitigen Küstenlandschaften**
Die Küsten rund um Puerto Rico haben **viele Gesichter**:
- Es gibt **rauhe, felsige Küstenabschnitte** an der Nordküste, wo meistens die Wogen des Atlantiks wütend gegen die scharfen Klippen schlagen und wo der ständige Passatwind für Abkühlung sorgt.
- Dann sind auch dort wieder **liebliche Badebuchten** mit feinem Sand in die Felsenumrahmungen eingelassen.
- An der Südküste mit kargerer Vegetation, in die sich auch Kakteen mischen, gibt es ausgedehnte **Lagunenlandschaften** mit Strandseen. Die Karibische See ist sanfter in ihrem Temperament als der leidenschaftliche Atlantik.

● **Wildromantische Flußtäler**
Besonders an den regenreichen Nordhängen der Kordilleren entspringen Gebirgsflüsse, die tiefe Rinnen im Laufe von Millionen von Jahren ins Gebirge gegraben haben. An ihren im Oberlauf von dichten Urwäldern umstandenen Ufern, ihren grünen Auen und auch im Unterlauf von Menschen bewirtschafteten und bewohnten Lichtungen zu Tal zu fahren, wird jeden Naturfreund begeistern.

15.2 SAN JUAN – FASZINATION VON ALT UND NEU

15.2.1 ALLGEMEINER ÜBERBLICK

Besonders das restaurierte **Alt-San Juan** ist sehenswert. Es präsentiert sich als ein **sehr sauberer Stadtteil**, was man nicht von allen Altstädten südlicher Länder behaupten kann. Seine leuchtend weißen, blumengeschmückten Häuserfassaden, die kunstvollen Straßenlaternen, die bei Sonnenschein dekorative Schatten auf die Hauswände werfen, die ebenfalls oft von Blumen überquellenden Balkons und die engen Gassen machen alle zusammen einen liebevoll gepflegten Eindruck. Man sollte außer den obligatorischen Besichtigungen der Sehenswürdigkeiten einfach einmal ziellos durch die Altstadt schlendern, um sich dem **südlichen Ambiente** von Alt-San Juan hinzugeben.

Besonders bei dem Aufsuchen historischer Gebäude und der Besichtigung von Kunstschätzen wird die **wechselvolle Geschichte dieser Stadt** wieder lebendig. Es ist ratsam, sich vor der Reise einen geschichtlichen Überblick zu verschaffen, um dann an Ort und Stelle die interessante Historie der Stadt und des Landes besser verstehen zu können.
Am besten kann man alte Zeiten heraufbeschwören, wenn man durch die **gewaltigen Befestigungsanlagen** der Forts wandert, die die kompaktesten in der gesamten karibischen Inselwelt sind.

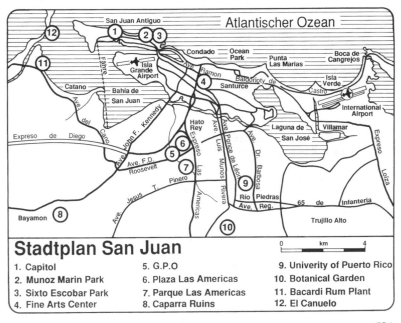

Stadtplan San Juan
1. Capitol
2. **Munoz Marin Park**
3. **Sixto Escobar Park**
4. **Fine Arts Center**
5. G.P.O
6. Plaza Las Americas
7. Parque Las Americas
8. Caparra Ruins
9. Univerity of Puerto Rico
10. Botanical Garden
11. Bacardi Rum Plant
12. El Canuelo

Puerto Rico / San Juan

Einer der größten Reize von San Juan ist zweifellos der **Kontrast zwischen dem Alten und dem Modernen**. Vom Hafen aus betrachtet, ist die Ansicht von San Juan von großer Anziehungskraft, mit seinem Komplex von Gebäuden, die alten nicht störend, mit den neuen verbunden. Wenn dann noch ein schneeweißes Kreuzfahrtschiff im Vordergrund, die freundlich leuchtende Altstadt im Mittelteil und die finster-graue Festungsanlage mit dem am Horizont silbrig glänzenden weiten Meer sich zu einem Bild vereinigen, dann kann schon die Vision einer Verschmelzung von Geschichte und heutiger Wirklichkeit entstehen. Es wirft sich jedoch immer wieder die Frage auf, ob die Menschen aus ihrer Geschichte die notwendigen Lehren ziehen oder ob sie immer wieder gleiche oder ähnliche Fehler machen.

Leuchtend weiß – Alt-San Juan

15.2.2 TOURISTISCHE HINWEISE

Wichtige Telefonnummern
- Ambulance / Emergencies (Unfallwagen), Tel.: 343-2250, 754-2550,
- Fire Department (Feuerwehr), Tel.: 343-2330
- Police Emergencies (Polizei), Tel.: 343-2020
- Travellers' Aid (Reisendenhilfe), Tel.: 791-1054
- Weather (Wetter), Tel.: 791-0320
- Lufthansa, Tel.: 723-9553, 791-6230

Konsulate
- Deutsches Honorarkonsulat
Santa Bibiana St. No. 1618, Sagrado Corazón, Río Piedras, Puerto Rico 00929, G.P.O. Box 3746, San Juan, Puerto Rico 00936, Tel.: 755-8228
- Österreichisches Honorarkonsulat
Manuel Rodríguez Serra Street 1, Olympic Tower Building, Apt. 5-A, Condado, Puerto Rico 00907, P.O. Box 1451, San Juan, Puerto Rico 00902, Tel.: 791-2521
- Schweizer Honorarkonsulat
P.O. Box 6337, Santurce, Puerto Rico 00914, Tel.: 727-2978

Busse
Die Metropolitan Bus Authority (MBA) operiert im Stadtgebiet von San Juan. Haltestellen sind mit orange und weißen Schildern mit der Aufschrift "Parada Metrobus" gekennzeichnet. Es gibt **2 Terminals**:
- Covadonga Parking Lot für lange Linien und

Puerto Rico / San Juan

- Plaza de Colón für kurze Linien.
Nähere **Informationen** erhält man unter folgender Telefon-Nummer: 767-7979.

Mietwagen
- Preisspanne
Die Leihgebühr für einen Mittelklassewagen pro Tag beläuft sich auf 25 bis 55 US-Dollar.
- **Bedingungen**
  - Das **Mindestalter** der Fahrer muß 25 Jahre betragen.
  - Von ausländischen Fahrern wird meistens ein **internationaler Führerschein** verlangt.
  - Der Mietvertrag muß durch eine **Kreditkarte** abgesichert sein.
- **Tips**
  - Genaues Studieren der **Mietbedingungen!**
  - **Vollkaskoversicherung** abschließen!
  - Gründliche Prüfung der **Mängelbescheinigung,** ehe Sie diese unterschreiben!
  - Sorgfältige Überprüfung bei der **Übernahme** (Bereifung, Beleuchtung, Reserverad, Bremsen etc.)!
  - Bei unbekannteren Leihfirmen **Probefahrt** unternehmen!
  - Auto wieder mit voller **Tankfüllung** zurückgeben!
  - Wagen **rechtzeitig abliefern,** da sonst oft drastische Nachzahlungen zu erwarten sind!
- **Autoverleihfirmen**
Die bekanntesten Agenturen von San Juan finden Sie auf den Gelben Seiten des hiesigen Telefonbuchs unter der Bezeichnung *"Automóviles/Alquiler"*:

Firma	Telefon-Nummer	Firma	Telefon-Nummer
AAA	791-1465, 791-2609	Hertz	791-0840, 791-0844
Afro	724-3720, 723-8287	L & M	725-8307, 725-8416
Avis	721-4499, 791-0426	Leaseway	791-5900, 791-1443
Budget	791-3685	Luchetti	725-8298
Charlie	728-2418, 728-2420	National	791-1805, 791-1851
Discount	726-1460.726-5930		

Information
- **Tourism Company Information Centers**
Über folgende Telefonnummern können Ihnen Reiseauskünfte erteilt werden:
  - Luis Munoz International Airport, Tel.: 791-1014 und 2551
- La Casite (nahe Pier 1), Old San Juan, Tel.: 722-1709
- **Old Juan Station**
San Juan, Box 4435, Puerto Rico 00905, Tel.: (809) 721-2400
- **"Qué Pasa"** ist eine monatlich erscheinende Broschüre, die wichtige Informationen z.B. über Hotels, Restaurants, Veranstaltungen und Ausflugsziele bietet. Sie können dieses Heftchen kostenlos bekommen.

Übernachtung
Die **Preiskategorien** der Unterkünfte (für 1 Doppelzimmer pro Tag) werden durch die Zahl der *-Zeichen unterschieden:

******	=	über 120 US$	***	=	40 bis 60 US$
*****	=	90 bis 120 US$	**	=	20 bis 40 US$
****	=	60 bis 90 US$	*	=	bis 20 US$

Die kostenlos erscheinende Broschüre **"Que Pasa"** enthält eine Liste sämtlicher empfehlenswerter Unterkünfte. Für die letzte Saison waren dort **50 verschiedene Hotels und Gasthäuser** für San Juan aufgezeigt. Diese Zeitschrift kann auch verschickt werden. Bei Bedarf wenden

Puerto Rico / San Juan

Sie sich bitte an **Que Pasa**, Box 4435, Old San Juan Station, Puerto Rico 00905.
Einige Übernachtungsmöglichkeiten verschiedener Kategorien sollen Ihnen einen Anhaltspunkt geben:
- *** **Excelsior**, 801 Ponce de Léon, Tel.: 721-7400, liegt im Stadtteil Miramar und ist ein Mittelklassehotel mit 140 Gästezimmern.
- *** **International Airport**, 3. Stock, Airport, Tel.:791-1700, ist sehr praktisch direkt im Flughafengebäude gelegen.
- ** **Ocean Walk**, Atlantic Place 1, Tel.: 728-0855, 726-0445, ist ein einfaches von einem Schweizer solide geführtes Hotel.
- **** **Regency**, 1005 Ashford, Tel.: 721-0505, ist ein sehr gut geführtes Hotel mit 129 Gästezimmern im Stadtteil Condado.
- ***** **San Juan**, Isla Verde, Tel.: 791-1000, ist ein Luxushotel mit 392 Gästezimmern und Suiten mit allem Komfort.

Restaurants
Ebenfalls in der oben erwähnten kostenlos erhältlichen **"Qué Pasa"** sind rund 40 empfehlenswerte Restaurants mit detaillierten Angaben und unterschiedlichen Geschmacksrichtungen aufgeführt. Hier einige zur Auswahl:
- **Al Dente**, 309 Recinto Sur, Old San Juan, Tel.: 723-7303, serviert Gerichte **italienischer Küche**.
- **Butterfly People**, 152 Fortaleza, Tel.: 723-2432, befindet sich in einem alten restaurierten Gebäude. Es ist eine Galerie und ein Restaurant, das geschmackvolle **Steaks** zubereitet. Das ziemlich teure Restaurant bietet außerdem eine besondere Attraktion: Es besitzt eine Schmetterlingssammlung, die die umfangreichste Kollektion der Welt im Privatbesitz sein soll. Besonders schön sind die wunderbar dekorierten himmelblauen, schimmernden **Morphofalter**. Die Flügel der Schmetterlinge sind nach einem geheimgehaltenen Rezept präpariert.
- **Cathey**, 410 Ponce de Léon, Tel.: 722-6695, kocht chinesisch.
- **Chaumière**, 367 Tetuán, Old San Juan, Tel.: 722-3330, versteht sich auf **französische Küche**.
- **Che's**, 35 Coaba, Tel.: 726-7202. Pta. Marías, bietet **argentinische Speisen** an.
- **Copacabana**, 1020 Ashford, Condado, Tel.: 722-4969, 723-0691, hält eine **spanische Küche** vor.
- **Danza**, 56 Fortaleza, Old San Juan, Tel.: 723-1642, offeriert **puertoricanische Küche**.
- **Dar Tiffany**, Carib-Inn Hotel, Isla Verde, bietet neben spanischen Gerichten auch zubereitete **Meeresfrüchte** an.
- **Golden Unicorn**, Calle No. 2413, Puntas Las Marias, Isla Verde, Tel.: 728-4066, ist ein **chinesisches Restaurant**, das auch auf Meeresfrüchte spezialisiert ist.
- **Mona's**, 57 Mará Moczo, Ocean Park, Tel.: 728-0140, bereitet seine Speisen auf **mexikanische Art** zu.
- **Nuevo Café de San Juan**, 154 Cruz, Old San Juan, Tel.: 725-5886, ist ein **Delikatessen-Restaurant**.
- **Plaka**, San Juan Hotel, Isla Verde serviert **griechische Gerichte**.
- **Rick's American Café**, 364 Fortaleza, Old San Juan, Tel.: 723-3982, bietet **internationale Gerichte** an.
- **Yukiyu**, 311 Recinto Sur, Tel.: 721-06553, wird von **Japanern** betrieben.

Geldwechseln
Puerto Rico gilt als das Bankenzentrum der Karibik. Von der Vielzahl der Banken und Wechselstuben in San Juan seien nur 2 (weitere Banken unter Kapitel 11.1, A–Z Puerto Rico) zwecks Geldwechselns genannt:
- **Banco Popular**, Popular Center, Hato Rey, Tel.: 765-9800, tauscht im 5. Stock fremde Währungen in US$.

Puerto Rico / San Juan

- Caribbean Foreign Exchange, 2018 Tetuán, Old San Juan, Tel.: 722-8222, und International Airport, Isla Verde, Tel.: 791-7000, 791-7043.

Buchläden
Eine reichhaltige Kollektion an Büchern in Spanisch und Englisch für die unterschiedlichsten Fachgebiete bieten folgende Läden an:
- Bell Book & Candle, 102 De Diego, Santurce, Tel.: 728-5000, 728-5002.
- Book Store, 257 San José, Old San Juan, Tel.: 724-1815,
- Book World, Plaza Las Américas, Hato Rey, Tel.: 753-7140,
- Hermes Book and Art Gallery, 1372 Ashford, Condado, Tel.: 724-2965,
- Librería Hispanoamericana, 1013 Ponce de León, Río Piedras, Tel.: 763-3415,
- Librería La Tertulia, Amalia Marín and González, Río Piedras, Tel.: 765-1148,
- Thekes Inc, Plaza Las Américas, Hato Rey, Tel.: 765-1539.

Krankenhäuser
- Ashford Memorial Community Hospital, Ave. Ashford 1451, Condado, Tel.: 721-2160
- De Diego Hospital, Ave. De Diego 310, Stop 22, Santurce, Tel.: 721-8181
- Hospital Nuestra Senora de Guadelupe, Ponce de León 435, Hato Rey, Tel.: 754-0909
- Metropolitan Hospital, 1785 Carr. 21, Las Lomas, P.V., Río Piedras, Tel.: 783-6200
- Ophthalmic Institute of Puerto Rico, Inc., Ponce de León 160, Alt-San-Juan, Tel.: 724-3164
- San Martín Hospital, Calle De Diego 371, Río Piedras, Tel.: 767-5100

15.2.3 GESCHICHTLICHER ÜBERBLICK

1508	begann **Juan Ponce de León** die Kolonisation Puerto Ricos mit der 1. **Niederlassung Caparra**. Es war ein kleines Dorf südlich der Bahía de San Juan.
1521	In dem gleichen Jahr, als **Juan Ponce de León**, der sein Leben lang auf der Suche nach dem Jungbrunnen war, in Florida **tödlich** von einem vergifteten Indianerpfeil **verwundet** wurde, wurde **San Juan** am Nordrand der Bucht gegründet. Doch diese noch ungeschützte Siedlung wurde ständig von Piraten bedroht, und Kariben der Kleinen Antillen überfielen die Farmen außerhalb der Stadt und verwüsteten sie.
1525	war zunächst die Festung **Casa Blanca**, für die Erben von Juan Ponce de León erbaut, der einzige Schutz vor den wütenden Angriffen der Seeräuber.
1539	gab **König Karl V.** den Auftrag zur **Anlegung der Festung El Morro**.
1540	wurde die im Bau befindliche Festung **La Fortaleza** vervollständigt. Doch die **ungünstige Position** im Inneren des Hafens veranlaßte den Chronisten Oviedo zu dem Ausspruch: "Nur blinde Männer konnten einen solchen Ort für ein Fort ausgesucht haben." Auch die Suggestion von Oviedo hat mit dazubeigetragen, daß man den Bau von **El Morro** am Eingang der Bucht von San Juan plante. Mit dem Bau dieser Trutzburg wurde der lange Prozeß der Bauarbeiten an den umfangreichen Befestigungsanlagen eingeleitet, der sich bis zur Vollendung allerdings noch 350 Jahre hinziehen sollte.
1586	hatte der englische Pirat **Sir Francis Drake** bereits Santo Domingo, Cartagena und St. Augustine verwüstet, und es war zu befürchten, daß

Puerto Rico / San Juan

auch San Juan sein Opfer werden würde. Als **Gegenmaßnahme** und um dem Überfall weiterer, für die Spanier strategisch wichtiger Städte entgegenzuwirken, wurden **Don Juan de Tejeda** und der italienische Baumeister **Juan Bautista Antonelli**, ein Spezialist für den Bau von Forts, in die Karibik gesandt, um starke Verteidigungsanlagen in den wichtigsten Häfen des Vizekönigreichs Neuspanien zu bauen.

1587 begannen die beiden Experten die ersten **Pläne** für den Bau von El Morro auszuarbeiten.

1589 startete **Gouverneur Diego Menéndez** den Beginn der **neuen Konstruktion**.

1591 arbeiteten bereits **500 Arbeiter** an dem gewaltigen Mauerwerk von **El Morro**. Der Bau wurde mit den **Schätzen aus Mexiko** finanziert.

Gewaltiges Mauerwerk – El Morro

1595 erschien der von den Spaniern gefürchtete englische Korsar **Sir Francis Drake** vor San Juan, deren Verteidigungsanlage noch im Bau war, erzwang den Eingang in den Hafen der Stadt und versuchte eine Schiffsladung Gold und Silber im Wert von 2 Millionen US$, die in La Fortaleza zum Abtransport nach Spanien lag, zu erbeuten. Trotz seiner Dreistigkeit wurde er abgewehrt und unter schweren Opfern gezwungen, sich zurückzuziehen.

1598 marschierte der Engländer **George Clifford, Earl of Cumberland** mit seinen Mannen von der Landseite her auf San Juan zu und belagerte El Morro erfolgreich. Nach der kurzen **Besetzung der Stadt** zwang eine ausbrechende **Ruhrepidemie** den britischen Grafen, seinen Plan aufzugeben, hier einen dauerhaften englischen Stützpunkt zu errichten. Die Spanier, die die Stadt geräumt hatten, kehrten zurück und begannen unmittelbar danach, ihre Befestigungsanlagen zu vervollständigen.

1625 tauchte eine holländische Flotte unter **General Bowdoin Hendrick** vor San Juan auf, **eroberte die Stadt** und belagerte El Morro. Die Verteidiger wehrten sich jedoch zäh, und El Morro konnte nicht eingenommen werden. Bevor die Angreifer davonsegelten, **plünderten** sie die Stadt und **brannten sie nieder**.

1630 begannen die Spanier unter **Gouverneur Enrique Enriquez de Sotomayor** mit dem Bau eines **Systems massiver Mauern rund um San Juan**, einige bis zu 15 m hoch. Die Vollendung dieses neuen Verteidigungsrings dauerte allerdings noch 150 Jahre. Im Osten der Stadt wurde der Bau eines neuen **Fort San Cristóbal** in Angriff genommen. Den Spaniern machte die Besetzung der Kleinen Antillen durch die Engländer, Holländer und Franzosen immer mehr Sorgen.

Puerto Rico / San Juan

1765	wurde San Juan von der spanischen Krone als **Verteidigungspunkt 1. Ordnung** eingestuft.
1767	planten die beiden Iren in spanischen Diensten, Feldmarschall **Alejandro O'Reilly** und Chefingenieur **Thomas O'Daly**, die Konstruktion einer neuen Festung und verwandelten die Verteidigungsanlage von San Juan in eine der mächtigsten ihresgleichen in Amerika. Am Ende des 18. Jahrhunderts waren die Forts und Wallanlagen mit 450 Geschützen bestückt, und es waren 200 Acres von ihnen umschlossen, während die Stadt nur eine Fläche von 62 Acres belegte.
1797	belagerte der Engländer **Sir Ralph Abercromby** mit seinen Soldaten vergeblich die Stadt. San Juan erwies sich aufgrund seiner furchterregenden See- und Landverteidigung als **uneinnehmbar**.
Bis 1898	erreichten alle spanischen Kolonien, außer Kuba und Puerto Rico, in der Neuen Welt ihre Unabhängigkeit.
1898	**explodierte das US-amerikanische Schlachtschiff "Maine"** im Hafen von Havanna, und alle 288 Seeleute fanden dabei den Tod. Die USA beschuldigten Spanien daraufhin der Tat und sahen darin einen Grund, den sog. **Spanisch-Amerikanischen Krieg** zu erklären.
12.05.1898	**bombardierte die Flottille von Admiral William Sampson** während dieser Kriegshandlungen San Juan. Glücklicherweise war die Zerstörung der Stadt nicht allzu groß.
Juli 1898	vollzog sich die **Landung US-amerikanischer Truppen** an der Südküste Puerto Ricos. Aber ein Waffenstillstand wurde signalisiert, bevor die feindlichen Truppen San Juan erreicht hatten.
18.10.1898	mußten die Spanier **Puerto Rico an die USA abtreten**. Ein neues Kapitel der Geschichte wurde aufgeschlagen.
1949	wurde das **Fort von San Juan als nationalhistorisches Bauwerk etabliert**.

15.2.4 FAHRT IN DIE ALTSTADT VON SAN JUAN

Wenn man im Norden der Stadt an der Küste ein Hotel bezogen hat und der Altstadt zustrebt, gibt es auch auf dem Weg dorthin schon einiges Wissenswertes zu erfahren.

Avenue Dr. Ashford

Diese Straße ist nach **Dr. Ashford** benannt, der als junger Arzt mit den US-Amerikanern während des Spanisch-Amerikanischen Krieges nach Puerto Rico kam. Er fand heraus, daß damals rund 85% der Puertoricaner an Anämie (Blutarmut) litten.
Sein großer Verdienst war es, daß er einen **Impfstoff gegen Anämie** entwickelt hat, mit dem er mit in allen Orten eingesetzten Hilfsgruppen die Impfung der Kranken durchführen ließ und damit die Bevölkerung rettete. Seinen Namen trägt außerdem noch das alte, rosafarbige, säulengeschmückte "Ashfordhaus" in der "Dr. Ashford Avenue" und das "Ashford Hospital".

Puerto Rico / San Juan

Über der Avenue in Höhe des "Hotel and Casino Condado Plaza" ist ein Seil gespannt. Dort stürzte sich seinerzeit ein deutscher Seilartist, durch eine Windbö erfaßt, zu Tode. Zu seinem Andenken hat man das Seil hängen gelassen.
Am Ende der Avenue, noch vor der Brücke "Puente dos Hermanos", sieht man zur Rechten einen kleinen Felsen, der einem **Hund** ähnelt. Eine Legende berichtet, daß einst ein Hund seinen Herrn stets begleitet habe. Doch eines Tages sei sein "Herrchen" nicht zurückgekommen. Der Hund, der vergeblich auf ihn wartete, versteinerte schließlich.

Puente dos Hermanos (Zwei-Brüder-Brücke)

Über die Stelle, wo heute die Brücke "Puente dos Hermanos" den Kanal überspannt, erzählt man sich folgende lustige Geschichte:

Der Graf tauchte ab
Man schrieb das Jahr 1598. Der Kanal zwischen der Insel San Juan und dem Festland sei früher noch nicht so tief gewesen wie heute, und man konnte ihn an der richtigen Stelle durchwaten. Der Engländer George Clifford, Graf von Cumberland, mit dem festen Ziel vor Augen, San Juan und die Festung El Morro zu erobern, sei in vollster Uniform und mit den Worten: "Folgt mir, Mannen!" ins Wasser gewatet und dann sofort untergegangen. Man habe ihn dann unter größtem Gelächter aus dem Kanal herausgezogen und unter "riesigem Theater" seine nasse Uniform ausziehen müssen.
Trotz dieser 1. Fehleinschätzung ist es dem Grafen jedoch als einzigem Angreifer gelungen, die "harte Nuß" El Morro zu knacken.

Standbild von San Gerónimo (Heiliger Hieronymus)
(Avenida Munos Rivera)

―――― **INFO** ――――

Wer war der Heilige Hieronymus?

Hieronymus war ein lateinischer Kirchenlehrer, der um 347 n. Chr. in Strido (Dalmatien) geboren und am 30.9.419 in Bethlehem gestorben ist. Er lebte als Einsiedler in Syrien, 382 bis 385 in Rom, dann als Klostervorsteher und Förderer des Mönchstums in Bethlehem.

Sein Hauptwerk ist die lateinische Bibelübersetzung, die "Vulgata". Außerdem verfaßte er Streitschriften, Mönchsbibliographien und die 1. christliche Literaturgeschichte "De viris illustribus" ("Berühmte Männer"). Bekannt wurde Albrecht Dürers Kupferstich: "Hieronymus im Gehäuse" (1514).

Puerto Rico / San Juan

La Perla (Avenida Munos Rivera)

Die Regierung wollte diesen ärmlichen Stadtteil schon längst räumen lassen, aber die Bewohner der Slums von "La Perla" haben sich erfolgreich geweigert, ihre Behausungen aufzugeben, um angeblich nicht ihre Identität zu verlieren.

Capitolio (Kapitol) (Avenida Munos Rivera)

Im Kapitol, aus weißem Marmor erbaut und zur Linken der oben genannten Avenida gelegen, residiert der Senat der Regierung. Am Gebäude wehen die beiden Flaggen Puerto Ricos und der Vereinigten Staaten von Amerika.

Maurischer Palast (Avenida Munos Rivera)

Dieses einzige maurische Gebäude beherbergt zur Zeit den "Spanischen Club". Dort feiern die reichen Spanier ihre luxuriösen Feste, beispielsweise den Eintritt ihrer Töchter in die noble Gesellschaft. Diese pompösen Parties sollen bis zu 20.000 US$ kosten.

Das Wachhäuschen

Über dieses Wachhäuschen wird folgende Geschichte erzählt:

Treff der Reichen – Maurischer Palast

Ein junger Mann und der Teufel

In den Chroniken der Spanier steht, daß in diesem Wachhäuschen der Teufel einen jungen Mann geholt habe.
In Wirklichkeit habe es sich jedoch ganz anders verhalten: Ein junger Spanier habe sich in eine Indianerin verliebt, und seine Kameraden haben ihm zur Flucht verholfen. Den spanischen Autoritäten wurde jedoch weisgemacht, daß der junge Mann vom Teufel geholt worden sei. Die Autoritäten zweifelten natürlich diese unglaubliche Geschichte an. Sie wollten aber nicht preisgeben, daß die Moral unter den Soldaten nachließ, und deshalb meldeten sie den Vorfall so, wie ursprünglich berichtet, nach oben weiter.

Puerto Rico / San Juan

15.2.5 DIE BEDEUTENDSTEN SEHENSWÜRDIGKEITEN DER ALTSTADT (VIEJO SAN JUAN)

El Morro

Öffnungszeiten
täglich 9.15–18.00 Uhr

Die **Geschichte** von El Morro ist gleichzeitig auch die Historie von San Juan und in erweitertem Sinn ebenso die Puerto Ricos und umgekehrt (siehe voriges Kapitel 15.2.3).
Die Konstruktion wurde 1539 mit dem Turmbau auf der Landspitze der Bahía de San Juan begonnen. Der größte Teil der Festungsanlage entstand zwischen 1589 und den 50er Jahren des 17. Jahrhunderts. In dem heutigen Zustand wurde das Fort zwischen 1775 und 1787 vervollständigt.

Stadtplan Altstadt San Juan

1. San Juan Cemetery
2. Dominican Convent/Institut of Puerto Rican Culture
3. Iglesia de San José
4. San Juan Museum of Art and History
5. PLaza de San José
6. Museo Pablo Casals
7. Casa Blanca
8. Plazuleta de la Rogativa
9. Catedral de San Juan
10. Alcadia/Touristeninformation
11. Plaza de Armas
12. Hotel Central
13. La Fortaleza
14. Parque de las Palomas
15. Capilla del Santo Cristo
16. Fine Arts Museum
17. Casa del Libro
18. La Vista, Restaurant Vegetariano
19. Bastion de las Palmas
20. Tourism Company
21. Post
22. Casa del Callejon
23. Plaza de Colón
24. Tapia Theater
25. Ochoa bus stand
26. El Arsenal

Puerto Rico / San Juan

Ein Schmuckkästchen – Altstadt San Juan

Die gestuften Batterien der gewaltigen Festung erheben sich 50 m über dem Meeresspiegel und bewachen die natürliche Hafeneinfahrt von San Juan. Ursprünglich hieß das Festungsbauwerk **"San Felipe del Morro"** zu Ehren des Königs Philip II. von Spanien. Das Wort "Morro" bedeutet so viel wie "Landspitze" oder "Kap". An der Landseite erhebt sich eine breite grasbewachsene Schräge zu einer Brücke, die einen tiefen Wassergraben überquert, der die Mauern umgibt.

Im **Inneren der Burg** gibt es alle Notwendigkeiten für das Leben in einer Zitadelle: Wasserzisternen, Unterkünfte, Versorgungs- und Lagerräume, Kerker, eine Kapelle, Waffenarsenale, Pulverkammern und Büros – alle bombensicher gegen die Explosionen vergangener Jahrhunderte.

Die **Bastionen** sind so angelegt, daß alle Flanken der Befestigungsanlage bei Angriffen von Land und von See mit Salven der verteidigenden Kano-

Früher uneinnehmbar – El Morro

Puerto Rico / San Juan

nen und Gewehre bestrichen werden können. Sie sind so weit vorgebaut, daß es keine "toten Winkel" gibt. Eine der wichtigsten Bastionen zur Landseite ist die **"Austria Bastion"**, nach dem König Karl V. von Österreich und deutschem Kaiser (aus dem Hause der Habsburger) genannt, der gleichzeitig König I. von Spanien war.

San Cristóbal

Öffnungszeiten
täglich 9.30–11.00 Uhr und 14.00–15.30 Uhr. Es finden Führungen statt.

● **Geschichtliches**
1634 war der **Baubeginn** des mächtigen Forts als Teil des Gesamtprojekts, der Umfassung der Stadt mit einem geschlossenen Mauerwerk. Die Aufgabe der Festung sollte sein, die Stadt von der Landseite her zu schützen und Angriffe auf die Nordküste abzuwehren. Der unerwartete Angriff der Engländer 1598 und die Brandschatzung der Holländer 1625 hatten die Notwendigkeit gezeigt, einen Schutz auch nach Osten, Süden und Westen zu schaffen.
1678 hatte San Cristóbal seine **volle Größe** erreicht.
1766–1783 wurde der Bau des Forts in seinem jetzigen Zustand **vollendet**, ein strategisches **Meisterstück**!
1797 kontrollierte die Artillerie von San Cristóbal während der **Belagerung der Engländer** meisterhaft die Ostflanke der Stadt.
1898 feuerten die Kanonen von San Cristóbal die **1. Schüsse im Spanisch-Amerikanischen Krieg** ab.
1949 unterstellte man die Festung der Obhut der **"Nationalpark Verwaltung"**.
1961 wurde San Cristóbal für die **Öffentlichkeit** zugänglich gemacht.

Wenn man den **Innenhof** von San Cristóbal mit seinem mächtigen Mauerwerk betritt, sieht man ein weißes Banner mit gekreuzten Schwertern im Wind flattern. Es ist die **Kriegsflagge der Habsburger**, denn Karl V. von Österreich war in Personalunion gleichzeitig Karl I. von Spanien. Im Innenhof wurden auch **Messen** abgehalten.

Die Anlage ist gemäß der topographischen Lage in verschiedenen Höhenlagen angelegt. Demzufolge gibt es auch schichtförmig **horizontale Verteidigungsebenen**. Wenn man die obere Verteidigungsstufe unschädlich gemacht hatte, war die untere noch lange nicht außer Gefecht.

In unterirdischen **Tunnels** konnten Kanonen und Munition hin- und hertransportiert werden, wenn ein Teil der Festung angegriffen und dort Verstärkung erforderlich wurde.

Die **Heilige Barbara**, die Schutzpatronin, wurde jedesmal bei größeren Angriffen um Beistand angerufen.

Die **Unterkünfte der Offiziere und der Mannschaften** waren voneinander getrennt. Vom Mobiliar der Quartiere ist nichts erhalten geblieben.

Regenwasser wurde in unterirdischen Zisternen aufbewahrt. Es heißt, daß **Wasservorräte** für 1 $^1/_2$ Jahre gespeichert werden konnten. Während der Belagerungen sind jedoch viele Spanier an Ruhr gestorben, weil das Wasser trotz des Steinfilters nicht sauber genug war.
In unterirdischen **Gefängnissen** wurden Häftlinge eingekerkert, die schnell abgeurteilt werden sollten. Berühmt ist ein bestimmtes Verlies, weil dort **"die Schiffe der Verlorenen"** zu sehen sind.

Damit hat es folgende Bewandtnis:
Die Schiffe der Verlorenen
6 Oberleutnants wurden des Hochverrats angeklagt und zum Tode verurteilt. In den letzten Tagen vor der Hinrichtung waren sie hier eingesperrt. Sie sollen an die Wände ihres Kerkers die sog. "Schiffe der Verlorenen" gemalt haben. Bei diesen sind die Segel symbolisch so gesetzt, daß man erkennen kann, daß sie allein den Heimathafen nicht mehr erreichen konnten. Unter den Schiffen stehen die Namen der geliebten Frauen.
Diese Geschichte ist nicht dokumentarisch belegt. Es ist als sehr unwahrscheinlich anzusehen, daß bei so spärlichem Licht, das ein winziger Spalt freigab, solche exakten Zeichnungen angefertigt werden konnten.

Interessant ist eine **Horchstation**. Wenn man das Ohr an eine spezielle Metallplatte legte, konnte man hören, was jenseits der Festung vor sich ging.

La Fortaleza oder Palacio de Santa Catalina (13)
(Rincinto Princesa)

Öffnungszeiten
werktags (außer an Feiertagen) 9.00–16.00 Uhr. Jede Stunde finden Führungen in Englisch und halbstündlich in Spanisch statt.

- **Geschichtliches**

1533 wurde mit den Bauarbeiten von La Fortaleza begonnen.
1540 war das Fort fertiggestellt. Nach dem Bau von El Morro verlor es jedoch seine Bedeutung als Festung und wurde seit jetzt über 450 Jahren zum Sitz von über **170 Gouverneuren** von Puerto Rico.
1598 nahm es der Engländer **George Clifford, Earl von Cumberland** ein.
1625 wurde es ein 2. Mal von dem Holländer **Boudewijn Hendrick**, der die Stadt erobert hatte, besetzt. Der General machte es vorübergehend zu seinem Hauptquartier. Ein **furchtbares Feuer**, das den holländischen Rückzug signalisierte, verursachte erheblichen Schaden an dem Bauwerk.
1640 begannen die **Rekonstruktionsarbeiten**.
1846 ließ der **Gouverneur, Count of Mirasol**, nach vorherigen mehreren Umgestaltungen, mit Unterstützung der **Königin Isabella II.** das Bauwerk erweitern und in einen Palast umwandeln. Es wurde das prunkvollste Gebäude der Stadt. Man nannte es fortan auch **Palacio Santa Catalina**.
1898 zerschlug der **letzte spanische Gouverneur** am Tag, als er die Insel verlassen mußte, im Zorn mit seinem Schwert die Uhr. Die stehengebliebene Uhr ist heute noch eines der interessanten Besichtigungsstücke.

Puerto Rico / San Juan

La Fortaleza war das **1. Fort**, das in der Bahía San Juan als 1. Serie militärischer Konstruktionen gebaut wurde, und es ist der **älteste, heute noch genutzte Gouverneurspalast** in der westlichen Hemisphäre.

Zu dem prächtigen Inneren des Palasts gehören:

- Der **Blaue Saal**, von dem **Gouverneur Count of Mirasol** konzipiert, besticht durch seinen Gleichklang der Farbe in Blau. Der Bezug der Möbel, die Wände, der Fries der Decke, der Teppich und sogar das Gewand auf dem Bild der Königin Isabel II., von dem Spanier Madrazo gemalt, sind in gedämpftem Blauton harmonisch aufeinander abgestimmt.
- Der **Spiegelsaal** ist das zweitgrößte Gemach in dem Palast. In der gut ausgewogenen Dekoration hängen **10 Spiegel**, in Goldrahmen gefaßt. 12 große klassische Pilaster mit korinthischen Kapitellen, die vom Marmorfußboden bis zur Decke reichen, tragen wirkungsvoll mit zur Raumdekoration bei. Der Leuchter besteht aus Bronze und Kristall.
- Eine **alte Küche**, die hinter einer Wand versteckt war, wurde erst 1956 entdeckt. Sie wurde nach alten Vorbildern wieder wie in damaliger Zeit möbliert. Interessant ist der Kalkstein in einem Gestell, der zum Filtern des Trinkwassers benutzt wurde.
- Der blumengeschmückte **Innenhof** mit seiner Sonnenuhr mutet typisch spanisch an.
- Im **Garten** stößt man auf das **Wappen von Puerto Rico**, aus Mosaiksteinen zu einem Rund zusammengefügt.

Das 1. Fort San Juans – La Fortaleza

Die **Symbole** in der grünen Mittelscheibe sagen folgendes aus:
- Das weiße Lamm im Zentrum ist das Symbol des **Heiligen Johannes**.
- Das rote Buch, auf dem das Lamm ruht, ist die **Bibel**, die Grundlage des Christentums.
- Unter der Krone vereinigen sich die beiden spanischen Königreiche der **Doppelregenten Ferdinand von Aragon** (1479–1516) und **Isabella von Kastilien** (1474–1504). Die Anfangsbuchstaben ihrer Namen, "F" und "I", sind vermerkt.
- Die Inschrift: "JOANNES EST NOMEN EJUS" bedeutet: "Johannes ist sein Name".

Die Symbole in dem weißen Ring haben folgende Bedeutung:
- Die Löwen repräsentieren **Juan Ponce de Léon**.
- Die Schlösser stellen die **beiden Königreiche** der beiden Regenten dar.

Puerto Rico / San Juan

- Die beiden Flaggen bedeuten die beiden **Königreiche Aragon und Kastilien**.
- Die roten Kreuze symbolisieren das **Christentum**.
Der grüne Außenring deutet auf die **Fruchtbarkeit** der Insel hin.

Catedral de San Juan (Kathedrale) (9) (Cristo)

Öffnungszeiten
täglich 8.30–16.00 Uhr

● **Geschichtliches**
1521 wurde mit dem **1. Kirchenbau aus Holz** unter der Leitung des Bischofs Alfonso Manso begonnen.
1526 fiel dieses Bauwerk jedoch einem **Hurrikan** zum Opfer.
1540 befleißigte man sich, ein neues Gotteshaus aus Stein im **gotischen Stil** zu errichten.
Davon sind heute nur der Turm, 2 Sakristeien und einige Seitenkapellen erhalten geblieben. Aber auch nachfolgende Hurrikane verschonten die Bischofskirche nicht.
1598 fügten die britischen Truppen, angeführt von **George Clifford, Earl of Cumberland**, der Kathedrale schweren Schaden zu.
1809–1852 wurden im schlichten **Neobarock** die größten Teile des heutigen Bauwerks errichtet.
1862 überbrachte man in diese Kirche die **Reliquien des Heiligen Pius**, eines römischen Märtyrers.
1908 wurden die **sterblichen Überreste von Ponce de Léon** von der Iglesia de San José, einige 100 m entfernt, in die Kathedrale überführt.

Bei dem **goldgeschmückten Altar** sieht man, wenn man den Blick hebt, **die Monstranz**, aber **unten viele Spiegel**. Den damaligen Indianern hat die katholische Kirche klar gemacht, daß Gott alles sähe. Wenn die nun bekehrten Indios vor dem Altar knieten, das Sonnenlicht von rückwärts auf die Spiegel schien und ihre Augen geblendet wurden, sollten sie glauben, Gott sähe jetzt in sie hinein. Deshalb waren diese kleinen Altäre immer so angebracht, daß die Sonne gegen die Spiegel scheinen konnte.

● **Die Legende vom Heiligen Pius**
Zu der Reliquie von San Piu (Heiliger Pius) erzählt man sich folgende Geschichte:
Der damalige Bischof von San Juan sei nach Rom gefahren, um für seine Kathedrale eine Reliquie zu bestellen, weil seine Gläubigen nichts Konkretes zum Anbeten hätten. Es soll ein Armknochen des Heiligen Pius gewesen sein, der dem Bischof überreicht worden sei. Piu sei ein frommer Soldat aus römischer Zeit gewesen, der wegen seines Bekenntnisses zum christlichen Glauben hingerichtet und so zum Märtyrer geworden sei. Da der Bischof den Indianern unmöglich erklären konnte, sie müßten einen Armknochen anbeten, habe er in Barcelona eine Keramikfigur vom Heiligen Pius erstellen lassen, die als anbetungswürdiger erschien.

Puerto Rico / San Juan

Es wird ferner erzählt, daß jedes Jahr eine uralte Frau in die Kathedrale gehumpelt komme, um dem Heiligen Pius die Nägel und Haare zu schneiden.

Plaza de Colón (Kolumbusplatz) (23)

Auf diesem verkehrsreichen Platz steht eine **Kolumbusstatue**, die 1893 anläßlich der **400-Jahrfeier** der Entdeckung Puerto Ricos durch Christoph Kolumbus errichtet wurde.

Plaza de Armas (Waffenplatz) (11)

Dieser Zentralplatz wurde schon im 16. Jahrhundert von den Spaniern angelegt. Der Platz heißt deshalb "Plaza de Armas", weil bei Angriffen auf die Stadt hier die Einwohner zu den Waffen gerufen wurden. Heute ist er beliebter allgemeiner Treffpunkt, Ort des Ausruhens, Schauplatz für Folkloreaufführungen und Straßentheater. Figuren, über ein Jahrhundert alt, an den 4 Eckpunkten des Platzes sollen die 4 Jahreszeiten symbolisieren.

Iglesia de San José (Kirche San José) (3) (Plaza de San José)

Öffnungszeiten
Mo–So 8.30–16.00 Uhr

- **Geschichtliches**

1523 existierten während der Amtszeit des **1. Bischofs der Neuen Welt, Alonso Manso**, bereits **Pläne** für den Kirchenbau.
1532 wurden die **1. Mauern** hochgezogen.
1538 errichteten die **Dominikanermönche** die Kirche als einen Teil ihres benachbarten Klosters **Convento Dominicano** zum Andenken an Thomas von Aquin.
1559 wurde hier der Leichnam von **Juan Ponce de Léon**, dem 1. Gouverneur Puerto Ricos, der von Havanna überführt worden war, **bestattet**.
1838 verlor die Kirche ihre meisten **Schätze**, bis auf die wertvollen Kunstwerke: "Der Christ von Ponce" (16. Jahrh.), das Gemälde "Die Jungfrau von Bethlehem" (15. Jahrh.) und 2 Vasen von Francisco Oller (1833–1917).
1908 hat man die sterblichen Überreste von **Juan Ponce de Léon** in die Kathedrale von San Juan **umgebettet**.

1. Gouverneur Puerto Ricos – Ponce de León

Puerto Rico / San Juan

Diese Kirche, im spätgotischen Stil errichtet, ist eine der wenigen Kirchen der Neuen Welt, die Erdbeben, Hurrikane und Kriege verhältnismäßig unbeschadet überstanden hat. Berühmt sind der wunderschöne **Hochaltar** und die Kapelle der "Virgin de Belén" (Jungfrau von Bethlehem) mit dem **Marienbild** (1550) eines unbekannten flämischen Malers im Querschiff auf der rechten Seite. Auf dem Plaza San José vor der Kirche erhebt sich ein **Standbild von Juan Ponce de León**.

Museo Pablo Casals (Pablo Casals Museum) (5)
(Plaza San José)

Öffnungszeiten
Mo–Sa 9.00–17.00 Uhr, So 13.00–17.00 Uhr

Von dem weltberühmten Cellisten und Dirigenten Pablo Casals (1876–1973), der in Vendrell (Katalonien) geboren ist und nach seinem Lebensabend in San Juan gestorben ist, sind in diesem kleinen Museum viele Diplome, Urkunden, Auszeichnungen, Preise, Medaillen und Plakate von Konzerten zusammengetragen worden. Die Sammlung enthält außerdem Noten und Fotos über Treffen mit bekannten Persönlichkeiten, wie beispielsweise mit Albert Schweitzer.

Casa Blanca (Weißes Haus) (7) (Calle San Sebastián)

Öffnungszeiten
Mi–So 9.00—16.30 Uhr. Es finden Führungen statt.

Malerwinkel – Blick auf Casa Blanca

Puerto Rico / San Juan

● **Geschichtliches**
1521 wurde dieses prächtige Herrenhaus für **Juan Ponce de Léon**, den 1. Gouverneur Puerto Ricos, erbaut. 250 Jahre wohnten nachfolgende Mitglieder der Familie Ponce noch dort.
1826 kam es zu einem **Erweiterungsbau** des herrschaftlichen Gebäudes.
1898 zogen die **Befehlshaber der US-Armee** in das Casa Blanca ein.
Heute dient es als **Kulturzentrum und Historisches Museum.**

Capilla del Santo Cristo (Christus Kapelle) (15)
(Calle Tetuán)

Öffnungszeit
nur dienstags

Dieser zierliche Barockbau ist der Abschluß der Calle Tetuán vor einem Steilhang. Eine Legende berichtet:
Der durch göttliche Fügung gerettete Reiter
Am 2. Juni 1753 wurde nach alter Tradition zu Ehren des Schutzpatrons der Stadt auf dieser Straße ein Pferderennen abgehalten, das von El Morro bis zu dem Steilufer führte. In diesem Rennen bekam ein junger Mann namens Baltasar Montanez sein Pferd am Ende der Straße vor dem Abgrund nicht mehr zum Halten und stürzte ins Meer. Er überlebte den normalerweise tödlichen Sturz angeblich nur, weil man für ihn gebetet hatte.
Diese Legende wird auch in anderen Variationen erzählt. Tatsache ist jedenfalls, daß heutzutage diese kleine Kapelle mit dem Silberaltar die Straße vor dem gefährlichen Absturz begrenzt.

Treppenstraße

2 reizvolle Treppenabstiege, noch aus dem 16. Jahrhundert, vorbei an blumengeschmückten Häuserfronten, führen in die höher gelegene Altstadt: die **Caleta del Hospital** und etwas versetzt die **Callejón de las Monjas.**

Puertorican Arts and Crafts

● **Tainokultur**
Der Kultur der Taino-Indianer sind Steinfiguren treffend nachempfunden. Diese Figuren sind natürlich keine Ausgrabungsstücke, sondern Gegenstände des Kunstgewerbes.

● **Afrikanisches Erbe**
In diesem Kunstgewerbegeschäft nehmen **Figuren aus der afrikanischen Mythologie** einen großen Raum ein. Das **Dorf Loíza** war das Rückzugsgebiet entlaufener Sklaven. Die Spanier folgten den Geflüchteten nicht in

Puerto Rico / San Juan

die Fieberhölle der Mangrovensümpfe, wo man sich sehr leicht das berüchtigte Denguefieber holen konnte, das durch Moskitostiche übertragen wird. Als im 19. Jahrhundert die Sklaven freigelassen wurden, sind viele der Schwarzen freiwillig nach Loíza gezogen. Dort leben heute noch die schwärzesten Puertoricaner, die sich kaum mit den Spaniern vermischt haben. Hier wurden die alten Bräuche afrikanischer Kultur bewahrt, die sich im Fertigen von Masken, in Gesängen, Tänzen und der Herrichtung von Speisen afrikanischen Ursprungs ausdrücken.

- **Santos-Kultur**

Puerto Rico war jahrhundertelang eine arme Insel. Die aus Spanien mitgebrachten **Heiligenbilder** reichten nicht für alle neu errichteten Kirchen aus, deshalb waren die Puertoricaner gezwungen, sich ihre Heiligenbilder selbst zu schnitzen. So entwickelten sie in diesem Metier allmählich große Kunstfertigkeit. Die Gesichter der Heiligen nahmen zunehmend karibische Züge an. Christus wurde jedoch immer noch blond und blauäugig dargestellt.

Butterfly People – Himmelsfalter der Indianer (152 Fortaleza)

Dieses Restaurant besitzt eine sehr beachtenswerte **Schmetterlingssammlung** mit Kostbarkeiten aus den Tropen.
Unter diesen "fliegenden Kleinodien" beeindrucken besonders die gekonnt dekorierten **Morphofalter, die Himmelsfalter der Indianer.** Diese aus dem tropischen Südamerika stammenden "**Geflügelten des Lichts**" lösen bei den naturkundlich Interessierten höchstes Entzücken schon beim Betrachten in den Glaskästen aus. Wie viel größer muß die Freude sein, die Schönheit der "**Sonnengeschöpfe**" in freier Natur zu bewundern. Nur die Männchen schimmern metallisch in einem leuchtenden Blau, teils mit violettem Schimmer, wie bei dem *Morpho anaxibia*, und teils mit weißen Binden in den Flügeln, wie bei *Morpho cypris* und *Morpho helena*. Bei diesen ästhetischen Wesen wird das so phantastisch leuchtende Blau von den Lichtbrechungen in den winzigen Luftkammern der kleinen Schmetterlingsflügel-Schuppen hervorgerufen. Die Schuppen selbst sind gelblichbraun. Die Weibchen haben keine Luftkammern in ihren Schuppen, darum sind sie unscheinbar nur bräunlich gefärbt.

Museo del Indio (Indianermuseum)
(Ecke Calle Luna / Calle San Sebastián)

Dieses kleine Museum ist in dem damaligem Herrenhaus **Casa de los dos Zaguanes** untergebracht. Hier ist eine anschauliche Kollektion an Kult-, Kunst- und Gebrauchsgegenständen der Indios ausgestellt. Interessant sind die **verschiedenen Erdschichten**, in denen die Archäologen gegraben haben, von den ersten Ursprüngen der Indianer bis zu den Müllschichten der Neuzeit. Aus der **Tainokultur** ist ein Dorf im Modell mit einfachen Hütten, Häuptlingshaus und Ballspielplatz aufgebaut worden.

Puerto Rico / San Juan – Playa la Parguera

15.3 SAN JUAN – PLAYA LA PARGUERA

15.3.1 TOURISTISCHE HINWEISE

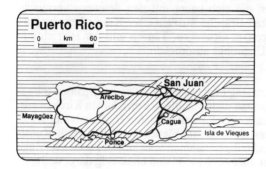

Entfernung
San Juan – Playa La Parguera: 229 km (über Ruta Panoramica)

Streckenhinweis
Von **San Juan** in südlicher Richtung auf die **Autobahnen 22, 18** und **52** in Folge bis Abzweigung rechts (Ausfahrt Cayey) (Km 45), bis **Cayey** (km 46), Abzweigung links über die **1, 162, 723** auf die **143**, die **Ruta Panoramica** bis **La Pica** (Km 126), geradeaus weiter bis Abzweigung links (Km 132) auf die **10** bis **Ponce** (Km 181), Abzweigung rechts auf die Autobahn 2 bis **Palomas** (Km 212), Abzweigung links auf die **116** bis zur Abzweigung links (Km 227) auf die **304** bis **Playa La Parguera** (Km 229).

15.3.2 AUF DER RUTA PANORAMICA DURCH DIE CORDILLERA CENTRAL

Wenn man die Vororte San Juans verlassen hat, rollt man bequem auf einer großzügig ausgebauten Autobahn nach Süden. Sehr saubere mittlere und kleine Ortschaften fliegen rechts und links der Rollbahn vorbei. Dazwischen blühen überschwenglich leuchtend rot Tulpenbäume.

In **Cayey** verläßt man die Autobahn, und eine kurvenreiche Straße windet sich die **Vorberge der Cordillera Central** hinauf. Das Bergland ist teilweise noch mit natürlicher Vegetation bewachsen und verschiedentlich durch Lichtungen mit Dörfern und Weideland unterbrochen. Phantastische weiße Quellwolken beleben den stahlblauen Himmel.

Allmählich hat man die **Kammlage der Cordillera Central** erreicht. Von geeigneten Aussichtspunkten an den Kehren der **Ruta Panoramica** hat man weite Ausblicke über die **geschlossene Walddecke** des Höhenzugs, der mit seinen Erhebungen wie der gezackte Rücken eines Krokodils aus dem Meer auftaucht. Teilweise kann man den Atlantischen Ozean im Norden und die Karibische See im Süden sehen.

Hier ist der **Bergregenwald** im Gegensatz zu den Bergwäldern auf Hispaniola und Kuba, der dort nur noch inselförmig anzutreffen ist, gottlob noch weitflächig erhalten. Mit einem Minimum von **30 cm Regenfall pro Tag** kann sich eine homogene Pflanzengemeinschaft mit vielen Species

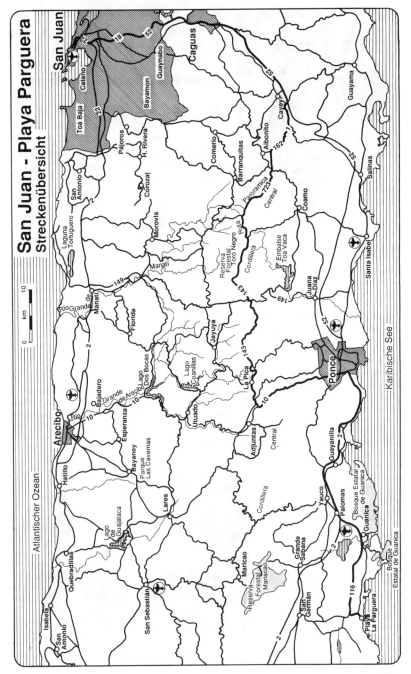

Puerto Rico / San Juan – Playa la Parguera

Wie ein Scherenschnitt – Bergregenwald

bilden. Die Fauna ist artenreich, hauptsächlich mit Vögeln und Insekten, weniger mit Säugetieren, vertreten.

Reserva Forestal Toro Negro

Besonders urig ist es noch in den "Schwarzen Bergen" der Zentral-Kordilleren Puerto Ricos. Im Bergurwald wachsen unter einer Fülle tropischer Pflanzenarten wilde Mangos, bis zu 3 bis 4 m hohe Baumfarne, Bambus und verschiedene Lianen. Viele Bäche murmeln zu Tal. An ihren Bachrändern blühen "Fleißige Lieschen", wie diese Blumen bei uns als Zimmerpflanze volkstümlich genannt werden. Hellgelb bis weiß blühende Tropentrompeten *(Datura aurea)*, Weihnachtssterne *(Euphorbia pulcherrima)* und Tulpenbäume *(Spathodea campanulata)* mit ihren auffälligen großen roten Blüten kommen hier ebenfalls vor.

In einer Rangerstation kann man sich nähere Informationen holen und auch Exkursionen mit Geländewagen unternehmen.

5 Meilen hinter **La Pica** verläßt man die Ruta Panoramica und fährt in einem wunderschönen Seitental der Zentral-Kordilleren in Richtung Süden zu Tal. Sehr dichter Bergregenwald umgibt den einsamen Fahrer auf der kurvenreichen Straße in Richtung Ponce. Dörfer, die im Urwald fast verschwinden und kleine landwirtschaftlich genutzte Flächen und Gärten passen sich nicht störend in das Landschaftsbild ein.

15.3.3 PONCE – DIE PERLE DES SÜDENS

Allgemeines

Ponce, **1692 gegründet**, wurde nach Juan Ponce de Léon y Loaiza, einem Nachkommen des 1. Gouverneurs von Puerto Rico, Juan Ponce de

Perle des Südens – Ponce

Puerto Rico / San Juan – Playa la Parguera

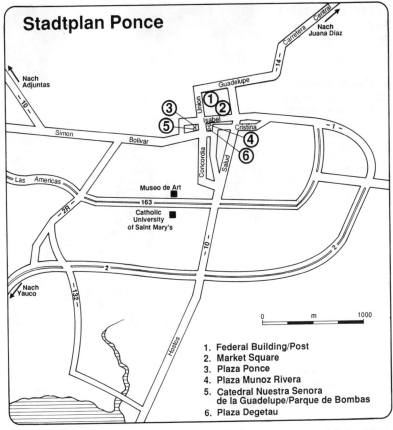

1. Federal Building/Post
2. Market Square
3. Plaza Ponce
4. Plaza Munoz Rivera
5. Catedral Nuestra Senora de la Guadelupe/Parque de Bombas
6. Plaza Degetau

Léon, genannt. Zwischen dem Blau der Karibischen See und dem Grün der Zentral-Kordilleren gelegen, ist es die **zweitgrößte Stadt** der Insel mit rund 200.000 Einwohnern. Diese Ansiedlung hat viele volkstümliche Namen, beispielsweise:
- **La Perla del Sur** (die Perle des Südens),
- **La Ciudad Senorial** (herrschaftliche Stadt) und
- **La Ciudad de las Quenepas** (Stadt der Honigbeeren).

Ponce ist bekannt als der Geburtsort der Schönen Künste. Typisch puertoricanische Musikformen, wie *"danza"*, *"bomba"* und *"plena"* sind hier entstanden.

Entfernung von San Juan
Auf direkterem, schnellerem Weg über die Autobahn 52, nicht über die landschaftlich schönere Ruta Panoramica (95 Meilen), ist Ponce von San Juan in rund 1 Stunde nach 62 Meilen zu erreichen.

Puerto Rico / San Juan – Playa la Parguera

Catedral Nuestra Senora de la Guadelupe
(Plaza Ponce)

- **Geschichtliches**
  1640 hat man eine kleine Kapelle in Ergebenheit an die Jungfrau Maria **erbaut**.
  1918 wurden die **2 Türme** in neoklassizistischem Stil von dem Architekten Porrata Doria nach mehreren Erdbeben neu konstruiert.

Diese hellblau und zuckerweiß abgesetzte Kathedrale beherrscht als herausragendes Bauwerk den wunderschönen Plaza Ponce mit seinen Brunnen, alten Straßenlaternen, gepflegten Gärten und Rastplätzen, die von riesigen Feigenbäumen beschattet sind.

Zuckerweiß leuchtend – Catedral

Parque de Bombas (Feuerwehrhaus) (Plaza Ponce)

Beliebtes Fotomodell – Feuerwehrhaus

2 Wochen im Juli **1882** hatte die Stadt Ponce zu einer Ausstellung eingeladen, auf der 297 landwirtschaftliche, kommerzielle und industrielle Produkte ausgestellt wurden. Um die Ausstellung unterzubringen, wurden 2 Gebäude in arabischem Stil errichtet. Eines davon ist das heutige "Parque de Bombas", und

Puerto Rico / San Juan – Playa la Parguera

das andere war ein arabischer Pavillon, der unglücklicherweise 1914 zerstört wurde. Heute ist das Feuerwehrhaus ein **beliebtes Fotomodell** für Touristen geworden. Es wurde rot und weiß gestreift gestrichen und mit grünen und gelben Ornamenten versehen. Das alte, leuchtend rote Feuerwehrauto steht wie zum Einsatz bereit.

Museo de Art (Kunstmuseum)
(Avenida Las Americas)

Öffnungszeiten
Mo, Mi–Fr 9.00–16.00 Uhr, Sa 10.00–16.00 Uhr und So 10.00–17.00 Uhr

Dieses bedeutende Kunstmuseum von Ponce, das beste der Karibik, wurde **1965** von Edward Durell Stone, dem Architekten des New Yorker "Museum of Modern Art" erbaut. In dem 1-stöckigen Museum, wo die Sonnenstrahlen durch Oberlichtfenster in die Ausstellungsräume strömen, beherrschen hauptsächlich **europäische Maler** die Galerien, beispielsweise:
- Bartolomé Esteban Murillo (spanische Schule),
- Peter Paul Rubens (flämische Schule),
- Eugen Delacroix (französische Schule),
- Bartholomeus van der Helst (niederländische Schule),
- Francesco Furini (italienische Schule),
- Thomas Gainsborough (britische Schule),
- Marie-Francois-Firmin Girard (französische Schule).

Aber auch **lateinamerikanische Künstler** sind gut vertreten, wie beispielsweise: Botero, Myrna Báez und Miguel Pou.
Außerdem sind wertvolle Werke der **Ikonenmalerei** ausgestellt, deren Künstler meistens unbekannt sind.
In der unteren Etage läuft z. Zt. eine **Plakatausstellung** politischen Inhalts unter der Überschrift: "Revolutionäre Poster aus Zentral- und Osteuropa".

Tibes Indian Ceremonial Center
(Von der Fagot Avenue den braunen Tibes-Wegweisern folgen!)

Öffnungszeiten
Di–So 9.00–16.30 Uhr

- **Das Museum**
Exponate, wie Steinbeile, Mörser, Tongefäße, Schädel (teilweise absichtlich zu Turmschädeln verformt), Steinringe und Hängematten, die in der Karibik erfunden wurden, sind die letzten Überbleibsel aus der Indianerzeit.

Die wichtigsten Themen in dem sehenswerten Museum sind:
- Die **Ausrottung der Indios**

Ein zentrales Thema ist die Ausrottung der Indios auf den Großen Antillen als Rasse, als Volk und als einzelner Stamm durch Verfolgung und Versklavung der europäischen Kolonialmächte Spanien, Frankreich und Großbritannien.

- **Äußeres Erscheinungsbild der Indios**

Das Äußere der Indios ist anhand der Beschreibungen und Aufzeichnungen der Eroberer und der archäologischen Funde rekonstruierbar: kleine Gestalt, glatte, schwarze Haare, hohe Wangenknochen und kupferbraune Hautfarbe.

- **Überbleibsel der Sprache der Indios**

Aus ihrem Vokabular sind nur wenige Worte in europäische Sprachen übernommen worden, z. B.: Kanu, Hurrikan und Barbecue. Folgende Ortsnamen entstammen aus dem Indianischen: Mayaqüey, Caguas und Arecibo.

- **Das Cohoba-Ritual**

Das Cohoba-Ritual wird näher dokumentiert. Der Häuptling und der Schamane eines Stammes sogen durch ein Blasrohr ein halluzinierendes Mittel durch die Nase ein. Dadurch verfielen beide in einen rauschähnlichen Zustand und fühlten sich so den Göttern und Geistern der Verstorbenen näher verbunden. Bei der Zeremonie wurden besondere Steinsitze verwendet.

- **Die Ballspiele**

Für Ballspiele mit einem Hartgummiball, der bei den Wettkämpfen nicht zu Boden fallen sollte – dann war nämlich das Spiel für die Mannschaft verloren – wurde ein Steinring als Hilfsmittel benutzt, der auf den Schultern oder Hüften lag.

- **Töpferei**

Beim Herstellen von Tonwaren wurde keine Töpferscheibe benutzt. Mit den bloßen Händen wurden "Würste" aus Ton geknetet und aneinandergepreßt. Der so geformte Gegenstand wurde anschließend geglättet und gebrannt.

• **Archäologische Stätte**

1975 wurde Ponce von dem tropischen Sturm "Eloísa" heimgesucht, der durch seine Regenfluten auch den Portugués River zum Überfluten brachte. Als das Hochwasser abgeflossen war, war das freigelegt, was heute der "Tibes Indian Ceremonial Park" ist.

2 Zeremonienplätze, Grabstätten und viele Ausgrabungsstücke wurden auf dem privaten Farmgelände von Barrio Tibes entdeckt.

- **Besondere Bäume**, in einem an das Museum anschließenden ehemaligen Urwaldgebiet, jetzt freigeschlagen, hatten für die Indios eine besondere Bedeutung oder waren für sie nützlich, beispielsweise der verehrungswürdige **Ceibabaum** *(Ceiba pentandra)*, der bis zu 500 Jahre alt werden kann, der **Kalebassenbaum** *(Crescentia*-Arten*)*, dessen hart getrocknete Fruchtschalen als Trink- und Schöpfgerät verwendet wurden,

Puerto Rico / San Juan – Playa la Parguera

und der **Guamabanabaum**, der sehr schmackhafte Früchte besitzt.
- Die **Hütten eines Indiodorfs** wurden in natürlicher Größe rekonstruiert, die der Dorfbewohner und diejenige des Häuptlings verkleinert.
- **Ballspielplätze**, durch Steinreihen eingegrenzt, sind freigelegt worden. Sie besaßen nach Aussage der Wissenschaftler verschiedene Funktionen:
  Sie waren **Verehrungsort für die Götter**.
  Sie fanden Verwendung als **Zeremonienplätze** für wichtige gesellschaftliche Ereignisse, wie beispielsweise die Wahl eines Häuptlings und Hochzeitsfeierlichkeiten.
  Außerdem waren sie **Sport- und Spielstätte**.

15.3.4 PLAYA LA PARGUERA

Playa La Parguera ist ein kleiner idyllischer Fischerort, der sich auch auf Tourismus versteht. Die weite Lagunenlandschaft ist ein ideales Gebiet zum Fischen, Segeln, Surfen und um ausgedehnte Bootsfahrten zwischen den Mangroveninseln und entlang der flachen Küste zu unternehmen.

Mangroveninseln – Playa La Parguera

Nachts kann man hier bei ruhiger See und mondlosen Nächten das **Naturphänomen** des **Meeresleuchtens** erleben, das durch Billionen von phosphorisierenden Mikroorganismen im Meer, die zur Familie der Dinoflagelaten gehören, hervorgerufen wird.

Touristische Hinweise

Übernachtung
 ● ** Parador Posada Porlamar, Lajas, P.O. Box 405 Lajas, Puerto Rico 00667, Tel.: 899-4015, vermietet 18 klimatisierte Gästezimmer mit Küchenbenutzung.
 ● ** Villa Parguera, Lajas, Tel.: 879-7777, vermietet 50 Gästezimmer mit Klimaanlage. Swimmingpool und Restaurant mit Meeresfrüchte-Spezialitäten, Musik und Tanz am Wochenende gehören mit zum Service.

Restaurant
1 **"Seafood-Restaurant"** mit moderaten Preisen befindet sich gegenüber vom Parador Posada Porlamar.

Puerto Rico / San Juan – Playa la Parguera

15.3.5 BOOTSFAHRT IN DIE MANGROVENSÜMPFE

Bootsvermietung
Ein kleines Boot mit Außenbordmotor können Sie schon für 15 US$ pro Stunde mieten.

Im **Club Nautico de La Parguera** schaukeln große Yachten und Boote, für den Hochseefischfang ausgerüstet, auf den Wellen. An den Mangroveninseln in Ortsnähe liegen **Hausboote** an Stegen oder ankern in Ufernähe. Allmählich dringt man in einsamere Gewässer entlang der Küste vor. Dort fallen dem aufmerksamen Beobachter allerlei Wasservögel auf. **Steinwälzer** und verschiedene **Limikolenarten** tummeln sich nahrungssuchend auf den Schlickflächen zwischen den Mangroven. Bei flüchtigem Hinschauen sehen sie wie rollende Steine aus. **Stelzenläufer** waten im seichten Wasser. Die schöne Federzeichnung der auf dem Wasser schwimmenden **Braunen Pelikane** wird erst bei näherer Distanz sichtbar, und mit dem kleinen Boot kommt man sehr nahe an die großen Vögel heran. Wenn die Pelikane fliegend Fische entdeckt haben, stürzen sie sich Hals über Kopf aus manchmal 20 m Höhe ins Meer, akrobatische Drehungen

Brutkolonie – Kuhreiher

im Sturzflug vollführend. Auf einigen Inseln haben **Kuhreiher** ihre Brutkolonien errichtet.

Eine besondere Attraktion ist es, mit dem Boot durch den sog. **Mangrovenkanal** zu fahren. Eine schmale Fahrrinne, über der sich die Mangroven zu einem Dach schließen, führt in einer langen Krümmung durch den Sumpf. Bei strahlendem Sonnenschein, und die Sonne scheint hier in dieser Gegend im Regenschatten der Zentral-Kordilleren sehr häufig, spiegelt sich malerisch das Krummholz der **Seewasser-Pionierpflanze Mangrove** im ruhigen, milchig grünen Wasser. Im Sumpf leben Tausende und Abertausende von riesigen **Krabben**. Die Einheimischen suchen nach großen rosa schimmernden **Muscheln**, die zwischen den Stelzenwurzeln der Mangroven leben.

15.4 PLAYA LA PARGUERA – QUEBRADILLAS

15.4.1 TOURISTISCHE HINWEISE

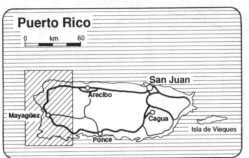

Entfernung
Playa La Parguera – Quebradillas mit Umwege über Pole Ojea (Leuchtturm Cabo Rojo), Boquerón und Rincón: 152 km

Streckenhinweis
Von **Playa La Parguera** in nördlicher Richtung immer geradeaus über die **304, 116** und **315** nach **Lajas** (Km 7), Abzweigung links in die **101** bis **Boquerón** (Km 21), zurück auf der **101** bis **Las Arenas** (Km 24), Abzweigung **rechts** auf die **301** bis **Pole Ojea** (Km 31), weiter bis zum **Leuchtturm Cabo Rojo** (Km 37), zurück über die **301** und **101** über **Lajas** bis **San Germán** (Km 67), bis zur Autobahnauffahrt (Km 69), Abzweigung **links** auf die Autobahn **2** bis **Mayagüez** (Km 93), geradeaus weiter bis Abzweigung **links** (Km 102) in die **115** bis **Aquada** (Km 120), in die **439** und Autobahn **2** bis **Aquadilla** (Km 124) und weiter auf der **2** bis **Quebradillas** (Km 152).

15.4.2 UNTERWEGS NACH QUEBRADILLAS

Der Südwestzipfel Puerto Ricos bis zum Fuß der Cordilleren Central ist ein verhältnismäßig ebenes Gelände, das nur durch das Hügelland der bis zu 235 m hohen **Los Pinones** und der **Sierra Bermeja**, dessen höchste Erhebung 301 m ist, und das dazwischenliegende Tal **Valle de Lajas** etwas Profil zeigt. Diese Ebene ist in erster Linie Zuckerrohr- und Gemüseanbaugebiet. Große Ceiba-Bäume in den Ortschaften sind beliebte Schattenspender in der sonst sonnendurchglühten Ebene.

Boquerón

Boquerón ist ein kleiner Fischer- und Ferienort in einer Bucht der Südwestküste der Insel. Ein großer **Freizeitpark** mit weißem Strand, schattenspendenden Palmen im Hinterland und weiträu-

Atemberaubender Sturzflug – Brauner Pelikan

Puerto Rico / Playa la Parguera – Quebradillas

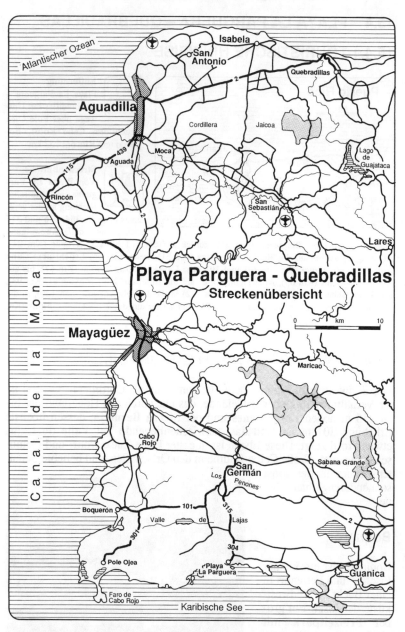

Puerto Rico / Playa la Parguera – Quebradillas

Auf vorgeschobenem Posten – Cabo Rojo

migen Parkplätzen für Autos ist auf große Besucherzahlen eingestellt.
In dem Naturschutzgebiet **Laguna Boquerón**, durch das 2 für Besucher freigegebene Wege führen und ein Pavillon für Informationen sorgt, kann man bei aufmerksamer Beobachtung u.a. verschiedene Schmetterlingsarten, rote Libellen, Termiten, die die Wege kreuzen, große Scharen von Krabben und Eidechsen, Teichhühner, Stelzenläufer, mehrere Reiherarten, Braune Pelikane und Mungos entdecken.

Cabo Rojo – der südwestlichste Landzipfel

Der Leuchtturm von Cabo Rojo markiert den Südwestzipfel der Insel. Die offene Lagunenlandschaft rundherum, der Bewuchs mit Kakteen, Dornenbüschen, Akazien und hartem Dünengras, die flachen Strandseen, die Steilküste und das vielfarbig schimmernde Meer haben eine beruhigende Wirkung auf jedes empfindsame Gemüt.
Erregender ist es, wenn man Zeuge wird, wie ein Trupp von etwa 20 großen **Braunen Pelikanen** aus einer Höhe von 20 m wie Geschosse ins Wasser stürzen, um nach mittelgroßen Fischen zu tauchen. Die oft schraubenförmigen **Sturzflüge** sind atemberaubend. Das Erstaunliche ist, daß diese riesigen Vögel während ihres Sturzflugs die plötzlichen Richtungsänderungen der Fische nachvollziehen können, wenn diese die drohenden Silhouetten der "Stukas" über sich entdecken und reaktionsschnell darauf reagieren. Die zierlichen **Seeschwalben** wenden die gleiche **Taktik des Stoßtauchens** für kleinere Opfer an.
Fregattvögel schweben über den Strandseen und Mangrovensümpfen, Ausschau haltend, wo sie **schmarotzend** den anderen fischenden Vögeln ihre Beute abjagen können.

San Germán

- **Geschichtliches**

1510 wurde San Germán von spanischen Siedlern **an der Küste gegründet**.
1554 gab man die Stadt wegen ständiger Plünderungen und Brandschatzungen französischer **Piraten** wieder auf.
1570 hat man die Stadt **landeinwärts** an der heutigen Stelle **neu aufgebaut**.
Im 17. Jahrh. haben San Germán mit San Juan, als die größten Orte des Landes, um den **Status der Hauptstadt** gewetteifert.

Puerto Rico / Playa la Parguera – Quebradillas

Einen gepflegten Eindruck machen die **Patrizierhäuser** am Zentralplatz. Wahrzeichen der Stadt ist die aus dem Jahre 1606 stammende **Iglesia Porta Coeli**. Diese Kirche ist dem **Schutzpatron** der Stadt, **Saint-Germain d'Auxerre**, geweiht. Sie wurde vom "Institute of Puerto Rican Culture" restauriert und dient heute als Museum für religiöse Kunst, mexikanische Gemälde und Holzstatuen aus dem 18. und 19. Jahrhundert. In der 100 Jahre alten **Inter-American-Universität** sind rund 8.000 Studentinnen und Studenten eingeschrieben.

Mayagüez

Zoo
Zoorico, an der Straße 108, am Barrio Miradero, beheimatet zahlreiche Säugetiere, Vögel und Reptilien.
Öffnungszeiten: Di–So 9.00–16.30 Uhr

- **Geschichtliches**
1760 wurde die Stadt von den Spaniern **gegründet**.
1918 war Mayagüey ein einziges Trümmerfeld, als ein **Erdbeben** es fast völlig zerstörte.

"Majagua" heißt auf indianisch "Platz der großen Wasser". Heutzutage wechseln Neubauviertel und malerische Gassen in den Nebenstraßen miteinander ab. In der Bahía de Mayagüez erreicht die Ruta Panoramica die Westküste Puerto Ricos. Mayagüez ist **Universitätsstadt** für die Fakultät Landwirtschaft und Ingenieurwesen.

Im Zentrum der Stadt erhebt sich ein **Kolumbusdenkmal**. In der Mc Kinley Street liegt das Yagüez Theater und die Post, beides historische Gebäude.

Um noch reizvolle Impressionen der Nordwestküste der Insel einzufangen, sollte man 9 km nördlich von Mayagüez die Autobahn verlassen und links in die Straße 115 abbiegen.

Rincón

Übernachtung
- ***** **Horned Dorset**, Apartado 1132, Rincón, Puerto Rico 00677, Tel.: 823-4030 und 4050, ist eine Luxusvilla. Sie liegt an der Steilküste mit einem schmalen Sandstrand. Wenn man von der Straße 115 dem Hinweisschild "Playa los Almendros" in die Nebenstraße 429 scharf nach links einbiegt (Coche Restaurant), gelangt man nach 1 Meile am Km-Stein 3 zum Horned Dorset. Dort sind 24 Suiten mit Mahagoni-Betten und antikem Interieur für viel Geld zu mieten.
- ** **Parador Villa Antonio**, Tel.: 823-2645, hat 1- und 2-Bettraum-Apartments, Bungalows mit Küche, 2 Tennisplätze, 1 Swimmingpool und einen Kinderspielplatz zu bieten.

Das lebhafte Küstenstädtchen **Rincón** schmiegt sich an den Fuß der Küstenberge "La Cadena". **1968** wurden hier die **Weltmeisterschaften im**

Windsurfen ausgetragen. Das halbe Dutzend Strände wird im Winter zum " Mekka" der Wellenreiter. Auch die **Buckelwale** überwintern hier. Schattige Alleen, wo sich über den Köpfen der Straßenpassanten die Bäume sozusagen "die Hände reichen", sind ein markantes Zeichen dieser Küstenlandschaft.

Aguada

Aguada, etwas weiter im Hinterland gelegen, nimmt genau wie Aquadilla für sich in Anspruch, der Ort zu sein, wo Christoph Kolumbus an Lande gegangen sein soll. Ihm zu Ehren wurde hier ein **Kolumbuspark** errichtet. Die 2-türmige Kirche, von 1924 bis 1936 erbaut, überragt die anderen Gebäude des Ortes.

Aquadilla

- **Geschichtliches**

1493 soll hier **Christoph Kolumbus** auf seiner 2. Reise an Land gegangen sein, um Wasser zu nehmen. Ein Kolumbusdenkmal von 1893 erinnert an dieses Ereignis. Auch den späteren Seefahrern war die **Süßwasserquelle** bekannt, und sie liefen deshalb gern diese Stelle an. Diese Süßwasserquelle wird in dem "Bruderzwist" um die Kolumbuslandung als wichtiges Argument von den Aquadillanern gegen die Aguadaner ins Feld geführt.
1590 wird als das **Stadtgründungsdatum** angesehen.

Aquadilla ist eine sehr in die Länge gezogene Stadt an der Durchgangsstraße.

Quebradillas

Übernachtung
- ** **Parador El Guajataca**, Tel.: 895-3070, bietet 38 Gästezimmer, 2 Swimmingpools, Tennisplätze und 1 Restaurant, das kreolische Spezialitäten serviert, an.
- ** **Parador Vistamar**, Tel.: 895-2065, überblickt hoch über einem Kliff eine sandige Bucht. 35 klimatisierte Zimmer, 2 Swimmingpools, 1 Tennisplatz stehen den Gästen im Parador zur Verfügung.

Ein Eisenbahntunnel ist von dort aus zu Fuß zu erreichen, der Ende des 19. Jahrhunderts zur Beförderung von Zuckerrohr nach San Juan in den Fels getrieben wurde. Heute wird der Tunnel von einem luxuriösen Nachtclub genutzt.

Quebradillas, am Atlantischen Ozean und an der Nordwestküste der Insel gelegen, ist ein idealer Ausgangsort für Surfer, Taucher und Schnorchler. Im Hinterland liegt der **Lago de Guajataca**, ein beliebtes Fischgewässer.

15.5 QUEBRADILLAS – LAGO CAONILLAS

15.5.1 TOURISTISCHE HINWEISE

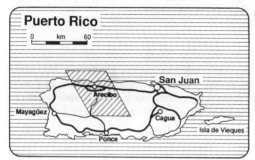

Entfernung
Quebradillas – Lago Caoanillas (mit Rundtour Utuado – Parque Las Cavernas – Observatorium von Arecibo – Esperanza – San Pedro – Utuado): 156 km

Streckenhinweis
Von **Quebradillas** in östlicher Richtung auf der 2 und 22 bis auf die Höhe von **Arecibo** (Km 29, Umgehungsstraße), Abzweigung **rechts** auf die 10 bis kurz vor **Utuado** (Km 61), Abzweigung **rechts** auf die 111 bis Abzweigung **rechts** (Km 78), in die 134 bis Abzweigung **links** (Km 87), in die 129 bis Abzweigung **links** (Km 90), in die 4456 bis zum **Parque Las Cavernas** (Km 92), zurück wieder auf der 4456 bis Abzweigung **rechts** (Km 94), in die 129 bis **Bayaney** (Km 100), Abzweigung **rechts** in die 635 bis **Esperanza**, geradeaus weiter in die 623 und 626 bis **San Pedro** (Km 115), Abzweigung **rechts** in die 10 bis kurz vor **Utuado** (Km 143), Abzweigung **links** auf die 111 bis Abzweigung **links** (Km 149), in die 140 über die Staumauer Lago Caonillas bis Abzweigung **links** (Km 155), in einen schmalen Seitenweg mit Hinweisschild "Parador" über eine kleine Brücke bis zum **Parador Casa Grande** (Km 156).

15.5.2 UNTERWEGS ZUM LAGO CAONILLAS (PARADOR CASA GRANDE)

Wenn man von Quebradillas kommend, von der Umgehungsstraße von Arecibo, der 2, rechts in die 10 abgebogen und nach 4 Meilen dieses kleine Stück gerade Autobahn zu Ende ist, geht das großzügig ausgebaute 1. Teilstück der 10 in eine schmale, sehr kurvenreiche Straße über. Sie fahren das landschaftlich sehr reizvolle **Tal des Río Grande de Arecibo** flußaufwärts. Zu beiden Seiten erheben sich etwa gleich hohe, buckelige Karstberge, Teile eines einst zerbrochenen Kalksteinplateaus. Spektakuläre Formationen haben sich gebildet. Erdbeben und heftige tropische Regenfälle zerteilten die Hochebene und ließen steile Wände, Risse und Höhlen entstehen. Alle Hügel sind dichtbewaldet. An den Hängen kleben einzelne Häuser und Bergdörfer. In dem Bergregenwald fallen die nicht einheimischen **Brotfruchtbäume** *(Artocarpus altilis)* durch ihre dekorativen, sehr großen, tief gelappten Blätter und die **afrikanischen Tulpenbäume** *(Spathodea campanulata)* durch ihre roten Blüten auf. Zum größten Teil sind die Urwälder stark verbuscht. Es geht an einem Schenkel des **Stausees Lago dos Bocas** (See der 2 Mündungen) vorbei, und kurz vor Utuado biegt man rechtwinkelig nach Westen in die 111 ab.

Puerto Rico / Quebradillas – Lago Caonillas

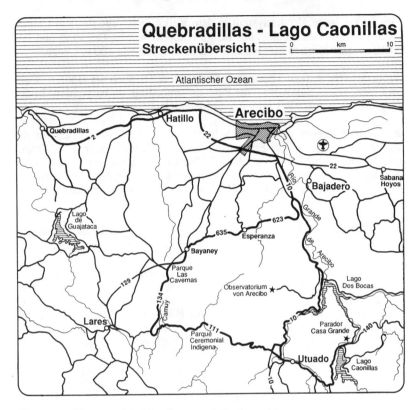

Parque Ceremonial Indigena (Caguana)

Öffnungszeiten
täglich 9.00–16.30 Uhr

Im Tal des Río Tamaná befand sich ein Kultzentrum der Indianer, das vor mehr als 700 Jahren von dem Stamm der Tainos dort angelegt wurde. 10 Ballspielplätze, von Monolithen begrenzt, wurden freigelegt.

Parque de las Cavernas del Río Camuy

Informationen/Öffnungszeiten
Auskünfte können über die Telefon-Nummer: 898-3100 mündlich und über die Adresse: Río Camuy Cave Park, G.P.O Box 3767, San Juan, Puerto Rico 00936 schriftlich eingeholt werden.
Geöffnet Mi–So und an Feiertagen 8.00–16.00 Uhr

555

Puerto Rico / Quebradillas – Lago Caonillas

Das 50 km lange Höhlensystem in dem Kalksteingebirge des Río Camuy ist das längste des Landes, das bisher entdeckt wurde. Der Fluß und das Sickerwasser formten hier Höhlen von 61 m Höhe und 800 m Länge.

Trotz des sehr starken Touristenandrangs ist der Besuch der Höhlen "Cueva Clara" oder "Sumidero Tres Pueblos" unbedingt zu empfehlen. In der **Organisation** geht alles seinen geordneten Gang:

● **Eintrittskarten** werden am Schalter gelöst. Sie kosten z. Zt. für die Höhle "Clara" 6 US$ für Erwachsene und 4 US$ für Kinder (2–12 Jahre) und für die Höhle "Tres Pueblos" 2 US$ für Erwachsene und 1 US$ für Kinder. Anhand der numerierten Eintrittskarten werden die Besucher aufgerufen, weil in einem "Trolley" nur 30 Personen einen Sitzplatz finden.

● Ein **"Trolley"** ist ein Motorfahrzeug, das den spiralförmigen steilen Weg in der Innenwand des Talkessels bis zum Höhleneingang hinabfährt.

● In der Höhle wird die Menschengruppe von einem "Guide" geführt. Bei der Fahrt in die Tiefe bewundert man die bis zu 50 m langen **Lianen**, die an den Wänden des "Schachtes" herabhängen. Der Fluß und das Sikkerwasser haben die Höhlen geformt. Die **Höhle "Clara"** weist eine **Scheitelhöhe von 52 m** auf. Beeindruckend ist der riesige domartige unterirdische Hohlraum. In diese und andere Nebenhöhlen haben sich **Tainos** bei Unwetter und bei Ausübung nicht immer bekannter Zeremonien zurückgezogen. In der Höhle hat sich auch Wasser gesammelt, das für die Existenz von Spinnen, Insekten und Fledermäusen wichtig ist. Die **eingebrochene Decke der Nordgalerie** hat steile Wände von 128 m Höhe geschaffen. Der unterirdische Fluß fließt von Süden nach Norden. Ein großes Loch über dem Fluß deutet auf einen **ehemaligen Wasserfall** hin, der vor Tausenden von Jahren existierte.

Das Observatorium von Arecibo

Öffnungszeiten
Di–Fr 14.00–15.00 Uhr, So 13.00–16.30 Uhr
Mo, Sa und an Ferientagen geschlossen. Touren werden nur bis zum Observationsdeck durchgeführt. Gruppen (maximal bis 75 Personen) müssen wegen Terminabsprache vorher Tel.: 878-2612 anrufen.

Es ist das größte Radio/Radarteleskop der Erde. Die Parabolantenne hat einen **Durchmesser von über 300 m** (!) und eine Tiefe von 51 m. 3 hohe Stahlmasten mit einer Höhe von 180 m (!) halten den mit 12 Stahltrossen verspannten Reflektor in der Schwebe, der mit 40.000 Aluminiumplatten besetzt ist. Die **550 t schwere Hängeplattform** ist mit Computern und hochempfindlichen elektronischen Geräten bestückt. Mit Hilfe der Anlage können Messungen an der irdischen Atmosphäre und an Planetenumläu-

Puerto Rico / Quebradillas – Lago Caonillas

fen vorgenommen und mit starken Radiosignalen andere Gestirne angepeilt und Radiowellen von außerirdischen Himmelskörpern abgehört werden. Das an eine Weltraumstation erinnernde "**Ohr am Universum**" ermöglicht es, weiter in die Tiefe des Alls vorzudringen, um Beschaffenheit und Struktur des Universums zu erforschen.

Zusammenfassend ist zu sagen, daß die Wissenschaftler auf den 3 folgenden Experimentier-Feldern arbeiten:
● **Radio-Astronomie**
Das ist das Studium naturgegebener Radioenergie, die von Galaxien, Sternen, Gaswolken, Pulsaren und Quasaren ausgestrahlt wird.
● **Atmosphäre Wissenschaft**
Das beinhaltet das Studium der Erdatmosphäre.
● **Radar-Astronomie**
Das ist das Studium unseres Sonnensystems, der Planeten, Monde und Kometen.

Utuado

Nach der schleifenförmigen Rundfahrt kommt man nach Utuado (siehe Streckenhinweis Kapitel 15.5.1). Diese Kleinstadt liegt **inmitten eines Kaffeeanbaugebietes**. Sie ist auch als Urlaubsort wegen ihres gemäßigten Bergwaldklimas beliebt geworden. Die nahegelegene Kaffeeplantage Hacienda Roses ist auch auf Fremdenverkehr eingerichtet.

Parador Casa Grande

Entlang des Westufers des **Lago Caonillas** führt eine Straße zu der ehemaligen Kaffeefarm Casa Grande, die als Parador umgerüstet wurde und die versteckt im dichtbewaldeten Gebirgszug der "Cordillera Central" liegt. Man hat einen grandiosen Ausblick auf die mit Bergregenwald überzogenen Hänge, ohne erkennbaren menschlichen Eingriff, mit reichem Vogelleben.

Übernachtung
** **Parador Casa Grande**, Barroio Caonillas Utuado, Puerto Rico 00761, Tel.: 894-3939
Das liebevoll restaurierte Anwesen besteht aus 5 Gebäuden mit insgesamt 20 Zimmern, Restaurant und Swimmingpool. Dies ist ein Ort zum völligen Ausspannen, ein Refugium in unberührter Natur!

Straßenzuführungen
● von San Juan: Straße 2, 149, 146, 140, 612,
● von Arecibo, Utuado und Canvillas: Straße 2, 10, 111, 140, 612.

Puerto Rico / Lago Caonillas – San Juan

15.6 LAGO CAONILLAS – SAN JUAN

15.6.1 TOURISTISCHE HINWEISE

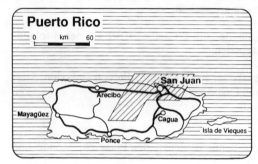

 Entfernung
Lago Caonillas (Parador Casa Grande) – San Juan (mit Abstecher Parador Hacienda Gripinas und Dorado Beach): 137 Kilometer

 Streckenhinweis
Vom **Lago Caonillas** (Parador Casa Grande) in südlicher Richtung in die **140** und **144** bis **Jayuya** (Km 24), Abzweigung **rechts** in die **527** und **5527** (Stichfahrt) bis **Parador Hacienda Gripinas** (Km 28), zurück auf der **5527** und **527** bis **Jayuya** (Km 32), Abzweigung **rechts** in die **144** bis Abzweigung **links** (Km 44), in die **149** bis zur Autobahnauffahrt der **2** östlich von **Manatí** (Km 85), Abzweigung rechts in die **2** bis Abzweigung **links** (Km 87), in die **686** bis Abzweigung **rechts** (Km 92), in die **687** bis Abzweigung **links** (Km 95), in die **2** bis Abzweigung **links** (Km 99), in die **688** und **693** bis Abzweigung **links** (Km 106), in die **698** (Stichfahrt) zum **Dorado Beach** (Km 108), zurück über die **698** bis Abzweigung **links** (Km 110), in die **693** bis Abzweigung **links** (Km 114), in die **2** und **22** bis **San Juan** (Km 137).

15.6.2 UNTERWEGS NACH SAN JUAN

Von Parador Casa Grande wieder zurück über die Staumauer des Lago Caonillas, am Westufer des Sees entlang, passiert man den kleinen Ort **Jayuya** und erreicht auf einer Stichfahrt Parador Hacienda Gripinas.

Parador Hacienda Gripinas

 Übernachtung
** **Parador Hacienda Gripinas**, Barrio Veguita, Jayuya, Puerto Rico 00664, Tel.: (809) 828-1717, 828-1718, besitzt 19 große Gästezimmer und eine Veranda, wo man halb überdacht den schönen Ausblick genießen kann. Das Personal ist äußerst freundlich.

1853 legte **Eusebio Pérez del Castillo** den Grundstock für eine Kaffeeplantage. Sein Kaffee *Gripinas* war vorzüglich, und er gefiel Papst Leo XII so, daß dieser Eusebio Pérez del Castillo zum Marquis ernannte. **Heute** verdient die Hacienda ihr Geld mit dem Fremdenverkehr.

Am Ufer des Río Grande de Manatí flußabwärts zu fahren, ist ein Genuß. Die verschiedenen Grünfärbungen der Urwaldvegetation, der rauschende

Puerto Rico / Lago Caonillas – San Juan

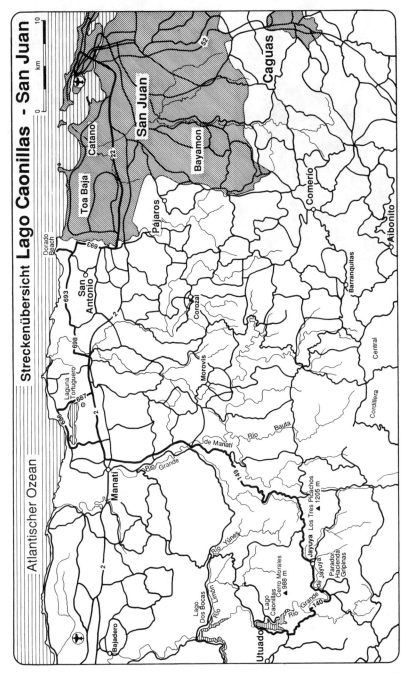

Puerto Rico / Lago Caonillas – San Juan

Filigrane Schönheit – Baumfarn

Gebirgsfluß, die frische Luft und der blaue Tropenhimmel mit den weißen Quellwolken über dem Waldgebirge, diese **Harmonie von Farbe, reiner Luft und klarem Wasser**, sollte man in vollen Zügen in sich einsaugen. Man findet solche Landschaften leider immer seltener auf unserem Erdball.

Auch im Detail betrachtet, hat die Natur in diesem Flußtal Schönes zu bieten. Dicht bei dicht hängen die gelblich weißen großen Blüten der **Tropentrompete** *(Datura aurea)*, die ein Nachtschattengewächs ist.
Unter den Schmetterlingen sind die gelben **Schwalbenschwänze** am auffälligsten. Immer wieder besticht die Schönheit der **Baumfarne** mit ihren filigranartigen Wedeln.

Wieder im Norden der Insel angelangt, sollten Sie nicht die langweilige Autobahn nach San Juan wählen, sondern, wenn es ihre Zeit erlaubt, möglichst dicht an der **Atlantikküste** auf Umwegen der Metropole zustreben.

Reserva Natural Laguna Tortuguero

Öffnungszeiten
Das Büro des Reservats ist täglich von 7.00–12.00 Uhr und 13.00–15.30 Uhr geöffnet.

Der flache See steht teilweise unter Naturschutz. Eine schmale Nehrung trennt ihn vom Meer. An der Atlantikseite gedeihen Strandwein und Kokospalmen. Riesige Ceiba-Bäume wachsen an der Straße.

An der Landseite und am Ufer des Strandsees breitet sich Sumpf mit Schilfdickicht aus. Hier gibt es **seltene, teils endemische Vogelarten** und **Krokodile** *(Kaimanus crocodiles)*.

Dorado Beach

Der **Ort Dorado** mit seinem schattigen Zentralplatz liegt etwas im Hinterland. **Dorado Beach** wird in erster Linie von den 2 Luxushotels von Hyatt Resorts beherrscht. Ein riesger **18-Loch-Golfplatz** ist die Attraktion dieses Küstenstreifens.

Puerto Rico / Lago Caonillas – San Juan

Hotels

● ***** **Hyatt Dorado Beach**, Dorado, Puerto Rico, 00646 USA, Tel.: 796-1234, vermietet 298 Gästezimmer, jedes mit Terrasse oder Balkon, Klimaanlage und Farbfernseher. Die **18-Loch-Golfanlage** des Resorts in einem parkartigen Gelände mit kleinen Teichen hat solche Ausmaße, daß die Golfer mit Elektrowagen die Anlage bei Spielausübung abfahren. 4 Restaurants, 2 Swimmingpools, 21 Tennisplätze, ein Casino, Jogging- und Fahrradwege stehen dem Gast zur Verfügung.

● ***** **Hyatt Regency Cerromar Beach**, Dorado, Puerto Rico, 00646 USA, Tel.: 796-1234, bietet 504 Gästezimmer und Suiten einschließlich allem Komfort, wie beispielsweise Klimaanlage und Farbfernseher, an. 4 Restaurants, 4 Golf Courses, Joggingpfad und Fahrradwege, der Welt längster Swimmingpool von 400 m und Casino können benutzt werden.

Vielbesuchter Strand – Dorado Beach

15.7 SAN JUAN – NATIONALPARK EL YUNQUE – FAJARDO

15.7.1 TOURISTISCHE HINWEISE

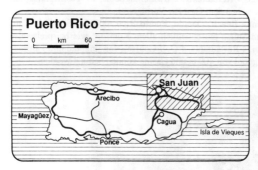

Entfernung
San Juan – El Yunque
– Fajardo: 87 km

Streckenhinweis
Von **San Juan** in östlicher Richtung über die **26** und **3** bis **Palmer** (Km 47), Abzweigung **rechts** in die **191** bis in den Nationalpark El Yunque (Km 59), zurück auf der **191** bis **Palmer** (Km 71), Abzweigung **rechts** in die **3** bis **Fajardo** (Km 87).

15.7.2 NATIONALPARK EL YUNQUE

Allgemeines

Vor etwa 100 Millionen Jahren wurde die Insel Puerto Rico durch die ungeheuren Kräfte der Plattentektonik aus dem Meer emporgehoben. Der Bergstock der **Sierra Luquillo** mit seiner höchsten Erhebung von 1.065 m besteht aus härterem Gestein als seine Umgebung.
Zur Zeit der spanischen Ankunft auf Puerto Rico lebte der Indianerstamm der **Tainos** in einigen Tälern und an der Meeresküste der Insel. Es war üblich, Berge nach den Häuptlingen zu benennen. So wurde auch das Gebirge dieser Gegend nach dem **Indianerhäuptling Yukiyu** benannt. Von dem indianischen Wort **"Yukiyu"** leiteten die Spanier **"Luquillo"** ab. **"Yunque"** bedeutete in der Tainosprache **"weißes Land"**, weil

Regenwald – Nationalpark El Yunque

der Gipfel des Gebirges meistens in weiße Wolken gehüllt ist. Heute trägt das gesamte Gebiet und der Nationalpark den Namen **"El Yunque"**.
1878 hat **König Alfonso XII. von Spanien** das Urwaldgebiet El Yunque zum Naturschutzgebiet erklärt. Geschützt werden sollten die Schönheit der Natur, das Wasser, die Pflanzen- und Tierwelt.

Puerto Rico / San Juan – NP El Yunque – Fajardo

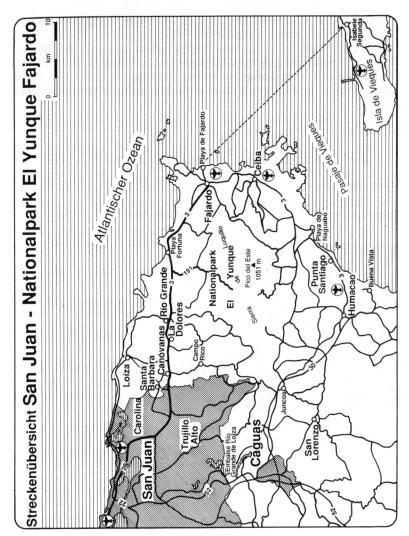

Big Tree Trail

● Vorzüge des Lehrpfades

Dieser ca. 800 m lange **Lehrpfad** ist aus zweierlei Gründen die beste Möglichkeit, etwas von den Wundern und Geheimnissen des Regenwaldes mitzubekommen:
- Man kann sich **sicher und ziemlich lautlos** auf dem befestigten Pfad bewegen. Ohne Machete wäre es wegen der dichten Vegetation fast un-

möglich, in den Regenwald einzudringen. Durch die damit verbundenen Geräusche würden ohnehin alle Tiere die Flucht ergreifen.
- Die **Lehrtafeln** an bestimmten Stellen geben Auskunft über Fauna, Flora und Zusammenhänge der Lebensgemeinschaft Regenwald.
- Das **lebendige Anschauungsmaterial** von Pflanzen und Tieren dieser Lebensgemeinschaft kann kein noch so gut eingerichtetes naturkundliches Museum ersetzen.

● **Was gibt es auf dem Urwaldpfad zu sehen?**

- Warum wachsen gerade hier so **riesige Bäume** (Big Tree Trail)? Die gute Bodenqualität und das günstige Klima mit genügend Sonnenschein, gleichmäßig hohen Temperaturen und Regen, übers ganze Jahr verteilt, sind sehr gute Wachstumsbedingungen. Einer dieser Baumriesen ist der **Tabonuco-Baum**, der über 200 Jahre alt werden kann.
- Insgesamt gibt es in diesem Gebiet **160 verschiedene Baumarten!**

Wunder des Regenwaldes – Big Tree Trail

- Es fällt auf, daß die **Bäume in verschiedenen Stufen** wachsen. Unter den Kronen der Urwaldriesen kämpfen sich wieder deren Nachkommen und kleinwüchsigere Baumarten ans Licht.
- Viele Bäume haben **sehr große Blätter**, um möglichst viel Sonnenenergie aufnehmen zu können.
- Die **Tarnfarbe der Insekten** ist oft perfekt. Wenn sie nicht Meister im Verstecken wären, würden sie zu leicht zur Beute von Vögeln, Eidechsen und Fröschen.
- **Magnolia splendens** ist ein Baum der endemisch nur noch in karibischen Nationalparks anzutreffen ist, weil in 1. Linie die Spanier sein wertvolles Holz in großen Mengen für ihren Schiffsbau benötigt haben. Dieser Baum ist im Urwald für Farne, Epiphyten und wilden Wein wichtig, weil diese Pflanzen ihn benutzen, um möglichst nach oben ans Sonnenlicht zu kommen.
- Wenn man ein Rascheln im Laub hört und man sich schnell genug danach umdreht, sieht man sicherlich eine der vielen Arten von **Eidechsen**.
- **Epiphyten** und Orchideen ziehen ihre Nahrung aus der Luft und dem Nebel.
- **Recycling** ist im tropischen Regenwald nichts Unbekanntes. Das Ableben eines Urwaldriesen ermöglicht das Leben anderer Pflanzen und Tiere. Mikroskopisch kleine Organismen zerlegen sehr schnell, durch hohe

Puerto Rico / San Juan – NP El Yunque – Fajardo

Grundlage gesunden Lebens – Reines Wasser

Wärme- und Feuchtigkeitsgrade begünstigt, die pflanzlichen Stoffe.
- In El Yunque sind **60 Vogelarten** heimisch. Ein sehr seltener Vogel ist der Puertoricanische Papagei. Er ist glänzend blau, rot, grün und weiß gefärbt. Die zunehmende Entwaldung der Insel hat seine Existenz gefährdet. Er kommt im Schutzgebiet von El Yunque noch vor, ist aber kaum sichtbar.
- Ständige Bewohner des Regenwaldes sind auch die nur 2,5 cm großen **Coqui-Baumfrösche**, die vielstimmig ihren nur aus 2 Tönen bestehenden Ruf in das Nachtkonzert des Urwalds mit sehr großer Ausdauer einbringen.
- **Fledermäuse** spielen eine **sehr wichtige Rolle** in der Lebensgemeinschaft Regenwald. Sie verbreiten die Samen der Früchte, die sie gefressen haben. Außerdem tragen sie durch das Naschen an dem Nektar der Blüten zum Bestäuben der Pflanzen bei. Fledermäuse sind **die einzigen nachtaktiven einheimischen Säugetiere** der karibischen Inseln.
- Der Samen des **Yagruma-Baumes** liegt so lange passiv im Boden, bis sich eine Lücke im Urwalddach auftut, hervorgerufen durch das Umstürzen eines Baumes aus Altersschwäche oder durch die Gewalt eines Hurrikans. Dann keimt der Samen. Der Baum wächst schnell empor und füllt so die Lücke im Blätterdach des Waldes wieder aus. Doch der Baum hat bei dem eiligen Wachstum auch sehr schnell seine Energien verbraucht. Er wird in der Regel nur 40 Jahre alt. Die kurze Lebensdauer der Yagrumas begünstigt wieder die **langlebigen Tobanuco-Bäume**, die mit "längerem Atem" allmählich wieder dominieren, bis auch sie wieder absterben. Dann beginnt sich der Vorgang aufs Neue zu wiederholen.
- Eine **kleine Schnecke** *(Caracol)* gleitet über Äste und Blätter und konsumiert dabei verschiedene organische Stoffe des Regenwaldes.

Puerto Rico / San Juan – NP El Yunque – Fajardo

- **Reines Wasser** ist die Voraussetzung für alles Leben. Dieser Regenwald speichert, wenn er nicht abgeholzt oder niedergebrannt wird, einen Wasservorrat für eine Stadt von 2,5 Millionen Einwohnern. Die Reinheit dieses Wassers ist perfekt.
- Die **Abhängigkeit der Lebewesen voneinander** ist die Voraussetzung für die Lebensgemeinschaft Regenwald. Der größte Baum ist von dem kleinsten Insekt abhängig und umgekehrt. Jedem Lebewesen ist eine besondere Rolle in dem ewigen Kreislauf von Werden und Vergehen zugedacht.
- Auch der MENSCH ist in dieses Lebensrad eingebunden. Er profitiert vom Wald, vom klaren Wasser und von der sauerstoffreichen Luft. Aber was bringt er ein, um den Wald zu schützen? Kann ein so hoch intelligentes Geschöpf, wie der Mensch es ist, so engstirnig und kurzsichtig sein und frisches Wasser, frische Luft und gesunde Nahrung vergiften? Wir alle sind für den Erhalt der Resourcen der Natur verantwortlich!

15.7.3 WEITERFAHRT NACH FAJARDO

In **Luquillo** erreicht man wieder die Nordküste der Insel. Imbißbuden und Andenkenläden reihen sich aneinander, von 1 bis 60 numeriert. Der gelbe Strand von Luquillo, mit Kokospalmen im Hinterland, ist ein weites Areal.

Fajardo

Zauber der Karibik – Strand von Luquillo

Übernachtung
- * **Parador La Familia-Inn**, Straße 987 Km 4.1, HC 00867 Box 21399, Las Croabas, Fajardo, Puerto Rico 00648-9731, Tel.: 863-1193, vermietet 22 Gästezimmer mit Klimaanlage, Fernseher und Bad. Ein Swimmingpool und sicherer Autoparkplatz sind vorhanden. Das Restaurant "Gino" liegt nebenan.
- * **Hotel Delicias**, P.O. Box 514, Playa de Fajardo, Puerto Real, Puerto Rico 00740, Tel.: 863-1818, befindet sich direkt am Fährhafen von Fajardo. 20 Zimmer mit Klimaanlage stehen den Gästen zur Verfügung.

Bootsfahrten
- **Club Nautico**, Puerto del Rey Marina, Tel.: 860-2400, vermietet Boote für 7–9 Personen für 150 bis 230 US$ pro Tag für Mitglieder des Clubs und für 295 bis 395 US$ pro Tag für Nichtmitglieder.
- **Snorkel Picnic Sail**, Tel.: 863-1193, 860-5345, verkauft Segeltörns einschließlich Büffet und Schnorcheln für 45 US$ pro Person.

● Geschichtliches

1772 wurde Fajardo von dem spanischen **Gouverneur Bravo de Rivera** gegründet. Der **Schutzheilige** des Ortes wurde **Santiago de Fajardo**, nach dem man die Stadt benannte.

Bis 1898, dem Zeitpunkt der US-amerikanischen Invasion, war Fajardo ein berüchtigtes Piraten- und Schmugglernest.

Heute ist es ein aufstrebender Fremdenverkehrsort und **Fährhafen**. Hier bestehen feste Fährverbindungen mit den puertoricanischen Nachbarinseln Vieques und Culebra. In der Mündung des Río Fajardo liegt ein großer **Yachthafen**.

Von historischer Bedeutung sind der **Leuchtturm El Faro** und die **Iglesia Santiago Apostol**, die 1776 errichtet wurde und die eine der ältesten katholischen Kirchen Puerto Ricos ist.

15.7.4 AUSFLUG NACH HUMACAO

Touristische Hinweise

Entfernung
Fajardo – Humacao (Buena Vista) – Fajardo: 82 km

Streckenhinweis
Von **Fajardo** in südlicher Richtung auf der **3** bis **Humacao** (Km 31), 5 km südlich von Humacao Abzweigung **links** in die **923** bis **Buena Vista** (Km 41) und zurück auf derselben Strecke wie auf dem Hinweg bis **Fajardo** (Km 82).

Die Westküste Puerto Ricos hat sich auch inzwischen ganz auf **Fremdenverkehr** eingestellt.

Wenn Sie Fajardo auf der Küstenstraße nach Süden verlassen haben, blicken Sie zur Rechten Ihrer Reiseroute über kleine Schläge mit Zuckerrohr zu den meistens wolkenverhüllten Bergen der **Sierra Luquillo** hinüber.

Zur Linken passieren Sie 10 km lang das militärische Sperrgebiet der "US Naval Station Roosevelt Roads".

Playa Naguabo

In Playa Naguabo haben sich Strandcafés und kleine Boutiquen in der Bucht und am Flüßchen Río Santiago etabliert. Unter schattenspendenden Kokospalmen und Strandwein sollte man hier eine kleine Pause einlegen.

Mit Blick über einen menschenleeren Naturstrand fährt man weiter direkt am glitzernden Meer entlang.

Puerto Rico / San Juan – NP El Yunque – Fajardo

Playa Humacao

Öffnungszeiten
Mo–Fr 7.30–15.30 Uhr

Playa Humacao verfügt über einen gepflegten Badestrand und ein vorzügliches **Tauchrevier** vor der Küste (Cayo Santiago).

Refugio de Vida Silvestre de Humacao, ein sumpfiger Strandsee mit Schilfinseln, ist als Naturschutzgebiet ausgewiesen. Braune Pelikane und Fregattvögel sind am einfachsten zu erspähen.

Wer nähere Eindrücke dieses Schutzgebietes haben und besonders die Vogelwelt dieses Biotops erkunden möchte, sollte sich an die Ranger wenden.

Humacao

Nach dem Passieren von **Punta Santiago** erreicht man Humacao. Die wirtschaftliche Grundlage Humacaos war früher die Landwirtschaft. Heute stellt die **Petrochemie** (Texaco) und die **Textilindustrie** die meisten Arbeitsplätze.

Buena Vista

10 km außerhalb von Humacao hat sich in Buena Vista ein **Ferienzentrum** entwickelt, das noch weiter ausgebaut wird.

Übernachtung
***** **Palmas del Mar**, P.O. Box 2020, Humacao, Puerto Rico 00792-2020, Tel.: 852-6000, Ext. 54, ist ein Luxus-Resort mit 20 Tennisplätzen, 3 Kliniken, Fitness Center, 18-Loch-Golfplatz, Möglichkeiten zum Reiten, Fahrradfahren, Joggen, Schwimmen, Tauchen, Schnorcheln, Segeln, Kajakfahren, Hochseefischen und Tanzen. In mehreren Hotels können Sie Gästezimmer, Suiten oder Bungalows mieten.

Puerto Rico / Fajardo – Insel Vieques – San Juan

15.8 FAJARDO – INSEL VIEQUES – SAN JUAN

15.8.1 TOURISTISCHE HINWEISE

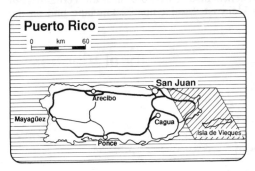

Entfernung
Fajardo – Insel Vieques: 30 km
Insel Vieques – San Juan: 85 km

Fährverbindung
Die Fähre von Fajardo nach Isabel Segunda (Insel Vieques) verkehrt 3mal täglich. Die Überfahrt kostet pro Person 3 US$ und sie dauert 1 $^1/_2$ Stunden. Hin- und Rückfahrt mit Pkw kostet 36,25 US$. Empfehlenswert ist die Vorbestellung am Vortag.

Mietwagen
Wenn man nicht seinen Mietwagen von der Hauptinsel Puerto Rico nach Vieques mit der Fähre überführen will, wird man sicherlich auf Vieques einen "fahrbaren Untersatz" mieten wollen.
Island Car Rental, P.O. Box 423, Vieques, Puerto Rico 00765, Tel.: 741-1666. Von der Fähre oder vom Flughafen müßte man mit dem Taxi fahren, denn die Firma liegt einige km im Hinterland. Haben Sie Verständnis dafür, denn möglichst viele Unternehmer wollen an Ihnen verdienen.
Pkw und Jeep gleicher Preis: 40 US$ täglich (bei Wochenmiete 1 Tagessatz frei!)
Mofa (Honda): 25 US$ täglich, bei Wochenmiete: 20 US$

Übernachtung
• *** Bananas**, Box 1300, Esperanza, Vieques, Puerto Rico 00765, Tel.: 741-8700, ist Gasthaus, Bar und Restaurant zugleich.
• **** Esperanza Beach Club & Marina**, P.O. Box 1569, Vieques Puerto Rico 00765, Tel.: 741-8675, 741-1313, 754-9810, vermietet 25 Gästezimmer mit Klimaanlage. Restaurant, Strandbar und Swimmingpool sind vorhanden. An Wassersport-Aktivitäten fehlt es nicht. Angeboten werden: Schnorcheln, Kajakfahren, Wasserskilaufen, Tauchen, Windsurfen, Segeln und Volleyballspielen. Zu dem idealen Tauchrevier gehört auch ein versunkenes Schiff, das direkt vor der Küste liegt. Man kann auch zum nächtlichen Meeresleuchten in See stechen. Es können handbemalte T-Shirts käuflich erworben werden. Zuvorkommend und sehr freundlich wird von der Hotelleitung auf Ihre persönlichen Wünsche eingegangen.
• **** The Trade Winds**, Bo. Esperanza, Vieques, Puerto Rico 00765, Tel.: 741-8666, 741-8368, ist ein Gasthaus und Restaurant, direkt an der Uferpromenade gelegen, das noch Gastfreundschaft nach alter Sitte praktiziert. Es bietet den Urlaubern 10 Gästezimmer an.

Puerto Rico / Fajardo – Insel Vieques – San Juan

15.8.2 DIE INSEL VIEQUES UND IHRE BEWOHNER

Vieques wird auch mit dem Spitznamen *"Isla Nena"* betitelt, das heißt wörtlich übersetzt "Kleinmädchen-Insel", weil die Insel im Verhältnis zur Hauptinsel Puerto Rico so klein ist. Sie ist nur 32 km lang und an der breitesten Stelle 6 km breit.

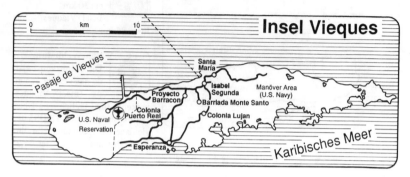

Es gibt auf Vieques keine hoch aufragenden Hotels und luxuriösen Resorts, Nachtclubs und Kasinos. Es ist ein Platz, wo man sich noch auf einfache und natürliche Art und Weise des Lebens freuen und wo man **Erholung von der Hetze und Hast des Alltags und dem Rest der Welt** finden kann.

Die Insel ist mit gemäßigten Temperaturen, erfrischenden Winden, tropischer Vegetation und **Naturstränden** reichlich gesegnet. Die Küstenlinie ist reich an Buchten mit Sandstrand, von Kokospalmem beschattet. In den **Mangrovenwäldern** kann man früh morgens am besten das **Vogelleben** beobachten.

Reiches Vogelleben – Brauner Pelikan

Topographisch ist die Insel durch Hügel und Täler gekennzeichnet. Die höchste Erhebung ist der **Monte Pirata** mit 301 m.

Das wirtschaftliche Leben konzentriert sich in 2 Orten, in der **Hauptstadt Isabel Segunda** an der Nordküste mit Banken, Post, Rathaus, kleinen Geschäften und dem Hafen und **Esperanza** an der Südküste mit kleinen Hotels und Restaurants. Rinderzucht, Fischfang und Tourismus sind die wirtschaftliche Grundlage der Inselbewohner.

Die einheimische **Bevölkerung** der kleinen Insel hat eine Stärke von rund **8.000 Einwohnern** erreicht. Die Einheimischen strahlen eine freundliche Warmherzigkeit aus. Nicht wenige Insulaner erreichen ein "biblisches Alter", sicherlich wegen der friedlichen Atmosphäre ihrer Heimat und ihres ruhigen Lebensrhythmus.

15.8.3 DIE INTERESSANTE GESCHICHTE DER INSEL VIEQUES

19.11.1493	entdeckte **Christoph Kolumbus als 1. Europäer** Vieques auf seiner 2. Reise in die Karibik. Es kann auch 3 Tage früher gewesen sein. Die Insel war bereits von den **Antillen-Indianern** entdeckt und besiedelt. Sie nannten sie **"Bieques"**, das so viel wie **"kleine Insel"** heißt. Englische Piraten nannten sie **"Crab Island"** (Krabbeninsel).
1514	griff der spanische **Gouverneur** von Puerto Rico, **Cristóbal de Mendoza**, Vieques an und löschte das Leben der indianischen Bewohner aus.
1527	erschien erstmalig der Name **"Vieques" auf Landkarten**.
Bis 1647	hatten sich auch **französische Einwanderer** auf der Insel angesiedelt. Man sprach von einer gemischten britischen und französischen Kolonie.
1647	vertrieben die **Spanier** die Franzosen. Ein spanisches Schwadron, auf dem Weg nach Mexiko, zerstörte das britische Fort und nahm 100 Gefangene. Aber die Engländer kamen zurück und bauten ein neues Fort.
1718	gab der Gouverneur von Puerto Rico dem **Korsaren Miguel Henríquez** den Auftrag, die Engländer zu vertreiben. Trotz ernster Proteste wurden das Fort, die Bevölkerung, die Tabak-, Baumwoll- und Getreidefelder vernichtet.
1816	landete der **Freiheitskämpfer Don Simón Bolívar** irrtümlicherweise auf Vieques.
1843	fand während der Regierungszeit des Gouverneurs General Santiago Méndez Vigo die **1. spanische Stadtgründung** auf der Insel statt. Sie wurde auf den Namen **Isabel II** zu Ehren der spanischen Königin Isabel II. (1833–1868) getauft. Zuckerplantagen wurden angelegt, die Wohlstand und Reichtum versprachen. Die Bevölkerung bestand aus einer Mischung von Spaniern, Engländern, Franzosen, Holländern und afrikanischen Sklaven.
1854	begannen die Arbeiten an einem spanischen Fort, nachdem der Gouverneur von Puerto Rico, **Don Rafael Aristegui, der Graf von Mirasol, Vieques formell annektiert** hatte.
Bis 1880	hatte Vieques den **Status eines Freihafens**, wo auch französische und englische Kaufleute freien Handel treiben konnten.
1898	wurde Vieques zusammen mit Culebra und Puerto Rico nach dem Friedensschluß von Paris und dem für Spanien verlorenen **Spanisch-Amerikanischen Krieg** den USA zugesprochen.
Bis 1920	wuchs die Bevölkerung mit dem **Reichtum**, den der **Zuckerrohranbau** einbrachte.

Puerto Rico / Fajardo – Insel Vieques – San Juan

Seit 1920 setzte der allgemeine **Niedergang der Zuckerindustrie** durch Preisverfall ein. Mit dem Zuckerboom war es vorbei. Die Zuckerfabriken mußten ihre Tore schließen, und die Felder wurden zu Weideland.

Seit 1940 nahm die **"US Navy"** Besitz von **72% der Insel** und nutzt es seitdem für militärische Zwecke.

Die **Rückfahrt** von Vieques nach Fajardo mit der Fähre und weiter mit dem Wagen **nach San Juan** erfolgt genau wie der Hinweg, wie in diesem und Kapitel 15.7 beschrieben.

LITERATURVERZEICHNIS

Kein Reisehandbuch kann alle Wissensgebiete vollständig abdecken, deshalb ist auf folgende Literatur hingewiesen, die zu einem erweiterten Studium der Karibik – Große Antillen führen kann. Diese Aufstellung erhebt keinen Anspruch auf Vollständigkeit.

Deutschsprachige Literatur
(einschließlich deutsche Übersetzungen)

Bärtels, Andreas, "Farbatlas Tropenpflanzen", Eugen Ulmer GmbH & Co Stuttgart 1990; 308 Farbfotos und straff gegliederte Beschreibungen können erstes Licht in das Dunkel des Tropenpflanzen-Dschungels bringen.
Casas, Bartolomé de las, "Kurzgefaßter Bericht von der Verwüstung der westindischen Länder", Frankfurt 1981; Augenzeugenbericht der Greueltaten der Spanier.
Dyson/Christopher, "Columbus", Droemersche Verlagsanstalt München 1991; dieses Buch liefert gute Hintergrundinformationen über die 4 Reisen von Christoph Kolumbus in die Karibik.
Dr. med von Haller, Ernst, "Ärztlicher Rat für Tropenreisende", Georg Thieme Verlag Stuttgart 1981; wichtiges, handliches Nachschlagewerk zur Verhütung und Behandlung von Tropenkrankheiten.
Hohl, Rudolf, "Wandernde Kontinente", Urania Verlag Leipzig 1985; behandelt als populärwissenschaftliches Werk die Kontinentalverschiebung im Laufe der Erdgeschichte mit "Zukunftsaussichten".
Lötschert/Beese, "Pflanzen der Tropen"; dieses BLV Bestimmungsbuch kann "1. Hilfe" beim Erkennen der Unmengen von Tropenpflanzen leisten.
MERIAN-Heft, "Kuba"; zeichnet sich durch eindrucksvolles Bildmaterial und landeskundliche Aufsätze aus.
Michener, James A.,"Karibik", ECCON Verlag 1990; indianische Hochkulturen, europäische Eroberer und Missionare bilden den Hintergrund dieses packenden Romans.
Niess, Frank, "20 mal Kuba", R. Piper GmbH München 1991; 20 Aufsätze von der Entdeckung Kubas durch Christoph Kolumbus bis "Kuba und die Perestroika".
Quack, Ulrich, "Karibik – Kleine Antillen", Iwanowski-Verlag Dormagen 1993; ist ein Reisehandbuch mit kompetenter und fundierter Beschreibung der Kleinen Antillen mit nützlichen Reisetips.
Schreiber, Hermann, "Die Neue Welt", Casimir Katz Verlag Gernsbach 1991; der bekannte Sachbuchautor schildert die Geschichte der Entdeckung Amerikas, in interessante Geschichten aufgegliedert. Das ist die große Kunst, aus "trockener Historie" auch für nichtfachkundige Leser spannende Literatur zu schaffen.

Literaturverzeichnis

Spanische Literatur

Alvarez de los Ríos, Tomás, "Las Farfanes", Ediciones UNION Havanna 1989; zeitkritisches Werk, in humorvoller Art verfaßt.

Jose del Castillo / **Manuel A. Gracia Arevalo**, "Antología del Merengue", Santo Domingo 1989, schildert die Evolution des Merengue-Tanzes.

Englische Literatur

Black, Clinton V., "History of Jamaica", Longmann Group UK Ltd Essex 1991, deckt die Geschichte Jamaikas von der Ankunft der Arawaken bis in die Gegenwart ab.

Cohen, Steve, "The Adventure Guide of Jamaica", Hunter Publishing Raritan 1988; berichtet über abenteuerliche Erkundungstrips zu Fuß und per Boot an die schönsten Plätze Jamaikas.

Hargreaves, Dorothy und Bob, "Tropical Trees", Ross-Hargreaves, Hawaii 1965, zeigt 125 Farbbilder mit authentischen Beschreibungen karibischer Baumarten.

James Bond, "Birds of West Indies", Houghton Mifflin Company Boston 1990, ist ein gut illustriertes Vogelbestimmungsbuch der Westindischen Inseln.

Pariser, Harry S., "The Adventure Guide of Puerto Rico", Hunter Publishing Inc. Raritan 1991, führt in Urwälder, indianische Kultstätten, an einsame Strände und in die koloniale Vergangenheit Puerto Ricos.

Reffaele, Herbert A., "Birds of Puerto Rico and the Virgin Islands", beschreibt und illustriert 284 Vogelarten Puerto Ricos und der Nachbarinseln Virgin Islands.

Rood, Carlton Alexander, "A Dominican Chronicle", Santo Domingo 1989; geschichtliche Ereignisse in journalistischem Stil geschrieben.

Showker / **Ellis**, "The Outdoor Traveler's Guide CARIBBEAN", Stewart, Tabori & Chang New York 1989; ein Buch über die verschwiegenen Wege in die Karibik mit phantastischen Fotos.

Took, Ian F., "Fishes of the Caribbean Reefs", Macmilian Education Ltd London 1991, bietet Kurzbeschreibungen und Farbbilder der häufigsten Fische der karibischen Riffe.

STICHWORTVERZEICHNIS

Die angehängten Abkürzungen bedeuten: DR = Dominikanische Republik, JA = Jamaika, KU = Kuba, PR = Puerto Rico

A
Ackee 477
Affenfallen-Baum 356
Agramonte, Ignacio 325
Aguada 553
Altos de Chavón 411-414
- Archäologisches Museum
  über die Tainokultur 412-414
Ampfer 55
Ananasanbau JA 476
Ancón 348
Anreise DR 125-126
Anreise JA 160-161
Anreise KU 93
Anreise PR 187
Antonelli, Juan Bautista .. 240, 305
Apotheken DR 126
Apotheken JA s. Apotheken DR
Apotheken KU 93-94
Apotheken PR 188
Aquadilla 553
Arawaken 20
Areyto-Fest 22
Ärzte s. Gesundheit
Ärzte KU 94
Arzthäuser 276
Auskunft DR 127
Auskunft JA 161-162
Auskunft KU 94
Auskunft PR 188
Autofahren DR 127-128
Autofahren KU 95
Autofahren PR 188-189
Autoverkehr JA 162-163
Autoverleih s. Mietwagen

B
Bacardí, Facundo 303
Baden DR 128
Baden KU 95
Baden PR s. Baden DR
Balbao, Vasco Núñez de 34-35

Ballett von Camagüey 327
Ballspiele 22, 358, 413, 546
Bamboo Avenue 510
Bambus 355
Baní 398-400
Banken DR 129
Banken JA 163
Banken KU 96
Banken PR 189-190
Banyan 354
Baracoa 280-286
- Matachín, Museum 281-283
Barahona 400
Baseball DR 152
Battle of the Saints 43
Bauxit 474, 508-510
Bávaro 418-419
Bayahibe 415-416
Bayamo 314-318
- Schicksalskirche 315-317
Belafonte, Harry 491
Bergregenwald 489
Bergregenwald PR 540-542
Bermúdez, Juan 35
Besuchervisum DR 134
Bevölkerung DR 129-130
Bevölkerung JA 163-164
Bevölkerung KU 96
Bevölkerung PR 190
Bildungswesen DR 130
Bildungswesen KU 97
Billard DR 152
Billini, Francisco Javier 383
Black River 510-511
Blanco, Angel Inigo 289-290
Bloody Bay 514-515
Boca Chica 409
Boquerón 549-551
Borstenzähner 82
Boston Bay 497
Brotfrucht 477
Brotfruchtbaum 354

575

Stichwortverzeichnis

Bruchfaltengebirge 58
Buena Vista 568
Busse DR 130-131
Busse JA 164-165
Busse KU 97-99
Busse PR 191

C
Cabanas DR 141
Cabarete 435-437
Cabo Rojo 551
Cabrera 433
Caldosa-Suppe 318-319
Camagüey 322-327
Camping DR 131
Camping JA 165-166
Camping KU 99
Camping PR 191
Capitolio 529
CARIFTA 49
Carneval cubano 222
Casas, Bartolomé de las 17,
.... 36-38, 384
Castillo 430
Castleton 488
Castro, Fidel 46-48, 313
Catedral de San Juan 535
Caymann-Graben 60
Céspedes, Carlos Manuel de .. 245,
.... 301-302
Chirurgenfische 82
Ciboney 20
Cienfuegos 349-356
- Castillo de Jagüa 353
- Jardin Bótanica 353-356
- Parque José Martí 352-353
Cockpit Country 468
Cohoba-Kult 22
Cohoba-Ritual 413, 546
Convento de los Dominicanos . 384
Cordillera Central
  s. Zentral-Kordilleren
Córdova, Pedro de 384
Cortés, Hernán 35
Cottages JA 172
Cricket JA 179-180
Croydon Plantation 473-478

Cueva del Indio 370

D
Daiquirí 257
Dessalines, Jean Jacque 44
Devisen DR 132
Devisen JA 166
Devisen KU 99
Devisen PR 192
Dipl. Vertretungen DR 132-133
Dipl. Vertretungen JA 166
Dipl. Vertretungen KU 99
Dipl. Vertretungen PR 192
Doktorfische 82
Dorado Beach 560-561
Dornbusch 67
Drake, Francis 40, 384
Dreieckshandel 41
Drogen DR 133-134
Dunn's Falls 485
Durán, Moisés Santander .. 346

E
Einkaufen DR 134
Einkaufen KU 100
Einreise DR 134
Einreise JA 166
Einreise KU 100-101
Einreise PR 192-193
Eisenbahn JA 167
Eisenbahn KU 101-102
Eisenbaum 355
El Cobre 310-313
El Puente Yayabo 330-331
El Río 425
Erich der Rote 25
Erikson, Leif 25-26
Errol Flynn–Estate 495
Essen DR 135
Essen JA 167-169
Essen KU 102-103
Essen PR 193-196
Estate Belvedere 471
Expreßdienst DR 138

F
Fahmi, Ehepaar 492

Stichwortverzeichnis

Fajardo 566-567
Falmouth 481
Feiertage DR 138
Feiertage JA 169
Feiertage KU 106
Feiertage PR 196
Fern Gully 485
Feste KU 106
Feucht- und Trockenwald 66
Figueredo, Perucho .. 275, 317-318
Filmen KU 106-107
Flamingo, Roter 75-76
Fotografieren JA
 s. Fotografieren KU
Fotografieren KU 106-107
Frangipani 68, 354
Fuentes, Gregorio 263-264

G

Garvey, Marcus Mosiah .. 454-456
Gaukler 82
Gebirgsregenwald 66
Geld s. Banken, Devisen, Safe,
 Währung
Geschäftsleute KU 101
Geschäftszeiten KU 107
Gesundheit DR 138-139
Gesundheit JA 170
Gesundheit KU 108
Gesundheit PR 196
Gesundheitswesen DR 139-140
Gesundheitswesen JA 170-171
Gesundheitswesen KU 108-109, 224
Gesundheitswesen PR 197
Gewichte DR 142-143
Gewichte JA 173
Gewichte KU 114
Gewichte PR 201
Golf DR 152
Golf JA 180
Golfstrom 60
Gondwana 55
Good Hope Plantation 481
Gordon, George William . 498-499
Gordon House 459
Grasländer 67
Graureiher, Amerikanischer 72

Guamá 357-359
Guantánamo 290
Guardalavaca 271-272
Guest Houses JA 172
Guevara, Ernesto Che 279, 313,
 336-337

H

Habana Club 304
Häfen KU 110
Hagley Gap 499
Hahnenkampf DR 152
Haiti 159
Hanabanilla 338-339
Hasenmaul, Großes 72-73
Havanna 222-267
- Alameda de Paula 253
- Capitolio Nacional 258
- Casa de los Arabes 245-267
- Casa de los Condes de
  Jaruco 246-247
- Casa Natal de José Martí 249
- Castillo de la Real Fuerza
  242-243
- Castillo de los Tres Reyes
  del Morro 240-242
- Castillo de San Salvador
  de la Punta 240
- Catedral de La Habana 254-255
- Cementerio del Colón .. 260-261
- Chinesenviertel 259
- El Floridita 257
- El Templete 244
- Estación Central de Ferro-
  carril 247-249
- Fortaleza de San Carlos
  de la Cabana 242
- Geschichte 236-238
- Giraldilla-Geschichte ... 243-244
- Gran Teatro de La Habana .. 259
- Hostal Valencia 246
- Iglesia de San Francisco
  de Paula 252
- Iglesia Parroquial del
  Espíritu Santo 253
- Iglesia y Convento de
  San Francisco de Asis 253

Stichwortverzeichnis

- Jardín Botánico
  Nacional 261-263
- La Bodeguita del Medio 255
- Monte de Piedad 245
- Muralla de La Habana 252
- Palacio de los Capitanes
  Generales 256-257
- Paseo de Prado 259-260
- Plaza de Armas 245
- Plaza de la Revolución 260
- Uferpromenade 240
- Villa Panaméricas 261
Heliconien 355
Hemingway, Ernest 255-256,
    263-267
Hemingway-Haus 264-267
Herjolfsson, Bjarni 24-25
Heyn, Piet 40-41
Hieronymus 528
Higüey 422-424
Höhle "Los Tres Ojos" 408-409
Hojeda, Alonzo de 33
Holguín 269-270
Hope Bay 490
Hotels DR 140-141
Hotels JA 171-172
Hotels KU 110-111
Hotels PR 197-200
Hüftringe 22
Humacao 567-568, 568
Hurrikan 62

I
Igelfische 82
Impfungen DR 134, 141
Impfungen JA 172
Impfungen KU 101, 111
Impfungen PR 201
Individualtouristen KU 101
Industrie 89-90
Ingstad, Helge 26
Inlandflüge DR 141-142
Inlandflüge JA 172
Inlandflüge KU 111
Inlandflüge PR 201
Insel Saona 416-417
Insel Vieques 570-571

Inselhüpfen 92
Iron Bridge 506
Isolation Kubas 48
Iznaga Torre 347-348

J
Jacaranda 69
Jackfrucht 477
Jarabacoa 425
Jerk Pork 497
Jogging DR 152
José Martí 249-251
Journalisten KU 101
Juan Dolio 409-410
Jugendcamps KU 110-111
Jugendherbergen KU 110-111

K
Kaffeeanbau JA 476
Kahnschnabel 73
Kalebassenbaum 354
Kanonenkugelbaum 68
Kapokbaum 356
Kariben 23-24
Karibenstrom 59
Karibische Entwicklungs-
  bank CDB 49
Karibische Freihandelszone
  s. CARIFTA
Karibische Platte 57
Karibischer Gemeinsamer
  Markt CCM 49
Karlsefni, Thorfinn 25
Karsterscheinungen 59
Kaugummibaum 355
Kingston 448-466
- African-Caribbean
  Institute 454-456
- Bob-Marley-Museum 461
- Devon House 460
- National Gallery of Jamaica 451
- National Heroes Park 460
- National Library of Jamaica 457
- Naturhistorisches
  Museum 457-459
- Port Royal 459
- St. William Grant Park 459

Stichwortverzeichnis

Kinnbartel-Flugfisch,
   Atlantischer 81-82
Kleidung DR 142
Kleidung JA 173
Kleidung KU 112
Klima 61-63
Klima DR s. *Klima KU*
Klima JA s. *Klima KU*
Klima KU 112-113
Klimatabelle 63
Klischeevorstellungen KU 213
Kohlpalme 69
Kolanuß 477
Kolibris 74
Kolumbus, Christoph . 27-31, 383,
   .... 412, 442
Kolumbuspark in der Discovery Bay 481-482
Königsdrückerfisch 83
Königspalme 69, 355
Kontinental-Verschiebungs-
   Theorie 54-55
Korallen 79-80
Korallenriff 80
Kordilleren 58
Korkpalme 355
Kreditkarten DR 142
Kreditkarten JA 173
Kreditkarten KU 113
Kreditkarten PR 201
Kreuzfahrten 90-91
Kuba-Krise 48-49
Kuhfisch 84
Kunst KU 113

L
La Bayamese 275
La Boca 321, 348
La Descubierta 402-403
La Fortaleza 533-535
La Isabela 442
La Palma 425
La Perla 529
La Pica 542
La Romana 410
Lago Caonillas 554-557
Lago de Guajataca 554

Lago Enriquillo 400-403
Laguna del Tesoro 357-359
Landkarten KU 113-114
Landwirtschaft 87-88
L'Anse-aux Meadows 26
Las Terrenas 431-432
Las Tunas 318-319
Laurasia 55
Leberwurstbaum 355
Leihwagen s. *Mietwagen*
León, Juan Ponce de 34, 414
Löffler, Rosa 75
Longa, Rita 327, 358
Luperon 441-442

M
Maceo, Antonio 285
Mahagoni 356
Mandeville 507
Mangroven 67
Mangrovensümpfe PR 548-553
Maniok 21
Manley, Edna 452-453
Manley, Norman 453
Mariposa 339
Marley, Bob 461-462
Marlin, Weißer 84-85
Maroons 468
Martí, José 302
Maße DR 142-143
Maße JA 173
Maße KU 114
Maße PR 201
Maurischer Palast 529
Mayagüez 552
Meeresleuchten 547
Mietwagen DR 143-144
Mietwagen JA 173-174
Mietwagen KU 114-115
Mietwagen PR 202
Milk River Bath 506-507
Moa 279
Mobilität KU 115
Moca 429
Monroe-Doktrin 45
Montego Bay 468-470
- Crafts Market 470

579

- Sam Sharpe Square 470
Montesino, Antón de 384
Morant Bay 498
Morgan, Henry 40
Musik KU 220-222

N
Nachtleben KU 115
Nagua 430
Nationalhymne JA 174-175
Nationalhymne KU 115-116
Nationalpark El Yunque .. 562-566
- Big Tree Trail 563-566
Nationalpark Isla Cabritos 401-402
Nationalpark Jaragua 403-405
Nationalparks und Reservate DR 144-148
- Parque Nacional Armando Bermúdez 145
- Parque Nacional del Este 144-145
- Parque Nacional Isla Cabritos 147
- Parque Nacional Jaragua 147
- Parque Nacional José del Carmen Ramírez 146
- Parque Nacional Los Haitises 146
- Parque Nacional Monte Cristi 145-146
- Parque Nacional Sierra de Bahoruco 147
- Parque Nacional Submarino La Caleta 146
- Reserva Científica Isabel de Torres 148
- Reserva Científica Laguna Rincón o de Cabral 146-147
- Reserva Científica Lagunas Redonda y Limón 146
- Reserva Científica Valle Nuevo 147
- Sanctuario del Banco de la Plata 146
Nationalparks und Reservate PR 202-205
- Bosque Estatal de Cambalache 203

- Bosque Estatal Carite 203
- Bosque Estatal de Aguirre 202-203
- Bosque Estatal de Boqueron 203
- Bosque Estatal de Ceiba 203-205
- Bosque Estatal de Guajataca 203
- Bosque Estatal de Guanica .. 203
- Bosque Estatal de Maricao 203-204
- Bosque Estatal de Monte Guilarte 204
- Bosque Estatal de Pinones ... 204
- Bosque Estatal de Río Abajo 204
- Bosque Estatal de Susua 204
- Bosque Estatal de Toro Negro 204
- Bosque Estatal de Vega 204
- Bosque Nacional del Caribe 204-205
Nebelwald, montaner 66
Negril 511-513
Nord-Äquartorialstrom 59
Nordkontinent s. Laurasia

O
Observatorium von Arecibo 556-557
Ocho Ríos 483-484
Oracabessa 486
Orange Valley Estate 481
Orchideengarten KU 364
Ovando, Nicolás de 414

P
Pagodenbaum 68
País, Frank 306
Paläoindianer 412
Palisander 69
Palma, Tomás Estrada 301
Palme, Schwangere 355
Pangäa 55
Pantéon Nacional 387
Papageifische 83
Paradise 489-490
Parador Casa Grande 557-558
Parador Hacienda Gripinas558-560
Paradores PR 198-200

580

Stichwortverzeichnis

Parque Baconao 307-309
- Botanischer Garten 309
- Museo La Punta 308
- Naturkundliches Museum ... 309
- Parque Prehistórico 308-309
Parque Ceremonial Indigena .. 555
Parque de las Cavernas
  del Río Camuy 555-556
Passatwinde 61
Pelikan, Brauner 72
Pflanzenwelt KU 116
Pinar del Río 365-368
- Likörfabrik 368
- Zigarrenfabrik Francisco
  Donatien 366-368
Pine Grove 464-466
Pius, Heiliger 535-536
Plattentektonik 56
Playa Dominicus 415-416
Playa Girón 356-357
Playa Humacao 568
Playa La Parguera 547
Playa Largo 357
Playa Naguabo 567
Playa Najayo 395-396
Playa Palenque 396-397
Politisch-administrative
  Aufteilung KU 116
Polo DR 152
Ponce 542-547
- Catedral Nuestra Senora
  de la Guadelupe 544
- Museo de Art 545
- Parque de Bombas 544
- Tibes Indian Ceremonial
  Center 545-547
Port Antonio 490-493
Port Maria 486-488
Port Royal 462-464
Post DR 148-149
Post JA 175
Post KU 116
Post PR 205
Prachtfregattvogel 75
Puerto Plata 438-441
- Museo Amber 440
- Pico Isabel de Torres 440

- Playa Dorada 441
- Rumfabrik der Firma Burgal 441
Puerto-Rico-Graben 60
Punta Cana 420-421

Q
Quebradillas 553

R
Radfahren JA 180
Rafting JA 493-494
Reach Falls 497
Regenwald, tropischer 64-66
Reggae-Musik 461
Reisepaß DR 134
Reisepaß KU 100
Reisevorbereitungen KU 117
Reisezeit 62
  s. auch Klima
Reiten DR 152
Reiten JA 180
Reiten PR 208
Religion DR 150
Religion JA 176
Religion KU 117
Religion PR 206
Reserva Forestal Toro Negro . 542
Reserva Natural Laguna
  Tortuguero 560
Reservate DR s. Nationalparks DR
Restaurants DR 150
Restaurants JA 176-178
Restaurants KU 117-118
Restaurants PR 206
Rincón 552-553
Río Chavón 417
Río Duawa 286
Río Grande 493-494
Río San Juan 433-435
Río Toa 286
Ríos, Tomás Alvarez
  de los 331-333
Rose von Brasilien 356
Rotreiher 77
Rotschnabel-Tropikvogel 77
Ruinen von La Isabela 441-442
Runaway Bay 482

581

Stichwortverzeichnis

Ruta Panoramica PR 540

S
Safe DR 151
Safe JA 178
Safe KU 118
Safe PR 207
Salcedo 429
Salt Marsh 479
San Cristóbal 395
San Francisco de Macorís 430
San Germán 551-552
San José de las Matas 427
San José de Ocoa 406-407
San Juan **521-539**
- Avenue Dr. Ashford 527-528
- Butterfly People 539
- Capilla del Santo Cristo 538
- Casa Blanca 537
- El Morro 530-532
- Iglesia de San José 536
- Museo del Indio 539
- Museo Pablo Casals 537
- Palacio de Santa
  Catalina 533-535
- Plaza de Armas 536
- Plaza de Colón 536
- Puente dos Hermanos 528
- Puertorican Arts and
  Crafts 538-539
- San Cristóbal 532-533
- Standbild von San Gerónimo 528
- Treppenstraße 538
San Pedro de Macorís 410
San Salvador 28-29
Sánchez 430-431
Sancti Spíritus 328-333
Santa Clara 335-338
Santa Lucia 319-321
Santiago 426-427
Santiago de Cuba **291-306**
- Bacardí-Familiengrab 301
- Bacardí-Rum-Fabrik 303-304
- Calle Heredia 297
- Casa de la Trova 297
- Casa Diego de Velázquez 296
- Casa Natal de José María

Heredia 297-298
- Catedral 294
- Cementerio Santa
  Ifigenia 301-303
- El Morro 305
- Museo Emilio Bacardí 298
- Naturkundliches Museum 298
- Parque de Céspedes 294
- Parque Frank País 306
- Plaza de Marte 298-299
- Reiterstandbild von
  Antonio Maceo 300
- Teatro Heredia 299
- Tropicana 299
Santo Domingo **378-393**
- Alcázar de Colón 389-390
- Aquarium 393
- Casa de Ovando 387
- Casa del Cordón 391
- Casa Tostado 385
- Fortaleza Ozama 386
- Francesco Billini-Denkmal .. 386
- Iglesia de la Virgin de
  Altagracia 391
- Iglesia de las Mercedes 391
- Iglesia de Santa Barbara 390
- Iglesia Santa Clara 386
- La Catedral 381
- Lichthaus 392
- Monasterio San Francisco
  de Asis 390
- Monumento Montesino 392
- Museo de las Casas
  Reales 388-389
- Palacio de Borgellá 386
- Parque de Colón 381
- Parque Duarte 385
- Puerta del Conde 392
Savanna la Mar 511
Scharlachibis 76-77
Schnorcheln JA 181
Schnorcheln PR 208
Schönfaden 356
Schutzgebiete PR
  s. Nationalparks PR
Segeln JA 181
Segeln PR 208

582

Stichwortverzeichnis

Sharpe, Samuel 477-478
Sicherheit DR 151
Sicherheit JA 178
Sicherheit KU 118
Sicherheit PR 207
Sichler, Roter 76-77
Sierra del Purial 287-289
Sierra Maestra 313-314
Sklaverei 41-42
Sommerset Falls 490
Soroa 363-364
Sosúa 437-438
Soto, Hernándo de 243-244
Souvenirs DR 151-152
Souvenirs JA 178-179
Souvenirs KU 118-119
Souvenirs PR 207
Spanish River 489
Spanish Town 500-506
- Jamaica People's Craft and Technology Museum ... 504-505
- St. James Parish Church 505-506
- Town Square 503
Spitzenkrokodil 77-78
Sport DR 152-153
Sport JA 179-182
Sport KU 119
Sport PR 208
Sportfischen DR 153
Sportfischen PR 208
Sprache DR 153
Sprache JA 182
Sprache KU 119
Sprache PR 208
St. Ann's Bay 482
Stechrochen, Amerikanischer ... 81
Steinringe 413
Steinzoo 289-290
Strände DR 153
Strände JA 182
Strände KU 119
Strände PR 209
Strandwein 272
Strichnin-Baum 356
Stromspannung DR 153
Stromspannung JA 182
Stromspannung KU 120

Stromspannung PR 209
Süd-Äquatorialstrom 59
Südkontinent s. *Gondwana*
Sukkulenten 67
Surfen JA 181
Surfen PR 208

T

Taino-Kultur 21-22, 412-414
Talipotpalme 355
Tanz KU 220-222
Tauchen JA 181
Tauchen PR 208
Taxi DR 153-154
Taxi JA 182-183
Taxi KU 120
Taxi PR 209
Telefax DR 148-149
Telefax JA 175
Telefon DR 148-149
Telefon JA 175
Telefon KU 116
Telefon PR 205
Tennis DR 153
Tennis JA 181
Tennis PR 208
Tiefsee-Sporttauchen DR 153
Tiefseefischen JA 181-182
Tierra caliente 64
Tierra fría 64
Tierra templada 64
Tigerhai 83
Toscanelli 28
Tourismus 90-92
Tourismus KU 120
Touristenhotels DR 140-141
Touristenhotels KU 110-111
Touristenkarte KU 100-101
Toussaint l'Ouverture, Francois Dominique 44-45
Trinidad **340-347**
- Casa de la Trova 343
- Keramikwerkstatt von Moisés Santander Durán 346-347
- La Canchanchara 343-344
- Museo de Alejandro de Humboldt 343

583

Stichwortverzeichnis

- Museo de la Lucha Contra Banditos 345
- Museo Municipal 344-345
- Plaza Mayor 341-342
Trinken DR 135
Trinken JA 167-169
Trinken KU 102-103
Trinken PR 193-196
Trinkgeld DR 154
Trinkgeld JA 183
Trinkgeld KU 121
Trinkgeld PR 209
Trujillo, Rafael 395
Truthahngeier 78-79

U
Unterkünfte DR 140-141
Unterkünfte JA 171-172
Unterkünfte KU 110-111
Unterkünfte PR 197-200
Unterströmungslehre 55
Urkontinent *s. Pangäa*
Utuado 557

V
Valdeés, Jerónimo 253
Valle, Familie 330
Varadero 359-360
Vermay, Juan Batista 244
Vertrag von Tordesillas 33
Vespucci, Amerigo 33-34
Vierhorn-Kofferfisch 84
Villa Altagracia 424
Villas JA 172
Villas KU 111
Vinales 369-370
Virgin de la Caridad del Cobre 311-313
Vulgata 528

W
Wachhäuschen 529
Währung DR 154-155
Währung JA 183
Währung KU 121
Währung PR 209-210
Waldseemüller, Martin 34

Walhai 84
Wegener, Alfred 54-55
Wegmüller, Peter 396-397
Weihnachtsstern 69-70
Weißhai 85-86
Wikinger 24-26
Windsurfen DR 153
Wirtschaft KU 121
Wittwer, Hermann 436-437

Y
Yagruma 278-279, 356
Yucatán-Straße 60
Yumuri-Tal 361-363

Z
Zapata 356-357
Zeder 355
Zeitunterschied KU 121
Zeitverschiebung DR 155
Zeitverschiebung JA 184
Zeitverschiebung PR 210
Zentral-Kordilleren 540-542
Zentral-Kordilleren DR 425
Zoll DR 155
Zoll JA 184
Zoll KU 121
Zoll PR 210
Zuckerrohr 87-88, 277
Zuckerrohr DR 424
Zuckerrohr JA 482
Zwerg-Poinciane 70

Als Autor dieses Reisehandbuchs würde ich mich sehr freuen, liebe Leser, wenn es Ihnen bei Ihrer Reiseplanung und -durchführung zu einem hilfreichen Leitfaden wird. Ich war bemüht, Ihnen genügend Hintergrundinformationen und auch meine persönlichen Reiseerfahrungen zu vermitteln sowie Ihnen lohnende Routenvorschläge zu unterbreiten.

Leider ändern sich Daten, Fakten und Details sehr schnell. Vielleicht stellen Sie fest, daß Hinweise und Angaben berichtigt oder ergänzt werden müssen. Helfen Sie bitte mit Ihren Anregungen, daß dieses Buch in den weiteren Auflagen aktuell bleibt. Sie haben die Möglichkeit, es durch Ihre persönlichen Erfahrungen zu bereichern.

Um die warmen Fluten der Karibik zu spüren, geheimnisvolle Urwälder zu erwandern, die multikulturelle Gesellschaft zu verstehen, geschichtsträchtige Städte zu durchstreifen, tropische Farbenpracht zu genießen und um sich von der Lebensfreude der Einheimischen mitreißen zu lassen, sollten Sie Ihren Karibiktraum verwirklichen.

Hierzu wünsche ich Ihnen viel Glück und eine erlebnisreiche Reise.

Karl-Wilhelm Berger

Ihr Schreiben richten Sie bitte an:

**Reisebuchverlag Iwanowski GmbH
Raiffeisenstr. 21 • D 4047 Dormagen 1**

Globetrotter wissen, wo's langgeht . . . . .

Im Buchhandel zu beziehen.

Antillen, Große:
Übersichtskarte:
World Travel Map West Indies and
the Caribbean 1:3 250 000.
Preis DM 15,80.

Detailkarten von allen Inseln.
Angebot auf Anfrage.

Internationales
Landkartenhaus
GmbH
Postfach 800830
D-7000 Stuttgart 80
Tel. 0711/78893-40
Telex 7255508ilh d
Telefax 0711/7889354

Persönliche Notizen